복음을 영화롭게 하라

복음을 영화롭게 하라

김 용 의

규장

삶을 변화시키는 복음의 실제를 경험하게 하는 책!

한마디로 엄청난 책이 나오게 되었습니다.

복음학교에 다녀온 사람들은 그 한 주간의 충격과 애통함과 감동을 잊지 못할 것입니다. 복음학교에서 사자후(獅子吼)처럼 증거되었던 김용의 선교사의 메시지가 책으로 출간되어 많은 그리스도인들이 읽을 수 있게 된 것은 오랫동안 기다려온 일이자 정말 감사한 일입니다. 김용의 선교사는 이 책에서 예수님을 믿으나 삶의 변화는 없고 신앙생활을 오래할수록 마음은 더 메말라가는 한국 교회를 향하여 복음은 결코 그럴 수 없다고 외칩니다.

저는 로마서와 갈라디아서를 강해하면서 '나는 죽고 예수로 사는 복음'을 알게 되었습니다. 그때 너무나 큰 충격을 받았을 뿐만 아니라 성경을 보는 영적인 눈이 완전히 새롭게 열렸습니다. 그동안 제가 믿고 있었던 복음에 부족함이 있었음을 알게 되었고, 어려서부터 보아온 교회와 교인들의 변화되지 않는 삶의 문제가 어디서부터 잘못된 것인지 깨달아졌습니다.

그런데 복음학교에서 받은 충격은 다른 것이었습니다. 복음의 내용은 알고 있었지만, 예수님 당시 살았던 사도들처럼 지금도 복음으로 살아가는 증인들과 공동체가 있음을 알고 엄청난 충격을 받았습니다. 순회선교단의 선교사들은 복음으로 살고 예수님으로만 살아가는 자들이었습니다. 갈라디아서 2장 20절 말씀처럼 나는 죽고 예수로 살았습니다. 그들은 예수님을 사랑해서 그렇게 살며 하늘의 상급이 있음을 믿고 있었습니다. 그동안 복음은 놀랍지만 복음으로 사는 것은 불가능한 것이 아닌가 하는 회의가 있었는데 복음학교에서 그 회의가 깨어졌습니다. 그리고 교회 공동체가 복음 위에 세워질 수 있다는 확신이 생겼습니다.

우리에게 꼭 필요한 영성은, 무엇보다도 성경을 제대로 믿고 아는 것으로부터 시작해야 합니다. 최근 한국 교회는 세속적 가치를 무분별하게 받아들임으로 성경적 정체성을 잃고 복음의 능력을 잃어버렸습니다. 그 근본적인 이유는 성경이 말하는 정확한 복음을 알지 못하기 때문입니다. 죄에서 사함을 받았다는 복음은 알지만 자신이 어떤 죄인인지 알지 못함으로 복음의 감격도 능력도 깨닫지 못하는 것입니다. 그래서 복음을 받고도 세상만 기웃거리는 불쌍한 자가 된 것입니다.

이 책이 증거하는 메시지는 강력하여 어떤 사람은 쉽게 받아들여지지 않을 수도 있겠습니다. 그러나 성령의 도우심을 구하며 읽으면 복음의 영광을 알게 될 것입니다. 진정 복음이 무엇인지, 정말 복음은 삶을 변화시키는 것인지 갈망하는 이들에게는 보물과 같은 책이 될 것입니다.

복음학교에 참석했던 사람이라면 '나의 복음'을 고백하는 시간을 잊지 못할 것입니다. 말할 수 없는 죄악 덩어리인 자신의 실상을 직면하는 것은 너무나 비참한 일이었습니다. 그래서 도저히 '나의 복음'을 고백할 수 없을 것 같기도 했습니다. 그러나 한 사람 두 사람 고백하는 '나의 복음'을 통하여 '누구나 다 육신의 종으로 살았구나', '겉으로 드러나지 않지만 속으로 무서운 죄를 짓고 살았구나' 하는 사실을 깨닫게 됩니다. 우리는 모두 말할 수 없는 죄인이었습니다. 그래서 십자가 복음의 영광이 더욱 강하게 드러났습니다.

이 책이 출간됨으로 더 많은 사람들에게 십자가 복음이 전해질 수 있음을 생각하니 너무나 기쁩니다. 이 책에서 복음의 영광을 보실 것입니다. 그리고 삶을 변화시키는 복음의 실제를 보게 되며 '왜 복음 하나면 충분한가!'를 깨달을 것입니다.

유기성 선한목자교회 담임목사

추천사 2

복음이 실제가 되어 복음의 영광과 능력과 축복을 누리길!

순회선교단은 그동안 복음학교를 통하여 복음의 총체적인 내용을 국내외적으로 널리 전파해온 것이 주지의 사실입니다. 이제 드디어 그 복음학교의 강의 내용을 《복음을 영화롭게 하라》라는 책으로 출판하게 된 것을 진심으로 축하드리고 추천의 글을 쓰게 됨을 영광스럽게 생각합니다.

　본인은 복음학교에서 강의된 내용이 책으로 출판되기를 오래전부터 바라고 있었습니다. 그러나 강의를 주관해온 김용의 선교사가 출판을 주저하였기 때문에 이제 출판하기에 이르렀습니다. 이 자리를 빌려 김 선교사님의 마음을 알리면서 이 책을 추천합니다. 그가 강의한 내용을 책으로 출판하기를 주저한 것은 그 내용이 출판하기에 미흡하다고 생각해서가 아닙니다. 복음에 대한 또 한 권의 책을 통해 복음을 잘 알고 믿는다는 잘못된 확신을 제공하는 결과를 가져오지 않을까 하는 두려움에서였습니다. 달리 말한다면 복음학교에서 강의한 내용이 독자들에게 실제가 되지 않고 지적 동의에만 그치지 않을까 하는 염려입니다. 동시에 이 내용이 가슴에서 가슴으로 전달되는 것이 아니라 하나의 프로그램이 되는 것은 아닐까 염려하였습니다.

그는 복음을 믿고 사는 자가 자신의 삶 속에 복음이 실제(實際, 복음 앞에 굴복되어 그 결과로 여기고 드리고 계속 신뢰함)가 되어 복음의 영광과 능력과 축복을 누리기를 간절히 바라는 마음으로 이 책을 출판하게 되었습니다. 그는 이 책을 읽은 분들이 그가 고백하는 대로 "복음이면 다다!", "복음이면 충분합니다!"라는 고백과 함께 복음을 위해 살고 복음을 위해 생명을 내놓을 수 있게 되기를 바라는 마음에서 이 책을 출판하기로 한 것입니다.

이 책을 읽는 분들이 저자의 소원대로 진정으로 자신의 삶 속에서 복음이 복음 되는 실제가 일어나기를 바라며 이 책을 추천합니다.

유영기 전 합동신학대학원 신약학 교수

추천사 3

내 삶에 복음을 어떻게 받아들일 것인가?

평생 신학교에서 가르치고, 교회에서 목회를 한 저에게 복음을 영화롭게 하는 것이 무엇인지 구체적으로 다시 한 번 더 생각할 수 있는 기회를 준 저자 김용의 선교사님께 먼저 감사를 드립니다. 이 책은 많은 것들을 다루고 있지만 이 글을 요약하면 "첫째, 복음이 무엇인가? 둘째, 이 복음이 나와 어떤 관계를 가지고 있는가? 셋째, 이 복음으로 하나님께서 원하시는 것은 무엇인가? 넷째, 내 삶의 변화를 위해 이 복음을 어떻게 받아들여야 하는가?"를 독자들이 깊이 생각하게 하고 고민하게 하는 책으로 보면 좋을 것입니다.

김용의 선교사님은 그의 설교에서 잘 나타나듯이 그의 말과 글은 시간 가는 줄 모르고 듣거나 읽게 되며, 내 삶을 어떻게 살아야 할 것인가를 가르쳐준다는 점에서 타의 추종을 불허합니다. 저자가 비록 신학을 깊이 연구한 학자가 아니고 유명한 목회자도 아니지만 저는 저자를 여러 가지 면에서 존경합니다. 그것은 무소유를 삶의 신조로 삼고, 오직 복음만을 위해 기도하고 사역하기 때문입니다.

저는 복음을 영화롭게 하는 방법이 사람마다 다르다고 생각합니다. 저의 경우 복음이 없는 교회에 복음을 전해주고, 복음보다 우선하는 세상적 번영의 신학에 대해 "아니오!" 하고 도전하는 것이라고 생각했습니다. 최근 깊이 묵상하고 연구하는 것이 '주재권 구원'(Lordship Salvation)의 문제인데 이 책을 읽고 나서 그것을 신학적으로가 아니라 복음에 기초한 실제적 연구를 해보려고 방향 전환을 하고 있습니다.

사실 평생 3만 권이 넘는 책을 읽었지만 기억에 오래 남는 책은 많지 않습니다. 그러나 김용의 선교사님의 글과 그분의 말은 저에게 많은 도전과 감동을 줍니다. 많은 분들이 읽기를 추천합니다.

신성종 한국교회회개운동본부 대표 회장, 크리스천 문학나무 대표

오직 예수 십자가의 복음으로 돌아가자!

하나님이 세상을 이처럼 사랑하사 독생자를 주셨으니 이는 그를 믿는 자
마다 멸망하지 않고 영생을 얻게 하려 하심이라 **요 3:16**

아담의 범죄로 저주받아 하나님과 원수가 된 인류에게, 고통과 죽음이 운
명이 된 소망 없는 피조물 된 인생들에게, 꿈꿀 수도 바랄 수도 없는 은혜의
복음, 십자가의 예수의 복음이 주어졌고 그 복음이 닿는 곳마다 죽었던 영혼
들이 살아나고 역사가 뒤바뀌는 대변혁이 일어났습니다.

2천 여 년 전 이 복음을 생명으로 만난 증인들은 성령의 권능을 힘입고 죽
은 전통과 의식만 남은 유대 땅에서, 끝내 예수님을 십자가에 못 박은 반역의
예루살렘에서 오순절 부흥과 핍박의 거센 불길 가운데 오히려 온 유대와 사
마리아와 땅 끝까지 이르러 생명의 복음을 전파했습니다. 사람은 가고 시대
는 바뀌어도 영원한 진리의 복음은 결코 변함없고, 온전한 믿음으로 나아오
는 어느 민족 누구나 구원하는 진정 하나님의 능력이었습니다. 어둡고 암울
했던 중세 가톨릭교회는 십자가의 외형은 가졌으나 복음의 생명에서 멀리 떠
나 세상을 혼돈의 거대한 위기로 몰아갔습니다. 하지만 어둠이 결코 감출 수
없는 생명의 복음의 빛은 개혁의 불길로 타올라 온 땅을 비추었습니다.

그 복음이 절망의 이 땅에도 이르러 한 세기 만에 아시아의 가장 역동적인 복음적 교회와 사회를 일으키고, 수많은 위기를 넘어선 기적의 역사를 이루어냈습니다. 누군가의 지적대로 한국 교회는 기독교 2천 년 역사에 드러난 뚜렷한 특징(부흥, 확장, 고난, 선교)을 짧은 백 년 안에 모두 경험하는 축복을 누리는 은혜를 입었습니다. 그중에 많은 요인을 들 수 있겠으나 초기 한국 교회는 십자가의 복음, 성경 중심, 전도와 기도의 영성으로 살아 있는 증인된 교회였음을 부인할 수 없을 것입니다.

이제 종교개혁 500주년이 지나는 지금, 세계 교회의 주목과 기대를 받고 있는 한국 교회는 안팎으로 도전과 위협 가운데 놓여 있습니다. 위기의 경고음이 곳곳에서 울리고 이곳저곳 무너진 영역마다 쓰디쓴 실패의 보고가 올라옵니다. 어두운 전망치가 가뜩이나 처진 어깨를 짓누릅니다. 언제나 그렇듯 이 상황이 기울고 불안한 때면 이단이 득세하고, 이 이론 저 방법이 등장해서 더 혼란스럽게 하며 현상에 급급한 임시 처방이 성행합니다. 내부 분열이 더하고 우왕좌왕하게 됩니다. 이때야말로 모든 것을 내려놓고 주님을 바라볼 때입니다. 가라지는 실체를 드러내고 알곡은 더욱 충실해집니다.

야곱에게는 벧엘이 있고
탕자에게는 아버지 집이 있듯이
우리에게는 십자가의 복음이 있습니다.
영원불변의 진리, 백문일답인
오직 예수 그리스도의 복음으로 돌아가야 합니다.
예수 그리스도는 어제나 오늘이나 영원토록 동일하십니다.

예수 그리스도는 어제나 오늘이나 영원토록 동일하시니라 히 13:8

복음이 거짓인가? 믿음이 잘못되었는가?

"하나님나라의 부흥과 선교 완성을 위한 연합과 섬김으로의 부르심"이라는 대명제를 사명으로 받아 눈물겨운 최선과 열심으로 선교지와 한국 교회를 섬긴다고 애쓰다가 털썩 주저앉았습니다. 현실의 벽은 너무 견고하고 높았으며 그 앞에서 우리는 초라하고 무력해 보였습니다.

오직 복음, 오직 믿음을 외치며 달려왔지만 열매는 보이지 않고 지친 저희 〈순회선교단〉 공동체는 패배감에 고개를 떨구었습니다. 부끄러운 우리의 영적 실상이 여과 없이 드러났습니다. 우리가 믿고 외쳐온 진리, 그 엄청난 복음이 이것밖에 될 수 없다는 말인가? 전능하신 하나님이 독생자 예수 그리스도를 십자가에 전부로 내어주신 복음이 이 현실 앞에서는….

'나 하나도 변화시킬 수 없는 '별 볼일 없는 복음', 마음속에 실제가 될 수 없는 이론만 가득한 '서류 보관용 복음', 화려한 세상의 경영이론이나 심리학 또는 오락 앞에 퇴색한 신학 교리가 되어버린 '낡아빠진 복음', 우리가 추구하는 세속적 가치의 필요에 따라 급조한 '조각난 복음', 죄책감 떨어내기에 급급한 '죄책감 쓰레기 하차장용 복음'뿐이라는 말인가?'

그럴 수는 없었습니다. 복음이 거짓이든지, 그를 믿는 우리의 믿음이 잘못되었든지 둘 중의 하나임이 분명할 것입니다. 지금 내게 실제가 될 수 없는 믿음은 결코 믿음이 아니며, 나를 변화시킬 수 없는 복음은 더 이상 내게 복음이 될 수 없다는 결론에 이르렀습니다. 신학과 신앙이 다르고, 영적인 삶과 육적인 삶이 다르고, 믿음 따로 삶 따로 살면서도, '현실은 어쩔 수 없어! 어떻게 말씀대로 살아?'라며 자기변명과 합리화로 무장한 이중적 그리스도인들. 그들을 평범한 성도, 균형 있는 신앙(?)이라 정당화하는 교회. 그러나 성경에도 없는 그런 믿음(?)이란 있을 수 없는 속임임을 인정해야만 했습니다.

총체적 복음 앞에 서다!

복음이 실제가 되지 못한 채 오랜 문화와 관습으로 굳어진 종교생활이 믿음생활의 전부인 줄 아는 자칭 모태신앙, 하나님과 인격적으로 만나고 생명의 관계로 동행하는 것과는 상관없이 교리적 동의나 종교행위(직분, 봉사, 선행)로 얻는 자기확신, 천박한 세속적 가치의 성공과 번영을 축복이라 하는 세태, 자기계발에만 집중하는 인기 영성 프로그램, 십자가 없는 신학, 죄가 편하게 느껴지는 설교, 목적 없는 공허한 예언. 예수 그리스도가 아닌 인간의 영광을 더 크게 조명하고, 경건의 능력보다 모양에 관심을 두며, 성경보다는 인간의 지성을 중시하고, 하나님을 경외하는 것보다 교권이 판을 치는 현 시대.

하나님나라의 부흥과 선교 완성의 역사적 소명이나 재림의 소망보다 이생의 안일, 쾌락, 만족을 중시하는 보편적 신앙(?)이라는 것을 복음의 열매라고 할 수는 없었습니다. 살고 싶었습니다. 제대로 믿고 싶었습니다. 우리의 영원한 운명이 걸린 절체절명의 순간이었습니다. 전심으로, 벌거벗은 심정으로 우리가 믿고 있다는 복음의 진리 앞에 섰습니다. 묻고 또 묻고 해답이 될 때까지 집중했습니다. 처음으로 '총체적 복음' 앞에 서게 되었습니다. 구원의 확신용, 헌신용, 치유용, 능력용…. 필요에 따라 주제별로 조각난 복음을 내 취향대로 골라서 취한 우리의 실체가 낱낱이 드러났고 십자가의 완전한 복음 앞에 거짓된 자아가 적발되었습니다.

드디어 깨달았습니다. 하나님의 비밀인 '너희 안에 계신 그리스도'!

26 이 비밀은 만세와 만대로부터 감추어졌던 것인데 이제는 그의 성도들에게 나타났고 27 하나님이 그들로 하여금 이 비밀의 영광이 이방인 가운데 얼마나 풍성한지를 알게 하려 하심이라 이 비밀은 너희 안에 계신 그리스도시니 곧 영광의 소망이니라 28 우리가 그를 전파하여 각 사람을 권하고 모든 지혜로 각 사람을 가르침은 각 사람을 그리스도 안에서 완전한 자로 세우려 함이니 골 1:26-28

그 안에서 모든 성경 진리의 퍼즐이 맞춰지고 십자가 안에서 나는 그리스도와 함께 죽고 오직 내 안에 그리스도가 사시는 신비한 복음의 영광을 만났습니다.

내가 그리스도와 함께 십자가에 못 박혔나니 그런즉 이제는 내가 사는 것이 아니요 오직 내 안에 그리스도께서 사시는 것이라 이제 내가 육체 가운데 사는 것은 나를 사랑하사 나를 위하여 자기 자신을 버리신 하나님의 아들을 믿는 믿음 안에서 사는 것이라 갈 2:20

그리고 영혼 안에서 터져 나오는 함성을 멈출 수 없었습니다.
"복음이면 충분합니다! 예수면 다다!"
더 꾸밀 것도, 덧붙일 일도 없었습니다. 하늘 아버지가 아들 예수까지 내어주신 복음, 우리와 온 역사를 뒤집어놓기에 충분한 복음이었습니다. 주님은 감격에 떨고 있는 우리에게 "복음을 영화롭게 하라!"라고 명하셨습니다.

복음이 영화롭게 되기만을 소망하며

순종의 첫 걸음으로 〈복음학교〉를 열고 총체적 복음을 나누었습니다. 전심으로, 철저히 자발적으로, 대가지불하며 복음 앞에 설 수 있도록 5박 6일 합숙하면서, 회비 없이 헌금으로 진행하였습니다. 2002년부터 시작된 복음학교를 통해서 지금까지 수만 명의 사람들이 십자가의 완전한 복음 앞에 섰으며, 수많은 사역자들도 함께 복음을 누리게 되었습니다. 여러 나라에서 여러 언어로, 다음세대에서 모든 연령층으로 복음이 전해지고, 국내에서 그리고 선교지에서 복음이 영화롭게 되고 있습니다. 주님이 하셨습니다!

그동안 많은 분의 요청이 있었는데도 책으로 출판하는 것을 망설인 것은 '또 하나의 지식으로, 잠깐의 감동으로 지나치게 되지 않을까?' 하는 염려 때문이었습니다. 이제는 순회선교단 내에서 복음학교 외에도 다양한 모습으로 많은 일들이 진행되고, 여러 문서로 이미 나눠지고 있기 때문에 복음학교에서 강의한 원래의 내용을 가감하지 말고, 주신 진리대로 정리해야 할 시점에 이르게 되어 출간을 결정하게 되었습니다. 워낙 분량이 방대하고 총체적인 복음의 내용을 담고 있기 때문에 〈복음학교〉를 전후로 이 책을 접하면 더욱 도움이 되리라 생각합니다.

복음의 증인된 복음기도동맹군들과 여러 교회와 단체들, 특히 순회선교단 공동체가 복음을 위한 연합과 섬김을 아끼지 않음에 감사와 격려를 보내드립니다.

'천로역정' 생각이 났습니다. 장망성(將亡城)을 떠나 천성으로 향하는 크리스천의 노정이 떠오릅니다. 수많은 영혼을 살리신 이 완전한 복음, 유일한 복음의 영광과 능력과 축복이 평범한 질그릇을 통해 어떻게 드러나는지가 현대를 살아가는 한국인의 천로역정(?)으로 표현되었습니다.

이 책의 내용은 신학적 논쟁을 위하여 준비한 것이 아니며 또 하나의 특별한 지식과 체험을 논함도 아닙니다. 모두가 믿는 바 성경의 핵심진리, 구원의 복음이 실제가 되는 것을 목적으로 나누는 것입니다. 복음학교의 현장을 가감 없이 전하고자 했기에 표현, 내용 구성, 적용 등이 서투르고 허술함이 많을 줄 압니다. 변론이나 논증이 아니라 각자가 복음 앞에 서게 하고자 하는 겸손한 시도 외에 다른 목적이 없기에 본의 아닌 어려움을 드린 분들께, 인용문에 대한 철저한 색인 작업까지는 이루지 못한 점에 관해 너그러운 이해를 부탁드리며 다만 복음이 영화롭게 되기만을 소망합니다.

복음의 영광, 능력, 축복으로의 초대

죄 사함 받은 심령의 행복
마음을 짓누르고 있던 무거운 짐을 벗어버린 해방감
밀물처럼 밀려오는 알 수 없는 평안함
더 이상 투쟁하며 눈물겨운 수고로 지친 영혼이 아닌,
견고한 진 앞에 무력하게 주저앉은 실패감이 아닌,
참된 영혼의 안식!
나의 약함이 주님의 강함이 되는 성령의 능력,

그리스도의 사랑이 강권하시는 감격의 헌신,

그 복음의 영광, 복음의 능력, 복음의 축복으로

당신을 초대합니다.

우리 주 예수 그리스도의 하나님이신 영광의 아버지께서 지혜와 계시의 영을 여러분에게 주셔서, 하나님을 알게 하시고, [여러분의] 마음의 눈을 밝혀주셔서, 하나님의 부르심에 속한 소망이 무엇이며, 성도들에게 베푸시는 하나님의 영광스러운 상속이 얼마나 풍성한지를, 여러분이 알게 되기를 바랍니다. 또한 믿는 사람들인 우리에게 강한 힘으로 활동하시는 하나님의 능력이 얼마나 엄청나게 큰지를, 여러분이 알기 바랍니다. 하나님께서는 이 능력을 그리스도 안에 발휘하셔서, 그분을 죽은 사람들 가운데서 살리시고, 하늘에서 자기의 오른쪽에 앉히셔서 모든 정권과 권세와 능력과 주권 위에, 그리고 이 세상뿐만 아니라 오는 세상에서 일컬을 모든 이름 위에 뛰어나게 하셨습니다. 하나님께서는 만물을 그리스도의 발 아래 굴복시키시고, 그분을 만물 위에 교회의 머리로 삼으셨습니다. 교회는 그리스도의 몸이요, 만물 안에서 만물을 충만케 하시는 분의 충만함입니다.

새번역, 엡 1:17-23

다시 오실 주님이 문 앞에 이른 말세지말(末世之末)에 사탄과 세상 음녀 바벨론의 광기가 타락한 문명과 함께 그리스도의 신부 된 교회를 대적하고 위협할 때, 대장 되신 예수 그리스도와 함께 거룩한 전쟁의 승리자로서 복음과 기도의 산 증인으로 우뚝 설 주의 자녀들에게 하나님 아버지와 복음 되신

예수 그리스도와 보혜사 성령님께로부터 은혜와 평강이 충만하시기를 기도
합니다.

나? 예수가 전부요!

예수님 없는 나는 없소!
더 할 말도 더 꾸밀 것도 내겐 없소
자랑할 것도, 낙심할 것도 없소
설명할 것도, 변호할 일도 없소

십자가! 내 영광이요
잘난 것도, 못난 것도 내겐 의미 없소
비난도, 칭찬도 아무것도 아니요
얻음도, 버림도 상관 없소
사는 것도, 죽는 것도 차이 없소

십자가가 내 시작이며 내 의미요
더 이상 목마르지 않소
두렵지도 않소
갈등하지도 않소

더 고집할 게 뭐 있겠소
그 누구도, 그 무엇도
예수님과 나를 떼어놓을 수 없소
이미 한 몸이요 한 운명인 걸!

예수! 예수님이면 충분하오
그분 안에 내가 갈망하던 모든 것이 다 있소
예수님 외에 그 무엇도 내겐 필요 없소
가져가시오
뺏어보시오
흔들어도 보고
찔러도 보고
비웃어도 보고
웃기는 모양으로 만들고
모든 이 앞에 바보로 세우시오

그러면 당신은 보잘것없는 깨진 질그릇 보고   갈 2:20
의기양양해질 거요   갈 6:14
당신의 우쭐해진 기분이 가라앉을 무렵   고전 4:5-13
깨진 질그릇 안에 보배 되신   고전 9:12-27
예수 그리스도가 계심을 보고   고후 4:7-11
입 다물기가 쉽지 않을 거요   고후 6:3-10
                                              빌 1:20,21
                                              빌 3:10-15
                                              롬 8:35-39

그러고 나서는 내겐 예수밖에 없다는 것을!
또한 예수님이면 충분했다는 것을!
똑똑히 보게 될 거요
보고 말 거요

당신에게도 하나님의 은총이

복음의 종 된 김용의

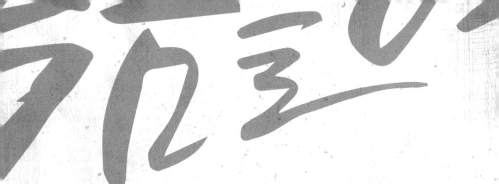

차례

Part 1

복음의 영광

복음을 영화롭게 하라

복음으로의 초대

복음으로 우리를 불러주신 주님을 찬양한다. 복음이 무엇인가? 복음(福音)은 말 그대로 "기쁜 소식"이다. 하나님께서 우리에게 왜 복음을 주셨을까? 하나님은 우리의 모든 것을 아시는 분이다. 우리가 무엇을 필요로 하는지, 우리가 어떤 존재인지, 나보다 더 나를 잘 아시는 분이다. 그런 하나님께서 우리에게 복음을 주셨다는 것은 어떤 의미인가? 그것은 우리에게 그 어떤 것보다 복음이 필요했다는 것이다.

살았다고 하는 모든 순간 모든 인간이 추구하는 것은 '행복'이다. 하나님은 우리에게 행복을 주기 원하셨고 그래서 이 '기쁜 소식'을 우리에게 주신 것이다. 그럼에도 불구하고 이 세상에는 여전히 행복하지 않은 사람들이 존재한다. 그 이유를 알기 위해서는, 먼저 행복하지 않은 사람들, 불행자가 누구인지 알아야 한다.

복음으로의 초대

1. 두 종류의 불행자
이 세상에는 두 종류의 불행자가 존재한다.

① 불신자
이 사람들은 복음에 대해 들어보지 못한 사람들이다. 복음이 있다는 것조차 듣지 못한 운명에 처한 사람들이다. 죄인으로 태어나서 생긴 욕심과 두려움 가운데 먹고 마시고 장가가고 시집간다. 행복을 더듬어 찾고 찾다가 행복하고 싶어서 결혼도 하고 자식도 낳고 직장도 잡고 성공도 추구하지만 '그 사람' 때문에, '그 문제' 때문에, '그 일'로 인생은 행복을 느낄 만큼 만만하지 않다.

인생은 쏜 화살처럼 한 번 지나가면 다시 돌아오지 않고, 모든 사람 앞에 놓인 확정된 스케줄은 '죽음'이다. 죽음이 명확한 사실이며 단 한 번뿐인 인생인데 "자신이 누구인지", "자신이 왜 이 세상에 왔는지", "무엇을 위해 살아야 하는지", 그리고 "어디로 가게 되는지" 아무도 가르쳐주지 않아 전혀 알지 못하는 사람들이다. 인생의 해답인 복음을 듣지 못했기 때문에 이 사람들은 인생 자체가 방황이다.

② 신자

그런데 그리스도인 신자라고 하는 사람 중에도 불행자들이 있다. 그들은 복음을 들을 기회가 수없이 있었지만 그것이 자기 것이 되도록 깨닫지 못하는 사람들이다.

존귀하나 깨닫지 못하는 사람은 멸망하는 짐승 같도다 시 49:20

이 사람들은 신앙이 통째로 방황한다. 차라리 복음을 들을 기회가 없어서 누리지 못했다면 동정이라도 받을 텐데 "복음", "복음" 하는 교회 안에 있으면서 수없이 복음을 들었는데도 그 복음이 자신에게 실제가 되어 누려보지 못한 채 복음에 목말라 죽는다면 이 비극을 어디에 하소연하겠는가. 더욱이 복음을 들었기 때문에 믿는다고 착각하는 교인은 바뀔 가능성 또한 적다. 행복과 진리를 줄 수 있는 교회에서 수많은 말씀을 듣고 자라난 '모태신앙'이라도 자신에게 복음이 실제가 되지 못한다면, 진리의 이론에는 동의해도 진리에 삶을 던져서 경험되지 않은 복음이라면, 그것은 아무리 그 내용이 화려해도 쓸 수 없는 이론의 복음에 지나지 않는다. 이런 신자는 불신자들보다 더 괴로운 삶을 살게 된다. 복음을 듣지 못했다면 차라리 세상 사람들처럼 아무 거리낌 없이 죄를 지을 텐데, 이미 들어온 진리가 있어서 더 많은 정죄와 죄책감에 시달리며 살아가기 때문이다.

2. 실재와 실제

복음을 듣고 아는데도 이들이 불행한 사람이 된 이유는 간단하다. 이들에게는 복음이 실제가 아니기 때문이다. 우리가 앞으로 물러설 수 없이 직면하게 될 단어가 있는데 그것은 '실제'라는 단어이다.

우리는 계속해서 다음 질문 앞에 서야 한다.

"나에게 진정 복음은 실제가 되었는가?"

복음은 원래부터 무엇에 관한 이론이 아니다. 우리는 지금 그릇된 신학의 조류가 하나님을 실존하는 신(神)으로서가 아닌 개념으로 관념화하는 악한 시대를 만나 살아가고 있다. 인간의 자아로 충만한 문명화된 세계일수록 더 분명히 드러나는 개인주의화, 다원주의, 포스트모더니즘은 한마디로 자기가 왕인 시대이다. 하나님의 절대 진리도 절대 권위도 부정하는 인본주의, 상대주의와 자유주의도 결국 자기가 좋으면 좋은 것이고, 자기 멋대로 하나님이 아닌 자신들의 배만 섬기는 것이다. 성경은 이미 이것을 정확히 예언하고 있다. 디모데후서 3장 1-5절은 말세가 고통하는 때가 될 것을 말씀한다. 경건의 모양은 있어도 경건의 능력이 없기 때문에 결국 사람들이 행복하기 위해 추구하는 일들이 도리어 자기 행복을 갉아먹는 일이 될 것이라고 말씀한다.

그러나 복음은 예수 그리스도시다. 그분은 살아계신 인격이기 때문에 이론 따로 실제 따로 이런 것이 존재할 수 없다. 하나님을 떠난 인간의 폐해가 바로 이론 따로 실제 따로다. 주님이 가장 싫어하시는 것이 외식(外飾)하는 것이다. 속은 전혀 그렇지 않으면서 그런 척하는 것이다. 하나님의 본성 안에는 이런 것이 있을 수 없다. 진리란 영원히 달리 될 수 없는 바로 그것이기 때문에 진리에는 결코 이론 따로 실제 따로가 있을 수 없다.

이상하게 우리는 우리의 믿음에 대해서도 속고 살아간다. 신학적 진리나 지식적 동의를 믿음이라고 착각할 때가 있다. 그러나 성경은 믿음을 그런 것이라고 말한 적이 없다. 믿음은 바라는 것이 아닌 "바라는 것들이 실상(實狀)"이 된 것이다. 영혼 없는 몸이 죽은 것같이 행함이 없는 믿음은 죽은 것이다. 내가 믿었다면 그 믿는 바 된 진리가 나를 이끌어 가게 되어 있다. "믿기는 믿는데, 동의는 하는데…", 이런 지식적 동의를 믿음이라고 생각하니까 믿는다고 말하지만 그 믿음이 자신에게 전혀 실제가 되지 않는 모순이 우리를 괴롭힌다. 우리가 아는 대로 복음의 사실이 우리 안에 실제가 되었다면 우리 안에서 이미 혁명이 일어났을 것이다.

　문제는 대부분 이 괴리된 현상, 이론과 실제를 전혀 고민하지 않는다는 데 있다. 고민하지 않을 뿐만 아니라 자기 편리한 대로 '나는 지식으로 동의하고 이런 교리에도 동의하니까 보수적이고 안전한 믿음을 가지고 있다'고 생각한다. 진리가 삶에 적용되지 않은 채 예배당 안에서 사는 원리가 다르고, 예배당 밖에 나가서 사는 원리가 다르다. "천당" 하면 자신이 보수적인 교리를 믿는 것으로 자위하고, 세상에 나가면 자기가 세속적 가치를 가지고 살아가는 데 있어서도 결코 뒤떨어지지 않으려고 하는 이런 이상한 구조의 삶을 추구하고 그것을 붙드는 한, 분명히 둘 중 하나만 실제이다.

　만일 내가 믿는다는 교리가 실제 내 삶을 움직이거나 나에게 영향을 끼칠 수 없다면, 미안하지만 그 교리와 나는 아무 상관이 없다. 예를 들어서 하나님이 살아계신 것도 내가 그것을 믿을 때 하나님이 하나님 노릇을 하실 수 있는 것이 아니라, 하나님이 살아계신 것을 내가 믿든지 안 믿든지 아무 상관없이 하나님은 하나님이시다. 문제는 내가 내 믿음에 부도(不渡)를 맞는다는 것이다. 자기 스스로 믿음이 있다고 확신했지만 마지막 날에 주님이 "내가 너를 도무지 알지 못한다. 너와 내가 무슨 상관이 있느냐?" 이러시는 날에는 정말 아찔해지는 것이다. 그때는 말로 변론을 벌일 때가 아니라 내 삶의 증거를 보시고 주님이 판단하실 때이기 때문에 변명이나 신앙 논쟁이 필요하지 않다.

　따라서 지금 이 순간부터 한 치도 물러설 수 없는 것이 있다. 나에게 실제가 되지 않는 것은 결코 내 것이 된 적이 없다는 사실이다. 나에게 실제가 되지 않는 복음은 적어도 내게는 복음이 될 수 없다. "나를 움직일 수 없는 믿음은 결코 믿음이 아니다. 나를 변화시킬 수 없는 복음은 더 이상 복음이 아니다." 복음은 실재(實在)인데 그것이 나에게 실제(實際)가 되지 않는 이 이상한 모습이 우리에게만 나타나는 것이 아니라 출애굽한 이스라엘 백성들에게서도 나타난다.

출애굽 사건

12 우리가 애굽에서 당신에게 이른 말이 이것이 아니냐 이르기를 우리를 내버려두라 우리가 애굽 사람을 섬길 것이라 하지 아니하더냐 애굽 사람을 섬기는 것이 광야에서 죽는 것보다 낫겠노라 13 모세가 백성에게 이르되 너희는 두려워하지 말고 가만히 서서 여호와께서 오늘 너희를 위하여 행하시는 구원을 보라 너희가 오늘 본 애굽 사람을 영원히 다시 보지 아니하리라 14 여호와께서 너희를 위하여 싸우시리니 너희는 가만히 있을지니라 출 14:12-14

출애굽 사건은 복음에 관한 한 가장 크고 놀랍고 본질적인 하나님의 구원 사역을 역사에서 아주 드라마틱하게 보여주는 사건이다. 이스라엘이라는 민족의 존재가 가능하기 위해서 그들이 이스라엘의 역사 가운데 반드시 기억해야 할 날, 하나님께서 그들을 애굽에서 구출해낸 사건을 기념하는 유월절은 그들의 신앙 월력의 기원이다. 제

나라 제 땅에서 살지만 나라의 주권을 빼앗기고 나니 얼마나 비참한 존재로 전락하는지 경험해본 우리에게 가장 의미 있는 국경일이 광복절이듯이, 이스라엘의 모든 남자가 매년 세 번씩 예루살렘 성전에 모여 기념해야 할 삼대(三代) 절기가 있는데 그중에 하나가 이 유월절이었다. 주님도 이스라엘을 향해 당신 자신을 이스라엘과의 관계로 표현하실 때 "나는 너를 애굽 땅, 종 되었던 곳에서 인도하여 낸 네 하나님 여호와라"라고 말씀하신다. 그만큼 출애굽 사건은 하나님의 거룩하고 위대하신 능력을 만국과 역사 앞에 그대로 드러내신 사건이자 하나님의 편에서 온 마음과 정성을 다한 주님의 전심(全心) 사건임에 틀림없다.

하나님은 애굽에 10가지 재앙을 내려 430년간 이스라엘을 포로로 붙잡고 그들의 주인 노릇을 하며 절대 권력을 휘두르던 바로의 권세를 그대로 박살내시고, 하나님의 권능과 그 존재되심, 살아계심, 상천하지(上天下地)에 하나님은 오직 홀로 한 분뿐이심을 공표하셨다. 430년 전 아브라함과 언약한 당신의 약속을 이루심으로, 주님이 온 역사를 다스리고 주관하신다는 의지를 드러내서서 고대 이집트 제국의 세력을 완벽하게 무력화시키셨다. 그것도 10번이나 거듭된 이적을 통해 "못 봤다", "이해하지 못했다", "어쩌다 그럴 수도 있는 우연이다"라고 하는 하등의 여지를 제하시고, 완벽한 승리로 그들을 끌어내신 것이다. 애굽의 바로가 스스로 나가라고 하고 애굽 사람들이 주는 은금 패물까지 받아서 당당하게 걸어 나온 승리의 행진이었다. 이것으로 우리 주님이 어떤 분이신지, 그 주님이 행하신 구원이 얼마나 완전한지, 더 이상 다른 계시가 필요하지 않을 만큼 충분히 계시된 것이다.

그런데 문제는 애굽 땅에서 나온 이스라엘 자손들의 눈앞에 실제적인 상황이 펼쳐졌다는 것이다. 주님은 이미 다 이긴 전쟁을 확증하고, 이미 이루신 완전한 구원에 아예 쐐기를 박아, 그들이 다시는 흔들리거나 속지 않고 두려워하지 않도록 하기 위해 '일부러' 그들을 홍해의 광야 길로 인도하셨다. 그들의 행진이 드디어 앞에는 홍해요 뒤에는 최후의 발악을 하며 그들을 뒤쫓아 온 바로의 군대에 가로막혔다.

상황이 이쯤 되더라도 거기서 바로 하나님을 인지했다면 그것으로 충분하지 않았겠는가. 혹 다급한 일이 벌어져도 심호흡 한 번 하고 아랫배에 힘을 주며 "하나님이 애굽에 내리신 10가지 재앙을 우리가 다 아는데 뭐! 아무리 먼지 일으키며 폼 잡고 쫓아와도 주님이 행하신 일들을 우리가 이미 다 보았고 알았으니 주님, 저희는 속지 않습니다. 더 이상 눈에 보이는 것으로 두려워하지 않습니다. 주여, 믿습니다" 이렇게 믿음 편에 설 만한 근거가 충분하지 않은가?

이스라엘 자손들은 10가지 재앙으로 바로의 권세를 완벽하게 깨뜨리신 하나님의 전능도 알고, 신실하게 약속을 이루시고 그들을 건져내신 하나님의 주권도 알았다. 그러나 두려운 실제 상황이 닥치자 하나님이 어떤 능력을 베푸셨는지 하나님의 권능은 오간 데가 없고 그들이 알고 있던 하나님에 대한 지식도 전혀 도움이 안 되는 채 그들 자신의 악한 실체를 고스란히 드러냈다.

"봐라, 모세! 우리가 이야기했잖느냐. 우리를 내버려두라. 우리가 애굽 사람을 섬길 것이라 하지 않더냐. 그들을 섬기며 노예로 사는 것이 이 광야에서 죽는 것보다 낫겠다."

이 말을 잘 들어보라. 그들 내면의 실체는 바로 '두려움'이었다.

3. 두려움

죄의 노예근성

두려움은 노예근성에 근거한다. 야곱의 가족이 애굽에 정착한 지 430년이 지났다. 그 세대는 이미 다 죽었고 지금 출애굽의 주역들에게 자기 민족의 역사란 (우리가 성경을 과거의 역사나 이야기 정도로 듣듯이) 조상들로부터 간간히 들은 아브라함과 이삭과 야곱의 이야기요 지식일 뿐 그들의 현실이 아니었다.

애굽에 10가지 재앙이 일어날 때도 솔직히 그것은 재앙을 당한 애굽 사람들에게나 실감나는 이야기다. 재앙이 애굽 전역을 덮칠 때에도 이스라엘 백성들은 그것을 구경만 하고 뉴스로 듣기만 했다. 하나님께서 이스라엘 백성들이 살던 고센 땅을 보호하셨기 때문이다. 애굽에서는 실제로 우박이 떨어지고 개구리가 밥상 위로 뛰어오르고 천지에 이가 들끓어도 고센 땅에 있던 이스라엘 백성들에게 그것은 그저 들려온 소문이지 그들의 실제 상황이 아니었다는 것이다.

하나님께서 우리를 지옥불에서 건져주셨다. 이것이 얼마나 어마어마한 이야기인가? 세상에서 사형 언도를 받았는데 특별 사면을 받아 출옥했다고 해도 얼마나 생생하고 실감이 나는가? 하물며 하나님께서 우리를 저 영원한 지옥불, 흑암의 권세에서 건져내사 그의 사랑의 아들의 나라로 옮기셨다. 우리는 이것을 예배 때마다 고백하고 설교 때마다 가르치고 배운다. 교회에서 날마다 듣고 이제 지겨워서 거의 말도 하지 않는다. 하나님, 복음, 구원이라는 이 어마어마한 주제와 사건이 처음 예수 믿을 때 세례 문답용 또는 신학교 강의에서나 한 번 언급될 뿐 우리에게 전혀 실제가 되지 않는 것이 현실이다.

그런데 하나님께서 애굽의 권세를 깨뜨리시고 그분의 권능으로 이스라엘 백성을 구해내신 명확한 실제와 같이 이스라엘 백성에게도 그들에게 실제가 되는 상황이 눈앞에 펼쳐졌다. 애굽에서 나와 홍해 앞에 섰을 때 그 다급해진 상황이야말로 그들에게는 그들 자신과 상관이 있는 실제였으며, 그때 비로소 그들의 노예 된 실체가 드러났다.

"거봐, 이럴까봐서….”

"어쩐지 나오기 싫더라. 이런 일 당할까봐."

하지만 지금 그들이 이렇게 말한다고 해서 속을 일은 아니다. 출애굽기 3장에서 하나님은 그들의 부르짖음이 하늘에 상달되었고 그들을 괴롭히는 애굽 사람들의 학대도 분명히 보았다고 말씀하신다. 그들이 구원해달라고 기도했다는 것이다. 그러면 애굽의 노예생활을 하며 복음을 절박하게 필요로 했던 이스라엘 백성들, 출애굽의 수혜자였던 그들의 반응은 도대체 무엇인가? 단적으로 복음은 좋은데 복음에 따르는 대가는 싫은 것이다. "싫다고 안 했느냐? 왜 우리를 그냥 두지 않았느냐? 매 맞고 개돼지처럼 살아도 밥은 먹고 살 수 있었는데 왜 끌고 나와 여기서 죽게 하느냐?" 그러면서 악을 쓰고 덤벼들었다. 지금 당장 괴로운 그것이 싫은 것, 이것이 바로 노예근성이다.

노예생활도 살아서 숨이 붙어 있는 동안에는 그럭저럭 살 만하다. 노예를 다뤄서 쓰려면 채찍만 가지고는 안 된다. 당근도 줘야 한다. 채찍과 당근이 항상 함께한다. 그런데 이렇게 채찍과 당근을 번갈아 당하게 되면 그들 안에 두려움이 생긴다.

"너 말 안 들으면 죽어!"

하나는 채찍에 맞을까 그거 당할까봐!

"잘못하면 안 줘!"

다른 하나는 비참한 노예생활이지만 한 번씩 주어지는 달콤한 당근, 그거 뺏길까봐!

노예를 다루는 가장 근본적인 에너지가 '두려움'이다. 결국 주인이 원하는 것은 노예가 이 두려움을 계속 유지하도록 하는 것이다. 두려움에 발목 잡힌 채 완벽하게 노예로 살아가게 만드는 것이다. 당할까봐 두렵고 뺏길까봐 두려운 이것이 두려움의 도구이자 노예근성의 근거이다.

그럭저럭 살 만한 세상

노예로 살아도 그중에 건장하고 근육질인 사람은 십장(什長)은 해먹을 수 있다. 십장은 꽤 괜찮은 자리다. 멀리 있는 바로보다 당장 눈앞에 있는 십장 권세가 더 대단하다고, 사람들은 십장에게 술 담배도 갖다 바친다. '노가다 십장 권세'라는 말이 있을 정도다. 나처럼 노숙자로 지내본 사람은 잘 안다.

이렇게 같은 이스라엘 백성이라도 십장 된 사람은 노예생활도 괜찮다. 애굽의 부잣집 종으로 성공할 수도 있다. 한 걸음 더 나아가 노예가 노예를 다스리게 하기 때문에 애굽 편에 서서 동족을 등쳐 먹으며 호의호식하는 놈도 있을 수 있다. 일제 강점기에 친일파처럼 말이다. 그러니까 노예라고 다 비참한 것이 아니다. 애굽의 화려하고 음란한 문화의 부스러기 주워 먹기에 괜찮고 눈요기도 괜찮고 체질화된 애굽의 생활도 꽤 살 만했다. 이것이 바로 노예로 살다가 노예로 죽는 이스라엘의 모습이었다.

이 애굽이 오늘날의 세상을 예표한다고 본다면 똑같은 원리가 작동한다. 세상에서 죄의 노예로 태어난다. 죄의 비참한 현실로 이 땅에서 죄인으로 살아간다. 그런데 죄인에게도 등급이 있단다. 좀 더 깨끗한 죄인, 흉악한 죄인, 촌스러운 죄인, 세련된 죄인을 따지며 그 알량한 의(義)로 다른 사람을 판단하고 정죄하며 자신은 좀 나은 것처럼 엄청 분위기 잡고 살다가 죽는 인간도 있다. 그렇지만 다 똑같이 죄의 노예로 살다가 죽기에 별 차이가 없다.

그중에 좀 성공(?)하기도 한다. 사탄의 종노릇으로 의기양양 권세 부리고 사는 동안에는 천국이 부럽지 않다. 영원을 사모하지도 않는다. 세상이 주는 짜릿하고 달콤한 맛, 끈적끈적한 유혹, 우리의 눈을 채우고도 남는 수많은 볼거리들…. 죄와 싸우려고 노력하기보다는 차라리 죄에 순응하고 적당히 위장하고 슬쩍슬쩍 양심을 속여 가며 살아가기에 세상도 괜찮다. 우리가 복음 앞으로 가려고 하면 가장 어렵고 또 슬퍼지는 우리의 정서 맨 밑바닥에는 이 기막힌 세상을 마저 포기하고 어떻게 사나 하는 두려움이 있는 것이다.

"복음학교에 가면 나는 변하고 말 거야!"

복음학교에 간다 그러면 뭔가 비장한 마음이 든다. 기쁜 것이 아니라 슬프고, 심지어 세상이라도 하직할 것 같은 이상한 마음이 우리 안에 있다.

"눈물 없이 못 가는 길, 피 없이 못 가는 길…."

이제 주의 종의 길을 걷기로 했다는 말은 마치 '나 이제 재미는 다 끝났네. 드라마도 못 보고 세상의 화려한 명품도 눈치 봐야 되고. 꼭 그렇게 살아야 돼? 구질구질하게 그렇게 살아야 돼?' 이렇게 화가 나고 속이 상한 것처럼 들린다. 예수님처럼 살기로 결정하는 순간, 그 단순한 삶을 선택하는데 시작도 하기 전에 벌써 마음이 슬퍼진다. 수많은 각오와 결심에도 불구하고 "변하지 않았다", "넘어졌다"라는 이야기는 결국 세상이 주는 짬밥, 잡다한 부스러기 놓기가 그렇게 서럽고 아쉽다는 것이다.

육신의 정욕과 안목의 정욕과 이생의 자랑으로 그저 이 땅에서 잠깐 하루살이처럼 살기에는 세상도 지낼 만하다. 만약에 하나님도 안 계시고 심판도 없고 영생도 없다면 말이다. 그러나 문제는 하나님도 계시고 심판도 시퍼렇게 우리를 기다리고 있고 영원한 운명 또한 우리 앞에 분명히 놓여 있기 때문에 마냥 세상에 적응해서 사는 것만이 능사가 아니라는 사실이다.

하나님은 오랜 역사 가운데 주님이 언약하시고 스스로 언약을 지키시며 준비하시어 그들의 엄청난 구원을 이루어주셨는데, 그들은 고작 홍해 사건이 한 번 실제가 되자 그들의 실체를 여실히 드러낸 것이다. 몸은 구원받았으나 그들은 여전히 노예였다. 하나님의 큰 구원이 그들을 위해 준비되었으나 그들에게는 한 번도 하나님의 구원과 축복의 복음이 자기 것, 실제가 된 적이 없는 노예요, 이 노예근성에서 벗어나고 싶어 하지 않는 노예였다. 이것이 끔찍한 것이다.

비참한 운명 그러나 주님의 약속

이 두려움은 죄의 노예로 태어난 우리에게 평생의 숙제다. 우리 일생에 많은 문제가 있지만 사실 그 뿌리는 죄가 가져다주는 두려움이다. 그중 하나가 과거에 대한 두려움이다.

'나 이거 드러나면 어떻게 하지? 무덤까지 가져가야 되겠는데….'

자신의 오늘이 있기까지 자신의 삶을 이루어 온 지난날 때문에 늘 마음이 켕기고 쭈뼛쭈뼛한가? 도무지 과거에서 자유로울 수 없는가? 나의 부끄러운 출생, 지울 수 없는 과오, 지나온 흔적들…. 잊었나 싶고 치유받았나 싶다가도 기회만 되면 내 영혼을 갈고리로 꿰어 질질 끌고 다니는 떨쳐지지 않는 이 두려움의 죄책감….

복음이 자신에게 실제가 되지 않는다면 복음은 정말 아름답고 너무 좋은데, 나는 그것을 바라보기만 하다가 비참하게 죽게 된다. 제아무리 복음을 안고 다니고 이고 다니고 지고 다녀도, 다른 사람에게 복음을 전해서 그 사람은 구원받는데, 나는 그 복음을 멀리서 바라보기만 하는 쓸쓸한 가슴, 설명할 수 없는 허탈감, 그러다가도 다시 나는 거룩하고, 나는 괜찮고, 나는 행복하고, 전혀 문제없는 사람인 것처럼 다른 사람을 걱정해주고 다른 영혼을 위해 기도해주는 삶을 사는….

외치는 말은 너무 아름답고 화려한데 나 자신에게는 아무 의미 없는 메아리가 되어 작은 절망과 도전만 와도 털썩 주저앉아 일어날 수 없었던 자신의 실존을 본 적은 없는가? 복음을 안 믿는 것도 아닌데, 부정할 수도 없는데, 운명처럼 받아들였고 부르짖으면서 사는데, 그 복음이 나의 실제가 되지 않는 비참한 실존. 애굽을 10가지 재앙으로 때려눕힌 전능하신 하나님을 뻔히 알고 있으면서 당장에 바다 물결만 출렁여도 흔들려버린다. 내 가족의 질병 앞에 흔들리고, 사람들의 얼굴 표정에 흔들리고, 세상이 주는 두려움에 흔들려서 홍해 앞에서 악다구니를 쓰는 이 모습이 과연 남의 이야기인가?

그런데 주님이 우리의 이 두려움에 대해 잘 아신다. 우리가 복음을 누리지 못하는 가장 큰 이유가 두려움이라는 것을 아신다. 주님은 우리를 이 노예근성으로부터 구원해주셨다.

14 자녀들은 혈과 육에 속하였으매 그도 또한 같은 모양으로 혈과 육을 함께 지니심은 죽음을 통하여 죽음의 세력을 잡은 자 곧 마귀를 멸하시며 15 또 죽기를 무서워하므로 한평생 매여 종노릇 하는 모든 자들을 놓아주려 하심이니 히 2:14,15

우리와 동일한 두려움, 연약함, 배고픔, 모든 육체의 한계를 똑같이 입으시고 주님이 이 땅에 오신 목적은 죽음을 통하여 죽음의 세력을 잡은 자, 마귀를 멸하시기 위해서다. 또 죽기가 무서워서 이거 떠나면 죽는 줄 알고, 저거 사라지면 모든 재미가 없어지는 줄 알고, 전전긍긍하며 일생 종노릇하는 모든 자들을 놓아주려고 오셨다. 주님은 우리를 두려움에서 벗어나게 해주겠다고 약속하셨다.

두려워 말라

두려움이 무엇을 누리지 못하게 하는지 전도서 6장은 비극적인 인생의 모습을 이렇게 표현한다.

> 어떤 사람은 그의 영혼이 바라는 모든 소원에 부족함이 없어 재물과 부요와 존귀를 하나님께 받았으나 하나님께서 그가 그것을 누리도록 허락하지 아니하셨으므로 다른 사람이 누리나니 이것도 헛되어 악한 병이로다 전 6:2

하워드 휴즈라는 미국의 유명한 백만장자가 말년에 우울증에 걸려서 사람도 만나지 않고 깡통 음식만 먹다가 호텔에서 죽었는데 그 사인(死因)이 영양실조였다는 일화가 있다. 모든 재물과 부요와 존귀를 하나님께 다 받고도 그것을 누리지 못하는 것을 볼 때 잠깐의 육신도 이토록 비참한데, 영적으로 말하면 우리는 하나님이 주시는 어마어마한 복음을 다 알고 받고 이것으로 다른 사람들을 부요케 하면서도 정작 자신은 그것을 전혀 누리지 못하고 있는 것이다.

"나를 제발 그대로 두라. 복음 복음 이야기하지 마라. 십자가 얘기 좀 하지 마라. 유별스럽게 복음 복음 해봤자 어차피 그대로 살 수도 없고 늘 넘어지고 자빠지는데 제발 그대로 두라. 하나님이 주신 복음 말고 적당한 복음으로 그냥 살게 내버려두라. 하늘나라 유명한 높은 자리는 그때 가봐야 아는 거고, 지금은 내버려두라. 광야에서 죽으니 애굽에서 종살이하며 사는 게 낫지 않느냐. 내버려두라."

심히 두려워서 부르짖는 그들에게 주님은 모세를 통해 자신의 백성들을 초청하신다.

모세가 백성에게 이르되 너희는 두려워하지 말고 가만히 서서 여호와께서 오늘 너희를 위하여 행하시는 구원을 보라 너희가 오늘 본 애굽 사람을 영원히 다시 보지 아니하리라 출 14:13

주님의 초청이 임한다.

"두려워 말라. 가만히 있으라. 그리고 하나님의 구원을 보라."

복음학교 내내 주님의 이 초청을 결코 잊지 말라. 일생 두려움의 종노릇하던 우리의 심령에 가장 끔찍한 두려움이 있다. 그 기막힌 복음의 영광을 바라보면서, 그것을 부인할 수 없이 믿는다고 하면서도 발을 떼지 못 하는 단 한 가지 이유! 교리를 몰라서가 아니다. 학위도 받았다. 그렇지만 내가 고백한 복음이 내게 실제가 되지 않는 영혼의 목마름, 이 목마름으로 목말라 죽을지언정, 애굽의 종살이하다가 죽을지언정 "날 내버려두라, 못 간다, 두렵다. 난 못 간다"라고 하는 이것이 복음으로 평생 살고, 다른 사람에게 은혜까지 끼치는 사람조차 넘어서지 못하는 두려움의 실체다.

그러나 주님의 음성을 들으라. 두려워 말라. 다 해봤자 한 번 죽는 것이다. 어차피 죽을 인생, 이 죽음이 두려워 평생 수없이 많은 죽음을 당하며 끌려다니다가 비참하게 영원한 죽음을 맞이할 것인지, 두려움이 목을 조여 오고 심장을 조여 오지만 한 번 죽고 죽음을 넘어 영원한 자유인이 될 것인지 결단해야 한다. 둘 중 하나다. 잊지 말고 속지 말라. 주님의 음성에만 귀를 기울이라. 두려워 말라. 주님이 말씀하신다. 두려워 말라.

완전한 복음 vs 평범한 삶

두려움이 온다는 사실은 결국 깨닫지 못했다는 말이다. 복음이 존재하지 않으면 몰라도 복음이 존재하는데 여전히 두려움의 종노릇한다는 말은 어떤 의미인가? 주님이 주신 복음은 실재이며 능력이 충만하며 완전하며 영광스러운 것이다. 하나님은 우리에게 완전한 복음을 주셨다. 그런데 그것을 받는 우리가 두려움에 종노릇하고 심지어 복음을 거부하면서 이렇게 말한다.

"나를 내버려두라. 복음은 좋은 얘긴데 그렇게 어려운 대가가 있다면 나는 따르기 싫다. 부활은 좋지만 십자가를 통과해야만 누릴 수 있다면 그렇게까지 못 산다. 그럴 자신이 없다. 그런 건 신령한 사람들이나 살라 그리고 난 그렇게는 못하겠다."

오늘날 평범한 삶을 고집하는 사람들에게 제자도(弟子道)의 일문(一門)을 가르치려고 해보라. 무엇보다 가장 어려운 것이 제자를 만드는 것이다. 미국의 영향력 있는 교회인 윌로우크릭교회의 빌 하이벨스 목사가 이런 고백을 한 적이 있다.

"지금까지 우리는 사람을 모으는 데는 성공했는지 몰라도 예수 그리스도의 참된 제자를 만드는 일에는 실패했다."

윌로우크릭교회에서는 수년간의 여론조사와 면담을 통해 한 가지 보고서를 발표했다. 예배, 성경공부, 소그룹, 전도 등 많은 프로그램을 진행했고 모든 교인들이 자발적으로 참여하도록 해서 교회는 부흥하고 성공했는지 몰라도 교인들을 제자로 만들지는 못했다는 것이다.

사람은 필요에 따라 움직인다. 따라서 필요를 충족시켜주기만 하면 사람은 얼마든지 몰려온다. 더욱이 교회만 사람이 모이는 것은 아니다. 사람 모이고 돈 모이고 건물 짓는 것은 세상에서도 많이 한다. 단 하나의 차이, 기준을 둔다면 그리스도의 제자를 만드느냐 못 만드느냐 하는 것이다. 그런데 죄의 장아찌로, 노예근성으로 살아가며 죄의 종노릇하는 자를 누가 감히 빼낼 수 있는가? 누가 감히 본질상 진노의 자녀이었던 우리를 하나님을 사랑하고 그분을 따르는 제자로 만들 수 있는가? 누가 감히 어떤 철학과 종교가 그렇게 할 수 있는가? 이것은 오직 하나님께만 가능한 일이다.

이 완전한 복음, 그렇게 할 수 있는 능력의 복음, 그 복음을 준비해 놓으신 분이 주님이시다. 이런 주님을 전하고 믿고 따르면서도 이 복음이 내게 실제가 되지 않는다면 너무 기막힌 일이다. 너무 안타까운 일이다. 내일까지 미룰 일이 아니라 오늘 결판을 내야 할 일이다.

어떤 두려움이 이 길을 막는다 해도 이것을 결코 놓칠 수는 없다. 없으면 몰라도 이미 있고 이미 주신 복음이라면 우리는 반드시 이 복음의 영광, 복음의 능력, 복음의 축복을 취해야만 한다.

그래서 우리에게 이 기도가 반드시 필요하다.

17 우리 주 예수 그리스도의 하나님, 영광의 아버지께서 지혜와 계시의 영을 너희에게 주사 하나님을 알게 하시고 18 너희 마음의 눈을 밝히사 그의 부르심의 소망이 무엇이며 성도 안에서 그 기업의 영광의 풍성함이 무엇이며 19 그의 힘의 위력으로 역사하심을 따라 믿는 우리에게 베푸신 능력의 지극히 크심이 어떠한 것을 너희로 알게 하시기를 구하노라 엡 1:17-19

오직 하나님의 영에 속한 비밀을 볼 수 있도록 우리 마음눈을 밝혀주시고, 지혜와 계시의 영을 주셔서 하나님을 알게 해주시고, 복음의 영광, 복음의 능력, 복음의 축복을 깨달아 알게 해달라고 구하라.

복음을 영화롭게 하라

두려움의 근원은 모른다는 것이다. 듣기는 들어도 깨닫지 못하는 것이다. 바라보이는 영광보다 내 앞에 있는 두려움이 더 크다는 것은 실상을 잘 모르기 때문이다. 결국 사람들이 두려움에 빠진 채 복음에 올인(all in) 하지 못하고 복음의 실제를 경험하지 못하는 이유는 무지(無知)에서 온다. 첫째, 복음을 모른다는 것이고 둘째, 지금 우리가 살면서 붙들려 있는 이 세상의 실체를 모르는 것이다. 복음은 우리를 이 세상에서 건져내었다. 그런데도 우리가 이 세상의 실체를 모르니 이 세상이 주는 안락함이나 세상이 주는 것, 세속의 가치를 버리지 못하는 것이다. 심지어 주(主)의 일을 한다고 하면서도 말이다.

선교지에서 우울증 걸린 선교사님들을 꽤 보았다. 우울증은 반드시 이유가 있다. 우울하게 만드는 스토리를 완벽하게 가지고 있다. 우울증을 앓는 분들을 가만히 보면 대부분의 경우 그 기준이 복음만으로 만족하지 않는다는 것이다. 복음이 전혀 실제가 된 적이 없으면서 우울하다는 것이 대부분 비교의식이나 자기연민에 기인한다. 그래서 우울증은 병이 아니다. 우울증이라고 병명을 말하는 것 자체가 부끄러운 일이다. 우울증은 회개해야 할 죄다. 복음의 빛 앞에 나오면서 무슨 우울인가? 복음인데! 복음은 기쁜 소식이다. 예수 그리스도께서 기쁜 소식인데 그 예수님을 모시고 살면서 우울증이라니! 예수님이 우울증에 걸리셨다면 몰라도, 예수님이 우리의 기쁨이 되셨는데, 살든지 죽든지 내 몸에서 그리스도가 존귀하게 되기만 하면 나는 기뻐하고 기뻐하는 이것이 복음인데, 그 복음이 내게 실제가 됐다면 무엇이 우리를 흔들 수 있겠는가. 따라서 우리가 이 복음을 제대로 듣고 알기만 하면 더 이상 이런 어리석은 짓은 하지 않게 되는 것이다.

그러면 어떻게 복음을 듣고 아는가? 그냥 지식으로 신학적으로 동의하고 알고 가르치고 선포한다고 해서 그것이 내 삶에 실제가 되지 못한다는 것은 이미 알 것이다. 10가지 재앙으로 애굽을 이기신 하나님의 능력도 이스라엘 백성에게 실제가 되지 못했고, 출애굽이라는 역사적 사건도 그들의 실제가 아니었던 것처럼 이 비극이 우리에게도 존재할 수 있다. 내 안에 진짜 실제 노릇을 하고, 나를 움직이게 하고, 내 목을 틀어쥐고 끌고 가는 실세(實勢)가 있지 않는가? 고백은 하나님께서 나의 왕이라고 하는데, 진짜 나를 움직이는 실세는 무엇인가? 세상인가, 하나님인가? 나인가, 주님인가? 이것을 정직하게 묻고 대답해봐야 한다.

성경은 우리가 복음을 깨닫고 아는 길을 애매모호하게 말하지 않았다. 명확하게 말씀하신다. 그 길로만 가면 복음은 중 염불이나 관념이 아닌, 우리를 움직일 수 있는 실제적인 앎이 되게 하신다. 그렇게 하지 않으셨다면 주님은 잔인하신 분이다. 그러나 우리를 초청하신 주님은 복음을 아는 명확한 길을 예비해놓으셨다. 이제 우리는 바로 그 길로 나아갈 것이다.

복음학교의 주제는 "복음을 영화롭게 하라"이다. 우리가 짓밟고 우리가 무시했던 복음, 우리의 야망 성취를 위해 도구로 써먹었던 복음, 나의 알량한 의(義)를 변호하기 위해 치장했던 복음, 그러나 나 하나도 움직일 수 없었던 복음, 무기력하고 별 볼 일 없는 복음이 아니라 복음은 복음의 원래 자리를 차지해야 하고 최고의 경배를 받아야 한다. 중 염불만큼도 실제가 되지 않는 복음, 나를 움직일 수 없는 복음, 눈곱만한 자존심 하나 복음 때문에 포기할 수 없는 그런 맥 빠진 복음, 말만 무성하고 신학적 지식에 머물러 있는 죽은 복음, 이런 복음은 애당초 없었다. 복음은 이론과 실제가 따로 할 수 없기 때문이다. 이 생명의 복음 앞에 전심으로 부딪치면 단 한 가지 고백을 할 수 있다.

나의 고백

나는 망한 술집 아들로 태어났다. 교회 '교' 자도, 예수 '예' 자도 들어보지 못한 불행한 가정에서 자랐다. 세상의 육체적 향락을 마음껏 탐닉하신 아버지가 술, 여자, 쾌락, 돈에 미쳐 사시다가 처자식도 없는 사람처럼 비참하게 돌아가시자 아버지의 죽음과 함께 중학생이던 나와 우리 가족은 방 한 칸 없이 뒷골목으로 내던져졌다. 술, 마약, 살인, 음란이 일상인 뒷골목 거리에서 나는 어리고 민감한 시기를 짓밟힌 채 자라났다. 아무 소망 없는 철벽같은 세상 앞에 나는 너무 왜소했고 누구를 불러야 하는지, 누구에게 도움을 청해야 하는지 한 번도 들어본 적 없는, 잃어버려진, 세상이 거들떠보지 않는, 비참한 망한 술집 아들놈이었다.

굶주림과 소외감, 끝없는 원망으로 내가 나를 용서하거나 사랑할 수 없어 자학증에 시달리던 청년 시절, 주님의 특별한 간섭, 설명할 수 없는 하나님의 섭리로 주님이 내 인생에 찾아오셨고 누구로부터 문장으로도 들어보지 못한 이 한 마디를 깨닫게 하셨다.

"내가 널 사랑한다. 하나님이 널 사랑한다."

생전 처음 들어보는 조물주의 말이었다. 인간 명인(名人) 명장(名匠)도 작품을 만들다가 불량품이 나오면 자기 명성에 해가 될까봐 아예 깨서 그 흔적을 없애버리는데, 천지의 완전하신 창조주 하나님이 가장 불량품인 나를 사랑해서 당신의 하나뿐인 아들을 내주셨다는 이야기에 더 이상 어떤 설명이 필요하지 않았다. 나는 내 부모에게도 사랑한다는 말을 들어본 적이 없다. 부를 이름도 부를 대상도 생각하지 못하고 자살에 실패해서 자학하며 괴로워하던 내가 주님에게 처음 들은 이 말, 천지를 창조하신 조물주가 계시다는데 그 조물주가 피조물 중에서 찌그러진 불량품 한 놈을 사랑하다 미쳐서 하나밖에 없는 독생자를 주셨다는 이 말이 설명도 없이 내 마음에, 너무나 가난해진 내 마음에 실제로 믿어지기 시작했다. 홀랑 미쳤다. 긴 말이 필요치 않았다.

주님이 한 마디 덧붙여서 말씀하셨다.

"넌 재수 없이 망한 술집 아들놈이 아니고, 내가 너를 대신해서 죽을 만큼 내게 소중한 놈이다."

두 번 말할 필요도 없고 더 이상의 진리가 필요하지 않았다. 그냥 감격이 됐다. 그날로 첫 마디를 주님 앞에 이렇게 드렸다. 기도도 할 줄 몰랐던 내가 그날부터 무소유(無所有)로 살겠다고 기도했다. 문자 그대로 주님밖에는 아무것도 더 필요하지 않다고 생각되었기 때문이다. 그때부터 지금까지 주님은 내 삶의 주인이 되셔서 내가 생명보다 더 사랑하는 나의 주님이 되어주셨고, 한 번도 실망시키지 않으셨고, 가족과 동역자를 주셨다. 자식 다섯 낳는 족족 선교사로 드렸다. 천국과 하나님이 사실이라면 하나님 앞에서 이것 외에 더 소중한 것이 없고, 세상 어떤 것도 이 일과 맞바꿀 수 없다고 믿고 있다. 그 주님은 우리 가족의 전부가 되셨고 실제가 되셨고 지금도 우리 가족의 고백이자 유일한 근거가 되신다.

첫 아들 장가를 보내면서 준비된 것이 아무것도 없었다. 문자 그대로 무소유니까 선교사 될 건데 집 가질 이유 없고, 잠시 살 집은 누군가 몇 달 허락해주었고, 최소한도로 결혼식을 치렀는데 풍성하고 넘치도록 채워주셨다. 앞으로도 무소유로 살 것이며, 주님 다시 오실 그날이 살아 있는 실재보다 더욱 실제인 그런 삶을 살고 있다.

가족과 함께 나눈 나의 다짐이 있다. 첫째 아들의 선교지를 방문하고 돌아오면서 아들에게 카드를 써주고 왔다.

"사랑하는 아들아, 우리 땅 끝에서 죽어 하늘 복판에서 만나자."

이것이 나의 고백이자 주님이 이 땅의 모든 영혼들에게 동일하게 받으실 고백이라고 생각한다.

사랑하는 여러분, 두려움에 매여 종노릇하던 우리를 이 영광스런 복음 앞에 불러주셨는데, 이 엄청난 복음 앞에 서 있으면서도 우리에게는 여전히 현실적인 두려움이 있다. 우리는 출렁이는 홍해 바다 앞에 서 있다. '다시 애굽으로 돌아갈까? 어차피 너무 거창하고 위대한 그 복음 속으로 들어갈 자신은 없다. 나는 그냥 평범하게 살고 싶다. 주저앉고 싶고 슬그머니 타협하고 싶다' 이렇게 생각하고 있는 우리에게 주님의 호령 소리가 들려온다.

"사랑하는 아들아, 내 딸아. 두려워하지 마라. 결코 두려워하지 마라. 너 가만히 서 있어라. 네가 뭐 하려고 하지 마라. 피하지 마라. 기웃거리지 마라. 오직 너, 눈을 들어서 너를 부른 나를 보라. 나를 보라. 너는 나의 전부다."

그리 말씀하신 하나님 아버지께서는 2천 년 전 갈보리 언덕에 당신의 아들을 실제로 매달고 외치셨다.

"내가 너를 구속하노라. 두려워 말라."

좋으신 주님은 두려워 떠는 우리를 홍해로 밀어 넣으시는 분이 아니다. 우리를 억지로 끌어와서 외로운 선교지에 처박아놓는 그런 하나님은 없다. 주님을 사랑하다 미쳐서 누가 말려도 막을 수 없는 사랑으로 뛰쳐나가게 만드시는 분이지 주님은 결코 잔인한 군주가 아니며 냉정한 의붓아버지가 아니다. 아들의 생명을 내어주기까지 우리를 사랑하시는 분이다. 주님에게 우리는 허상이 아니라 실제였다. 그런데 내게 주님은 어떤 분이었는가? 혹시 허상은 아니었는가? 아무런 도움도 줄 수 없는 이름뿐인 아버지는 아니었는가?

주님 앞에 오직 주님의 사랑을 받는 자로 서라. 복음으로 만나라. 전심으로 달려오신 주님을 전심으로 만나라. 생명으로 오신 주님을 생명으로 만나라. 우리에게는 주님이 필요하다. 부르다가 죽을 그 이름, 영원히 부를 그 이름만 부르며 간절히 나아가자.

- 복음(福音)은 우리에게 행복을 주고 싶으셔서 하나님이 주신 '기쁜 소식'이다.

- 복음은 인생의 해답이다. 이 복음을 듣지 못한 사람은 인생 자체가 방황한다.

- 복음은 예수와 구원에 관한 이론이 아니라 예수 그리스도시다.

- 복음은 이론 따로 실제 따로일 수 없는 진리이다. 나를 움직이는 실제적인 앎이다.

- 복음이 있어도 여전히 두려움에 종노릇한다면 복음을 모르고, 내가 붙들린 이 세상의 실체를 모르기 때문이다.

- 이 생명의 복음은 원래의 자리를 차지하고 최고의 경배를 받아 영화롭게 되어야만 한다.

...

주님만 기대합시다!

복음과 전심

우리가 복음을 아는 길에 가장 중요한 원리가 있는데, 그것은 복음에 참여하는 우리의 태도이다. 복음을 알도록 허락하신 약속의 말씀을 찾아보자.

> 그를 높이라 그리하면 그가 너를 높이 들리라 만일 그를 품으면 그가 너를 영화롭게 하리라 잠 4:8

복음에 참여하는 태도

1. 전심의 태도

만남에는 법칙이 있다. 전심은 전심을 통해서만 만날 수 있고 생명은 생명을 통해서만 만날 수 있다. 반쪽자리 반심(半心)을 가진 자는 전심(全心)을 가지고 나온 사람이 전심의 사랑을 준다 한들 받을 수 없고 누릴 수 없다. 목숨 걸고 생명 주는 사랑은 복권이 당첨되기 바라듯 '한번 받아볼까?' 하고 나오는 태도로는 받을 수 없다.

> 나를 사랑하는 자들이 나의 사랑을 입으며 나를 간절히 찾는 자가 나를 만날 것이니라 잠 8:17

복음 앞에 서는 우리 편의 태도는 전심의 태도이다. 그러니 '한번 만나볼까?', '한번 들어봐?' '한번 따져볼까?' 이렇게 전심의 심령이 준비되지 않은 자에게 하나님은 하나님의 전심을 부으실 수 없다.

> 거룩한 것을 개에게 주지 말며 너희 진주를 돼지 앞에 던지지 말라 그들이 그것을 발로 밟고 돌이켜 너희를 찢어 상하게 할까 염려하라
>
> 마 7:6

예수님은 개나 돼지에게 진주를 던지지 말라고 말씀하신다. 개나 돼지에게 진주를 주면 이빨로 와드득 씹었다가 "무슨 이따위 음식이 있어?" 하고 뱉어버릴 것이다.

개돼지에게 진주가 아무 의미가 없듯이 전심이 아닌 심령에게, 생명이 아닌 사기적인 심령에게 하나님의 전심이 담긴 생명의 복음이 결코 보화처럼 깨달아질 수 없다는 것이다. 복음이 내게 전혀 실제가 되지 않는 한 가지 이유는 복음만큼, 복음의 가치와 내용만큼 우리가 복음에 목숨을 걸지 않기 때문이다. '한번 알아볼까?', '연구 좀 해볼까?', '학위 좀 따볼까?' 이런 사람에게 복음이 깨달아진다는 것은 언어도단이며 있을 수 없는 일이다. 날 한 번 감동시켜보라는 태도를 가진 오만방자한 사람에게 허락될 생명의 복음은 없다.

복음의 초청에는 분명한 전제가 있다.

> …누구든지 목마르거든 내게로 와서 마시라 요 7:37

…너희 모든 목마른 자들아 물로 나아오라… 사 55:1

우리는 모든 사람이 복음을 들을 수 있도록 노력해야 한다. 단 오해하지 말아야 한다. 복음을 싸구려로 억지로 밀어 넣거나 팔아먹으려고 애쓰지 말라. 주님은 그런 명령을 하신 적이 없다. 배고픈 사람에게 먹을 것을 권하고 목마른 사람에게 생수를 주어야지, 목구멍까지 찬 사람에게는 산해진미(山海珍味)를 주어도 신경질을 낸다. 주님의 만남의 법칙은 철저하다. 전심을 요구하는 것이다. 복음이 나의 살길이라고 믿는다면 전심을 다해 필사의 각오로 복음 앞에 나오라.

2. 전심의 방향

그러면 나의 전심이 어디를 향해 있는가? 복음은 이미 우리에게 주어졌는데 우리가 복음을 누리지 못한다면 이유는 단 한 가지다. 내 전심을 복음에 두고 있지 않다는 것이다. 마음을 다하고 목숨을 다하고 뜻을 다하고 힘을 다해 복음을 사랑했다면 주님 위해 사는 일이 절대 억지나 죽지 못해 하는 일이거나 이론 따로 실제 따로 그런 일은 있을 수 없다. 내 마음에 실제로 무엇이 작동하는지는 내가 움직이는 것을 보면 알 수 있다. 실제로 나를 이끌어 가는 것이 무엇인지 보면 내가 무엇을 믿는 자인지 정확히 알 수 있다. 내가 어디에 속했는지, 누구를 따라가는지, 누구를 사랑하는지, 누구에게 미쳤는지 변명의 여지없이 정확히 드러난다.

주님은 우리의 전심에 대해 이렇게 말씀하셨다.

너희 보물 있는 곳에는 너희 마음도 있으리라 눅 12:34

결국 내 가치관이 향해 있는 곳에 내 마음이 가 있다는 것이다. 학벌에, 돈에, 사람에 미쳐 있으면 오직 그것을 얻기 위해서라면 거기에 온통 내 순정 내 청춘 모두 바쳐도 전혀 아깝지 않고 피곤치도 곤비치도 않은 반응이 나오는 것이다. 그래서 내 전심은 지금 어디 가 있는가?

마태복음 13장에서 주님은 천국이 절대 관념의 세계가 아니고, 중염불하는 종교나부랭이가 아니라, 우리가 이 땅에 발 붙이고 사는 것보다, 호흡하는 것보다 훨씬 더 실재(實在)이며 실존(實存)이라고 말씀하셨다. 주님은 천국이 밭에 감추인 보화와 같다고 하셨다. 그 보화를 발견한 사람은 즉시 자기의 모든 소유를 팔아 그 밭을 사고야 만다. 그러니까 우리가 '천국'을, '복음'을, '예수님'을 실제로 밭에 감추인 보화만큼만 발견했다면 다 팔아서 그 밭을 사는 것이 너무나 당연하다.

밭에 감추인 보화를 발견한 사람과 마찬가지로 내 마음이 보물이 있는 그곳에 쏟아지면 그다음에는 긍정의 힘이나 적극적 사고방식 따위 필요하지 않다. 보화를 발견한 사람이 돌아가서 편안히 발 뻗고 잘 수 있을까? 아마 심장이 터질 것처럼 벌렁거려서 잠이 오지 않을 것이다. 보화를 얻기까지 우리는 모든 생각, 모든 가치, 자신의 온 마음을 보화에 쏟을 것이다.

3. 전심의 세 가지 법칙

내 전심을 복음에 드리고 있지 않다면 그 전심을 어디에 드리고 있는가? 전심을 이루는 세 가지 법칙이 있다.

① 우선순위

우선순위를 보면 내 전심이 어디 있는지 알 수 있다. 게임, 축구, 친구, 연애, 외모, 대학, 취업? 내 삶의 우선순위를 어디에 두는지 보면 내 전심이 어디를 향해 있는지 알 수 있다.

② 초점집중

앉으나 서나 자나 깨나 무슨 일을 해도 어떤 말을 해도 어떤 경우에도 돈에 미친 사람은 관심사가 항상 돈과 연결되어 있다. 온통 돈에 집중되어 있다. 자아성취에 몰두하는 사람은 주님의 일도 명분일 뿐 절대 실제가 아니다. 앉으나 서나 자나 깨나 어떻게 줄 잘 서서, 어떻게 사람들이 요구하는 자격을 갖춰서, 어떻게 내가 원하는 자리에 올라갈까 오직 여기에만 관심이 있다. 그럴 때 저절로 힘이 난다. 초점집중이다.

③ 대가지불

우리가 대가지불하는 것을 보면 전심인지 아닌지 알 수 있다. 그것을 위해서라면 어떤 대가라도 치를 수 있다. 한국 사람들은 부모가 어떤 희생을 해서라도 자식을 좋은 대학에 보내고자 하는 학벌 극성을 말릴 길이 없다. 자식 교육을 위해서라면 가정이 깨어지는 기러기 가족도 불사한다. 이 일에 관한 한 엄청난 에너지와 집중력을 발휘한다. 결코 지치지 않는다. 물론 다 틀렸다는 것은 아니다. 하지만 그 열정만큼만, 대단한 각오와 희생을 감수하는 대학입시만큼만이라도 복음이, 천국이, 예수님이 실제였다면 한국 교회는 세상을 발칵 뒤집어놓고도 남았을 것이다.

한국 교회는 지금 기도하는 교회라고 말하기가 부끄럽다. 나도 기도원을 많이 다녔는데 7,80년대 공휴일, 연휴에는 기도원에 수만 명씩 발 디딜 틈이 없었다. 지금 한국 교회가 기도한다고 말하는 것은 이벤트로 간신히 끌어가는 수준이다. 그렇지만 교파를 초월해서 지금도 꺼지지 않는 기도 제목의 열기가 있으니 그것이 바로 대입 수험생을 위한 특별새벽기도회다.

그러면 묻겠다. 그렇게까지 좋은 대학 보내려고 하는 이유가 순수 학문과 진리 탐구를 위한 열정 때문인가? 정직히 말해 좋은 대학 들어가서 팔자 고치고 신분 상승하고 싶어서인가? 우리는 자기만족, 자기유익을 위해서라면 절대 피곤치도 곤비치도 않다. 우리가 가치를 인정한 그곳에 우리 마음이 있기 때문이다.

거꾸로 질문해서 이 놀라운 전심이 복음을 향했던 적이 있는지 묻고 싶다. 언제 복음이 내 삶에 최우선순위가 된 적이 있는가? 복음은 우리가 목숨 걸고 얻어야 할, 주님이 목숨 걸고 주신 복음이다. 주님께 복음은 우선순위, 초점집중, 대가지불의 최우선순위였다. "하나님이 세상을 이처럼 사랑하사 독생자를 주셨으니" 이것이 농담인가?

소설인가? 여러분은 복음을 위해 무엇을 드렸는가? 무엇을 희생했는가? 그래서 '복음학교'라는 한 사건을 마련하여 자신을 볼 수 있도록, 정말 열 일 제치고라도 복음 앞에 서는 일이 최우선순위가 될 수 있는지, 어려운 시간을 대가지불하도록 해보는 것이다. 이것을 통해 우리가 단회적이지만 우리의 중심을 살펴볼 수 있는 기회가 되는 것이다.

그 무엇보다 복음의 영광과 복음의 능력과 복음의 축복을 정말 알고 싶고 경험하고 싶은 열정이 있는가? 복음이 내 삶에 초점집중이었나? 어떤 대가를 치르더라도 생명의 복음을 얻기 원하고 정말 주님을 알고 싶은가?

> 20 나의 간절한 기대와 소망을 따라 아무 일에든지 부끄러워하지 아니하고 지금도 전과 같이 온전히 담대하여 살든지 죽든지 내 몸에서 그리스도가 존귀하게 되게 하려 하나니 21 이는 내게 사는 것이 그리스도니 죽는 것도 유익함이라 빌 1:20,21

나의 관심은 내가 무슨 취급을 받더라도 나를 통해 정말 그리스도와 복음이 영화롭게 될 수 있느냐 하는 것인가? 자나 깨나 앉으나 서나 주님을 생각하는가? 우리의 진짜 관심이 무엇인가? 냉정하게 말해서 우리가 정말 원하는 것, 그 일을 위해 대가지불해도 아깝지 않은 전심은 지금 어디에 가 있는가?

전심으로 나아가라

1. 복음을 복음답게 취급하라

복음을 만나기 위한 우리의 태도는 전심이며 복음학교에 임하는 태도 역시 전심이어야 한다. 복음을 만나기 위해 우리가 갖추어야 될 몇 가지 중요한 태도가 있다.

첫째는 복음을 복음의 가치답게, 복음답게 취급하라는 것이다. 복음 안에서 생명을 얻고자 한다면 우리도 생명을 걸어야 한다. 영생을 얻고자 하면 영생을 얻고자 하는 태도로 나와야 한다. 내용은 영생을 얻겠다고 하면서 태도는 어디 가서 복권 한 장 사는 식으로 '어디 한번 해볼까?', '이번에 못 받아도 어쩔 수 없지' 이런 태도로 임할 수는 없다는 얘기다. 그것은 행동이 말해주는 것이다. 복음의 지식으로 만족을 얻고자 한다면 복음학교는 잘못 선택했다. 복음이 정말 복음이라면, 적어도 복음이 어마어마한 내용이고 우리의 생명과 우리의 존재와 우리의 근원적인 문제를 해결해주는 복음이라고 믿는다면 거기에 걸맞은 태도를 취해야 한다.

중동에서 현지 지도자들을 위한 복음학교가 열렸다. 한국 선교사님들이 전부 스태프로 섬기는 결정을 내리고 시작한 복음학교였다. 그런데 복음학교를 시작하는 첫 시간에 전갈이 오기를, 선교사님 사모님이 피살되었다는 것이다. 이 상황에서 어떤 판단을 내려야 할지 순간 아찔했다. 그때 주님이 생각나게 해주셨다. '태도'의 문제였다. 어떻게든 결정해주기를 기다리는 선교사님들의 눈빛이 전부 나에게 집중되어 있을 때 주님께서 내 안에 이것을 선포하게 하셨다.

"사랑하는 여러분, 물론 이 일은 우리에게 큰 비극이며 아픔입니다. 그러나 지금 우리는 사모님 한 분의 죽음과 비할 데 없이 더 중요한 일을 하고 있습니다. 복음은 우리 하나님께서 2천 년 전 갈보리 언덕에서 당신의 아들을 잡아놓고 시작하셨습니다. 안 당할 일 당한 것처럼 왜 그렇게 놀라십니까? 태도를 분명히 하십시오. 처음부터 복음 앞에 설 때 우리는 목숨 걸고 서기로 했습니다. 흔들리지 마시고 최소한의 인원만 가서서 수습을 하십시오. 복음학교는 그대로 진행합니다."

우리는 아무 일도 없는 것처럼 복음학교를 진행했다. 목숨을 건 태도였다. 남의 일이라고 소홀히 생각한 것이 아니다. 그 후 터키에서 복음학교를 할 때는 잘 아는 말라티아 순교 사건(원리주의 무슬림들이 독일인 선교사 한 명과 현지 기독교 지도자 두 명을 칼로 난자하고 참수한 사건)이 일어난 지 얼마 되지 않았을 때였다. 그때 선교사님들 사이에서는 '칼'이라는 소리만 들어도 사지가 떨릴 정도로 공포 분위기가 가득했다.

중국에서 복음학교를 예정해놓았을 때도 공안에서 나와 아예 진행 장소 내에 숙소를 마련하는 식으로 치고 들어오기도 했다. 이 일로 어떤 결과가 빚어질지 몰라 현지 선교사님들도 긴장하고 있을 때 우리는 다 같이 기도했다. "어차피 복음이 선포되는 것입니다. 그럴 거면 각오하고 진행합시다. 저도 각오가 되어 있습니다." 기도한 다음 우리는 순종했고 구속이 되는 등의 일은 극적으로 피했지만, 하나님께서는 복음 앞에 어떤 태도로 서야 하는지 우리에게 분명히 가르쳐주셨다. 우리는 다 같이 결연히 복음 앞에 서서 복음을 영화롭게 하는 축복의 시간을 가졌다.

어떤 대가를 지불하고 복음 앞에 서야 하는지 알기에 복음을 전하는 선교사가 미안해서 전하기 어려운 복음도 많다. 중동 무슬림권에서 복음을 전할 때 예수 그리스도를 믿으라고 하는 것은 곧바로 이런 이야기다. 그들이 예수님을 영접하고 그것으로 신앙고백을 하는 순간 그들은 소수민족이 된다. 문자적으로 고난의 길을 간다든지 먼 훗날 천당에 간다는 정도의 이야기가 아니다. 이슬람의 샤리아법에는 다른 종교로 개종하는 무슬림은 죽음으로 다스려야 한다고 명시되어 있다. 그런데 이제는 이 종교법이 형법으로 통과가 되어 개종하면 남자는 사형, 여자는 종신형을 받게 되는 것이 현행법이다.

그러니까 예수님을 믿는다고 결정한다는 말은 우리처럼 복음학교를 할 필요가 없다. "정말 믿는 거냐?", "실제냐?" 이런 복잡한 말도 필요 없이 복음을 얻고자 할 때 아예 태도를 결정하는 것이다. 자신의 삶 전부를 복음에 걸고 시작하는 것이다. 이것이 복음을 전하는 열방 곳곳에서 지금도 일어나고 있는 현실이다.

한번은 중국에서 탈북 지체들과 시간을 가졌다. 이분들이 중국에서 떠돌아다니다가 붙들려서 북송되면 말로 다 할 수 없는 어려움을 겪게 된다. 또는 끝없는 도피생활 끝에 객사하게 된다. "그러면 차라리 객사보다는 순교를 선택할 수 있도록 기회를 주자! 복음을 전하다가 죽으면 순교 아닌가!" 그래서 검증된 사람들을 모아 훈련한

다음 역(逆) 파송하는 사역을 하는 비밀 집회에 내가 마지막 한 주간 동안 복음을 전하게 되었다. 마지막으로 한 사람 한 사람을 안고 파송기도를 하기 시작했다. 이쯤 되면 이것은 복음 집회 한번 멋지게 하고 은혜 받고 헌신하게 되었다는 이야기로 끝날 수가 없는 것이다. 이때 복음에 대한 태도는 목숨을 건 것이다. 그들의 눈물이 내 어깨를 흥건히 적셨다.

그중에 한 분이 내게 이렇게 말했다.

"선생님, 됐시요. 이제 됐시요. 고저 우리 죽을 수 있시요. 이 십자가 복음이면 죽을 수 있시요."

처음에는 나도 이들이 안타까워서 울었으나 이내 내가 외친 복음이 사실이라면 이분들은 행복자요, 오히려 배부른 한국 교회의 영혼들이 걱정스럽고 안타까워서 눈물이 났다. 그래서 서로 약속했다.

"당신들은 탈북자(脫北者)로 살다가 주님 앞에 설 텐데, 나는 당신들이 그렇게 가기 원하는 한국의 서울로 다시 돌아갑니다. 그런데 한 가지 분명히 약속할 수 있습니다. 나도 탈남자(脫南者)로 살겠습니다. 당신들은 탈북자요 나는 탈남자입니다. 지금 서울에 가도 나는 집이 없고 우리 애들은 선교사로 다 뿔뿔이 흩어져 있습니다. 탈북자로, 탈남자로, 복음의 증인으로 살다가 부끄러움 없이 주님 앞에 섭시다."

그렇게 함께 격려하고 헤어졌던 기억이 난다.

복음을 복음답게 취급하라. 복음은 하나님께서 그분 자신의 전심(全心)을 쏟아주신 사건이다. 하나님은 그의 하나밖에 없는 아들을 내주셨고, 아들 예수님은 그의 생명을 내주셨고, 초대 교회는 이 복음에 목숨을 걸었다. 열두 제자 중 제명에 죽은 사람은 거의 없다. 다 순교했다.

WEC(Worldwide Evangelization for Christ) 선교회의 창시자인 C. T. 스터드는 100년에 한 번 나올까 말까 한 스포츠 스타요 유명 인기인이었다. 부유한 영국 귀족의 아들이다. 돈, 명예, 젊음, 재능이 충만하여 모든 사람의 부러움을 한 몸에 받았다. 전형적인 모태신앙인 그가, 무늬만 크리스천이던 그가 무학(無學)의 복음전도자 D. L. 무디의 도전을 받았다. 복음이 그의 중심에 실제로 부딪쳤다. 그는 선교의 사명을 받고 캠브리지 7인(Cambridge Seven)의 한 명으로 중국으로 건너가 허드슨 테일러와 함께 중국 복음화를 위해 힘썼다.

그러나 그것이 끝이 아니었다. 중국에서 사역하다가 건강 악화로 귀국한 그가 인도 선교사로, 다시 아프리카로 떠나게 된 것은 "식인종에게도 선교사가 필요하다"라는 글귀 때문이었다. 중앙아프리카의 수많은 사람들에게 예수를 전해줄 사람이 없다는 사실에 충격을 받은 그는 아내의 만류에도 불구하고 자신의 병든 몸을 이끌고 아무 후원자도 없이 콩고로 향했고 18년간 콩고에서 사역하다가 영원히 사모했던 주님 품에 안겼다. 그는 다음과 같은 말을 남겼다.

"예수 그리스도께서 하나님이시며 그분이 나를 위해 죽으셨다면 그분을 위한 나의 어떤 희생도 결코 크다고 할 수 없다."

복음이 하나님의 아들의 생명을 내어준 십자가 복음이라면, 그것을 받는 우리에게도 그 이하는 있을 수 없다. 주신 분이 목숨 걸고 주셨는데 우리도 목숨 걸고 받자는 것이다. 복음의 가치를 인정하라는 것이다. 주님이 전심으로 우리에게 당신의 모든 것, 가장 좋은 것으로 주신 복음이다. 그렇다면 우리도 누가 보든 말든 전심으로, 하나님을 경외함으로, 주님이 성실하신 것처럼 모든 과정에 우리도 성실히 이 복음을 받도록 하자. 이것이 하나님을 알고 복음을 아는 아주 중요한 원리다.

2. 총체적 복음을 들으라

복음학교 내내 우리는 총체적 복음을 듣게 될 것이다. 지금까지 복음이 우리에게 실제가 되지 못하게 장애가 되었던 것 중에 하나가 어쩌면 우리가 복음을 '조각난 복음'으로 대해왔기 때문인지도 모른다. 우리는 복음에 대해 다 안다고 생각한다. 하지만 사실 우리는 우리가 필요한 복음을 골라서 만들었다. 전도용 복음, 치유용 복음, 가정 회복용 복음, 성공 복음, 능력 복음, 성경 구절도 제멋대로, 나 자신에게 필요한 이야기, 필요한 주제에 따라 복음을 자기 편리한 대로 그때그때 써먹었기 때문에 우리에게 인식된 것도 조각난 복음이었는지 모른다.

요즘 퍼즐 1000조각을 맞춰서 액자로 만들어 선물하기도 하는 모양이다. 퍼즐은 완성된 그림을 모르고 퍼즐 한 조각만 보고는 그것이 어떤 그림인지 알 수 없다. 내 멋대로 조각을 맞춰서 나름 그럴싸해 보일 수도 있지만, 사실 완성된 그림을 보지 않는 이상 퍼즐 조각을 원래 위치에 제대로 맞췄는지도 알 수 없다. 복음도 마찬가지다.

복음을 주시고자 했던 하나님의 의도대로 이 조각이 원래 그 자리에 들어가 있느냐는 것이다.

한 번은 어떤 분의 교재를 보다가 분노가 치밀어 올랐다. 거기에 뭐라고 적혀 있었느냐 하면 "저는 선교사였습니다. 그런데 선교지에서 사역하다보니 복음만으로는 안 되는 영역이 있다는 것을 깨달았습니다. 복음 이외에 하나님이 일반 은총으로 주신 것도 많기 때문에 심리학적 기법을 동원하여 사역해보니 전인 치유가 되어 그것을 교재로 만들었습니다"라는 것이었다. 오늘날 "복음만으로는 안 되더라"라는 사상이 가득하다. 복음만으로는 안 되어 현대의 심리학, 의학, 경영학의 도움을 받아야 복음이 복음 될 수 있다는 사상에 대하여 대체 어떤 태도를 취했는가?

나는 묻고 싶다. 전능하신 하나님께서 자기 아들도 아끼지 않고 내어주신 복음이 그리 허술해서 알량한 인간의 심리학 기법을 동원해야 간신히 복음이 복음 되는 그런 부족한(?) 복음으로 이해하고 있는가? 2천 년 전 낡아빠진 신학 교리용 복음을, 그래도 오늘날 쓸모 있게 하려면 잘나가는 최신의 이론을 추가해야 간신히 복음이 복음 된다고 알고 있는가? 복음만으로 안 된다는 그 복음은 대체 어떤 복음인가? 대체 복음을 알면 얼마나 알아서 안 된다고 하는가? 하나님께서 복음을 주셨는데 뭔가 빠진 게 많아 "아, 버리자니 아깝고 보태 쓰려니 비용이 많이 드네요"라고 하는 이런 복음을 주신 것인가? 이런 복음을 주시려고 예수님이 십자가에 달려 죽으셨다는 말인가? 소설인가? 코미디인가? 이런 모독이 대체 어디 있는가?

복음을 복음으로 여기지 않는 사람, 총체적 복음이 아닌 조각난 복음으로 "복음만으로는 안 되더라"라고 하는 이런 말을 나는 도저히 참고 견디기 어려웠다. 복음을 오해해서 그렇지 복음은 완전하다. 복음에 대한 확신도 없으면서 그 복음을 들고 어떻게 아프리카로 가고 러시아로 가서 복음을 전한다는 말인가?

완전한 복음에 대한 바울의 놀라운 확신을 들어보라.

내가 복음을 부끄러워하지 아니하노니 이 복음은 모든 믿는 자에게 구원을 주시는 하나님의 능력이 됨이라 먼저는 유대인에게요 그리고 헬라인에게로다 롬 1:16

바울은 헬라 철학에 능통하고 유대주의에 아주 익숙하여 고대의 두 사상 체계를 완벽하게 이해할 수 있는 사람이었다.

십자가의 도가 멸망하는 자들에게는 미련한 것이요 구원을 받는 우리에게는 하나님의 능력이라 고전 1:18

22 유대인은 표적을 구하고 헬라인은 지혜를 찾으나 23 우리는 십자가에 못 박힌 그리스도를 전하니 유대인에게는 거리끼는 것이요 이방인에게는 미련한 것이로되 24 오직 부르심을 받은 자들에게는 유대인이나 헬라인이나 그리스도는 하나님의 능력이요 하나님의 지혜니라 고전 1:22-24

1 형제들아 내가 너희에게 나아가 하나님의 증거를 전할 때에 말과 지혜의 아름다운 것으로 아니하였나니 2 내가 너희 중에서 예수 그리스도와 그가 십자가에 못 박히신 것 외에는 아무것도 알지 아니하기로 작정하였음이라 고전 2:1,2

이 놀라운 확신! 초대 교회는 이 십자가 부활의 복음을 굳게 잡았다. 예배당도, 권력도, 대단한 신학 체계도, 신학교도 없었지만 로마를 덜덜 떨게 만들었고 헬라의 철학도 무력화시켰다. 오고 오는 세대동안 모든 교회가 초대 교회로 돌아가자는 말을 입버릇처럼 할 만큼 하나님이 주신 복음은 하나님의 능력이요 하나님의 지혜인 완전한 복음이다! 이 복음이야말로 "온 백성에게 미칠 큰 기쁨의 좋은 소식"임에 틀림없다.

따라서 우리는 성경이 말하는 복음이 도대체 어디서부터 어디까지인지 주목해볼 것이다. 물론 다 아는 이야기이고 다 들은 근본적인 내용이 될 것이다. 그러나 그럼에도 불구하고 새롭게 들리는 것을 경험하게 될 것이다. 이 복음이 이론이 아니라 실제로 우리에게 부딪쳐 오면 절대 편히 지나갈 수 없을 것이다. 반드시 격렬한 고민이 일어나고, 쥐가 나고, 이명 현상이 있고, 눈꺼풀이 떨리고, 심장이 막 뛰고, 내 안에서 정말 두렵도록 복음이 실제로 다가올 것이다. 물론 전심으로 주님 앞에 서는 분에게만 해당되는 말씀이다.

총체적 복음을 통해 우리가 얻게 되는 결론은 복음이 '완전한 복음'이라는 사실이다. 복음은 완전하다. 더하거나 뺄 것 없이 완전하다. 주님이 주신 복음이 이토록 완전하다면 우리의 믿음도 온전해야 한다. 복음이 100이면 믿음도 100이어야 한다. 따라서 우리에게 '온전한 믿음'이 요구된다.

3. 종합검진의 시간이 될 것이다

우리는 총체적 복음을 듣게 될 것이다. 복음을 배우는 시간이라기보다는 복음 앞에 서는 시간이 될 것이다. 병원에 가면 우리 몸의 상태를 종합검진 받는 것처럼 이제 복음이 나의 진정한 실존을 검진하게 될 때 우리에게는 내면 여행이 필요하다. 총체적 복음이 나의 심령 구석구석을 총체적으로 진단할 때 그것을 진실하게 직면할 필요가 있다는 것이다. 자기 내면의 깊은 곳을 들여다보는 일은 결코 쉽지 않다. 얼마나 고통스러우면 사람들은 자꾸 잊고 살려고 애쓴다. 자신이 직면하고 싶지 않은 사실에 대해서는 자기 역사를 다시 쓰고, 잊어버리고, 기억 저편에 묻어두고, 무덤까지 가져가겠다고 한다. 그러나 그렇게 해서는 해결되지 않는다.

　내면이라는 실체는 육신의 살갗보다 더 완전한 실제다. 그렇기 때문에 주님이 나의 내면을 건드리실 때 바늘 끝으로 찌르는 것처럼 아플 것이다. 성령이 진리로 수사하시면 우리의 내면도 아주 리얼하게 체감되기 시작할 것이다. 그래서 좀 힘들다. 그렇지만 우리는 이 내면 여행을 주도적으로 지휘하고 수사하시는 성령님의 수사에 적극 협조해야 한다. 성령님이 우리 내면 안에 말씀하실 때 "싫어요", "몰라요", "생각이 잘 안 나요" 이러면 성령님의 수사가 진행될 수 없다.

또 자꾸 외면하기만 한다고 될 일도 아니다.

우리의 내면에는 반드시 양면이 존재한다. 하나는 어디에나 내놓고 자랑하고 싶고 떳떳하고 강한 자신의 밝은 면이다. 이 부분에서는 복음이 아멘이요 능력이자 축복이 된다. 다른 하나는 아무리 강하고 완벽해 보이는 사람이라도 반드시 그것만큼은 드러내고 싶지 않은 약점이다. 이 부분에서만큼은 여전히 복음도, 십자가의 은혜도, 하나님의 전능도 전혀 맥을 못 춘다. 그러나 바로 그 부분에서 복음이 복음 되지 않으면 나에게 복음의 능력은 나타나지 않는다.

옛날 북청 물장수들이 가지고 다니던 물통은 쪼갠 나무를 잇대어 만들었다. 그래서 오래 쓰다보면 나무가 물에 썩어서 떨어지는 부분이 생겼다. 여기에 물을 부으면 가장 강하고 높은 나무 높이만큼이 아니라 가장 약하고 낮은 나무 높이만큼만 물이 차게 된다. 하나님의 은혜도 마찬가지다. 우리가 아무리 은혜를 어마어마하게 받아도 나의 강하고 높은 부분까지 은혜가 차는 것이 아니라 나의 가장 약한 부분, 건드리기만 하면 '악' 소리가 나고, 건드려질까봐 조마조마하고, 드러나면 절대 안 된다고 하는 그만큼밖에 은혜를 담아놓을 수 없다.

그런데 사람들은 어떤 노력을 하는가? 자신의 연약한 부분, 치명적인 약점, 빈약한 인격을 고치기는 해야겠는데 그것을 직면하는 일이 쉽지 않고 또 거기에는 반드시 대가지불이 따르기 때문에 도리어 자신의 강한 부분을 더욱 강하게 하는 쪽으로 노력한다. 그렇지만 아무리 자신의 강한 부분을 더 단단하게, 더 화려하게 하고자 학위를 따든지 능력을 받아 사역을 크게 해도 자신의 약한 것이 상쇄되지는 않는다. 눈 가리고 아웅이지 인생에 도움이 되지 않고 결국 정말 허망해진다. 그러니까 복음이 정말 복음 되려면 어쩌면 나의 자신 있는 영역보다 내가 믿음을 써보지 못한 영역, 나의 가장 연약한 영역들에 복음을 대입시켜 여기서 복음의 능력을 경험하고 이 약점이 강화될 때 하나님의 은혜를 담을 수 있는 용량이 점점 커지는 것이다.

성령님은 우리가 당장은 아파하더라도 우리를 사랑하시는 한 우리의 가장 약한 것, 두려운 것, 여기를 깊이 수사하신다. 내면 여행을 할 때 성령님이 "얘야, 여기 자물통을 연 지가 오래 되었구나" 하시면 깜짝 놀라서 "몰라요. 기억 안 나요" 하지 말라. 복음을 듣는 가운데 자꾸 주님이 "얘야, 그거…. 사랑하는 딸아, 무덤까지 가지고 가려고 하는 그거…" 하시거든 "싫어요" 하지 말고, "네 주님, 저를 도와주세요. 제가 수사에 협조하겠습니다" 하고 자물통을 열어 그 방을 보여드려라. 먼지가 가득 쌓인 부끄럽고 치욕스럽고 꺼내놓기 어려웠던 바로 그곳도 성령님이 보자고 하시면 얼른 보여드려라.

하나님께서 구하시는 제사는 상한 심령이라 하나님이여 상하고 통회하는 마음을 주께서 멸시하지 아니하시리이다 시 51:17

주님이 그것을 드러내서 우리를 죽이려고 하시는 게 아니라 살리려고 하시는 것이다. 우리를 자유케 하고 온전케 하려고 그러시는 것이다. 진리를 들을 때 딴 생각하지 말고, 성령님과 함께 내면 여행을 하라. 주님이 가자 하시면 가고, 머물자 하시면 머물고, 생각 좀 하자 하시면 생각하는 아주 치열한 시간을 보내야 한다. 오직 전심으로 성령님과 함께 자신의 내면 여행을 하기 바란다.

4. 금할 것 몇 가지

복음 앞에 서기 위해서 금할 것들이 몇 가지 있다.

① 복음 외에 다른 내용을 기대하지 말라

오직 복음 앞에만 서야 한다. 우리에게는 분명히 다급한 현실의 문제가 있다. 복음학교에 왔지만 목회자라면 혹시 특별한 교회 부흥, 목회 원리가 있지 않을까 기대할지 모른다. 또 주초(酒草) 문제, 질병 문제, 깨어지기 직전의 가정 문제 등 자신의 심각한 문제가 있더라도 그 문제를 해결하기 위해 복음을 이용해서는 안 된다. 주님은 그런 정도의 해결사가 되려고 오신 것이 아니다. 주님이 우리에게 주고자 하시는 복음을 액면 그대로 전부 받기 위해서는 지엽적인 관심을 내려놓아야 한다.

또 자신의 죄책감을 없애보려고 복음 앞에 서는 일을 삼가라. 복음학교는 정신 위안소가 아니다. 죄책감을 없앨 것이 아니라 나의 존재가 바뀌어야 한다. 우리가 자기 문제에만 관심이 있으면 자신이 듣고 싶은 것 외에 들리지 않을 것이다. 다른 엉뚱한 것을 기대한다면 아무리 복음이 계속 선포되어도 복음은 그냥 흘러가버리고 만다. 복음학교를 통해 자신의 문제만 조금 해결했다는 것은 너무 어처구니없고 불행한 일이다. 복음의 본질에 닿지 못한 것이다.

화전민(火田民)이 사는 동네에 비행기가 날아가다가 돈더미를 떨어뜨리고 갔다. 돈이라고는 생전 구경도 못한 화전민들이 이 보따리를 주워보니 뒷간 휴지로 쓰기에는 너무 뻣뻣하고, 대체 이것을 어디에 쓰나 하다가 불쏘시개를 하니 너무 잘 타고 좋아서 만 원짜리 지폐를 계속 불쏘시개나 하고 앉아 있다면 이런 기막힐 노릇이 어디 있겠는가. 이 어마어마한 복음으로 고작 죄책감이나 떨어내고 문제 해결이나 하는 정도로 복음을 이용했다? 그리고 더 이상은 얻은 것이 없다? 이처럼 기가 막힌 일이 어디 있겠는가.

다른 잡다한 관심, 다급한 현실 문제를 내려놓으라. "주님, 내가 원하는 것을 들으려고 하지 않겠습니다. 주님이 주고자 하시는 것을 내게 주십시오. 주님이 주고자 하시는 것을 내가 받겠습니다." 이 태도로 절대 다른 내용을 기대하지 말고 다시 한번 마음을 결정하라. 하나님이 복음 앞에 전심으로 설 수 있는 흔치 않은 기회를 주셨고, 스스로 대가를 지불하고 나와 복음 앞에 섰으니 이번에는 정말 그 복음 앞에 부딪치고야 말겠다는 태도로 복음에만 집중하기 바란다.

② 피뢰침을 세우지 말라

장마철에는 벼락이 많이 떨어진다. 벼락은 지상의 뾰족한 곳에 떨어지기 쉬우므로 벼락이 떨어질 때를 대비해서 큰 건물 옥상에는 피뢰침을 세워놓는다. 그러면 벼락이 떨어질 때의 그 어마어마한 전기 에너지를 피뢰침을 통해 안전하게 땅에 떨어지게 할 수 있다. 낙뢰를 피한다고 해서 피뢰침이다. 벼락을 제대로 맞으면 죽는다. 이렇듯 벼락은 피해야 한다.

그러나 복음의 능력이 내 삶에 벼락같이 떨어지는데 피뢰침을 세워서 어마어마한 복음의 능력을 안전하게 피하는 일이 내게 일어난다면, 내 옆 사람은 복음으로 변화되어 엎어지고 깨어지고 난리가 났는데 나는 복음을 싹 피한 뒤 "그리고 아무 일도 없었다"라고 하는 일이 내게 일어난다면 얼마나 비극이겠는가.

놀랍게 역사하는 복음의 현장에서도 은혜를 받지 못하고 계속 시비를 따지고 딴지 거는 분들이 있는데, 그럴 때 가장 효과적으로 쓰이는 피뢰침이 바로 '신학'이라는 피뢰침이다. 지금까지 알았던 성경의 내용, 주일학교 때부터 들었다는 설교라는 지식의 피뢰침도 세우지 말라. 신학이라는 이론이 정립되기 이전에 이미 복음은 실제로 존재했다. 따라서 여기서는 신학적 논지를 이야기하지 않을 것이다. 물론 복음은 진리이기 때문에 거기에 신학적 요소가 포함되겠지만 적어도 신학적 논쟁을 하거나 그것을 유발할 만한 이야기는 하지 않을 것이다. 오직 복음만 말할 것이다. 마치 자신에게 복음을 판단하거나 논쟁할 자격이 주어진 것처럼 여기지 않기 바란다. 내가 판단하고 분석한다고 해서 복음이 복음 되거나 복음이 안 되는 것이 아니다. 복음을 들으면서 마음이 어려워져 "신학적으로!" 이렇게 이론으로 회피하고 들어가는 순간 복음은 비켜가버린다는 것을 명심하라.

은혜를 가로막는 또 다른 피뢰침은 '경험'이다. "내가 기도원에서 이런 경험을 했는데", "내가 이런 은사 체험을 깊이 했는데" 등등 자신의 경험이라는 피뢰침을 세운다면 그 역시 우리가 진리 앞에 서는 일을 효과적으로 방해할 것이다. 자신의 단편적인 경험으로 진리를 판단해서는 안 된다. 사람마다 모든 경험을 자유롭게 할 수 있다. 그러나 경험이 진리를 판단하는 것이 아니라 진리가 경험을 판단해야 한다. 이제는 결코 자신이 알고 있는 논리로, 자신의 경험으로, 전심으로 복음 앞에 나아가는 이 일에 틈을 주어서는 안 된다는 점을 꼭 말씀드리고 싶다.

③ 은혜를 당겨 받지 말라

ⓐ 눈물과 감정

우리가 복음 앞에 선다고 할 때 사람은 각자 자기가 익숙한 태도로 복음 앞에 반응한다. 그중에 우리의 정서가 그렇다. 십자가만 떠올려도 우리는 일단 슬프다. "십자가" 하면 눈물부터 나와야 한다는 강박관념이 있다. 우리는 이것을 은혜를 당겨 받는다고 말한다. 흔히 옛날 부흥사들도 집회에 모인 강퍅한 영혼들을 향해 눈에 물기가 있어야 은혜가 임한다고 닦달을 했다. 그러나 지금은 울 때가 아니다. 말씀을 듣고 진리가 내 안에서 역사하는데 이 진리에 반응하지는 않으면서 분위기 잡고 억지로 눈물 흘리려고 애쓰지 말라. 눈물이 까닭 없이 나오면 그것은 눈병일 확률이 높다. 눈물은 가급적 아껴라. 복음학교 내내 정신을 똑바로 차려라. 복음은 그렇게 억지로 믿어줘야 할 만큼 허술하지 않다. 눈물 흘려줄 생각하지 말고 눈물이 나오려고 해도 절제하면서 복음 앞에 치열하게 서기 바란다. 사람들은 또 가슴이 뜨거워야 한다는 부담도 가지고 있다. 주님이 역사하지 않으시는지 가슴이 뜨거워지지 않는다고 걱정이다. 하지만 이유 없이 가슴이 뜨거우면 화병일 확률이 높다. 감정에 속지 말라. 복음은 느낌이나 감정이 아니라 우리의 믿음으로 믿는 것이다.

ⓑ 헌신에 대한 염려

어떤 사람은 자신이 "너무 은혜를 받아서 선교사로 헌신하면 어떡하지?", "십자가 은혜를 받으면 순교해야 되는 거 아냐?" 이런 걱정으로 은혜를 받지 못하는데 주제넘은 짓이다. 그런 걱정은 꿈에도 하지 않기 바란다. 순교는 아무나 하는 것이 아니다. 선교사도 아무나 나가라고 하지 않는다. 오직 십자가 복음 앞에만 서라. 눈 부릅뜨고 냉정하게 전심으로 집중하면 내가 믿어줘야만 되는 복음이 아니라 믿을 수밖에 없는 복음인 것을 깨닫게 될 것이다.

④ 직업정신을 버려라

다른 내용을 절대 생각하지 말라. 목회자 중에서 직업병처럼 예화 수집, 설교 제목, 노트 정리 이런 데 정신 파는 순간 복음은 그냥 비켜지나간다는 사실을 기억하라.

⑤ 복음에 그슬리기만 하지 말라

복음 앞에서는 절대 그슬리는 일이 없도록 하라. 그슬리기만 하면 정말 비참하다. 복음에 그슬리면 너무 흉악하다. 복날에 개 잡는 것을 본 적이 있다. 개는 잡아서 일단 털을 대강 그슬린 다음 장작불에 올려놓는다. 그런데 엉덩이가 반쯤 타고 숨이 끊어진 줄 알았던 그 개가 뜨거운 불 때문에 정신이 돌아와 불더미에서 일어나더니 눈에 시퍼런 불을 뿜고 입에 거품을 물고 정신없이 동네를 돌아다니는데 정말 무서웠다. 그러다가 다시 붙잡혀서 다시 맞고 다시 불에 그슬리면 몇 번 죽는 셈인지 모른다. 불에 그슬려서 여기저기 얼룩덜룩한데 미쳐서 막 돌아다니면 개도 무서운데, 복음학교에 갔다가 자기는 복음에 그슬리기만 했으면서 복음에 놀란 가슴에 다른 사람에게 "예수 똑바로 믿으라. 십자가의 복음!" 이러고 돌아다니면 너무 무섭다는 이야기가 있다.

수술할 때도 그렇다. 맹장 수술을 하러 병원에 갔는데 갑자기 수술이 무서워서 병원을 탈출한다고 맹장이 저절로 없어지지 않듯이, 남이 배를 째준다고 할 때는 수술대 위에 올라 그냥 배만 내밀고 있으면 된다. 복음학교는 병원과 같아서 그냥 배만 내밀면 수술이 다 되도록 되어 있다. 그런데 수술이 무섭다고 십자가를 피해 도망가면, 그러면 어떻게 되나? 맹장이 그냥 없어지지 않고 또다시 배가 아프면 어떡하나? 혼자 부엌에서 물 끓이고 칼 갈고 내가 째고 꿰매고 해야 하는 너무 무서운 일이 생긴다. 그러니까 편안한 마음으로 성령님께서 해주시는 수술을 받으라. 복음 앞에, 하나님 앞에 어린 아이처럼 서는데 무슨 체면이 필요하고 무슨 폼 잡을 이유가 있는가? 이번에도 복음을 스치고만 지나가서 어쩌겠는가.

"주님, 저 마지막이에요. 저 그냥 못 가요. 어떡하든지 주님이 하실 일을 완전히 끝내고 저를 보내주세요."

복음 앞에 전심의 태도로 서라. 하나님께서 우리보다 더 간절히 주고자 하시며 하나님께서 우리를 더 간절히 찾고 계신다.

3 대저 나는 여호와 네 하나님이요 이스라엘의 거룩한 이요 네 구원자임이라 내가 애굽을 너의 속량물로, 구스와 스바를 너를 대신하여 주었노라 4 네가 내 눈에 보배롭고 존귀하며 내가 너를 사랑하였은즉 내가 네 대신 사람들을 내어주며 백성들이 네 생명을 대신하리니 5 두려워하지 말라 내가 너와 함께하여 네 자손을 동쪽에서부터 오게 하며 서쪽에서부터 너를 모을 것이며 6 내가 북쪽에게 이르기를 내놓으라 남쪽에게 이르기를 가두어 두지 말라 내 아들들을 먼 곳에서 이끌며 내 딸들을 땅 끝에서 오게 하며 7 내 이름으로 불려지는 모든 자 곧 내가 내 영광을 위하여 창조한 자를 오게 하라 그를 내가 지었고 그를 내가 만들었느니라 사 43:3-7

할렐루야! 우리를 창조하신 하나님께서 다시금 하나님을 따르고자 하는 우리를 그냥 두실 리 없다. 가장 완전한 그분의 손길로 그분의 완전한 복음을 드러내고 우리를 고쳐주실 것이다. 그래서 복음의 증인이 되게 하실 것이다!

- 복음은 하나님의 전심(全心)을 쏟아주신 사건이다. 아들의 생명을 걸고 주셨기에 우리도 목숨 걸고 받아야 하는, 느낌이나 감정이 아니라 믿음으로 믿어야 하는 복음이다.

- 복음이 이미 주어졌어도 복음을 누리려면 내 전심을 복음에 두고 있어야 한다. 복음을 복음답게 취급하라.

- 복음은 더할 것도 뺄 것도 없이 완전하다. 내가 필요한 것만 골라 복음을 조각내지 말고 총체적 복음을 들으라.

- 복음이 정말 복음 되려면 자신 있는 영역보다는 연약하고 믿음을 써보지 못한 영역에 복음을 대입해 그 능력을 경험해야 한다.

- 복음은 하나님의 능력이요 하나님의 지혜이다. 내가 믿어줘야 하는 복음이 아니라 믿을 수밖에 없는 복음이다.

· · ·

주님만 기대합시다!

복음이란 무엇인가

우리가 복음학교 내내 주목해볼 것은 하나님이 주신 복음, 즉 '성경적 복음'이다. 주교재로 로마서와 에베소서를 보게 될 것이다. 로마서와 에베소서는 '성경 속의 성경'이라 불릴 만큼 성경 속 복음의 광맥을 잘 드러내준다. 성경적 복음을 혼돈하지 않도록 성경이 성경을 해석해주는 성경으로, 복음의 진리를 아주 명확하게, 누구도 말장난할 수 없을 만큼 통쾌하게 다루고 있다. 로마서는 '복음의 설계도'로 왜 복음이 복음이어야 하는지 복음의 진리를 세세하게 설명한다. 에베소서는 '복음의 조감도'로 복음의 큰 그림을 입체적으로 보여준다.

기본 개념의 정립

총체적 복음을 본격적으로 알아보기 전에 먼저 로마서 1장에서 바울이 복음에 대한 정의를 어떻게 선언하고 있는지 보자.

> 2 이 복음은 하나님이 선지자들을 통하여 그의 아들에 관하여 성경에 미리 약속하신 것이라 3 그의 아들에 관하여 말하면 육신으로는 다윗의 혈통에서 나셨고 4 성결의 영으로는 죽은 자들 가운데서 부활하사 능력으로 하나님의 아들로 선포되셨으니 곧 우리 주 예수 그리스도시니라 롬 1:2-4

이것은 성경이 말해온 바 그리스도 예수, 그분이 바로 복음이라는 선언이다. 성경이 이렇게 아주 명확히 선언하고 있는 복음이 죽은 복음이나 관념적 복음이 아닌 우리의 믿음 안에서 실제가 되도록 이해하려면 우리도 복음을 이해하기 위한 기본적인 개념을 바르게 정리하는 것이 중요하다. 체중을 재려면 먼저 체중계의 영점을 잘 맞추고 사용해야 체중을 정확하게 잴 수 있는 것처럼 성경이 말하는 기본 개념을 정확히 정립해야 복음을 자기 마음대로 듣지 않고 실제된 복음 앞에 바르게 설 수 있다.

> 내가 그의 아들의 복음 안에서 내 심령으로 섬기는 하나님이 나의 증인이 되시거니와 항상 내 기도에 쉬지 않고 너희를 말하며 롬 1:9

'복음'이 무엇인가? 로마서 1장 9절에는 "아들의 복음"이라고 표현했다. 이 복음은 하나님이 선지자들을 통해 성경 전체에 검증해놓으신 하나님의 아들에 관한 복음이다. 다시 말해 복음은 예수 그리스도이시다. 나를 행복하게 하고 만족하게 하는 것이 복음인데 과연 예수 그리스도는 나에게 복음인가? "기쁜 소식"이라는 뜻의 복음은 쉽고 단순하고 명확한데 우리가 이해하는 복음의 개념에는 혼란이 있다. 그렇기 때문에 그것을 믿는 마음에 혼돈이 있고 믿음이 뭔지도 제대로 모르는 것이다.

'마음'은 무엇인가? "내 심령으로"라고 표현되었는데 마음이란 감정, 의지, 지성 등 우리 내면의 총체로서 따로 떨어진 개념이 아닌 '속사람' 전체를 말한다. 마음은 복음을 받아들이는 주체이자 믿음의 주소이다. 복음이 마음에서 온전히 믿어질 때 그 복음의 효과가 드러날 수 있다. 그러나 도대체 내 마음이 어떻게 된 실체인지 알 수 없고, 내가 내 마음 하나 스스로 다스릴 수 없는 것이 우리의 실존이다. 우리 마음과 심령을 지으신 이가 주님이시기에 복음만이 이 마음의 실체를 밝혀낼 수 있다. 이 개념을 명확히 해야만 마음이 어떻게 작동하고 어떻게 변할 때 내 마음이 진정으로 변한 것인지 깨달을 수 있다.

'믿음'이 무엇인가? "섬기다"라고 했는데 달리 표현하면 "믿는다"라고 할 수 있다. 흔히 다른 사람에게 믿음이 뭐냐고 물어보면 믿음에 대한 각 사람의 이해가 얼마나 모호하고 혼란스러운지 알 것이다. 복음은 믿음 없이 절대 누릴 수 없는 비밀인데 믿음을 혼돈하고 있으니 어떻게 복음을 누릴 수 있겠는가. 신앙생활의 혼란은 믿음이라는 개념의 혼란에서 기인한다고 할 수 있다. 성경이 말하는 믿음은 단순한 지식적 동의가 아니며 '바라는 것'이 아닌, '바라는 것이 실상이 된 것'이다.

우리가 잘 안다고 생각했던 복음, 마음, 믿음의 개념을 성경이 말하는 대로 명확히 안다면 하나님이 주신 그대로의 복음을 오해 없이 받는 데 도움이 될 것이다.

복음이란 무엇인가

1. 복음

복음(福音)은 "Good News, 기쁜 소식"이다. 사실 복음은 기독교의 전유물이 아니다. 온 세상 사람들이 자신을 기쁘게 해줄 기쁜 소식을 바라고 꿈꾼다. 오늘도 목마르게 복음을 기다리며 살아간다. 복음은 모든 인류에게 생소한 말이 아니다. 너무나 원하는 것이다. 믿고 안 믿고를 떠나서 누구나 기다리는 기쁜 소식이 무엇인가? 사람들은 어떤 유형의 기쁜 소식을 원하는가?

간단히 말하면 두 가지로 정의할 수 있다.

2. 세상 사람들이 원하는 복음

① 소원성취형

갖고 싶은 것, 되고 싶은 것, 결국 나를 행복하게 해줄 거라고 생각되는 것들을 말한다. 인류는 이것을 얻고자 피 터지게 싸우기도 하고 죽지 못해 살아가기도 한다. 세계 어디를 가도 모든 사람들이 공통적으로 원하는 것은 '소유'이다. 이것이 없고 저것이 없고 무엇을 갖지 못해 답답하고 부자연스럽고 돈 없고 백 없어서 비참하다고 말한다. 그런데 이것은 어떤 용어를 쓰느냐의 차이일 뿐 결국은 모두 소유의 문제에 미쳐 있다는 것이다. 전쟁과 분파와 경쟁과 갈등과 시기와 질투가 모두 이 소유를 얻고자 하는 욕망 때문이다.

또 하나는 '외모'다. 번듯한 외모를 갖고 싶어서 다들 얼마나 애쓰는지 모른다. 다이어트를 한국에 상륙한 신흥 종교라고 부를 만큼 모두 목숨 걸고 다이어트를 한다. 다이어트 산업 또한 급성장하고 있다. 의사들 사이에도 성형외과가 가장 인기가 높다고 한다. 이런 현실이 미(美)에 대한 우리의 집착을 말해준다. 외모에 대한 집착은 문명국에만 있는 것이 아니다. 동남아의 카렌족은 목이 길어야 아름답다고 보기 때문에 어릴 때부터 목에 링을 끼워 목뼈가 길어지도록 한다고 하고, 아프리카의 마사이족은 귀에 장식을 많이 걸어서 귓불이 늘어질수록 최고의 여인으로 친다고 한다. 이 정도로 저마다 미에 대해 목숨을 건다.

우리나라에서는 특히 '학벌'에 대한 갈망이 뜨겁다. 교회에서도 중요한 기도 제목이요 중요한 축복의 항목으로 여긴다. 이전 세대만큼 기도가 뜨겁지 않은 지금의 한국 교회에서도 대입 수능을 위한 특별 새벽기도회에는 매년 인파가 몰린다. 또한 인간은 권력의 동물이라 불릴 만큼 '권력'에도 크게 집착한다. 노숙자들 사이에 심지어 교회 안에서까지 권력 구조가 존재한다. 사실 하나님나라의 거룩한 직분은 세상의 가치와 정반대라서 강한 자가 약한 자를 섬기고 종 된 섬김이 곧 다스림이다. 그런데도 성직(聖職) 안에, 교회 조직 안에 세상의 개념이 고스란히 들어와 교권(敎權)이 얼마나 무섭게 횡행하는지 모른다. 그 밖에 '지위', '평판', '인기' 등 갖고 싶고 되고 싶은 소원이 사람들이 원하는 기쁜 소식이다. 사람들은 여기에 미쳐서 살아간다. 이것 없이는 살아갈 의미를 찾지 못하는 것처럼 산다.

② 문제해결형

우리에게는 이것만 해결되면 살 것 같은 문제, 건강 문제, 가정 문제, 빚 문제, 관계 문제, 신분 문제, 죄 문제 등이 있다. 우리는 우리를 얽

어쨌던 데서 풀려나는 기쁜 소식을 목이 빠지게 기다리며 살아간다. 이것이 사람들이 오늘을 살게 하는 에너지이자 삶의 주제가 되었다.

3. 진정한 복음의 요건

세상 백성들이 무엇을 구하는지 잘 아시는 예수님도 이렇게 말씀하셨다.

> 31 그러므로 염려하여 이르기를 무엇을 먹을까 무엇을 마실까 무엇을 입을까 하지 말라 32 이는 다 이방인들이 구하는 것이라 너희 하늘 아버지께서 이 모든 것이 너희에게 있어야 할 줄을 아시느니라 마 6:31,32

이것이 모든 인류가 구하는 기쁜 소식이다. 그러면 세상 사람들이 그토록 원하는 소원성취, 문제해결형 복음이 과연 교회에서는 예외인가? 사실 교회와 성도들의 기도 제목을 볼 때 여기서 벗어나는 것이 얼마나 있는가? 이런 것을 구하면 기복신앙이니 뭐니 하는 비판도 있지만 교회를 다니고 하나님을 믿는다고 말하는 우리가 구하는 것도 대부분 소원성취, 문제해결형의 범위를 벗어나지 않는다는 사실을 인정할 수밖에 없다. 그렇다. 이것이 우리의 현실적인 문제이고 필요이기 때문에 이런 복도 필요하고 저런 것을 구하는 것이 옳지 않다는 것이 아니다. 하지만 그것이 우리에게 진정한 복음인지, 하나님이 주시려고 한 복음인지 질문해보는 것은 필요하다.

소원이 성취되고 문제가 해결되는 것은 분명 우리에게 기쁨을 준다. 그러면 이것이 우리에게 진정 기쁜 소식이 되려면 이 기쁨이 과연 일시적인가 영속적인가, 부분적인가 근본적인가, 또 이것이 상대적인가 절대적인가를 생각해봐야 한다.

① 일시적인가 영속적인가
집 한 칸 없이 전세방에서 살던 사람에게 자기 집이 생긴 것은 기쁜 소식이다. 그러나 그것이 일시적인가 영속적인가? 자기 집을 갖고 나면 점점 더 평수를 늘려가고 싶은 것이 사람의 마음이다. 끝이 없다. 한때 뜨겁게 사랑했는데 세월이 지나 그 열기가 식고 문제가 생겨서 지금은 지독한 고통 가운데 있는 사람에게 과거에 열렬히 사랑했던 것이 위로가 되는가? 오히려 더 허망하다. 복음성가 가사 중에 이런 가사가 있다. "무엇이 변치 않아 내 소망이 되며 무엇이 한결같아 내 삶을 품으리…." 인간을 처절하고 비참하게 만드는 것은 한때 우리를 만족시키고 기쁘게 하는 것이 없다는 게 아니다. 어떤 만족한 경험도, 기쁨의 이유도 영원하지 않기 때문에 허망하다는 것이다.
　반반한 인물 하나 믿고 지금 잘난 체하고 산다면 잠시 기다려라. 나이 마흔만 되어도 유혹 줄 것도 유혹 받을 것도 없게 된다. 장미가 시들면 추하기 짝이 없다. 그러나 할미꽃은 시들어도 더 이상 실망할 일이 없다. 인생 평준화의 법칙에 따르면, 50대가 되면 지식(학벌)의 평준화가 일어나고, 60대에는 외모의 평준화가 이루어진다고 한다. 70대에는 성(性)의 평준화가 일어나고, 80대에는 부(富)의 평준화가 일어난다고 한다. 삶이라는 게 생각만큼 별 게 아니다. 어느 순간 우리가 원하는 것이 채워졌다고 해서 채워진 그것이 과연 우리에게 진정한 기쁨이 될 수 있는가? 그렇지 않다는 건 세월을 좀 더 사신 분들만 봐도 알 수 있다. 어차피 지나가는 세월에 붙들지 못할 것을 붙들면, 붙든 만큼 더 허망해지는 것이 인생이다. 우리가 추구해온 모든 것은 결국 지나간다. 결코 진정한 기쁨이 될 수 없다.

② 부분적인가 근본적인가

옛날 병원 문턱이 높던 시절, 한 의사가 폐병에 걸린 넝마주이 청년을 치료해주었다. 죽어가던 젊은이를 살렸으니 늘 흐뭇하고 기쁜 추억으로 간직하고 있었는데, 어느 날 웬 여자가 나타나 그에게 상욕을 했다. 알고 보니 폐병 걸렸던 남자의 아내였다. 건강해진 남자는 옛날 버릇대로 술 마시고 날마다 아내를 두들겨 팼고 아내는 의사를 찾아와 "너, 나 죽으라고 그놈 살렸냐, 이 벼락 맞을 놈아" 하면서 난리를 친 것이다. 폐병 걸려 죽을 처지에서 살아난 것은 그에게 기쁜 소식임에 틀림없다. 그런데 이것이 부분적인 것인가, 근본적인 것인가? 육체의 병은 치유 받았으나 그는 여전히 변하지 않은 죄인이었다. 즉 부분적인 것들이 아무리 바뀌어도 사람의 마음, 그 근본을 바꿀 수 없다면 진정한 복음이 될 수 없다.

③ 상대적인가 절대적인가

엄청난 경쟁을 뚫고 좋은 대학이나 직장에 들어갔다는 것은 아주 기쁜 소식이다. 그러나 이것이 상대적인가 절대적인가? 만일 400대 1의 경쟁을 뚫고 합격했다면 나 한 사람에게는 뛸 듯이 기쁜 소식이지만 나로 인해 떨어진 수많은 사람들은 실패의 고배를 마셔야 한다. 나 한 사람 기쁘자고 다른 수많은 사람을 울려야 한다면 그것이 과연 참 복음일 수 있을까? 스포츠 경기 또한 그렇다. 이긴 팀에게는 더할 나위 없는 영광이겠지만 그 영광은 패배한 팀의 씁쓸함과 그들이 받을 비난이 전제되는 것이다.

자칫 생각 없이 내뱉는 말이 주는 아픔은 없는지 생각해보아야 한다. 나는 교회에서 하는 결혼식 주례를 듣다가 가끔 당황스러울 때가 있다. 주례자가 두 사람의 결혼을 축복하고 결혼을 예찬하는 것은 좋은데, 그것이 지나쳐서 하객 중에 있을지 모를 사별자, 이혼자, 독신자, 결혼이나 가정 때문에 상처 입은 사람들의 마음을 어렵게 하는 말실수를 하기도 하기 때문이다.

"이번에 우리 교회에서 서울대에 3명이나 들어갔습니다. 하나님이 우리 교회를 크게 축복해주셨습니다. 할렐루야!" 이런 말 역시 입시에 실패한 학생들의 가슴에 큰 상처를 주는 말이 된다. '교회도 적자생존이구나. 이것이 교회가 추구하는 복음의 능력인가?' 하고 오해하게 된 청년은 교회를 떠나 돌아오지 않는다.

결국 복음이 복음 되기 위해 한 가지 확실한 결론에 이른다. 소원 성취와 문제해결이 우리에게 기쁜 소식이 될 수 있으나 정말 복음이 복음 되려면 복음은 누구에게나 영속적이고, 근본적이고, 절대적인 복음이어야 한다는 것이다.

진정한 복음을 전해줄 수 있는 용기

자식을 키울 때 부모가 가장 부모 노릇하기 어려운 시기가 바로 자녀의 청소년기다. 이때 부모는 말 안 듣고 속 썩이고 어렵게 하는 자녀들과 계속해서 싸우며 '내가 왜 부모가 됐나? 쟤가 어디서 나왔나? 대체 누구를 닮았나?' 하고 시름에 젖는다. 사춘기는 자아가 형성되는 시기로, 자녀들은 부모의 자식이 아닌 독립된 자기로서의 존재감을 형성하고 확인하려 하기 때문에 권위를 무조건 거부한다. 이것을 흔히 '이유 없는 반항'이라고 하는 것이다. 또 육체적으로 발달하다 보니 자꾸 어른 흉내를 내고 이성에 대한 호기심이 왕성하고 육체와 외모에 많은 관심을 쏟는다.

이때 자녀들이 구하는 것이 모두 육신적이고 한시적이고 말초 신경적이고 상대적인 것들이다. 인생은 연습 삼아 살아볼 수 없다. 만약 이때 아이들이 원하는 것을 다 들어주었다가 자칫 잘못된 길로 가면 자녀에게 평생의 멍에가 되고 그 흔적을 그대로 간직한 채 살아가야 한다. 남부러울 것 없는 환경에서 자라고 있는데도 부모가 자기 하고 싶은 대로 안 놔두고 간섭하고 억압한다고 집을 뛰쳐나갔다가 어느 날 배가 불러서 미혼모가 되어 돌아온다면, 그 자식을 보는 부모는 억장이 무너질 것이다.

이렇게 자녀에게 무엇이 복음인지 아는 부모는 사랑이냐, 분명한 진리를 세워주어야 하느냐로 수없이 씨름하고 팽팽히 갈등하게 된다. 그러다가도 반항으로 엇나가기만 하는 자녀를 대하기가 힘들고 어려워서 포기하고 놔버리게 되는 것이다. 왜냐하면 중년에 접어드는 부모 역시 사회적으로 책임자의 자리에 오르는 시기이다 보니 너무 바쁘고 힘들어서 이런 사춘기 자녀와 시비를 가릴 여력이 없기 때문이다. 제발 군말 없이 속이나 썩이지 않았으면 하는 마음에 자녀가 원하는 대로 문제를 돈으로 해결하기에 급급하다가 거의 대부분 부모 노릇에 사표를 내고 만다. 짧은 인생 선배로서 자기 뱃속으로 낳은 자식과 씨름하는 부모만 해도 이 아이에게 진짜 복음이 뭔지, 기쁜 소식이 뭔지 알기 때문에 자녀와 충돌하게 마련이다.

그렇다면 목회자들에게 묻고 싶다. 이렇게 교인들이 구하는 것은 죄다 소원성취, 문제해결이다. 그러면 양심이 있는 한 진정한 복음이 무엇인지 분명히 알고 있는 목회자라면 그 교인들에게 복음을 전해 주어야 하지 않겠는가. 그러나 목회라는 현실에 부딪치면 어지간한 확신이 아니고서는 사람들이 원하는 것을 그저 따라갈 수밖에 없다. 사춘기 자녀의 양육권을 포기한 부모처럼 목회자의 양심을 내버린 채 그들이 원하는 복음에 무릎을 꿇고 비위를 맞추다보면 정작 복음은 온데간데없이 사라지고 만다. 복음 아닌 것을 복음인 양 "하나님이 사랑하시니까, 복음은 능력이 많으니까, 당신이 원하는 것을 하십시오. 기도 열심히 하십시오. 작정기도 하십시오" 이렇게 싸구려로 팔아먹은 복음이 오늘날 한국 교회를 만들었다고 하면 아니라고 하겠는가?

예수님은 어떠신가? 결국 사람들이 예수님을 십자가에 못 박은 것은 예수님이 그들이 원하는 메시아가 아니라는 이유 때문이었다. 그러면 양단간에 결정을 해야 하는데 우리는 누구 편에 서야겠는가?

사람들이 진정으로 원하는 것은 일시적, 부분적, 상대적인 것들일 뿐 본질적인 이야기를 하려고 하면 듣기 싫어서 귀를 틀어막는다.

복음학교를 마친 어떤 목사님이 교회에 돌아가 그동안 자신이 나름대로 제자훈련을 시켜왔다는 성도들 앞에 무릎을 꿇고 "미안합니다. 제가 복음 아닌 것을 복음처럼 가르쳤습니다. 저도 잘 몰랐습니다. 용서해주십시오"라고 용서를 구하고 난 뒤 그다음부터 복음을 외치기 시작했다. 그러자 어느 날 안수집사들이 모여 목사님께 면담을 요청했다. "목사님, 우리가 들을 수가 없습니다. 목사님, 왜 이러십니까? 저희가 살기도 힘든데 왜 그런 근본적인 이야기만 하고, 정죄감 느끼게 자꾸 복음 복음 하십니까? 우리는 복음학교 다녀오기 전의 목사님이 좋습니다. 그 전의 목사님으로 돌아와주시기 바랍니다." 너무 큰 충격을 받은 목사님은 "주님, 그동안 제가 복음을 싸구려로 만들어 팔아먹어서 정말 죄송합니다. 용서해주십시오"라고 하나님께 용서를 구하고 나서 모든 것을 남겨둔 채 사택을 나왔다고 한다.

사랑하는 여러분, 누가 알아주든 말든, 인기가 있든 없든, 사람들이 원하든 원치 않든, 진정한 영적 아비와 영적 책임자의 마음으로 진정한 복음 편에 서서 주님이 정말 주시고자 했던 그 복음을 줄 용기가 있는가? 이 결단 없이 계속 우리의 걸음을 걸어간다면 주님이 심판하시는 날이 올 것이다. 우리의 양심이 소리치고 성경의 진리가 말하기 때문이다. 우리는 피해갈 수 없다.

가짜 복음을 원하는 사람들

진정한 복음이 되려면 누구에게나 영속적이고 근본적이며 절대적이어야 한다. 이것을 논리적으로 설명하면 초등학생이라도 알아듣고 동의한다. 모든 사람이 문제해결, 소원성취의 복음이 진정한 복음이 될 수 없다는 것을 안다. 그러나 문제는 논리로는 동의하나 심정적으로 진정한 복음을 원하는 사람이 없다는 것이다. 일시적이고 부분적이고 상대적인 것, 육신의 정욕과 안목의 정욕과 이생의 자랑이 복음이 아닌 줄 뻔히 알면서 그것만을 원한다는 것이다.

그러니까 복음이라는 말이 어려워서가 아니다. 이 원리를 이해하지 못해서도 아니다. 문제는 복음을 받는 인간 존재 안에 있다. 우리의 존재는 가짜 복음만을 원한다. 원할 것을 원하지 않고 원치 말아야 할 것을 원하는 것이다. 이것 때문에 갈등이 일어나고, 이것 때문에 자식 키우다가 좌절하고, 이것 때문에 목회하다가 타협하지 않을 수가 없다.

복음에 담긴 내용은 대부분 살아계신 하나님을 만나는 이야기이고 영생에 관한 문제고 천국 지옥의 문제다. 사실 복음의 주제는 우리 일생에 중요하다는 문제들을 다 모은 것과 비교할 수 없을 만큼 어마어마하다. 그러나 복음의 가장 중요하고 본질적인 주제는 온데간데없이 우리는 우리 눈에 보이는 잠깐의 기쁨에 목을 맨다. 당장 내 필요에 응답해달라고 아우성이다. 우리가 이런 존재이고 보니 그 엄청난 복음을 이야기해도 듣고 싶어 하지 않는 것이다.

우리의 문제는 영원한 양식으로 오신 주님, 생명 주러 오신 주님을 원하지 않을 뿐 아니라 우리에게 진정으로 무엇이 필요한지 모른다는 것이다. 복음서에 나타난 예수님의 생애를 살펴보면 주님도 이 갈등 구도에서 자유로우실 수 없었다. 이것이 두드러지게 나타난 사건이 요한복음 6장의 오병이어 사건이다. 주님은 기적의 떡으로 남자만 5천 명을 먹이셨다. 이 사건으로 예수님 생애에 그분의 인기가 최고조로 올라갔다. 사람들이 예수님을 억지로 모셔다가 임금으로 삼으려고 할 정도였다. 그러나 주님은 기뻐하지 않으셨다. 들뜬 제자들을 따로 배를 태워 바다 건너편으로 보내시고 당신 스스로 수많은 사람들을 해산시키셨다. 다음날에도 사람들이 바다 건너편까지 예수님을 찾아와 환호하며 다시 모여들었지만 주님의 반응은 아주 냉담했다.

> 예수께서 대답하여 이르시되 내가 진실로 진실로 너희에게 이르노니 너희가 나를 찾는 것은 표적을 본 까닭이 아니요 떡을 먹고 배부른 까닭이로다 요 6:26

"너희가 나를 찾는 것은 떡을 먹고 배불렀기 때문이지 내가 필요해서가 아니다. 너희가 나를 왜 찾는지 아는 이상 나는 기뻐할 수 없다. 너희는 당장 밥 한 끼 해결하는 것보다 훨씬 더 근본적인 문제를 가졌다. 너희는 필요의 문제보다 존재의 문제를 가지고 있다. 그러니 썩을 양식을 구하지 말고 썩지 않을 양식인 나, 하늘에서 내려온 생명의 떡인 나를 구하라. 나는 나의 영원한 생명, 하나님의 거룩한 생명, 나라는 존재 자체를 너희에게 주려고 왔다. 내가 너희에게 주려고 하는 것은 내 손에서 떨어지는 기적이나 부스러기 따위가 아니다. 내가 바로 너희의 복음이다."

주님은 그들에게 당신의 진심을 열정적으로 토로하셨다.

이때 사람들이 어떻게 반응했는지는 성경을 통해서 다들 잘 알 것이다. 사람들은 예수님의 말씀을 듣고 나사렛 촌사람 목수의 아들 예수가 인기 좀 높아졌다고 잘난 척한다고 수군거리며 화를 내고 떠나갔다. 오병이어로 5천 명을 먹이신 놀라운 기적의 잔치는 해프닝으로 끝이 났고 다른 제자들도 많이 예수님을 떠나갔다. 진정한 복음, 영속적이고 근본적이고 절대적인 복음을 외쳤던 주님은 쓸쓸히 남아 열두 제자에게 물으셨다.

67 예수께서 열두 제자에게 이르시되 너희도 가려느냐 68 시몬 베드로가 대답하되 주여 영생의 말씀이 주께 있사오니 우리가 누구에게로 가오리이까 요 6:67,68

이런 일이 자기 자신에게 일어난다 해도 운명을 걸고 용기 있게 진정한 복음을 외칠 각오가 되어 있는가? 그 결과가 어떠하더라도 주님 편에 서는 냉정한 선택이 우리에게 필요하다. 이렇듯 복음이 모든 사람에게 보편적인 것이 될 수 없는 것은 복음이 어려워서가 아니라 복음을 받는 우리의 존재 안에 문제가 있기 때문이다.

따라서 복음에는 반드시 양단간에 극단적 반응이 나타난다.

십자가의 도가 멸망하는 자들에게는 미련한 것이요 구원을 받는 우리
에게는 하나님의 능력이라 고전 1:18

복음이 모든 자에게 환영받을 거라는 망상은 버려라. 모든 자의
비위를 맞추는 그런 복음은 없다. 모든 이에게 칭찬받기를 기대하지
말라. 복음은 그런 내용이 아니다. 반드시 분명히 갈라진다.

4. 진정한 기쁨의 소식
다시 성경의 선언을 들어보자.

천사가 이르되 무서워하지 말라 보라 내가 온 백성에게 미칠 큰 기쁨
의 좋은 소식을 너희에게 전하노라 눅 2:10

주님이 오시던 날 천사들의 찬양 소리이다. 하나님이 우리에게 주
시는 하나님 수준의 복음의 내용이다. 이것은 모든 민족 온 백성에게
주시는 오직 하나의 복음으로, 허구가 아니라 완전한 효험이 있으
며, 큰 기쁨의 좋은 소식이며, 영속적이고 근본적이고 절대적인 완전
한 복음을 주셨음을 알리는 것이다. 돈을 주면 진정한 기쁨이 될까?
건강을 주어 모두 행복하게 할까? 어떤 것을 주더라도 그것은 일시
적이고 부분적이고 상대적일 수밖에 없는데, 그러면 도대체 무슨 복
음을 주어서 상황과 조건과 환경이 다른 모든 사람이 전부 만족하고
기쁘며 온전한 행복을 누릴 수 있게 하셨는가? 도대체 무슨 지혜로

모든 민족 누구에게나 지금부터 영원까지 완전한 복음이 되게 하셨는가? 무엇이 그렇게 될 수 있겠는가?

오늘 다윗의 동네에 너희를 위하여 구주가 나셨으니 곧 그리스도 주시니라 눅 2:11

복음을 준다기에 무슨 복음을, 얼마나 어마어마한 복음을 주는지 봤더니 하나님 당신 자신인 예수 그리스도를 우리에게 복음으로 주셨다는 것이다. 세상에 어떻게 이런 놀라운 일이 있는가. 그러면 복음이 복음 되게 하는 조건에 주님을 대입해보자. 예수 그리스도는 누구에게나 복음이 될 수 있는가? 임종을 앞둔 말기 암 환자에게, 기근으로 죽어가는 아프리카의 영혼들에게도 예수 그리스도는 지금 당장 복음이 될 수 있겠는가? 자기 몸 하나 가눌 수 없는 뇌성마비 환자에게도 예수 그리스도는 복음이 되실 수 있는가? 아멘이다.

어떤 뇌성마비 환자의 어머니가 라디오 프로그램에 나와 말하길 "이 아이가 내 눈 앞에서 먼저 죽는 것이 소원이에요"라고 했다. 자신이 먼저 죽으면 손가락 하나 제 힘으로 움직이지 못하는 이 아이를 누가 돌봐주겠느냐는 것이다. 우리가 주위를 조금만 돌아보아도 그저 가슴이 먹먹해지는 사람들이 있다. 하나님이 살아계시고 하나님이 이들을 사랑하신다면 이들에게는 무엇이 복음일지 근심이 되는 영혼들이 있을 것이다. 그 영혼들에게 가서 "축복받았다", "실력 있는 사람이 되라"라고 우리가 값싸게 팔아먹은 그 복음을 그대로 전할 수 있는가? 그것이 그들에게 복음이 되겠는가?

한국에서 유명한 설교를 그대로 북한의 성도들에게 해보라. 그대로 괜찮겠는가? 예수 잘 믿으니 축복받아서 이렇게 됐다고 그러면 북한에 있는 성도들은 어떻게 되는 것인가? 북한용 복음을 따로 만들어야 하는 것인가? 주님이 그런 복음을 전하신 적이 있는가? 사지 멀쩡하고 그만큼 기득권을 누리며 우리끼리 모여서 우리끼리 팔아먹은 싸구려 복음을 가지고 고난당하는 성도들에게 한번 외쳐보라. 중동의 성도들에게 외쳐보라. 복음이 그런 복음이 있고 이런 복음이 따로 있는가? 아니다. 북한의 성도들은 고개 한 번 들어보지 못하고 찬송 한 번 소리 내어 불러보지 못하고, 아예 종족 번식을 못하도록 결혼도 못하게 감금된 채 신음하고 있다. 언제 끝이 날지 알 수 없는 기막힌 운명을 안고 살아가는 그들은 축복을 못 받아서 그렇게 된 것인가? 그들에게도 예수님은 복음이 되실 수 있는가? 흙을 뭉쳐서 먹고, 지옥 문전 같은 무서운 고통 가운데 평생 밝은 날 한 번 보지 못하고 살다가 그렇게 죽어야 하는 그들의 삶에도 예수 그리스도는 복음이신가? 만약 이 확신이 없다면 우리가 복음 전하는 일은 다 그만둬야 한다. 말할 수 없는 고통 속에 있는 어떤 처지 누구에게라도 복음이 될 수 있는 유일한 길이 바로 예수 그리스도시다.

예수님을 만나기 전에 나는 내가 자살할 이유를 확실하게 꼽고 있었다. 주님을 만난 이후에도 주님은 그 이유를 하나도 바꿔주지 않으셨다. 아니, 나도 바꿔주기를 원치 않았다. 망한 술집 아들이라는 부끄러운 혈통과 가문, 중학교 중퇴라는 짧은 가방끈, 두려움 많은 빈약한 인격, 가난…. 저주 받은 내 인생을 도저히 사랑할 수 없어서 이것 때문에 죽어야겠다고 생각했는데 주님을 만나고 난 다음 그분은 내게 더 구할 것이 필요 없는 완전한 복음이 되어주셨다. 나 스스로 무소유로 살겠다고 선언했다. 자살할 이유 중에 하나도 바꿔주신 게 없지만 나는 지금 그 주님이 나의 가장 완전한 복음이시며, 모든 사람에게 외칠 유일한 복음으로 누리며 살고 있다. 바울이 그런 것처럼 왕과 총독에게도 "결박된 것 외에는 나와 같이 되기를 하나님께 원하나이다"라고 말할 만큼 복음은 내게 실제이며 완전하시다.

예수님은 완전한 복음이시다

예수 그리스도는 누구에게나 복음이며 영속적인 복음이시다. 우리가 믿을 때, 살아있을 때뿐만 아니라 죽음의 심판 자리에서도 우리 주님은 복음이시다. 내가 성공했을 때도 실패했을 때도, 올바로 갈 때도 헷갈릴 때도 그분은 복음이시다. 넘어졌으면 일어날 힘이 되어주시고 두려울 때는 피할 바위가 되어주시며 실패했을 때 다시금 용서하시고 세워주시는 회복의 복음이시다.

주님은 근본적인 해결이시다. 주님은 우리의 작은 신음에도 관심을 두신다. 한 끼를 먹는 오늘 우리의 아침 식사에도 주님은 관심을 두신다. 근본적인 모든 필요와 나의 호흡 하나까지도 아신다. 오늘 나의 길과 진리와 생명, 내가 달려갈 길을 마치기까지 나의 호흡과 맥박이 되시는 주님은 근본적일 뿐 아니라 모든 것에 복음이 되신다.

그분은 또한 절대적인 분이시다. 예수 그리스도를 믿는 모든 사람에게 주님은 완전한 복음이 되신다. 온 인류 수십 억이 예수를 믿어도 그들이 믿었기 때문에 내게 줄어드는 것이 아니라 그분을 믿었기 때문에 더불어 우리 모두 다 함께 완전하고 절대적인 기쁨을 누릴 수 있는 그분은 복음이시다.

이 완벽한 복음을 주시기 위해 놀랍게도 주님은 당신의 하나밖에 없는 아들을 복음으로 선택해주셨다. 바울은 이 엄청난 사건에 감탄한다.

> 자기 아들을 아끼지 아니하시고 우리 모든 사람을 위하여 내주신 이가 어찌 그 아들과 함께 모든 것을 우리에게 주시지 아니하시겠느냐
>
> 롬 8:32

아들도 주셨는데 무엇을 아끼시겠느냐는 것이다. 능력도 무한하신데 우리에게 복음을 주시고 "어이구, 내가 정신치료는 미처 생각을 못했으니 네가 알아서 해라" 이런 일은 있을 수 없다는 얘기다. 복음은 완전할 수밖에 없다. 주님은 충분한 복음을 주셨다. 온 백성에게 미칠 큰 기쁨의 좋은 소식인 예수 그리스도를 주셨다. 이 확신이 없다면, 주님이 내 삶에 실제적으로 나의 전부가 될 수 없다면 우리는 복음의 증인이 되기보다 변호인 노릇을 했을지도 모른다.

다시 한번 묻겠다. 정말 현실적으로 근본적으로 총체적으로 예수 그리스도면 충분한가? 지금 가진 조건, 문제, 상황, 부족, 바로 이 순간 이 상태에서도 정말 예수 그리스도면 충분한가? 할렐루야! 이 세

상은 이런 사람들을 보기 원한다. 이 세상은 진정한 복음을 원하고 목말라한다. 그런데도 이 세상 사람들이 복음을 듣지 못하고 원하지 않는 것은 그들이 존재 안에 앓고 있는 영혼의 병 때문이다. 따라서 그들의 반응은 놀랄 일이 아니다. 주님은 사람들의 반응을 트집 잡고 당신이 하실 일을 포기하지 않으셨다. 끝끝내 십자가의 길을 걸어가셨다. 그들이 원하는 것이 다른 것일지라도 주님은 당신이 주고자 했던 진정한 복음을 포기하지 않으시고 우리를 위해 자신을 내어 주셨다.

복음에는 문제가 없다. 문제는 복음이 아니라 우리의 존재 안에 있다. 그러므로 우리에게 복음이 복음 되려면 우리의 존재에 변화가 일어나야 한다. 그렇지 않으면 복음을 받을 수 없다. 그것이 바로 우리의 진정한 필요이다.

성경은 분명히 말씀한다.

> 그런즉 누구든지 그리스도 안에 있으면 새로운 피조물이라 이전 것은 지나갔으니 보라 새 것이 되었도다 고후 5:17

주님은 우리를 복음 앞에 초대하시면서 우리의 있는 모습을 대강 때우는 식으로도 괜찮다고 말씀하신 적이 없다. 자아가 충만한 죄인이 예배당에 나올 때는 시장, 국회의원 아니라 대통령이라도 회개할 죄인으로 나와야 한다. 그 존재 자체가 전폭적으로 거듭나지 않고는 하나님나라를 구경도 못 한다. 그의 이전 것이 완전히 지나가고 새로운 피조물이 되지 않는 한 그리스도의 복음과 아무 상관이 없다는 사실을 그들이 들어야 하며 그 필요를 알도록 우리가 도와주어야 한다.

예전에 배우 최진실 씨가 자살했다는 소식을 듣고 참 씁쓸했다. 유명한 배우 나왔다고 그가 다니던 교회에서 얼마나 환영했을까. 그러나 복음은 이미 그 영혼의 공허한 모습을 말해주고 있었다. 유명세로도 돈으로도 세상의 쾌락으로도 안 되는 것, 그 영혼에게 진짜 필요한 것이 있다는 이야기를 들려주었어야 했는데, 마지막으로 두드리고 찾았던 교회에서도 그는 자살을 피할 길을 찾지 못한 채 목을 매고 말았다. 유명인들의 장례식마다 부끄럽게도 십자가 표시를 해놓고, 자살한 사람들의 이름이 거론될 때마다 '성도 아무개'라고 한다. 도대체 어떻게 팔아먹은 성도인가? 뭐하는 게 성도인가? 교회에 나와주면 다 성도인가? 누군가 진지하게 그를 붙들고 듣든지 듣지 않든지 그에게 꼭 필요한 것이 무엇인지 말해주었더라면 어쩌면 희망이 있지 않았을까? 목을 맬 용기만큼 십자가로 갈 수 있지 않았을까?

불법 미아보호 말라

혹시 "불법 미아보호자 자수 기간"이라는 현수막 문구를 본 적이 있는가? 나도 딱 한 번 보았다. 그런데 '미아보호자'란 길 잃어버린 아이를 보호한 사람이니 선행을 한 건데 왜 불법이라고 하는가? 그것도 자수를 하라니. 나는 그 문구를 보고 한참을 고민하다가, 미아를 보호하기 시작했는데 그냥 붙잡아두고 있으면 그것이 얼마나 무서운 범죄가 되는지를 깨달았다.

부모는 아이를 30분만 잃어버렸다가 찾아도 식겁을 하고 다시는 그 일을 떠올리고 싶어 하지 않는다. 만일 대여섯 살쯤 되는 아이를 잃어버렸는데 저녁이 되어도 안 돌아온다면 부모나 가족이 그날 밤에 잠을 잘 수 있는가? 못 잔다. 다음날 출근하고 사업할 수 있는가? 못 한다. 이틀이 지나고 일주일이 지나도 아이를 찾지 못했으니 아이 찾는 일을 그만 중단할 수 있는가? 그럴 수 없다. 이렇게 미아가 발생한 가정은 거의 예외 없이 가정이 엉망이 되고 거덜이 난다. 단시일 내에 아이를 찾지 못하면 몇 년이 못 되어 그 상심으로 부모 중에 한 명이 죽는다는 조사 내용도 있다. 전단지를 뿌리고 방송하고 광고하고 시설 찾아다니고 할 수 있는 모든 노력을 기울이다보면 가산은 탕진하고 가정은 어느새 해체되어 완전히 몰락하고 마는 것이다.

실종 아동의 가족 이야기를 담은 다큐멘터리를 보았는데 대부분 인터뷰에 응하지 않았다. 그중 10년 전에 잃어버린 아이를 찾으며 쪽방에서 근근이 살아가는 한 아버지에게 기자가 물었다. 그동안 이 일을 그만두고 싶은 적이 없었느냐고. 그 아버지의 대답은, 찾고 찾다가 이제는 정말 그만두기로 결심하고 잠을 자려고 누우면 여지없이 자기를 찾아달라고, 포기하지 말아달라고 하는 아이의 환청이 들려온다는 것이다. 그러니 숨 끊어지기 전까지는 아이 찾는 것을 그만둘 수 없다는 것이었다. 죽었다고 확인이 되면 차라리 포기하고 끝낼 수 있다. 그러나 살아있는데 잃어버린 상태라면 그것은 끝나지 않은 것이다. 이것이 미아가 발생한 사건이다.

만일 불법으로 누군가가 미아가 된 내 아이를 보호하노라 하고 붙잡아두는 일이 발생했다면, 그 일을 당한 사람이 나라고 한번 생각해보라. 한 달 후 집에서 얼마 떨어지지 않은 곳에서 어떤 여자가 아이를 데리고 있다고 누가 신고를 해서 경찰서에서 그 여자를 만났다고 하자. 그 여자가 "애가 혼자 울고 있길래 불쌍해서 데리고 와서 먹이고 씻기고 입히고 장난감도 사주고 보호해주고 있었는데 상을 받았으면 받았지 그게 뭐가 문제에요?"라고 한다면 당신은 그 여자에게 고맙다고 하겠는가? 그 아이를 잃어버리고 그동안 일어난 일을 생각하면 머리를 쥐어뜯어도 성이 차지 않을 것이다. 바로 이것을 불법 미아보호라고 하고 이런 사람에게 자수하라고 하는 것이다.

미아가 되어 누군가의 보호를 받고 있는 아이에게 진짜 복음은 무엇인가? 물론 밥도 먹어야 하고 옷도 입어야 하고 좋은 잠자리도 필요하다. 그러나 이 아이에게는 밥 한 끼 못 먹는 한이 있어도 얼른 제 부모를 찾아주는 것이 복음이다. 그렇다면 거두절미하고 "영접하는 자 곧 그 이름을 믿는 자들에게는 하나님의 자녀가 되는 권세를 주셨다"라는 약속이 시퍼렇게 살아 있고, 그들을 창조하시고 그들을 포기하지 않으시는 영원한 하늘 아버지가 되시는 하나님이 계시고, 아버지께로 나아갈 수 있는 십자가 복음을 통해 하나님의 자녀 된 권세를 누릴 수 있는 축복이 어마어마하게 준비되어 있는데, 이것을 전해줄 생각은 없이 진정한 복음이 아닌 소원성취 문제해결의 복음, 사람들이 원하는 복음만 대략 전해서 그 영혼이 하나님을 만날 수도 없고 예수 그리스도를 생명으로 만날 수 있는 기회를 주지 않고 복음과 아무 상관이 없는 사람만 키우고 있다면, 그런 교회 앞에 주님이 "불법 미아보호자 자수 기간"이라는 현수막을 붙여놓고 가신다면 등골이 오싹하고 끔찍할 일이 아니겠는가.

이민사회에서도 잘 알려진 어느 장로님의 죽음에 관한 이야기를 들은 적이 있다. 유력한 집안에 사회적 명망이 있고 인품이 훌륭하고 기둥같이 목사님을 잘 섬기시던 한 장로님이 어느 날 말기 암 진단이 나오면서 길어봤자 몇 개월 남지 않았다는 사형 선고를 받고 충격으로 몸져눕게 되었다. 그래서 많은 성도들이 병원으로 찾아가 함께 예배를 드리게 되었는데, 평소 강건하던 분이 갑자기 사형 선고를 받으니 준비가 전혀 안 되어 있어서 어려워진 마음에 예배를 드리는데도 찬송도 하지 않고 눈을 감은 채 깊은 한숨만 내쉬고 있었다. 마음이 어렵고 고통스러운 것은 알겠지만 몇 차례나 예배를 같이 드리는데도 예전 같지 않은 장로님의 태도에 젊은 목사님이 이렇게 물었다.

"장로님, 주님 의지하시지요?"

목사님의 권면과 위로에도 장로님은 아무 대답도 하지 않았다. 그러다가 며칠 새 병세가 갑자기 위중해지니 답답한 마음에 목사님이 다시 한번 권면했다. "장로님, 지금까지 교회를 섬기고 하나님나라를 위해 잘 섬기신 것이 너무 귀하십니다. 하나님께서 능력으로 고쳐주실 수도 있지만, 또 하나님 맞이하실 준비도 하셔야죠? 장로님, 하늘나라 가시는 거, 주님 공로로 가시는 것을 믿으시죠?" 대답이 없었다. 갑작스러운 상황이 어려운 것은 알겠지만 해도 너무하시는 것

같았다. 너무 답답하고 안타까우니까 그다음 날 다시 와서 물었다.

"장로님, 이제 대답을 좀 하시지요. 아멘이시죠? 예수님 공로로 하늘나라 가는 거 아멘이시죠?"

내내 눈을 감고 어려워하던 장로님이 계속되는 채근에 갑자기 상체를 벌떡 일으키며 하는 말, "예수고 뭐고 귀찮소!" 그러고는 쓰러져 그 길로 일어나지 못하고 운명했다고 한다. 장례식을 마친 다음 그 지역 월례회로 모이는 목회자 모임에서 장례식 보고를 하며 그 목사님이 눈물을 글썽이며 이렇게 말했다.

"저는 무슨 목회를 했는지 모르겠습니다."

그 말에 누구 하나 아니라고 할 사람이 없었다고 한다. 사랑하는 여러분, 복음이 중 염불이 아니고 관념이 아니라면, 그리고 우리가 고백하는 바 이 복음의 내용과 진리가 사실이고 적어도 그것이 우리에게 실제가 되었다면, 이 도전은 우리에게 너무나 심각하지 않을 수 없다. 불법 미아보호에 해당하는 이런 일은 우리 삶에 없어야 한다. 그리고 복음은 빨리 제자리를 찾아야 할 것이다.

- 복음은 온 백성에 미칠 큰 기쁨의 좋은 소식이다. 성경이 말해온 바 그리스도 예수, 그분이 바로 복음이시다. 하나님은 그분의 아들에 관한 복음을 선지자들을 통해 성경 전체에 검증해놓으셨다.

- 복음은 기쁜 소식이다. 세상 사람들은 소원성취와 문제해결의 기쁜 소식을 기다리지만, 복음이 진정 기쁜 소식이 되려면 이 기쁨이 누구에게나 영속적이고 근본적이며 절대적인 것이어야 한다.

- 복음의 내용은 살아 계신 하나님과 영생과 천국 지옥의 문제다. 잠깐의 기쁨과 비교할 수 없이 가장 중요하고 본질적인 주제다.

- 예수 그리스도는 누구에게나 복음이시다. 영속적인 복음이며 근본적인 해결이요 절대적인 주님은 완전한 복음이 되신다. 상황과 조건과 환경이 달라도 누구에게나 복음이 되시는 유일한 길이다.

• • •

주님만 기대합시다!

복음에 대한 우리의 태도

하나님은 온 인류에게 최고 최대의 기쁜 소식으로 예수 그리스도, 그분의 생명을 통째로 내어주셨다. 천지를 창조하시고 만물의 주인이 되시는 하나님께 우리를 구원할 재료가 부족하지 않았을 텐데, 왜 하필 하나밖에 없는 아들 예수 그리스도를 복음으로 주셨을까? 모든 지혜와 지식의 근본이신 하나님이 무슨 생각이 그리 짧아서, 왜 하필 십자가였을까? 인간의 양심으로 이것만 진지하게 고민해봤더라도 우리는 진작 뒤집어졌을 것이다.

"하나님이 세상을 이처럼 사랑하사 독생자를 주신" 이 복음 사건을 능가할 만한 사건은 없다. 그런데 이 복음이 어떻게 그렇게 가려질 수 있고, 어떻게 그렇게 우리에게 실제가 되지 않을 수 있었는지 도저히 이해가 되지 않는 일이다. 이 어마어마한 복음으로도 내 더러운 성질 하나 고치지 못하고 천박한 세상의 가치관 하나 바꾸지 못했다면 양심이 화인(火印)을 맞았든지 무슨 병에 걸려도 단단히 걸린 것이다. 한 번도 내 삶에서 이 진리와 나를 충돌시켜본 적 없이 지식 따로, 신학 따로, 내 삶 따로 살아왔고, 그러면서 양심의 가책도 없이 살아온 이 놀라운 일은 정상적인 사고로는 도무지 불가능하다. 분명히 영적인 문제다.

주님이 수가 성 여인에게 "이 물을 먹는 자마다 다시 목마르려니와"라고 말씀하신 대로 인간 편에서 추구하는 모든 기쁜 소식은 결코 진정한 만족이나 영원한 해갈을 줄 수 없다. 인간의 상식으로 생각해봐도 우리가 추구하는 것 중에 무엇 하나 변하지 않을 것이 없고 그 무엇으로도 내 영혼을 만족시킬 수 없다. 허무하다. 이 결론에 도달할 수밖에 없는 인생인데도 불구하고 사람들은 결코 만족할 수 없는 것들을 찾아 헐떡인다. 헛되다는 것을 알면서도 영속적이고 근본적이고 절대적인 복음은 찾으려고 하지 않는다. 본질상 존재적인 문제가 있다. 우리 영혼이 깊은 병에 든 것이다.

> 내가 주는 물을 마시는 자는 영원히 목마르지 아니하리니… 요 4:14

우리의 존재 문제를 해결할 수 있는 것은 진정한 복음뿐이다. 그럼에도 진정으로 필요한 복음은 원하지 않고 진정 복음이 될 수 없는 것에 목말라하는 것이 복음에 대한 인류 보편적인 반응이라고 한다면, 교회를 다니고 복음을 믿는다고 하는 신자들은 복음에 대해 어떤 반응을 나타내는가? 신자들에게도 이런 존재적 증세가 존재할까? 결론적으로, 존재한다고 말할 수밖에 없다. 복음에 대한 신자들의 반응 가운데 가장 흔하고 많은 세 가지는 무지, 무시, 무관이다.

복음에 대한 우리의 반응

1. 무지(無知)

복음에 대한 보편적인 반응은 복음에 대해 무지하다는 것이다. 무엇이 복음인지를 잘 모른다. 복음을 정말 알고 싶어 하는 경우도 흔치 않다. 여기서 안다고 하는 것은 단순히 머리로 아는 것이 아니라 정말 깨달아서 자신을 움직여갈 만큼 진정으로 알게 되었다는 뜻이다.

흔히 우리는 "나는 교회를 다니고 복음을 안다"라고 이야기해왔다. 그러면 자신이 진정으로 복음을 알고 있는지 테스트해볼 수 있는 좋은 질문이 있다. 첫째, "복음을 자신의 말로 설명해보라." 대략 아는 것 같아도 설명하기가 쉽지 않을 것이다. 물론 복음을 단 몇 문장으로 설명하기 쉬운 것은 아니다. 그러나 시간을 충분히 준다고 해도 설명을 할 수 있는 사람이 그리 많지는 않다. 설명을 잘 했다 치자. 아직 질문이 남아 있다. 둘째, "자신이 알고 있다는 그 복음의 진리가 자신의 삶에 어떤 영향을 미치고 무슨 변화를 가져왔는지 말해보라." 변화된 만큼 복음을 안다고 말할 수 있다. 이 두 가지를 질문해보면 그 사람이 알고 있는 복음의 수준 정도를 대강 짐작할 수 있다.

복음을 안다고 말하고 가르치면서도 복음을 모를 수 있다

열심히 교회를 다니고 복음을 안다고 하고 또 심지어 복음을 가르치기도 하는데 복음을 모르는 것이 가능한 이야기인가? 성경에서도 그런 인물을 발견할 수 있다.

24 알렉산드리아에서 난 아볼로라 하는 유대인이 에베소에 이르니 이 사람은 언변이 좋고 성경에 능통한 자라 25 그가 일찍이 주의 도를 배워 열심으로 예수에 관한 것을 자세히 말하며 가르치나 요한의 세례만 알 따름이라 26 그가 회당에서 담대히 말하기 시작하거늘 브리스길라

와 아굴라가 듣고 데려다가 하나님의 도를 더 정확하게 풀어 이르더라 ^{행 18:24-26}

아볼로는 유대인으로서 성경에 능통하고 학문이 많으며 언변이 뛰어난 사람이었다. 유대인으로서 성경에 능하다는 것은 이방인인 우리가 오늘날 성경으로 박사 학위를 받은 정도와 비교가 되지 않는다. 그런 그가 일찍이 주(主)의 도(道)를 배워서 '예수에 관한 것'을 사람들에게 가르쳤다. 구약성경을 자세히 풀어서 회당에서 담대히 말하기 시작했다. 그러나 한 가지, 그는 요한의 세례만 알았다. 잘 몰라도 담대히 말할 수 있다는 것이 신기한 일이다.

그런데 복음의 증인 브리스길라와 아굴라가 아볼로의 설교를 듣고 핵심이 빠진 것을 알았다. 나중에 그를 조용히 데려다가 하나님의 도를 더 자세히 설명해주었다. 브리스길라와 아굴라가 아볼로에게 예수에 관해 더 자세히 가르친 후 그에게 어떤 변화가 있었는지 알 수 있는 단서가 되는 것이 28절이다.

이는 성경으로써 예수는 그리스도라고 증언하여 공중 앞에서 힘있게 유대인의 말을 이김이러라 ^{행 18:28}

그 후 아볼로는 성경을 가지고 예수는 그리스도라고 증언했다. 그러니까 박학다식한 성경의 지식으로 예수에 관해 자세히 가르쳤더라도 놀랍게 복음의 핵심 진리를 쏙 빼놓을 수 있다는 것이다. 정확히 말해서 브리스길라와 아굴라를 만나기 전에 아볼로는 복음에 무지했다고 말할 수 있다.

예수님이 제자들에게 "사람들이 나를 누구라고 하느냐?"라고 물으셨을 때 제자들은 사람들이 예수님을 가리켜 세례 요한, 엘리야, 선지자 중에 하나라고 한다고 전했다. 그것은 유대인으로서 들을 수 있는 극찬이었다. 유대인들은 예수님을 뛰어난 하나님의 사람으로 인정한다. 그분의 말씀, 산상수훈, 기적, 능력, 치유도 다 인정한다. 그러나 단 한 가지, 예수님이 그리스도는 아니라고 한다. 유대인들은 수천 년 동안 간절히 메시아를 기다렸지만 예수는 그들이 원하던 메시아가 아니었다. 그래서 예수님 자신이 그리스도라고 했다는 죄목으로 예수님을 십자가에 못 박은 것이다.

베드로가 성령 안에서 "주는 그리스도시요 살아계신 하나님의 아들이시니이다"라고 고백했을 때 예수께서 "내가 이 반석 위에 내 교회를 세우리라"라고 말씀하셨다. 이것이 복음의 핵심이다. 예수는 그리스도시다. 예수를 십자가에 못 박은 그 당시 유대 사회에서 제자들이 또다시 "예수는 그리스도다. 부활하신 그리스도다" 이렇게 말할 때 돌아오는 것은 죽음밖에 없었다. 초대 교회는 가난한 자들을 구제하고 사람들의 병도 낫게 했다. 핍박 받을 이유가 전혀 없었다. 그들이 핍박을 받은 것은 오직 "예수는 그리스도다"라고 주장했기 때문이었다. 예수가 그리스도라는 말은 복음의 핵심이다.

지식적 동의만으로는 주님을 따를 수 없다

너희가 성경에서 영생을 얻는 줄 생각하고 성경을 연구하거니와 이 성경이 곧 내게 대하여 증언하는 것이니라 요 5:39

우리가 영생을 얻기 위하여 얼마든지 성경을 연구할 수 있다. 성경은 결국 예수에 대해 기록한 것이며 궁극적으로 모든 성경이 증언하는 것은 예수는 그리스도라는 것이다.

그러나 너희가 영생을 얻기 위하여 내게 오기를 원하지 아니하는도다 요 5:40

그러나 성경이 말하고 그토록 가르치는 "예수가 그리스도다"라는 이 진리 앞에는 나오지 않는다고 한다. 이것이 무슨 의미인가? 오늘날에도 우리는 얼마든지 성경공부도 하고 제자훈련도 받고 순 모임, 셀 모임, 목장 모임도 다 잘할 수 있다. 왜냐하면 성경공부는 별 부담 없이 공부하면 된다. 지식의 만족도 얻고 많은 유익이 있지 큰 대가지불이 필요하지 않다. 그러나 예수님께 나가는 것은 대가지불이 요구된다. 지식적 동의나 만족을 얻는 수준에서는 결코 주님을 만날 수 없다.

또 무리에게 이르시되 아무든지 나를 따라오려거든 자기를 부인하고

날마다 제 십자가를 지고 나를 따를 것이니라 눅 9:23

복음을 알기 위해서는 복음 되신 예수님을 만나야 하는데 그것은 연구만 해서는 불가능하다는 것이다. 누구든지 예수님을 따라오려거든 자기를 부인하라고 하셨다. 죄인의 가장 마지막 재산이 바로 자아를 추구하는 것이다. 오직 나만 사랑하고 "나! 나!" 하고 살아오던 사람에게 나를 부인하라는 것이다. 인류 역사상 모든 사람들이 종교적 해답을 얻기 위해 추구하는 것이 해탈, 즉 자아에서 벗어나는 것이다. 하지만 죽었다 깨어나도 자기 자아에서 벗어날 자는 없다. 그런데 주님에게 나오는 자는 자기를 부인하고 날마다 자기 십자가를 지고 따르라고 하신다. 이 십자가는 고생하는 것을 말하는 게 아니라 자기 매달려 죽은 십자가를 말하는 것이다. "자기 죽은 십자가를 매 순간 지지 않고는 나를 따라올 수 없다"라고 말씀하신다.

여전히 자아가 시퍼렇게 살아 내가 주인 되어 있으면서 예수님을 믿는다고 하는 것은 예수님을 문제해결사 정도로 취급한다는 말이다. 주님은 우리에게 절대로 "내가 너를 도와줄 테니 어떻게든지 나를 좀 받아줘라" 이렇게 부탁하시지 않는다. 그분은 주(主)로 오시기를 원하신다. 우리가 주님을 "만난다", "믿는다", "섬긴다"는 말은 주님을 주(主)로 섬긴다는 것이지 예수님을 나의 요술램프나 문제해결사로 불러댄다는 것이 결코 아니다.

날마다 자기를 부인하고 저 죽은 십자가를 지고야 나를 따를 수 있다는 주님의 도전 앞에서 지식적 동의만 가지고 예수님을 알거나 따르는 일은 절대 불가능하다. 성경을 연구하고 박사 학위를 받아도, 복음을 안다고 설명하고 남을 가르치고 제자훈련을 시키면서도 자신은 절대 예수께로 나아오기를 원치 않고 복음에 무지한 사람이 많을 수 있다.

2. 무시(無視)

'무시'란 사물의 가치나 존재 의의를 알아주지 않는 것이다. 흔히 신자들은 복음을 무시한다. 많은 사람들이 복음을 성경공부 1과 정도로 또는 세례문답용, 전도용 복음 정도로 취급한다. 그리고 복음 하면 아주 기초적인 이야기라고 여긴다. 이런 태도 때문에 복음에 관해 더 이상 깊이 생각하지 않는다. 그래서 대부분 믿었다 치고, 문답했다 치고 넘어갈 만큼 복음을 무시한다. 복음을 복음답게 소중히 여기고 복음에 목숨을 걸고 부딪쳤더라면 우리 삶에 기적과 능력을 체험하지 않을 수 없고 반드시 변화를 경험했을 것이다. 왜냐하면 복음의 내용이 너무나 엄청난 것이기 때문이다.

네비게이토라는 유명한 선교단체의 세계적인 지도자 한 명이 청중에게 물었다.

"한 그리스도인의 삶의 타임라인을 그려본다면 양 끝에 그 사람의 출생과 임종의 시점이 있겠고, 그 중간 어딘가에 그 사람이 예수 그리스도를 자신의 구원자로 믿게 된 중생의 시기가 있을 것입니다. 그가 태어나서 예수 그리스도를 믿기까지 그에게 필요한 기독교의 진리는 무엇이라고 생각하십니까?"

사람들이 대부분 '복음'이라고 대답했다. 복음을 들어야 중생하기 때문이다. 그러자 그가 한 가지 질문을 더 던졌다.

"그렇다면 복음을 만나 거듭난 이후 임종을 맞이하기 전까지 육신을 입고 이 땅에서 살아가는 동안 그에게 가장 필요한 기독교의 진리 중 한 가지를 고르라면 무엇을 고르시겠습니까?"

사람들은 대동소이하게 성화 내지 성숙이라고 답했다. 그러자 네비게이토의 지도자가 말했다.

"만약 제가 일주일 전에 이 질문을 받았다면 저는 네비게이토의 지도자답게 '제자도'라고 했을 것입니다. 그러나 지금 저는 주저 없이 '복음'이라고 답할 것입니다."

이것이 비단 그 당시 미국 크리스천만의 대답이겠는가? 오늘 우리의 보편적인 대답은 아니었을까? 이것은 우리에게 복음이 어느 정도의 비중을 차지하는지, 우리가 복음을 어떻게 대하는지를 잘 보여준다. "예수 믿고 나니 알아야 되고 배워야 될 게 너무 많아요. 복음은 다 됐다 치고, 복음만 가지고는 안 되니까! 필요한 것은 세미나나 부흥회에 가서 배울게요." 굳이 이렇게 말하지 않더라도 우리의 삶이 이것을 표현해준다.

그러나 복음은 구원 받기까지 필요한 이론이 아니다. 복음은 결론이다. 그날이 오기까지 우리에게 필요한 것은 오직 복음이다.

3. 무관(無關)

복음에 대해서 무관하다는 것은 복음을 들어도 특별한 감각이 없다는 것이다. 복음이라는 진리의 고백을 내 삶에 아무 감격도 감동도 열정도 은혜도 없이 이야기한다.

"아, 정말 놀라운 얘기다!"

"하나님이 우리를 위해서 자기 아들을 주셨대."

"모든 죄를 사해주셨대."

"지옥에서 천국 보내주셨대. 할렐루야."

이런 증상은 특히 오래 묵은 모태신앙에게서 많이 볼 수 있다. 모태신앙은 자신을 소개하며 "저는 모태신앙입니다. 그래서 뜨겁지 않습니다"라고 자랑스럽게 이야기한다. 그래도 뭔가 부족하다고 느끼는지 "뜨겁지는 않지만 꾸준합니다" 이런 말까지 덧붙이면서도 갈등하지 않는다. 게다가 자기 확신은 얼마나 강한지 "모태신앙이기 때문에 구원의 확신이 있습니다" 이렇게 말한다.

목사 아들, 장로 딸로 태어나 하나님의 존재를 부정할 수 없고 예배당을 떠나려야 떠날 수 없는 숙명을 안고 살아간다. 어릴 때부터 배운 성경 지식, 기독교적 교리의 지식을 가지고 스스로 믿는다고 착각하지만 복음의 진리와 전혀 상관없이 살아간다. 갖은 말로 반항하고 반역하면서도 거절하지 못하고 부인할 수도 없으니 믿는다고 착각하는 것이다. 그러나 그토록 눈물겹게 안 믿어줘도 하나님은 하나님이시다.

"부인할 수는 없지만 확신까지는 곤란하다"는 모태신앙들이 무슨 짓을 하고 있는지 아는가? 한국의 반(反)기독 운동의 중심에 바로 모태신앙들이 있다. 역사상 가장 무섭게 기독교를 핍박하고 해악을 끼쳤던 자들 역시 성경을 모르거나 혈통적으로 기독교와 무관한 자들이 아니었다. 공산주의를 흔히 기독교의 사생아라고 하는데 공산주의 창시자들이 목사의 아들, 신학을 공부한 사람들이었다. 복음이 전혀 실제가 되지 않은 채 대강 그슬려버린 불쌍한 인생들이 하나님을 가장 대적해왔다.

아는 것과 행하는 것 사이의 거리가 멀어도 너무 먼 사람들은 농담하듯 코미디하듯 너스레를 부린다. 자기는 그런 체질이 아니라며 기독교의 진리에 대해 아무 감격도 열정도 없다. 믿지도 않는데 교회 좀 다니다보니 집사 하라고 해서 집사 하고, 장로 하라고 해서 장로 한다. 3류 소설 같은 드라마에 빠져서 은혜를 받고 눈물을 줄줄 흘려도 십자가 앞에서 눈물 한 방울 흘리지 못하는 권사가 있다. 평생 교회를 다녀도 성경 한 번 통독하지 못하고 죽는 장로도 많다고 한다. 이런 자들이 바로 실제가 되지 않는 것을 믿는다고 착각하고, 확신할 수 없지만 부인할 수도 없으면 그것을 믿는다고 우긴다.

복음을 위해 특별히 헌신한 사람을 보면 고맙고 존경스럽기는 하지만 그 분들은 특별한 분들이라 생각하고, 내가 그렇게 되는 것은 바라지도 않을 뿐 아니라 그렇게 될까봐 겁이 난다. 한 걸음 더 나아가 내 자식이 복음에 헌신하는 것을 끔찍해한다. 주님만을 위해 믿음으로 살겠다고 선교사가 되겠노라 하면 펄펄 뛰고 말리는 사람들, 우리 딸은 절대 사모 못 시킨다는 사모님들, 도대체 그런 분들에게 주님은 어떤 분이고 복음은 어떤 복음인지 묻고 싶다. 일본에서는 라면집만 해도 3대, 4대씩 한다. 목사의 아들이 목사가 안 되고 사모의 딸이 사모가 안 되면 누가 되어야 하는가? 무슨 고생을 그리 심하게 해서 자신은 예수님을 만났는데 내 대(代)에서 끝나야지 다음 대로 가면 안 된다고 하는 것인가? 부인도 확신도 할 수 없다는 사람들을 그저 믿는다고 인정해준 결과가 지금 우리의 모습이 아닌가?

한때 한국 교계에 다원주의를 거침없이 떠들어대던 사람이 있었다. 달변과 지식으로 그는 "교회 밖에도 구원이 있다, 모든 종교에는 나름대로 구원이 있다"라고 가르치고 주장했다. 지금은 세월이 흘러서 면직되고 다 정리가 되었지만, 그 당시 대학에서 인사위원회가 소집되어 그에게 이것을 따져 물으면 "네. 저는 사도신경 신앙고백을 믿습니다" 그러면서 "신앙과 학문적 견해는 다를 수 있지 않습니까?"라고 말장난을 했다. 그러니 꼼짝 못하고 당하고 있었던 것이다.

"신앙과 학문은 다르다", "신앙과 신학은 다르다" 이런 말들이 얼마나 흔하게 떠돌아다녔는가. 신앙은 뭐며 신학은 무엇인가? 한 입에서 서로 다른 개념의 두 말이 나오면 둘 중에 하나만 사실이다. 그러면 그중에 과연 그가 어떤 것을 정말 믿는지는 실제로 드러나게 되어 있다. 종교 다원주의도 말하고 신앙고백도 믿는다는 그의 말이 사실인가? 아니다. 말로는 하나님을 시인해도 행위로는 부인하는 자를 향해 선포하시는 주님의 음성이 있다.

그들이 하나님을 시인하나 행위로는 부인하니 가증한 자요 복종하지 아니하는 자요 모든 선한 일을 버리는 자니라 딛 1:16

필요에 따라서 말로는 얼마든지 장난할 수 있다. 단, 그가 행위로 말하는 것을 보면 그가 어디에 무게중심을 두고 또 어떤 확신을 갖고 있는지 그 사람의 믿는 바를 알 수 있다. 자신도 알고 남도 안다. 따라서 다른 사람이 말로 뭐라고 떠드는지 고민하거나 걱정할 필요가 없다. 입으로가 아니라 행위로 말하는 것을 보면 알 수 있다.

그래서 교리 이단보다 무섭고 위험한 것이 행위 이단이다. 위조지폐 중에 한눈에 보아도 드러날 만큼 조악한 위폐(僞幣)는 위폐라 할 것도 없이 장난감이다. 하지만 진폐(眞幣)와 구분이 안 갈 만큼 똑같은데 한국은행에서 발행하지 않은 것, 그 위폐야말로 치명적이다. 마찬가지로 교회를 허무는 이단 중에 신천지나 통일교 같은 교리적 이단은 아예 까놓고 색깔을 드러내니 분별이 가능한데, 다 같이 한솥밥 먹고 똑같이 사역하면서 행위로는 부인하는 행위 이단들이 얼마나 우리의 신앙을 허물고 하나님의 교회에 해악을 끼치는지 모른다. 입으로는 하나님을 믿는다고 말해도 행동은 그렇지 않은 자들은 가증한 자요, 불순종하는 자로 모든 선한 일을 버리는 자라고 주님도 분명히 말씀하신다.

복음에 대한 하나님의 비중

복음 앞에 나왔다는 신자들조차 복음에 대해 무지, 무시, 무관으로 반응한다는 것은 복음이 어려워서가 아니라 우리의 존재에 문제가 있기 때문임을 이중 삼중으로 증명해준다. 그러니까 복음은 인간의 지성이나 이성이나 노력으로 이해할 수 있는 차원이 아니며 우리의 본성 자체가 복음을 받아들일 수 있게 되어 있지 않다는 것이다.

그렇다면 우리의 반응이 정상적이지 않다는 것을 다시 한번 살펴보기 위해 하나님은 과연 복음을 어떻게 생각하시며 얼마만큼 비중을 두고 계시는지 성경에서 찾아보고 비교 대조해보고자 한다. 어린 아이라도 알 수 있는 쉬운 성경의 표현만 살펴보아도 하나님께서 이 복음을 어떤 비중으로 대하시는지 짐작할 수 있고 그것을 통해 우리의 문제점을 다시 한번 확인하게 될 것이다.

1. 복음의 가치

복음에 관한 성경의 표현만 보더라도 이 복음은 전 우주적이고 전 존재적이며, 하나님에게도 가장 영광스럽고 가장 존귀하며, 하나님의 수준에서조차 최고 최대의 투자 사건이자 모든 피조물을 다스리시는 가장 완벽한 하나님의 능력이요 하나님의 지혜임을 알 수 있다.

하나님이 세상을 이처럼 사랑하사 독생자를 주셨으니 이는 그를 믿는 자마다 멸망하지 않고 영생을 얻게 하려 하심이라 요 3:16

우리가 아직 죄인 되었을 때에 그리스도께서 우리를 위하여 죽으심으로 하나님께서 우리에 대한 자기의 사랑을 확증하셨느니라 롬 5:8

자기 아들을 아끼지 아니하시고 우리 모든 사람을 위하여 내주신 이
가 어찌 그 아들과 함께 모든 것을 우리에게 주시지 아니하겠느냐
롬 8:32

보라 아버지께서 어떠한 사랑을 우리에게 베푸사 하나님의 자녀라 일
컬음을 받게 하셨는가, 우리가 그러하도다 그러므로 세상이 우리를
알지 못함은 그를 알지 못함이라 요일 3:1

우리가 아직 죄인 되었을 때, 그분이 주시고자 하는 복음과 정반
대의 길을 가고 있을 때 하나님이 우리를 위해서 그 아들을 주셨다.
그냥 주신 것이 아니라 아끼지 않고 내어주셨다. 세상이 짐작해서 미
루어 알 수도 없는 사랑을 하나님께서 우리에게 베풀어주셨다. 하나
님이 하실 수 있는 가장 극단적인 가치를 부여하신 사건이 바로 복
음 사건이다. 우리가 복음을 어떻게 취급하든지 상관없이 하나님에
게는 어마어마한 최고의 투자이다. 이 복음이 내 삶 속에서 어느 정
도의 가치인가? 도대체 복음이 얼마짜리 취급을 받고 있는가?

2. 복음의 범위

① 효력의 범위
하나님께서 우리에게 복음을 주셨는데 이 복음의 효력이 어디서부터
어디까지 미치는 것인가?

또 보니 다른 천사가 공중에 날아가는데 땅에 거주하는 자들 곧 모든 민족과 종족과 방언과 백성에게 전할 영원한 복음을 가졌더라 계 14:6

하나님이 우리를 구원하사 거룩하신 소명으로 부르심은 우리의 행위대로 하심이 아니요 오직 자기의 뜻과 영원 전부터 그리스도 예수 안에서 우리에게 주신 은혜대로 하심이라 딤후 1:9

복음은 '영원한 복음'이다. 약에도 약의 효력이 만료되는 기간이 있고 법에도 법의 시효 기간이 있다. 그런데 주님이 정하신 복음의 효력은 영원하다고 선언한다. 이 복음이 언제 시작되었느냐 하면 하나님께서 영원 전부터 그리스도 예수 안에서 우리를 위하여 준비하신 것이다. 복음의 범위는 영원에서 영원까지다.

다른 복음은 없나니 다만 어떤 사람들이 너희를 교란하여 그리스도의 복음을 변하게 하려 함이라 갈 1:7

복음은 시대마다 다른 복음이 필요한 것이 아니다. 주님은 우리에게 단 하나의 복음을 주셨다. 그 복음의 효력이 영원하기 때문이다. 영원하신 하나님께서 복음을 주실 때 1회용 복음이나 한 시기에만 효력이 있는 복음, 일정한 장소에서만 효과가 통하는 복음을 주시지 않았다. 언제 어디서나 이 복음을 믿는 자는 결코 부끄러움을 당하지 않는 영원한 복음, 주님은 이런 복음을 우리에게 주셨다.

② 대상의 범위

복음은 모든 나라, 모든 족속, 모든 방언 가운데 모든 사람에게 동일하게 주신 복음이다. 만인에게 효력이 드러나고도 남을, 그들을 구원하고도 남을, 온 백성에게 미칠 큰 기쁨의 좋은 소식이 될 복음이다.

이 천국 복음이 모든 민족에게 증언되기 위하여 온 세상에 전파되리니 그제야 끝이 오리라 마 24:14

③ 기록의 범위

성경이 기록한 범위, 즉 성경이 얼마만큼의 지면을 할애하여 복음을 기록했는가?

44 또 이르시되 내가 너희와 함께 있을 때에 너희에게 말한 바 곧 모세의 율법과 선지자의 글과 시편에 나를 가리켜 기록된 모든 것이 이루어져야 하리라 한 말이 이것이라 하시고 45 이에 그들의 마음을 열어 성경을 깨닫게 하시고 46 또 이르시되 이같이 그리스도가 고난을 받고 제 삼일에 죽은 자 가운데서 살아날 것과 47 또 그의 이름으로 죄 사함을 받게 하는 회개가 예루살렘에서 시작하여 모든 족속에게 전파될 것이 기록되었으니 눅 24:44-47

모세의 율법, 선지자의 글, 시편은 구약 전체를 의미하는 표현이다. 구약 전체가 다 복음 되시는 그리스도에 관한 기록이다. 그것도 그리스도께서 죽으시고 부활하신 십자가 복음의 핵심에 초점을 맞춘 이야기로 가득하다. 신약 성경은 더 말할 것도 없다. 사복음서 전체가 예수님에 관해 기록하고 있고 그중에서도 요한복음은 절반에 가까운 내용이 십자가 사건을 중심으로 엮여 있다. 사도행전은 오직 예수가 그리스도라는 말을 전하며 번져간 교회 이야기이며 나머지 서신서와 요한계시록까지 복음을 피해서 성경을 읽을 수 없을 만큼 복음투성이인데도, 우리가 이 성경의 복음을 말하는 것이 아니라 우리에게 필요한 일에만 성경을 사용했으니 성경에 복음을 기록하신 하나님의 비중과 우리의 태도에 얼마나 큰 차이가 있는지 짐작해볼 수 있다.

3. 복음의 권위

하나님은 복음에 권위를 입혀주셨다. 같은 말이라도 동장이 하는 말과 시장이 하는 말과 대통령이 한 말에는 큰 차이가 있다. 어떤 권위를 갖느냐에 따라 그 말은 완전히 달라진다. 옛날에 암행어사가 출두했다고 하면 그 앞에 사또가 엎어져서 사지를 벌벌 떨었다. 암행어사(暗行御史)란, 이름 그대로 자신의 정체를 숨기고 돌아다니며 임금이 맡긴 일을 하기 때문이다. 세상 임금의 권위만 입어도 그 정도다. 그러면 하나님께서 만민을 구원할 복음을 주실 때 어떤 권위를 입혀주셨는지 성경의 표현을 살펴보자.

예수 그리스도의 종 바울은 사도로 부르심을 받아 하나님의 복음을

위하여 택정함을 입었으니 롬 1:1

내가 그의 아들의 복음 안에서 내 심령으로 섬기는 하나님이 나의 중
인이 되시거니와 항상 내 기도에 쉬지 않고 너희를 말하며 롬 1:9

그 중에 이 세상의 신이 믿지 아니하는 자들의 마음을 혼미하게 하여
그리스도의 영광의 복음의 광채가 비치지 못하게 함이니 그리스도는
하나님의 형상이니라 고후 4:4

'하나님의 복음', '아들의 복음', '그리스도의 영광의 복음'이라는 것
은 성부 성자 성령님의 권위, 표현할 수 있는 최고 최대의 권위를 입
혀주셨다는 것이다. 따라서 복음의 사역자가 되어 복음을 전한다는
것은 만왕의 왕이신 주님께 복음을 부탁받은 자요, 주님의 사자요,
대리자요, 하나님의 절대 권한을 위임받은 특별 사신이라는 말이다.
하나님은 하나님의 복음에 이토록 엄청난 비중을 두셨는데 이것이
실제가 되지 않으면 돈 많은 장로님, 세상의 관원과 군왕 앞에서 절
절 매고 복음을 내놓지도 못하고 쭈뼛거리게 된다.

4. 복음의 목적

복음은 주실 때부터 놀라운 권위가 있고 또한 분명한 목적이 있다.
이 복음 안에 어떤 목적을 담아놓으셨는지를 보면 하나님이 이 복음
을 어떻게 비중 있게 다루셨는지 볼 수 있다.

① 화평의 복음

베드로는 이 복음이 '화평의 복음'이라고 말한다. 누구와 누구의 화평인가? 천지의 대주재이신 영원하신 하나님과 원수 된 죄인인 우리를 화목하게 하고, 영원한 하나님과 원수 된 세상을 화목하게 하는 엄청난 사건, 어마어마한 직임과 사명을 주님은 복음에 두셨다. 그러니까 복음은 한 사람 팔자 고치고 죄책감 떨어내고 예배당을 크게 짓는 정도의 이야기가 아니다.

> 만유의 주 되신 예수 그리스도로 말미암아 화평의 복음을 전하사 이스라엘 자손들에게 보내신 말씀 행 10:36

② 화목케 하는 복음

바울은 이것을 좀 더 구체적으로 설명한다.

> 18 모든 것이 하나님께로서 났으며 그가 그리스도로 말미암아 우리를 자기와 화목하게 하시고 또 우리에게 화목하게 하는 직분을 주셨으니 19 곧 하나님께서 그리스도 안에 계시사 세상을 자기와 화목하게 하시며 그들의 죄를 그들에게 돌리지 아니하시고 화목하게 하는 말씀을 우리에게 부탁하셨느니라 고후 5:18,19

이 복음의 사명은 하나님과 원수 된 온 세상과 열방, 만유를 하나님과 화목케 하는 것이다. 유엔 사무총장 되는 정도가 아니다. 이 일을 하게 하시려고 그토록 어마어마한 복음을 주신 것이다.

5. 복음의 성격

이런 엄청난 복음을 누가 받을 수 있는지 만약 자격을 요구했더라면 아무도 이 복음을 받을 수 없었을 것이다. 그래서 주님은 복음을 주실 때부터 복음이 복음 되게 하시려고 아예 복음의 성격을 규정하셨다. 우리에게 희망과 용기를 주는 복음에 관한 표현이 있다.

> 내가 달려갈 길과 주 예수께 받은 사명 곧 하나님의 은혜의 복음을 증언하는 일을 마치려 함에는 나의 생명조차 조금도 귀한 것으로 여기지 아니하노라 행 20:24

그것은 '은혜의 복음'이다. 은혜란 받을 자격이 전혀 없는 자에게 일방적으로 베풀어주시는 하나님의 선물이다. 우리가 복음을 받을 수 있는 유일한 근거는 이 복음이 은혜의 복음이기 때문이다.

우리가 복음을 얼마나 값싸게 취급하든지, 얼마나 무심하게 취급하든지 상관없이, 주시는 하나님 편에서 복음이 얼마만한 비중을 가졌는지를 대비해보니 우리의 반응이 얼마나 부자연스럽고 비정상적인지, 또 얼마나 무섭게 왜곡되어 있는 것인지 알 것이다. 하나님은 이 복음에 엄청난 비중을 두시고 복음의 가치와 범위와 권위와 목적을 부여하셨는데 우리가 무지, 무시, 무관의 태도와 반응으로 복음을 대하고, 단돈 몇 만 원짜리도 되지 않을 만큼 실제가 되지 못하며, 내 인생의 선택의 기로에서 아무런 고려의 대상이 되지 못했다는 것을 알면 알수록 낯이 뜨겁고 고개를 들 수 없다. 정상이 아니다.

이렇게 복음의 가치와 범위와 권위와 목적 등을 대강만 살펴보아도 결국 일방적인 인류 보편의 복음에 관한 왜곡된 반응뿐 아니라 복음을 믿는다고 말하고 환영하며 받아들였다는 신자들의 반응조차 전혀 합당하지 않다는 것을 확인할 수 있다. 지식적인 동의 따로, 실제 따로 이런 말 역시 불합리하다. 실제가 되지 않는 복음은 나와 전혀 무관한 복음이었다는 사실을 인정하지 않을 수 없다. 그러나 분명한 것은 우리가 복음에 무지하고 복음을 무시하고 복음에 대해 무관하지 않다면 우리는 반드시 복음을 만나 변화될 수밖에 없다. 왜냐하면 복음은 '생명'이기 때문이다.

- 복음을 안다고 말하고 심지어 가르치면서도 복음을 모를 수 있다. 복음을 연구만 할 것이 아니라 복음 되신 예수님을 만나야 한다. 자기를 부인하고 예수님을 따라야 한다.

- 복음은 구원의 입문 과정이나 신앙의 기초가 아니라 생명이고 결론이다. 주님 만나는 날까지 필요한 것은 오직 복음이다.

- 복음은 하나님이 아들을 죽이면서까지 내어준 소중한 선물, 최고의 사랑이다. 우리가 복음을 어떻게 취급하든 하나님 편에서는 최대의 투자가 바로 복음이다.

- 복음은 하나님과 그 아들과 그리스도의 영광의 복음이다. 하나님과 원수 되었던 우리를 화평케 하고, 받을 자격이 전혀 없는 우리에게 하나님께서 일방적으로 베풀어주시는 은혜의 선물이다.

- 우리가 복음에 무지하고 복음을 무시하고 복음에 대해 무관하지 않다면 우리는 반드시 복음을 만나 변화될 수밖에 없다. 복음은 생명이기 때문이다.

· · ·

주님만 기대합시다!

복음의 결과, 변화

주님의 완전한 실제요 능력이 충만한 이 복음이 하나님이 원하시는 방법으로 복음의 원리대로 우리에게 제대로 부딪쳐졌다면 그 복음의 결과로서 우리는 반드시 '변화'를 경험하게 된다. 우리가 이 엄청난 복음을 만났고 믿었는데 그리고 아무 일도 없었다는 것은 불가능한 이야기다. 반드시 변화가 올 수밖에 없다. 또 우리가 이 복음을 실제로 믿었는지 안 믿었는지는 말이 필요 없이 그 뒤에 따라온 결과를 보면 알 수 있다. 우리가 주어진 복음에 정확히 부딪치고 나면 그 복음의 결과로 분명히 변화가 일어나는데, 성경에서는 이 변화를 '새로운 피조물'의 수준이라고 이야기한다. 이렇게 복음은 반드시 변화를 산출하게 되어 있다.

그런즉 누구든지 그리스도 안에 있으면 새로운 피조물이라 이전 것은 지나갔으니 보라 새 것이 되었도다 고후 5:17

사람들은 복음의 결과로 자신이 변화되었다고도 하고, 다른 사람들 역시 변화를 받았다고 말하기도 한다. 물론 전에는 교회를 핍박하다가 교회를 나오게 되었다면 그것만 해도 얼마나 큰 변화냐고 할 수 있다. 그러나 사람들이 변화에 대해 크게 오해하고 있기 때문에 복음이 가져오는 진정한 변화를 기대하지 못한 채 어느 정도의 변화에 만족하거나 혹은 변화가 아닌 것을 변화라고 착각하는 수가 있다. 그렇기 때문에 진정한 복음의 영광을 보지 못하고 복음의 능력을 경험하지 못하는 것이다.

따라서 우리가 복음의 결과로서의 변화를 논하기 이전에, 변화는 변화 같은데 복음의 결과로 빚어진 변화가 아닌 것을 먼저 구분해볼 필요가 있다. 그럴 때 올바르게 복음에 부딪쳐서 변화한 것이 어떤 것인지 더 명확히 알 수 있기 때문이다.

복음의 결과

1. 변화가 아닌 것

① 상황과 조건의 변화는 변화가 아니다

우리는 우리를 불행하게 만든다고 생각하는 모든 원인을 우리의 존재보다는 우리의 상황과 조건에서 찾는다. "부모를 잘못 만났다", "결혼을 잘못했다", "시대를 잘못 태어났다" 이런 상황과 조건 때문에 불행하다고 생각하기 때문에 그토록 자신의 상황과 조건이 바뀌기를 열망하고, 그래서 복음의 능력으로 상황이 바뀌고, 무언가를 얻고, 소원이 성취되고, 문제가 해결되었음을 강조하고 간증하는 것이 보편적이다. 그러면 과연 그런지 성경에서 그 예를 찾아보려고 한다.

상황과 조건의 변화를 가장 극적으로 경험한 한 세대를 꼽으라면 출애굽 한 이스라엘 백성일 것이다. 그들은 430년 간 노예라는 신분 때문에 말할 수 없는 고통과 비극을 겪었다. 그래서 그들은 이 조건과 상황을 변화시켜주시도록 하나님께 부르짖었고, 하나님께서 능력의 팔로 그들을 구원하셔서 그들은 노예에서 자유민이 되었다. 그들의 왕은 바로에서 전지전능하신 하나님으로 바뀌었다. 노예의 음식을 얻어먹던 그들이 하늘에서 내리는 천상의 만나를 매일 먹게 되었다. 전에는 맞아죽을까봐 죽음의 공포에 사로잡혀 날마다 전전긍긍했지만 이제는 구름기둥과 불기둥이라는, 이 땅의 어떤 존재도 누려보지 못한 하나님의 특별한 보호를 받았다. 상황과 조건의 완벽한 변화였다. 그들이 원하던 변화가 이루어졌다.

그럴 때 그들이 변화되었는가? 이스라엘 백성들은 주님의 구원으로 상황과 조건의 완벽한 변화를 경험하게 되었다. 그럼에도 불구하고 그들이 어떤 존재인지 보여준 사건이 바로 '가데스 바네아 사건'이다. 출애굽 한 지 2년여의 시간이 흐르며 하나님은 그들에게 율법을 주시고 기적을 보여주시고 하나님과 동행함으로 부족함이 없는 완벽한 시간을 허락해주셨다. 그들이 드디어 가데스 바네아에 이르렀다. 거기서 열두 정탐꾼이 40일 간 가나안을 정탐하고 돌아왔는데 문제는 여기서 드러났다. 그들의 보고가 극과 극으로 나뉜 것이다.

열 명의 정탐꾼은 "과연 그 땅은 젖과 꿀이 흐르는 땅이다. 하지만 그 땅의 거주민은 강하고 성읍은 견고하고 너무 크다. 거기서 본 그 땅 사람은 거인들이다. 우리는 메뚜기 같다. 우리는 그 땅을 치러 올라가지 못한다"라는 부정적인 보고를 했다. 반면 여호수아와 갈렙 두 사람은 "아니다. 반역하지 마라. 하나님이 우리와 함께하신다. 하나님께서 그 땅을 우리에게 주셨다. 하나님 말씀이 결론이다. 그들은 우리의 밥이다"라고 보고했다. 그런데 이 10대 2의 보고를 듣고 선택의 기로에 선 이스라엘 자손이 어떻게 했는가? 하나님이 그들을 다 죽이려고 여기로 끌고 왔다고 하나님을 원망했다. 홍해를 건너 출애굽한 사람들, 두 눈 시퍼렇게 뜨고 살아계신 하나님의 능력과 구원을 직접 본 20세 이상의 이스라엘 남자들이 60만 명이었다. 그런데도 그들은 신앙적인 보고를 한 두 사람의 말을 듣지 않는 정도가 아니라 두 사람을 돌로 쳐서 죽이려고 했다. 그들은 밤새 통곡했다. 하나님 들으라고! 그 후로도 그들은 틈만 나면 "애굽으로 돌아가자"라고 노래를 불렀다.

우리는 이 가데스 바네아를 기억해야 한다. 그때 주님은 40일간 약속의 땅을 보고 돌아와서 한 그들의 보고와 그 반역과 죄악으로 인해 하루를 1년으로 계산하여 40년 동안 광야생활을 하게 하셨다. 그것이 그들만의 죄성인가? 주님은 오고 오는 모든 세대와 사람의 내면이 얼마나 불가능한 존재인지 알게 하려 하신 것이다. 그들이 40년 광야생활을 하는 동안 출애굽기, 레위기, 민수기, 신명기에 지겨울 만큼 반복된 이야기가 있다. 그들은 그들 안에 있는 악한 똥물을 퍼내기 시작했다. 그들은 걸핏하면 어디 맡겨놓기라도 한 것처럼 모세에게 물을 요구했고, 만나를 실컷 먹다가도 정력이 떨어져서 못 살겠다며 고기 내놓으라고 아우성이었다.

세상에서 가장 온유하다는 모세조차 이 백성들에게 40년을 시달리다가, 므리바 물가에서 한 번 혈기를 내어 지팡이로 반석을 두 번 내리친 일로 끝내 가나안 땅에 들어가지 못했다. 모세의 발목마저 잡은 이 기막힌 족속은 역사의 그 어떤 세대도 경험해보지 못한 놀라운 기적으로 상황과 조건의 완벽한 변화를 경험했던 자들이었다. 인간은 제아무리 상황과 조건이 뒤바뀌어도 그 중심이 바뀌지 않는 한 눈곱만큼도 바뀐 것이 없다는 사실을 깨닫게 된다. 결국 이들의 몸은 애굽을 빠져나왔지만 이들의 마음은 한 번도 애굽을 떠난 적이 없는 것이다.

우리는 어떠한가? 은혜로 구원 받아 몸은 교회에 나와 있지만 한 번도 세상으로부터 그 마음이 떠나본 적 없이 집사도 되고 장로도 되고 심지어 선교사, 목사도 될 수 있는 것이 우리의 현실이다. 그러니까 하나님을 믿었더니 사업이 잘 되고 땅값이 오르고 대박이 터지는 은혜를 받았다고 하는 상황과 조건의 변화에 감동받지 말고 끝까지 주목해보아야 한다. 상황과 조건의 변화는 그 사람 존재의 변화가 아니다. 아는 것은 많아지고 겉보기에 무늬는 크리스천 같아 보이는데 속은 전혀 변한 적이 없는 사람으로 남아 있을 수 있다. 그 마음의 중심이 바뀌지 않는 한 결단코 그는 변화된 것이 아니라는 사실을 분명히 기억해야 한다. 이것을 날카롭게 구분해내지 않으면 우리는 "와, 변했나보다!" 하며 자신도 스스로 속을 뿐만 아니라 남에게도 속는다. 하나님은 결코 그런 변화를 원해서 복음을 주신 것이 아니다. 우리 존재의 변화, 중심의 변화를 원하셔서 복음을 주셨다.

② 진심만의 변화는 변화가 아니다

'전심'과 '진심'은 같은 의미로 쓸 수도 있지만 여기서는 상대적으로 비교 사용되었음을 미리 밝힌다. 전심이란 온 마음과 정성과 뜻을 다한, 말 그대로 100퍼센트의 마음이다. 반면에 진심은 마음의 깊이는 있으나 전심이 아닌 것을 표현했다. 무슨 말인가? 사람은 진심을 담아 골똘히 어떤 일을 할 수 있다. 그런데 진심은 그것만 진심이 아니라 다른 것에서도 역시 진심일 수 있다. 예를 들면 교회에서 진심으로 예배를 드리고 나서 노래방에 가서 진심으로 노래할 수 있다. 노름방에 가서 5박6일 동안 눈알이 빨개지도록 진심으로 도박을 할 수도 있다. 이렇게 매사에 진심일 수 있다. 그러나 전심은 그와는 다른 개념을 강조하는 말이다.

누가복음 18장에 나오는 부자 관원의 예를 들어보자. 한 부자 청년이 예수님께 나아와 "내가 무엇을 하여야 영생을 얻겠습니까?"라는 구도자적인 질문을 했다. 예수님이 그에게 계명을 알고 있으니 그 계명을 잘 지키라고 말씀하셨다. 그러자 그는 자신이 계명을 모두 지켜왔다고 예수님께 대답했다. 그가 진심으로 어려서부터 계명을 다 지키며 살아왔다고 하는 말은 예사로운 말이 아니다. 첫째, 그가 부자다. 그 시대의 부자는 오늘날의 벼락부자가 아니라 세습부자라는 말이다. 게다가 그는 젊은이인데 관원이 되었다. 그 말은 귀족 집안이라는 것이다. 아뿔싸! 게다가 모태신앙이다. 대대로 모태신앙에 권력도 있고 돈도 있는 혈기방장한 청년이 어려서부터 열심히 계명을 지켰다니, 오늘날로 말하자면 그는 가장 모범적이고 열정적인 청년이라는 것이다.

그 말을 들으시고 예수님이 이렇게 말씀하셨다.

"너는 무엇을 더해야 할 것이 아니라 오히려 한 가지 부족한 것이 있다."

이 말은 99퍼센트 다 되었으니 1퍼센트만 더하면 되겠다는 의미가 아니다. 주님의 말씀을 의역해보면 이런 말씀이다.

"너는 진심으로 영생을 구하는구나(마가복음 10장에는 "예수께서 그를 보시고 사랑하사"라고 나와 있다. 이 말씀으로 미루어볼 때 그는 거짓말하지 않았다는 것을 알 수 있다). 그런데 너에게는 영생에 대한 진심만 있는 것이 아니구나."

오히려 한 가지 부족한 것이 있다는 말씀은 그가 잘못된 기초 위에 서 있다는 지적이다. 그에게 다른 진심이 더 있다는 것이다. 아찔한 말씀이다. 사람은 결코 공존할 수 없는 양면을 함께 가지고 있다. 우리는 다 거룩하기를 갈망한다. 그러면서 거룩과 정반대되는 정욕이 여전히 우리 안에 있다. 이 두 개념이 서로 상충되는데도 우리는 두 진심 중 어느 하나도 절대 포기하고 싶어 하지 않는다. 거룩도 영생도 꼭 취하고 싶고, 재밌고 끔찍한 것도 놓고 싶지 않기 때문이다.

따라서 두 진심을 가진 사람들은 서로 모순이 되는 진심을 절대 충돌시키지 않는다. 그렇게 되면 반드시 뒤집어지고 변화되는 순간이 오기 때문이다. 그래서 항상 자기 편리한 대로 인식한다. "너 구원 받았어?"라고 하면 우리는 우리 안에 있는 열정과 거룩에 대한 사모함을 떠올리며 자신에게 그 진심이 있다고 반응한다. 또 다른 순간 정욕이 자기를 유혹해오면 거룩에 대한 사모함 따위 싹 잊고 이편에서 다시 진심으로 진지하게 반응한다.

그런데 두 가지 진심이 존재할 때 반드시 기억하라. 두 가지 다 똑같은 진심이란 없다. 그중에 하나는 반드시 전심이다. 선택의 기로에서 반드시 하나만 선택해야 하는 순간에 엎어지는 쪽, 변명의 여지없이 그것이 바로 '나'다. 이것이 바로 부자 관원의 예다. "너에게 영생을 구하는 것만이 진심이 아니다. 네게 두 가지 진심이 있는데 그중에 하나는 반드시 전심이다. 너, 돈이냐? 영생이냐? 영생은 네 앞에 가까이 있다. 돈인지 영생인지 선택해라."

이 청년의 선택은 우리가 잘 아는 바와 같다. 예수님이 만난 사람들 가운데 가장 아쉬운 인물을 한 사람 뽑으라면 바로 이 부자 관원일 것이다. 평생을 매달렸는데 마지막 고비를 넘지 못해 미끌어졌으니 얼마나 안타까운가. 그런데 정작 부자 관원은 자기의 실체를 전혀 몰랐다. 사람들은 기가 막히게 자기를 변명하고 합리화하는 능력이 있다. 이것이 죄인들의 특성이다. 그러나 "돈이냐, 영생이냐?"라는 주님의 도전에 부딪치자마자 그의 안에서 격렬한 반응이 일어났다. 그가 재물이 많았으니 갈등하는 것은 맞다. 문제는 그가 결국 어느 쪽을 선택하느냐 하는 것이다.

여기서 그의 전심의 실체가 드러나게 된다. 돈과 권력과 젊음의 유혹이 많았음에도 불구하고 계명을 지키려고 애쓰며 지금까지 영생을 추구해왔는데, 거의 다 왔는데, 이제 그 영생을 놓치지 않고 붙잡기만 하면 되겠는데 격렬한 고민 끝에 재물을 놓으려고 보니 그는 그제야 자신의 전심이 재물에 가 있는 것을 알게 된다. 두 손 모두 재물을 붙잡고 있기 때문에 영생을 붙잡을 손이 없고, 붙잡은 재물을 놓으려니 자신의 전심이 거기 있기 때문에 죽을 것 같은 것이다. 그때 비로소 그는 자신이라는 존재가 여기에도 진심, 저기에도 진심일 수 없음을 스스로 깨닫고 돈을 선택한 다음 근심하며 돌아갔다는 것이 성경이 전하는 이야기다.

진지하게 최선을 다하고 율법을 어긴 적이 없는 이 모범적인 청년에게 누가 천국이 멀다고 말하겠는가. 그런데 미안한 얘기지만 죽었다 깨어나도 이런 진심만으로는 변화될 수 없다. 십일조 하고 주일 성수 하고 열심히 사역하고 진심으로 눈물을 흘리며 은혜받는다고 감동받지 말라. 반드시 테스트해볼 것이 있다. 그 사람을 십자가로 끌고 가는 것이다. 복음 앞으로 끌고 가면 절대 그 내면을 숨길 수 없다.

부자 관원이 돌아가자 주님이 안타까운 마음으로 탄식처럼 말씀하셨다. "부자가 하늘나라에 들어가기가 어찌나 어려운지 낙타가 바늘귀로 들어가는 것보다 더 어렵도다." 이 말씀은 부자가 천국 가기가 가능하다는 말인가, 불가능하다는 말인가? 불가능하다는 것이다. 그 말에 낙담한 한 제자가 "그런즉 누가 구원을 얻을 수 있나요?" 하고 볼멘소리를 했다. 그러자 주님은 또 예외 없이 정확히 답해주셨다. 진리는 애매모호한 법이 없다.

…사람으로는 할 수 없으나 하나님으로서는 다 하실 수 있느니라

마 19:26

사람이 바뀌고 복음이 말하는 변화가 일어난다는 것은 사람의 말에 설득당하거나 사람이 열심을 다하는 따위가 아닌 전혀 다른 차원이다. 즉 죄에 속했던 자가 천국의 수준으로 바뀌는 이 일은 인간 최선의 산물로 나올 수 있는 것이 아니다. 사람으로서는 할 수 없으되 하나님으로서만 하실 수 있는 것이다. 분명한 것은 전심이 아닌 진심만의 변화는 변화한 것이 아니라는 것이다. 사람은 그 내면의 중심이 진정으로 변하지 않는 한 변한 것이 아니다. 변화의 초점은 정확하다. 그것은 바로 인간이며 인간의 존재적 변화다. 그 중심이 바뀌어야 진정한 변화다.

2. 진정한 변화

그러면 진정한 변화는 있을 수 있는가? 그렇다. 그 일을 이루려고 복음을 주신 것이다. 복음은 우리의 존재를 변화시킨다. 그럼 그 중심이 바뀌었다는 것을 어떻게 알 수 있는가? 복음이 가져오는 진정한 변화의 요소들을 살펴보자.

① 참 주인이 바뀌었는가?

중심이 바뀌었는지 알 수 있는 중요한 척도는 내 인생의 주인이 바뀌었느냐는 것이다. 바로 주인이 누구냐는 것이다.

> 또 무리에게 이르시되 아무든지 나를 따라오려거든 자기를 부인하고 날마다 제 십자가를 지고 나를 따를 것이니라 눅 9:23

그런데 예수님은 '아무든지'라고 하셨다. 대단한 영성의 자리에 도달해서가 아니라 누구든지 처음 예수 그리스도를 영접하고 세례받았을 때의 신앙고백 내용이 바로 예수님을 나의 구주와 주님으로 영접하는 것이다. 예수님을 믿는다는 것은 교회가 마음에 들어서 교회 멤버십을 얻겠다는 말이 아니다. 예수님을 믿는 것은 내 인생의 주인이 바뀌는 완전한 존재적 변화 없이는 불가능하다. 우리가 주님을 따라가려고 하면 자기 인생의 주인 노릇한 자기를 부인할 뿐 아니라 날마다 자기가 죽은 십자가를 져야만 따를 수 있다. 주님이 우리의 절대 주인이 되셔야 하는 것이다.

내 양은 내 음성을 들으며 나는 그들을 알며 그들은 나를 따르느니라
요 10:27

나는 포도나무요 너희는 가지라 그가 내 안에, 내가 그 안에 거하면 사람이 열매를 많이 맺나니 나를 떠나서는 너희가 아무것도 할 수 없음이라 요 15:5

우리는 주님을 떠나서 아무것도 할 수 없는 존재다. 예수님 없이도 얼마든지 살아갈 수 있는 능력이 있다? 이것이야말로 우리의 삶이 저주받은 확실한 증거이다. 본능으로 사는 짐승이 아니라 하나님의 형상인 인간이 하나님 없이 살 수 있다는 이 기막힌 생각은 말할 수 없는 무모함이다. 하나님 없는 인생이 가장 비참하고 저주받은 삶이다.

그러면 주님이 참 주인이 된 것은 무엇으로 알 수 있는가? 나무는 그 열매로 안다. 무슨 열매를 맺었는지 보면 그 나무가 어떤 나무인지 안다. 이리가 양의 옷을 입었다고 속지 말라. 그를 자세히 주의해서 보라. 그가 하는 행동을 보라. 그 행동이 이리이면 아무리 양의 옷을 입고 있어도 그는 이리다. 그의 직분이 뭔지 그가 어떤 말을 하는지는 전혀 중요하지 않다. 그를 이끌어가는 진짜 주인 노릇을 누가 하는지, 그가 누구를 따라가는지 보면 정확히 그를 알 수 있다고 주님이 말씀하셨다.

우리는 반드시 존재적 반응을 하게 되어 있다. 좀 더 구체적으로 질문해보겠다. 하루에 스마트폰을 얼마나 사용하는지 생각해보라. 매일의 시간을 어떻게 사용하고 있는가? 내가 원하는 일인가, 하나님이 기뻐하시는 일인가? 돈을 어떻게 쓰는지 따져보라. 내가 원하는 것을 위해 돈을 쓰는가, 하나님의 뜻에 따라 사용하는가? 시간의 주인이 누구인지, 재정의 주인이 누구인지 조금만 깊이 생각해봐도 내가 내 삶의 주인인지, 아니면 주님이 정말 내 삶의 주인이신지 알 수 있을 것이다.

대학과 전공을 선택하는 것은 자신의 일생이 걸린 문제다. 그러면 자녀의 대학과 전공을 선택할 때 당신의 진짜 주인 노릇을 한 것은 누구인가? 세상의 가치인가, 하늘의 가치인가? 자기가 추구해온 것을 한풀이하듯 자식에게 쏟아 붓고 강요하는 것이 무엇인지 가만히 보면 내게 어떤 가치가 주인이 되어 있는지 알 수 있다. 배우자를 선택할 때 누가 진짜 주인 노릇을 하는지 생각해보라. 나인가, 주님이

신가? 어떤 사윗감을 만나면 원이 없고 어떤 며느릿감을 얻으면 속이 시원하겠는가? 무엇을 원하는가? 여전히 세상의 가치인가, 영원한 진리의 가치인가? 직장이나 사역지를 선택할 때 누가 주인 노릇을 하는가? 누구나 가고 싶어 하는 멋진 곳인가, 고생길은 훤해 보이지만 내가 꼭 필요한 곳인가? 이런 선택 앞에서 당신을 이끄는 진짜 주인은 누구인가?

참 주인이 바뀌지 않는 한 우리 내면에 진정한 변화가 있다고 말하기는 어렵다. 주인이 바뀌지 않는 한 아무리 상황이 바뀌고 아무리 은혜를 받고 뒤집어져도 결국은 주인 따라가게 되어 있다. 삶은 매 순간 선택의 연속이다. 그때마다 나의 선택을 좌우하는 기준은 나인가, 아니면 하나님인가? 진정한 변화를 경험한 사람은 그 선택의 순간에 기쁨으로 내 뜻이 아닌 하나님의 뜻을 선택할 것이다. 그것이 진정한 변화를 받은 자의 삶이다.

주님은 지금 "네 주인은 누구냐?"라고 물으신다.

7 우리 중에 누구든지 자기를 위하여 사는 자가 없고 자기를 위하여 죽는 자도 없도다 8 우리가 살아도 주를 위하여 살고 죽어도 주를 위하여 죽나니 그러므로 사나 죽으나 우리가 주의 것이로다 9 이를 위하여 그리스도께서 죽었다가 다시 살아나셨으니 곧 죽은 자와 산 자의 주가 되려 하심이라 롬 14:7-9

② 사랑의 대상이 바뀌었는가?

진정한 변화의 두 번째 증거는 사랑의 대상이 바뀌었느냐는 것이다. 하나님은 사랑이시다. 사랑이라는 개념은 본래 하나님에게서 나왔다. 사랑은 그 속성상 마음과 뜻과 정성과 목숨을 다하게 되어 있기 때문에 전혀 다른 개념의 두 대상을 동시에 사랑한다는 말은 절대로 있을 수가 없다. 빛도 사랑하고 어둠도 사랑하고, 하나님도 사랑하고 세상도 사랑하는 일은 있을 수 없다.

15 이 세상이나 세상에 있는 것들을 사랑하지 말라 누구든지 세상을 사랑하면 아버지의 사랑이 그 안에 있지 아니하니 16 이는 세상에 있는 모든 것이 육신의 정욕과 안목의 정욕과 이생의 자랑이니 다 아버지께로부터 온 것이 아니요 세상으로부터 온 것이라 요일 2:15,16

세상을 사랑한다면서 하나님을 사랑한다는 말은 있을 수 없다. 세상은 자아 사랑을 부추기는 속성을 가지고 있어서 세상을 사랑하면 아버지의 사랑이 그 안에 있을 수 없기 때문이다. 육신의 정욕과 안목의 정욕과 이생의 자랑으로 가득 찬 것들이 결국 세상으로부터 온 것이다. 그 주체는 '나'다. 그것도 바른 내가 아니라 비틀어지고 병든 나의 만족과 유익을 위해 죄인 된 나의 정욕을 충족시켜주는 것이 세상이요 세상의 가치다. 하나님과 공존할 수 없는 이 세상을 사랑하면서 "나는 하나님도 사랑해요"라는 말이 가능한가? 어떤 사람은 차라리 정직하게 말하겠다고 한다. "나는 사실 세상도 사랑해요.

그러나 그건 49퍼센트이고, 주님을 사랑하는 것은 51퍼센트죠"라고 하는데 이런 귀신같은 사람에게 성경은 아버지의 사랑이 그 안에 있지 않다고 단호히 말씀하신다.

둘 중 하나다. 무엇을 사랑하고 누구를 사랑하든지, 우리가 이것 저것 다 사랑한다고 말해도 사실은 내가 사랑하는 것은 단 하나뿐이다. 다른 나머지는 그 하나를 위해 이용되는 것이다. 하나님조차 예외가 아니다. 내가 나를 지독하게 사랑하고 세상을 사랑하면 하나님조차 이용물이다. 나의 야망 성취, 나의 만족과 유익을 위해 우리는 하나님을 사랑한다고 고백도 하고 하나님을 이용할 수도 있다. 이것이 끔찍한 일이다.

하나님께서 우리에게 주신 것들, 하나님으로부터 온 선한 것들은 영원하다. 그중에 영원한 에너지가 사랑인데 사랑은 절대 소진되거나 마르지 않는다. 사랑은 하면 할수록 에너지가 더 넘친다. 연애할 때 보라. 아무도 못 말리는 자발적인 열정과 사랑의 능력과 에너지가 충만하다. 돈을 사랑함이 일만 악의 뿌리가 된다는 말은 돈을 사랑하면 일만 가지 악이라도 저지를 수 있다는 것이다. 돈만 몇 배로 벌 수 있다면 서슴없이 몸도 팔고 국적도 바꾸고 어떤 난관도 극복하고 못할 짓이 없다. 사랑하면 무슨 일이라도 할 수 있는 이것이 하나님이 지으신 원리다.

결론은 하나다. 사랑의 대상을 바꿀 수 있느냐는 것이다. 사랑의 대상이 바뀌면 그다음은 열심히 해라 마라 할 필요가 없다. 존재와 중심으로 사랑의 대상이 바뀌면 모든 상황과 조건을 뛰어넘을 수 있기에 더 이상 다른 것들이 문제가 되지 않는다. 그러면 사랑의 대상이 정말 복음 안에서 바뀔 수 있는가? 그렇다. 또 그래야만 한다.

8 예수를 너희가 보지 못하였으나 사랑하는도다 이제도 보지 못하나 믿고 말할 수 없는 영광스러운 즐거움으로 기뻐하니 9 믿음의 결국 곧 영혼의 구원을 받음이라 벧전 1:8,9

영혼의 구원을 받은 믿음은 거듭난 믿음이요 구원 받은 믿음이다. 누구 할 것 없이 믿었다고 말하면, 그는 예수님을 보지 못하였으나 사랑하게 되고 (마음으로 사랑하면 모든 것이 실제가 된다!) 이제도 보지 못하나 믿고 말할 수 없는 영광스러운 즐거움으로 기뻐하니 믿음의 결국 곧 영혼의 구원을 받는다고 말씀한다.
갈라디아서 5장 6절은 동일한 말을 이렇게 표현한다.

그리스도 예수 안에서는 할례나 무할례나 효력이 없으되 사랑으로써 역사하는 믿음뿐이니라 갈 5:6

살아 움직이는 믿음, 누구도 빼앗을 수 없는 믿음은 오직 사랑으로 역사하는 믿음이다. 어떤 사람이 예수님을 영접하는 기도를 했다고 해서 그가 주님을 믿은 것인지 확신하기는 어렵다. 나는 사영리(四靈理)로 전도하는 사람이고 사영리로 전도해서 구원받을 수 있다는 것을 믿는 사람이다. 그렇게 배우고 훈련받았다. 한 번은 고등학교 교사인 한 자매를 전도하게 되었는데 그토록 준비된 사람을 만나기는 처음이었다. 사영리를 읽어주는데 눈물을 흘리며 들었고 예수님을 영접하겠다고 해서 영접기도를 하고 사영리를 끝냈다.

그러자 이 자매가 너무 자유하고 감사하다며 거듭거듭 인사를 하길래 '이것이 그렇게 가볍게 받을 수 있는 이야기가 아닌데…' 하는 의심이 들며 이분이 대체 뭘 믿고 무슨 자유를 얻었다고 하는 건지 점검을 해봐야겠다는 생각이 들었다. "자매님의 믿음을 돕기 위해 한 가지 설명을 드려야겠습니다. 지금 예수님을 영접하는 기도를 할 때 뭐라고 기도했는지 기억하시나요? 예수님을 자신의 누구로 초청했습니까?" 그 자매가 우물쭈물하기에 "나의 구주와 주님으로 영접한 것을 기억하시지요?"라고 다시 묻자 그렇다고 했다. 그중에 '주님'이라는 말, 예수님을 친구도 아니고 다른 무엇으로 초청한 것이 아니라 주님으로 받아들인다고 한 말의 의미가 무엇인지 이렇게 설명했다.

"자매님, 혹시 자매님을 사랑해서 구원하신 주님이 자매님에게 나타나셔서 '사랑하는 딸아. 지금까지 수고가 참 많았다. 나는 이제 네가 가정으로 돌아가 남편과 가족에게, 내가 그들에게 주고 싶은 사랑을 전해주기를 원한다. 너 이제 교사를 그만두고 가정으로 돌아가서 그렇게 하도록 해라'라고 말씀하시면, 나를 구원해주신 주인이신 주님이 그렇게 말씀하시니 나의 생각과 상관없이 '네 주님. 제 생각은 어떻든지 주님이 저를 사랑해서 하신 말씀이니까 순종할게요' 하고 교편생활을 내려놓고 가정으로 돌아가 주님의 뜻대로 가족에게 주님의 사랑을 전하는 것을 의미합니다"라는 말이 끝나기도 전에 자매의 얼굴이 하얗게 질리더니 "어머나, 그게 그런 뜻이에요? 그럼 처음부터 얘기를 했어야 할 거 아니에요? 어머, 어떡해. 나 취소할래요"라고 해서 나도 깜짝 놀랐다.

사람은 그 중심을 한 번 건드려보면 그가 "주님"이라고 말하는 의미를 금방 알 수 있다. 어쩌면 그 자매는 심각한 죄책감에 시달리다가 십자가의 죄 용서를 전하자 그것이 반가워서 예수님을 덥석 붙잡았는지도 모른다. 그러나 그 이상은 싫은 것이다. 우리는 우리의 사랑의 대상이 분명히 바뀌었는지 치열하게 점검해봐야 한다. 사랑의 대상이 바뀌면 그다음은 반드시 그의 삶이 말해줄 것이다.

③ 진리 안에서 참 자유를 누리는가?

진정한 변화의 세 번째 증거는 진리 안에서 참 자유를 누리느냐 하는 것이다. 요한복음 8장에는 주님이 또 한 번의 목회적 위기를 겪는 사건이 나온다. 예수님은 예수님을 믿기로 결정하고 따라온 유대인들에게 이렇게 말씀하셨다.

> 31 그러므로 예수께서 자기를 믿은 유대인들에게 이르시되 너희가 내 말에 거하면 참으로 내 제자가 되고 32 진리를 알지니 진리가 너희를 자유롭게 하리라 요 8:31,32

그런데 예수님이 이 말씀을 마치자 예수님을 믿은 유대인들이 돌을 들어 예수님을 치려고 했다. 그 이유가 무엇인가? 예수님은 자신을 믿고 따라온 사람들에게 정색을 하시며 뜨거운 감자와 같은 주제로 도전하셨는데 그것이 바로 '자유'라는 주제였다. 정통 유대인들의 자존심을 확 건드리신 것이다.

그들이 대답하되 우리가 아브라함의 자손이라 남의 종이 된 적이 없거늘 어찌하여 우리가 자유롭게 되리라 하느냐 요 8:33

그러나 예수님은 단 한 번도 자신의 말을 바꾸거나 타협하지 않으셨다. 주님은 "죄를 범하는 사람은 죄의 종이다. 나도 너희가 아브라함의 자손인 줄 안다. 그러나 아브라함의 자손이면 아브라함이 행한 일을 할 텐데 너희는 그렇지 않구나. 너희는 너희 아비 마귀에게서 났으니 너희 아비가 행한 일들을 하는구나" 이렇게 말씀하셨다. 이런 험악한 대화가 오고가다보니 예수님을 믿겠다고 따라왔지만 그들조차 예수님이 귀신이 들렸다고 하고 돌로 치려고 했다는 것이다.

예수님이 목회에 실패하신 것인가? 그러나 예수님은 한 번도 이런 태도를 접어보신 적이 없다. 우리 주님은 복음을 받아들인다는 의미가 무엇인지 정확하고 분명히 가르쳐주셨다. "아무든지 나를 따라오려거든 자기를 부인하고 날마다 제 십자가를 지고 나를 따를 것이니라." 주님을 따르려는 사람 누구에게나 주님은 절대 제자도의 희생이 있다는 것을 감추신 적이 없다. 복음을 위하여 집이나 형제나 부모나 자식이나 전토를 버려야 하는 일이 있다고 말씀하시는 것이다. 대가지불이 필요하다. 복음의 진리는 언제나 같았다. 주님의 복음은 절대 남을 기만하지 않는다. 속인 적이 없기 때문에 처음 단순하게 들은 복음이나 갈수록 깊이 알게 되는 복음에 결코 차이가 없었다.

그러면 "진리가 너희를 자유롭게 하리라"라는 말씀은 무슨 의미인가? 자유케 된다는 말은 묶임이 되지 않아야 하는 것이다. 그대로 따르면 생명을 얻게 되는 삶의 지침, 진리의 지침서가 바로 성경이다. 그래서 교훈과 책망과 바르게 함과 의로 교육하기에 유익하다. 하라는 것을 하고 하지 말라는 것을 안 하면 된다. 이것은 우리가 너무나 분명한 가이드북을 가졌다는 말이다. 불확실한 이 시대를 어떻게 살아야 할지 확고히 말씀해주기 때문에 지도를 받아가지고 길을 가는 것과 같다.

당신이 어느 날 새 컴퓨터를 샀다고 하자. 처음에 사용법을 모르면 제품 설명서를 찾아볼 것이다. 설명서를 읽고 제품의 기능을 많이 알수록 자유함을 느끼는가? 묶임을 느끼는가? 자유를 느낀다. 그러면 인생 매뉴얼인 성경의 진리를 더 깊고 자세히, 더 많이 알수록 우리는 자유를 느끼는가? 묶임을 느끼는가? 사실 양면이 다 있다. 우리는 둘 다 느낀다. 진리 차원에서는 당연히 자유를 느낀다. 하지만 솔직히 우리의 정서나 삶의 현장은 그리 단순하지 않다. 주님은 원수를 사랑하라고 말씀하셨다. 누가 오른뺨을 때리면 왼뺨마저 돌려대라고 하셨다. 누가 내 속옷을 가지려고 하면 겉옷까지 벗어주라고 하셨다. 이 말씀을 들으면서 마음에 기쁨이 넘치고 자유한가? 아니면 부담이 더 큰가?

왜 우리는 우리 인생의 지침인 성경을 알면 알수록 자유보다는 묶임을 느끼게 되는가? 왜 성경의 말씀대로 사는 것보다 내가 원하는 대로 살고 싶어 하는가? 그것은 죄를 지으면 안 되고 진리를 따라 살아야 한다는 것을 알면서도 여전히 죄를 원하는 죄의 노예 상태에 있기 때문이다. 진리가 옳은 줄은 알겠는데 계속 매임을 느끼는가? 그렇다면 결론은 단순하다. 아예 진리로 결론을 내버리는 것이다.

결혼을 앞두고 있는 자매들은 이 세상 결혼 적령기의 남자를 볼 때 자유롭지 못하다. 누구를 봐도 '혹시 저 사람이 나의 짝은 아닐까?' 싶은 가능성 때문에 마음이 묶이기 때문이다. 어쩌다 보니 서로 다른 조건을 가진 세 남자로부터 동시에 청혼을 받고 고민하는 한 자매가 있다고 하자. 능력이면 능력, 성품이면 성품, 외모면 외모 이런 장점을 한 사람이 다 가졌다면 좋으련만 그렇지 않으니 어느 것을 택하고 어느 것을 버릴지 고민하느라 심각한 갈등에 빠져 있다면 당신은 어떤 조언으로 그 자매가 자유를 얻도록 도울 수 있겠는가? 이럴 때 깊이 묵상하면 답이 안 나온다. 어떤 놈이든 결혼을 확 해버리는 것이다. 그러면 결혼 문제에 관한 한 자유하게 되기 때문이다. 아예 시집을 가버리면 이 땅에 존재하는 모든 결혼 대상자에 대해 아주 홀가분해진다. 그러니까 한 사람을 정해서 그와 결혼한다는 의미는 나머지 모든 결혼 대상자에 대해서 죽는다는 것을 의미한다.

진정한 자유는 언제 주어지는가? 결론 내버린 마음에 찾아온다. 다른 여지를 끊고 결론을 내버리면 된다. 이것을 간단하게 대입해보자. 진리에 시집을 가버리면 된다. "나는 진리 외에는 행할 수 없다." 이것은 어려운 것이 아니라 매우 단순한 이야기다. 자기가 필요하다고 생각하면, 자기가 원하면 이런 결정을 내리기는 아주 쉽다. 몇 년 전만 해도 해외에 나가면 이런 진풍경이 벌어졌다. 자존심 강하고 남의 말 안 듣기로 유명한 한국인들이 노란 깃발 아래 가이드의 말에 온전히 순종한다. 오직 가이드가 가라면 가고 서라면 서고 10분 안에 화장실에 다녀오라면 10분 안에 정확히 다녀온다. 가이드의 말에 살고 죽는다. 그런데 그것이 자유다. 왜냐하면 무리에서 떨어지면 죽기 때문이다.

우리도 만약 그렇게 결론을 내고 진리를 선택한다면 진리가 우리를 자유케 할 것이다. 자꾸 갈등이 생기고 묶임을 받는다는 것은 다른 여지를 열어놨기 때문이다. "말씀은 그렇지만 꼭 그대로 살 수 있겠어요?" 하고 여지를 남겨두는 한 진리가 우리를 자유케 할 수 없다. 결론 내지 않은 태도는 양심에 걸리고, 찔리고, 자꾸 나를 공격하고, 판단하고, 그래서 계속 우리를 묶을 것이다. "저는 진리를 벗어나서는 살 수 없어요. 저에게는 진리가 결론이죠." 이렇게 아예 결론을 내야 갈등이 없다. 그러므로 진정한 변화란 오직 진리를 결론으로 붙잡고 나갈 때 진리 안에서 참 자유를 누리는 것이다.

3. 가치관의 변화

진정으로 중심의 존재가 변하면 참 주인이 바뀌고 사랑의 대상이 바뀌는 변화가 일어나게 되어 있다. 그러면 그 후 어떤 상황에서도, 가난하든 부하든, 높든 낮든, 편안하든 어렵든, 변함없이 주님이 주(主)가 되시고 주님을 따라가는 사람이 된다. 크리스천은 아무 때든 크리스천이어야 한다. 낮에 크리스천이었으면 밤에도 크리스천이어야 하고, 고난의 때에 크리스천이면 잘 나갈 때도 크리스천이어야 한다.

춥고 배고프고 오갈 데 없던 시절에는 교회에 나왔지만 따뜻하고 배부르니 도무지 붙들어둘 수 없게 되었다면, 미안하지만 서로 속은 것이다. 우리가 엄청나게 기도 열심히 하는 민족인 줄 알았는데, 배가 부르자 이제 기도하지 않는다. 성경을 너무 사랑해서 많이 읽는 줄 알았더니, 온종일 TV 앞에 앉아 "TV는 나의 목자시니 내게 부족함이 없으리로다…" 하고 인생을 탕진한다. 이렇게 조금만 배부르면 타락하고, 조금만 어려워도 태도가 바뀌는 모습은 진정한 변화라고 할 수 없다.

복음의 결과로 존재가 바뀌는 진정한 변화가 일어날 때 이 변화가 우리의 삶에 가장 잘 드러나는 영역이 바로 우리의 가치관이다. 사람은 가치관에 따라서 움직이고 기뻐하고 슬퍼하고 만족을 누리고 불만족을 느낀다. 복음이 나에게 실제가 되었다면 우리의 가치관은 변화할 수밖에 없다. 나의 가치관을 알아볼 수 있는 질문이 있다.

내 기쁨과 슬픔의 이유

"내가 기뻐하는 이유는 무엇인가?"

당신은 어떨 때 살맛나고 신바람나는가? 어떤 일이 일어날 때 하나님이 나를 사랑하신다고 느끼는가? 무슨 일이 이루어질 때 기쁘고 어떤 상황이 열릴 때 행복한가? 이런 것들을 면밀히 살펴보면 내가 세상에 속한 가치관을 가지고 있는지 하늘의 가치관을 가지고 있지 알 수 있다. 기쁨의 이유를 찾기 어렵다면 반대로 질문해보라. "내가 슬프고 무기력한 이유는 무엇인가?"

이 양면은 서로 맞닿아 있다. 자신이 슬퍼하는 이유, 무기력한 이유를 살펴보면 내가 어떤 가치관으로 살아가는지 금방 알 수 있다. 이 가치관이 바뀌지 않는다면 아무것도 바꿀 수가 없고 바뀐 것이 없는 것이다. 왜냐하면 이것 때문에 울고불고 심지어 자살에 이르기도 하기 때문이다. 우리가 무엇 때문에 기쁘고 무엇 때문에 살맛이 없고 무엇 때문에 집착하고 무엇에 사로잡혀 있는가? 예를 들면 사람들의 인정에 목말라 하고 있지 않은가? 사람들의 인정이 있으면 하나님이 축복하시는 것 같고 기쁨과 만족이 있고 흐뭇하고 보람을 느끼는가? 유명해지고 싶은 갈망, 명예는 어떤가? 우리가 절박하게 갈망하는 것 중에는 학벌도 있다. 목회자라면 어디서 신학을 했는지, 일반 대학은 나왔는지, 어느 대학을 나왔는지를 궁금해 한다.

목회자들과 성도 사이에 '목회 성공'이니 '성공한 크리스천'이라는 말 또한 공공연히 입에 오르내린다. 목회자들은 "그 친구, 목회 성공했어"라는 말을 곧잘 한다. 그럴 때 부러움이 뚝뚝 떨어지는 우리의 정서 안에 목회 성공을 재는 척도는 과연 무엇인가? 성도 수? 예배당 건물의 크기? 재정 규모? 어떤 차를 타느냐? 어느 지역에서 목회하느냐? 얼마나 유명한가? 우리 안에 배어 있는 학벌, 지위, 성공의 척도가 성경의 가치가 아닌 세속의 가치 그대로인 채 기독교 용어만 가져다 쓰는 것이라면 천박하기 이를 데 없다.

선교지에서 우울증에 걸렸다는 선교사 사모님의 이야기를 들어보면 우울증의 내용이 대개 자녀 문제일 때가 많다. 선교지에 가보면 선교사들 사이에도 많은 차이가 있다. 큰 교단에서 파송을 받은 분들이나 든든한 재정 지원을 받는 분들의 자녀는 한국 최고 대학 학비보다 더 비싼 아메리칸 스쿨에 다닌다. 그다음으로 인터내셔널 스쿨이 있고 그다음이 선교사 자녀 학교이고 그다음이 로컬 스쿨이다. 사는 모습도 천차만별이다. 선교사 모임에 고급 승용차를 타고 나타나는 선교사 사모님이 있는가 하면, 내 누이라면 붙들고 울어줄 만큼 새카맣고 초라한 모습으로 자전거를 끌고 오는 사모님도 있다. 굳이 의식할 필요는 없지만 한눈에도 빈부의 차이가 확연히 드러난다. 이 자체를 비난할 이유는 없다. 문제는 그것 때문에 우울증에 걸리는 분이 더 문제라는 것이다.

'나는 뭐야. 고생만 쌔빠지게 하고 초라하기 그지없고 부엌데기 같은 나는 뭐야. 하나님이 나를 사랑하기나 했어?'

선교사가 됐다는 사람이 고작 좋은 옷, 좋은 차, 좋은 학교 때문에 선교지에서 우울증에 걸렸다면, 자부심과 긍지를 갖기에 충분한 숭고한 복음의 진리는 대체 어디 있는가? 공산주의 이데올로기에 헌신한 사람들만 해도 삶을 바치는 것을 자신의 영광으로 안다. 어떻게 만난 예수요, 어떻게 아는 천국이며, 어떻게 붙든 진리이기에 장사꾼만도 못한 천박한 가치와 헌신으로, 자기도 바꾸지 못한 복음으로, 어떻게 다른 나라 다른 민족에게 가서 그 사람들에게 복음을 전하겠는가.

이것은 선교사님을 방문하여 위로하고 격려해준다고 되지 않는다. 진정한 위로는 우리의 존재가 바뀌고 가치관이 바뀌는 것이다. 주님을 위해 더 고생 못한 것이 한(恨)이요, 주님을 위해 더 십자가를 지지 못해 오히려 한이다. 사랑하는 주님을 생각하면, 나 같은 죄인 놈을 구원해주서서 이 기막힌 복음을 증거하라고 보내신 영광만 생각해도, 평생에 어떤 상황에서 무슨 대우를 받은들 한이 되겠는가. 중만 해도 속세를 떠나는데 주의 거룩한 종으로 부름을 받았다는 사람들이 세상에서 발목을 빼지 못하고 죄인 그대로 둔 채 매번 싸바르고 치유하고 회복하고 위로하는 데 써먹은 복음, 내 삶에 전혀 실제가 되지 않은 복음은 우리를 바꿀 수 없다.

증인들의 고백

그러면 복음이 믿음의 사람들에게는 실제가 되었는가? 그저 이론이고 희망은 아니었는가? 성경에는 가치관이 변화된 증인들의 고백이 많이 기록되어 있다. 그중 몇 구절만 살펴보아도 우리는 한 가지 공통점을 발견하게 될 것이다. 그것은 그들의 기쁨과 슬픔의 이유는 오직 '하나님' 한 분이었다는 것이다.

15 즐겁게 소리칠 줄 아는 백성은 복이 있나니 여호와여 그들이 주의 얼굴 빛 안에서 다니리로다 16 그들은 종일 주의 이름 때문에 기뻐하며 주의 공의로 말미암아 높아지오니 17 주는 그들의 힘의 영광이심이라 우리의 뿔이 주의 은총으로 높아지오리니 18 우리의 방패는 여호와께 속하였고 우리의 왕은 이스라엘의 거룩한 이에게 속하였기 때문이

즐겁게 소리칠 줄 아는 백성, 즉 복음을 아는 백성, 기쁨의 이유를 가진 사람은 복이 있다. 여기서 그 기쁨의 이유를 찾아보면 '주의 얼굴 빛에' 다니는 것이라고 한다. 잘난 자기의나 나의 어떠함 때문에 높아지는 것이 아니라 '주의 이름 때문에' 기뻐하며 '주의 공의로' 인해 높아진다고 한다. 나의 안정감이 돈이나 교단이나 사람들의 인정이나 평판에 있지 않고 나의 피난처, 나의 힘은 모두 주님이시라는 것이다. 주님 때문에 높아지고, 주님 때문에 강해지고, 주님 때문에 영광에 사로잡히고, 주님 때문에, 주님 때문에, 주님 때문에…. 기쁨의 이유가 자신이나 세상에 있지 않고 오직 주님 때문에 즐거워한다. 사람이 인정해주지 않아도 주님만 인정해주시면 오케이다. 주님의 이름으로 취급받는 것이 최고의 영광이다.

17 비록 무화과나무가 무성하지 못하며 포도나무에 열매가 없으며 감람나무에 소출이 없으며 밭에 먹을 것이 없으며 우리에 양이 없으며 외양간에 소가 없을지라도 18 나는 여호와로 말미암아 즐거워하며 나의 구원의 하나님으로 말미암아 기뻐하리로다 합 3:17,18

소출이 풍성하고 양과 소가 많은 것은 고대 농경시대 최고의 기쁨이었다. 그런데 그 모든 기쁨의 이유가 다 사라졌다. 거덜이 났다. 하지만 지금까지 살아온 모든 기쁨의 이유가 다 사라져도 "나는 여호와로 말미암아 즐거워하리로다" 이것이 바로 하박국 선지자의 고백이었다.

주께서 내 마음에 두신 기쁨은 그들의 곡식과 새 포도주가 풍성할 때보다 더하니이다 시 4:7

이 땅의 사람들이 기뻐할 수 있는 이유는 곡식과 포도주의 풍성함 때문이다. 사업이 대박 나고 자식이 하버드에 수석으로 들어가서 세상 사람들이 다 부러워하는 그 모든 기쁨보다도, 시인은 주님이 자신의 마음에 두신 기쁨이, 주님 때문에 기뻐하는 이 기쁨의 이유가 더 풍성하다고 고백한다. 한평생 환난을 당한 다윗의 영혼의 고백이었다.

주께서 생명의 길을 내게 보이시리니 주의 앞에는 충만한 기쁨이 있고 주의 오른쪽에는 영원한 즐거움이 있나이다 시 16:11

생명의 길, 복음의 길, 주님이 보이신 십자가의 길은 "눈물 없이 못 가는 길, 피 없이 못 가는 길" 하며 죽지 못해 우중충한 얼굴로 걸어가는 길이 아니라 기쁨이 충만하고 영원한 즐거움이 있는 길이다. 좋아서 죽고 미쳐서 죽는데 무슨 한이 남겠는가. 이들의 고백은 환경이나 조건이나 상황의 영향을 받지 않았다. 거기에 기쁨의 이유를 두지 않았기 때문에 그것 때문에 우울해할 여지조차 남겨두지 않았다.

내가 이것을 너희에게 이름은 내 기쁨이 너희 안에 있어 너희 기쁨을 충만하게 하려 함이라 요 15:11

주님이 주고 싶은 주님의 기쁨은 어떤 것이었는가? 주님은 십자가의 길을 죽지 못해서 비극적 천명을 띠고 태어나신 것처럼 발을 질질 끌며 가시지 않았다. 주님은 우리보다 먼저 그 길을 걸으셨다. 아버지의 뜻을 따라 하늘 영광을 버리고 사람이 되어 낮아진들 이토록 낮아질 수 있는가. 선교사로 나가 우리보다 조금 못 사는 선교지 사람들만큼만 내려가고 낮아지는 것조차 우리는 너무 힘들어한다. 그런데 영원하신 창조주 하나님이 피조물인 인간이 되시고 십자가의 저주 받은 죽음으로 죽기까지 복종하시며 오히려 기쁨이 충만하셨다. 놀랍게도 주님은 세상이 주는 것과 같지 않은 기쁨, 예수님 수준의 기쁨을 우리에게 주기 원하셨다. 할렐루야! 이 기쁨을 주기 위해 십자가 복음을 준비하셨다. 예수님은 세상이 결코 빼앗을 수 없고, 결코 희석할 수 없는 주님의 기쁨을 우리에게 주셨다고 말씀하셨다.

땅의 가치에서 하늘의 가치로!
복음의 결과로 진정한 변화가 일어나면 가치관이 변화된다. 가치관은 우리의 기쁨과 슬픔의 이유를 쥐고 삶을 실제로 움직이는 아주 중요한 힘이다. 이 가치관이 하늘의 가치로 바뀌면 우리는 더 이상 분토(糞土) 같은 세상의 것들에 연연하거나 기웃거리느라 우울증 걸리는 일 따위 하지 않는다. 무식하고 별 볼 일 없고 천박한 세상의 가치가 뚝뚝 묻어나는 데서 나고 자란 나도 "내가 너를 내 생명 줄 만큼 사랑했다"는 말에 가치관이 바뀌었다. 대단한 도덕훈련을 받아본 적 없고, 누가 제자훈련 시켜준 것도 아닌데, 예수님을 만나고 나니 무소유로 살겠다고 스스로 결단하게 되었다. 무소유로 사는 것이 불편하지 않았다.

나는 순회선교단에서 공동생활을 20년 넘게 했다. 살아오면서 이렇게 안전하고 복된 하나님의 은혜의 터가 없다고 생각했다. 공동체는 불편하고 특별한 것이 아니라 하나님이 계획하신 비밀이었다. 나 같이 부족한 사람도 끼어서 온전한 한 몸을 이루는 하나님의 비밀이었다. 그리스도 몸 안에 크든 작든, 약하든 강하든, 지체 중에 누구도 모두의 잘날 이유가 없다. 엄지손가락 같은 사람도, 새끼발가락 같은 사람도 있을 수 있지만 모두가 다 소중하게 여김을 받고 모두가 다 한 몸이 되어 그리스도 안에서 만족을 누릴 수 있는 기막힌 지혜를 주님이 주신 것이다. 소유하지 않으면 모든 것을 가진 사람이 된다. 내 것이라고 정해놓으면 그 한계에 묶이지만 무소유로 살면 쓰는 것이 다 내 것이다. 아버지 것이 다 내 것이고 온 세상이 다 내 것이다. 그래서 전혀 부족함이 없다.

성경을 연구해서 박사 학위를 받아도 그 어마어마하고 현란한 지식으로 덕지덕지 묻은 세상의 정서 하나 떨어내지 못하고 나의 얄팍한 세상의 가치관을 바꿀 수 없다면 불행한 일이다. 주님은 우리에게 이 존재의 변화, 가치관의 변화가 일어나게 하신다. 그럴 때 우리는 복음 안에 예비된 완전한 하나님의 축복을 누릴 수 있다.

- 복음이 복음의 원리대로 제대로 부딪쳐졌다면 '새로운 피조물' 수준의 변화가 반드시 일어난다.

- 복음은 우리의 존재와 중심을 변화시킨다. 아무리 상황과 조건이 변했어도 마음의 중심이 바뀌지 않았다면 그것은 변화가 아니다.

- 상반되는 두 개의 진심이 있을 수 있다. 그중 하나는 반드시 전심이다. 전심 아닌 진심만의 변화는 진정한 변화가 아니다.

- 복음은 내 선택을 이끄는 참 주인과 내가 정말 사랑하는 대상을 바꾸고 진리 안에서 참 자유를 누리게 한다.

- 복음은 주님의 기쁨을 우리에게 준다. 죽기까지 복종하시며 오히려 충만하였던 기쁨, 세상이 빼앗을 수 없는 기쁨을 준다.

- 복음은 우리가 세상의 가치에 발목 잡히지 않고 오직 '하나님' 한 분 때문에 기뻐하고 슬퍼하게 한다.

• • •

주님만 기대합시다!

06
강

복음과 믿음

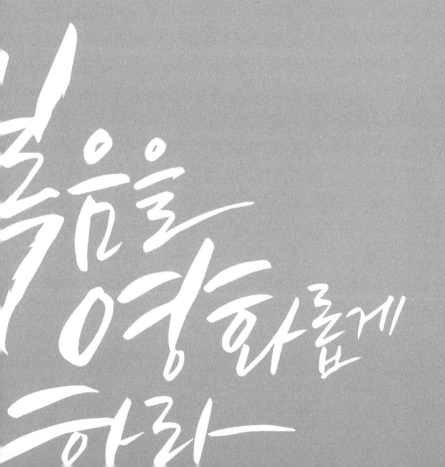

복음과 믿음

1. 믿음이란 무엇인가?

하나님은 우리에게 완전한 복음을 주셨다. 이 완전한 복음을 누릴 수 있는 유일한 길은 믿음이다. 하나님께서 주시는 복음이 완전하듯 그것을 받는 우리의 믿음도 온전해야 한다. 믿음에 부도를 맞으면 큰일 난다. 믿는 줄 알았는데 믿는 게 아니라거나 믿음이라고 알고 살아왔는데 '어, 이거 믿음 아니네!' 이러면 큰일이다. 따라서 우리는 믿음이 무엇인지 제대로 알아야 한다. 앞서 기본 개념 첫 번째로 '복음'을 살펴보았는데 이번에는 두 번째로 '믿음'에 대해 살펴보자.

> 1 믿음은 바라는 것들의 실상이요 보이지 않는 것들의 증거니 2 선진들이 이로써 증거를 얻었느니라 히 11:1,2

'믿음장'으로 알려진 히브리서 11장은 믿음이란 막연한 허구나 관념, 심리 작용, 지식적 동의가 아니라 "바라는 것들의 실상"이라고 말씀한다. 믿음은 실제를 믿는 것이기에 반드시 움직임을 가져온다. '믿었다'고 할 때는 반드시 그 결과로 행동이 뒤따르게 되어 있다. 믿음의 선진들이 삶으로 그들의 믿음을 나타내었듯이 우리의 믿음의 증거 또한 우리의 삶으로 드러나게 된다. 믿는 대상에 나를 내어드릴 수 있을 정도로 믿는 것, 나를 움직일 정도로 믿는 것이 진짜 믿음이다.

그러나 믿음에 관해서 교회 안에, 특히 모태신앙들에게 오해가 많다. 막연하게 진리에 지식적으로 동의하고 부정하지는 않으니 자신이 하나님을 믿는다고 생각하는 것이다. '그래, 하나님이 살아 계시겠지 뭐. 확신은 안 서지만 부정할 수 없으니까 믿는 거 아니겠어?' 그러나 그것은 매우 큰 오산이다. 예배당에 나왔다는 것만으로 믿음이 있다고 부추기는 목회자 또한 있다. 그러나 성경은 절대 우리 편에서 편리하도록 애매모호하게 말씀하지 않는다. 예배당에 나온 모든 사람이 구원받는다는 말씀은 성경에 없다.

> 17 이와 같이 행함이 없는 믿음은 그 자체가 죽은 것이라 ⋯ 26 영혼 없는 몸이 죽은 것같이 행함이 없는 믿음은 죽은 것이니라 약 2:17,26

우리가 하나님을 진정으로 믿는다면 그 믿음이 반드시 우리를 움직인다. 야고보서는 "행함이 없는 믿음은 죽은 것이다", 그것도 "영혼 없는 몸이 죽은 것처럼 행함이 없는 믿음은 그 자체가 죽은 것이다"라고 말씀한다. 믿는다고 말하면서 믿는 대로 살지 않는다면 그것은 진짜 믿는 것이 아니다.

나를 움직일 수 없는 믿음은 결코 믿음이 아니다
미국과 캐나다의 국경 사이에 높이 48미터, 너비 900미터에 이르는 거대한 나이아가라 폭포가 있다. 그러니까 이 폭포는 폭이 1킬로미터가 넘는 한강물이 유유히 흘러오다가 갑자기 땅이 푹 꺼져서, 아파트

2, 30층 높이만한 까마득한 절벽을 만난 그 많은 물이 '우르르르르르르' 쏟아져 내리는 것 같다고 상상해보면 된다. 어마어마하다.

이 엄청난 폭포와 관련한 일화가 많은데, 19세기 중반 찰스 블론딘이라는 곡예사가 외줄타기로 나이아가라 폭포를 횡단한다고 하여 수많은 사람들이 모여들었다고 한다. 사람들은 그가 줄 위에서 눈을 감고 걷기도 하고 자전거를 타는 것을 보고 환호했다. 찰스 블론딘은 자신을 향해 환호하는 관중들에게 물었다.

"신사 숙녀 여러분, 여러분의 열렬한 응원에 정말 감사드립니다. 보신 분들은 아시겠지만 사실 저는 솔직히 마음에 차지 않습니다. 왜냐하면 저는 이게 너무 싱겁습니다. 제 실력은 이게 다가 아닙니다. 저는 사람 한 명을 등에 업고 이 폭포를 건널 수도 있습니다. 믿으십니까?"

사람들은 여전히 환호하며 "당연히 믿지요! 당신은 세상에서 가장 뛰어난 곡예사입니다!"라고 말했다. 블론딘이 기뻐하며 대답했다.

"그토록 저를 믿어주신다니 정말 감사합니다. 그렇다면 여러분 모두에게 기회를 드리겠습니다. 누가 저의 등에 올라타고 저와 이 계곡을 건너시겠습니까?"

일순간 정적이 흘렀다. 아무도 대답하지 못하고 고개만 젓고 있을 때, 실망한 블론딘은 그의 매니저이자 오랜 친구인 해리에게 가서 "자네도 나를 믿지 못하나?"라고 물었다. 친구는 "믿고말고"라고 대답하고 그의 등에 올라탔다. 그리고 그들은 무사히 계곡을 건너갔다.

믿기는 믿는데 타지는 못하겠다? 그것이 과연 믿음인가? 믿는다고 말만 하고 그 진리에 몸을 싣지는 않으면서 믿었다고 여기고 넘어가고 있지는 않는가? 그러므로 지식적인 동의나 희망사항은 믿음이 아니다. 나를 움직일 수 없는 믿음은 결코 믿음이 아니다.

2. 무엇을 믿을 것인가?

믿음이란 기독교만의 용어가 아니라 인류 보편적인 개념이다. 믿음이 없이는 아무것도 이루어지는 것이 없다. 긍정의 힘, 적극적 사고방식 같은 심리작용, 자기확신으로 생긴 믿음도 우리를 움직이게 한다. 예를 들면 사기도 믿음을 전제로 한다. 사기도 사기당할 믿음이 있어야 당하는 것이다. 그래서 사기꾼은 첫인상이 믿음직스러워야 하고 모든 상황이나 말이 그럴싸해서 일리가 있고 믿음이 가도록 해야 한다. 그래야 사기도 통한다. 그런데 사기를 당하는 사람들의 공통된 특징도 있다. 사실 그들은 그 대상보다는 그 대상이 풍기는 느낌과 그에 대한 자기확신을 더 믿는다. 몸 주고 마음 주고 돈 주고 그렇게 속았는데, 상대가 사기꾼이라는 증거가 넘쳐나는데도 잘못된 관계를 정리하지 못한 채 질질 끌려다니는 사람에게 있을 결과는 뻔하다. 진리가 아니라 사기꾼을 믿어도 믿는 바 행동이 반드시 따르게 되어 있다.

① 자기확신(심리작용)

뭔가를 믿었다고 할 때 그 믿은 바는 반드시 우리를 움직이게 한다. 그러나 움직인다고 해서 그것이 다 성경이 말하는 믿음은 아니다. 어떤 종류의 믿음이든 우리를 움직이게 하지만 우리를 움직이는 믿음이라고 다 능사는 아니다. 움직임을 가져오는 원인에는 자기확신이라는 믿음과 진리를 믿는 믿음이 있다. 그런데 믿음의 근거를 내 자신의 뜨거움이나 자기확신에 두어서는 큰일 난다. 믿음의 근거는 내게 있는 것이 아니라 믿고자 하는 대상에 있다. 그 대상이 믿을 만한지, 그 진리가 정말 진리인지 이것이 분명해야 한다. 나는 정말 확실하게 믿었는데 내가 믿은 대상이 사기꾼이든지, 믿을 만하지 못한 것이었다면 나는 내가 믿은 만큼 황당해지는 것이다. 그러니 정신을 바짝 차려야 한다.

성경을 보면 하늘로부터 온 불이 아니면 성전에서 불로 쓰지 못하게 금했다. 나답과 아비후는 여호와 앞에 다른 불을 드리다가 타 죽었다. 그런데 우리도 하나님으로부터 오는 감동도 능력도 아닌 것을 슬그머니 이렇게 사용하는 수가 있다. 위험천만한 일이다. 자기확신이라는 믿음 또는 심리작용도 반드시 사람을 움직일 수 있다. 마음으로 "괜찮다, 괜찮다", "건강하다, 건강하다", "잘 될 거야, 잘 될 거야" 하는 긍정의 힘이나 적극적 사고방식도 자신을 매료시켜서 잠깐 괜찮아지는 효과가 있을 수 있다. 일시적으로 우리를 움직이게 한다. 그러나 실재가 아닌 것을 믿을 때 그 결과는 분명히 허망하다.

② 진리
진리를 믿는 믿음의 근거는 나에게 있지 않고 진리 자체에 있다. 반드시 실재하고 영원히 달리 될 수 없는 그것을 진리라고 한다. 진리

를 믿는 믿음은 반드시 그 결과를 경험하게 되어 있다. 영원한 하나님의 약속을 믿으면 그 약속이 성취되는 것을 반드시 경험하게 된다. 그러니 뭔가 바라는 것이나 희망사항 정도를 믿음이라고 하지 말라.

3. 믿음의 두 가지 원리

우리 안에 믿음에 대한 오해가 많이 존재하는 것을 보면서, 나도 믿음이 뭔지, 어떻게 하면 믿음이 커지는지, 어떻게 하면 더 견고한 믿음을 가질 수 있는지 이런 갈급함을 가지고 믿음으로 양육을 받다보니 믿음에 대한 원리 몇 가지만 분명히 정리가 되어도 믿음에 대한 혼돈을 많이 줄일 수 있다는 사실을 알게 되었다.

① 믿음은 보이지 않는 실재를 대하는 원리이다

첫째, 믿음이란 보이지 않는 실재(實在)를 대하는 원리이다. 하나님이 창조하신 이 세계에는 '보이는 실재'와 '보이지 않는 실재'라는 두 종류의 분명한 실재가 있다. 우리는 보통 보고 만지고 느끼고 확인할 수 있는 것만을 실재라고 생각하는 경향이 있다. 그러면 지금 옆에 있는 사람을 잠깐 쳐다보라. 1초만 살짝 봐도 분명히 있다고 확인할 수 있는 분명한 실재가 있는데, 그것을 '보이는 실재', '나타나는 실재'라고 한다. 보이는 외모를 본 것이다. 다시 한번 잠깐 쳐다보라. 그러면 이번에는 웃거나 무표정하거나 짜증스런 표정을 짓거나 어떤 식으로든 반응하는 저 사람 안에, 보이지 않지만 분명히 '인격'이 있고 그의 '중심'이 있어서 반응하고 있다는 것을 미루어 알 수 있다. 이렇게 사람은 '외모'라는 실재만 존재하는 것이 아니라 보이지 않아도 외모 못지않게 너무나 분명한 실재로서 '마음'이 움직이고 있다. 두 가지 다 실재다. 외모는 '보이는 실재', 마음은 '보이지 않는 실재'라고 한다.

나무의 열매를 예로 들어보자. '열매'라는 실재는 드러나 보인다. 그러나 그 열매를 맺게 하고 나무를 자라게 하는 '생명'은 보이지 않는다. 하지만 보이지 않아도 생명은 너무나 분명한 실재로 열매보다 더 실재다. 이스라엘 백성이 광야에서 40년 동안 본 '기적'이 보이는 실재라면, 그 기적을 일으키신 '살아계신 하나님'은 눈에 보이지 않지만 더 분명한 실재이시다. 우리는 우리 눈에 보이고 느끼고 만져지는 '보이는 실재'를 더 실제처럼 생각하지만 따지고 보면 그것은 보이지 않는 실재보다 중요한 것이 아니다.

사실 보이는 실재는 믿을 필요가 없다. 그냥 느끼고 만지고 감각하고 반응하면 된다. 사람도 보이는 실재로 만날 때는 다른 어떤 것이 필요하지 않다. 의사와 환자는 의술 제공과 치료 목적으로만 만나면 되고, 슈퍼마켓 주인과 손님 사이에는 필요한 물건을 정당한 값을 주고 사는 매매 거래가 성사되면 된다. 특히 술집 접대부와 술집 손님은 그야말로 보이는 실재인 외모에만 반응하는 사이다. 그런데 오직 외모 때문에 만나 부부가 되었다면 어떤가? 이 관계는 시작부터 첫 단추를 잘못 끼운 것이다. 나이 먹어 탤런트 같던 외모가 사라지고 병나서 부서지고 망가지면 어떻게 할 것인가? 불행한 것이다. 이렇게 보이는 실재로 맺어지는 관계에는 믿음이 필요하지 않다. 그러나 보이지 않는 실재는 보이지 않지만 분명히 실재하기 때문에 믿음으로가 아니면 교제가 불가능하다. 따라서 믿음이란 보이지 않지만 너무나 분명한 실재를 대하는 원리이다.

> 우리가 주목하는 것은 보이는 것이 아니요 보이지 않는 것이니 보이는 것은 잠깐이요 보이지 않는 것은 영원함이라 고후 4:18

보이는 실재는 잠깐이다. 보이는 물체, 현상 세계는 반드시 지나간다. 보이는 세계에 매달려 거기에 운명을 걸면 그것이 없어지는 날에는 결국 허망해진다. 그러니까 우리가 바라보아야 하는 것은 보이는 실재가 아니라 보이지 않는 실재가 되어야 한다. 보이는 것은 잠깐이요 보이지 않는 것은 영원하기 때문이다. 철이 들고 생각이 있으면 지금 우리 눈에 보이지만 없어질 것들이 실재가 아님을 잘 안다. 보이지 않는 실재가 영원하며 그래서 보이지 않는 실재를 대하는 원리로, 영원한 실재를 믿는 믿음으로 사는 사람이 철든 사람이요 지혜로운 사람이다. 열매보다는 생명이, 외모보다는 마음이, 기적보다는 그 기적을 일으키시는 살아계신 하나님이 더 중요하다.

보이지 않는 실재는 반드시 믿음으로만 대할 수 있다. 진리는 보이지 않는 실재다. 진리는 반드시 그렇게 될 수밖에 없는 하나님의 창조 원리이다. 생각해보라. 사회정의만 해도, 사회정의에 대한 믿음을 가진 사람이라면 지금은 보이지 않지만 언젠가 반드시 사회정의가 실현되는 사회가 세워질 것을 바라보며 투쟁도 하고 감옥에도 가고 자신의 일생을 거기에 던진다. 믿음이 아니고는 보이지 않는 사회 정의를 부르짖거나 세워나갈 수 없는 것이다. 따라서 보이지 않는 실재를 대하는 믿음, 그 원리로써 믿음으로 살아야만 진정한 진리의 삶을 살 수 있다.

> 이는 우리가 믿음으로 행하고 보는 것으로 행하지 아니함이로라
>
> 고후 5:7

결론이다. 이제 우리는 오직 믿음으로 행하고, 눈에 보이는 현상이나 실재에 속지 않으며, 보이지 않지만 너무 당연하고 분명한 실재를 대하는 믿음으로만 살 것이다. 눈에 보이는 상황, 조건, 사람에 흔들려서 울고 웃고 일희일비(一喜一悲)하며 살지 않으리라. 내 앞의 문제가 큰 바위나 산처럼 내게 다가올지라도 나는 이것만이 실재가 아니며 이 모든 상황을 다스리고 통치하시는 하나님, 살아계시며 모든 역사를 주관하시는 더 크신 하나님이 있다는 믿음으로 상황을 뚫고 나가리라. 눈에 보이는 실재가 다인 줄 알고 거기에 침몰당하는 것이 아니라 보이지 않는 실재를 붙들고 진리로 하나님과 함께 살아가는 삶, 이것이 진정한 의미의 인생이자 믿음의 삶이다.

그러나 영적 실존이 깨어지고 진리에서 벗어난 죄 된 인생들이 하는 일은 그렇지가 않다. 이스라엘 백성들이 출애굽한 지 얼마 되지 않았을 때 모세가 시내산에 올라가 40일 동안 산에 머물러 있었다. 눈에 보이지 않지만 하나님은 분명히 시내산 위에 구름으로 임재해

계셨다. 그런데도 백성들은 자신들을 애굽 땅에서 인도해낸 모세조차 보이지 않자 아론에게 "우리를 위하여 우리를 인도할 신을 만들어 달라"라고 하였다.

오늘날에도 수많은 신자들은 하나님을 보고 만지고 느끼고 감각하고 싶어 한다. 이스라엘 백성들도 출애굽 하는 동안 놀라운 기적의 현장을 실제로 경험했으면서, 보이지 않는 하나님으로는 실감이 안 나니까 그들에게 익숙한 관습에 따라 금송아지를 만든 것이다. 그들이 하나님을 기막히게 마음 아프게 한 일, 이후 이스라엘이 멸망할 때까지 계속한 일이 바로 우상숭배였다.

여전히 많은 사람들에게 보이는 실재와 보이지 않는 실재의 원리가 혼돈되다보니 믿음도 혼돈된다. 진리를 믿는 믿음으로, 진리를 결론으로 삼지 않고 엉뚱한 짓을 한다. 사람들이 원하는 것은 다른 것이 아니다. 영이신 하나님, 진리 되신 하나님께서 진리를 통해서 아무리 계시해준들 싫고, 보여달라는 것이다. 눈물이 나고 뜨겁게 해달라는 것이다. 보이지 않는 실재조차 자꾸 보이는 것으로 만지고 느끼고 감각하려고 한다. 이 어처구니없는 죄인들의 끝없는 요구에 무릎을 꿇은 채 사람의 인기를 얻고자 하면 자기가 본 것을 과장하고, 없는 것을 있다고 거짓 예언하는 유혹이 있을 수밖에 없다.

보이는 실재와 보이지 않는 실재, 이 두 실재 중에 보이는 실재는 진짜 실재가 아니다. 언젠가 사라지고 변할 것이다. 진정한 근본은 보이지 않는 실재이다. 우리는 만지고 느끼고 감각하고 반응하는 육적 본능을 가지고 사는 자가 아니요, 보이지 않는 실재를 믿는 믿음으로 살아가는 하나님의 형상인 인간이다. 믿음이 아니고는 살아갈 수 없는 존재다.

농부도 믿음이 없이는 농사 못 짓는다. 옛날에 그 춥고 배고플 때, 아무리 어렵고 힘들어도 절대 씨종자는 먹지 않았다. 왜냐하면 씨종자에 그해 모든 양식이 담겨 있기 때문이다. 주린 배를 움켜쥐고 그 생명 같은 씨종자를 땅에 버리듯이 심을 수 있는 것은 가을에 추수할 믿음이 있기 때문이다. 우리도 일상 가운데 믿음 없이 살 수 없다. 여름날 베짱이처럼 일락에 희희낙락하며 내일 없이 사는 사람도 있다. 하지만 본능적이고 육적으로 그날그날을 매일 곶감 빼먹듯이 사는 인생은 개돼지보다 나을 것이 없다.

사람이라면 내일이 있고 미래가 있다. 내일과 미래는 아직 오지 않은 현실이지만 그러나 분명한 실재다. 그러기에 그들은 오늘 바로 내일을 심는 것이다. 봄날에 가을을 심는 것이다. 그래서 믿음으로 사는 것이다. 영원한 실재이신 하나님을 섬기고 그분과 동행하며 영원한 미래를 현재로 누리고 살아가는 유일한 길이 바로 믿음이다. 없어지는 느낌이나 경험이나 눈앞에 보이는 현실이라는 보이는 실재에 살지 않고 우리는 오직 영원히 변치 않는 진리를 결론으로 붙잡고 사는 것이다.

"진리가 결론이 되게 하라!"

히브리서 11장에는 수많은 믿음의 선진들이 그들의 삶으로 그들의 믿음을 증거한다. 믿음의 조상 아브라함도 믿음이 아니고는 살아갈 수 없는 삶을 살았다. 그는 얼마든지 나그네의 삶을 버리고 자신이 나온 고향으로 돌아갈 수 있었다. 그러나 그러지 않았던 단 한 가지 이유는 '더 나은 성'을 바라보았기 때문이다. 그가 텐트를 걸머진 채 이방인과 나그네로 살다가 끝까지 순례자로 죽을 수 있었던 것은 더 나은 성을 바라보는 믿음이 그를 그렇게 살게 했기 때문이다. 하나님의 천국을, 더 나은 성을 바라본 그의 믿음이 말이 아니라 삶으로 나타난 것이다.

선교사가 고국을 떠나 선교지에서 생을 마감할 수 있는 유일한 근거가 있다면 그 땅이 좋아서도 아니고 안전해서도 아니다. 영원한 주님의 나라를 바라보는 믿음 때문이다. 이 땅의 썩은 가치에 함몰되지 않고, 그런 삶을 분토같이 여기고, 영원한 하늘의 가치를 따라 믿음의 걸음을 걸을 수 있는 것도 보이지 않는 실재를 믿는 믿음 때문이다. 우리 믿음의 선진들이 다 그렇게 살았다고 증거한다. 그들에게 이 믿음은 허구나 죽은 신학의 이론이나 입에 발린 신앙고백이 아니었다. 그들의 선택과 행동과 삶이 그들의 믿음을 증거해준 것이다.

중요한 것은 보이지 않는 실재를 믿는 믿음이다. 하나님이 함께하신다는 것은 오직 믿음으로만 누려질 수 있다. 영이신 하나님을 예배한다는 것도 마찬가지다. 우리의 믿음생활이란 결국 하나님의 약속을 믿는 것이다. 이 약속을 실제로 이루어가시는 하나님, 보이지 않는 것들을 성취하시는 하나님을 믿는 믿음이 우리가 하나님의 약속을 믿고 살아가는 일을 가능하게 한다. 믿음이 없이는 아무것도 이룰 수 없다.

② 믿음은 행함의 반대 개념이다

두 번째 원리는 믿음이 행함의 반대 개념이라는 것이다. 믿음이라고 하면 많은 사람들이 나의 행함(최선)에 하나님의 도움(은혜)이 더해지는 것이라고 생각한다. 우리가 최선을 다하고 우리가 할 수 없는 영역을 하나님께 맡기면 하나님이 우리의 최선을 보시고 은혜를 부어 주신다는 것이다. 우리는 보통 그렇게 배운다.

그러면 인간의 행함, 나의 노력의 끝이라고 할 수 있는 '최선'이 과연 '믿음'과 그 뿌리가 같은가? 아니다. 인간의 최선과 믿음은 서로 다른 방향을 향해 달려가는 기차와 같이 만날 수 없는 개념이다. 최선이란 그 뿌리를 사람에게 두고 있다. 그렇다면 아무리 노력해도 인간의 한계를 넘어설 수 없다. 하지만 믿음은 그 뿌리가 우리가 믿는 하나님께 있다. 그렇기 때문에 믿음의 최대치는 곧 '하나님'이시다. 근거가 전혀 다르고 출발 자체가 다르다.

믿음은 행함의 반대 개념이다. 행함과 정반대편에 있다. 복음의 성격이 무엇인가? 복음은 오직 하나님의 은혜로 주셨다. 우리는 하나님이 예비하신 은혜의 복음을 믿음으로써 구원을 얻었다. 그러니까 복음은 우리가 무엇을 행해서 받고 누릴 수 있는 것이 아니라 오직 믿음으로만 누리는 것이다. 복음을 받고 누리는 방법은 단 하나, 우리의 믿음밖에는 없다. 이것이 복음의 핵심 사항이다. 종교개혁을 일으켰던 근본 진리가 무엇인가? 인간의 최선과 행위로 구원에 이를 수 있다고 행위 구원을 강조하는 타락한 가톨릭에서 개신교라는 근본을 가진 우리의 차이가 바로 "믿음으로 의롭다 함을 얻는다"라고 하는 진리의 차이였다. 하늘과 땅 차이다. 행함과 믿음이 정반대에 있다는 것을 기억하라.

때로는 우리가 주님을 위하여 믿음으로 한다고 한 일이 사실은 우리의 최선일 수 있다. 행함과 믿음은 시작할 때는 비슷한 듯 보이지만 결론에 다다르면 서로 정반대라는 사실을 알게 된다. 그래서 가장 완벽하게 우리를 속이는 함정과 같은 것이다. 믿음은 나의 모든 기반이 무너지고 나의 열심이나 노력이 아닌, 처음부터 끝까지 하나님의 수준으로 주님이 하시는 일을 보는 것이다.

28 그들이 묻되 우리가 어떻게 하여야 하나님의 일을 하오리이까 29 예수께서 대답하여 이르시되 하나님께서 보내신 이를 믿는 것이 하나님의 일이니라 하시니 요 6:28,29

그렇다. "주의 일이란, 내가 주님을 위해서 무엇을 하는 것이 아니라 오히려 나를 주님께 드려서 주님이 나를 통해 그분의 일을, 그분이 친히 하시는 것이다." 믿음에 관한 진리를 확실히 해두지 않으면 우리는 계속 헷갈린다. 계속 내가 주체가 된 채 주님을 위해 믿음으로 한다고 갈팡질팡할 수 있다는 것이다. 이론으로는 쉽게 받아들일 수 있을지 모른다. 하지만 나도 십여 년의 시간을 거쳐 눈물겨운 최선의 끝자락에서 주님이 이것을 깨닫게 해주시기 전까지는 정말 어려웠다. 이것이 자기 자신에게 진정 깨달아지고 실제가 되기까지는 많은 시간과 대가지불이 필요하다.

4. 복음과 믿음의 관계

믿음에 대한 두 가지 원리를 정리해보았다. 그렇다면 복음과 믿음은 어떤 관계인가?

> 복음에는 하나님의 의가 나타나서 믿음으로 믿음에 이르게 하나니 기록된 바 오직 의인은 믿음으로 말미암아 살리라 함과 같으니라 롬 1:17

이것은 하나님의 의(義)에 관한 것으로 복음의 핵심이 되는 아주 중요한 사항이다. 복음에 계획된 하나님의 의, 그 완전하신 하나님의 의가 어떻게 우리의 의가 될 수 있겠는가? 그 전제가 바로 믿음이다. 복음은 믿음이 없이는 절대 누려질 수 없도록 처음부터 믿음을 전제로 하고 있다. 그러니까 내 믿음에 부도가 나버리면 아무리 완전한 복음이라도 나는 복음을 누리거나 거기 참여할 수 없게 된다. 아무리 복음을 신학적으로 완벽하게 잘 연구하고 분석해내더라도 믿음이 없으면 연구만 하다가 복음에서 제외된 채 불쌍하게 죽는 운명이 되고 마는 것이다. 복음은 처음부터 믿음을 전제로 주어졌기 때문이다.

우리가 사용하는 전자제품들은 처음부터 철저히 전기의 공급을 전제로 만들어진 것이다. 같은 에너지라고 해서 여기에 군불을 지핀다고 TV가 켜지거나 전깃불이 들어오는 것이 아니다. 아무리 완벽하고 잘 만들어진 전자제품도 전기 없이는 기능을 발휘할 수 없다. 마찬가지로 복음 안에 준비된 복음의 영광과 능력과 축복은 믿음이 없이는 절대로 누려질 수 없도록 철저히 고안된 것이다. 따라서 믿음의 문제는 복음이 존재하고 안 하는 것만큼이나 우리에게 정말 중요하다.

그들과 같이 우리도 복음 전함을 받은 자이나 들은 바 그 말씀이 그
들에게 유익하지 못한 것은 듣는 자가 믿음과 결부시키지 아니함이라
히 4:2

똑같이 복음을 받은 두 그룹이 있는데 한 그룹에게만 복음이 유익
이 되었다면 그렇지 못한 그룹과 무슨 차이가 있는 것인가? 단 하나,
말씀을 듣는 자가 믿음으로 받지 않았기 때문이다. 듣는 이가 믿음
과 결부시키지 않으면 아무 유익이 없다.

1 형제들아 내가 너희에게 전한 복음을 너희에게 알게 하노니 이는 너
희가 받은 것이요 또 그 가운데 선 것이라 2 너희가 만일 내가 전한 그
말을 굳게 지키고 헛되이 믿지 아니하였으면 그로 말미암아 구원을 받
으리라 고전 15:1,2

이 말씀은 우리가 복음을 받고 복음에 자기 삶을 믿음으로 올인
해서 그 복음의 기초 위에 자기 인생을 건축했다는 말이다. 그런즉
복음은 듣고 관념적으로 생각하거나 정신통일 따위를 하는 것이 아
니라 거기에 자기 삶을 전부 드려야 하는 것이다. 자신의 삶을 복음
의 진리 위에 굳게 세워 잘 믿고 흔들리지 않는다면 구원을 얻으리라
는 것이다. 복음과 믿음은 함수 관계이다. 복음이 전부라면 믿음도

전부여야 한다. 복음이 100이면 믿음도 100이어야 한다. 복음이 생명이라면 믿음도 생명이어야 한다. 그래서 복음과 믿음은 따로 떼려야 뗄 수가 없는 것이다.

8 너희는 그 은혜에 의하여 믿음으로 말미암아 구원을 받았으니 이것은 너희에게서 난 것이 아니요 하나님의 선물이라 9 행위에서 난 것이 아니니 이는 누구든지 자랑하지 못하게 함이라 엡 2:8,9

하나님이 예비하신 은혜의 복음은 오직 믿음으로써 누려지도록 만들어졌다. 행위로 접근하고 자기최선으로 접근하는 자에게 복음은 결코 열리지 않는 비밀이다. 오직 하나님의 은혜 안에서 믿음으로만 누릴 수 있는 하나님의 선물이다.

그러므로 믿음은 들음에서 나며 들음은 그리스도의 말씀으로 말미암았느니라 롬 10:17

그렇다면 믿음은 무엇을 근거로 하는가? 앞서 언급한 바와 같이, 믿음은 믿는 대상이 있고 내용이 있어야 한다. 믿을 때는 믿는다고 하는 내용과 대상이 분명해야 한다. 믿음은 어떻게 생기는가? 믿음은 들음에서 나는데 어떤 내용을 듣는 것인가? 복음의 진리, 예수 그리스도의 말씀을 듣는 것이다.

그 안에서 너희도 진리의 말씀 곧 너희의 구원의 복음을 듣고 그 안에서 또한 믿어 약속의 성령으로 인치심을 받았으니 엡 1:13

진리의 말씀을 들었는데 그것이 곧 구원의 복음이다. 이 구원의 복음의 진리를 정확하고 분명히 들어야 한다. 구원의 복음의 진리를 애매하게 듣고 헷갈려서는 안 된다. "난 믿어요. 잘 될 거라고 믿어요. 긍정의 힘이 있잖아요." 이런 식으로 내용 없이 제 마음에 헛된 것으로 확신을 일으키는 것은 믿음이 아니다. 믿는다고 하면서 자기확신, 긍정의 힘, 적극적 사고방식을 갖는 것은 정신통일이라고 하는 미친 짓이다. 믿음은 절대 정신통일이 되어서는 안 된다.

우리의 믿음은 향방 없는 믿음이 아니다. 정확한 믿음이다. 온전한 믿음이 되어야 한다. 그래서 복음과 믿음은 떼려야 뗄 수가 없다. 둘은 똑같아야 한다. 믿음의 내용을 보면 복음이 어떤 것인지 알 수 있어야 하고, 복음의 내용을 보면 믿음이 어떤 내용인지 알 수 있어야 한다. 복음으로 허락되지 않은 것을 자기 혼자 지나치게 믿는 과대 믿음을 갖는 것도 잘못이고, 복음이 이미 약속한 바를 다 믿지 못하는 것도 온전하지 않다. 복음이 말한 바를 액면 그대로 취하여 믿어야 한다. 그래서 복음과 믿음은 동일한 질이어야 하고 동일한 내용이어야 한다.

믿음은 바라는 것이 아니라 바라는 것들의 실상이다. 그렇기 때문에 믿음은 반드시 우리를 움직이게 한다. 따라서 나를 움직일 수 없는 믿음은 결코 믿음이 아니다!

- 복음은 믿음을 전제로 주어졌기에 믿음 없이는 누릴 수 없다.

- 믿음은 보이지 않는 실제를 대하는 원리이다. 보이는 상황과 문제에 흔들리지 않고, 보이지 않는 실재를 붙들고 진리로 하나님과 함께 살아가는 것이다.

- 믿음은 반드시 움직임을 가져온다. 행동이 뒤따르지 않는 지식적 동의, 자기확신, 희망사항은 믿음이 아니며 그 결과는 허망하다.

- 복음이 전부라면 믿음도 전부, 복음이 생명이라면 믿음도 생명이어야 한다. 복음과 믿음은 동일한 질, 동일한 내용이어야 한다.

- 복음은 행위와 자기최선으로는 결코 열리지 않는 비밀이다.

- 복음은 오직 하나님의 은혜 안에서 믿음으로만 누리는 하나님의 선물이다.

· · ·

주님만 기대합시다!

복음과 마음

1. 마음과 믿음

복음을 믿는다고 하는 우리의 믿음은 지각 작용만이 아니고 우리의 내면에서 이루어지는 심령의 역사다. "믿음의 기능은 어디에서 이루어지는가?", "믿음의 주소지는 어디인가?", "믿음은 어디에서 태어나는가?" 이런 질문과 더불어서 믿음과 떼려야 뗄 수 없는 기본 개념 세 번째가 '마음'이다. 우리의 '심령'이라고 표현된 마음이란 우리의 일부 감정이나 어떤 부분의 의지 같은 것만을 말하는 것이 아니라 영을 포함한 우리 내면의 총체를 말한다.

> 9 네가 만일 네 입으로 예수를 주로 시인하며 또 하나님께서 그를 죽은 자 가운데서 살리신 것을 네 마음에 믿으면 구원을 받으리라 10 사람이 마음으로 믿어 의에 이르고 입으로 시인하여 구원에 이르느니라
>
> 롬 10:9,10

그런데 이 말씀을 잘못 이해하고 흔히 "입으로 시인(是認)하여 구원에 이른다고 했으니 안 믿어져도 입으로 시인만 해봐. '예수님, 나 예수님을 믿습니다. 구원 받았습니다' 이렇게 시인만 좀 해보라고!"라고 하는데, 하지만 이 말씀은 이렇게 말하라는 구절이 아니다. 마음에 믿어지지 않았는데 입으로 시인한다는 것은 불가능하다. 믿는

다면 마음에까지 믿어져야 한다. 마음으로 믿어진 바는 부인할 수 없다. 마음으로 믿어졌다면 더 이상 갈등하거나 고민하지 않는다. 결론을 내리지 못해 쭈뼛쭈뼛하는 것이 아니라 당연히 입으로 시인하게 되고 누구도 막지 못하게 행동하게 된다.

그렇지만 죄인인 우리는 마음은 전혀 없으면서 입으로는 시인하는 짓이 너무나 익숙하다. 능히 그럴 수 있는 것이 죄인의 특성이다. 누가 사람의 말을 믿을 수 있는가? 자기가 쏟아놓은 말도 믿을 수 없고 책임질 수 없는 것이 인간이니 입술의 고백만으로는 알 수 있는 것이 거의 없다. 그러나 9절에 시인한다는 것은 마음으로 믿어진 바가 입으로 고백되는 것을 말하는 것이다. 따라서 아무리 예수는 그리스도가 아니라고 말하라고, 그러지 않으면 죽이겠다고 핍박해도 마음으로 믿어진 사람은 "아니요. 누가 뭐라고 해도 예수는 그리스도이십니다" 이렇게 시인할 수밖에 없다는 것을 강조한 말이다.

마음으로 믿어질 때 그것이 온전히 믿은 것이고, 마음으로 믿어졌다면 반드시 행동이 따르게 되어 있다. 결국 마음에 믿어지지 않는다면 우리에게는 아무 일도 일어나지 않는다. 집회 차 어느 신학교에 갔을 때 그 신학교의 책임자이신 목사님이 하신 말씀이 기억에 남는다. 신학교에서 몇 년씩 교육을 해도 사람의 마음을 못 바꾼다면 무엇 때문에 교육하는지 정말 절망이라는 것이다. 사명감이 없던 사람도 신학교에서 하나님에 대해 그토록 집중적으로 배우면 사람이 바뀌고 뜨거워진 마음을 주체하지 못해 뛰쳐나가야 될 텐데, "신학교에 들어올 때는 불덩어리로 들어왔다가 나갈 때는 숯덩어리가 되어서 나간다"는 우스갯소리까지 나오는 슬픈 현실이니, 심령에까지 믿어지지 않았다면 이보다 더 비참한 일이 어디 있겠는가. 우리의 최종 목적은 복음이 마음에까지 믿어지는 역사가 일어나는 것이다. 그렇지 않고서 진정한 변화는 일어날 수 없다.

모든 것이 마음에 달렸다

인격적 존재에게 마음이란 배의 키와 같아서 그의 인생 전체를 움직이게 한다. 아무리 큰 배라도 그 배가 움직이는 방향을 정하는 것은 작은 방향키 하나에 달린 것처럼 사람을 움직이는 것은 마음에 달려 있다는 것이다. 육체는 결국 마음의 종이다. 육체의 연습은 약간의 유익밖에 없지만, 마음을 사로잡아 그 마음을 다룰 수 있다면 육체뿐 아니라 그 인생까지 움직일 수 있다.

만사(萬事)가 마음에 달렸다는 것을 깨달았다는 일화로 유명한 원효 대사의 이야기를 잘 알 것이다. 신라의 원효 대사가 당나라로 유학을 떠났다. 날이 저물어 인적이 없는 산 속에서 노숙을 하게 되었는데 바람과 한기를 피해 동굴 같은 곳에서 잠을 청하게 되었다고 한다. 잠결에 심한 갈증을 느껴 눈을 떴는데 어둠 속에 바가지 같은 것에 물이 고여 있기에 물맛을 보니 아주 달콤하여 단숨에 그 물을 들이켠 다음 다시 깊이 잠이 들었다.

이튿날 잠에서 깨어난 원효는 간밤에 자신이 물을 마신 바가지를 찾으려고 주위를 살펴보았다. 그런데 동굴이라고 생각한 곳은 돌무덤이었으며 주위에 바가지는 보이지 않고 해골만 뒹굴고 있었다. 그가 바가지라고 여겼던 것은 해골이었고, 달콤했던 물은 그 해골 안에 고인 채 썩은 빗물이었다. 원효는 갑자기 오장육부가 뒤집힐 것처럼 메스꺼워 토하기 시작했다. '간밤에 아무것도 모르고 마실 때는 그 물맛이 감미로웠는데, 해골에 고인 썩은 빗물임을 알자 온갖 더러운 생각과 함께 구역질이 일어나다니!' 그 순간 원효는 한순간에 깨달음을 얻고 그때의 심경을 다음과 같이 표현했다.

"어제와 오늘 사이 달라진 것은 물이 아니라 나의 마음이다. 진리는 밖이 아닌 내 안에 있다."

중만 해도 세상사 인생사가 마음에 달렸다는 정도를 깨닫는다. 그런데 복음을 가지고 산다고 하면서 중만큼도 깨닫지 못하고 산다면 기가 막히고 억장이 무너질 일이다.

2. 성경이 말씀하는 우리의 마음

마음에 관한 성경의 말씀들을 찾아보자.

> 폐하시고 다윗을 왕으로 세우시고 증언하여 이르시되 내가 이새의 아들 다윗을 만나니 내 마음에 맞는 사람이라 내 뜻을 다 이루리라 하시더니 행 13:22

사울을 버리고 다윗을 택하실 때 주님은 사무엘에게 사람의 용모와 키를 보지 말라고 하셨다. 하나님은 중심을 보신다고 말씀하셨다. 하나님께서 다윗을 세우셨던 단 한 가지 조건은 '하나님의 마음에 합한 자'였기 때문이었다. 즉, 하나님이 사람을 보시는 기준은 그 사람의 마음이다. 인생사의 문제도 마음의 문제다. 어디서 어떻게 살든 마음 하나로 결론이 난다. 아무리 넓은 집에 살아도 자아의 좁디좁은 감옥에 갇힌 사람은 결국 우울증에 걸려 자기를 학대하다가 답답해서 죽고, 아무리 좁은 단칸방에 살아도 마음의 지경이 넓은 사람은 그것으로 충분하다. 세상없이 좋은 것을 다 가졌더라도 마음에 무저갱 같은 정욕의 웅덩이를 가진 사람은 그것을 채우지 못해 날마다 헐떡이다가 죽는 반면 아무것도 가지지 못해도 모든 것을 가진 부요함을 누리는 심령의 사람은 만족한 가운데 살다가 죽는다.

대저 그 마음의 생각이 어떠하면 그 위인도 그러한즉… 잠 23:7

사람은 외모는 꾸미면서 마음은 꾸미지 않는 경향이 있다. 그러나 그 마음의 생각이 어떠하냐가 바로 그 사람의 진짜 됨됨이를 결정하는 요소이다.

모든 지킬 만한 것 중에 더욱 네 마음을 지키라 생명의 근원이 이에서 남이니라 잠 4:23

가장 심각한 위기는 마음을 잃어버리는 것이다. 마음 잃어버리면 끝장이다. 아무리 좋은 조건을 다 갖춰도 두 사람이 뜻이 같지 않다면, 마음을 잃어버리고 동상이몽(同床異夢)이라면 그것을 어떻게 부부라고 하겠는가. 요한계시록에 보면 주님은 첫사랑을 잃어버린 에베소교회에 회개하지 않으면 촛대를 옮기겠다고 말씀하셨다. 마음 떠나면 끝이요 마음 잃어버리면 다 잃은 것이다. 마음이 바로 생명의 근원이기 때문이다.

> 28 무릇 표면적 유대인이 유대인이 아니요 표면적 육신의 할례가 할례가 아니니라 29 오직 이면적 유대인이 유대인이며 할례는 마음에 할지니 영에 있고 율법 조문에 있지 아니한 것이라 그 칭찬이 사람에게서가 아니요 다만 하나님에게서니라 롬 2:28,29

주님은 오직 이면적 유대인이 유대인이며 마음에 받는 할례가 참 할례라고 말씀하신다.

> 11 내가 오늘 네게 명령한 이 명령은 네게 어려운 것도 아니요 먼 것도 아니라 12 하늘에 있는 것이 아니니 네가 이르기를 누가 우리를 위하여 하늘에 올라가 그의 명령을 우리에게로 가지고 와서 우리에게 들려 행하게 하랴 할 것이 아니요 13 이것이 바다 밖에 있는 것이 아니니 네가 이르기를 누가 우리를 위하여 바다를 건너가서 그의 명령을 우리에게로 가지고 와서 우리에게 들려 행하게 하랴 할 것도 아니라 14 오직 그 말씀이 네게 매우 가까워서 네 입에 있으며 네 마음에 있은즉 네가 이를 행할 수 있느니라 신 30:11-14

성경은 우리에게 하나님의 법이 너무 어렵고 멀리 있어서, 너무 차원이 다른 이야기라서 지킬 수가 없다 핑계 대지 말라고 하신다. 하늘에 있지도 않고 바다 건너에 있지도 않다. 멀다는 말은 마음이 없다는 말이며 불가능하다는 것은 그 마음에 불가능하다는 것이요, 말씀은 오히려 매우 가까워서 우리의 입에 있고 우리의 마음에 있어서 지키려고만 하면 얼마든지 지킬 수 있다는 것이다.

사람은 마음에 원하기만 하면 무슨 짓이라도 할 수 있는 능력을 가지고 있다. 게임을 좋아하는 사람은 며칠 밤을 새며 게임을 할 수 있는 무한한 능력이 있다. 외모가 중요한 여성이라면 아무리 피곤해도 아침에 일찍 일어나 오랜 시간 공들여 화장을 할 수 있다. 좋아하는 가수의 콘서트 입장권을 얻기 위해서라면 새벽부터 줄을 서서 기다리는 것쯤 문제가 되지 않는다. 하지만 새벽기도에 가라고 꼭두새벽부터 깨운다면 과연 일어날 수 있겠는가? 우리는 능력이 모자란 사람들이 아니라 능력이 너무 충만한 사람들이다. 자아를 사랑하고 자아를 추구하는 일에는 죽을 때까지 에너지가 마르지 않는다. 자기가 하고 싶은 일을 하는 데는 절대 지치지도 피곤치도 곤비치도 아깝지도 않고 독수리가 날개 치며 올라가듯 하는 새 힘이 솟아난다. 어떤 난관도 뚫을 수 있다. 절대 상황과 조건에 구애를 받지 않는다.

내가 이해하기 어려운 스포츠 중 하나가 골프다. 골프장은 그 면적이 다른 스포츠 경기장과 비교할 수 없이 넓다. 그 너른 풀밭에 배추를 갈아먹으면 얼마나 좋겠는가. 골프장만을 위해 도로를 깔고 골프장 잔디를 관리하느라 농약을 많이 뿌려서 주변 토양을 다 오염시켜도 그냥 다 잘 넘어간다. 왜냐하면 거기에 세력 좀 있다는 분들이 드나들기 때문이다. 진짜 이해가 안 되는 건 그 작은 홀 컵에 그렇게 공이 넣고 싶으면 손목 멀쩡한데 들어다가 넣으면 되는데, 갖은 폼을 잡고 혈압 올려가며 그 작은 공을 막대기로 쳐서 넣는다는 것이다. 골프 선수들의 활약으로 골프로 국위 선양도 하고 많이 대중화되었다고 해도 지금도 골프는 일반 서민들이 즐길 수 있는 스포츠는 아니다. 돈이 많이 들고 특정 계층 사람들의 전유물이라는 생각은 여전하다. 사실 골프 장갑, 골프채, 골프 가방, 골프 회원권이 몇 개씩 되는 서민이 가당하기나 한가?

미국 교민 사회에 가보면 입에 발린 말이 시간이 없다는 것이다. 미국생활이 쉽지 않아 새벽기도 못하고 수요예배, 저녁예배도 언감생심 주일예배 한 번 드린다는 장로님 집에 골프 세트가 몇 개씩 있고 거실 바닥에 녹색 퍼팅 연습기가 깔려 있는 것을 보았다. 새벽기도를 못하는데 새벽에 깨어 화장실을 다녀오면서 퍼팅 연습을 열 번씩 하다가 다시 잠이 드는, 이런 귀신같은 짓을 하면서 하나님을 종교 위안소 정도로 생각하고, 십자가를 죄책감 하치장 정도로 여기고, 예수님을 문제 해결사 정도로 취급하면서 하나님에게 말할 수 없이 인색한 것이다. 자기자신을 위해서 쓰는 돈, 시간, 청춘 낭비는 끝이 없다. 그 사람의 중심, 마음이 죄다 딴 데 팔려 있는데 그렇게 산 양심으로 주님 앞에 설 기회나 있겠는가? 그래서 주님은 단적으로 "네가 지킬 마음이 없는 것이지 어렵다는 말은 거짓말이다"라고 말씀하시는 것이다.

심령이 가난한 자는 복이 있나니 천국이 그들의 것임이요 마 5:3

마태복음 5장 3절 이하 산상수훈의 말씀도 모두 심령의 복에 관한 내용이다. 결국 우리 인생의 모든 것은 우리 마음과 관련되어 있다. 그러니까 복음이 우리에게 진정 복음이 되려 하는데, 마음을 빼놓고 다른 데 영향을 끼쳤다면 말이 안 되는 것이다. 내 마음에 복음이 임하여 내 마음을 변화시킬 수 없다면 복음은 나와 전혀 상관없는 것이 되고 만다.

3. 인간의 마음, 그 부패한 실체

하나님은 우리의 마음을 배의 키와 같이 내 인생 전체를 움직일 만큼 중요하게 만들어놓으셨다. 그렇다면 그 마음은 지금 어떤 상태인가? 인간의 마음처럼 알기 어려운 것이 없다. 우리 마음은 심각한 병에 걸렸다. 마음에 관해 아무리 연구하고 체험을 해봐도 오리무중이다. 그러나 이 마음이 어떤 기능과 구조를 가지고 있으며, 어떻게 할 때 마음의 변화를 일으킬 수 있는지, 어떻게 하면 온전히 믿는다고 할 수 있는지, 복음만이 우리 마음의 실체를 정확히 보여줄 수 있다. 주님이 이 마음에 관한 비밀을 정리해주시지 않는다면 우리는 인간의 마음을 알 수 없다.

그러면 이렇게 중요한 마음에 대해 성경은 어떤 진단을 내리고 있는가?

만물보다 거짓되고 심히 부패한 것은 마음이라 누가 능히 이를 알리
요마는 렘 17:9

세상에서 가장 부패하고 거짓된 것이 인간의 마음이라는 선언이
다. 우리의 마음이 거짓되고 부패했기 때문에 인간으로서는 인간 스
스로의 마음을 분별하거나 알 수가 없다는 것이다. 인간의 문제가
복잡해 보여도 사실은 인간 내면의 문제로 집중된다. 따라서 마음을
변화시킬 수 있다면, 마음의 통제가 가능하다면 결론은 단순한데,
문제는 마음이 그리 간단치 않다는 점이다. 우주의 복잡한 현상을
연구하는 것 못지않게 인간의 마음을 알아가는 여행은 복잡하고 변
수가 많고 정말 어렵다.

내적 갈등

마음의 기능은 단순히 감각하기만 하는 것이 아니다. 우리는 지성과
감정과 의지를 지닌 인격적 존재만이 아니다. 영이신 하나님은 우리
를 하나님과 교제할 수 있는 영적인 존재로 창조하셨다. 우리의 마
음 깊은 곳에 이 영적 실체가 있다. 그런데 아담의 범죄 이후 우리 안
에 영의 기능이 깨어지게 되어 더 이상 영이신 하나님께 반응할 수 없
게 되었고 모든 인류는 죄의 욕구, 죄의 마음을 가지고 태어나게 되
었다.
  비록 영의 기능이 정상적으로 작동하지 못하게 되었지만 희미하
게 남은 영의 시스템이 '양심'의 기능으로 작동하면서 "똑바로 살아

야 한다", "정직해야 한다", "깨끗해야 된다", "영원을 사모한다" 등 우리가 죄의 욕구대로 내 마음대로 행동하려고 하는 일에 제동을 건다. 이 양심의 기능이 내 마음을 괴롭게 하여 내가 원하는 대로 할 수 없는 과정을 겪게 되는데, 이것이 서로 다른 욕구의 충돌로 빚어지는 내적 갈등이다. 이건 이렇게 해야지 하지만 저렇게 하고, 사랑해야지 하지만 미워하고, 거룩해야지 하지만 더러운 정욕에 끌려가는 일이 일어나는 것이다. 내 마음 안에 공존할 수 없는 두 존재가 함께하면서 내가 내 마음을 다스릴 수 없고 진짜 내 마음이 무엇인지 그 실체를 알기도 어렵다. 성경도 이 난해한 상황을 설명하며 "누가 능히 이를 알겠느냐?"라는 말로 결국 모른다는 결론을 내린다.

그러면 정말 알 수 없는가? 아니다. 하나님은 아신다. 우리 마음을 아시는 분은 하나님밖에 없다. 하나님만이 우리 심령의 문제를 정확히 짚어내신다. 어떻게 해야 이 병들고 왜곡된 마음을 돌이킬 수 있는지를 아신다. 복음이 복음 될 수 있는 것은 복음이 우리 마음의 상태를 진찰해내고 주님이 여기서 우리를 온전히 돌이키고 회복하시는 일이 가능하기 때문이다. 그래서 복음이 우리에게 실제가 될 수 있는 것이다.

다음 말씀을 통해서 내적 갈등의 소용돌이가 계속되는 우리 마음의 상태를 알아보자.

육에 속한 사람은 하나님의 성령의 일들을 받지 아니하나니 이는 그것들이 그에게는 어리석게 보임이요, 또 그는 그것들을 알 수도 없나니

그러한 일은 영적으로 분별되기 때문이라 고전 2:14

육에 속한 자연인의 심령은 하나님의 진리에 속한 일들, 하나님의 성령의 일을 받아들이지 않는다. 우리의 내면에는 하나님이 지으신 선한 영이 있고, 하나님께 반응할 수 있는 영적 기능이 있다. 그러나 이 영의 기능이 허물과 죄로 죽어서 제대로 반응할 수 없기 때문에 아무리 지각이 뛰어난 인간이라도 마음의 작용만으로는 성령이 하시는 일을 받을 수가 없는 것이다. 성경은 이렇게 육에 속한 사람과 영에 속한 사람의 구분이 있다는 것을 분명히 말씀한다.

23 내 지체 속에서 한 다른 법이 내 마음의 법과 싸워 내 지체 속에 있는 죄의 법으로 나를 사로잡는 것을 보는도다 24 오호라 나는 곤고한 사람이로다 이 사망의 몸에서 누가 나를 건져내랴 롬 7:23,24

원래 인간의 원형(原形)은 영이신 하나님께 반응하며 하나님의 진리에 온전히 순종할 수 있도록 만들어졌다. 그러나 이 영의 기능이 깨어지자 제아무리 똑똑하고 다른 일에는 참으로 탁월한 사람도 이상하리만큼 영적 진리를 철벽같이 못 알아듣는다. 이것은 인간 지성에 관한 문제가 아니다.

그런데 육에 속한 인간에게도 내적 갈등은 존재한다. 로마서 2장의 표현대로 하면, 이방인들도 자기의 양심이 자기에게 율법이 되어 자신을 판단하기도 하고 정죄하기도 한다. 그러나 이 정도로는 내적 고민의 수준에 머물 뿐 워낙 육적 성향이 강화되어 있기 때문에 자기 양심을 무마하는 정도만 해결되면 죄를 짓는 데 별 갈등이 없다. 반면에 유대인들이나 모태신앙처럼 어렸을 때부터 진리의 말씀의 양육을 받고 영의 기능이 개발되고 강화된 경우에는 문제가 다르다. 이들에게 선한 양심의 기능이 더욱 강화되다보니 죄로 인한 내적 갈등이 한층 심각해지는 것이다. 내 속사람으로는 하나님의 법을 즐거워하고, 내 깊은 내면의 실존은 나도 하늘을 우러러 한 점 부끄럼이 없이 하나님 앞에 의롭게 살아보고 싶은 소원이 있다. 그런데 내 지체 속에 있는 죄의 법이 하나님의 법을 즐거워하는 나를 사로잡아 여전히 죄의 종이 되게 한다는 것이다.

그러니까 죄를 이기고 거룩하게 살 수 있는 능력이 없기는 이방인과 똑같은데 양심만 개발되어 "나 이대로 끌려가면 안 되는데, 그리로 가면 안 돼⋯" 하면서 끌려간다는 것이다. 이방인은 변명과 합리화로 핑곗거리를 만들어놓고 적응하는데 반해 모태신앙은 죄를 지으면서도 계속 이 기능이 작동되어 "나는 이러면 안 돼. 하나님이 벌주실 거야. 지옥에 갈지도 몰라" 이런 안타까운 내적 갈등에 시달린다는 것이다.

율법주의자들은 죽을 때까지 자기 안에서 일어나는 영의 소리, 양심의 소리를 듣기 위해 애쓸 것이다. 그러나 인간의 최선으로는 안 된다. 자신의 힘으로는 벗어날 수 없으면서 수많은 내적 갈등으로 신음하고 고통하며 "오호라 나는 곤고한 사람이로다 이 사망의 몸에서 누가 나를 건져내랴"라고 하는 이것, 율법의 최선으로 하나님의 뜻대로 살아보겠다는 사람은 사람이 보기에는 진지하고 대단해 보여도 하나님이 보시기에 정말 처량하고 어쩌면 악하기 짝이 없는 사람이 될 수밖에 없다. 이것이 모태신앙의 위기다.

우리 안에서 일어나는 전혀 다른 두 가지 소원과 갈망이 믿음의 삶에 발목을 잡는 우리 내면의 현실이다. 로마서 8장에서도 육신의 생각과 영의 생각을 나누어서 말씀한다.

7 육신의 생각은 하나님과 원수가 되나니 이는 하나님의 법에 굴복하지 아니할 뿐 아니라 할 수도 없음이라 8 육신에 있는 자들은 하나님을 기쁘시게 할 수 없느니라 롬 8:7,8

우리 안에 내적 갈등이 계속 존재하는데도 내 힘으로 율법을 지켜서 이것을 극복해보려고 노력하는 것은 하나님 편에 서 있는 것이 아니라 여전히 벗어날 수 없는 육적 소욕에 서 있기 때문이라는 것이 분명한 결론이다. 이 싸움은 절대 우리 편에서 승리할 수 있는 싸움이 아니다. 교회 안에서 살고, 율법을 지키고, 율법의 훈련을 받고 산다는 사람조차 스스로는 이길 수 있는 힘이 없다. 죄 문제는 단순한 양심의 기능이나 윤리 도덕의 차원이 아니라 영적인 일과 연관되어 있기 때문이다.

4. 자아의 실체

우리 마음이 단순하지 않으면서 어렵고 오리무중인 이유와 원인을 다시 한번 살펴보자.

> 만물보다 거짓되고 심히 부패한 것은 마음이라 누가 능히 이를 알리요마는 렘 17:9

자기 마음을 아는 것이 왜 불가능한 것인가? 타락한 인간의 마음은 우주에서 가장 견고한 진(陣)이다. 외부의 그 어떤 충격과 자극에도 지독하게 변하지 않는 영역으로 자리 잡았다. 거짓되고 부패한 인간의 마음이라는 이 견고한 요새는 하루아침에 만들어진 것이 아니다. 내 마음이란 나 자신에 대해 느끼고 감각하고 반응하고 주체가되어 살아가는, '나'라고 하는 실체이다. 이 마음은 자신이 태어나고 자라면서 여러 해 동안 자기변명과 합리화라는 방어 기제를 통해 형성되었다.

① 자기변명과 합리화

우리는 태어났을 때 내가 누구이고, 나는 어떤 존재라고 하는 자기 정체감이 분명하지 않다. 자라나면서 자아인식이 확실해져 가는데 이 자아인식은 진리에 의해 세워졌다기보다는 여러 해 동안 자기변명과 자기합리화로 자기를 보호하는 방어 기제로 누구도 찔러 흔들 수 없는 요새로 자리 잡았다. 이렇게 형성된 마음이기에 내가 어디서부터 시작되었으며 나는 어떤 존재인지, 또 나라고 하는 실체를 인식하는 내 마음은 무엇으로 만들어졌고 어떤 실체인지를 나도 잘 모른다.

그런데 자기변명과 자기합리화라는 말에서 잡히는 단서가 있다. 사람의 마음이 거짓되고 부패하다는 것은 향방 없이 거짓되고 부패했다는 말이 아니다. 철저한 자아 사랑, 자아가 그 중심에 자리를 잡고 있다. 우리가 태어나면서부터 갖게 된 본능은 자아를 보호하고 이 자아가 원하고 추구하는 것을 얻고자 하는 것이다. 그런데 내가 뭔가 죄를 짓고 싶은데 선한 양심이 내 안에서 소리를 지른다. 그럴 때 사람들이 "너 그러면 안 돼"라는 양심의 소리에 무릎을 꿇고 돌아설 수 있다면 얼마나 좋겠는가. 하지만 양심은 소리만 들려오고 괴롭게만 하지 나의 욕구를 막을 수 없다. 어쨌든 양심의 기능과 충돌이 일어날 때 양심도 잠재워야 되겠고 나의 욕구도 포기할 수 없다. 이렇게 내가 하고 싶은 정욕을 추구하면서 양심의 소리도 무마시켜야 하는 모순에 빠질 때 우리는 자기변명과 합리화라는 방어 기제를 만들게 되는 것이다.

죄인은 절대 죄를 떠날 수 없다. 자석에 쇠붙이가 달라붙듯이 죄된 인간은 자기 마음 안에 있는 정욕과 욕구의 추구를 멈출 수가 없다. 짐승은 그저 생존을 위한 욕구에 충실히 반응할 뿐이다. 하지만 인간은 죄는 짓되 도덕적이고 양심적인 기능이 자꾸 소리를 지르고 가시처럼 찌르며 괴롭히니까 일시적으로나마 그 감각이 작동하지 못하도록 조치를 취하고 나서 죄를 짓는다. '내가 뭐 꼭 하고 싶어서 이래? 어쩔 수 없어서 그러는 거지', '계속할 것도 아니고 딱 한 번만 할건데', '나만 그래? 남들도 다 그래' 이렇게 자기변명과 합리화로 양심을 무마시키고 적당한 이유를 만든 다음 "그렇기 때문에 나는 이것을 한다"라고 하지만 사실은 자기 안에 있는 정욕이 그것을 하고 싶은 것뿐이다. 또 시간이 흐르면서 자신이 무슨 동기로 이런 일을 했는지 모를 때가 있다. 단순하지 않기 때문이다. 물론 한참 따져보면 원인이 밝혀진다. 그런데 원인은 그것만이 아니다. 양파 껍질 벗기듯이 계속해서 다른 원인이 나온다. 왜냐하면 너무 많은 자기변명과 합리화로 자기를 방어하면서 욕심을 추구해왔기 때문이다. 이런 과정을 오래 거치면서 인간의 마음은 심히 거짓되고 가증하게 된다.

순회선교단이 공동생활을 하다 보니 사람과의 관계가 자꾸 부딪쳐서 이 매듭을 풀기 위해 속 이야기를 정직하게 털어놓게 되었다. 마음을 열고 오해를 푸니 처음에는 상당히 효과가 있는 것 같고 좋았다. 그리고 나서 자신이 죽었으면 아무 문제가 없는데 그다음에도 계속 살아야 된다는 것이 문제였다. 본심이 그렇지 않았다는 것을 확인하고 풀기는 했지만 여전히 변하지 않는 서로의 모습 때문에 어려워하다가 그것이 자꾸 쌓이니까 이야기를 하면 할수록 복잡해졌다. 예를 들면 이런 식이다. 점잖게 표현을 해서, "오늘 아침에 묵상을 하는데 솔직히 형제님에게 이런 언짢은 마음이 있어서 이렇게 이야기를 한 것인데, 사실은 어제 내가 형제님을 용서했다고 그랬는데 진짜 내 마음을 가만히 돌이켜 생각해보니 진심으로 용서한 것이 아니라 그 자리를 피하고 좋은 분위기를 이루고자 한 내 마음이 나를 속인 것 같아요." 이렇게 이야기를 복잡하게 하게 되고, 그런 식으로 가다보면 도대체 무슨 말인지 알 수가 없고, 내 마음이 진짜 어디에 있는지 모르는 것이다.

② 병든 마음의 중심, 자아추구

이렇듯 복잡하고 오리무중이니 내가 나를 모른다는 말은 지극히 당연하다. 여러 해 동안 자기변명과 합리화라는 방어 기제로 우주에서 가장 잘 방어된 자기세계를 구축해놓고 자신의 성 안에 숨어 있기 때문이다. 어떤 때는 그 문을 열기도 하고 닫기도 한다. 그래서 여러 형태로 나타나지만 한 가지 확실한 것은 양면 모두 자기자신이라는 것이다. 소극적일 때는 자기사랑, 자기추구를 하다가 나중에 자기연민으로 빠져서 급기야 자살에 이르기도 하고, 적극적일 때는 교만하고 다른 사람을 전부 경쟁 상대로 보고, 자신의 아성을 쌓아가는 아주 도전적인 태도를 취하기도 한다. 양면 모두 지독한 자기사랑이라는 데는 차이가 없다.

사람의 마음은 아무 목적도 이유도 없이 부패하고 가증한 것이 아니다. 철저하게 중심을 놓치지 않는다. 그것은 바로 '자아'다. 자아를 추구하고 만족시키기 위해서는 수단과 방법을 가리지 않는다. 그럴 수밖에 없다고 온갖 이유를 붙여가며 자기변명과 합리화로 늘 자기를 위로하고 연민하고, 결국은 궁극적으로 자기가 원하는 일을 한다. 나, 나, 나, 나, 내가 인정받고 사랑받고 칭찬받고 사람들을 좌지우지하고 조종하고 흔들며 자기만족을 추구하느라 끊임없이 투쟁하는 이 자아사랑의 중심은 한 번도 바뀐 적이 없고 절대 놓치는 법도 없다. 양심에 부딪치고 상황에 부딪치면 얼마든지 표변하여 자기 아닌 다른 얼굴을 만들어낼 수 있다. 이것이 바로 타락하여 하나님의 원형을 잃어버린 인간 내면의 실상이다.

③ 성경의 진단

이렇게 교활하고 부정적인 모습이 어떻게 이루어졌을까? 성경이 복음 안에서 우리 마음의 현상과 원인을 진단해주는 아주 단순하지만 명료한 말씀이 있다. 에베소서 2장 1-3절을 보면 3절은 우리 마음의 현상에 대해 말해주고, 이 현상에 대한 원인을 2절에서 설명하며, 이 문제의 근원을 1절에서 밝혀준다.

> 1 그는 허물과 죄로 죽었던 너희를 살리셨도다 2 그 때에 너희는 그 가운데서 행하여 이 세상 풍조를 따르고 공중의 권세 잡은 자를 따랐으니 곧 지금 불순종의 아들들 가운데서 역사하는 영이라 3 전에는 우리도 다 그 가운데서 우리 육체의 욕심을 따라 지내며 육체와 마음의 원하는 것을 하여 다른 이들과 같이 본질상 진노의 자녀이었더니 엡 2:1-3

모든 존재 온 인류에게 나타나는 공통적인 현상은 우리가 전에는 다 우리 육체의 욕심을 따라 지냈다는 것이다. 어머니 뱃속에서 탯줄을 끊고 나올 때부터, 어쩌면 뱃속에 있을 때부터, 죄 된 인간의 존재는 하나님을 떠난 그 순간부터 자기가 하나님이다. 자아가 형성되면서 이런 죄의 성향이 고스란히 드러난다. 자아의 욕심을 따라 법도 없고 하나님도 없이 오직 자아를 추구하며 살아간다. 자기사랑, 자기추구, 자기만족, 자기연민, 자기의 등 자아의 욕구가 계속해서 일어나고, 이 욕구를 이루고 충족시키기 위해 자아는 생존 투쟁을 하기 시작한다.

그런데 3절 말씀과 같이 자아가 추구하는 모든 욕심과 의지를 통제하지 않고 그대로 두면 우리는 한결같이 한 방향을 향해 나아간다. 우리는 우리가 원해서라기보다 어쩔 수 없이, 또는 불이익을 당하지 않기 위해서라도 사회 제도와 법의 제재를 받는다. 그런데 어떤 외적 상황이나 법적인 제재 없이 우리 육체와 마음의 욕구를 통제 없이 풀어놓는다면 과연 어떤 결과가 일어날까? 예를 들어서 아무도 없는 작은 방에 비디오플레이어가 있고 두 종류의 비디오테이프가 있다고 하자. 하나는 온 국민이 시청할 수 있는 가족용 비디오이고 다른 하나는 딱 봐도 왠지 보면 안 될 것 같은 빨간 비디오다. 아무도 없는 혼자만의 공간에서 어떤 통제도 받지 않고 법적 책임을 질 필요도 없다면 당신은 어느 쪽에 관심이 가는가? 어느 비디오에 손을 뻗을 것 같은가?

어떤 모양을 갖추든, 어떻게 법망을 피하든 사람은 자기가 원하는 욕구를 만족시키기 위해 수없는 자기변명과 합리화로 살아간다. 더욱이 어떤 통제도 받지 않는 상황에서 우리의 육체와 마음이 원하는 것을 하도록 그대로 두면 결국에 우리가 하는 짓은 본질상 진노의 자녀의 짓이라는 것이다. 누구에 대한 진노인가? 하나님의 진노를 일으키는 것이다. 우리가 육적 자아의 본성을 따라서 가장 근본적인 나라고 하는 실체, 어렸을 때부터 가져왔던 나, 내가 원하는 것을 해야만 마음에 만족이 된다고 하는 그것은 전부 하나같이 하나님께 본질상 진노의 자녀의 행동뿐이다. 이것은 아주 심각한 문제이며 이것이 우리의 병든 자아의 실체이다.

그러면 인간은 왜 이런 자아의 깊은 딜레마를 가지고 있는가? 자아사랑은 왜 결국 하나님의 진노를 일으키는 방향으로 갈 수밖에 없는가? 2절에서 이 현상에 대한 원인을 설명하고 있다.

그 때에 너희는 그 가운데서 행하여 이 세상 풍조를 따르고 공중의 권세 잡은 자를 따랐으니 곧 지금 불순종의 아들들 가운데서 역사하는 영이라 엡 2:2

성경은 우리가 이 세상의 풍조를 따라 공중의 권세 잡은 자를 따랐기 때문이라고 말씀한다. 세상의 모든 가치는 어떻게 해서든지 자아성취를 하라고 우리를 부추긴다. 그런데 주님은 자아의 실체에 대해 말씀하시며 이 자아는 처음부터 성취할 대상이 아니라 부인해야 할 대상이라고 하신다. 이 자아가 심각한 오류에 빠져 있기 때문이다. 육체의 욕심을 따라 지내는 이 자아추구가 그대로 이루어지면 본질상 하나님의 원수 짓을 할 수밖에 없는데 그 원인이 바로 공중의 권세 잡은 자를 따랐기 때문이라는 것이다. 불순종의 아들들, 즉 하나님께 불순종하고 육적 자아가 충만하여 자기가 자기 인생의 주인 노릇 하는 자들에게 지금도 역사하고 있는 영이 바로 사탄이다. 우리가 공중의 권세 잡은 자, 사탄을 따라갔다는 것이다.

그러므로 인간의 마음이 부패하고 타락한 것, 자아가 중심이 되어 지독하게 자기가 하나님 노릇을 하며 살아온 것은 교육이나 환경 때문이 아니다. 존재적으로 이 땅에 태어날 때부터 육적 자아의 실체를 가지고 태어나서, 불순종의 아들들 가운데 역사하는 영에 붙들려 공중의 권세 잡은 자에게 끌려다녔기 때문이다. 이렇게 자아가 충만하고 자아가 아주 강한 채로 오직 자기를 추구하며 살아온 것이 우리의 병든 옛 자아의 실체이며 그 원인은 사탄이다. 그래서 죄를 짓고 우리의 육적 자아를 좇는 자아추구의 삶은 인격이나 도덕의 문제가 아니라 영적인 문제인 것이다.

여기서 1절은 이 모든 것의 더 깊은 뿌리를 보여준다. 이 문제의 근원은 '허물과 죄로 죽은 우리'이다.

그는 허물과 죄로 죽었던 너희를 살리셨도다 엡 2:1

닻줄이 끊긴 배처럼 무차별하고 방향을 잃어버린 채 사탄에게 붙들려서 자아추구를 하며 살아가게 된 것은 우리가 허물과 죄로 죽었기 때문이라고 말씀한다.

문제의 근원

에덴동산에서 아담과 하와가 어떻게 타락해서 하나님의 원형을 잃어버렸는지 우리는 잘 알고 있다. 그러나 우리가 아는 한 주님은 우리가 선악나무에 걸려 넘어지라고 시험거리로 그 나무를 동산 중앙에 두신 것이 아니다. 창조주와 피조물 사이에 두신 가장 안전한 조치, 하나님과 인간 사이에 맺은 가장 완전한 사랑의 언약이 바로 선악나무였다.

주님은 이렇게 약속하셨다.

"내가 너를 하나님의 형상으로, 만물 편에서 보면 네가 하나님의 대리자로 보일 만큼, 내가 너를 가장 아름답고 존귀하게 창조하였다. 또한 너에게 온 피조 세계에서 만물을 정복하고 다스릴 놀라운 지위와 권세를 주었다. 그런데 이것은 한 가지 전제가 필요하다. 너는 온전히 나에게 순종하고 너의 본분을 잊지 말라. 너의 이 아름답고 놀라운 직위와 능력은 너에게서 나오는 게 아니다. 너는 피조물이고 나는 하나님이다. 네 인생의 주인, 너의 진정한 하나님은 네가 아니라 나다. 네 지혜는 네게서 스스로 나오는 것이 아니다. 오직 내가 생명의 능력을 공급해주어야만 너는 나의 형상답게 살 수 있다. 그러므로 모든 순간 나를 인정하고 나를 주인으로 삼아 그 발 앞에 기꺼이 복종하고 사랑으로 섬길 때 너는 나의 모든 것을 누릴 수 있고 그 사랑 안에서 만족할 수 있다. 그러니 너와 내가 눈에 보이는 가시적인 약속을 하나 하자. 동산 중앙, 네 모든 삶의 중심에 선악나무를 하나 지정하자. 네가 모든 나무의 열매를 얼마든지 따먹을 수 있는 것처럼 네가 마음만 먹으면 선악나무의 열매도 따먹을 수 있다. 하지만 만약 네가 나를 사랑하고 진심으로 나를 네 주인으로 여긴다면 저 나무의 열매만큼은 따먹지 말라. 그것을 먹으면 너는 반드시 죽을 것이다."

아담은 그 나무를 볼 때마다 하나님과의 사랑의 약속을 기억했을 것이다. 하나님은 사랑의 언약의 표시로 이 선악나무를 주신 것이다. 그런데 사탄이 이것을 건드린 것이다.

"너 이것만 먹으면 네가 하나님처럼 될 수 있어."

이 말은 다른 죄의 유혹이 아니다. 하나님이 하나님 되시고, 내 인생의 주인이 하나님이시고, 나는 내 마음대로 살 수 있는 자가 아니며, 하나님만 사랑하고 그분에게 순종하는 것이 나의 본분이라는 가장 중요한 핵심 진리를 공격한 것이다. 죄의 뿌리는 단순히 선악과 하나를 먹은 문제가 아니다. 하나님을 하나님의 자리에서 밀어내고 자기가 하나님이 되어 모든 주체의 중심이 되겠다는 무서운 반역이자 음모였다.

결국 내 인생의 주인이 바뀌었느냐 하는 것이다. 신앙생활에서 복음이 실제가 되느냐 되지 못하느냐 하는 것은 주님이 나의 주인이 되시느냐 아니면 내 마음대로 살기를 원하느냐에 달린 것이다. 이 저주받은 자아생명은 내가 임금이 되고 내 인생의 주인이고 오직 자아가 중심인 자아적 존재로 태어난다. 어린아이의 공통된 특성은 다른 것이 아니라 '제멋대로' 하는 것이다. 가장 원색적으로 자아가 충만할 때가 바로 이 어린아이 때다. 이때 자아의 기질이 꺾이지 않으면 평생 고생하고 그 아이에게도 불행한 일이 된다.

무서운 자아의 비극은 허물과 죄로 죽어 하나님에게서 끊어진 데서 시작되었다. 사탄은 하와를 속였던 것과 똑같이 "너는 네 자아가 만족해야 해. 너 좋으면 좋은 거야. 그게 바로 너야" 이렇게 계속 자아를 부추기며 자아의 헛된 허상을 만들어놓고 계속 우리 머리채를 붙잡고 끌고 다닌다. 비극적으로 사탄의 종노릇을 하는 것이 바로 우리의 부패하고 가증한 마음의 실체, 우리의 병든 자아의 실체이다.

④ 자아인식

사람마다 옳든 그르든 자기만의 자아인식이 있다. 건전해 보이든 불건전해 보이든 자신이 '나'라고 생각하는 자아인식이 있어서 지금까지 아끼고 사랑해온 나, 누군가 그 자아를 건드리는 것을 못 견뎌 한다. 성질내고 변명하고 방어한다. 어떤 사람은 자아인식으로 우울증에 걸리기도 하고, 자기연민에 빠지기도 하고, 과대망상에 사로잡혀서 돌아다니기도 한다. 그렇다면 사람의 자아인식은 과연 언제 어떻게 형성되는가?

병든 자아

자신이 이런 사람이라는 자아인식이 뚜렷해지는 것은 대부분 사춘기 무렵이다. 그러면 그때 자신의 외모, 성격, 장점, 단점 등 자아인식에 관한 정보가 과연 '진리'로부터 나온 것인가? 진리가 "너는 못생겼다", "네가 그렇지 뭐", "너는 쓸모없는 존재다"라고 이야기해주는가?

우리의 자아인식은 세상의 세속적인 교육과 언론매체를 통해 형성되었다. 그러니까 신문, 잡지, 광고, 드라마, 연예인 그리고 어렸을 때부터 부모로부터 들은 이야기와 권위자나 다른 사람들로부터 들은 이야기 등이 한데 뒤섞여 비뚤어지고 왜곡된 자아인식을 만든 것이다. 내가 나인 줄로 철석같이 믿고, 한 번도 의심해본 적 없이 사랑하며 자기추구, 자기연민, 자기만족, 자기쾌락, 자기의로 똘똘 뭉친 채 무너지고 싶지 않은 자아를 만들어왔지만 '나'라고 하는 이 실체가 사실은 올바른 자아인식이 아니라 헛된 자아라면, 이 헛된 자아에 완벽하게 속아서 붙들려 살아왔다면 이보다 더 기막히고 억울할 일은 없다.

병든 자아가 진짜 나인 양 슬퍼하고 부둥켜안고 자기연민하고 우울증에 걸리고 교만하고 헛된 자아의 욕구를 만족시키기 위해 하나님의 이름을 부르고 하나님의 복음을 이용하기도 한다. 이 혼돈된 가치와 잘못된 자아인식을 가지고 주님을 위해 일한다고 하면 대체 무슨 일이 일어나겠는가? 그 일도 결국 자아추구, 자아성취를 위한 도구가 될 수밖에 없다. 왜냐하면 자아가 원하는 것은 육신의 정욕과 안목의 정욕과 이생의 자랑이기 때문이다. 병든 자아가 자신의 정확한 실체가 아니기 때문에 아무리 그것을 만족시키기 위해 노력한들 우리는 거기서 진정한 만족을 느낄 수 없었던 것이다.

주님의 천국 복음의 일성(一聲)은 "회개하라 천국이 가까이 왔느니라"였다. 천국은 병든 자아를 가지고는 절대 들어갈 수 없다. 그래서 주님은 일평생 율법으로 자아를 갈고 다듬어온 바리새인이요 율법사인 니고데모에게 "거듭나지 않으면 너는 하나님나라를 구경도 할 수 없다"라고 말씀하신 것이다. 그러나 이 말씀을 어떻게 그냥 이해할 수 있겠는가. 내 병든 자아가 하나님과 부딪쳤을 때 내 자아가 십자가에 넘겨지고 자아의 죽음을 경험해본 적이 없는데, 뭐가 죽고 뭐가 변해야 하는지 오리무중인 채 그저 몇 가지 생각나는 죄를 대강 처리하고 그다음부터 주님을 위해 살겠다고 눈물겨운 최선을 하니 어떻게 복음의 감격과 능력을 경험할 수 있겠는가. 병든 자아의 실체가 벗겨지지 않고서는 절대 알 수 없다.

자아인식 : 부패한 생명(죄) + 잘못된 믿음 = 병든 자아

이것이 우리가 지금껏 운명처럼 붙들고 주인 삼고 살아왔던 자아의 모습이다. 모든 인류가 한 사람도 예외일 수 없다. 저주 받은 아담의 후손으로서 운명적으로 부패한 생명을 갖고 태어난 인간은 하나님도 모른 채 오직 자기가 중심이 되었다. 원래 우리의 원형은 자기가 아니라 하나님을 가장 먼저 인식하게 되어 있는데 이 원형이 깨지고 나니까 하나님은 온데간데없고 내가 주인이고 오직 나만이 존재하는 병든 자아가 운명으로 덜컥 주어졌다. 내적 갈등이 일어날 수밖에 없는 부패한 생명을 가진 존재가 대책 없이 태어났지만 누구 하나 그 생명을 바르게 교정해줄 사람이 없었다. 설상가상으로 여기서 주워듣고 이 상황에 부딪치고 저기서 무시당하고 왜곡된 격려를 받는 등 잘못된 정보가 들어와 잘못된 믿음이 생기게 되었다.

이 무너지는 자아를 충족시켜보려는 노력과 끝내 침몰되고 싶지 않은 생존 본능으로 자기가 자기를 찾아보려고 하는 노력이 뒤엉켜 자아를 형성하고, 적극적이든 소극적이든 바르지 않은 이 자아상이 자기변명과 합리화로 똘똘 뭉쳐져서 만들어진 것이 '병든 자아'다. 이것이 바로 내가 그렇게 애지중지하고 죽을까봐 덜덜 떨면서 십자가 앞에 결코 나아가지 않는 나의 실체다.

자아처리

성경은 여기서 벗어날 자가 아무도 없다고 말씀한다. 이 병든 자아로 시작한 신앙생활일지라도 주님은 "거듭나지 않으면 하나님나라를 볼 수 없다", "그리스도 안에 있으면 새로운 피조물이라 이전 것, 병든 자아는 지나갔으니 보라 새것이 되었도다", "허물과 죄로 죽었던 너희를 살리셨도다"라고 말씀하신다. 그러니까 성경이 선언하는 변화란 옛날의 나를 그대로 둔 채 부족한 부분을 채우고 때우고 붙여서 고치는 정도가 아니라는 것이다. 이전 것과 전혀 상관이 없고, 누구든지 주님을 따라가려면 이 병든 자아를 부인해야만 하고, 자아의 부인을 확증한 자기 죽은 십자가를 날마다 지지 않고서는 아무도 주님을 따라올 수 없다고 분명히 말씀하신다.

이 병든 자아에 대해서 성경은 다양하게 기록하고 있다. 옛 사람, 옛 것, 땅의 지체, 육, 육의 사람, 이것이 모두 '병든 자아'를 지칭하는 것이다. 이 단어 뒤에는 "고쳐라", "개선하라" 이런 말은 뒤따라오지 않는다. 아주 분명하고 정확하게 "죽이라", "벗으라", "죽었다"라고 말씀한다. 우리의 거짓된 자아의 실체를 규명하고 나면 주님의 이 모든 초청의 말이 부담스럽거나 너무 극단적인 것이 아니라 그렇게 하지 않고서는 불가능하다는 것을 알게 된다.

복음으로의 초청은 자아 문제를 해결하지 않고는 불가능하다. 병든 옛 자아를 가진 육에 속한 사람은 하나님의 일을 받을 수가 없다. 그러므로 지독히도 나를 사랑하며 오직 나 중심으로 살아왔던 이 자아가 가장 먼저 깨져야 한다. 이 병든 자아를 죽음에 넘기지 않고서 십자가 없이 하늘나라에 가는 길은 전혀 열린 적이 없다. 십자가만이 우리의 유일한 소망이다.

심리학의 초점은(아무리 기독교라는 이름을 붙여놔도 그렇다) 자아성취다. 병든 자아를 어르고 입히고 치유하고 회복하기를 계속 반복하는 것이다. 그러나 복음은 정반대로 말한다. 이 자아를 죽음에 넘기지 않는 한 주님의 새 생명의 축복을 받을 수 없다고. 육에 속한 사람은 영의 음성을 들을 수가 없다. 그래서 육의 소욕과 영의 소욕은 원수가 되어 누구도 서로에게 순복할 수가 없다. 이 분명한 매듭 없이는 하나님의 영광을 발견할 수 없다. 아무리 어마어마한 복음을 주셔도 복음을 받는 주체인 내가 병든 자아라면 복음은 말짱 도루묵이 된다. 복음의 능력이 모자라서가 아니라 복음이 요구하는 원리에 들어가지 않았기 때문이다.

자기의

이 병든 자아는 자기추구, 자기만족, 자기쾌락, 자기성취, 자기의 등 여러 가지 모습으로 나타난다. 의(義) 자체는 좋은 것이다. 하지만 병든 자아의 모습 중에 가장 깨지기 어려운 것이 자기의(自己義)로 충만한 인간이다. 열심으로 율법의 의로 흠잡을 데가 없이 자기의로 충만한 사람은 사람 눈에 대단해 보여도 하나님이 보시기에는 악하고 교활한 병든 자아의 실체이다.

> 2 내가 증언하노니 그들이 하나님께 열심이 있으나 올바른 지식을 따른 것이 아니니라 3 하나님의 의를 모르고 자기 의를 세우려고 힘써 하나님의 의에 복종하지 아니하였느니라 롬 10:2,3

죽음에 넘겨져야 할 자아의 모습 중 마지막까지 버티는 것이 바로 자기의다. 윤리 도덕적으로 허물이 많고 연약함이 드러나는 사람은 그냥 봐도 바로 판단이 된다. 그런데 자기의로 포장된 자아는 정말 교활하다. 이 무서운 자기의의 폐해를 봤던 인물이 바울이다. 그렇기 때문에 그는 자신이 사울이었을 때와 똑같은 모습의 동족(同族) 이스라엘의 구원을 위해 그토록 애끊는 슬픔과 고통을 경험한 것이다. 그들은 하나님께 열심과 지식이 있으나 그것은 진리를 좇아 하나님께 열심을 품은 것이 아니다. 하나님의 의를 모르고 자기의를 세우려고 하는 것, 이 의를 자기의로 삼는다는 것이 그들이 가진 문제다.

이 위험한 음모가 드러나는 것은 자기의와 하나님의 의가 충돌을 일으킬 때다. 하나님의 완전한 의 앞에 자기의 어설픈 의가 드러났을 때 진정으로 의를 추구하는 사람 같으면 얼른 무릎을 꿇고 깨끗이 승복하고 자기의를 내버렸을 것이다. 그렇지만 인간은 자기의를 세우려고 힘써 하나님의 의에 복종하지 않았다. 이것이 바로 무섭도록 위험한, 병든 자아가 마지막까지 위장하는 자기의에 충만한 인간의 실상이다. 내가 도덕적으로 깨끗하게 살았고, 주님을 위해 헌신했고, 율법을 철저히 지켰고, 이렇게나 쓰임 받았는데 내가 뭘 잘못했느냐는 식으로 자기의가 충만한 이스라엘을 위해 주님이 말씀하신다.

"너희가 아무리 눈물겹게 최선을 다해도 너희에게서 나오는 것은 선한 것이 없어. 그렇기 때문에 나 곧 예수가 너희를 위해 대속의 제물이 되어주어야만 나의 의, 대속의 의로 너희가 의로워질 수 있단다."

그러나 그들은 끝내 예수님을 십자가에 못 박아 죽였다. 이것이 바로 자기의로 충만한 사람들의 모습이다. 위험천만한 병든 자아의 결국은 본질상 진노의 자녀의 짓을 하게 되어 있다는 것이다.

그러면 결론은 더욱 분명해진다. 이 자아를 부둥켜안고 사랑하며 십자가에 죽기 싫어서 계속 피해 다니다가 끝내 놓지 않은 채 결국 자아와 운명을 같이하여 사탄과 함께 지옥으로 떨어질 것인가, 아무리 정이 들고 내 모든 것이 거기 다 있는 것 같아도 주님의 완전한 십자가의 초대 앞에 이 병든 자아를 원수와 함께 십자가에 못 박아 넘길 것인가? 이 선택이 있을 뿐이다.

우리의 병든 자아는 분명하게 처리되어야 한다. 통째로 박살이 나야만 한다. 하나님께서 이 일에 하나님의 능력으로 개입해주셔야 한다. 그래야 우리가 하나님이 예비해놓으신 새 생명의 삶을 온전히 누릴 수 있다. 그렇기 때문에 더더욱 우리의 소망은 오직 십자가다. 할렐루야!

- 복음을 믿는 믿음은 마음에서 이루어진다. 복음이 마음에까지 믿어져야 진정한 변화가 일어나며 복음이 나와 상관있게 된다.

- 복음만이 마음의 상태를 진찰하고 그 부패한 실체를 정확히 보여 주신다.

- 자기가 하나님 되려 한 아담의 범죄,
  주변에서 심어준 잘못된 믿음,
  자기변명과 합리화라는 방어 기제로
  병든 자아를 나인 줄 알고 살아 온 우리는 자기연민, 자기만족,
  자기의로 똘똘 뭉친 '본질상 진노의 자녀'이다.

- 병든 자아와 하나님. 두 주인은 있을 수 없다. 병든 자아를 십자가에 못 박아 죽음에 넘기고 자기를 부인할 때 복음의 초청에 응할 수 있다. 십자가만이 우리의 유일한 소망이다.

• • •

주님만 기대합시다!

복음의 영광!
복음의 능력!
복음의 축복!

복음과 하나님의 본심

세상의 가장 큰 원수 중에 진짜 원수는 바로 나 자신이라는 사실이 우리를 경악하게 한다. 눈에 보이는 바로의 권세에서 벗어나면 마냥 자유롭고 행복할 줄 알았다. 그런데 그 지긋지긋하고 살 떨리는 바로의 권세 아래서 해방을 받고 광야로 나오자마자 그들은 정말 기막힌 현실을 발견해야 했다. 그것은 눈에 보이는 바로보다 더 무섭고 악랄한 놈이 있는데 다른 데 있는 것이 아니라 바로 지금까지 내가 나라고 끔찍하게 붙들고 사랑하고 연연하던 내 자신, 이 병든 자아라는 사실이다. 환경에서는 구출을 받았으나 자기 자신에게서는 벗어나지 못한 인간들이 바로 40년 동안 광야에서 엎드러진 자들이었다. 마음이 강퍅하여 하나님께 반역하다가 그 큰 구원을 입은 광야 길에서 제 스스로 넘어져 죽게 된 이스라엘과 우리의 처지가 똑같은 것이다.

마치 사람이 사자를 피하다가 곰을 만나거나 혹은 집에 들어가서 손을 벽에 대었다가 뱀에게 물림 같도다 암 5:19

주님은 이 어처구니없는 인생을 이렇게 묘사하신다. 사자를 피하다가 곰을 만났다. 그 치열한 경쟁과 모든 도전을 뚫었다. 쉽게 말하면 사업에 성공하고 사역에 성공했다. 그런데 문제는 그 큰 대적과 싸워 이긴 자가 결국 자기 내면에 숨겨져 있는 자기 자신에 의해 죽고 마는 비참한 인생이 된다는 것이다. 생존본능을 발휘하여 악착스레 살아남아서 무사히 자기 집에 숨어 들어와 문을 잠그고 '아, 이제 살았구나!' 싶어서 안심하고 벽을 짚었다가 돌벽에서 나온 뱀에게 물려버리면 기가 막히고 억울할 일이 아닌가. 그런데 이것이 바로 오늘날 지독하게 똑똑하고 자존심 강하고 자아가 충만한 우리 인생이 겪는 비극이다.

잃어버린 원형을 찾아서

그러면 인간은 어떻게 자기 자신을 다스리는가? 내 마음을 어떻게 다스릴 것인가가 인간의 관심이고 화두였다. 불가에서는 이 자아를 벗어나라고 한다. 그러나 그것은 대책 없는 소리요 정말 불가능한 일이다. 세상은 "자아를 강화하라", "자아를 성취하라"라고 말한다. 그것도 흉악하게 미친 짓이다. 성경은 자아의 실체가 어떤 것인지 정확하게 지적해준다. 만물보다 거짓되고 심히 부패한 것이 인간의 마음이며 이 부패하고 가증한 마음을 아무도 알 수 없다고 말이다. 이 마음을 정확히 짚어내고 그 원천과 뿌리부터 뽑아내어 잃어버린 우리의 원형(原形)을 되찾아주실 수 있는 분은 바로 우리의 영원하신 아버지, 창조주 하나님이시다.

평생 나인 양 섬기고 의지하고 붙들고 살아온 병든 자아가 내 실체가 아니라면 그럼 나의 진정한 실체는 무엇인가? 나의 잃어버린 원형, 하나님이 반드시 되찾아주셔야 할 그 원형은 어떤 것인가? 이것은 우리를 지으신 주님에게만 해답이 있다. 이제는 우리의 잃어버린 원형을 찾아 여행해야 할 시간이다. 이 여행을 위해서 우리는 먼저 우리를 창조하신 하나님을 알아야 한다.

나는 나를 알 수 없다. 내가 나를 디자인하지 않았기 때문이다. 나를 디자인하고 설계하신 그분을 알아야 나를 알 수 있다. 나를 창조하신 그분이 말씀하시는 원형과 계획을 살펴보아야 한다. 하나님이 우리를 어떻게 계획하시고 어떤 목적으로 창조하셨는지 보면 우리의 진짜 모습을 알 수 있을 것이다. 우리의 잃어버린 원형을 찾기 위해서는 복음에 나타난 하나님의 계획을 살펴보지 않을 수 없다.

하나님의 본심

1. 하나님의 마음

우리를 창조하신 하나님의 계획을 살피기 전에 먼저 알아야 할 것이 있다. 인격적인 존재는 그 안에서 동기가 일어나야 무슨 일을 한다. 하나님이 우리의 원형을 지으셨다면 도대체 어떤 마음으로, 무슨 목적으로 우리를 지으셨을까? 이것을 알게 되면 좀 더 확실하게 우리의 존재를 발견할 수 있을 것이다.

우리를 무슨 목적으로 지으셨느냐는 창조주의 본심(本心)은 우리에게 가장 중요한 것이다. 사실 복음은 우리의 요구가 아니라 우리를 사랑하신 하나님의 본심에서 시작되었기 때문이다. 하나님의 본마음, 우리를 향한 주님의 진짜 마음을 알 때 우리는 우리를 향한 하나님의 근본적인 동기를 이해하게 되고 거기서 우리가 잃어버린 진짜 원형을 온전히 되찾을 수 있게 된다.

하나님이 나를 사랑했다면 얼마만큼 사랑했으며, 하나님이 나를 어떤 목적으로 지으셨는가 하는 이 하나님의 마음은 복음의 다른 어떤 논제보다 훨씬 더 중요하다. 모든 것이 하나님에게서 나왔고 하나님의 마음에 달려 있기 때문이다. 만약에 "하나님은 우리를 사랑하실 거야. 그리고 우리를 놀랍게 구원하시겠지? 어쩌면 아들도 주실지 몰라?" 하고 우리끼리 협의해서 우리가 복음을 만든 다음 "주님, 오시옵소서. 당신의 일을 행하시옵소서"라며 분위기 잡고 집회를 하고 있는데 정작 주님이 오셔서 "너희들 왜 그러냐? 난 한 번도 그런 생각 해본 적이 없다" 그러시면 이거야말로 떡 줄 사람은 생각도 않는데 김칫국부터 마신 셈이다. 우리의 열정이나 우리의 필요나 우리가 고안해낸 것을 들이민다고 되는 일이 아니다. 하나님이 우리에게 관심이 있으신지, 우리를 생각하시면 어디까지 생각하시는지, 하나님의 본심을 알아보는 것이 가장 중요하다.

누구나 웬만해서는 속내를 잘 드러내지 않는다. 인격적인 존재는 그 마음을 아무에게나 함부로 열지 않으며 자신이 기꺼이 열어 보여주고자 해야만 그 본심을 알 수가 있다. 하나님이 우리를 그렇게 지어놓으셨다. 그래서 우리도 깊은 속내를 잘 드러내지 않는다. 길 가는 사람 아무나 붙들고 "여보세요, 저의 진심을 좀 들어주세요" 하지 않는다. 그러면 어떨 때 누구에게 그 마음을 드러내는가? 자기가 정말 믿을 만한 대상에게 또는 사랑하는 대상에게 그때만큼은 자기의 마음을 열어 보여주고 싶어서 어쩔 줄 몰라 하는 것이다. 그런데 하나님은 우리에게 그분의 마음을 드러내 보여주고 싶어서 못 견뎌 하신다. 이것이 비밀이다.

> 10 오직 하나님이 성령으로 이것을 우리에게 보이셨으니 성령은 모든 것 곧 하나님의 깊은 것까지도 통달하시느니라 11 사람의 일을 사람의 속에 있는 영 외에 누가 알리요 이와 같이 하나님의 일도 하나님의 영 외에는 아무도 알지 못하느니라 고전 2:10,11

사람의 내면 깊은 곳에 있는 마음을 그 사람의 영 외에 누가 알겠는가. 마찬가지로 하나님의 깊은 마음도 하나님의 성령만이 아신다. 그러면 다음 12절 말씀을 보자.

> 우리가 세상의 영을 받지 아니하고 오직 하나님으로부터 온 영을 받았으니 이는 우리로 하여금 하나님께서 우리에게 은혜로 주신 것들을 알게 하려 하심이라 고전 2:12

"하나님께서 우리에게 은혜로 주신 것들"이라고 했는데 은혜란 그 마음에 일방적으로 베풀어주고자 하는 자발적인 호의를 말한다. 어떤 인격적인 존재가 누군가에게 은혜를 베풀려고 하는 것은 그의 가장 깊은 내면에서 동기가 일어나야 가능하다. 마찬가지로 하나님도 하나님의 자발적인 동기로 우리에게 이 은혜를 주시고, 또 하나님이 은혜로 주신 것들을 너무나 알려주고 싶어 하신다. 알고자 하는 우리보다 알려주고자 하시는 주님이 더 안타까우시다. 이것을 귀신같이 눈치 채고 "날 감동시켜보세요!" 이렇게 배짱을 부리는 일도 있는데, 사실은 주님이 그분의 깊은 마음을 아시는 성령을 우리에게 보내셔서 하나님 아버지의 본심을 알려주려고 하신 것이다.

하나님이 보여주고자 하시니 알지 그렇지 않다면 우리는 어떤 경우에도 하나님의 본심을 알 수 없다. 마태복음 11장 27절에도 "아들과 또 아들의 소원대로 계시를 받는 자 외에는 아버지를 아는 자가 없느니라"라고 말씀한다. 인간이 유추하거나 사색해서 하나님을 알 수 없다는 것이다. 하나님이 우리에게 당신을 드러내시고 당신의 마음을 쏟아주시기 때문에 우리가 알 수 있게 되는 것이다. 성령을 보내주신 것도, 성경도, 하나님께서 하나님 아버지의 마음을 우리에게 드러내주신 것이라고 할 수 있다.

다음 구절은 하나님께서 자신의 마음을 알리고자 얼마나 많은 노력을 기울이셨는지를 보여준다.

1 옛적에 선지자들을 통하여 여러 부분과 여러 모양으로 우리 조상들에게 말씀하신 하나님이 2 이 모든 날 마지막에는 아들을 통하여 우리에게 말씀하셨으니 이 아들을 만유의 상속자로 세우시고 또 그로 말미암아 모든 세계를 지으셨느니라 히 1:1,2

영이 죽어 하나님을 스스로 찾을 수 없는 우리 인간에게 하나님은 역사의 모든 시간 동안 당신의 사랑하는 선지자들을 보내셔서, 세상을 이처럼 사랑하신 그분의 본심과 복음의 깊은 비밀을 여러 번 여러 모양으로 눈물겹게 알려오셨다. 그리고 마침내 말씀이 육신이 되어 우리 가운데 거하심으로 만지고 느끼고 볼 수 있도록 우리에게 그 아들로 말씀하셨다. 감동 그 자체일 수밖에 없다. 이토록 열정적으로 우리를 향한 그분의 마음을 들려주고 보여주려고 하신 주님의 열정이 있었기에 오늘 우리가 복음 앞에 설 수 있는 것이다.

자신의 마음을 알리고자 노력하는 것은 사랑하는 자의 특성이다. 사랑하면 얼마나 사랑하는지, 얼마나 소중히 여기는지 이 간절한 마음을 알리고 싶어서 못 견딘다. 그래서 사랑하는 자가 먼저 이 마음을 알리기 위해 애쓰는 것이다. 하나님이 우리에게 당신의 마음을 보여주시고자 했던 근원적 동기가 복음의 근원이 되는 요절이라고 할 수 있는 요한복음 3장 16절에 잘 나타나 있다.

하나님이 세상을 이처럼 사랑하사 독생자를 주셨으니 이는 그를 믿는 자마다 멸망하지 않고 영생을 얻게 하려 하심이니라 요 3:16

복음을 주신 하나님의 깊은 본심은 한마디로 '사랑'이라고 말씀한다.

2. 인격적인 존재를 움직이는 세 가지 동기

하나님께서 어떤 마음의 동기로 우리의 원형을 창조하셨는지, 하나님의 사랑의 마음을 좀 더 느낄 수 있도록 인격적인 존재를 움직이는 동기 몇 가지를 살펴보려고 한다. 인격적인 존재는 동기가 부여되지 않으면 절대 움직이지 않는다. 그렇기 때문에 사람을 움직이려고 하면 동기가 부여되는 원인을 알아야 한다. 짐승은 재갈과 채찍으로 움직일 수 있다. 하지만 인격적 존재인 인간은 그 마음에 감동하거나 동기부여가 되어야 자발적으로 움직인다.

① 두려움

인격적인 존재를 움직이는 효과적인 동기 첫 번째는 두려움이다. 사람을 조종하고 컨트롤할 때 많이 사용되는 동기다. 두려움이라는 동기가 부여되면 사람들은 아주 잘 움직인다. 말을 잘 안 듣다가도 겁을 줘서 겁만 먹었다 하면 말을 잘 듣는다. 목회자에게 율법적인 설교가 유혹이 되는 것도 교인들을 쉽게 움직일 수 있기 때문이다. 두려움의 동기만 제공하면 복잡하고 길게 설명하거나 언성을 높이거나 인상을 쓰지 않아도 된다. 먼저 하나님의 계명을 안 지키면 망한다는 성경 구절 몇 가지를 낮은 목소리와 담담한 표정으로 읽어준다. 그리고 십일조 떼어먹다 거덜 난 이야기, 안식일 어기고 나갔다가 사고 난 이야기, 주의 종의 말에 불순종하다가 망한 이야기 등 여러 일화를 조용조용 들려주면 헌금도 꼬박꼬박 잘 하고 주일성수도 온전히 하고 목회자의 말도 잘 듣는다.

  어느 집에 말을 죽어라고 안 듣는 아들이 있었다. 아침마다 엄마가 "일어나! 일어나라니까!" 고함을 쳐야만 간신히 일어나고 뺀질대던 아들이 군대에 갔다. 군대에서는 일어나라는 말이 필요 없다. 기상나팔 소리에 안 일어나면 반 죽으니까 얼마나 말을 잘 듣는지, 벌떡벌떡 일어나고 명령에 살고 명령에 죽는 군인이 되었다. 그것은 무슨 동기가 부여된 것인가? 두려움이라는 동기이다. 몇 달 만에 면회를 가보니 사람이 확 바뀐 모습에 부모가 흐뭇해했다.

그 아들이 2년 만에 제대를 하고 돌아왔다. 돌아온 그다음 날 일어나라고 할 때 잘 일어날까? 그렇지 않다. 두려움이라고 하는 동기는 사람을 움직이는 데 매우 효과적이지만 한 가지 단점이 있다. 그 동기가 외부에 있다는 것이다. 외부에서 계속 두려움이라는 원인을 제공해주면 말을 잘 듣는데, 이 동기가 사라지면 그의 열심도, 행동도, 모든 절도 있는 삶도 함께 무너지게 된다. 율법적인 설교로 잘 훈련시켰다고 하는 교인들의 결과가 위험천만한 것 역시 그 동기가 외부에 있어서 내부로 스며들기가 어렵기 때문이다.

② 의무감

의무감이나 사명감은 뭔가 책임을 맡겨서 그 사람을 움직이게 하는 것으로, 이것도 아주 효과적인 동기가 된다. 남성들이 신앙생활을 잘하기 어려우니까 남선교회, 남전도회 만들고 어떻게 하든지 조직으로 묶어서 책임을 준다. 찬양 대장도 시키고 차량봉사 대장 책임도 맡겨놓으면 여기에 묶이니까 상당히 효과가 있다. 그런데 의무감 역시 내면화되기 어렵다는 아쉬움이 있다. 동기가 여전히 외부에 있는 경우가 많다.

한국 교회는 특별한 경우가 아니고는 너무나 당연히 새벽기도를 해야 한다고 받아들인다. 이 의무감이 한국 교회 지도자들로 하여금 싫든 좋든 새벽기도를 하게 하는 아주 강력한 힘이다. 그러나 이 동기가 진정으로 내면화되지 않고 단지 의무감 때문에 했다면, 해외에 나가거나 상황이 바뀌어서 더 이상 누가 목회자로서 자신을 압박할 이유가 없게 되면 제일 먼저 안 하는 것이 새벽기도다. 거기서 벗어나 보는 게 꿈이었으니까.

의무감은 효과적이면서도 그런 약점 때문에 의무감을 제공하는 외부의 동기가 사라지면 의무감 때문에 했던 충성, 헌신, 봉사 등이 함께 사라진다는 위험이 있다.

③ 사랑

세 가지 동기 중에 가장 순전한 동기가 될 수 있는 것이 있다면 그것은 사랑이다. 사랑은 동기가 그 내부에 있다. 안에서 사랑이 일어나지 않는 한 절대 움직이지 않으니까 답답하고, 사랑이 동기가 된 결과가 나오기까지 매우 어렵다. 그러나 사랑의 특성은 철저히 자발적이고 다른 목적을 두지 않는다는 것이다. 사랑은 동기나 목적 그 자체가 사랑이다. 그래서 "사랑했는데 아무것도 얻은 것이 없다"라고 한다면 그것은 사랑이 아니다. 사랑은 순수하고 건전해서 사랑으로 되어진 일은 원망할 것도 흔들릴 것도 없다. 내 안에 동기가 일어나서 한 일이기 때문에 외부의 영향을 받을 이유가 없는 것이다.

인격적인 존재를 움직이는 가장 강력하고 온전한 동기가 있다면 사랑이다. 두려움이나 의무감처럼 율법적인 이유 때문에 하는 일은 사건 한 번 일어나고 충격이 가해지면 주체할 수 없을 만큼 와르르 흩어지고 만다. 너무 연약하기 짝이 없다. 그러나 그 동기가 사랑일 때는 아주 견고하다. 놀랍게도 복음을 주신 하나님의 본심이 바로 사랑이다. 우리에게 복음을 주신 영원하신 하나님의 본심이 사랑이라는 것보다 더 안전한 것은 없다. 다른 이유와 목적, 조건 때문에 우리를 지으시고 상대하신다면 우리는 불안하기 짝이 없을 것이다. 그러나 주님의 사랑 때문이었다면 가장 안전하고 믿을 만하다.

이 사랑은 결코 마르지 않는다. 고린도전서 13장이 모든 것을 참으며 모든 것을 믿으며 바라며 견디는 사랑의 속성을 잘 말해준다. 모든 것이 사라져가도 사랑은 영원하다고 하신다. 그런데 우리를 향한 하나님의 가장 깊은 본심, 주님 마음의 가장 깊은 동기가 사랑이라고 하니 기뻐하라.

사랑의 속성에 대해 주님은 아가서 8장 6,7절에서 이렇게 말씀하신다.

6 너는 나를 도장같이 마음에 품고 도장같이 팔에 두라 사랑은 죽음같이 강하고 질투는 스올같이 잔인하며 불길같이 일어나니 그 기세가 여호와의 불과 같으니라 7 많은 물도 이 사랑을 끄지 못하겠고 홍수라도 삼키지 못하나니 사람이 그의 온 가산을 다 주고 사랑과 바꾸려 할지라도 오히려 멸시를 받으리라 아 8:6,7

주님은 우리를 바로 이런 사랑으로 사랑하셨고 또한 우리에게도

"너는 나를 도장같이 마음에 품고 도장같이 팔에 두라"라고 하셨다. 이 사랑은 어떤 불로도 물로도 끌 수 없고 누가 온 재산을 다 바쳐서 이 사랑을 얻으려고 해도 오히려 비웃음을 당하고 말 것이라고 말씀 하셨다. 주님이 이 완전한 사랑으로 우리를 디자인하고 창조하셨다 면 하나님이 주실 수 있는 최고의 것을 주고야 말 것이다. 그분의 모 든 능력을 아낌없이 발휘하실 것이다. 그렇기 때문에 복음은 하나님 에게 최고 최대의 사건이고 완전할 수밖에 없는 것이다.

하나님의 사랑이 식었다?

나에게도 주님의 마음을 좀 더 알 수 있는 한 사건이 있었다. 복음학 교 초기에는 이 모임에 오게 된 동기와 기대감을 나누는 시간을 지금 보다는 좀 더 길게 가질 수 있었다. 그런데 세상 말로 마수가 좋아야 그날 재수가 좋다고, 첫 손님이 재수가 없으면 하루 종일 재수가 없 다는 건데 이것이 영적인 일에도 맞는 건지, 복음학교까지 와서 맨 처 음 기대감을 나누는 분이 마이크를 잡고 한다는 말이 이랬다.

"사실 여기 오기는 왔지만 별로 기대하는 마음이 없습니다. 사실 복 음에 대해 다 알고…. 솔직히 나는 은혜 받는 데 지쳤어요." 그 복음 학교에 참석한 사람들이 대부분 선교단체 간사이거나 선교사인데 아 주 재수 없이 마수가 시작된 것이다. 재수 없는 2번 타자는 "나는 하 나님이 나한테 은혜를 부어줄까봐 무서워요." 점점 더 중세가 심해져 갔다. 한두 명 근근이 괜찮게 지나가더니 또 다른 사람이 "나는 이 제 식었어요"라고 한다. 이게 무슨 죽인가? 식었단다. 마지막 사람이 안타를 날렸다. "나는 하나님의 사랑 다 알고 전하고 가르친 사람이지만, 그 사랑이 느껴지지 않아요."

나는 강의를 할 때 원고를 읽는 사람이 아니기 때문에 현장의 영향을 많이 받는다. 그런데 이 재수 없는 얘기를 집중적으로 듣다보니 나도 전염이 됐다. 나도 지치고 식었고 무섭고 느껴지지 않게 되어버렸다. 빤히 안다는 사람들이 "그거 다 아는 얘기예요. 나 지쳤어요. 식었다고요" 이러고 있는데 그런 사람들을 면전에 두고 내가 어떻게 강의를 할 수 있겠는가. 내일부터 시작인데 너무 부담이 되어 그날 밤 잠을 설쳤다. 다음 날 아침이 됐지만 해답은 없고 마음도 일어나지 않았다.

그런데 강의를 시작하기 직전에, 너무 다급하고 초조해서 눌리는 그 순간에 갑자기 질문 하나가 내 뇌리를 스쳤다. '가만있자, 이게 분명히 하나님과 여기 온 사람들 사이에 관계의 위기가 생겼다는 말인데, 그럼 이 위기가 누구 편의 위기지?' 어제 들은 말들을 가만히 생각해보았다. 하나님과 자기 사이에 위기가 생겼는데 자기가 식었고 지쳤다 그랬지 하나님이 그랬다고 한 사람이 하나도 없다는 사실을 깨달았다. '아, 전부 사람 편의 위기네!'라는 것을 깨닫는 순간 두 번째 질문이 떠올랐다. '만약에 이 위기가 하나님 편에서 생겼으면 어떡할 뻔했지?' 순간 내 안에서 본능적으로 아주 강한 부정이 일어났다.

'그러면 안 되지! 그럴 수는 없지. 그럴 수는 없는 거지!'

눈물이 핑 돌았다. 한번 생각해보라. 우리가 우리 자신을 잘 알고 주님은 농담하실 수 없는 분인데, 어느 날 주님이 나를 한참 물끄러미 바라보시다가 "아무개야, 난 너 같은 거 처음 봤다. 내가 참 애를 많이 써봤는데 나 이제 너한테 지쳤다" 이러시면 소감이 어떨 것 같은가? 미칠 것 같고 돌아버릴 것 같지 않겠는가? 주님이 한숨을 푹 쉬시며 "난 너만 보면 무섭다" 그러신다면 정말 더 이상 살 이유가 없을 것 같다. 언젠가 한 번은 강의 도중에 이 질문을 했다가 질문을 받은 분이 너무 통곡을 하는 바람에 당황스럽기도 했다. 우리는 한 번도 이런 생각을 해본 적이 없다. 우리는 지쳤느니 식었느니 이야기하면서 하나님 그분은 우리가 무슨 짓을 해도 지치지 말아야 한다고 하는 이 믿음은 도대체 어디서 어떻게 생겼는가?

그 사랑의 역사

만약 하나님에게 이 위기가 왔다면 어쩔 뻔했느냐는 꿈에도 생각해 보지 않은 질문 앞에 서보니 그것은 정말 있어서도 안 되고 있을 수도 없는 일이었다. 눈물과 함께 성경의 역사가 주마등처럼 지나갔다. 에덴동산, 그 완전한 사랑을 거절하고 선악과를 따 먹던 배신의 현장(창 3:6)에서 주님은 그때 끝장을 내셨어야 했다. 그런데도 주님은 당신 혼자서 당신에게 언약을 하시며 "여자의 후손을 보내리라. 나는 너희를 결코 포기하지 않는다"라고 하셨다. 여자의 후손으로 보내는 당신의 아들이 무슨 대가를 지불하게 될지 명확히 표현된 것이 바로 창세기 3장 15절의 말씀이다.

곧바로 이어진 죄의 결과가 무엇인가? 가인의 손에 죽은 아벨의 피가 낭자하다. 죄책감에 시달려 미친 듯 펄펄 뛰는 가인의 괴성이 들려온다. 그토록 꿈꾸며 아름답게 지어놓으신 피조세계에서 죽은 아벨의 피의 호소를(창 4:10), 아담과 하와의 통곡을 들으셔야 하는 하나님의 마음. 사람의 죄악이 세상에 가득함과 사람의 모든 계획이 항상 악할 뿐임을 보시고 한탄하고 근심하시는 하나님(창 6:5), 그때 끝을 내셔야 됐는데…. 그 죄를 그냥 두시면 구원의 기회마저 사라져 스스로 자멸하고 말 세상을 구원하시기 위해 하나님은 노아의 방주를 예비하시고 세상을 홍수로 심판하셨다. 노아의 홍수 사건은 구원 사건이요 하나님의 은혜의 역사였다.

그러나 반역의 역사는 끝없이 반복되었다. 그 기막힌 바벨탑 사건 이후, 아브라함 이후, 특별히 사랑하겠다고 주님이 언약을 맺은 이스라엘 백성이 얼마나 악착스럽게 하나님의 마음을 짓밟고 반역하고 떠나갔는가. 수도 없는 반역이 계속 이어지는 가운데 '이때쯤이면 끝났겠지', '이만큼이면 식으셨겠지', '이제는 포기하셨겠지' 싶은 순간마다 하나님의 더 큰 본심을 보여주는 것이 성경의 역사였다.

왕정 시대를 지나서 포로 시대 이후 귀환해서도 '이런 종자들을 위해서는 지옥밖에 없겠구나!' 싶을 만큼 악한 반역을 계속 반복해가는 중에, 그러면 그럴수록 주님은 당신의 본심이 얼마나 깊고 넓고 영원하고 단 마음이신가를 역사적인 증거로 보여주셨다. 빛이 어둠을 만나면 밝기를 더하고 물이 언덕을 만나면 폭포의 위력으로 바뀌듯이, 이제 더는 사랑할 수 없을 것 같은 때가 다가오면 다가올수록 우리를 향한 주님의 본심은 우리가 상상할 수 없을 만큼 크고 완전하시다는 것이 성경 전체에 가득 차 있다.

3. 하나님의 본심, 사랑

기막힌 배신을 당하는 호세아

선한 왕을 찾아볼 수 없는 북이스라엘이 얼마나 음란하고 악랄하게 주님의 이름을 짓밟았는가. 심지어 여로보암 2세 때에는 이것이 극에 달하여 이스라엘 주변 열국보다 더 악하였다. 그런데 우상숭배가 하늘을 찌르는 그때 북이스라엘 왕국은 가장 큰 번영을 누렸고 이스라엘의 옛 영토까지 회복하였다. 그래서 경제 부흥을 항상 축복의 표징처럼 말하는 것은 오히려 상당히 위험하다. 가장 악랄하게 하나님을 반역하고 떠난 여로보암 2세 때 하나님께서 이상하게 경제적인 부흥을 주셨다면, 그럴 때 양심이 있는 인간 같으면 얼른 눈치를 채고 회개하는 빛을 보여야 하건만 그들은 도리어 악에 악을 더하여 교만을 채우고 악독한 짓을 하여 하나님의 마음을 아프게 했다.

이때 부름 받은 선지자 중에 호세아가 있다. 주님이 호세아를 부르시더니 "장가가라"라고 말씀하시고 웬 여자를 중신까지 서주셨다. 그렇게 고멜이라는 누님을 직접 데려오셨다. 고멜이라는 이름은 "완성"이라는 뜻인데 아마 "부패의 완성"이라는 뜻인 것 같다. 말 그대로 끝내주는 누님이요 행실이 형편없는 동네북 같은 여자와 결혼하라고 하셔도 호세아는 그대로 순종했다. 얼마나 안 어울리는 커플인가. 이 커플의 미래가 짐작되지 않는가.

아니나 다를까 날마다 육체파 남자들과 놀던 여자에게 하루 종일 묵상한다고 쭈그리고 앉아 있는 호세아는 정말 재미없고 짜증이 낳을 것이다. 그러더니 결혼한 지 얼마 안 돼 사라졌다가 몇 달 만에 남의 자식을 임신해서 들어왔다. 그래도 주의 종은 순종하는 수밖에. 그 여자를 받아들여서 남의 자식을 낳고 용서해주면 다시 나가서 또 남의 씨를 받아서 들어오고, 그렇게 반복해서 자기 자식이 아닌 음란한 자식들을 셋이나 낳았다. 주님이 친히 "긍휼히 여기지 않겠다", "내 백성이 아니다"라는 뜻의 이름까지 지어주셨다.

이 기막힌 반역을 당하도록 하나님께서 호세아에게 허락하신 것이다. 하지만 용서하라니 용서했다. 세 번이나 그렇게 했건만 더 의기양양해져서 어느 날 아에 집을 나가 돌아오지 않았다. 배신의 세월을 가슴에 안고 이제 잊을 만한 때가 됐을 때 하나님께서 다시 호세아를 부르셨다. 하도 이상한 일을 시키시니 이제는 부르시기만 해도 간이 떨어질 지경이다. 아니나 다를까 "네 아내 고멜을 기억하느냐? 네 아내가 지금 인신매매 시장에서 팔려가고 있다"라고 하신다. 남자들이 마음껏 갖고 놀다가 이제 그만 고대 신전의 공식 창녀촌에 창녀로 팔아버린 것이다. 늙고 병들고 다 찢긴 걸레 같은 몸이 되어 은 열다섯, 보리 한 호멜 반, 쉽게 말해서 돼지고기 삼겹살 값에 팔리는 것이다.

그런데 주님은 이 비참한 여자를 또다시 데려오라고 하셨다.

"호세아, 너 가서 그 여자, 네 인생을 짓밟고 너를 비참한 통한의 세월로 보내게 한 그 뻔뻔스런 여자를 데려와라. 데려와서 절대 공포 분위기 만들지 말고 밥을 많이 먹여라. 그다음에 아주 편히 잠이 들게 해줘라. 잠이 확실히 들었다고 확인이 되거들랑 그 여자를 머리부터 발끝까지 이불로 덮어줘라. 그리고 그 재수 없는 머리통을 확 깔고 앉아라. 모든 버둥거림이 끝나거든 이불이랑 같이 둘둘 말아가지고 제일 더러운 쓰레기 태우는 데 갖다가 흔적도 없이 깨끗이 태워버려라."

주님이 만약 호세아에게 이렇게 명령하셨더라면 우리 정서에 딱 맞아서 성경을 이해하는 데 아무 어려움이 없을 뻔했다. 그런데 주님은 그렇게 하라고 말씀하지 않으셨다. 사실 데려오는 것 자체가 쉽지 않았을 것이다. 그 여자도 개돼지가 아니고 사람인데 양심이 있지 순순히 호세아를 따라 나섰겠는가? 왜 찾으러 왔느냐고 갖은 욕설을 퍼붓고 악다구니를 하는 여자, 그 주변에 개만도 못한 인간, 구질구질한 인생들의 모욕과 비웃음을 받아가며 값을 치르고 고멜을 데려왔는데, 그다음 주님은 그 여자에게 이렇게 고백하라고 명령하신다.

"여보, 나는 당신을 사랑하오. 당신은 여전히 내 아내요."

여러분, 이것은 실제상황이다. 못 믿거들랑 그 악한 여자가 믿을 때까지 진심으로 고백하라고 하신다. 호세아가 돌인가? 심장이 없는 놈인가? 신인가? 아니다. 인간이다. 천 갈래 만 갈래 찢어지는 아픔을 가지고, 아마 고백하라면 흉내를 내긴 냈을 것이다. "여보, 나는 당신을 사랑하오. 당신은 여전히 내 아내요." 못 믿으면 또 반복하고 또 반복하고. 개역한글 성경에는 "그러므로 내가 저를 개유하여 거친 들로 데리고 가서 말로 위로하고"라고 되어 있다. 여러 말로 설득하고 믿을 때까지 사랑한다고 말하라는 것이다. 그렇지만 호세아도 인간이다. 순종해서 하긴 하지만 피눈물이 흐르지 않았겠는가.

이처럼 사랑하사

기가 막힌 고통의 그 밤에 주님이 다시 찾아오셔서 말씀하신다.

"호세아, 너, 마음 아프지? 오늘은 너의 이야기 말고 나 하나님의 이야기를 하자. 내가 내 백성 이스라엘을 신부 삼아 사랑하고 내 품에 안으려고 한 것이 몇 번이냐? 그러나 내가 사랑하면 사랑할수록 그들은 음란한 네 아내 고멜처럼 수없이 나를 버리고 떠나갔다. 호세아, 그런데 그들이 나를 떠나 죄를 지으면 그들은 자신들이 저지른 죗값으로 저주와 형벌을 당해 고통스러울 텐데, 그들이 나와 무관한 것이 아니라 내 아내요 내 신부이기 때문에, 그들이 나를 떠나가는 고통도 고통이려니와 그들을 향한 긍휼의 마음이 내 안에서 불붙어 견딜 수가 없다. 호세아, 내가 네게 네 아내를 되사오라고 한 것처럼 나도 그들을 내 마음속에서 단 한 번도 지워본 적이 없다."

에브라임이여 내가 어찌 너를 놓겠느냐 이스라엘이여 내가 어찌 너를 버리겠느냐 내가 어찌 너를 아드마같이 놓겠느냐 어찌 너를 스보임같이 두겠느냐 내 마음이 내 속에서 돌이키어 나의 긍휼이 온전히 불붙듯 하도다 호 11:8

아드마와 스보임은 소돔과 고모라와 같이 불타 멸망한 도시이다.

"내가 어찌 너희를 아드마처럼 버리고 스보임같이 되게 하겠느냐. 나는 그들을 포기할 수 없다. 그들은 나를 잊었어도 나는 그들을 잊은 적이 없다. 호세아, 기억하라. 나는 반드시 그들을 되찾을 것이다. 그토록 음란하여 그들이 저버린 정절을, 그들의 더러운 과거를, 기억도 나지 않도록 내가 모든 과거를 다 값을 치러주고 가장 완전하고 가장 순결한 처녀로 다시 만들어서 부끄러움 없는 나의 신부가 되게 하고 내가 공의와 정의와 은총과 긍휼로 그들에게 장가들어 그들의 신랑이 되리라."

주님의 이 고백이 호세아의 가슴에 그대로 부어졌다.

1 오라 우리가 여호와께로 돌아가자 여호와께서 우리를 찢으셨으나 도로 낫게 하실 것이요 우리를 치셨으나 싸매어주실 것임이라 2 여호와께서 이틀 후에 우리를 살리시며 셋째 날에 우리를 일으키시리니 우리가 그의 앞에서 살리라 3 그러므로 우리가 여호와를 알자 힘써 여호와를 알자 그의 나타나심은 새벽 빛 같이 어김없나니 비와 같이, 땅을 적시는 늦은 비와 같이 우리에게 임하시리라 하니라 호 6:1-3

호세아는 자신이 한평생 미쳐서 외칠 메시지를 가진 사람이 되었다. 하나님은 이렇게 당신의 종들을 보내어 줄곧 당신 자신의 마음을 계시하셨다. 그러나 이스라엘 백성들은 끝내 그 마음을 거절하고 짓밟다가 바벨론의 포로로 끌려간다. 성전은 짓밟히고 성전의 모든 기물이 탈취당하고 성벽은 무너졌다.

하나님과 언약을 맺었던 이스라엘은 반역하고 떠나갔지만 그러나 그토록 사랑하신 주님의 본심은 어떤 상황에서도 흔들리지 않았다. 주님은 잠잠히 이스라엘 백성을 바라보시며 아직 끝나지 않은 주님의 노래를 계속 부르셨다.

> 너의 하나님 여호와가 너의 가운데에 계시니 그는 구원을 베푸실 전
> 능자이시라 그가 너로 말미암아 기쁨을 이기지 못하시며 너를 잠잠히
> 사랑하시며 너로 말미암아 즐거이 부르며 기뻐하시리라 하리라
>
> 습 3:17

이것은 믿음으로 부르는 노래다. 이스라엘이 잘했을 때 그리고 하
나님을 사랑할 때 주님이 이 노래를 부르신 것이 아니었다. 하나님
을 완전히 반역하고 떠나간 창녀 같은 그 이스라엘을 향해서, 언젠
가 당신의 복음으로 회복될 이스라엘을 믿음으로 바라보시며 하나
님 혼자 부르시는 사랑의 노래다.

주님의 사랑은 끝이 없어서 그 사랑이 결국 역사의 산을 넘고 강을
건너서 때가 차매 당신이 스스로 언약한 그 언약을 지키고자 자기
땅에 자신의 단 하나뿐인 아들을 보내시고 우리에게 떨어질 모든 저
주의 심판을 다 그에게 쏟으시고 채찍에 맞고 십자가에 매달려 죽도
록 우리에게 자기 아들을 내어주셨다. 하나님 아버지의 변함없는 사
랑, 영원한 본심에서 나온 포기할 수 없는 그 사랑이 있었기에 복음
의 역사가 가능했고 저주받은 우리 인생에 소망이 있는 것이다.

도대체 어떻게 그렇게 한 대상을 조건 없는 사랑으로 무한하고 끝
없이 사랑할 수 있는지 정말 알아갈수록 불가해한 일이다. 하나님의
그 사랑에 압도당하지 않을 수 없다. 하나님의 완전하신 사랑의 정

점은 바로 하나님이 우리를 '이처럼 사랑하사' 골고다 언덕에서 독생자를 십자가에 매단 사건에서 드러났다. 이 주님의 사랑이 우리가 이해할 수 없는 모든 복음을 가능하게 했고, 우리에게 주시는 완전한 믿음으로만 누릴 수 있는 완전한 복음을 우리에게 전해주실 수 있는 원인이었다. 하나님 그분이 하신다. 주님이 하신다.

그때 너는 더욱 내 아들이다!

나는 참 미련하고 둔하고 정말 쪽박 같은 인생이다. 이 크고 넓고 완전하신 하나님의 사랑을 담아내기에 너무 거친 그릇이다. 그런데 예수님을 만나고 작은 순종의 걸음을 걸으면서 하나님께서 주님의 마음을 부어주시는 은혜를 경험했다. 어떻게 이런 사랑을 할 수 있는지 너무 단순하지만 작은 순종을 통해 배운 진리가 있다.

아이들을 낳고 주님을 향한 나의 믿음으로 의기양양하게 아이들을 선교사로 바쳤다. 때가 되어 첫 아이가 중학생이 되었을 때 '너무 장성하면 선교사 되기 어려운데', '빨리 이방인을 만들어야 선교를 할 텐데' 내 안에 이런 조급한 마음이 있었지만 나갈 길은 좀처럼 열리지 않았다. 아이가 고1이 되자 비정상적으로 공부에 시달리다가는 선교사 될 준비를 전혀 못 하고 나이를 먹겠구나 싶어서 아이와 의논하고 자퇴를 시켰다. 검정고시를 치르고 해외에 아는 선교사에게 가서 거기서 외국 문화를 경험하고 언어를 배워 이방사람이 되라고 하였다.

내가 아이들을 키우며 유별나게 지킨 것이 한 가지 있다. 아내에게도 부탁하기를 애들에게 엄마가 필요한 시간에는 엄마를 대신할 다른 것이 없으니 아이들이 엄마가 없는 집에 들어오는 일이 없도록 해 달라고 했다. 아이 다섯 키우는 동안 사명 때문에 거처도 없이 떠돌 때에도 아이들을 모두 데리고 다녔지 친정이나 시댁에 맡긴 적이 없었다. 엄마가 꼭 옆에 있어주며 그 시간을 함께하고 모든 과정을 겪었다. 이렇게 친척집에도 아이를 보내본 적 없는 내가 첫 아이를 외국에 보낸 것이다. 나도 정식으로 선교사로 나가본 적이 없는데 아직 어린 아이를 선교사 만들겠다고 내보내고 나니 그 첫 경험에 심적 부담이 컸다.

몇 달이 지나서 아이가 보고 싶기도 하고 어떻게 지내는지 궁금하던 차에 그곳에서 함께 사역하는 선교사 한 분이 잠깐 귀국을 했길래 "우리 아이, 잘 하고 있느냐?" 물었더니 "잘 하고 있다. 너무 잘해서 탈이다"라고 대답했다. 너무 잘해서 탈이라니, 칭찬을 한다고 한 말이 오히려 내 마음을 건드렸다. 그게 무슨 의미냐고 다시 물으니 나이에 비해 너무 잘 해서 하는 칭찬이라고 하였다. 고작 고1을 마친 나이가 아닌가. 그런데 어떨 때는 말수가 적어지고 너무 우울해 보여서 왜 그러는지 어렵게 하는 말을 들어보니, 그 나이에 얼마든지 실수할 수 있는데 실수를 하고 나서 그런 자신을 용납하지 못한다는 것이다. 자격도 안 되는 어린 자기를 선교사로 보내주신 하나님을 실망시키고, 누구보다 자기를 믿어주는 아버지의 기대를 실망시킨 자신이 용서가 안 되어 어렵다고 했다는 것이다.

그 이야기가 내 마음에 부담으로 박혔다. '아, 이 자식이 오해하네? 부모 떠난 외국생활에 대강대강 살기에도 벅찰 텐데, 집이 그립고 부모가 보고 싶을 텐데, 이런 식으로 신경을 쓰기 시작하면 도대체 어떻게 감당하려고 이러나…. 내가 언제 그런 정도의 수준을 요구한 적이 있나?' 이런 생각이 들면서 갑자기 너무 안쓰럽고 안타까웠다. 보고 싶기도 하고 아들의 오해도 풀어주고 싶어서 나는 그날 밤 비행기를 타고 아들에게 날아갔다.

아들을 만나서 바닷가를 거닐며 말했다. "김충성, 내가 너한테 이 이야기를 꼭 해주고 싶어서 왔다. 잘 기억해둬야 해. 네가 성공했을 때, 정말 떳떳하고 자랑스럽고 멋지게 일을 해내고 성공했을 때, 너 똑바로 들어둬. 너는 분명히 내 아들이야. 알겠나?" 너무 당연한 이야기를 분위기 잡고 하니까 아들이 피식 웃으면서 "그렇죠. 아들이죠"라고 말했다. 말없이 조금 더 걷다가 "아직 내 말이 안 끝났어. 네가 알아야 할 게 한 가지 더 있어. 네가 성공했을 때 그때 분명히 내 아들인 게 사실인데, 만약에 네가 원하든 원하지 않든 네가 네 자신을 도저히 용서할 수 없을 만큼 실패했거나 죄를 지었거나 돌이킬 수 없는 비참한 지경에 떨어졌거나 기가 막힌 실패를 경험했을 때, 너 똑똑히 들어둬. 그때는 더욱 내 아들이야! 알겠나? 간다."

그 후 비행기가 아들이 있는 섬을 선회하고 본궤도에 올랐을 때, 더 이상 아무것도 보이지 않을 그때 갑자기 내가 아들에게 했던 그 말을 주님이 내게 거꾸로 들려주시기 시작했다.

"야, 김용의. 내가 너한테 꼭 하고 싶은 얘기가 있다. 네가 성공했을 때, 잘 나갈 때 그때 너는 분명 내 아들이다. 그런데 네가 죽어라고 애를 썼지만 초라한 텅 빈 바구니만 덜렁 들고 있을 때, 네가 네 스스로 용납이 안 돼 도저히 용서할 수 없을 때, 네가 돌이킬 수 없는 실패자로 형편없이 처박혔을 때 그때 너 똑똑히 기억해둬라. 그때는 더욱 내 아들이다."

주님의 사랑에 감복하는 시간

그때는 더욱 내 아들이다…. 이사야서 43장 1절이 생각난다.

야곱아 너를 창조하신 여호와께서 지금 말씀하시느니라 이스라엘아 너를 지으신 이가 말씀하시느니라 너는 두려워하지 말라 내가 너를 구속하였고 내가 너를 지명하여 불렀나니 너는 내 것이라 사 43:1

주님이 지금 우리에게 동일하게 말씀하신다.

"사랑하는 내 아들아, 그리고 사랑하는 내 딸아. 네가 자랑스럽고 떳떳하고 의기양양하고 성공했을 때, 그때 분명 너는 내 아들이며 내 딸이지. 그러나 사랑하는 내 아들아, 그리고 딸아, 네가 애를 쓴다고 죽어라고 달려왔는데 아무것도 얻은 것이 없는 텅 빈 바구니를 들고 초라하기 짝이 없는 모습으로 서 있을 때, 못 견디게 네가 너를 용서할 수 없을 때, 자책감으로 고개를 들 수 없을 때, 도저히 회복이 불가능해 보이는 치명적인 죄 가운데 엎드러졌을 때, 아무도 네 곁에 남지 않고 환멸을 느끼며 다 떠나가 너 혼자일 때, 기억해라. 반드시 기억해라. 그때는 더욱 내 사랑하는 아들이며 그때는 더욱 내 사랑하는 딸이다. 나는 한 번도 너를 향한 나의 꿈을 접어본 적이 없고 한 번도 너를 향한 나의 사랑의 손길을 멈춘 적이 없다."

어떻게 하면 우리가 이 주님의 마음을 다 헤아려 알 수 있을까? 얼마의 세월이면 우리가 하나님의 그 어마어마한 사랑의 양을 경험할 수 있을까? 그래서 영원한 시간이 필요한 것이다. 영원히 영원히 우리가 주님의 그 사랑에 감복하게 되는 것이다. 우리가 살아 있는 이유도, 우리가 다시 일어설 수 있는 이유도, 우리가 그분 앞에 서 있을 근거도 다 주님의 본심인 이 사랑 때문이다.

주님이 그토록 고백하고 싶어 하시고 우리 심령 안에 정말 해주고 싶어 하신 이 고백을 우리가 너무 바빠서, 너무 잘나서 들어드릴 시간이 많지 않았다. 이 시간, 주님의 이 고백을 받기 바란다. 조용히 주님 앞에 기도하며 나아갔으면 좋겠다. 다른 말 많이 하려고 하지 말고, 주님의 이 고백, 사랑해주시는 이 고백에 자연스럽게 반응하며 나아갔으면 좋겠다.

- 병든 자아는 진정한 내 실체가 아니다. 잃어버린 나의 원형은 오직 우리를 디자인하고 창조하신 주님에게만 해답이 있다.

- 인격적 존재를 움직이는 가장 강력하고 온전한 동기는 사랑이다.

- 복음이 가장 안전하고 믿을 만한 이유는 복음을 주신 하나님의 본심이 사랑이기 때문이다.

- 하나님의 완전하신 사랑의 정점은 독생자를 내주신 십자가 사건에서 드러났다.

- 성공했을 때뿐 아니라 실패하고 비참한 지경에 있을 때 우리는 더욱 주님의 사랑을 받는 자녀다. 주님이 우리를 그렇게 사랑하신다.

- 우리가 이해할 수 없는 모든 복음을 가능하게 한 것은 바로 이 주님의 사랑이다.

· · ·

주님만 기대합시다!

복음과 하나님의 계획

복음을
영화롭게
하라

지금까지 우리에게는 우리가 익숙하게 길들여져 있지만 사실 깨어지고 일그러진 병든 자아로서 자신을 인식하는 습관이 남아 있다. 이병든 자아는 평생 우리를 괴롭힐 것이다. 그러나 이 병든 자아는 내가 아님을 기억해야 한다. 그것은 우리의 실체가 아니다. 헛되이 속지 말라. 그렇다면 원래의 나는 어떤 존재인가?

하나님의 계획 - 원형

하나님이 창조하신 세계에는 보이는 실재와 보이지 않는 실재라는두 가지 실재가 존재한다. 보이고 나타난 실재는 사실은 결과물로서, 잠시 있다가 없어지고 낡고 변하게 되어 있다. 반면 진정한 실재는 보이지 않지만 존재의 근본이며 참 원형이다. 우리의 보이는 실재인 나는 내가 왕이요 주인 노릇을 하며 하나님께 순복할 수 없고 사탄의 조종을 받을 수밖에 없던 병든 자아였다. 그러나 이것은 진리가 아닌 경험이다. 이 자아인식으로는 하나님이 우리를 창세전부터꿈꾸며 디자인하신 진정한 원형의 모습, 진정한 우리의 실체를 상상할 수도, 알 수도 없다. 따라서 지나가는 헛된 것에 반응하지 않으며진정한 실재에 반응하기 위해서 우리는 오직 믿음으로 사는 길밖에없다.

지금 자신이 있는 공간을 둘러보라. 그곳에 있는 물건들은 먼지

외에는 모두 의도된 것, 즉 어떤 의도를 가지고 만든 것이다. 이렇게 의도된 물건에는 반드시 두 실재가 존재한다. 의자를 예로 들어보자. 의자는 보이는 실재, 드러난 실재로서 존재하는데, 이런 결과물이 우연히 나올 수는 없다. 이 실재가 드러나기 위해서는 먼저 어딘가에 선재(先在)한 곳이 있어야 한다. 그곳은 바로 의자를 상상하고 고안한 사람의 마음이다. 그때는 물론 형체로 드러나지는 않았다. 그러나 그 마음속에서 꿈꾸고 설계했던 계획의 실재가 없었다면 이런 결과물은 나올 수 없었다.

사람은 하나님의 형상으로 창조되었기 때문에 뭔가를 설계하고 디자인하고 어떤 일을 그 의도대로 이루어가는 재능과 능력이 있다. 하나님의 형상을 닮았기 때문이다. 그런데 우리가 뭔가를 계획하고 만드는 창조의 능력은 하나님을 닮았지만 큰 차이가 있는데, 하나님은 전능하시고 우리는 전능하지 않다는 것이다. 전능이란 원하는 뜻대로 이루어낼 수 있는 능력을 가졌다는 뜻이다. "모든 일을 그 마음의 원대로 역사하시는 자"(엡 1:11, 개역한글)라는 에베소서의 표현처럼 하나님은 전능자이시다. 따라서 우리는 그 하나님을 우리 인간처럼 생각해서는 안 된다.

전능자이신 하나님의 특성은 우리와는 다르다. 사람은 뭔가를 계획하고 디자인해도 항상 불완전하다. 전능자가 아니기 때문이다. 사람은 전지하지 않기 때문에 인간의 계획은 언제든지 수정하고 보완하고 가감하고 변경할 수 있다. 그러나 완전하고 전지하신 하나님은 지혜가 모자라지 않으시기 때문에 하나님이 무엇을 계획하고 디자인하고 설계하셨다면 그것은 완전한 것이다. 또 그분은 전능하시기 때문에 "아이고, 난 마음은 원인데 육신이 약하다, 현실이 안 따라준다. 미안하다야" 이렇게 말씀하시는 일은 있을 수가 없다.

하나님께서 그 마음에 뭔가 뜻을 정하고 말씀하셨다면 그것은 이미 드러나고 나타난 현실과 똑같다. 사람은 뭔가 선포하고 다짐해도 환경과 조건이 받쳐주지 않고 자기 능력에 맞지 않으면 못할 수 있다. 그러나 하나님만큼은, 하나님께서 뭔가 하기로 작정하셨다면 그것은 이미 나타난 실재보다 더 분명한 실재이다. 예수님이 오시기 전, 예수님을 보내시겠다는 하나님의 약속이 분명히 존재하고 있었다. 그러면 역사가 아무리 변하고 격랑이 거세도 그 사실보다 더 확실한 것은 주님이 오시겠다고 한 이 약속이다. 그 약속은 때가 차매 하나님의 카이로스에 정확하고 예외 없이 모든 말씀이 이루어져서 드디어 육신을 입고 나타나셨다.

이사야서 28장을 보면 주님은 농부의 지혜를 말씀하신다. 농부는 그 씨가 어떤 특성을 가지고 있는지, 어떻게 파종해야 하고 어떻게 추수해야 하는지 다 안다. 농부만 해도 그 씨가 가진 특성을 알아서 거기에 합당한 농사법으로 열매를 거둔다. 물론 농부의 이 지혜마저 하나님께서 가르쳐주신 것이다. 이것을 비유로 말씀하시는 것은, 농부에게 지혜를 주신 하나님께서 당신이 친히 지으신 한 사람 한 사람을 어떻게 다루고 양육하고 변화시킬지를 모르겠느냐는 것이다. 하나님만이 아신다.

씨앗처럼 마음에 담은 하나님의 꿈

하나님의 완전하고 전능하신 능력이 나타난 아주 간단한 예를 하나 들어보자. 사과 속에는 사과 씨가 있다. 사과를 쪼개 보면 그 안에 사과 씨가 몇 개 들어 있는지 알 수 있다. 그런데 씨 속에 몇 개의 사과가 들어 있는지는 알기 어렵다. 씨를 아무리 들여다보고 깨물어봐도 씨에는 사과나무의 형체도, 사과 열매도 전혀 보이지 않는다. 하지만 정신이 온전한 사람이라면 건강한 사과 씨를 볼 때 그 사과 씨 속에 분명히 사과나무와 열매가 들어 있다는 사실을 부정할 수 없을 것이다.

언젠가 복음학교를 하면서 "사과 씨 속에 사과가 몇 개 있을까요?"라고 물었더니 한 자매가 눈을 동그랗게 뜨고는 "100개요"라고 당차게 대답했다. 그래서 "아마 자매님은 사과 씨를 심었을 때 나무 한 그루가 자라서 한 철에 열리는 열매를 100개쯤으로 계산한 거겠죠?"라고 되물으니 그렇다고 한다. 나는 다시 질문했다. "사과 100개를 몽땅 다 따고 나면 이듬해에는 사과나무가 죽을까요?" 그러자 이번에는 아니라고 대답한다. "그럼 그다음에 열매가 또 맺힐까요, 안 맺힐까요?" 맺힌단다.

그러면 결국 가장 정확한 대답은 무엇인가? 상황과 조건이 허락하는 한 온 지구를 채우고도 남는 무한대의 사과나무와 사과 열매가 이 작은 사과 씨앗 하나에 담겨 있다는 것이다. 설교의 황태자 찰스 스펄전 목사도 "도토리 한 알 속에 하나님이 온 우주를 담아놓으셨다"라고 표현했다. 하나님은 작은 씨앗 하나 속에 완전한 생명의 프로그램을 담아놓으셨다. 그 종과 특질이 바뀌지 않은 동질의 나무가 자라고 열매가 맺히도록 정확하게 설계해놓으셨다.

하나님의 이 전능한 능력이 하나님의 형상을 따라 창세전에 우리를 디자인하고 품으셨다. 마치 씨앗처럼 그분의 마음 안에 꿈을 가지셨고 뜻을 정하셨다. 이제 우리도 시각을 바꿔야 한다. 지금까지 우리가 가진 왜곡된 자아상, 잘못 길들여진 병든 자아인식은 하나님이 원래 의도한 나의 원형의 모습과는 전혀 다르며, 드러나고 나타나 있는 나는 여전히 과정 중에 있을 수 있다는 것이다.

진정한 구원이란 무엇에서 건져내는 것만이 아니다. 애굽에서 종살이하던 이스라엘을 그저 건져내기만 하는 것은 하나님의 목적이 아니다. 건져주었으니 이제부터 알아서 살라고 하는 것도 구원이 아니다. 우리도 "구원" 하면 우리의 죄 사함에만 온통 관심을 갖지만, 진정한 구원이 되려면 무엇에서부터 건져내는 것만이 아니라 무엇에까지 이르게 하느냐가 중요하다. 놀라운 것은 주님이 우리를 그리스도 안에서 회복시키고자 할 때 우리를 구원하신다는 말은, 이전에 내게 익숙한 병든 자아인식에서 벗어나 나를 창조하신 그분의 가슴 안에 있는 진정한 실재, 잃어버렸던 진정한 나의 원형을 예수 그리스도 안에서 발견하고 되찾게 해주시는 것이다.

우리가 잃어버렸던 원형에 대하여 우리가 어림짐작으로 아무리 좋은 말을 많이 해봤자 소용이 없다. 그런데 주님이 계시해놓으셨다. 주님이 우리의 잃어버린 원형을 되찾아주시려고 "너의 원래 원형은 이런 거야!"라고 창세전부터 계획하고 디자인하신, 그렇기 때문에 궁극적으로 그렇게 될 수밖에 없는 우리의 진정한 원형을 보여주셨다.

1. 하나님의 작품

> 3 찬송하리로다 하나님 곧 우리 주 예수 그리스도의 아버지께서 그리스도 안에서 하늘에 속한 모든 신령한 복을 우리에게 주시되 4 곧 창세전에 그리스도 안에서 우리를 택하사 우리로 사랑 안에서 그 앞에 거룩하고 흠이 없게 하시려고 5 그 기쁘신 뜻대로 우리를 예정하사 예수 그리스도로 말미암아 자기의 아들들이 되게 하셨으니 6 이는 그가 사랑하시는 자 안에서 우리에게 거저 주시는 바 그의 은혜의 영광을 찬송하게 하려는 것이라 엡 1:3-6

우리는 '하나님의 작품'이다. 우리의 원형의 특징을 한마디로 하면 하나님의 작품이라는 것이다. 사실 하나님의 작품이라는 말에서 이미 결론이 나야 한다. 더 이상 다른 어떤 말도 필요 없이 엎어지고 뒤집어져야 마땅하다. 같은 미술 작품도, 발가락으로 그린 것 같아도 피카소 원작이라고 하면 값이 어마어마하다. 누구 작품인지 결론이 나면 끝나는 것이다.

하나님이 직접 나를 지으셨다는 그 존재의 가치가 얼마나 놀라운가! 아무리 똑같이 카피를 해도, 너무 똑같아서 구분이 안 되어도 원작자가 직접 만들었느냐, 복제본이냐에 따라 그 가치는 하늘과 땅 차이다. 놀랍게도 하나님은 우리가 다른 사람으로부터 어떤 취급을 받아왔든지, 또 자기 자신에 대해서 어떤 느낌을 가지고 살아왔든지 그런 것과 상관없이 우리의 존재 가치를 한마디로 정의해주셨는데 그것이 하나님의 작품이라는 것이다.

made in God

나는 내가 술집 아들인 줄 알았다. 분명히 나는 우리 아버지를 통해서 이 땅에 왔으니까 다해봐야 나는 망한 술집 아들이고, 그런 나의 정체감 때문에 늘 나 자신을 비하하고 열등감에 빠져서 살아왔다. 그런데 예수를 믿고 나서 정신을 차리고 생각해보니까 우리 아버지가 나를 만든 것이 아니었다. 말하자면 내가 아버지한테 "나 어떻게 된 거예요? 아버지, 날 어떻게 하려고 이렇게 만들었어요?"라고 묻는다면 아버지가 할 수 있는 대답은 기껏해야 "이 자식아, 그냥 살다보니까 네가 나오더라" 이것밖에 없는 것이다.

나 역시 자녀를 다섯 낳았지만 내 자식들이 "어떻게 우리를 이렇게 만든 거예요?"라고 묻는다면 "야, 결혼해서 살다보니까 자꾸 너희가 나오더라"라는 말밖에 달리 해줄 말이 없다. 그러니까 내가 만든 게 아니라는 것이 분명하다. 내가 만든 것이 아니라 나는 그냥 통로였을 뿐이다. 그럼 나는 아버지에게서 나왔나 싶었는데 내 아버지도 어디서 갑자기 뚝 떨어진 게 아니라 할아버지 속에 있었고, 할아버지는 또 할아버지의 아버지 속에 있었다.

같은 예수님의 족보라도 마태복음에서는 누가 누구를 낳고 낳고 낳고 낳았다고 나오지만, 누가복음에 나오는 예수님의 족보를 보면

"그 위는, 그 위는, 그 위는…" 이렇게 올라가서 아담까지 간다. 그런데 아담까지 가서 아담한테 "어떻게 된 거예요? 어떻게 우리를 만든 거예요?"라고 묻는다면 아담 역시 "난 몰라. 살다보니 나오던데" 이것밖에 대답할 말이 없을 것이다. 그런데 누가복음에 나오는 족보는 거기서 끝나지 않는다. 인간의 족보를 이야기하는데 이상하게 그 위는 그 위는 하고 올라가더니 "그 위는 아담이요 그 위는 하나님이시니라"(눅 3:38)라고 마친다. 할렐루야!

더러운 사탄이 인간의 존재 가치를 완전히 짓밟아놓았다. 이 저주받은 놈이 혈통이니 가문이니 자꾸 이따위 소리로 우리를 주눅 들게 하거나 헛된 자만심을 갖게 하고, 어처구니없게 우리가 거기에 속아 살아왔지만 정신 똑바로 차려라. 우리는 "made in God"이다. 작품이 하나님 작품이면 아무도 손 못 댄다. 우리에게 주님의 사인(sign)이 있다. 할렐루야!

알고 보면 가문 자랑하는 것이 얼마나 우스운 일인가. 가문이나 혈통이란 대부분 통로를 말한다. 쉽게 말해 파이프 자랑하는 것이다. 물론 같은 파이프라면 녹슨 파이프나 흙으로 된 파이프보다는 금으로 된 파이프가 좋다. 그래도 결국 금 파이프냐 철 파이프냐 파이프 자랑이나 다름없는데, 좀 더 정신을 차리고 보면 아무리 금 파이프라도 거기서 똥이 흘러나오면 무슨 파이프인가? 그것은 똥 파이프다. 그러니까 파이프는 파이프의 재질보다 그 파이프를 통해 무엇이 흘러가느냐 하는 것이 중요하다. 제아무리 파이프가 좋아도 기껏해야 죄인 빠져나오는 죄 파이프일 뿐이다. 그러나 주 예수를 만나 하나님의 원형의 생명을 되찾는다면 얼마나 소중한가. 거기서 생명수가 흘러나오면 그것은 생명수 파이프다.

하나님 작품에 불량품은 없다!

하나님은 우리를 작품으로 지으셨고 하나하나 누구와도 비교할 수 없도록 절묘하게 만들어놓으셨다. 비슷하게 생긴 사람은 있지만 쌍둥이라고 해도 둘은 확실히 자기 자신을 알고, '나'와 '너'를 헷갈리지 않는다. 그렇게 다르다. 하나님은 우리를 어떤 인간도 더 귀하고 덜 귀한 것이 없도록 누구와 비교할 수 없이 고유하게 지으셨다.

그래서 미스 코리아를 비롯한 미인대회란 사실 매우 세속적이고 썩은 가치관에서 비롯된 것이다. 잘 생겼느니 못 생겼느니 하는 절대 기준이나 말의 기준은 있을 수 없다. 우리 모두 다 독특하게 생긴 것이다. 주님은 우리를 골고루 지으셨다. 아무도 비교할 수 없는 절대 기준으로 다 아름답게 보신다. 그래서 주님이 우리를 보시고 "나의 사랑, 내 어여쁜 자야"라고 말씀하시기에 정서적으로 전혀 문제가 없다. 왜냐하면 우리가 하나님의 가장 절묘한 작품이기 때문이다. 이것은 비단 외모만 가지고 이야기하는 것이 아니다. 외모는 어차피 늙고 변하게 되어 있다. 그러나 주님은 우리의 속사람을 주님이 매료되실 만큼 정말 아름답게 지어놓으셨다. 이 놀라운 주님의 창조를 생각할 때마다 얼마나 감사한지 모른다.

그런데 만일 다르게 짓는 데만 신경을 쓴 나머지 내 아이가 뒷집 아저씨를 닮았다면 정말 짜증스럽고 혼돈에 빠질 것이다. 그래서 주님은 각기 다르면서도 질서 정연하게, 그냥 딱 봐도 김가 집안 누구인지 알 수 있게 정확히 지어놓으셨다. 이 놀라운 질서와 조화의 하나님에게 감복하지 않을 수 없다. 주님이 우리를 당신의 작품으로 만드셨으니 하나님의 작품에 불량품이란 없다. 모세가 주제 파악을 못하고 주님 앞에서 자꾸 입이 뻣뻣하니 혀가 둔하니 그러다가 야단을 많이 맞았다. "네 이놈, 네가 하는 말을 들어보니 내가 불량품 만들었다는 얘기냐? 네 입을 지은 이가 나 아니냐?" 그러니까 우리가 괜히 겸손한 척 자기를 비하하는 것은 나를 지으신 하나님을 욕되게 하는 것이다.

① 복덩어리

우리는 우리를 지으신 완전하신 하나님, 그분의 작품이다. 하나님의 완전하심과 전능하심을 믿는 한 우리는 우리에게 뭔가 부족해서 무엇을 더 채워야 할 그런 존재가 아니라는 것을 확신할 수 있다. 우리의 원형을 디자인하신 주님은 우리를 어떤 존재로 지으셨는가?

> 찬송하리로다 하나님 곧 우리 주 예수 그리스도의 아버지께서 그리스도 안에서 하늘에 속한 모든 신령한 복을 우리에게 주시되 엡 1:3

이 말씀에는 주님이 창세전에 우리를 디자인하시면서 우리를 지으신 목적이 잘 드러난다. 하늘에 속한 모든 신령한 복으로 복 주려고 우리를 지으셨다는 것이다. 쉬운 표현으로 우리가 '복덩어리'라는 것이다. 이것은 정말 중요한 주제이다. 구약의 모판이라고 하는 아브라함의 언약에도 '복'이 그 중심이다.

1 여호와께서 아브람에게 이르시되 너는 너의 고향과 친척과 아버지의 집을 떠나 내가 네게 보여줄 땅으로 가라 2 내가 너로 큰 민족을 이루고 네게 복을 주어 네 이름을 창대하게 하리니 너는 복이 될지라 3 너를 축복하는 자에게는 내가 복을 내리고 너를 저주하는 자에게는 내가 저주하리니 땅의 모든 족속이 너로 말미암아 복을 얻을 것이라 하신지라 창 12:1-3

복에 목이 마른가?

창세전에 주님이 우리를 향해 꾸셨던 그분의 꿈은 한 번도 흔들려본 적이 없다. 지금도 주님은 복음을 통해 모든 나라와 족속에게 그들이 잃어버린 그들의 원형, 복덩어리로서 그들의 존재를 바꿔주기 원하신다. 여기서 오해가 없어야 할 것이 있다. 그렇지만 그것은 우리를 복에 목말라 죽는 자로 만드신다는 의미가 아니다. 사탄에게 속아 하나님의 원형을 잃어버린 우리에게는 복에 대한 목마름이 있다. 얼마나 아이러니한가. 주님은 우리의 존재 자체를 복덩어리로 디자인하셨는데, 사탄은 그것을 복에 목말라 죽는 존재로 만들어놓은 것이다. 그러나 분명히 하나님은 우리가 날마다 복을 빌며 복에 목을 매고 사는 존재가 아니라 존재 자체가 복덩어리로 하늘에 속한 모든 신령한 복을 누리는 자로 지으셨다.

반만 년의 역사를 자랑하는 우리나라도 항상 외적의 침입으로 어려움을 당하면서 아주 복에 한이 맺힌 민족이 되었다. 흔히 새 가정이 출발할 때 혼숫감으로 무엇을 준비하는지 보면 평소 사람들이 정말 원하는 것이 무엇인지 알 수 있다. 혼숫감 준비의 가장 핵심이 바로 '복'이었다. 덮고 잘 이불에 수(壽)와 복(福) 자를 새겨 넣는데 그복에 깔려죽을 만큼 있는 대로 크게 새겨 넣을 뿐 아니라 치마저고리와 옷고름에, 옷 주머니에, 마고자 단추에, 비녀에도 복 자를 넣고, 주발 뚜껑부터 대접에 종지까지 모든 그릇에 뺑 돌아가며, 숟가락 젓가락에, 심지어 요강에도 새길 수 있는 모든 곳에 다 '복' 자를 새겨 놓았다. 얼마나 복에 목이 마르고 한이 맺혔으면 그런가.

그런데 지지리도 복을 못 받고 산 민족이 바로 우리 민족이다. 그래서 우리나라 어머니들이 새벽마다 하나님 앞에 나와 극성맞게 기도하지 않았는가. 들어와도 복을 받고 나가도 복을 받게 해달라고, 내 자식에게 복을 달라고 줄기차게 기도하되 기도원이고 산자락이고 밤새 철야를 하며 복을 달라, 안 주겠으면 차라리 날 죽이라고 아우성쳤다. 금식하며 매달려서 기도하는 이 어머니들 때문에 한국 교회는 놀라운 기회를 부여받았다.

그러나 우리는 이렇게 복을 구하고 복을 구하고 복에 목을 매고 살도록 만들어진 존재가 아니다. 존재 자체가 복덩어리로 하나님께 있는 모든 복을 함께 누리는 존재다. 우리가 하늘에 속한 모든 신령한 복 받은 줄을 알고 나면 금이니 보석이니 하는 천국의 아스팔트나 블록 재료 따위로 몸을 치장하고 다니지 않을 것이다. 진짜를 만나지 못했을 때는 가짜라도 붙이고 다니는 것이 위안이 되지만 진짜를 알고 나면 창피해서 그러지 못한다. 우리는 하늘나라를 소유하고 사는 사람이 아닌가. 날마다 이론은 따로 있고 실제는 아무것도 아닌 거지처럼 하고 돌아다녀서는 안 된다. 적어도 우리는 은금 패물이 필요하지 않은 사람이라는 것을 확실히 알아야 한다.

아버지의 것을 다 누려라

그런데 현실이 어디 그리 만만한가. 우리가 하나님의 아들딸이고, 하나님의 것이 다 내 것이라고 하는데, 하늘나라에 맨션을 준비해놓았다는 이야기는 마시고 예배당 월세나 제때 주시면 좋겠다는 생각이 들 때가 많지 않은가. 우리 주님은 주로 약속으로 거래를 하시고 현찰을 안 주신다는 게 우리 마음을 어렵게 한다. 다 하나님의 것이기는 한데 관리인들이 얼마나 센지 도대체 하나님의 자녀가 하나님의 자녀 노릇을 하고 다닐 수가 없다는 것이 어려움이다.

　그래서 어떨 때는 속이 좀 상한다. 다 하나님 건데, 어물전 고등어도 하나님 건데, 그렇다고 어물전에 가서 "이거 우리 아버지 건데…" 그러면서 그냥 집어 왔다가는 생선 도둑놈이 되고 만다. 아무리 진리가 받쳐줘도 문제가 복잡해진다. 그럴 때 현실적으로 짜증이 나기도 해서 "주여, 이거 뭐 다 하나님 건데, 고등어도 2천 원 안 주면 한 손도 못 사니 아들이라고 누리는 특권이 실감이 나지 않습니다"라고 불평할 때 주님이 깨닫게 해주셨다.

　"도둑놈아, 그래도 수고비는 줘야 될 거 아니냐."

그래서 가만히 생각하니까 우리가 고등어 값을 낸 적이 없었다. 고등어 잡느라 수고한 인건비에 냉동비, 운송비, 장사하는 사람 마진에 죄다 이런 것을 냈지 언제 고등어 값을 냈는가? 하지만 그것도 정히 아까우면 '네가 건져 먹으라'고 하시는 것 같은데, 사실 2천 원 내는 게 쉽지 그 돈 아낀다고 고등어 잡으러 바다에 들어갔다가 못 나오는 일이 생길 수도 있다. 그래도 우리가 하나님의 자녀인데 쩨쩨하게 살아서는 안 된다. 우리 아버지 건데 건져오느라 수고 많았다, 수고비를 주고 깨끗하게 가져오면 된다. 우아하게 하나님의 자녀답게 살아야 한다.

그리고 쓰는 놈이 임자다. 지금 온 지구에 비행기가 많이 돌아다니는데 그것은 다 우리가 선교하는 데 쓰라고 날아다니는 것이다. 비행기를 단 한 대라도 가지고 있고 그것을 혼자 관리한다고 생각해보라. 그러면 한 번 타볼 새도 없이 비행기 관리하다가 죽고 만다. 차라리 잠깐잠깐 돈을 내고 우아하게 타고 다니는 것이 낫다. 주님이 우리를 복덩어리로 지으셨다는 말은 정말 어마어마한 이야기다. 그러니 무소유로 살자는 것이다. 집값 땅값이 오르든 내리든 신경 쓸 것이 없다. 아버지 것이 다 내 것이다. 필요할 때 쓰면 된다. 많이 벌고 많이 가진 사람은 그것을 지키다가 늙어 죽고, 그것을 쓰는 사람은 누리게 된다.

다시 말하지만 하나님은 우리가 하나님께 있는 모든 복을 동일하게 함께 누릴 자로 우리를 계획하셨다. 우리가 그토록 존귀한 자로 지음을 받았다는 사실이 하나님 편에서의 진리이다. 우리의 느낌이

나 경험이나 상황이 아닌 이 진리를 선포하고 있는가? 천박한 옛 자아의 익숙한 관습을 따라 살 것인지, 이 믿음을 누리고 살 것인지는 우리의 선택에 달렸다. 하나님은 믿음으로, 진정한 실재인 원형의 삶으로 우리를 초대하고 계신다.

② 사랑과 기쁨의 교제의 대상
사실 성경은 하늘에 속한 모든 신령한 복을 누리는 이야기다.

> 4 곧 창세전에 그리스도 안에서 우리를 택하사 우리로 사랑 안에서 그 앞에 거룩하고 흠이 없게 하시려고 5 그 기쁘신 뜻대로 우리를 예정하사 예수 그리스도로 말미암아 자기의 아들들이 되게 하셨으니 엡 1:4,5

주님이 우리를 복덩어리로 지으시되 어떤 목적으로 무슨 복을 주시려고 지으셨는가? 이 복의 구체적인 실체와 그 핵심이 무엇인가? 바로 우리를 '사랑과 기쁨의 교제의 대상'으로 창조하셨다는 것이다. 주님이 우리를 피조물 중에 하나로 지으시기만 한 것이 아니라 신랑의 기쁨이 신부이듯이 우리를 당신의 영원한 사랑과 기쁨을 나눌 대상으로 만드시기 위하여 지으셨다. 인간의 존재 목적이 하나님과의 영원한 사랑의 교제이다. 할렐루야!
다윗이 온 이스라엘의 왕이 되었을 때 사랑하는 친구 요나단과 생전에 맺은 언약을 기억하고 한 일은 몰락한 사울 왕가에 남은 자가 있는지 찾아내는 것이었다. 사실 고대에는 혈통으로 왕위가 계승되지 않고 정권이 바뀌는 경우 삼족(三族)을 멸하게 되어 있다. 왜냐하면 언제든지 반란이 일어날 수 있기 때문이다. 그런데 다윗은 정적 사울로 보면 원수이지만 사울의 손자요 요나단의 아들이 살아 있다는 것을 알고 그를 자기 앞으로 데려오게 했다.

므비보셋이 다윗 앞에 나와 사색이 되어 엎드렸을 때 다윗은 므비보셋을 일으키며 항상 자신의 식탁에서 먹도록 허락했다. 그것은 왕이 베풀 수 있는 최고의 호의이자 대단한 특권이었다. 하나님이 우리를 교제의 자리로 초대하셨다는 말은 이와 비교도 안 될 만큼 어마어마한 이야기다. 우리가 주님과 영원한 사랑의 교제를 누린다는 이것이 얼마나 엄청나고 놀라운 진리인지는 우리의 상상력이 너무 부족하기 때문에 그대로 믿을 수밖에 없다.

하나님을 영화롭게 하고 그를 즐거워하라!

하나님께서 우리를 하나님의 사랑과 기쁨의 교제의 대상으로 창조하셨다는 것은 성경의 중요 사상이자 교리로도 잘 정리되어 있다. 우리가 잘 아는 웨스트민스터 대소요리문답 제1문이 "인간의 제일 되는 목적이 무엇인가?"인데 그 답은 "인간의 제일 되는 목적은 하나님을 영화롭게 하고 영원토록 그를 즐거워하는 것이다"라고 나온다. 그런데 범죄한 뒤 저주받은 인간에게는 이런 생각 또는 초청이 익숙하지 않다. 그러나 놀랍게도 하나님은 하나님의 마음속에 있는 우리의 진정한 원형, 하나님이 창조하고 꿈꾸셨던 복덩어리인 우리를, 하나님을 가장 영화롭게 하는 존재로 지으셨다.

나무로 비유해보면, 나무에는 중심 줄기가 있고 가지가 있다. 보통 나무의 생명의 영광은 꽃으로 또는 열매로 드러나는데 이 꽃과 열매가 가지를 통해서 드러나게 된다. 그러니까 중심 줄기인 나무가 있고 거기서 가지가 나오는데 그 가지에서 아름다운 꽃과 열매가 맺히게 된다는 것이다. 하나님께서 그분의 완전한 영광과 존귀를 가장 영화롭게 드러내는 존재로서 우리를 그분의 '가지'로 삼으셨다는 말이다. 하나님께서 우리를 어떻게 사랑하시는지 나타내심으로써 온 천지만물이 다 하나님의 마음 깊은 곳에 있는 그분의 완전한 사랑을 찬양하게 하셨고, 나를 통해 하나님이 영화롭게 되는 일을 계획하고 디자인하셨다는 것이다.

그러면 우리는 어떻게 그분을 영화롭게 하는가? 바로 영원토록 그를 즐거워하는 것이다. 할렐루야! 하나님의 사랑에 만족하고 보호하심에 감사하고 하나님 때문에 너무나 행복해서 우리를 사랑하시는 주님의 완전한 사랑을 마음껏 즐거워하는 것이 바로 하나님을 영화롭게 하는 것이다. 그러니 우리는 행복해야 한다. 주님 때문에 거의 죽을 만큼 행복해야 한다. 주님 때문에 기뻐야 한다. 이것이 주님이 우리를 지으신 목적이요, 우리의 존재 목적이다. 이것이 하나님을 영화롭게 하는 것이다. 대단한 업적으로 굉장한 성공 보따리로 주님을 기쁘시게 하는 것이 아니라 우리가 그분으로 인하여, 오직 그분 때문에, 그분을 기뻐하고 즐거워하고 행복해하는 것으로 주님은 말할 수 없는 영광을 받으신다.

우리 존재의 엄청난 비밀 열쇠

하나님과 함께하고 그분과 영원한 사랑의 교제를 누린다거나 그분의 임재 안에 산다는 것은 저주받은 우리로서는 느낌이나 경험이 거의 불가능하다. 너무 어마어마한 이야기이기 때문이다. 그런 우리를 4절에 "우리로 사랑 안에서 그 앞에 거룩하고 흠이 없게 하시려고" 하셨다는 것이다. 하나님 앞에 두려움이 없이 나아가고 완전한 사랑으로 용납받으며, 하나님의 임재를 누리고 즐길 수 있는 존재로 만드셨다는 이 말, 이것이 얼마나 엄청난 것인지 한번 상상해보라.

구약시대만 해도 누구나 성전으로 함부로 나아갈 수 없었다. 더욱이 지성소 안으로 들어가는 것은 대제사장만 1년에 한 차례, 그것도 피 없이는 들어가지 못한다. 거룩함이 없이 주를 뵐 수 없기 때문이다. 하나님이 얼마나 지존하고 거룩하신지 그분의 임재 앞에 선다는 것을 감히 비교하자면, 성경에 우리보다 훨씬 의로웠던 선지자들이나 신앙의 대선배들이 하나님의 심부름을 하는 영물인 천사만 나타나도 얼마나 두려워 떨었는지 모른다. 죄인인 인간의 저주받은 의식으로는 깊은 영적 체험을 하거나 압도적인 상황 앞에서 가장 먼저 자기 죄가 생각나게 되어 있다. 그렇기 때문에 이를 감당치 못하고 "나를 떠나소서. 나는 죄인이로소이다"라고 반응할 수밖에 없다.

이사야서 6장에 이사야가 높이 들린 보좌에 앉으신 주님을 뵙는 장면이 나온다. 그때 거룩하고 지존하신 하나님을 모신 천사들의 모습은 두 날개로 얼굴을 가리고 두 날개로 발을 가리고 나머지 두 날개로 나는 모습이었다. 우리가 두려워하는 천사도 거룩하신 하나님을 그냥 쳐다볼 수 없어서 얼굴을 가리고 발을 드러내지 않고 무엇보다 항상 날며 어느 때든지 무슨 말씀이 떨어져도 그대로 즉각 순종하기 위해 준비하고 있다. 얼마나 거룩하신지 천사가 그 입으로 끊임없이 "거룩하다 거룩하다 거룩하다"라고 하나님을 찬양한다.

그런데 이런 개념조차 없이 사는 우리에게 하나님 앞에 거룩하고 흠이 없게 하시려고 하셨다니, 도대체 이 어마어마한 말씀을 어떻게 느낄 수 있겠는가. 전혀 실감이 나지 않는다. 느낌이 없는 것이 당연하다. 느낄 수 있는 이야기가 아니다. 그런데 주님이 우리에게 하늘에 속한 모든 신령한 복을 주시고 우리를 사랑과 기쁨의 교제의 대상으로 창조하셨다는 이 말씀이 바로 우리 존재의 모든 비밀을 여는 열쇠다.

주님 안에서 우리가 온전하게 되는 꿈

예수님은 이 땅에 오셔서 절대 향방 없이 일하시지 않았다. 이 땅에 오신 목적을 단 한 번도 놓치신 적이 없다. 정확히 "나는 이 일을 하기 위해 왔다"라고 말씀하셨다. 주님은 시작과 끝이 없는 영원하신 하나님이다. 창세전부터 우리를 계획하고 디자인하신 분이다. 시공간의 제한을 받지 않으신다. 그러니까 그분 앞에서는 우리가 최초의 사람 아담과도 동일선상에 있다고 할 수 있고 영원의 차원에서 아담을 형님이라고 부를 수 있는 것이다. 영원한 하나님 앞에서 십자가 사건 역시 2천년 전에 일어난 사건이 아니라 지금 우리의 현재적 사건이 될 수 있다.

그 주님이 십자가에 못 박히기 전날 밤, 당신이 십자가에 못 박히는 이 일을 왜 하시는지 너무나 분명하게 드러내셨다. 앞으로 닥칠 십자가의 고통도 참으시고 부끄러움도 개의치 않으실 만큼 그분을 영원히 사로잡았던 것, 그것은 바로 우리 주님이 창세전에 꿈꾸셨고 그분의 가슴에서 단 한 번도 지워본 적이 없는 우리의 원형에 대한 그분의 꿈, 그분의 비전이다.

20 내가 비옵는 것은 이 사람들만 위함이 아니요 또 그들의 말로 말미암아 나를 믿는 사람들도 위함이니 21 아버지여, 아버지께서 내 안에, 내가 아버지 안에 있는 것같이 그들도 다 하나가 되어 우리 안에 있게 하사 세상으로 아버지께서 나를 보내신 것을 믿게 하옵소서 22 내게 주신 영광을 내가 그들에게 주었사오니 이는 우리가 하나가 된 것같이 그들도 하나가 되게 하려 함이니이다 23 곧 내가 그들 안에 있고 아버지께서 내 안에 계시어 그들로 온전함을 이루어 하나가 되게 하려 함은 아버지께서 나를 보내신 것과 또 나를 사랑하심 같이 그들도 사랑하신 것을 세상으로 알게 하려 함이로소이다 요 17:20-23

'예수님의 대제사장적 기도'라고 알려져 있는 요한복음 17장은 예수님이 잡히시기 전날 밤에 제자들과 성만찬을 마치고 나서 기도하신 내용이다. 그런데 이 기도는 그 자리에 있던 열두 제자들만 들으라고 하신 것이 아니라 "그들의 말로 말미암아 나를 믿는 사람들", 즉 오늘 우리를 포함한 모두를 위해 하신 기도이다. 주님은 삼위 하나님의 완전한 연합, 완전한 사랑처럼 우리도 다 하나가 되어 성부 성자 성령 안에 있게 하셔서 하나님이 이 세상에 예수님을 보내신 것과 하나님 아버지께서 예수님을 사랑하신 것과 같이 우리를 사랑하신 것을 믿게 해달라고 기도하셨다. 주님의 이 어마어마한 기도를 우리 영혼이 다 알아들을 수 있는 날이 오면 얼마나 좋을까. 이 기도의 의미를 조금이나마 알았더라면 우리에게 기적이 일어나지 않을 수 없을 것이다.

이것은 예수 그리스도로 말미암아 우리를 그리스도와 함께한 위치로 올리셔서 성부 성자 성령의 완전한 연합 안에, 저희들도 있게 해달라고 하신 것이다. 22절에 주님은 "아버지께서 내게 주신 영광을 내가 그들에게 주었다"라고 명확히 말씀하셨다. 예수 그리스도께서 그를 믿는 우리에게, 핏값으로 사신 우리에게 자신의 영광을 주셨는데 그것이 의미하는 관계를 삼위 하나님의 하나 되신 완전한 사랑의 연합을 예로 들어 말씀하신다. "내가 그들 안에 있고 아버지께서 내 안에 계시어"(23절)라고 하는 이 말씀을 생각해보라. "예수님이 우리 안에, 그리고 아버지께서 예수 그리스도 안에" 세상에! 그래서 "그들로 온전함을 이루어"(23절), 결국 복음의 목표, 복음의 영광, 하나님이 우리를 향해 가지고 계신 어마어마한 꿈은 우리가 온전하게 되는 꿈이다. 하나님께서 이 복을 그리스도 안에서 우리에게 허락해주셨다. 아멘. 하나님 아버지가 독생자를 사랑하신 그 사랑으로 똑같이 사랑하는 대상이 바로 나, 나의 실존, 나의 진정한 원형이라고 우리 주님이 말씀하셨다.

예수님짜리

하나님이 우리를 향해 이토록 어마어마한 비전을 가지셨기 때문에 우리가 예수님 이하로는 안 되는 것이다. 이 정도로 만드시기 위해 우리를 위한 대속의 값으로 예수님 이하 천사장으로 안 되고, 왜 반드시 예수님이어야만 했는지 의문이 풀리는 것이다. 우리가 이 비전을 발견하기 전까지, 이 복음의 영광을 보기 전까지는 예수님이 나를 위해 죽으셨다는 이 말씀, 예수님이 나의 값으로 지불되셨다는 것을 도무지 상상할 수 없는 것이다. 왜 예수님이었을까, 내가 누구길래, 나를 어떻게 만들려고 하셨는지 그 원형을 발견할 때 비로소 '와, 이 정도의 존재로 만드시려면 예수님이 아니면 안 되겠구나!' 하고 깨닫게 되었다. 할렐루야.

십자가를 몇 시간 앞에 두고도 주님은 아버지께 기도하며 이 일을 이루기 위해 오셨음을 명확히 하셨다. 어마어마한 복음의 영광으로 우리의 존재를 회복시키는 것, 이것이 하나님의 꿈이다. 복음이 이토록 놀랍다! 그렇기 때문에 하나님께서 그 아들까지 아끼지 않고 내어주시면서도 손해 보는 것 같은 생각을 하지 않고 만족하시는 것이다. 십자가 복음을 몰라서 그렇지 십자가 복음을 안다면 세상 성공 타령, 돈, 지위, 명예, 영향력 이런 것 따위를 꿈이니 비전이니 하는 어처구니없는 짓은 하지 않을 것이다. 주님은 우리를 이 영광스러운 복음으로 초대하셨다.

다음 말씀 역시 성경 전체의 내용을 잘 요약한 것이다.

73 곧 우리 조상 아브라함에게 하신 맹세라 74 우리가 원수의 손에서 건지심을 받고 75 종신토록 주의 앞에서 성결과 의로 두려움이 없이 섬기게 하리라 하셨도다 눅 1:73-75

하나님이 아브라함에게 하신 맹세는 죄와 허물로 죽어 영원히 사탄의 종노릇할 수밖에 없는 끔찍한 운명에서 우리를 건져내시고, 건져내시기만 한 것이 아니라 창세전에 꿈꾸신 대로 하나님 앞에서 성결과 의로 두려움 없이 섬기는 복, 사랑과 기쁨의 교제의 대상으로 우리를 창조하셔서 하늘에 속한 모든 복을 다 누릴 수 있는 완전한 복을 우리에게 주셨다는 말씀이다.

③ 자유 의지를 주심

여기서 우리가 한 가지 주목해야 할 것은 하나님이 우리를 '사랑의 대상'으로 만드셨다는 것이다. 그런데 사랑의 관계란 절대 강요해서는 안 된다. 그 관계를 운명적으로 만들어버린다면 사랑의 자발성은 없어지고 사랑은 존재할 수 없다. 사랑은 철저하게 자발적이어야 한다. 따라서 주님이 우리를 사랑의 대상으로 만드시려면 어떤 결정을 하셔야만 했다.

하나님은 우리의 근원이 되시고 만물을 창조하신 분이다. 그 하나님께서 우리가 마음과 목숨과 뜻을 다하여 그분을 사랑하기 원하셨다. 완전한 자발적 의지로 그분을 사랑하는 존재로 우리를 창조하기로 결정하셨다. 그러기 위해서 하나님은 인간에게 '자유 의지'를 주서야 한다. 사랑할 수도 있고 사랑하지 않을 수도 있는 의지를 주셔야만 자발적 사랑이 가능하기 때문이다.

하나님께서 우리에게 선악과도 주지 말고 타락할 기회조차 허락하지 말고 어떤 선택의 여지도 없게 하셨다면 우리는 하나님의 사랑의 대상이 될 수 없다. 따라서 양면적이다. 하나님이 우리를 사랑의 대상으로 삼으시려면 우리에게 자유 의지를 주셔야 하는 반면 우리를 안전하게 하시려면 자유 의지를 빼앗고 사랑의 대상으로 삼지 않아야 한다. 그런데 하나님께서 우리를 사랑의 대상으로 삼으시려니 우리에게 자유 의지를 주신 것이다.

하나님께서 피조물인 우리에게 하나님의 명령을 들을 수도 있고 거절할 수도 있는 자유 의지까지 주셨다는 것은 하나님이 우리를 얼마나 존귀히 여기셨는지를 알려준다. 하나님은 우리에게 하나님을 자발적으로 사랑할 수 있는 권리를 주셨다. 그러니까 하나님께서 우리가 온전한 사랑의 대상이 되게 하기 위하여 위험을 무릅쓰고 자유 의지를 주셔야만 했던 것이 바로 선악과 사건이다.

하나님은 지금도 여전히 동일하게 당신의 주권과 은혜로 우리에게 역사하신다. 그런데 놀랍게도 그 마지막 키가 우리에게 달려 있다. 우리가 그분에게 자발적 사랑과 온전한 믿음으로 반응하지 않는 한 복음은 우리의 것이 될 수 없다. 최고의 율법, 최고의 계명은 네 마음과 목숨과 뜻을 다하여 주 너의 하나님을 사랑하라고 하는 이것이다. 따라서 신앙생활에서 가장 중요한 본질 역시 하나님을 마음과 뜻을 다하여 사랑하는 것이다. 이것이 빠지면 다른 것은 별 의미가 없다. 주님이 우리에게 이것을 이루시고자 위험을 무릅쓰셨지만, 안타깝게도 인간은 선악과 사건을 통해 자유 의지를 잘못 사용했고 그 저주가 지금까지 우리에게 이르게 되었다. 그런데도 주님은 우리에게 주신 이 사랑의 자유 의지를 거두지 않으셨다. 지금도 강제로 빼앗거나 꺾지 않으신다.

선악과를 따먹는 죄를 짓고 하나님을 떠나가는 것이 인간에게 얼마나 끔찍한 것인지 하나님이 과연 모르셨을까? 우리 생각에는 하와가 뱀의 말을 들을 그때 하나님께서 하와의 귀를 찢어버리는 것이 나았겠다 싶다. 차라리 귀 한 쪽이 찢어지더라도 멀쩡한 귀로 지옥에 던져지는 것보다 낫기 때문이다. 그래도 어쨌든 뱀의 말을 들었다 치자. 그다음에 선악과를 쳐다보는 눈을 뽑아버리거나 선악과를 따려는 손모가지를 찍어버리면 되지 않았겠느냐고 할 수도 있다. 그러나 주님은 이 유혹의 장면을 전부 아셨고 그 끔찍한 결과까지 다 아셨지만 그런 시도를 전혀 하지 않으셨다. 왜냐하면 그러면 인간이 인간 되는 가장 소중한 특질인 자유 의지를 빼앗아버리는 것이기 때문이다. 하나님께서 우리를 사랑의 대상으로 창조하셨기 때문이다. 무엇보다 사탄은 바로 이 딜레마를 노린 것이다.

주님은 위험을 무릅쓰면서까지 여전히 우리를 사랑의 대상으로 창조하신 이 일을 감당하시되 놀랍게도 창세전부터 그리스도를 준비하셨다. 우리를 그리스도 안에서 택하셨다고 말씀하신다. 잘못될 위험을 무릅쓰고서라도 사랑의 대상으로 삼을 만큼 주님이 우리의 가치를 높이 인정해주시고, 만일 우리가 잘못된 선택을 해서 망할 길에 들어선다 할지라도 예수 그리스도를 내어줄지라도 예수님짜리로 우리를 사랑하셔서 결단코 포기하지 않으신다는 것이 창세전에 이미 그분의 마음 안에 내린 결정이었다. 이 결정이 있었기에 십자가 복음이 가능했고 그렇기 때문에 오늘 우리에게 소망이 있다.

하나님의 의지를 막을 자는 아무도 없다. 주님은 당신의 뜻을 이루어내실 것이다. 할렐루야! 아멘.

"그리스도 안에서 예수님짜리로, 예수님을 지불하는 한이 있더라도 너희에게 자유 의지를 줄 것이며, 그 완전한 사랑과 기쁨의 교제의 대상인 너희가 나를 영화롭게 하는 자로 나는 너희를 세우고야 말리라. 너희로 말미암아 나는 영광을 받을 것이고 나는 너희와 영원한 기쁨을 누리게 될 것이다."

이 완전한 부름, 이 완전한 복음으로 우리를 초대하신 주님을 찬양하지 않을 수 없다. 하나님께서 우리를 시험 들게 하려고 선악과를 두신 것이 아니다. 우리에게 자유 의지를 주시고 우리를 가장 존귀한 자로 대해주신 증거가 바로 선악과 사건이다. 할렐루야. 선악과야말로 우리를 사랑의 교제의 대상으로 여기신 하나님의 너무너무 겸손하고 완전하신 사랑의 표현이다.

- 전능자이신 하나님의 계획과 설계는 완전하며 나타난 실재 이상으로 실재이다. 그 주님의 약속은 나타난 사실보다 더 확실하다.

- 진정한 구원은 무엇에서 건져내는 것뿐만 아니라 무엇에까지 이르게 하는지를 포함한다. 주님은 우리를 병든 자아인식에서 건져낼 뿐만 아니라, 창세전부터 그분 마음 안에 있었던 하나님의 원형에까지 회복시키려 하신다.

- 하나님은 우리를 하나님의 작품, 복덩어리, 사랑과 기쁨으로 하나님과 교제하는 대상으로 지으셨다.

- 하나님은 우리의 대단한 업적이 아니라 우리가 영원토록 하나님을 즐거워하고 그분께 감사하는 것으로 영광을 받으신다.

- 복음은 우리를 이 하나님의 원형으로 회복시키려는 영광스러운 초대이자 부름이다.

· · ·

주님만 기대합시다!

Part 2

복음의 능력

복음을 영화롭게 하라

복음의 대상

하나님이 복음의 영광으로 준비해놓으신 우리의 원형은 우리의 상상이나 경험이나 어떤 추론으로도 다다를 수 없는 하나님의 수준임을 알게 되었다. 우리는 상상할 수 없는 일이지만 하나님께서 그렇게 이루실 것이다. 씨앗처럼 주님 안에 있었던 우리의 원형은 때가 차매 그분이 꿈꾸신 그대로 창조 역사를 따라 아담과 하와를 통해서 드러났다. 보이지 않던 실재에서 보이는 실재인 하나님의 형상으로 지어진 것이다.

복음의 능력

1. 하나님의 형상

하나님께서 우리를 지으시되 하나님의 형상으로 지으셨다는 것은 크게 두 가지 영역에서 생각해볼 수 있다. 하나는 존재적으로 하나님의 형상으로 지어졌다는 것이다. 우리에게는 인격이 있고 우리는 하나님의 성품을 닮았다. 또 직임적으로 하나님께 이 땅을 다스리고 정복할 통치 사명을 위임받았다. 이 땅의 주인은 하나님이며 하나님만이 이 땅을 통치할 권한을 가지셨는데도 말이다. 이것이 모두 창조 역사 가운데 하나님의 수준으로 드러났다.

① 존재적

하나님은 인간을 하나님과 교제가 가능한 존재로 만드셨다. 보통 누군가와 교제한다고 하면 그것은 같은 종(種)이어야 한다. 영적 존재가 교제를 하려면 그 상대도 영적 존재여야 한다. 인격을 가졌다면 그 상대도 인격적 존재여야 한다. 하나님이 인간을 하나님의 형상으로 지으셨다는 것은 그 목적 자체가 하나님과의 영원한 생명의 교제를 원하셨다는 것이다.

하나님은 영이시고 인격적인 분이시다. 하나님은 우리를 그분과 교제할 수 있는 지정의(知情意)를 가진 인격적인 존재로 창조하셨다. 생각하고 느끼고 의지를 가지고 행동하는 이 모든 영역에서 하나님을 닮은 인격적 존재로 지으셨다. 뿐만 아니다. 성경에서는 하나님의 하시는 일을 의인화해서 사람의 표현 방식으로 하나님을 표현하는데 그것이 하등 문제가 없다. "하나님이 기뻐하셨다", "슬퍼하셨다", "아셨다", "품으셨다", "사랑하셨다" 이 모든 표현이 하나님을 설명하기에 지장이 없는 것은 우리가 하나님을 닮았기 때문이다.

② 직임적

하나님은 우리가 그분의 보람과 기쁨을 함께 누릴 수 있도록 하시려고 직임을 주셨다. 물론 하나님이 주도적으로 일하신다. 그런데 하나님은 당신이 이 땅 가운데 일을 행하실 때 우리를 그 일에 동참시켜주셔서 그 일을 통해 우리가 기뻐하고 보람을 느끼고 만족할 수 있도록 우리에게 직임을 맡기셨다.

사람이 아무리 온전한 인격을 가졌다고 해도 그 사람이 별로 중요하지 않고 쓸모가 없고 도움이 안 되니 밥이나 많이 먹으라는 말이나 듣는다면 정말 견디기 어려워진다. 사람은 할 일을 잃어버리면 큰일 난다. 노인들 위한다고 노인들 할 일을 다 빼앗아버리면 금방 돌아가신다. 사람은 크든 작든 자기가 중요하고 쓸모 있는 존재라는 사실을 늘 인식할 때 자기 존재감을 확인할 수 있다. 자기 몫의 자리를 차지해야 하고 자기가 할 일을 발견해야 한다. 하나님이 원래 그렇게 창조하셨기 때문이다.

2. 아담

그래서 인간은 존재적으로 직임적으로 두 가지가 모두 충족될 때 비로소 만족한다. 이렇게 하나님은 첫 사람 아담을 하나님의 형상으로 만드셨다.

> 여호와 하나님이 땅의 흙으로 사람을 지으시고 생기를 그 코에 불어넣으시니 사람이 생령이 되니라 창 2:7

그렇다면 아담에게서 드러난 하나님의 생명의 특성은 무엇인가?

① 최고의 영적 존재

아담이 온전한 모습으로 지음 받았다는 것을 어떻게 알 수 있는가? 바로 하나님과 교제하는 일에 전혀 지장이 없었다는 것이다. 에덴동산에 제사장이 따로 있지 않았다. 하나님 앞에 나아가는 어떤 과정에도 중간에 걸림이 전혀 없었다. 하나님과 교제하기에 아무 거리낌도 없다는 것은 아담이 존재 중에 최고의 존재, 최상의 상태로 지음받았다는 증거이기도 하다. 그는 하나님의 음성을 들을 수 있고 하나님께 나아갈 수 있고 직접 교제할 수 있었다.

② 지혜 : 하나님의 지혜

아담이 하나님 수준의 지혜를 받았음을 알 수 있는 것이 아담이 각생물의 이름을 지어준 사건이다. 하나님께서 흙으로 각종 들짐승과각종 새를 지으시고 아담이 그것들을 뭐라고 부르는지 보려고 그것들을 아담에게 이끌어 오셨다. 생물도감을 본 적도 없고 제각각 다르게 생긴 생물이 그 종류대로 다가오는데 아담이 그것들을 부르는것이 그대로 그 이름이 되었다.

무언가 만들 때 그 이름을 붙여준다는 것은 대단히 영광스러운 직임이다. 사실 하나님이 지으셨으니 하나님이 가장 잘 아실 것 아닌가.그런데 하나님이 지으시고는 각 생물의 이름을 짓게 하는 감당할 수없는 영광을 아담에게 위임해주신 것이다. 정말 감동하지 않을 수가없다.

아담이 다가오는 짐승들의 이름을 짓는데, 하나님께서 어떤 이름은 "야 인마, 무슨 이름이 그따위야?" 이러셔서 퇴짜 맞은 것이 있는가? 없다. 아담이 부르는 그대로 동물들의 이름이 되었다. 하나님이이름을 지었어도 그렇게 지을 만한 이름을 딱딱 지어낸 것이다. 그래서 하나님도 "오케이. 통과!" 하셨다. 이름을 짓는 것은 그 생명의 특성을 이해하고 통찰력 있게 바라볼 수 있어야 가능하다. 그만큼 하나님께서 아담에게 완전한 지혜를 주셨다는 것이다.

③ 정서 : 하나님의 정서

아담은 정서적으로도 완전했다. "온전한 사랑이 두려움을 내어 쫓나니"(요일 4:18), 이 말씀과 같이 우리의 정서 중 가장 완전한 정서는 사랑의 정서이다. 원래 아담은 두려움이 없는 완전한 사랑의 정서를 지음 받았다. 그런데 한번 생각해보라. 하나님은 아담을 잠들게 하시고 그의 갈빗대를 하나 빼다가 여자를 만드셨다. 그리고 그 여자를 아담에게 데리고 오셨다. 비슷하면서 이상하게 다른, 생소한 그 여자. 사실 생소한 사람을 만나는 것은 두려운 일이다. 밤중에 산에서 호랑이를 만나는 게 낫지 사람을 만나는 것은 끔찍한 일이다. 더욱이 머리 풀어 내린 여자를 간난다는 것은 죽음이다.

그런데 생전 처음 아무 설명도 없이 자신에게 다가오는 그 여자에게 아담은 전혀 두려워하지 않고 감히 이렇게 노래한다. "이는 내 뼈 중의 뼈요 살 중의 살이라"(창 2:23). 인류 최초의 연가를 지은 시인이 아담이다. 사실 이보다 더 진한 연애시, 완전한 사랑의 노래가 어디 있겠는가. 너는 나라는 것이다. 아담 안에는 사심이나 두려움이나 다른 계산이 전혀 없었다. 완벽한 정서, 이 완전한 사랑은 하나님의 사랑밖에 없다. 그는 하나님의 사랑을 가지고 있었다.

④ 권위 : 하나님의 권위

하나님은 아담에게 권위를 부여해주셨다. 만물을 다스리고 통치하기 위해서는 권위가 있어야 한다. 성경에서 아담과 하와가 옷을 안 입고 에덴동산을 돌아다니다가 호랑이에게 궁둥이를 물렸다는 기사를 본 적 있는가? 이런 일은 불가능하다. 왜냐하면 만물이 보기에 그당시 그들은 하나님의 대리자다. 그러니까 짐승은 물론이고 모든 만물이 그 권위에 복종하게 되어 있는 것이다. 오늘날 우리가 동네 강아지에 물려서 입원한다는 것은 정말 수치스러운 일 중에 하나다. 우리가 하나님의 권위를 잃어버려서 그렇다. 그러나 첫 사람 아담의 권위는 하나님의 권위였다.

이렇듯 전능하신 하나님은 하나님 안에 품으셨던 원형을 첫 사람 아담에게 그대로 드러내셨다.

복음의 대상

그러나 우리는 완전한 하나님의 생명을 부여받은 첫 사람 아담과 하와에게 문제가 생겼다는 것을 이미 잘 알고 있다. 사탄이 하나님과 인간 사이의 핵심인 선악과를 통해 공격해온 것이다. 끔찍한 일이 벌어졌다. 손대지 말아야 할 것을 건드렸고 그 일로 말미암아 '죄'가 세상에 들어왔다. 죄를 선택하면 "반드시 죽으리라"라고 말씀하신 것은 과일 서리의 대가를 말씀하신 것이 아니었다. 단순한 윤리 도덕

차원의 이야기가 아니라는 것이다. 존재 그 자체로 복되게 지음 받은 인간이 이제는 하나님의 구원의 대상이 되었다. 그렇다면 구원의 대상으로 전락한 인간의 형편은 어떠한가?

1. 예수 그리스도 + 나 = 생명의 변화

이런 질문을 해보겠다. 구원자이신 예수 그리스도께서 복음의 대상이 된 나를 만나주시면 나에게 도대체 어떤 변화가 일어나는가? 예수님은 내게 무엇을 주려고 오셨는가? 그것을 우리가 잘 아는 성경을 중심으로 살펴보겠다.

> 그런즉 누구든지 그리스도 안에 있으면 새로운 피조물이라 이전 것은 지나갔으니 보라 새 것이 되었도다 고후 5:17

이전 것은 지나가고 '새로운 피조물'이 되었다는 것은 존재가 뒤집어지는 것을 말한다고 할 수 있다.

> 예수께서 대답하여 이르시되 진실로 진실로 네게 이르노니 사람이 거듭나지 아니하면 하나님의 나라를 볼 수 없느니라 요 3:3

인간 존재의 근본이 '생명' 아니겠는가. 거듭난다는 말은 생명이 다시 태어나는 것을 의미한다. 후반절에 "육으로 난 것은 육이요 영으로 난 것은 영이니 내가 네게 거듭나야 하겠다 하는 말을 놀랍게 여기지 말라"(요 3:6,7)라는 말씀 역시 생명을 다루고 있다.

> 내가 진실로 진실로 너희에게 이르노니 내 말을 듣고 또 나 보내신 이를 믿는 자는 영생을 얻었고 심판에 이르지 아니하나니 사망에서 생명으로 옮겼느니라 요 5:24

성경은 예수 그리스도를 만나기 이전을 '사망'이라고 표현하고 예수 그리스도를 만난 이후를 '생명'이라고 표현한다. 복음의 관점에서 인생을 보면 우리는 "죽었다", "허물과 죄로 죽었다"(엡 2:1)라고 선언한다. 그러나 그리스도를 만나면 그 결과 생명을 얻는다고 말씀하신다. 아주 극단적인 선언을 하시는 것이다.

> 3 무릇 그리스도 예수와 합하여 세례를 받은 우리는 그의 죽으심과 합하여 세례를 받은 줄을 알지 못하느냐 4 그러므로 우리가 그의 죽으심과 합하여 세례를 받음으로 그와 함께 장사되었나니 이는 아버지의 영광으로 말미암아 그리스도를 죽은 자 가운데서 살리심과 같이 우리로 또한 새 생명 가운데서 행하게 하려 함이라 롬 6:3,4

예수 믿는다는 신앙고백의 핵심으로 죽고 사는 문제를 말씀한다. 예수 없던 이전의 사람은 예수와 함께 세례를 받음으로 십자가에 함께 장사 지낸 바 되었고, 이제는 새 생명이 되어 살게 하시려고 우리를 부르셨다는 것이다. 이번에도 죽음이요 생명으로 말씀한다.

그는 허물과 죄로 죽었던 너희를 살리셨도다 엡 2:1

내가 그리스도와 함께 십자가에 못 박혔나니 그런즉 이제는 내가 사
는 것이 아니요 오직 내 안에 그리스도께서 사시는 것이라 이제 내가
육체 가운데 사는 것은 나를 사랑하사 나를 위하여 자기 자신을 버리
신 하나님의 아들을 믿는 믿음 안에서 사는 것이라 갈 2:20

그리스도 이전을 죽었다고 하고 그리스도 이후를 살았다고 말씀
한다. 이와 같이 예수 그리스도와 내가 만나면 생명을 얻는 일이 생
긴다는 것이다. "그럼 이전에 살았던 나는요?" 이전에 살았다고 꾸무
럭거리고 돌아다니기는 했지만 그것은 죄에 대하여 산 것이지 하나
님에 대하여는 죽은 것이었다. 아멘인가?

예수 그리스도가 우리에게 생명 주러 오셨다는 것이다. 우리는 지
금까지 우리에게 생명이 있다 치고 그다음 뭔가 부족한 것을 주님이
채워주실 것을 기대했지만, 주님은 어느 때든지 한 치도 물러서지 않
으시고 주님께 다른 필요를 구하러 오는 사람들에게 말씀하셨다.

"너희는 썩을 양식이 필요한 자가 아니다. 나, 영원한 생명의 양식
인 내가 필요하다."

이렇게 항상 초점을 놓치지 않고 '생명'으로 말씀하셨다. 사람들은
그들이 필요한 대로 예수님을 끌어다가 각색하고 옷을 입힌다. 정치
가 예수, 인권운동가 예수, 사회사업가 예수, 문화예술가 예수…. 제
멋대로 예수님을 끌어다가 그들이 필요한 예수를 만들어낸다. 그러

나 주님은 그런 자들에게 어떤 경우에도 틈을 주지 않으신다. 주님은 한가하게 다른 놀음하러 오신 것이 아니다. 성경 전체가 그분이 생명 주러 오셨다고 말씀한다.

2. 예수님이 이 땅에 오신 이유

그러면 이번에는 예수님의 직접 증언을 몇 가지 들어볼 필요가 있다. 예수님은 당신이 무슨 일을 하러 오셨는지 정확히 표현하신다. 전부 찾기에 제한이 있으니 요한복음에서 말씀하시는 예수님의 표현을 살펴보려고 한다.

그 안에 생명이 있었으니 이 생명은 사람들의 빛이라 요 1:4

주님의 생명은 사람들에게 주기 위한 '생명'이었다. 사람들의 빛이라는 것은 빛 이야기가 아니라 생명을 준다는 말씀이다.

아들을 믿는 자에게는 영생이 있고 아들에게 순종하지 아니하는 자는 영생을 보지 못하고 도리어 하나님의 진노가 그 위에 머물러 있느니라 요 3:36

믿고 믿지 않는 결과가 생명을 얻느냐 못 얻느냐로 확 갈라진다. 아들을 믿는 자에게는 영생이 있고 아들에게 순종하지 아니하는 자는 생명을 보지 못하고 심판을 받게 된다고 말씀한다. 아들 예수 그리스도는 '생명' 주러 오셨다.

> 내가 주는 물을 마시는 자는 영원히 목마르지 아니하리니 내가 주는 물은 그 속에서 영생하도록 솟아나는 샘물이 되리라 요 4:14

예수님이 지금 샘물 이야기를 하고자 하시는 것인가? 아니면 생명을 말씀하시는가?

> 24 내가 진실로 진실로 너희에게 이르노니 내 말을 듣고 또 나 보내신 이를 믿는 자는 영생을 얻었고 심판에 이르지 아니하나니 사망에서 생명으로 옮겼느니라 25 진실로 진실로 너희에게 이르노니 죽은 자들이 하나님의 아들의 음성을 들을 때가 오나니 곧 이 때라 듣는 자는 살아나리라 요 5:24,25

아멘. 결론적으로 주님이 친히 증언하시는 말씀이 나타난다. 어떤 사람이 떠들고 말장난을 해도 예수님의 말씀의 권위를 대신할 수는 없다.

> 38 내가 하늘에서 내려온 것은 내 뜻을 행하려 함이 아니요 나를 보내신 이의 뜻을 행하려 함이니라 39 나를 보내신 이의 뜻은 내게 주신 자 중에 내가 하나도 잃어버리지 아니하고 마지막 날에 다시 살리는 이것이니라 40 내 아버지의 뜻은 아들을 보고 믿는 자마다 영생을 얻는 이

것이니 마지막 날에 내가 이를 다시 살리리라 하시니라 요 6:38-40

모든 논란을 종식시키는 말씀이다. "내가 온 것은 내 뜻을 행하려는 것이 아니다. 나도 내 멋대로 하지 못한다. 나는 나 보내신 이의 뜻을 행하러 왔다. 나를 보내신 이의 뜻은 아들을 보고 믿는 자마다 영생을 주려는 것이다." 아멘인가?

37 명절 끝날 곧 큰 날에 예수께서 서서 외쳐 이르시되 누구든지 목마르거든 내게로 와서 마시라 38 나를 믿는 자는 성경에 이름과 같이 그 배에서 생수의 강이 흘러나오리라 하시니 요 7:37,38

생수의 강이라는 것은 '생명'을 말한다.

예수께서 또 말씀하여 이르시되 나는 세상의 빛이니 나를 따르는 자는 어둠에 다니지 아니하고 생명의 빛을 얻으리라 요 8:12

빛이 아니라 '생명' 이야기이다.

도둑이 오는 것은 도둑질하고 죽이고 멸망시키려는 것뿐이요 내가 온 것은 양으로 생명을 얻게 하고 더 풍성히 얻게 하려는 것이라 요 10:10

아주 명확하게 말씀하셨다. 예수님이 오신 목적, 최우선이고 근본적으로 이루어져야 할 일은 '생명' 얻는 일이다. 예수를 만났고 예수를 믿었는데 생명과 아무 상관없이 관록만 쌓이고 지식만 쌓이고 관습만 쌓인다면 정말 기가 막힌 것이다.

25 예수께서 이르시되 나는 부활이요 생명이니 나를 믿는 자는 죽어도 살겠고 26 무릇 살아서 나를 믿는 자는 영원히 죽지 아니하리니 이것을 네가 믿느냐 요 11:25,26

아멘. 주님이 '생명'이라고 말씀하셨다.

예수께서 이르시되 내가 곧 길이요 진리요 생명이니 나로 말미암지 않고는 아버지께로 올 자가 없느니라 요 14:6

2 아버지께서 아들에게 주신 모든 사람에게 영생을 주게 하시려고 만민을 다스리는 권세를 아들에게 주셨음이로소이다 3 영생은 곧 유일하신 참 하나님과 그가 보내신 자 예수 그리스도를 아는 것이니이다 요 17:2,3

다음은 요한복음의 기록 목적이다.

오직 이것을 기록함은 너희로 예수께서 하나님의 아들 그리스도이심을 믿게 하려 함이요 또 너희로 믿고 그 이름을 힘입어 생명을 얻게 하아멘. 요한복음을 기록한 목적 자체가 예수께서 그리스도이심을 알게 하고 그리스도이심을 믿어서 그 결과로 생명을 얻게 하려 함이라고 군더더기 없이 기록하고 있다. 더 이상 논란할 필요가 없다. 예수님은 '생명' 주러 오셨다.

3. 생명

그럼 도대체 예수님이 왜 집요하게 계속 생명, 생명, 생명, 생명 이야기를 하시는가? 멀쩡히 살았다고 하는 우리에게 자꾸 생명 주러 왔다고 하는 이것은 도대체 무슨 말인가? 왜 주님의 구원 사역을 자꾸만 생명과 연관해서 말씀하시는가? 그러면 먼저 이런 질문을 하지 않을 수가 없다. 생명이란 무엇인가?

생명이란 단순히 생물학적으로 호흡을 하고 심장 박동이 뛰는 목숨만을 말하지 않는다. 생명이란 목숨만 말하는 것이 아니라 그 생명의 특성을 따라 살아갈 수 있는 능력까지 포함할 때 그것을 온전한 생명이라고 할 수 있다. 그래야 그것이 개면 개의 생명, 돼지면 돼지의 생명, 사람은 사람의 생명이라고 말할 수 있지 않겠는가. 생명이 무엇이냐 하는 것은 다른 것이 없다. 누가 뭐라고 하거나 어떤 이론보다도 가장 중요한 것은 생명을 지으신 하나님이 생명을 뭐라고 말씀하셨느냐 하는 것이다. 그것이 결론이 되는 것이 가장 중요하다.

하나님은 생명을 창조하실 때 각 생명마다 그 생명이 갖는 특성을 주셨고, 그 특성을 온전히 드러내며 살아갈 수 있는 형상을 주셨다. 예를 들면 독수리의 생명은 독수리다운 특성을 갖는다. 같은 조류라고 해도 독수리의 생명은 다르다. 태어날 때부터 종자가 다르게 태어난다. 하나님은 독수리가 독수리의 생명답게 살아가는 데 가장 합당한 형상을 입혀주셨다. 그러면 결과가 아주 분명해지는데 그것은 바로 '자연스러움'이다. 여기서 하나님의 선하신 성품이 잘 드러난다.

하나님은 절대 그렇게 살 수 없는 존재로 만들어놓고 그렇게 살라고 강요하거나 그렇게 살지 못한다고 트집을 잡아 심판하는 악독한 군주가 아니다. "여호와께 감사하라 그는 선하시며 그 인자하심이 영원함이로다." 그래서 하나님이 만드신 자연 세계에는 억지가 없다. 자연스럽다.

예를 들면 닭을 만드시고 어느 날 닭이 계속 땅의 모이를 쪼아 먹는 것을 바라보시다가 "야 이놈의 닭아, 넌 왜 닭대가리냐? 너 왜 맨날 땅에 머리를 처박고 모이만 주워 먹어서 가슴살만 찌고 이게 뭐하는 짓이냐? 고개를 들어 독수리를 봐라. 긍정의 힘, 적극적 사고방식으로 높은 창공을 한번 날아보려고 왜 생각하지 못하니? 어? 매양 처먹기만 하고 살만 찌니 내가 너를 치킨을 해먹겠다." 이렇게 말씀하시는 하나님은 계시지 않는다. 하나님에게는 그런 일이 없다. 하나님은 독수리는 독수리답게, 닭은 닭답게 지으셨다.

그래서 주님은 아주 분명히 말씀하신다. 나무는 각각 그 열매를 보면 안다고. 사과나무는 자연스럽게 사과를 맺고 밤나무는 밤을 맺는다. 걱정할 필요가 없다. 사과나무 숲에 밤나무가 한 그루 있는데 겨우내 이파리를 떨구고 있다가 겨울이 하도 길어서 그만 '가만 있자, 내가 밤나무였나? 사과나무였나?' 그렇게 깜박 잊어버리고 밤나무가 사과 열매를 맺는 일은 있을 수 없다. 정신없이 그냥 살아도 저절로 그 열매를 맺게 되어 있다. 하나님께서 생명마다 특성을 주시고 그 특성을 따라 열매를 맺고 그렇게 살 수 있는 형상을 만들어주셨기 때문이다. 이것이 하나님의 창조 원리이다. 선하신 하나님이시다.

하나님은 외식을 가장 싫어하신다. 외식이란 겉과 속이 다르게 겉만 보기 좋게 꾸미는 것을 말한다. 그러니까 하나님을 가장 왜곡되게 표현하는 방법 중 하나가 외식이다. 가장 싫어하신다. 우리가 이것만큼은 조심해야 한다. 하나님은 정직한 영을 기뻐하신다. 우리가 작은 일부터 했으면 좋겠다. 주님의 이름 앞에서 자신이 말한 대로 진실하게 우리의 존재를 걸고 지키는 일부터 말이다.

하나님은 선하시고 그 인자하심이 영원하시다. 그분은 절대 그렇게 살 수 없는 것을 행하도록 명하는 법이 없고, 만약 명했다면 그렇게 살 수 있는 생명으로 창조하시는 분이다. 그 원리로 말하면 하나님은 우리를 하나님의 형상으로 지으셨고 하나님의 생명의 특성을 우리에게 주셨을 뿐만 아니라 그렇게 살아갈 수 있는 능력을 주셨다. 우리가 하나님의 형상으로 살아가는 일이 억지스럽지 않고 자연스러울 수밖에 없도록 우리를 그렇게 지으신 것이 분명하다.

4. 죄

첫 사람 아담은 하나님의 형상으로 반응하고 살아가는 일이 절대 어럽지 않았다. 저절로 그렇게 반응할 수 있었다. 그러나 선악과를 따먹는 날에는 반드시 죽는다고 하신 주님의 말씀의 의미를 다 알아들을 수 없었다. 왜 죄를 지으면 죽는다는 말이 나오는가? 성경에 "죄의 삯은 사망이요"(롬 6:23)라고 한 것처럼 왜 죄를 다룰 때마다 '사망'을 언급하는 것인가? 이 말의 의미는 무엇인가?

① 생명에 들어온 죄

그러므로 한 사람으로 말미암아 죄가 세상에 들어오고 죄로 말미암아 사망이 들어왔나니 이와 같이 모든 사람이 죄를 지었으므로 사망이 모든 사람에게 이르렀느니라 롬 5:12

죽음이란 생명체에 존재한다. 바위가 죽었다고 표현하지 않는다. 바위는 무생물이기 때문이다. 무생물에게 죽었다는 말, 죽음이라는 말은 적용되지 않는다. 성경은 "한 사람으로 말미암아 죄가 세상에 들어오고"라고 했다. 죄가 들어왔는데 왜 사망이 왔는가? 죄가 어디로 들어왔느냐 하면 생명 안에 들어왔다는 것이다. 아담과 하와가 범죄하자마자 시력이 떨어지거나 사지가 떨리거나 하반신이 마비되었다는 이야기는 들어본 적이 없다. 먹으면 반드시 죽는다고 하셨는데 놀랍게도 육체가 금방 거꾸러지지 않았다. 그러나 하나님의 말씀이 그대로 적용된 것은 뭐냐면 그들에게 있던 하나님의 원형의 생명, 즉 하나님의 특성을 가진 하나님의 형상이 박살나버린 것이다. 앞서 살펴보았던 하나님의 특성들이 범죄한 그들 안에서 곧바로 완벽하게 깨진 것이다.

하나님의 형상인 사람의 생명 안에 죄가 들어오니까 하나님의 형상으로서 그 존재의 특성, 하나님의 생명을 살아낼 수 있는 특성을 망가뜨려 실상은 죽은 것이나 다름이 없게 되었다. 그래서 사망이 왔다고 말하는 것이다.

죄가 우리 눈에 붙고 코에 붙는 것이 아니라 우리의 생명에 들어왔다고 했다. 그럼 범죄한 인간에게 곧바로 드러나는 사망이란 어떤 것인가? 성경의 개념으로 이해하는 사망이란 단순히 육체의 죽음이 아니다. 영과 육이 분리되는 육체의 죽음은 사망의 일부분이요 죽음의 한 모형일 뿐이다. 진짜 죽음은 하나님과 영원히 분리되는 것이다. 이것이 우리가 진짜 두려워해야 하는 죽음이다.

범죄하기 전에 "두 사람이 벌거벗었으나 부끄러워하지 아니하니라"(창 2:25)라고 한 말은 그들이 나체주의자라거나 하나님이 나체주의를 선호했다는 말이 아니라 그들이 존재 자체로 정말 존귀하고 영광스러웠기 때문에 다른 아무 도움을 받을 필요가 없다는 의미이다. 그런데 지금 범죄하고 타락한 인간을 보면 자기 정체감이 없다. 항상 무언가 걸쳐야 한다. "당신, 누구요?"라고 물으면 항상 "어느 학교 나왔습니다", "어느 교단 소속입니다", "뭐 하는 사람입니다"라는 식으로 자기에게 붙어 있는 그 무언가로 자신을 설명하지 않고서는 자기 존재를 설명할 것이 없게 되고 만 것이다.

존재 자체로 영광스러웠던 아담과 하와가 범죄하자마자 그들 안의 생명이 하나님에게서 끊어졌고, 하나님의 영광이 떠나자 벌거벗은 것을 부끄러워하는 수치심이 생겼다. 그리고 말할 수 없는 죄책감에 시달렸다. 사랑과 기쁨의 교제의 대상이었던 하나님이 이제는 두려움의 대상이 되어 하나님의 낯을 피해 숨게 되었다. 정서도 깨졌다. "먹지 말라고 한 그 나무의 열매를 네가 먹었느냐?"라고 하나님이 물으실 때 아담은 "당신이 주셔서 나와 함께 있게 한 저 여자가 주어서 먹었나이다"라고 하와를 고발하며, "내 뼈 중의 뼈요 살 중의 살이라"라고 하던 사랑은 온데간데없이 하와를 원망하게 되었다. 지혜든 권위든 모든 하나님의 원형에 대하여는 죽은 자가 되어 그저 죄의 본능으로 행동하기 시작했다.

② 인격적 생명체

여기서 한 가지 더 분명히 알게 되는 것이 있다. 죄는 반드시 생명체에 성립되지만 아무 생명체에나 죄가 적용되는 것은 아니다. 죄는 인격적 생명체에 기생하여 성립된다. 혹시 돼지가 죄를 지었다는 이야기를 들어보았는가? 돼지는 인격적인 생명체가 아니기 때문에 죄가 성립되지 않는다. 죄를 짓는 것은 인격적인 존재의 지정의, 그러니까 전 인격이 동원되어야 가능하기 때문이다.

두 사람은 결국 죄인이 되어 에덴동산에서 쫓겨났다. 그러나 죄는 아담과 하와에게만 들어온 것이 아니었다. 바로 그들의 자녀인 가인의 살인 사건을 통해서 그들이 직면하게 된 끔찍한 비극은 죄가 다른 곳이 아닌 그들의 생명 안에 들어왔다는 사실이었다. 아담과 하와의 눈물과 통곡은 앞으로 온 인류에게 닥쳐올 절망과 고통의 신호탄이었다.

흔히 경찰서에 잡혀온 불량 청소년들의 엄마가 찾아와서 하는 말이 있다. "우리 애는 그런 애가 아니에요. 우리 애는 착한데 친구를 잘못 만났어요." 이렇게 남의 자식한테 전부 죄를 뒤집어씌우는 능력이 엄마들에게 있다. 그렇다면 아담의 아들 가인은 누구에게 그 죄를 돌려야 하는가? 친구를 잘못 만나서? 나쁜 환경 때문에? 아니다. 우리는 존재 안에 저주를 받고 태어났다. 죄인은 환경 때문에 죄인이 되는 것이 아니라 죄인이기 때문에 환경의 영향을 받아 죄를 짓는 것이다.

성경이 왜 계속 죄인을 향해 죽었다고 하고 예수님은 구원자로 오셨다면서 왜 자꾸 "생명 주러 왔다"라고 하시는가. 그것은 성경의 처음부터 연결된 이야기이다. 죄의 삯이 사망이기 때문이다.

그렇다면 결국 죄의 문제는 한가한 윤리 도덕의 문제가 아니라 존재의 문제이다. 따라서 윤리 도덕적으로 훈련시켜서 죄인을 개과천선하게 하는 것이 구원이 될 수 없음이 분명하다. 구원에는 생명이 주어져야 하는 것이다. 인간 근본의 생명에 문제가 생겼기 때문에 성경도 집요하게 구원에 대해 말씀하면서 우리의 전 존재와 생명의 변화라는 주제를 피해갈 수 없도록 다룬다. 그러니까 우리는 존재가 바뀌지 않으면 소망 없다. 생명이 안 바뀌면 안 된다. 이것이 성경 전체가 이야기하는 것이다.

죄 장아찌

죄인이란 말을 이해할 때 우리는 흔히 사람인 내게 죄가 붙었다, 그러니까 죄 있고 나 있고, '죄 따로 나 따로'라고 생각한다. 나 역시 처음 하나님의 은혜를 깊이 받고 하나님이 나의 과거 현재 미래의 죄를 모두 용서해주셨다기에 생각나는 대로, 죄라고 인식되는 만큼의 죄 보따리를 십자가 밑에 내려놓았다. 그리고 이토록 큰 사랑을 받고 죄를 용서받았으니 그 사랑에 보답하기 위해 주님을 위해 살겠다는 각오로 최선을 다해 신앙생활하기를 십여 년. 보통 이 정도로 신앙생활 하는 사람도 흔치는 않다. 열심히 했다. 잘못된 것이 없었다. 가르쳐주는 대로 그렇게 믿었기 때문이다.

그런데 그동안 이런 식으로 나에게 말해준 사람이 없었다. 들어보지 못했다. 죄인인 내가 '아, 이 무서운 죄를 회개하고 이 죄 짐을 십자가 아래 내려놓고 '내가' 이 은혜에 보답하기 위해서 '내가' 주님을 위해서 살아야지!' 나는 이 점을 고민해보지 않았다. 다른 고민 없이 배운 대로 감격하며 신앙생활을 했다. 이렇게 하다보니 10년 만에 눈물도 바닥난 나의 최선의 끝에 부딪치게 되었다.

결국 나는 다시 내 존재를 걸고 하나님과 직면해야 하는 상황을 맞이했다. 왜냐하면 죄는 나의 생명에 들어와 죄 따로, 나 따로가 아닌 '죄 곧 나, 나 곧 죄'가 되었기 때문이다. 그래서 죄와 나는 결코 분리될 수 없다. 그러면 죄인이라는 말인즉 내가 '죄 장아찌'라는 것이다. 죄인이라고 하는 내가 그냥 있으면서 죄를 떼어내는 작업을 할수 없고, 죄인인 내가 죽는 길 외에 다른 해결 방법이 없다는 것이다.

우리가 알거니와 우리의 옛 사람이 예수와 함께 십자가에 못 박힌 것은 죄의 몸이 죽어 다시는 우리가 죄에게 종 노릇 하지 아니하려 함이니
롬 6:6

로마서는 이 원리를 명쾌하게 깨닫게 해준다. 그런데도 어쩌면 그렇게 로마서를 읽었으면서 깨닫지 못하고 슬쩍슬쩍 넘어갔는지 참으로 기이하다. 예수님이 오셔서 한 인생, 죄인을 만나주실 때 주님은 어떤 부분을 고쳐주거나 채워주겠다고 하지 않으신다. 그 존재를 새 피조물로 만들겠다, 생명을 주겠다고 말씀하셨다. 예수님이 직접 증언하신 모든 말씀이 한 번도 이 초점을 빗나가지 않았다. 정확하게 생명 주러 왔다고 증언하셨다.

우리가 아무리 멀쩡히 눈 뜨고 성질부리고 살아 있는 것 같아도 하나님의 원형의 관점에서 보면 우리는 실상 죽은 자요, 하나님께 반응하거나 진리에 반응하여 살 능력이 전혀 없는 죄 장아찌다. 장에 무를 박아 놓으면 장과 무가 하나가 된다. 무를 아무리 잘게 썰고 물에 빨아도 장이 무에 배어 장맛이 아예 없어지지 않는다. 장 곧 무요 무 곧 장, 이와 같은 식으로 내 존재가 '죄의 장아찌'가 되었다는 것이다.

죄 곧 나, 나 곧 죄

우리 주님이 우리에게 죄에 대한 두려움을 상기시키기 위해 흉악한 말씀을 많이 하셨다.

8 만일 네 손이나 네 발이 너를 범죄하게 하거든 찍어 내버리라 장애인이나 다리 저는 자로 영생에 들어가는 것이 두 손과 두 발을 가지고 영원한 불에 던져지는 것보다 나으니라 9 만일 네 눈이 너를 범죄하게 하거든 빼어 내버리라 한 눈으로 영생에 들어가는 것이 두 눈을 가지고 지옥 불에 던져지는 것보다 나으니라 마 18:8,9

이 말씀은 단순히 '나'라는 사람이 있는데 찝찝한 죄를 지었다거나 내 손이 범죄하거나 내 발이 범죄하거나 내 눈이 범죄할 때 그 손발을 찍어버리고 눈을 뽑아버리는 한이 있어도 천국에 들어가는 것이 낫다는 말씀인가? 정말 찍고 뽑고 빼면 해결이 가능하다는 것인가? 말씀을 그렇게 못 알아들으면 큰일 난다. 죄는 그렇게 해서 해결되지 않는다. '죄 곧 나요 나 곧 죄'인 존재적 죄인에게 이 말씀을 주시는 목적은 어떤 대가를 지불하더라도 지옥 갈 짓을 하지 말아야 한다는 것이다. 죄가 얼마나 두려운지 알고, 눈알을 뽑는 각오로, 손발을 찍어내는 한이 있더라도 죄는 짓지 말라고 강조하시는 말씀이다.

만일 주님이 우리를 정말 사랑하셔서, 우리를 지옥에 보내느니 차라리 찍고 뽑고 빼는 것이 낫겠다고 하셔서 그렇게 정리하셨다면 우리 중에 사지백체 멀쩡히 남아 있을 사람이 있겠는가? 혹시 남게 된다면 과연 무엇이 남겠는가? 내가 여러 다른 나라 민족에게 가서 복음을 나눌 때 이 이야기를 똑같이 한다. 그러면 아무리 삶이 문란하고 죄책감도 느끼지 못해 복음을 전하기 어렵다는 사람들이라고 해도 죄에 대하여 민감하게 반응하는 것을 볼 수 있다. 어느 민족 누구도 죄와 무관하다고 할 수 있는 사람이 없다.

> 모든 사람이 죄를 범하였으매 하나님의 영광에 이르지 못하더니
> 롬 3:23

그런데 한 번은 우리나라에서 이 이야기를 했는데 20대 젊은이가 "저요!" 하고 손을 번쩍 들었다. 그래서 내가 "아니 그래, 그럼 그중에 뭐가 남아서 오겠나?" 했더니 그 청년이 왼쪽 눈알 하나가 남아서 굴러올 것 같다는 것이다. 이 무슨 심오한 말인가? "아니, 왜 하필 왼쪽 눈알인가?", "제 왼쪽 눈 시력이 약합니다." 그러니까 왼쪽 눈 시력이 약하니까 그나마 죄를 안 졌지 않겠나, 이런 희망을 걸어볼 수 있다는 말이었다.

그런데 눈알이라고 따로 있는 것이 아니지 않는가. 온몸은 다 연결되어 있고 죄를 짓는 일은 내 존재 전부가 동원되지 않으면 성립되지 않는다. 누군가에게 주먹을 한번 날리는 일도 나의 지정의가 다 동원된다. 지성으로 감정으로 의지로 나의 전 인격이 동원되어야 주먹질이 나가는 것이다. 근원적으로 내가 죄의 장아찌가 되었다면 나는 건드리면 죄밖에는 다른 반응이 나올 수 없다.

나 자신이 존재적 죄인이라는 것이 우리를 절망스럽게 한다. 죄는 우리가 생각하는 것보다 훨씬 더 심각하고 근본적인 문제다. 오죽했으면 전능하신 하나님께서 죄인을 구원하시기 위해 다른 방법이 아닌 당신의 하나밖에 없는 아들을 죽게 하시고, 그것도 십자가에 내

어주어야만 했겠는가? 방법이 모자랐겠는가? 지혜가 모자랐는가? 죄가 우리의 생명과 인격에 딱 달라붙어서 '죄 곧 나, 나 곧 죄'인 운명이 되었다는 것을 기억하라. 죄는 반드시 심판을 받아야 한다. 죄의 삯은 사망이다. 하나님께서 죄를 심판하시려고 보니 죄와 내가 공동 운명이기 때문에 하나님이 나의 죄 문제를 다루시기 위해서는 먼저 우리의 생명의 문제를 해결하셔야만 했던 것이다. 이것을 분명하게 알고 계셨던 예수님이 이 세상에 오셔서 하실 일은 단 한 가지, 우리의 생명을 구하러 오시는 일이다.

우리는 한 가지 결론에 도달했다. 죄는 생명에 들어온다. 그래서 죄인이라는 말은 '죄 곧 나, 나 곧 죄'라는 사실이다. 이 존재의 변화 없이 우리가 죄 문제에서 자유로워지는 일은 불가능하다. 단연코 불가능하다.

- 생명은 인간 존재의 근본이다. 온전한 생명이란 목숨뿐만 아니라 그 생명의 특성을 따라 살 수 있는 능력까지를 말한다.

- 인간은 하나님의 형상을 따라 지음 받아 인격이 있고 하나님의 성품을 닮았다. 또 이 땅을 다스리고 정복할 통치 사명을 받았다.

- 죄는 십자가 밑에 벗어놓을 보따리가 아니다. 죄는 생명에 들어와 '죄 곧 나, 나 곧 죄'가 된다. 아담의 범죄로 죄가 인간 안에 들어와 그 생명의 특성을 망가뜨렸다.

- 죄로 인해 하나님의 형상이 깨어지고 하나님과 분리되는 것이 죽음이다. 그래서 복음은 윤리 도덕이 아니라 생명과 사망의 문제다.

- 생명이 주어져야 구원이다. 예수님은 생명 주러 오셨다. 죄와 한 몸인 우리를 살리려고 하나님의 아들이 생명을 주러 오셨다.

• • •

주님이 하셨습니다!

복음의 영광!
복음의 능력!
복음의 축복!

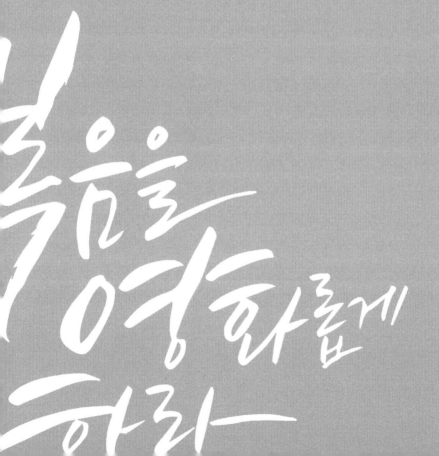

11강

복음과 죄

죄는 우리의 생명에 들어왔고 우리는 더 이상 '죄 따로 나 따로'가 아닌, '죄 곧 나, 나 곧 죄인'이 되었다. 그렇기 때문에 우리는 죄를 이야기하면서 더 이상 우리의 정서에 호소해서는 안 된다. 왜냐하면 우리가 워낙 죄에 딱 달라붙어 있는 존재이기 때문이다. 죄인의 정서에 가장 잘 맞고 가장 가까운 것이 바로 죄이므로 죄의 장아찌인 존재적 죄인에게 죄를 짓지 않도록 죄가 싫어지게 해달라거나 죄를 미워하게 해달라거나 죄를 멀리하게 해달라고 감정에 호소하는 것은 아무 소용이 없는 일이다.

죄와 죄인의 정서

이제 우리는 냉정하고 객관적인 관점으로 죄를 바라볼 수 없게 되었다. 그만큼 우리가 느낌에 의존하는 신앙생활을 하는 것은 위험천만한 일이다. 성령님의 역사에 대해서도 느낌에 의존하는 경향이 많은데 그것은 많은 오류를 가져오고 오히려 귀신이 장난칠 수 있는 무대를 만들기도 한다. 사람들은 자꾸 영적이니 뭐니 하면서 주관적인 자기 체험이나 느낌을 굉장히 신뢰한다. 그런데 죄에 관한 문제에 이렇게 접근하면 우리는 백전백패할 수밖에 없다.

우리의 감정은 반드시 진리로 검증받아야 한다. 죄가 나쁜 줄도 알고 죄는 지어서는 안 된다고 결심도 하면서 죄에서 떠나지 못하고 자꾸 반복해서 죄를 짓게 되는 근본적인 이유가 무엇인가? 가장 현실적이고 매우 직접적인 이유가 무엇이라고 생각하는가? 죄가 좋아서! 맞는 말이다. 만약 죄가 심정적으로 싫었다면 죄를 지으라고 고사를 지내도 우리가 죄를 지을 확률은 거의 없을 것이다. 죄가 징그럽고 너무 끔찍하고 우리 정서에 맞지 않았다면 죄를 짓는 것 역시 훨씬 어려울 것이다.

보통 자매들이 끔찍하게 싫어하는 것이 몇 가지 있다. 대개 쥐를 싫어한다. 쥐를 사랑하지 못한다. 작고 까만 눈망울, 가느다랗고 긴 꼬리, 동그랗고 귀여운 자태, 이렇게 다정하게 생각하는 것이 아니라 마주치면 끔찍해 한다. 또 지긋지긋하게 싫어하는 것은 싱크대 밑에 와글와글한 바퀴벌레다. 바퀴벌레라는 말만 해도 거의 비명을 지른다. 그중에 아주아주 싫어하는 것은 바로 뱀이다. 순회선교단 한국 본부가 한때 신도라는 섬 안에서 중학교 폐교 건물을 사용할 때가 있었다. 오랫동안 사람이 없던 자연 환경이어서 그런지 사무실 책상 아래에 뱀이 똬리를 틀고 있는가 하면, 우물이나 탱크 펌프를 집 삼아 살던 뱀도 있고, 화장실 벽 틈으로 대가리를 내밀다가 놀란 자매님이 휘두른 플라스틱 바가지에 맞아 죽기도 하는 등 뱀에 얽힌 사연이 많았다. 어쨌든 분명한 건 하나같이 뱀을 미워한다는 것이다. 아마 앞으로도 정서적으로 가까워지지 않을 것이다.

죄가 뱀처럼, 바퀴벌레나 쥐처럼 징그럽고 무서웠더라면 죄를 짓지도 않고 좀처럼 가까이하지도 않았을 것이다. 우리가 죄를 짓는 가장 가까운 이유는 죄가 나이스(nice)해서다. 너무 향기롭고, 너무 부드럽고, 너무 따뜻하고, 너무 매혹적으로 보여서 죄를 짓는 것이다. 죄의 실체처럼 죄가 징그럽고 더럽고 역겹게 느껴지지는 않는 비틀어진 우리의 정서 때문에 죄를 짓는다.

죄에 종노릇하던 우리의 육적 자아에 가장 딱 맞아 떨어지는 것이 죄다. 율법은 들으면 부담스럽다. 정의로운 이야기를 들으면 부담되고 슬프고 우울해진다. 그러나 죄에 대한 정서는 우리에게 기막히게 잘 맞고 전혀 이질감이 느껴지지 않는다. 그래서 우리가 죄를 떠날 수 없고 죄를 지으며 사는 것이다. 이런 정서에 호소하여 죄를 버려라 미워하라고 백날 말해봐야 헛수고다. 감정은 참 좋은 하나님의 선물이다. 마치 우리의 피부와도 같다. 그런데 감정은 절대 정의와 불의를 구분하지 못한다. 감정은 절대 진리의 통제를 받아야 한다. 그러니까 느낌을 중심으로 신앙생활 하면 미친 짓 하기에 딱 알맞다. 느껴지는 것 가지고 절대 거기에 반응할 일이 아니다. 우리의 감정은 일차적으로 진리로 검증해야 한다.

똥 싼 실크 보자기?

뱀이나 쥐가 징그럽고 더러워서 싫은가? 그와 비할 데 없을 만큼 징그럽고 무섭고 끔찍하고 악한 것이 죄다. 그러니까 우리도 죄가 가장 무섭고 더럽고 역겹게 느껴져야 마땅한데, 절대 그렇지가 않고 너무 느낌이 좋은 이 이상한 현상이야말로 우리가 얼마나 소망 없는 존재인지 역설적으로 말해준다. 우리가 얼마나 망가진 정서를 가지고 있는지 한 예를 들어보겠다. 실크라는 천은 천 중에 가장 부드럽고 사람 피부에도 잘 맞는 매우 비싼 옷감이다. 그런데 아주 비싸고 정말 느낌이 끝내주는 실크 보자기를 선물 받은 사람이 어느 날 아침 자기가 방금 눈 똥을 그 실크 보자기에 쌌다. 그리고 흘러나오지 않게 잘 묶고는 가슴에 안았다. 너무 따뜻하고 말랑말랑하고 부드럽고 느낌이 좋았다. 그래서 똥 싼 보자기를 안고 돌아다니는 사람이 있다면 어떻겠는가? 아는 사람이 그에게 물었다.

"품에 소중히 안고 있는 것이 뭐요?"

"똥이에요."

"아니, 대체 무슨 짓이오. 왜 똥을 안고 다녀요? 미쳤어요? 어서 빨리 버리지 못해요?"

"맞아요. 똥은 더럽지요? 그리고 버려야 되지요? 맞아요. 버려야 돼요. 그런데 지금 버려야 돼요? 너무 느낌이 좋아요. 너무 말랑말랑해요. 버려야 되는 줄 알면서도 버릴 수가 없어요. 너무 부드러워요. 너무 따뜻해요."

이렇게 흉악하게 미친 사람을 보았는가? 그런데 이보다 훨씬 더럽게 미친 것이 바로 우리다. 똥이 왜 더러운가? 똥은 더러운 것이 아니다. 사실 우리가 다 똥을 담아 가지고 다니지 않는가? 안에 있을 때와 밖에 나왔을 때, 산화작용이 되었다는 것 외에 무슨 차이가 있는가? 그래도 똥이 더럽다 치자. 똥이 더러운 줄 알면 이런 미친 짓은 하지 않는다. 똥과 비할 데 없이 모든 더러움과 모든 악독함의 총 본체인 죄를, 단지 느낌이 좋다는 이유로 계속 짓는다? 나쁜 것이고 지으면 안 된다는 것을 교리적으로 다 알고 분별도 하지만 버리지는 못하겠다? 단지 느낌이 좋아서? 언젠가는 죄를 버리고 회개할 건데 지금은 아니라고 죄를 감싸 안고 돌아다니는 가장 더럽게 미친 중인들이 바로 우리라는 말이다. 이것이 우리의 운명이다.

죄에 대해서 언제 누가 이렇게 말해주었는가? 그러나 우리가 피해 다녔을 뿐이지, 성경은 이보다 훨씬 더 무서운 방법으로 죄를 말씀한다. 왜냐하면 우리가 죄를 저지르고 있기 때문이다. 복음은 감상이 아니다. 우리를 구원해내시려는 주님의 의지는 감상이 아니다. 이제 우리는 가장 의로우신 하나님께서 죄를 얼마나 정당하게 다루시는지, 죄에 대하여 어떻게 대응하시는지를 객관적으로 살펴볼 것이며, 그래서 이 끔찍한 죄가 나와 떼려야 뗄 수 없는 '죄 곧 나요 나 곧 죄'라는 우리의 심각한 운명에 대해서 생각해볼 것이다. 너무나 분명한 성경의 진리로만 살펴볼 것이다.

죄에 대한 하나님의 대응

1. 하나님은 죄를 심판하신다

첫 번째, 하나님은 죄를 심판하신다. 죄는 반드시 심판을 거쳐야만 해결된다. 어떤 죄라도 심판 없이 해결되고 넘어가는 일은 결코 없다. 이것이 성경이 말해주는 원리이다.

한 번 죽는 것은 사람에게 정해진 것이요 그 후에는 심판이 있으리니
히 9:27

죄를 지은 사람의 입장에서 보면 이 말씀은 몸서리쳐지는 이야기다. 왜냐하면 이 땅에서 고통당하는 사람들에게는 죽으면 끝난다는 것이 마지막 희망 같은 것이기 때문이다. 요즘 자살이 유행하는 것도 죽으면 끝난다는 유혹 때문이다. 전직 대통령마저 바위에서 몸을 던져 죽음을 선택했다. 모멸감에 고통하며 고민하다가 끝내 자살을 택한 것은 죽으면 끝난다고 생각했기 때문이다.

그러나 성경은 죽음이 절대 죄에 대한 면죄부가 될 수 없다고 선언한다. 인간의 육체적 죽음으로도 끝낼 수 없는 것이 죄에 대한 심판이다. 아무도 죄에 대한 심판을 피해갈 수 없다. 그렇기 때문에 죄는 반드시 살아 있을 때 정리해야 한다. 하나님은 죽음 이후에라도 반드시 끝까지 추적해서 죄를 철저히 응징하고 대응하신다. 죄는 필연적으로 심판이라는 결과를 맞이해야 한다.

10 네가 어찌하여 네 형제를 비판하느냐 어찌하여 네 형제를 업신여기느냐 우리가 다 하나님의 심판대 앞에 서리라 11 기록되었으되 주께서 이르시되 내가 살았노니 모든 무릎이 내게 꿇을 것이요 모든 혀가 하나님께 자백하리라 하였느니라 12 이러므로 우리 각 사람이 자기 일을 하나님께 직고하리라 롬 14:10-12

'아니, 저 사람은 죄를 그렇게 많이 짓고도 편안히 죽네?'
우리가 이런 염려를 할 필요가 없다. 하나님은 우리의 짧은 100년 인생에만 하나님 노릇 하시는 분이 아니며 짧은 100년 인생용 하나님이 아니다. 우리는 죽어 끝이 나도 주님은 죽음 너머 영원 저편에서도 하나님이시다. 이 땅에서만 하나님이 아니라 죽음 너머에서도 여전히 주님은 더욱 하나님이시다. 각 사람이 반드시 하나님 앞에서 자기 일을 하나님께 직고할 것이다. 변명은 불가능하다.

불꽃같은 눈으로 모든 것을 보시는 주님을 생각하면 유한한 인간들이 세상 법정에서 벌이는 일들은 그야말로 촌극이다. 아무도 모르는 사건을 놓고 아무것도 모르는 판사가 앉아 있다. 원고와 피고와 변호사가 서로 자기주장을 하고 증거물을 댄다. 법적 논리로 분별하는 일밖에 달리 할 수 있는 일이 없다. 그 사건의 전말이 어떤지, 그 현장을 본 적도 없고 알 수도 없기 때문에 실수가 많을 수밖에 없다. 그러나 하나님 앞에서 숨길 수 있는 것은 아무것도 없다. 모든 것을 아시는 분이 불꽃같은 눈으로 살펴보시면 아무 말도 더 보태거나 뺄 수 없이 각 사람이 자기가 한 일을 자기 입으로 하나님께 사실대로 말하게 된다고 말씀한다.

그러니 누구도 판단하지 말라. 다른 사람 걱정하지 말라. 평생 죄 짓고도 편안히 죽는 사람이 있다. 의롭게 살고도 고생하고 죽임 당하는 사람도 있다. 그러나 누구 걱정할 필요가 전혀 없다. 반드시 어느 때든 그 값을 치르게 되어 있다. 잠깐 100년을 피했다고 해서 그것이 그에게 절대 축복이나 위안이 될 수 없다. 영원한 세계에서 반드시 추적을 받을 것이기 때문이다. 주님이 말씀하신 대로 이제는 아무도 걱정하지 말라. 누가 누구를 판단하거나 고자질하지 말라. 그 걱정은 우리 몫이 아니다. 어떤 경우에도 억울한 일은 존재하지 않는다. 부당한 일은 절대 그냥 넘어갈 수 없다. 하나님은 지금과 영원 사이에서 반드시 심판하신다. 의로움은 우리 주님의 본성이기 때문에 반드시 심판하신다.

성경에는 심판이 얼마나 철저한지 기록되어 있다.

12 또 내가 보니 죽은 자들이 큰 자나 작은 자나 그 보좌 앞에 서 있는데 책들이 펴 있고 또 다른 책이 펴졌으니 곧 생명책이라 죽은 자들이 자기 행위를 따라 책들에 기록된 대로 심판을 받으니 13 바다가 그 가운데에서 죽은 자들을 내주고 또 사망과 음부도 그 가운데에서 죽은 자들을 내주매 각 사람이 자기의 행위대로 심판을 받고 14 사망과 음부도 불못에 던져지니 이것은 둘째 사망 곧 불못이라 계 20:12-14

무론 대소하고 예외 없이 반드시 하나님의 심판대 앞에 설 것이다. 그런데 바다가 죽은 자들을 내어주고 사망과 음부도 그 죽은 자들을 내준다고 말씀한다. 그러면 한 가지 짐작해볼 수 있는 것이 있다. 히틀러의 앞잡이가 되어 6백만 유대인을 집단학살한 독일의 아이히만이 전쟁이 끝난 뒤 도망 다니다가 결국에 붙들려서 공개재판을 받았다. 그렇지만 그런 극악무도한 자에게 갚을 수 있는 세상의 법이라는 것은 고작 그의 목숨 하나 끊는 것밖에는 없었다. 얼마나 부당한가. 6백만 명이나 죽인 사람을 잡아서 겨우 교수형에 처하는 것이 무슨 보응이 되겠는가.

그런데 주님이 말씀하신다. 하나님이 심판하실 때는 그가 그 죄를 지을 때 그 존재와 인격으로 다시 부활시켜서 그 당시의 책임을 물으실 것이다. 죄의 동기부터 그 죄가 진행된 모든 과정, 그 공의로움에 한 치의 오차가 없도록 아주 철저하고 완벽한 응징을 받아야 심판을 끝내게 된다는 말씀이다. 경중(輕重)을 달아 모자라지 않도록 심판이 정확히 집행된다는 것만큼은 분명한 사실이다.

우리가 얻게 되는 결론은 어떤 경우에도 죄는 반드시 심판을 거치게 된다는 것이다. 하나님께 직접 심판을 받을 것인가, 아니면 하나님이 허락해놓으신 누구를 통해 심판을 받을 것인가의 차이만 있을 뿐 심판 없이 지나가는 죄는 없다. 죄에는 반드시 응당한 심판이 있다. 이 사실이 성경이 말해주는 원리이다.

2. 하나님은 지옥을 만드셨다

죄에 대한 하나님의 대응 그 두 번째, 하나님은 죄와 사탄을 위하여 지옥을 만드셨다.

4 내가 내 친구 너희에게 말하노니 몸을 죽이고 그 후에는 능히 더 못하는 자들을 두려워하지 말라 5 마땅히 두려워할 자를 내가 너희에게 보이리니 곧 죽인 후에 또한 지옥에 던져 넣는 권세 있는 그를 두려워하라 내가 참으로 너희에게 이르노니 그를 두려워하라 눅 12:4,5

사람에게 가장 끔찍하고 사람이 가장 두려워하는 것이 있다면 사람의 몸을 죽이는 것이다. 사람을 잔인하게 죽이는 이런 죽음에 대한 두려움이 얼마나 큰가. 그런데 주님은 그보다 더 두려워할 자를 알게 해주겠다고 하신다. 이 세상에서는 아무리 잔혹한 방법으로 사람을 죽인다고 해도 다해봐야 육신의 목숨 끊는 것밖에 하지 못한다. 그런데 몸뚱이 목숨 끊어지는 것이 그렇게 두려우면 우리의 진정한 실존인 우리의 몸과 영혼을 능히 지옥 불에 던져 넣을 수 있는 분을 두려워하라고 하신다.

물론 사람이 두려울 수 있다. 그러나 그와 비할 수 없이 더욱 두려운 분이 계신다. 하나님을 두려워하는 경외함이라는 말은 바꾸어 말하면 사람을 두려워하지 않는 것이다. 사람을 두려워하지 않는 것은 그보다 더 두려워할 실존이신 하나님을 진짜 두려워할 자로 바로 아는 것이다. 누구 말을 순종하는가? 누구의 낯을 보는가? 누구의 심판을 두려워하는가? 사람이 아니라 하나님의 판단이 두려운 것이다. 아멘인가? 하나님 그분을 두려워하라. 다시 말하노니 두려워하라. 죄에 대해 너무나 분명하고 단호하시고, 지옥을 만들어놓고 심판하시는 하나님을 두려워하라.

우리는 하나님이 죄에 대해서 얼마나 잔인하신가가 아니라 하나님의 성품을 기억해야 한다. 하나님은 절대 눈에는 눈이고 이에는 이인 분이다. 하지만 사람은 그렇지 못하다. 어떤 죄, 어떤 과실에 대해 앙갚음을 할 때 공평을 유지하기란 불가능하다. 욕을 한 마디 얻어먹으면 열 마디 쏟아부어도 분이 안 풀린다. 만약에 인간에게 보복을 허락한다면 정말 큰일 난다. 공정하게 판단하실 수 있는 분은 오직 주님밖에 없다. 우리 하나님은 공평하고 정대하시다. 역설적으로 그 하나님께서 죄를 어떻게 대응하시는지 보면 죄가 얼마나 끔찍하고 무섭고 가공할 만한 것인지를 알 수 있다.

23 그가 음부에서 고통 중에 눈을 들어 멀리 아브라함과 그의 품에 있는 나사로를 보고 24 불러 이르되 아버지 아브라함이여 나를 긍휼히 여기사 나사로를 보내어 그 손가락 끝에 물을 찍어 내 혀를 서늘하게 하소서 내가 이 불꽃 가운데서 괴로워하나이다 눅 16:23,24

불가(佛家)에도 지옥에 대한 이야기가 있다. 그런데 그것은 쉽게 말해서 픽션(fiction)이다. 주님만이 정말 지옥을 만드시고 실제 지옥을 말씀하셨다. 주님만이 지옥을 정확히 아신다. 주님은 부자와 나사로의 이야기를 통해 지옥을 말씀하셨다. 지옥에 간 부자가 얼마나 고통스러운지 "음부에서 고통 중에" 있다고 말한다. 지옥은 침 넘길 사이도 없이 고통이 계속되는 곳이다. 부자는 자신이 "불꽃 가운데서 괴로워한다"라고 표현한다. 계속해서 불에 타는 고통을 호소하는 것이다. 불에 데어보면 칼로 벤 것과 차원이 다른 고통을 느낀다고 한다. 세상의 고통은 끝난다는 희망이라도 있지만 지옥은 절대 죽음이라는 자비조차 허락되지 않는다.

어떻게 그런 기회가 주어졌는지는 모르겠다. 부자가 끊임없이 널름거리는 불꽃 가운데서 고통을 당하다가 "아브라함이여" 하고 부르짖을 수 있는 단 한 번의 기회를 얻어 나사로를 보내어 그 손가락 끝에 물을 찍어서 그 물 한 방울만이라도 자신의 혀를 적셔달라고 한다. 그러나 이것은 지옥이 영원 가운데서 단 한 번, 물 한 방울의 자비도 허락되지 않는 곳이라는 것을 말해준다. 그렇기 때문에 무슨 일이 있어도, 어떤 대가를 지불하는 일이 있어도 우리가 이 지옥만큼은 가서는 안 된다.

놀랍게도 사랑과 자비의 하나님이신 우리 주님은 천국에 관한 말씀보다 지옥에 관한 이야기를 더 많이 하셨다. 흔한 말로 천국은 다 모르고 들어가도 천국이다. 그러나 지옥만큼은 절대로 무슨 일이 있어도 들어가서는 안 되기 때문이다. 그러나 요즘 한국 교회 강단에서 치유, 회복, 성공, 능력 이런 이야기 말고 지옥에 관한 말씀을 얼마나 들어보았는가? 혹시 언제가 마지막이었는가?

나는 우리가 천국 지옥을 믿는지 정말 묻고 싶다. 농담이나 비유가 아니라 예수님이 정말 천국보다 지옥에 대해 더 많이 말씀하셨다면 그것은 그분이 우리를 사랑하시기 때문이다. 무슨 일이 있어도 지옥은 가면 안 되기 때문이다. 그래서 주님이 지옥을 더 설교하셨다. 그럼 목회자가 주님보다 더 자비로운가? 그렇다면 지옥을 더 설교했어야 한다. 그런데 지옥에 대해서 1년에 몇 차례나 말씀을 들을 수 있는가? '지옥'이라는 단어 한 번 슬쩍 끼워 넣는 식 말고 지옥에 대해 경각심을 갖도록 하는 말씀을 얼마나 들어보았는가? 지옥 가는 것이 확실한 인생들인데도 그들의 눈치 보느라 제대로 말하지 못하고 싸구려 복음을 팔아먹는 목회자는 없는지 정말 묻지 않을 수 없다.

지옥에 간 부자가 아브라함에게 다시 부탁하는 것이 무엇인가? 자기 집 대문 앞에서 개만도 못하게 살다가 죽은 나사로를 아버지 집에 보내어 자신의 다섯 형제만은 지옥에 오지 않게 해달라는 것이다. 이 얼마나 역설적인가. 내일과 미래와 죽음 이후를 생각하지 못할 만큼 행복에 겨워서 날마다 호화로이 파티하며 살다가 지옥에 온 자신의 삶이 얼마나 끔찍한지 말로 다할 수 없었던 것이다. 그러니 다른 사람이 아니라 나사로를 보내어 다섯 형제에게 설령 나사로처럼 살다가 죽는 한이 있어도 지옥에는 오지 않도록 해달라는 그런 부탁이 아니겠는가. 이렇게 주님은 지옥을 영원히 후회가 가시지 않는 무서운 곳이라고 말씀해주신다.

짧은 몇십 년의 인생, 꿈결 같은 세상에서 호화로이 배부르게 흐드러지게 살다가 영원한 지옥과 운명을 바꿔버리는 비극을 그냥 당할 수는 없지 않는가. 차라리 몇십 년 고생하고 사는 한이 있더라도 천국에서 영원한 운명을 맞이해야 되지 않겠는가. 영원에 대한 확신이 있는 목회자라면 성도들에게 이것을 용기 있게 전해주어야 한다.

47 만일 네 눈이 너를 범죄하게 하거든 빼버리라 한 눈으로 하나님의 나라에 들어가는 것이 두 눈을 가지고 지옥에 던져지는 것보다 나으니라 48 거기에서는 구더기도 죽지 않고 불도 꺼지지 아니하느니라 49 사람마다 불로써 소금 치듯 함을 받으리라 막 9:47-49

나는 지옥의 묘사 중에 가장 끔찍하고 두렵게 느껴지는 장면이 바로 이 장면이다. 지옥은 구더기도 죽지 않고 불도 꺼지지 않고 불꽃 가운데서 계속 고통을 당하는 곳이다. 요한계시록에 보면 그 불이

'유황불'(계 19:20)이라는 것을 알 수 있다. 유황불이 타는 것을 본 적이 있는가? 유황불이란 닿기만 해도 뼈가 타들어가는 그런 불이다. 영원 가운데 계속되는 지옥의 고통 중에 가장 끔찍한 것이 바로 살과 뼈를 녹여내는 이 불꽃의 고통을 고스란히 받는 것이다.

그런데 문제는 구더기도 죽지 않는다는 것이다. 어떤 사람은 구더기도 안 죽는다면 견딜 만한 것이 아니냐 하는데 이 말은 그런 뜻이 아니다. 불의 강도는 유황불인데 그 불의 고통을 당하면서도 구더기조차 죽지 않는다는 것이다. 구더기도 안 죽으면 대체 무엇이 없어지겠는가? 결국 고스란히 생생하게 살아서 지옥의 동반자로 영원히 같이 있는 것이다.

지옥에 누가 갈까? 지옥에 온 내로라하는 인사라면 이 땅에서 가장 악독한 파렴치한, 역겹기 짝이 없는 인간, 가장 잔인한 놈, 더러운 놈, 음란한 놈, 온갖 악독한 종자일 것이다. 악한 인간 중에서도 마지막 회개와 자비의 기회마저 거절한 악의 총체, 악의 화신들이 거기다 와 있을 것 아닌가. 그런데 그런 놈들 중에서 한 놈도 죽어 없어지지 않는다. 지옥은 개과천선(改過遷善)하는 데가 아니니 악독한 종자들이 하나도 바뀌지 않은 채 모든 악이 충만하고 그 악을 있는 대로 뿜어내면서 1년 동안 동행하는 것이 아니고, 10년 동행하는 것도 아니고, 백 년도 아니고 천 년도 아니고 영원히 계속되는 것이다. 머리를 톱으로 켜서 뚜껑을 열고 뇌를 찔러대는 생체실험을 하고 유대인을 6백만 명이나 죽인 끔찍한 히틀러가 영원히 그 지옥에 있다.

가룟 유다가 죽을 때 얼마나 후회가 막급했을지 정확히 알 수는 없다. 그러나 그는 자신이 저지른 일이 어떤 결과를 가져왔는지 알게 되었을 때 심한 자책감에 시달려 받았던 은돈 30개를 성전에 내던지고 나가 목매달아 죽었다. 어떻게 목을 매달았는지 몰라도 거꾸로 떨어져 배가 터져서 창자가 다 흘러나왔다고 한다. 사실 사람 뱃가죽이 얼마나 든든한지 모른다. 웬만해서 구멍 뚫리는 일이 없고 칼끝도 잘 안 들어간다. 그런데 그 배가 터져서 창자가 흘러나왔다고 한다. 그런데 지옥에 성형수술 하고 가겠는가? 흘러나온 창자 그대로 가지고 갔을 텐데 지옥에서 그 가룟 유다를 만나 영원히 함께하는 것이다.

사랑과 자비가 충만하신 예수님은 지옥에 대해서 더 빼고 더할 수도 없는 분명한 사실을 말씀해주셨다. 죄가 얼마나 무섭고 가공할 만한 것이면 사랑이신 주님이 우리의 느낌과 상관없이 죄 때문에 지옥을 만들 수밖에 없겠는가. 오죽했으면!

> 그러나 두려워하는 자들과 믿지 아니하는 자들과 흉악한 자들과 살인자들과 음행하는 자들과 점술가들과 우상 숭배자들과 거짓말하는 모든 자들은 불과 유황으로 타는 못에 던져지리니 이것이 둘째 사망이라 계 21:8

분명하고 확실하다. 두려워하는 자, 믿지 아니하는 자, 흉악한 자, 살인자, 행음자, 술객과 우상 숭배자, 거짓말하는 모든 자들이 불과 유황으로 타는 못에 던져진다. 지옥은 관념의 세계가 아니다.

분명한 사실이고 실제이다. 주님은 지옥을 만드셨다. 그리고 죄와 사탄을 반드시 이 지옥에 멸하신다. 이만큼 죄는 너무나 끔찍하다. 이 땅에서 우리가 당하는 재앙을 다 합친다 해도 죄 문제보다 더 심각할 수는 없다.

3. 죄는 결코 천국에 들어갈 수 없다

세 번째, 죄는 절대 천국에 들어갈 수 없다. 어떤 경우나 모양으로도 죄는 천국에 들어갈 수 없다. 물론 용서받은 죄인은 갈 수 있지만 죄는 천국에 못 간다.

> 무엇이든지 속된 것이나 가증한 일 또는 거짓말하는 자는 결코 그리로 들어가지 못하되 오직 어린양의 생명책에 기록된 자들만 들어가리라
>
> 계 21:27

오직 어린양의 생명책에 기록된 자들만이 들어갈 수 있다.

> 19 육체의 일은 분명하니 곧 음행과 더러운 것과 호색과 20 우상 숭배와 주술과 원수 맺는 것과 분쟁과 시기와 분냄과 당 짓는 것과 분열함과 이단과 21 투기와 술 취함과 방탕함과 또 그와 같은 것들이라 전에 너희에게 경계한 것 같이 경계하노니 이런 일을 하는 자들은 하나님의 나라를 유업으로 받지 못할 것이요 갈 5:19-21

이런 일을 하는 자들은 하나님의 나라를 유업으로 받을 수가 없다. 여기서 우리가 한 가지 주의해야 될 것이 있다. 죄를 퍼질러 지으면서도 "주님은 우리의 과거 현재 미래의 죄를 모두 용서해주셨으니"라며 완전 속죄 교리를 입으로 떠든다고 해서 그를 천국에 들여보내는 일은 결단코 없다는 것이다. 정통 교리를 부둥켜안고 그 진리를 읊어대도 죄를 버리지 않고 죄에서 떠나지 않으면 그런 사람에게 열린 하늘나라는 없다. 성경에 분명히 이런 일을 하는 자들은 하나님 나라에 들어갈 수 없다고 했다. 아멘인가?

속죄를 믿기 때문에 더욱 죄에 거할 수는 없는 것이다. 하나님이 우리를 은혜로 구원해주셨다고 말장난하는 이들이 있는가? 로마서 5장에 "죄가 더한 곳에 은혜가 더욱 넘쳤나니", 로마서 6장에 "은혜를 더하게 하려고 죄에 거하겠느냐"라는 말씀인즉 "그럴 수 없느니라 죄에 대하여 죽은 우리가 어찌 그 가운데 더 살리요"(롬 6:2) 그럴 수 없다는 말씀이다. "전에 너희에게 경계한 것같이 경계하노니", 이 말을 듣는 사람은 다 교인들이다. 구원받은 사람들이다. 그러나 분명히 말하는데 이런 일을 일삼는 자들은 하나님의 나라를 상속받지 못할 것이다. 아멘인가? 주님은 절대 죄를 천국에 들여보내지 않으신다.

4. 하나님의 진노의 본성

네 번째, 거룩하신 하나님 안에는 죄에 대해 진노하시는 본성이 있다.

하나님은 의로우신 재판장이심이여 매일 분노하시는 하나님이시로다
시 7:11

하나님은 의로우신 재판장이시기 때문에 죄를 보고 잠잠하실 수가 없다. 그분은 매일 분노하시는 하나님이다. 죄에 대한 그분의 의로운 분노는 결코 잠들지 않는다. 왜냐하면 존재적으로 진노의 본성을 가지고 계시기 때문이다.

또 여호와에게 가까이 하는 제사장들에게 그 몸을 성결히 하게 하라 나 여호와가 그들을 칠까 하노라 출 19:22

따라서 죄 문제를 처리하지 않고 하나님 앞에 나가면 주님은 곧바로 심판자로 변하시고 진노의 심판을 행하신다.

하나님의 진노가 불의로 진리를 막는 사람들의 모든 경건하지 않음과 불의에 대하여 하늘로부터 나타나나니 롬 1:18

우리는 하나님의 진노의 본성이 죄에 대하여 어떻게 발휘되는지 볼 수 있다. 피할 수 없도록 임하는 압도적인 심판의 장면을 여실히 보여주는 말씀이다.

3 이런 일을 행하는 자를 판단하고도 같은 일을 행하는 사람아, 네가

하나님의 심판을 피할 줄로 생각하느냐 4 혹 네가 하나님의 인자하심이 너를 인도하여 회개하게 하심을 알지 못하여 그의 인자하심과 용납하심과 길이 참으심이 풍성함을 멸시하느냐 5 다만 네 고집과 회개하지 아니한 마음을 따라 진노의 날 곧 하나님의 의로우신 심판이 나타나는 그 날에 임할 진노를 네게 쌓는도다 롬 2:3-5

다른 사람을 판단하고 정죄하고 가르치려고 하는 동안 우리는 어느덧 자신이 의로운 편에 있다는 착각을 한다. 남을 판단하고 정죄하는 사람의 위기가 바로 이것이다. 아주 위험한 일이다. 주님이 그런 사람을 무섭게 질타하신다.

"남을 판단하는 네가 같은 일을 행하면서 너는 하나님의 판단을 피할 줄로 아느냐? 하나님이 당장 벼락을 치지 않으신다고 해서 하나님이 너처럼 인생이라서 대강 눈감아주고 잊어버리셨다고 생각하느냐? 오해하지 말라. 네게 회개할 기회를 주시기 위해 하나님이 베풀어주시는 인자를 거꾸로 이용하여 이런 악한 짓을 하다니, 하나님의 인자하심과 용납하심과 길이 참으심을 네가 멸시하느냐? 다만 네 고집과 회개치 아니한 마음을 따라 진노의 날에 임할 진노를 네가 쌓고 있는 것이다."

우리는 악한 자가 기승을 부리고 형통한데 주님이 왜 잠잠하신지, 왜 심판을 그때그때 안 하시는지 이런 것 때문에 마음이 상할 때가 있다. 슬쩍슬쩍 죄를 저지르는데도 주님이 당장 계산하지 않으시니까 간이 슬슬 배 밖으로 나와서 '이 정도는 괜찮은가 본데, 내가 주님을 위해서 헌신하니까 이런 건 그냥 넘어가시는 모양인데' 이렇게 생각할 수도 있다.

그러나 주님은 죄에 대해 무감각하고 그냥 넘어가시는 분이 결코 아니다. 본성상 죄를 심판하지 않을 수 없는 분이시다. 그런 주님이 지금 당장 계산하지 않는다는 말은 진노의 그날을 준비해놓으시고 진노를 점점 쌓아두고 계신다는 것이다. 이 기회를 통해서 돌이킬 자에게 회개할 기회를 주신다. 그러나 회개할 기회를 줬다고 해서 면죄될 수는 없다. 반드시 하나님이 심판하시는 진노의 날이 있다.

휴전선의 한 초소에서 우리 군의 초병이 총을 겨누고 있는데 북측에서 간첩이 두리번거리며 슬금슬금 다가오는 것이 보였다. 그가 보는 사람이 있는지 없는지 이런 저런 시험을 해보더니 반응이 없자 점점 더 가까이 다가온다. 그래도 이쪽에서는 아무 대응도 하지 않는다. 그렇다고 그것이 그놈이 와도 괜찮다는 뜻은 아니다. "조금만 더 가까이 와라. 조금만 더 와라. 사정거리 안까지 들어와 정확하게 사격할 수 있도록 조금만 더 와라." 하나님이 심판을 유보하고 기다리시는 것은 우리에게 회개의 기회도 되지만 다른 한편으로는 진노의 날을 예비하는 일도 된다. 댐이나 보(洑)에 물이 모여도 그 수문을 열기 전에는 아무 일도 없는 것과 같다. 하나님은 너무나 분명히 말씀하신다. 하나님의 진노의 본성은 죄를 죄대로 반드시 심판하셔야만 한다.

곧 나의 복음에 이른 바와 같이 하나님이 예수 그리스도로 말미암아

사람들의 은밀한 것을 심판하시는 그 날이라 롬 2:16

은밀하게 지은 죄라서 세상 누구도 보지 못했고 설령 그것을 본 사람이 있는데 그 사람이 죽었다고 해도 하나님은 그냥 넘어가실 수 있는 분이 아니다. 지은 죄가 은밀한지 아닌지, 무덤까지 가져갈 수 있는지 아닌지는 논의의 대상이 아니다. 하나님 앞에서 해결하지 않고 넘어가면 그 문제는 영원히 풀리지 않는 숙제로 남는다. 반드시 처리해야 한다. 이것 없이 불가능하다는 것이다.

우리가 죄에 대한 하나님의 대응을 살펴본 것처럼 죄는 너무나 끔찍하고 가공할 만하며 지긋지긋하게 무서운 것이다. 이 땅에서 사람의 몸을 입고 살아가는 동안 겪는 모든 비극을 다 합친 것보다, 이 땅에서 당하는 모든 천재지변을 다 합친 것보다, 우리가 너무나 아무렇지 않게 짓고 별 것 아닌 것처럼 여기는 이 죄가 더 크고 무서운 것이다. 이만큼 주님은 죄에 대하여 확실하고 단호한 태도를 가지고 계시며 그 죄를 심판하신다. 죄에 대한 심판은 죽음을 넘어서며 죄는 반드시 심판을 거쳐야만 해결된다.

우리가 죄를 어떻게 느끼든지 상관없이 이 죄의 문제야말로 우리의 어떤 현실보다, 내 가정사나 앞으로 먹고 사는 문제보다, 북한의 핵 문제보다, 이 모든 것을 다 합친 것보다 더 심각하다. 그런데도 우리는 죄의 문제를 거의 다루지 않고 늘 치유하고 회복하고 위로받고 싶어 한다. 이것이 끔찍한 일이다. 우리의 느낌과 태도가 어떻든 죄에 대한 하나님의 대응이 이토록 분명하고 확실하다는 사실을 잊지 말

라. 천국보다 지옥에 대해서 더 많이 말씀하신 주님이시다. 하나님은 결코 그분의 일과 그분의 거룩함을 영원 가운데 한 번도 포기해본 적이 없으시다.

다음으로 죄가 무엇인지 나눌 텐데 계속해서 진리를 나눌 때 초점을 놓치지 않기 바란다. 사탄의 공격이 심할수록 틈을 주어서는 안 된다. 힘들다고 느껴질 수 있지만 도리어 지금이야말로 가장 신나고 통쾌한 시간이다. 지금까지 우리를 괴롭히고 혼미케 한 죄의 실체가 드러나는 시간이다. 그래서 더욱더 오직 진리 안에서 전심으로 함께 하기 바란다.

- 주관적 체험과 자기 느낌에 의존하는 신앙생활은 위험하다.

- 우리는 감정으로 죄를 끊을 수 없다. 죄는 비할 데 없이 악하고 무섭고 징그럽고 끔찍하지만, 죄에 종노릇하던 육적 자아는 정서적으로 죄를 가깝고 친근하게 느끼기 때문이다.

- 하나님은 죄에 대해 단호하시다. 죄와 사탄을 위해 지옥을 만드셨다. 죄에 대해 진노하시고 반드시 죄를 심판하시며 죄를 결코 천국에 들이지 않으신다.

- 주님은 진노의 그날을 준비하시고 진노를 쌓아두고 계신다. 이것이 지금은 회개의 기회이지만 언젠가 반드시 심판의 날이 온다.

- 우리는 늘 치유하고 회복하고 위로만 받을 것이 아니라, 죄에 대한 하나님의 대응을 알고 죄 문제를 반드시 해결해야 한다.

· · ·

주님이 하셨습니다!

죄의 속성 1 | 반역성

죄는 관념이나 느낌이 아닌 실체이다. 죄의 실체를 단순한 문장으로 표현하거나 정의하기는 어렵다. 그러나 죄가 드러내는 속성을 살펴 본다면 죄의 실체를 알 수 있다. 죄가 가진 가장 근본적인 속성은 반역성이다.

죄의 속성 1

1. 반역성

18 하나님의 진노가 불의로 진리를 막는 사람들의 모든 경건하지 않음과 불의에 대하여 하늘로부터 나타나나니 19 이는 하나님을 알 만한 것이 그들 속에 보임이라 하나님께서 이를 그들에게 보이셨느니라 20 창세로부터 그의 보이지 아니하는 것들 곧 그의 영원하신 능력과 신성이 그가 만드신 만물에 분명히 보여 알려졌나니 그러므로 그들이 핑계하지 못할지니라 21 하나님을 알되 하나님을 영화롭게도 아니하며 감사하지도 아니하고 오히려 그 생각이 허망하여지며 미련한 마음이 어두워졌나니 22 스스로 지혜 있다 하나 어리석게 되어 23 썩어지지 아니하는 하나님의 영광을 썩어질 사람과 새와 짐승과 기어다니는 동물 모양의 우상으로 바꾸었느니라 롬 1:18-23

죄의 속성은 불의로 진리를 막는다는 것이다. 정상적이라면 진리가 불의를 심판해야 한다. 선이 악을 심판해야 한다. 그런데 거꾸로 불의가 진리를 막는 짓을 한다. 완전히 반역적인 태도이다. 죄의 밑바닥에 흐르는 죄의 근본이자 바탕이 바로 반역성이다. 그러면 이 반역은 누구에 대한 반역인가? "온갖 좋은 은사와 온전한 선물이 다 위로부터 빛들의 아버지께로부터 내려오나니…"(약 1:17). 우리 하나님은 존재 자체가 선하고 의로우시기 때문에 그분에게서 어떤 악하거나 더럽거나 어두운 것이 나올 수 없고, 나오는 그 어떤 것도 모순을 일으킬 수 없다. 그러니까 하나님께로부터 나온 선하고 정의로운 것이 아닌 것들은 모두 죄에서 나온 것이다.

따라서 불의로 진리를 막는 이 악독한 반역은 정확히 하나님을 대상으로 한다. 목적은 하나님과의 교제를 단절시키려는 것이다. 우리의 원형이 어떤 목적으로 지어졌는지 생각해보면 그 노리는 바가 얼마나 무섭고 용의주도한지 알 수 있다. 인간의 존재 목적이 무엇인가? 하나님을 영화롭게 하고 그를 영원토록 즐거워하는 것이다. 이 본질적인 가치를 상실하고 목적에서 빗나가 하나님의 통제에서 벗어난다면 그때부터 인간은 짐승보다 더 악한 존재가 된다. 이 세상 만물을 가장 더럽히고 가장 끔찍하게 만드는 주범이 되고 만다.

하나님을 영원히 사랑하고 오직 그만 즐거워하며 그에게 전적으로 의존되어 살도록 지어진 것이 인간 생명의 특성이다. 그런데 죄가 바로 이것을 집중적으로 공격하여 인간 생명 안에 들어와 하나님과의 교제를 단절시킬 뿐만 아니라 하나님을 증오하게 만든다. 이 죄의 밑바닥에 흐르는 정서는 하나님에 대해 이를 갈고 덤벼드는 증오심이다. 단순히 하나님과의 관계가 소원하게 되었다는 정도가 아니라 하나님을 증오하며 대적한다. 이것이 바로 죄가 가진 반역성이다.

죄를 윤리 도덕의 차원으로 생각하고, 남들이 도덕적인 죄를 지었는데 나는 그보다 조금 덜하다면 어처구니없게 판단하고 정죄하고 자신은 깨끗한 것처럼 구는 것이 인간이 하는 짓이다. 그러나 과연 죄가 그렇게 감상적인 이야기인지, 죄의 반역성이 구체적으로 어떤 영역에서 드러나는지 알아보자.

① 영적(종교적) 타락

ⓐ 우상숭배

영적인 존재로 지어진 인간에게 죄의 반역성이 처음 드러나는 곳은 역시 영적인 영역이다. 죄의 독성에 물든 인간 생명 안에서 반역적 반응이 나타날 때 종교적 성향을 띠게 되는데 그것이 우상숭배다. 한마디로 죄의 반역성이 가장 분명하게 드러나는 것이 우상숭배다. 밀림에서 아무리 오랑우탄만도 못하게 살아도 인간이 사는 곳에는 반드시 종교 행위가 벌어진다. 반대로 제아무리 뛰어난 고릴라도 종교 행위는 하지 않는다. 인간과 동물을 가르는 것은 여타의 기능이 아니라 영적인 행위를 하는 여부이다.

그런데 이 우상숭배가 종교심의 순수한 표현이 아니라 반역성이 뚝뚝 묻어나는 짓이라는 것이 성경의 진단이다.

19 하나님께서 이를 그들에게 보이셨느니라 20 창세로부터 그의 보이지 아니하는 것들 곧 그의 영원하신 능력과 신성이 그가 만드신 만물에 분명히 보여 알려졌나니 그러므로 그들이 핑계하지 못할지니라
롬 1:19,20

하나님은 인간에게 하나님을 알 만한 것들을 환히 보여주셨다. 인간의 영적 지각 능력만으로도 인간은 절대 핑계할 수 없고 하나님을 부정할 수 없다. 그래서 신(神)을 찾는다. 신을 만들어 경배하고 우상숭배를 한다. '히말라야'가 "신들의 거처"라는 의미라고 한다. 짐승은 히말라야 산을 봐도 경외심을 느끼지 않는다. 그러나 인간은 엄청난 산만 봐도, 어마어마한 바다를 봐도, 높은 태양을 봐도 짐승과는 영 다른 반응을 보인다. 경외심이 생기고, 그것을 신으로 섬기고 두려워한다. 그런데 하나님을 알 만한 것들이 저희 안에 있고, 신에 대하여 절대자에 대하여 창조자에 대하여 두려움과 경외심을 품는 영적인 반응이 나오는데도 불구하고 그들이 어떤 짓을 하는지 보라.

21 하나님을 알되 하나님을 영화롭게도 아니하며 감사하지도 아니하고 오히려 그 생각이 허망하여지며 미련한 마음이 어두워졌나니 22 스스로 지혜 있다 하나 어리석게 되어 23 썩어지지 아니하는 하나님의 영광을 썩어질 사람과 새와 짐승과 기어다니는 동물 모양의 우상으로 바꾸었느니라 롬 1:21-23

사람들 속에 하나님을 알 만한 것이 분명히 보여서 핑계할 수 없는데도, 하나님을 알지만 하나님을 영화롭게도 하지 않고 감사하지도 않는다. 이렇게 지옥에 처박힐 악독한 짓을 하는 것이 인간의 본능적인 반응이다. 이것은 반역성이 없이는 불가능하다. 무언가 의도가 숨겨져 있는 것이다. 어처구니없게도 오히려 생각이 허망하고 마음이 미련해져서 썩어지지 않는 하나님의 영광을 썩어질 사람, 금수, 버러지 형상의 우상으로 바꾼다. 하나님을 아는 경외감이 밀려오는데 이런 식의 우상을 만들지는 않는다. 이 모독과 반역적인 태도가 바로 우상숭배로 드러난다.

우리는 우상숭배를 대수롭지 않게 생각하는데 우상이란 어느 절간에 불상을 깎아놓은 정도를 말하는 것이 아니다. 사람이 사람을 숭배할 수도 있고, 철학, 이데올로기, 정치, 권력을 우상으로 섬길 수도 있다. 우상숭배가 인간의 존재와 삶에 얼마나 밀접하게 연결되어 있는지는 십계명에도 잘 나타난다. 하나님은 율법을 열 가지 계명으로 요약해주셨다. 그중에 첫 번째, 두 번째가 우상숭배를 금지하는 계명이다. 이것만 보더라도 우상숭배가 우리 삶의 근간에 얼마나 덕지덕지 붙어 있는지를 알 수 있다. 하나님은 죄의 음모와 특성을 누구보다 잘 아시고, 이 죄에 오염된 '죄 곧 나요 나 곧 죄'인 인간이 하는 짓이 어디서부터 발생되는지를 아시기 때문에 첫 번째와 두 번째 계명으로 아예 쐐기를 박아놓으셨다.

하나님이 가장 진노하시고 가장 마음 아파하시고 무섭게 징계하시는데도 결국 이스라엘을 망하게 한 죄목이 바로 이 우상숭배이다.

이것이 이스라엘만의 문제인가? 아니다. 존 칼빈은 "인간의 마음은 우상을 제조하는 공장이다"라고 말했다. 마음의 우상숭배는 영적인 반역성이 고스란히 깔려 있는 죄다. 하나님은 사람에게 "영원을 사모하는 마음"(전 3:11)을 주셨다. 그래서 인간의 영혼 안에는 하나님을 향한 끝없는 목마름과 사모함이 존재한다. 간절히 사모하고 오직 그것을 추구하는 목마름이 우리 마음 전부를 사로잡을 때 우리는 하나님을 마음과 정성을 다하고 뜻을 다해서 사랑할 수 있다. 하나님이 우리에게 주신 정말 아름다운 속성이다. 그런데 여기에 반역성이라는 죄의 독성이 들어오자 목마름과 사모함은 남아 있지만 그 향방을 잃어버리고 말았다.

마음에서 하나님을 밀어내면 거기에는 반드시 다른 대상이 들어서게 된다. 주님은 에베소교회를 향해 "너의 처음 사랑을 버렸느니라"(계 2:4)라고 책망하시고 "그러므로 어디서 떨어졌는지를 생각하고 회개하여 처음 행위를 가지라"라고 하신다. 알다시피 첫사랑은 그냥 사라지지 않는다. 조건 없이 온 마음을 바쳤기 때문에 그냥 사라질 수는 없다. 반드시 다른 사랑으로 대체된 것이지 없어지거나 식은 것이 아니다. 그러니까 주님이 어디서 떨어졌는지를 생각하라고 하신 것은 그 사랑을 어딘가에 팔아먹었다는 것이며 반드시 도로 찾아야 된다고 하시는 말씀이다.

우리는 본래 전심으로 하나님을 섬기고 사랑하게 되어 있었다. 마음과 뜻과 정성을 다해 하나님을 향하도록 되어 있었고 그것이 율법의 크고 첫째 되는 계명이었다. 그렇게 하나님을 향하던 것이 하나님 아닌 어딘가를 향하게 되었다면 배후에 어떤 음모가 있는지 밝혀내야 한다. 그리고 하나님이 아닌 다른 어딘가를 향해 있는 우리의 목마름과 사모함, 그것이 향한 곳이 어디인지를 보아야 한다.

ⓑ 자아숭배

> 그러므로 땅에 있는 지체를 죽이라 곧 음란과 부정과 사욕과 악한 정욕과 탐심이니 탐심은 우상숭배니라 골 3:5

이 말씀은 우상숭배의 이면에 숨겨진 죄의 음모를 말해준다. 여기서 "땅에 있는 지체"란 죄로 말미암아 하나님을 떠나 하나님 없이 생성되고 나를 지배했던 옛 사람, 병든 자아를 말한다. 그러면 이 땅에 있는 지체를 죽이라고 하는 이유는 무엇인가? 병든 자아가 추구하는 것들은 음란, 부정, 사욕, 악한 정욕, 탐심인데 탐심은 곧 우상숭배라는 것이다. 우상숭배가 신을 사랑해서 하는 짓인가 했는데 가만히 보니까 자신의 탐욕, 즉 이 땅에 있는 지체를 충족시키려고 하는 '자아숭배'라는 것이다.

우상숭배는 곧 자아숭배다. 세상에 존재하는 모든 우상, 모든 종교의 동기 이면을 살펴보라. 성경은 우리에게 죄를 절제하고 금하고 멀리하라고 분명히 말씀하신다. 땅에 있는 지체를 죽이라고 명령하신다. 그런데 죄 장아찌 된 인간이 사는 날 동안 인간의 소욕을 다 그치고 나면 흔한 말로 무슨 재미로 살겠는가. 이 우상숭배의 이면을 보라. 결국은 마음 중심으로 사랑하며 섬겨야 할 하나님을 제치고, 그 자리에 자기 자신을 세워서 자기가 원하는 음란, 부정, 사욕, 악한 정욕, 탐심을 추구한다. 이것을 신격화하고 경배하는 종교적인 모습을 띨 때에는 그것이 우상 종교로 등장하는 것이다.

우상숭배의 매력이 무엇인지 아는가? "그것을 먹는 날에는 네가 주인이 되어 네가 하고 싶은 모든 것을 할 수 있다"라고 에덴동산에서 하와를 꼬드기던 사탄의 수작 그대로 "네가 하고 싶은 대로 하라"라는 것이다. 땅에 있는 지체가 원하는 그 음란과 부정과 사욕과 악한 정욕과 탐심을 금하라고 명령하고 통제하는 신 따위 필요 없으니 다른 신을 만들어서 그 신의 이름으로 얼마든지 양심도 무마하고 합리화해가며 자신을 섬겨도 좋다는 것이다.

이스라엘 백성들은 수많은 우상을 섬겼다. 그중에 가장 인기 있는 우상이 바알과 아세라였다. 바알은 남신이고 아세라는 여신이다. 바알은 농경신(農耕神)이었다. 고대 시대에 하나님 없이 이 자연세계만 본다면 그들의 목숨은 하늘과 땅에 달려 있었다. 하늘이 비를 내리고 땅이 곡식을 내야 먹고살 수 있기 때문이다. 그런데 하나님의 백성 이스라엘이 하나님을 잊어버리고 바알와 아세라를 섬기며 그 신전에서 무슨 짓을 했는지 아는가. "하늘의 신과 땅의 신이 서로 성적 교합을 해야 하늘은 비를 내리고 땅은 풍성한 열매를 맺는다. 그러니까 신을 자극해야 된다"라고 해서 신전에서 음행하는 일이 의식처럼 행해지게 되었다. 신전에는 남창과 여창이 득시글거렸고 그들은 더럽고 난잡한 성행위들을 벌였다. 근거는 신들을 자극하여 풍성한 수확(다산)을 얻고자 한다는 것이었지만 그것은 개가 웃고 고양이가 혀를 찰 일이다. 그들은 신을 위한 것이라는 변명과 합리화로 자신들의 정욕을 추구한 것뿐이다. 이것이 모태신앙이요 하나님의 율법을 받은 이스라엘이 망할지언정 끝내 놓기를 싫어한 짓이다.

이사야, 예레미야, 에스겔 등 여러 선지서들을 읽어보라. "푸른 나무 아래로 가서 거기서 행음하였도다", "네 치마를 걷어 올려 네 얼굴에 이르게 하고" 다 그 얘기다. 악독한 인간 군상들의 반역적 죄성이 우상숭배라는 형태로 저질러졌다. 심지어 자신에게 닥칠 재앙을 막고 부귀영화와 성공을 얻기 위해 자기 자녀를 불로 지나가게 하여 몰렉에게 바치는 인신제사를 지내기도 했다.

그뿐만이 아니다. 세계에서 신의 숫자가 가장 많은 종교가 힌두교라고 한다. 우상숭배의 전형인 힌두교는 음란하기로도 유명하다. 오늘날 사탄교의 종류만 해도 수백 가지가 넘는다고 한다. 이렇게 갖은 악을 다 뿜어내며 종교 행위를 하는 우상숭배는 신을 사랑하는 것이 아니라 신이든 사람이든 금수든 버러지든 상관없이 자기가 원하는 음란, 부정, 사욕, 정욕, 탐심을 마음껏 즐기고 높이며 원하는 것을 구하는 것이다. 이 행위의 모습이 조금 고급스러우냐 아니냐일 뿐, 별 차이가 없다. 그 마음 밑바닥에 흐르는 것은 결국 자아숭배다.

ⓒ 사탄숭배

그런데 이렇게 지독하리만큼 자기를 사랑하고, 자신의 만족과 유익과 자기의 모든 욕구를 추구하는 '나'라는 실제가 정말 나 자신인가? 이미 살펴본 대로 병든 자아는 절대 나의 실체가 아니다. 이 헛된 자아숭배는 결코 맨 정신에 되지 않는다. 사실 이것은 우리의 기본 상식과 인간 양심만 있어도 하지 않을 일들이다. 그런데 희한하게 '종교'라거나 '영적'이라는 이름 앞에서 우리의 이 기능들이 정지해버리고 만다. 그래서인지 종교는 인류 역사가 존재하는 한 가장 왕성하고 안전하고 큰 사업이 되었다. 자기에게 만족과 유익을 줄 신을 자기가 만들고 자기가 섬긴다는 것은 결국 자기를 섬긴다는 말이다. 이토록 종교성이 뛰어난 인간들이 벌이는 우상숭배의 배후가 알고 보니 자아숭배였다니…. 그런데 여기에 더 깊은 음모가 숨어 있다.

2 그 때에 너희는 그 가운데서 행하여 이 세상 풍조를 따르고 공중의 권세 잡은 자를 따랐으니 곧 지금 불순종의 아들들 가운데서 역사하는 영이라 3 전에는 우리도 다 그 가운데서 우리 육체의 욕심을 따라 지내며 육체와 마음의 원하는 것을 하여 다른 이들과 같이 본질상 진노의 자녀이었더니 엡 2:2,3

우리가 육체의 욕심, 즉 자아의 욕심을 따라 지내며 자아가 일으키는 충동대로 육체와 마음이 원하는 것을 하여 본질상 진노의 자식 짓을 하였다. 이 '진노의 자녀'라는 말이 곧 반역성을 의미한다. 그런데 하나님을 진노하시게 만드는 그 일이 그냥 생기는 것이 아니라 다른 음모가 있었다는 것이다. 2절에 "불순종의 아들들 가운데서 역사하는 영"이 있다는 것이다. 그러니까 우상숭배라는 이름으로 결국은 자아를 숭배하는 것이 누구의 음모로 된 일이라는 것인가? 바로 사탄이다. 그렇다면 결국 우리는 좋든 싫든 사탄의 말을 듣고 사탄을 숭배한 셈이다. 성경은 우리가 알든 모르든 인정하든 인정하지 않든, 자아숭배란 결국 따지고 보면 사탄숭배라고 선언한다.

흔히 종교적 성격을 띨 때에는 우상이라는 것을 알기 쉽다. 그러나 요즘에는 종교적인 색채를 띠지 않고 아주 세련된 모습이어서 좀처럼 알아차리기 어려운 우상들이 있다. 우리가 마음과 목숨과 뜻을 다해서 경배하는 것, 사모하고 갈망하는 것이 우상인데, 그런 현대판 우상에 어떤 것이 있는가? 교회 밖은 물론 교회 안에도 들어와 있고, 심지어 성직을 감당하는 가운데도 있을 수 있는 우상에 어떤 것들이 있는지 살펴보자.

먼저, 사람의 인정을 구하는 '인정의 우상'이 있다. 명예, 평판, 교단의 인정이라는 우상. 하나님께 인정받는 것보다 사람들의 인정을 받는 것이 더 다급한 현실이라서 하나님도 안중에 없을 만큼 지독하게 집착한다. 몸뚱이가 부서져라 일하고 심지어 주(主)의 일을 한다고 하면서도 포기하지 못해 얻고 싶어 하는 학벌, 지위, 유명세, 성공, 이 모든 것이 우상이다.

'소유의 우상'도 있다. 소유가 많으냐 적으냐는 전혀 중요하지 않다. 어떤 사람은 돈 만 원에 목숨을 걸기도 한다. '권력의 우상' 앞에서는 심지어 교권(教權)도 예외가 아니다. '쾌락의 우상'도 있다. 오늘날에는 엔터테인먼트, 즉 오락성을 띠지 않으면 교회도 운영하기 어려울 정도라고 해서 많은 영적인 프로그램조차 오락성을 가미한다. 디지털 미디어 문화 속에서 TV는 이제 촌스러운 것이 되었다. 이제 우리는 손에 들고 목에 걸고 귀에 꽂아서 아예 숨 돌릴 틈이 없이 우리를 즐겁게 해주는 것들을 바라보게 되었다. 특별히 죄를 짓지 않아도 넋을 잃을 만큼 재미있고 짜릿하고 기막힌 것들에 둘러싸여 눈으로 가담하든지 아예 더 적극적으로 몸으로 가담하든지, 아예 거기서 헤어나올 줄 모르고 있다.

> 이는 세상에 있는 모든 것이 육신의 정욕과 안목의 정욕과 이생의 자랑이니 다 아버지께로부터 온 것이 아니요 세상으로부터 온 것이라
> 요일 2:16

2천 년 전에 기록된 성경에 육신의 정욕과 안목의 정욕과 이생의 자랑이라고 정확히 표현되어 있는 것을 보면 주님은 우리가 결국 어디를 향해 갈지, 그 코스가 어떤지를 정확히 아시고 말세에 일어날 일들을 정확히 짚어내신 것이다. 이 쾌락의 우상은 끊으면 금단 현상이 생겨서 여기에 중독된 분들은 아예 사역을 감당할 수 없다. '뜨거운 감자'라서 정확한 조사를 하지 못해 그렇지 사역자들 안에도 얼마나 심각하게 퍼져 있는지 모른다. 관계의 우상, 성(性) 우상, 돈 우상 등 이런 것들이 현대판 우상이다.

이 외에도 많지만 한 가지 분명한 것은 우상이란 마음 중심으로 애착을 가지고 여기서 떨어지면 죽을 것처럼 섬기고 경배하는 것, 원

래 하나님께 드려야 될 에너지를 하나님 아닌 다른 것으로 향한 것을 말한다. 우상숭배에 이런 음모가 숨겨져 있다는 것을 알면 알수록 이 죄가 어떤 놈과 꼭 닮았다고 느껴지지 않는가? 그렇다. 사탄과 기가 막히게 닮았다. 반역성이야말로 사탄의 속성이 그대로 드러난 죄의 속성이다.

죄는 절대 중립적인 실체가 아니다. 반드시 어느 편에 붙은 것이다. 결론적으로 말해서 죄는 사탄의 완벽한 도구이다. 죄를 캐다보면 그 밑바닥에 실체가 나타나는데 그게 바로 사탄이다. 그래서 에베소서 2장 2절에 "그 때에 너희는 그 가운데서 행하여 이 세상 풍조를 따르고 공중의 권세 잡은 자를 따랐으니", 즉 사탄을 따른 것이라고 나온다. 결국 우리가 죄의 장아찌로 죄 짓고 자아숭배하고 자아추구하고 살아가는 이 일은 그냥 일이 아니다. 죄는 절대 중립적 실체가 아니라 분명히 어느 편에 붙은 것인데 알고 보니 이것이 완벽한 사탄의 실체라는 것이다. 사탄이 사탄이라고 드러내지 않고 배후에 숨어서 "이건 너의 행복을 위한 거야, 네 만족을 위한 거지"라고 완벽한 자아숭배의 모습으로 기가 막히게 위장한 것이다. 자꾸자꾸 죄를 찾아 들어가다 보니 죄의 밑바닥에 가공할 만한 정사와 권세와 이 어둠의 세상 주관자인 사탄의 대가리가 보이더라는 것이다.

이렇게 되면 얘기가 섬뜩해진다. 우리가 그토록 사랑하고 즐기며 떠나기를 싫어하고 결단을 유보하고 있는 이 죄 문제는 단순한 윤리도덕의 문제가 아니라 영적인 문제이다. 피해서 될 일이 아니라 정면충돌해야 하는 일이다. 암(癌)만 해도 '아닐 거야, 아닐 거야'라고 회

피할 게 아니라 정면충돌해서 정확히 검진하고 합당한 태도를 취해야 하는데 이건 암 정도가 아니고 정말 어마어마한 이야기다.

ⓓ 죄와 사탄의 관계

죄에는 반드시 영적인 음모가 있고 이 음모의 배후를 잘 주목해보아야 한다. 결국 죄를 알아갈수록 그 영적 실체인 사탄이 그대로 드러난다. 죄를 알면 사탄을 안다. 죄의 문제는 사탄과 딱 붙어 있는 영적인 문제이기 때문에 이 문제를 해결하려면 사탄이라는 근원이 해결되어야만 한다. 이것은 내 이야기가 아니라 성경의 사상이다.

4 죄를 짓는 자마다 불법을 행하나니 죄는 불법이라 5 그가 우리 죄를 없애려고 나타나신 것을 너희가 아나니 그에게는 죄가 없느니라
요일 3:4,5

예수님이 오신 목적은 이 무섭고 끔찍한 죄를 없이 해주시기 위해서라고 했다. 예수님이 하려고 하신 일이 그것이니 신앙생활이든 목회든 우리에게는 죄를 해결하는 것이 가장 우선되고 근본적인 일이 되어야 한다.

죄를 짓는 자는 마귀에게 속하나니 마귀는 처음부터 범죄함이라…
요일 3:8

무슨 말인가? 우리가 마귀를 의식하고 죄를 지은 것은 아니다. 그런데 죄를 짓는 자는 곧바로 마귀에게 속한다고 하신다. 마귀는 처음부터 죄를 짓는 자였기 때문이다. 즉, 죄는 마귀의 산물이라는 것이다. 죄는 하나님이 창조하신 것이 아니라 마귀에게서 나온 것이다. 그러니까 죄의 뿌리를 찾아 들어가면 몸통이 사탄이라는 것이다. 그러면 어떻게 이 죄를 없애는가?

> … 하나님의 아들이 나타나신 것은 마귀의 일을 멸하려 하심이라
> 요일 3:8

주님이 죄를 없이 하려고 오셨는데 그것이 마귀의 일을 멸하려는 것이라는 이 상관관계를 이해하면 예수님이 죄 문제를 해결하시는 것이 얼마나 놀라운 일인지 알게 된다. 죄라는 것은 단순히 "눈물을 흘려라", "데굴데굴 구르며 회개해라", "버르장머리를 고쳐라", "술을 끊어라" 이런다고 해결될 윤리 도덕 나부랭이가 아니다. 예수님이 죄에서 우리를 건져주시려면 영적 세계에서 치열하고 엄청난 전쟁을 치러야만 한다. 싸울 대상이 공중의 권세 잡은 사탄이기 때문이다.

낚시의 예를 들어보자. 낚시를 하려면 낚싯대에 투명한 낚싯줄을 매고 찌를 단다. 그 밑에 한 번 걸리면 그냥 나올 수 없는 낚싯바늘을 걸고, 거기에 물고기가 보기만 해도 눈이 홀랑 뒤집어진다는 맛있는 지렁이를 꿰어서 물에 던진다. 물속에 있는 고기가 그 근처를 왔다 갔다 하다가 어느 순간 맛있는 먹이가 꼬물꼬물 움직이는 것을 보게 된

다. 물고기 입장에서 보면 식욕이 당기고 지렁이가 맛있다는 것밖에 다른 아무 생각 없이 지렁이를 덥석 물었을 뿐이다. 그런데 그 순간 지렁이 속에 걸려 있는 낚싯바늘에 아가미가 꿰었다. 그 낚싯바늘은 그냥 떠 있는 것이 아니라 잘 보이지 않지만 줄로 연결되어 있다. 분명히 힘이 작동하니까 찌가 움직이고 줄을 따라 낚싯대가 나오고 그 낚싯대를 따라가 보니 거기에 무시무시한 낚시꾼이 히죽이 웃으며 회를 치든지 매운탕을 끓여 먹기 위해 기다리고 있는 것이다.

물고기는 결코 낚시꾼과 대화를 나눈 적도 없고 낚시꾼에게 무슨 앙심을 품은 것도 아니다. 그냥 아무 생각 없이 미끼만 물었을 뿐이다. 그렇지만 미끼를 무는 순간, 낚싯줄과 낚싯대에 연결된 채 낚시꾼에게 끌려나올 수밖에 없는 것처럼, 우리가 죄를 짓는 순간 죄를 짓는 자는 곧바로 마귀에게 속하게 된다. 이 말씀의 의미가 그것이다. 죄를 짓는 이유가 감상적이든 합리적이든 분위기가 끝내주는 스토리든 상관없다. 죄를 짓는 자는 마귀에게 속한다.

예전에 북미 관계가 아주 어려웠을 때의 일이다. 미국인 청년 하나가 중국과 북한의 국경인 압록강 주변에서 술에 취해 얼쩡거리다가 객기를 부렸다. 헤엄을 쳐서 폭이 짧은 강을 건너간 것이다. 이것은 그냥 해프닝이었을 뿐이다. 그런데 문제는 그가 아무 생각이 없고 객기를 부렸다는 것과 상관이 없었다. 그는 단순히 북한군 초소에 붙들린 게 아니라 북한 정권에 속하게 된 것이다. 그 당시 북미관계가 가장 어려울 때여서 그를 빼낼 방법이 없었다. 사건의 시작은 단순한 해프닝이었지만 그를 빼내 오려면 북한 정권을 무력화시키든지 아니면 무릎을 꿇고 설득하든지 해야 했다. 온갖 노력을 하다가 결국 어마어마한 뒷거래를 통해 빼냈다는 이야기가 후문으로 들려왔다.

죄를 짓는 자는 마귀에게 속하고 죄를 짓는 자마다 죄의 종이라는 것이 바로 이 원리이다. 우리가 죄를 어떻게 느끼든 상관없이 죄는 이렇게 어마어마하고 끔찍한 것이다. 우리가 일을 저지르기는 간단해도 우리를 그 죄에서 건져내시는 하나님의 일은 정말 어마어마한 것이다. 그렇기 때문에 우리를 지배하는 죄의 세력에서 우리를 벗어나게 하려면 하나님께서 사탄의 세력을 무력화시키고 그 머리를 박살내는 것밖에 다른 길이 없다. 이 일은 죄와 상관이 없는 분만이 하실 수 있다. 죄와 전혀 상관이 없고 그 영향력에서 자유로우신 예수 그리스도만이 죄에서 우리를 건져낼 수 있는 유일하신 분이다.

죄의 밑바닥에 흐르는 반역성을 살펴보니 이것이 그냥 온 게 아니라 반역자 사탄의 짓이라는 것을 알 수 있었다. 죄는 절대 중립적 실체가 아니며 반드시 사탄의 편에 서는 것이다. 죄를 짓는다는 것은 사탄에게 속한다는 말이다. 따라서 죄는 너무나 심각한 문제다.

② 도덕적 타락

ⓐ 성적 타락

인간의 생명 안에 죄가 들어오면 가장 먼저 영적인 부분이 우상숭배로 오염된다. 우상숭배는 지독한 자아추구가 영적으로 드러난 양상이다. 죄의 반역성이 우리 삶에 표면적으로 드러나게 될 때는 어떤 모습을 띠게 되는가. 우리의 영적 중심이 흔들리면 그다음 차례는 도덕적이고 윤리적인 부분이다. 인간은 영적인 존재이자 인격적인 존재이므로 영적인 것이 무너지면 곧바로 그 파급이 인격적으로 드러나게 된다. 아무리 세련되고 잘 배운 사람이라도 이 죄의 독성에서 예외가 될 수 없다. 로마서 1장에서 영적인 문제를 다루고 나서 곧바로 맞닥뜨리게 되는 것이 바로 성적인 문제다.

24 그러므로 하나님께서 그들을 마음의 정욕대로 더러움에 내버려두사 그들의 몸을 서로 욕되게 하게 하셨으니 25 이는 그들이 하나님의 진리를 거짓 것으로 바꾸어 피조물을 조물주보다 더 경배하고 섬김이라 주는 곧 영원히 찬송할 이시로다 아멘 26 이 때문에 하나님께서 그들을 부끄러운 욕심에 내버려 두셨으니 곧 그들의 여자들도 순리대로 쓸 것을 바꾸어 역리로 쓰며 27 그와 같이 남자들도 순리대로 여자 쓰기를 버리고 서로 향하여 음욕이 불 일듯 하매 남자가 남자와 더불어 부끄러운 일을 행하여 그들의 그릇됨에 상당한 보응을 그들 자신이 받았느니라 롬 1:24-27

성(性)은 하나님이 주신 귀한 선물이자 하나님의 창조 역사에서 아주 중요한 핵심이다. 하나님께서 이것을 통해 생육하고 번성하여 땅에 충만하라고 하셨으니 성은 하나님이 인간들에게 순리로 주신 것으로 하나님의 귀한 창조의 섭리를 이어갈 중요한 덕목이다. 그러니 사탄이 이 부분을 그냥 놓아둘 리 없다. 하나님을 사모하고 섬기는 인간의 영혼이 치명타를 입은 것처럼 성적인 부분에도 죄의 독성이 그대로 들어왔다.

24절에 "하나님께서 그들을 마음의 정욕대로 더러움에 내버려두사 그들의 몸을 서로 욕되게 하게 하셨으니"라는 말씀은 가장 소중하고 가치 있게 쓰여야 할 성을 병든 자아의 정욕대로 짐승만도 못한 짓으로 서로의 몸을 욕되게 하니 하나님이 그들을 죄악 가운데 내버려두셨다는 것이다. 도덕적 타락, 즉 인격적 타락의 중심에는 성적 타락이 자리 잡고 있다.

성 문제는 멀리할 수도 함부로 다룰 수도 없다. 동시에 어느 민족, 어떤 환경에 사는 사람도 자유로울 수 없는 인류 보편적인 문제이며, 누구도 예외가 될 수 없는 인간의 가장 기본적인 사회 문제이다. 그런데 이 성이 타락했다는 것이다. 육체와 마음이 원하는 죄 문제를 이야기할 때 항상 가장 먼저 언급되는 단어가 음란과 부정과 사욕과 악한 정욕이다. '음란'이라는 말이 항상 수위를 차지할 만큼 성적 타락의 문제는 일일이 다 열거할 수 없을 만큼 인간의 존재와 딱 붙어 있으며, 성경에서도 인간의 역사와 그 궤를 같이 하며 진행되어 왔다.

한국 사회만 놓고 보자. "남녀칠세부동석이다", "동방예의지국이다" 하면서 예의와 체면을 그렇게 따졌던 한국이 이제는 외국의 사회학자가 이르기를 "한국은 매춘공화국이다"라고 표현할 만큼 성적으로 지독하게 타락한 나라 중 하나가 되었다. 그러면 옛날에는 안 그랬는데 지금만 그런 것인가? 철저한 유교 문화권의 조선 시대에는 음란의 문제가 없었을까? 그렇지 않다. 조선시대 양반은 축첩(蓄妾)

을 하며 온갖 음란을 행했다. 어느 시대를 막론하고 똑같다. 도시인들은 타락하고 시골 사람은 순수한가? 나도 시골에서 목회를 해보았지만 꼭 그런 것은 아니다. 겉으로 드러내지 않아서 그렇지 인간이 사는 모든 사회에서 타락은 점점 극을 달리고 이 문제는 떼려야 뗄 수 없는 문제가 되었다. 문명이 발달했다는 말은 결국 타락의 기회가 점점 다양해지고 더 많이 노출된다는 것이다. 성적으로 타락한 사람은 이미 도덕이니 인격이니 크게 기대할 것이 없다. 성적인 문제에서 자유롭고 개방적이고 막가는 인간에게 도덕 나부랭이가 들어오기나 하겠는가.

나는 가장 민감한 시기에 주민등록도 없이 사는 사람들이 살아가는 뒷골목에 내팽개쳐져서 거기서 자라났다. 그때는 정말 하루하루가 끔찍했다. 몸을 파는 사람들, 비릿하고 퀴퀴한 냄새가 나는 골목의 기막힌 인간 군상들의 더럽고 난잡한 음담패설, 인간이기를 포기한 사람들…. 나는 그것이 내가 지나온 한순간, 한 지역의 이야기인 줄만 알았다. 그러나 지금 보니 조금 세련됐다는 것 외에 아무 차이가 없다. 우리 사회 어디를 보아도 그렇다.

요즘 낮에 식당에 가보면 남자들은 거의 없고 아줌마들이 많다. 한 번은 점심을 먹으러 음식점에 갔는데, 내 뒷자리 칸막이 너머로 아주머니들이 막 떠드는 이야기가 들렸는데 나는 깜짝 놀랐다. 다들 정상적인 가정생활을 하는 점잖은 부인네들 같은데 낮술 한 잔 걸친 채 질펀한 욕지거리와 함께 음담패설을 쏟아놓는 것이 '설마 이 아줌마들이 다 포주인가?' 생각될 정도였다. 설교가 나오는 라디오 방송을 듣다 보니 어느 목사님이 요즘 세태랍시고 무분별하게 전하는 말이 이랬다. "요즘 한국 사회에는 남편 외에 애인 하나 없는 유부녀는 정상이 아니라는 농담이 있다지요?" 어디서 이런 지저분한 말을 무책임하고 조심성 없이 전하는지 심히 걱정스럽다. 하늘이 무섭고 천국 지옥이 실제로만 느껴졌더라도, 죄가 뭔지만 알았더라도….

그러나 우리의 역사가 다 그렇다. 해 아래 새것이 없다. 이렇게 성적 타락이 극에 달해서, 불교 국가라고 하는 태국 방콕에서 어떤 일이 벌어지고 있는가. 태국 주변 국가인 캄보디아, 라오스, 미얀마, 베트남 같은 가난한 나라에서는 가난하고 애는 많아서 딸 하나 팔아 나머지 먹고 살자고 하는 부모가 자신의 딸을 인신매매단에 판다. 그래서 나이 열 살에서 열일곱 살 되는 소녀들 수십만을 방콕 한복판에 데려다가 매춘 산업을 벌인다. 태국의 국가 수입의 엄청난 부분이 바로 매춘으로 벌어들이는 돈이다.

성적 문란은 이제 예외적인 것이 아니라 일상이 되었다. 도대체 자동차와 벌거벗은 여자가 무슨 상관인가. 그런데 상품마다 벌거벗은 여자들, 근육질의 남자들을 세워놓고, 그것도 시원치 않으니까 이제는 여자처럼 화장한 어리고 예쁜 남자를 꽃미남이라는 이름으로 상품화해서 팔아먹는다. 그냥 넋을 놓고 따라가다 보면 대체 어디로 가는지조차 알 수가 없다.

우리나라의 인터넷 보급률이 세계 1위다. 안방에도 애들 방에도 컴퓨터가 한 대씩 있다. 그런데 컴퓨터를 하다가 스팸 메일을 받거나 스마트폰에서 성인 팝업 광고가 무작위로 뜨는 것을 본 적이 있는가? 이 스팸 메일이나 광고가 목사님 서재에 있는 컴퓨터에는 안 들어오는가? 인터넷이 연결되는 지역에 있는 선교사님의 노트북 컴퓨터에는 못 들어갈까? 이제는 벽이고 담이고 다 소용이 없다. 전 국민이 인터넷 앞에서 그 더러운 똥물을 있는 대로 뒤집어쓰고 앉아 있는 것이다. 인터넷을 통한 음란 문화의 확산은 물론 대중매체들도 혼전 성관계나 동거에 대해 아무렇지도 않게 떠들게 되었고 TV에 등장하는 연예인들의 혼전 임신과 결혼 소식은 더 이상 충격적이지도 않다. 어린 학생들 사이에서 일어나는 성폭력 사건과 원조교제 등도 무시할 수 없는 성적 타락의 주제가 되었다.

한번은 우리나라에서 평균 수입이 꽤 높은 어느 공업 도시에서 세미나를 했다. 세미나가 끝나고 나서 비뇨기과 의사인 형제 한 사람이 참 큰일 났다면서 들려준 이야기가 있다. 그 도시에서는 다들 안정된 직장이 있고 각 가정의 부인들도 대부분 젊은 고학력자다. 아이도 한둘만 낳는데다가 고수입에 맞벌이할 필요도 없고 시간은 많다. 게다가 인터넷 세계 1위 국가 아닌가. 방방마다 개인용 컴퓨터가 있으니 처음에는 게임을 좀 하다가 게임에 아주 빠진 사람이 있는가 하면, 누군지 모르는 외간 남자와 채팅을 하는 경우도 있다고 한다.

그런데 그 형제의 병원에 직장생활만 열심히 하는 남자가 어느 날 갑자기 성병에 걸려서 찾아왔다는 것이다. 어떤 경로를 통해 성병에 걸리게 되었는지 알아야 하기 때문에 환자의 이야기를 듣다 보니 결론은 하나였다. 시간이 남아도는 젊고 많이 배운 부인이 나가서 어떤 잡놈과 붙어서 더러운 병을 옮겨준 것이다. 문제는 그 병원에 이런 환자가 끊이지 않는다는 것이다. 어디 창녀촌 이야기가 아니다. 많이 배웠고 안정된 직업을 가졌다는 동네에서 일어나는 일이다. 이쯤 되면 예사로운 이야기가 아니다. 그러나 이 이야기도 처음 들었을 때는 충격이었는데 지금은 흔한 이야기가 되어버렸다.

그러면 세상 이야기는 그만두고, 에클레시아, 즉 "세상으로부터 불러냄을 받은 무리"라고 하는 교회는 이 세상 한복판에서 어느 정도로 경계선을 분명히 하고 있는지 현상적인 이야기만 나눠보려고 한다. 해외 복음학교에 참석한 분 중에 1년 단기선교로 온 자매 하나가 복음 앞에 서다 보니 자신에게 있는 문제가 해결되어야 하기에 너무나 고통스러워하면서 자기 이야기를 들려주었다. 이 자매가 고등학생일 때 교회 고등부를 지도하고 찬양팀을 이끌던 대학부 오빠가 있었는데, 인기 있는 이 오빠가 어느 날 사랑한다며 몸을 요구해서 관계를 가졌다. 그런데 이런 일이 반복되다가 언젠가부터 성적 관계만으로 만족하지 않고 관계를 갖고 나면 때리기 시작했다는 것이다. 더욱이 교회 안에 자신과 같은 여자가 세 명이나 더 있다고 자랑삼아 이야기하더라는 것이다.

나이 지긋한 기성세대도 아니고 새파란 대학생이 여자를 몇이나 거느리면서 관계를 하고 때리고, 그런 놈이 예배를 인도하다가 나중에 증세가 더 심해져서 선교 사명을 받았다며 해외 사역 단체의 간사로 나간다고 하더란다. 그 틈에 이 무서운 오빠의 사슬에서 벗어날 길을 찾다가 누가 해외 단기선교라는 방법을 가르쳐주어서 자신은 선교와 관계없이 도피하기 위해 왔다는 것이다. 이것이 교회 안에서 일어날 수 있는 일이다.

물론 특별한 경우일 것이다. 특별해야지 이런 일이 많아서는 안 된다. 그런데 이것이 그렇게만 넘길 수 있는 상황은 아니다. 이것이 어디 청년들뿐이겠는가. 신학생들의 도덕적 해이는 말할 것도 없고 목회자들의 성적 타락 문제는 이미 수위를 넘었다. 죄의 장아찌 된 우리가 거칠 것 없는 세상 문화에 여과 없이 노출되어 살 때, 우리가 무슨 거룩한 토막이라고, 무슨 능력이 그렇게 많아서 그 영향을 받지 않고 구별되어 살 수 있겠는가.

ⓑ 동성연애

성적 타락이 보편화되면 사람들은 정상적인 남녀 관계로는 절대 만족하지 못한다. 목적이 쾌락이기 때문에 반드시 가는 다음 코스가 있다. 어디를 향해 치달아 가느냐 하면 바로 동성애다. 2천 년 전에 기록된 성경이 이미 이것을 말씀하고 있다.

26 이 때문에 하나님께서 그들을 부끄러운 욕심에 내버려 두셨으니 곧 그들의 여자들도 순리대로 쓸 것을 바꾸어 역리로 쓰며 27 그와 같이 남자들도 순리대로 여자 쓰기를 버리고 서로 향하여 음욕이 불 일듯 하매 남자가 남자와 더불어 부끄러운 일을 행하여 그들의 그릇됨에 상당한 보응을 그들 자신이 받았느니라 롬 1:26,27

동성애는 오늘날 문명이 발달하며 생겨난 새로운 일이 아니다. 아브라함이 살던 시대의 소돔과 고모라에도, 로마서가 기록 된 2천 년 전 바울의 시대에도, 그리고 지금 우리가 사는 21세기에도 전혀 변하거나 개선되지 않는 죄이다. 현재 적잖은 사역자들이 정신과 치료 수준에 해당하는 치료를 받고 있다. 성도착, 관음증, 포르노 중독에 빠져서 자기통제가 안 되고 정상적인 사고와 생활이 불가능할 정도다. 누구를 판단하고 정죄하기 위해서가 아니다. 우리 모두가 여기서 예외일 수 없다. 복음 앞에 선 이상 '그 사람은 많은 죄를 지었고, 나는 적게 지었다'는 등의 천박한 이야기를 할 분은 없으리라 생각한다. 사람이 음욕이 불일 듯하면 그것은 절대 절제되거나 해소될 수 없다. 마약이 마약을 부르고 술이 술을 부르듯이 음욕은 음욕을 부르게 되어 있다. 나중에는 정상적인 방법으로는 만족이 안 된다.

동성애에 대해서 사회적인 현상이니 개인적 성향이니 생리적인 이유니 선천적이니 후천적이니 아무리 여러 말을 해도 동성애는 합리화될 수 없다. 대부분의 경우 동성애라고 할 때는 음욕이 불일 듯하여 남자가 남자와 부끄러운 일을 하는 극단의 태도에서 나온 것이다. 참여정부라고 하는 모 정권에서 인권, 인권 하다가 무슨 쓰레기까지 담아왔는지 아는가? 성 소수자의 인권이라고 하면서 동성애자들이 뻔뻔스럽게 드러내놓고 동성애를 자랑하는 데까지 이르렀다. 그들이 동성애를 자랑하는 것만큼만 우리가 복음을 자랑했다면 한국은 이미 변했을 것이다. 동성애를 합법화하려는 음모를 가지고 정치 일선에 나서는가 하면 인권을 들먹이는 많은 사람들의 무분별함이 이미 도를 넘었다.

하루는 운전을 하면서 라디오를 켰는데 오후 4시라는 시간대에 프로그램을 진행하는 여자 피디가 나와 동성애를 한참 떠들어대서 깜짝 놀랐다. 들어보니 거의 간증이다. 자신이 현재 남편과 이혼하고 동성의 여자친구와 살고 있고 자녀들에게도 이 상황을 잘 설명하니 인권에 대한 엄마의 용기 있는 태도에 찬성을 해주었다는 것이다. 자신이 지금 동성애자끼리 살고 있으면서도 법에 걸리니까 동성애라는 단어는 절대 안 썼다. 말장난하는 일에 귀신같이 뛰어나다. 해외 통신원까지 연결해서 이제는 한국 사회도 전통적인 가정 개념을 바꿔야 될 때가 왔다는 결론까지 내렸다. 국민의 세금으로 운영되는 공영 방송의 공중파 방송에서 벌어진 일이다. 그것도 벌써 세월이 한참 흐른 이야기다.

얼마 전까지만 해도 동성애는 사회 금기 사항이었는데 몇 년 새 이전의 한국의 모습을 찾아볼 수 없게 되었다. 체면이라도 차렸던 것은 온데간데없고 이제는 부끄러움을 자랑하고 심지어 영광으로 삼게 되었다. 이것이 전국적으로 6만 교회가 있고, 전 세계에서 가장 크다는 교회가 서울에 십여 개가 밀집되어 있고, 두 대륙을 합친 것보다 더 많은 신학교가 있고, 기독교인이 천만이 넘는다고 하는 대한민국 한복판에서 일어나는 일들이니 남의 이야기로 여겨서는 안 된다. 심지어 차별금지법을 들고 나와 교묘히 동성애 입법화 작업을 진행하고 있다. 말하자면 로마서 1장을 설교하는 사람, 동성애를 비판하는 이야기를 공공장소에서 공개적으로 하는 나 같은 사람이 첫 번째 타깃이다. 아직 끝나지 않은 전쟁이다. 그 후로 공세는 더 거세졌고 인터넷에서는 기독교 보수 꼴통 이러면서 갖은 욕설을 하며 공격하기 시작했다.

죄가 이토록 충만해져서 동성애로 가고 있고, 동성애자들이 그 반역성을 노골적으로 드러내고 있다. 서유럽과 북미 교회는 이미 차별금지법을 통과시키고 동성결혼을 합법화했다. 영국 성공회는 상당수의 성직자가 동성애자라고 한다. 미국과 캐나다는 2015년에 동성결혼을 합법화시켰다. 미국 콜로라도 스프링스 뉴라이프교회를 담임한 테드 헤가드 목사는 복음주의 진영에 있는 많은 사람들에게 용기를 주었던 목회자였다. 미국 복음주의협의회 회장을 지내며 영향력을 끼쳤던 그가 동성애 파트너의 고발로 동성애자였음이 밝혀져서 충격을 주었다. 복음을 영화롭게 하기는커녕 복음을 짓밟아 뭉개는 짓이 지금 세계 도처에서 그리고 교회 안에서 일어나고 있다.

복음학교까지 온 사람이라면 적어도 대강대강 사는 사람은 아니다. 그런 사람은 복음학교에 올 수가 없다. 갈망이 있어야 복음학교에 온다. 유명한 동성연애소설 작가로 동성연애 전도사 노릇을 톡톡히 한 청년 하나가 복음학교에 온 적이 있다. 그는 한 번도 그것이 죄라고 생각하지 못했고 오히려 동성연애소설로 성공해서 하나님께 축복을 받았다고 생각했다고 한다. 그런 그가 복음학교가 기도원인 줄 알고 왔다가 이 강의를 듣게 되었다. 그리고는 자신이 지옥 뚜껑을 밟고 있다는 것을 깨닫고 큰 충격을 받았다.

교회는 절대 성역이 아니다. 교회가 이 세상에 남은 유일한 희망이면 사탄은 반드시 교회를 집중 공격할 것이고, 교회를 공격한다면 그

중에서도 교회의 중심에서 가장 영향력을 끼치는 목회자와 사역자부터 공격할 것이다. 아담과 하와를 공격해서 가장 중요한 생명에 독을 뿌려놓은 사탄은 지금도 누구를 공격해야 할지 정확히 알고 있다. 동성애자들이 교회를 비웃고 조롱하고 목사와 신부를 타깃으로 공격한다. 그렇게 테드 헤가드를 넘어뜨렸다. 다른 성공회 주교들은 말할 것도 없다. 이제는 목사 중에서 자기가 동성애자라고 공공연하게 밝히고 목회를 하는 사람들까지 있다고 한다. 이것이 우리의 자화상이다.

③ 사회 규범적 타락

도덕적 타락은 성적 타락뿐 아니라 사회 규범적 타락으로 이어진다. 성 윤리가 무너진 사회에는 파멸밖에 남는 것이 없다.

> 28 또한 그들이 마음에 하나님 두기를 싫어하매 하나님께서 그들을 그 상실한 마음대로 내버려 두사 합당하지 못한 일을 하게 하셨으니 29 곧 모든 불의, 추악, 탐욕, 악의가 가득한 자요 시기, 살인, 분쟁, 사기, 악독이 가득한 자요 수군수군하는 자요 30 비방하는 자요 하나님께서 미워하시는 자요 능욕하는 자요 교만한 자요 자랑하는 자요 악을 도모하는 자요 부모를 거역하는 자요 31 우매한 자요 배약하는 자요 무정한 자요 무자비한 자라 32 그들이 이같은 일을 행하는 자는 사형에 해당한다고 하나님께서 정하심을 알고도 자기들만 행할 뿐 아니라 또한 그런 일을 행하는 자들을 옳다 하느니라 롬 1:28-32

인간은 근본이 무너지고 나면 그다음 목적은 자신의 유익, 단 하나다. 엄밀히 말해서 법을 지키는 것도 법과 정의를 사랑해서가 아니라 법을 어겼을 때 돌아오는 불이익이 두렵기 때문이다. 사람이 모여 사회가 만들어졌는데 사회 구성원들이 서로 자기 유익만을 위해 살다 보면 너무 불편하고 서로 망하게 되니 개인의 유익을 최대한 보장해주면서 이 선만은 넘지 말자는 식의 합의가 도출된 것이 사회 규범이다.

그렇지만 사회 규범을 지키는 것이 곧 정의는 아니다. 도둑이나 조직폭력배도 자기 유익을 위해서는 룰을 지킨다. 도박에도 룰이 있다. 망하지 말자고 서로 합의해서 정한 가이드라인이기 때문에 그것을 지켰다고 의로운 자라고 말할 수는 없다. 법이 막지 못하고 허용하는 범위 내에서 자신의 유익과 만족을 최대한 추구하는 것은 아무도 막을 수 없다. 인간은 대단히 이기적인 존재이기 때문이다.

성경은 그 근본을 가리켜 사람들이 마음에 하나님 두기를 싫어하기 때문이라고 한다. 그런데 우리가 섬기는 하나님은 모든 선과 정의와 진리의 원천이시다. 따라서 우리가 하나님을 섬긴다는 것은 모든 정의의 편에 선다는 말이요, 모든 선의 편에 선다는 말이요, 모든 빛의 편에 선다는 것을 의미한다. 내 마음에 하나님의 통치를 받아들이겠다는 말은 내가 완전히 진리의 편에 서겠다고 결정할 때 할 수 있는 말이다.

그러나 죄는 근본적으로 하나님에 대한 증오심, 반역성을 가지고 있어서 선과 정의와 진리와 모든 옳은 것의 원천이신 하나님을 마음에 두기 싫어한다. 하나님을 마음에 두기 싫어하는 것은 그 목적이 딱 하나다. "어떤 경우에도 내가 불이익당하는 것은 싫으니까 나에게 해라 마라 하지 마라. 내가 하고 싶으면 법도 지키고, 내가 하기 싫으면 안 할 테니 잔소리하지 마라. 나한테 주인 되지 마라" 이렇게 내 멋대로 살고 싶다는 태도가 모든 죄의 근본이다.

사람은 얼마나 교묘한지 자기의 유익을 위해서는 법을 지키다가도, 법이 금지하지 않고 자기가 원하면 어떤 방법으로든, 기가 막히게 합리화하고 변명하면서 죄를 짓는다. 놀랍게도 자기만 그렇게 하는 것이 아니라 그런 일을 행하는 자들을 옳다 한다.

> 그들이 이같은 일을 행하는 자는 사형에 해당한다고 하나님께서 정하심을 알고도 자기들만 행할 뿐 아니라 또한 그런 일을 행하는 자들을 옳다 하느니라 롬 1:32

사회 분위기가 점점 바뀌면서 전에는 상상할 수 없었던 일이 지금은 너무나 보편적이고 당연한 것이 되는 경우가 참 많다. 그런데 우리가 가졌다고 하는 의가 얼마나 알량한지 얼마나 모순을 가지고 있는지 모른다. 한 번은 낙태 합법화를 주제로 심야토론이 열렸다. 이때 패널로 그 당시 고대 법대 학장이셨던 김일수 교수님이 출연했다. 사회자가 "낙태가 죄냐? 아니냐?" 질문했을 때 질문을 받자마자 그는 정확히 "살인죄입니다"라고 답했다. 형법상 살인과 똑같은 죄라는 것이다. 그런데 현행법으로 낙태가 살인죄라고 그 자리에서 분명히 해석해주었는데도 그 후 전화 설문에서 낙태에 대한 찬성과 반대가 거의 50 대 50으로 나왔다. 그렇다면 만일 낙태를 합법화할 경우 낙태 찬성은 곧바로 100퍼센트가 될 것이다.

사람들은 흔히 성인이 우발적인 실수로 사람을 때려죽이면 살인자라고 욕하고 정죄하고 판단한다. 그러면서 자기 뱃속에서 생명을 지워도 전혀 양심의 가책이 없는 것에 대해서는 어떻게 생각하는가? 왜냐하면 전부 자기들이 하는 일이기 때문이다. 너도 나도 다 같이 하는 일이라는 묵시적인 합의가 있다. 그러니까 이런 일을 하는 자는 사형에 해당한다고 하나님이 정하신 것을 인정할 수밖에 없으면서도 자기만 하는 것이 아니라 그런 일을 행하는 자를 옳다고 한다. 기준이 없으니까 여럿이 하면 괜찮고 사회적 합의가 있으면 괜찮다는 것이다. 누구도 이 문제에서 자유로울 사람이 없을 것이다.

그러면 생각해보라. 언제부터 인간인가? 몇 주가 되면 인간이고 몇 주가 되기 전까지는 인간이 아닌가? 이런 논란이 왜 있는가? 낙태라는 죄를 짓기는 지어야겠는데 양심을 좀 무마하려다보니 "에이, 몇 주 전까지는 생명이라고 하기에는…" 이러는 것이다. 태아를 어떻게 죽이는지 알 것이다. 약물을 주입하여 태아를 살상한 다음 끄집어내는 방법이 있는데 이때 태아는 타죽게 된다. 흡입술의 경우에는 태아의 사지를 조각내어 빨아낸다. 이렇게 가장 잔인한 살인마 짓을 하면서도 우리끼리 서로 어쩔 수 없다고 묵시적으로 합의하고 그대로 두는 것이다. 제아무리 다른 어떠한 일로 정의를 부르짖어도 자기가 편리하고 자기에게 유익이 되는 일에는 입을 싹 씻고 적당한 변명을 만들어내는 것이 바로 인간의 의다.

그럼 이 모순을 한번 설명해보자. 낙태의 이유는 원치 않는 임신을 했다는 것 딱 하나다. "임신한 줄 모르고 약을 먹었다", "혹시 기형아가 태어나면 어떡하느냐?" 이것은 변명이고, 생명을 지우면서 핑계를 댄다는 것이 고작 "찝찝하다"라는 것이다. 그리고 "원하지 않는다", "부담된다"라는 것이다. 그래서 없앤다고 한다. 그러면 입장을 바꿔서 생각해보라. 내가 어머니 뱃속에서 지금 몇 주 됐는데 어머니가 나를 낙태하려고 한다. '어머나, 이게 무슨 얘기야. 날 죽인다고 그러네.' 이유를 가만히 들어보니까 무슨 피치 못할 눈물겨운 사연이 있는 게 아니라 찝찝하니 지운다는 것이다. 이렇게 지워지는 것이 인생인가? 이런 악독한 죄 가운데 있는 우리 중에 정의를 부르짖을 만한 자격을 가진 자가 대체 어디 있는가?

"자기들만 행할 뿐 아니라 또한 그런 일을 행하는 자들을 옳다 하느니라." 다들 벌거벗는 분위기에서는 벌거벗는 것이 어렵지 않다. 여론이 만들어지고 사람들이 대세라니까 한국에 유행처럼 번져서 이혼율이 세계 1위이다. 자살률이 OECD 국가 중에서 1위이다. 유행을 타기 시작하면 기준 없는 인간들의 생각은 변명과 합리화로 기반을 만들어 무슨 짓이라도 저지를 수 있게 된다. 그런데 중심은 하나도 바뀐 것이 없다. 모든 변화의 중심축에 있는 것은 마음에 하나님 두기를 싫어한다는 것이다. 오직 내가 왕이 되어서 살고 싶은 것이다. 이것이 죄의 반역성이다.

새로운 일도 아니고 놀랄 일도 아니다. 복음을 싸구려 복음으로 대체하고 십자가 복음을 부끄러워했던 우리에게 어떤 결과가 찾아올지는 이미 성경이 예언하고 있었다. 그동안 교회는 별로 불편하지 않았다. 늘 치유, 회복, 위로, 성공 이런 이야기나 하는 아주 편안한 곳이었다. 제자훈련을 해도 별 부담을 주지 않는다. 죄에 대해서, 십자가 복음에 대해서 말하지 않는다. 그냥 그렇게 산다.

그런데도 우리는 왜 십자가를 자신의 죄책감이나 떨어내주는 정도로 취급하는가? 복음이 이렇게 짓밟히고 있는데도 자신은 보수 정통 신앙이니 괜찮을 것 같은가? 드러내놓고 죄를 짓는 사람과 드러내지 않고 죄를 짓는 사람이 무슨 차이가 있는가? 사탄은 결코 만만한 존재가 아니다. 죄 문제는 만만한 윤리 도덕 문제가 아니다. 거기에는 무서운 영적 음모와 교묘하고 악독한 술수가 있다. 주님은 이것을 한 줄로 정확히 정의하셨다.

도둑이 오는 것은 도둑질하고 죽이고 멸망시키려는 것뿐이요 내가 온 것은 양으로 생명을 얻게 하고 더 풍성히 얻게 하려는 것이라 요 10:10

도적이 오는 것은 우리에게 있는 모든 아름다운 것을 다 도둑질하고 죽이고 멸망시키는 것 외에 다른 목적이 없다. 그러나 우리 주님은 양으로 생명을 얻게 하고 더 풍성히 얻게 하려고 오셨다. 이 무섭고 지긋지긋한 죄의 사슬을 끊고, 죄와 어둠의 제국에서 우리를 건져내시기 위해, 이 죄의 음모와 실상을 밝히 드러내시는 주님을 찬양하지 않을 수 없다. 아프고 어렵더라도 자신과 관련된 이야기라고 회

피하고 그냥 넘어가서는 안 된다. 포로 된 곳에서 자유를 얻는, 가장 통쾌하고 시원하고 놀라운 시간이 될 것이다. 사탄에게 틈을 주지 말라. 하나님께 영광을 돌리자. 할렐루야!

- 죄의 가장 근본적 속성이며 불의로 진리를 막는 속성이 죄의 반역성이다. 반역은 하나님과의 교제를 단절시키려는 것이다.

- 인간의 영적 지각 능력만으로도 절대 부정할 수 없는 하나님을 썩어질 우상으로 바꾼 우상 숭배, 마음 중심에서 하나님을 밀어내고 내가 주인이 되어 내가 원하는 만족과 유익을 추구하는 자아숭배, 위장된 사탄숭배가 영적인 영역에서 드러나는 죄의 반역성이다.

- 죄는 영적인 데서 성적, 도덕적, 사회 규범적 타락으로 이어진다.

- 죄를 어떻게 느끼든지 상관없이 죄를 짓는 자마다 죄의 종이 되어 마귀에게 속한다.

- 복음은 죄책감이나 떨어내는 것이 아니라 죽이고 멸망시키는 죄의 사슬을 끊어 양들이 생명을 얻고 더 풍성히 얻게 하려고 주신 것이다.

• • •

주님이 하셨습니다!

죄의 속성 2 — 확장성 · 영속성

1. 확장성

죄는 인간 안에 두신 하나님의 형상을 완전히 파괴한다. 파괴하는 정도가 아니라 인간을 하나님의 대적자로 만든다. 이렇게 무서운 반역성을 가진 죄의 가공할 두 번째 속성이 확장성이다. 법정 전염병으로 분류되는 병은 병 자체로는 그다지 치명적이지 않아도 강한 전염성 때문에 국가적 차원에서 대처하게 된다. 콜레라보다는 암이 훨씬 심각한 질병이지만 암은 전염되지 않는 반면 콜레라와 같이 전염성, 즉 확장성을 갖는 병은 훨씬 심각한 위해(危害)를 끼치기 때문이다. 북한의 핵 실험과 함께 미사일 실험이 위험한 것은 핵을 이동할 수 있는 대륙간 탄도미사일 추진체를 같이 개발하고 있기 때문이다. 여기에 핵탄두를 장착할 경우 미국은 물론 세계 어디도 안전할 수 없다. 확장성을 가미하면 가공할 위력을 갖게 되니 이런 확장성을 가진 죄가 더욱 끔찍한 것이다.

그러므로 한 사람으로 말미암아 죄가 세상에 들어오고 죄로 말미암아 사망이 들어왔나니 이와 같이 모든 사람이 죄를 지었으므로 사망이 모든 사람에게 이르렀느니라 롬 5:12

이 땅에 존재하는 인간 중에 아담을 통하여 오지 않은 자가 하나도 없는데 아담의 생명 전체가 죄로 오염되었다. 이 죄가 아담 하나 죽고 끝났더라면 우리가 더 이상 죄를 거론할 필요도 없다. 그러나 성경은 아담 한 사람으로 말미암아 죄가 들어왔는데 그 죄가 모든 사람에게 미쳐서 모든 사람이 죄를 짓고 사망에 이르게 되었다고 선언한다. 우리의 생명에 들어온 죄는 작은 씨앗과 같아서 상황과 조건만 맞으면 그 씨의 열매로 온 우주를 뒤덮을 수도 있다. 반역성이라는 끔찍한 속성을 가진 죄에 확장성까지, 그야말로 가공할 만한 파괴력을 갖는 것이다.

인간 생명 안에 죄가 들어온 이후 아담으로부터 죄 된 생명의 실존을 이어받은 우리는 하나님의 원형과 그 방향을 잃어버렸다. 하나님을 밀어낸 죄는 우리 안에서 가만히 있지 않고 우리가 듣고 보고 영향을 받는 만큼 확장해가기 시작한다. 그래서 우리의 지정의, 우리의 인격 전체를 오염시킨다. 그러니 하나님이 없는 인간 지성은 오염된 지성이다. 하나님이 없는 우리의 정서는 정말 믿을 수 없고 위험하기 짝이 없다. 얼마나 잘못 받아들이는지, 얼마나 거꾸로 반응하는지 모른다. 이 역시 우리의 감정이 완벽하게 죄에 오염되었다는 증거이다. 우리의 의지도 흐느적거리는 무골충같이 선을 행할 능력이 없다. 그런데 악을 행하는 일에는 피곤치도 지치지도 않고 얼마나 능력이 충만한가. 우리의 의지도 박살이 난 것이다.

죄가 우리의 인격 전체로 확장되어 충만해져버리면 우리의 눈빛도 진리의 눈빛이 아니다. 시기, 질투, 음탕으로 눈빛 하나도 바르게 작용하지 못한다. 성령의 법에 통제를 받지 않는 한, 가만히 있어도 잡다하고 지저분한 잡념들이 우리를 얼마나 괴롭히는지 모른다. 우리의 전 존재에 죄의 영향력이 퍼졌기 때문이다. 그런데 이 죄의 확장력은 거기서 멈추지 않고, 그 인격이 영향을 미치는 가정, 사회, 전 역사로 그 영향력을 뻗어나가기 시작한다. 우리는 구약성경 전체를 통해서 하나님께 선택받은 이스라엘이라고 하는 하나님의 선민(選民)조차 어떻게 죄에 침몰되어 망하고 죽어갔는지 역사의 증거를 통해서 보았다. 이 도도한 세력의 물줄기를 거슬러 올라가 죄를 이긴 것은 예나 지금이나 오직 복음이다. 오직 믿음밖에 없다. 믿음이 아닌 인간의 어떤 윤리적 노력이나 도덕적 훈련으로도 죄에서 벗어날 수 없고 자유로울 자도 없다는 것이 역사의 증언이다.

죄의 열매만 죄인 것은 아니다

보통 죄를 어떻게 이해하는가? 흔히 우리는 죄를 죄의 열매로만 본다. 나무로 비유해보면 그 나무에 죄의 열매가 많이 맺혔으면 아주 흉악하고 나쁜 죄인이라고 말한다. 간음, 음란, 불순종, 도둑질, 살인, 폭력 등 죄를 무수히 지은 사람들은 죄의 열매를 풍성히 맺은 흉악한 죄인이다. 죄를 열매로 본 것이다.

모태신앙들이 여기서 혼돈에 빠진다. 죄가 단지 열매뿐이라면 모태신앙들은 다른 사람들보다 물리적으로 죄를 지을 기회가 훨씬 제한적이기 때문에 죄의 열매가 별로 없다. 그러니 자기가 그리 큰 죄인임을 절감할 이유가 없고, 십자가가 절박할 필요도 없는 것이다. 게다가 교회에서 봉사 많이 하고 몇 대째 믿는 집안이라고 하는 자기 의에 푹 젖어 있는 모태신앙들이 많은데 그 근거가 죄를 열매로 보았기 때문이다. 대다수 모태신앙이 이런 식으로 죄를 이해했다.

죄가 단지 열매뿐이면 회개해서 죄를 따버리면 될 것 아닌가 생각할 수도 있다. 좋다. 다 땄다 치자. 그다음에 죄의 열매가 또 맺힐까, 안 맺힐까? 그다음에는 더 충만하게 맺힌다. 그러면 따고 버리고 따고 버리고…. 그러나 죄는 이렇게 눈가림만 한다고 해결될 수 없다. 주님은 절대로 죄를 그렇게 단편적으로 이해하시지 않는다.

내가 율법이나 선지자를 폐하러 온 줄로 생각하지 말라 폐하러 온 것이 아니요 완전하게 하려 함이라 마 5:17

27 또 간음하지 말라 하였다는 것을 너희가 들었으나 28 나는 너희에게 이르노니 음욕을 품고 여자를 보는 자마다 마음에 이미 간음하였느니라 마 5:27,28

간음이라는 행위의 열매가 있다. 그리고 음욕이 있다. 두 가지 중 어느 것이 더 중요하다 안 중요하다 할 수 없지만 굳이 따진다면 음욕이 없는데 간음이라는 행위의 열매가 있을 수 있는가? 없다. 주님은 이 음욕 자체를 간음이라는 열매와 분리해서 생각하시지 않는다. 정신이 바로 박힌 사람이라면 어떻게 열매만 나무라고 말할 수 있겠는가. 나무를 말하려면 총체를 말해야 한다. 열매는 형편에 따라 안 맺힐 수도 있고 상황 때문에 드러나지 않을 수도 있다. 잠깐 안 맺히거나 조금 맺히는 것은 별 의미가 없다. 문제는 이게 아니다. 사과나무라면 사과가 맺힐 것은 기정사실이다. 열매는 그 나무가 어떤 존재인지를 나타내는 결과로 맺혔을 뿐 사실 있든지 없든지 상관이 없다. 문제는 상황과 조건만 맞으면 언제든지 충분히 열매 맺을 가능성을 가진 이 나무 자체인 것이다. 주님은 죄를 결과로만 다루는 우를 범하지 않으신다. 죄가 시작된 원인과 동기와 그 과정까지 모든 것을 보신다.

죄의 실존 유무

우리가 죄에 대한 진리를 살펴본 바에 따르면 죄는 열매가 아니다. 그 열매를 가능하게 한 존재로서의 죄, 바로 죄의 실존이었다. 그런데 사람들은 이 진리를 모른 채 죄가 어떤 존재인지, 얼마나 무서운지 모르고 죄의 열매만 안 맺으면 깨끗하고 괜찮다고 생각한다. 이런 율법적 사고와 가치관을 갖다보니 자기 존재에 대한 깊은 고민 없이 죄의 열매만 맺지 않으려는 노력을 기울인다. 그리고 그 결과로 죄의 열매를 맺지 않으면 자신이 의롭다고 착각한다.

이런 사람들이 기울이는 노력이란 이런 것이다. 나무를 예로 들어 보자. 나무를 그대로 둔 채로 열매를 맺지 않게 할 수 있다. 보통 나무는 꽃이 먼저 피고 그 자리에 열매가 맺히게 되어 있다. 따라서 열매를 맺지 못하게 하려면 꽃이 필 때마다 지체 없이 따버리면 된다. 음욕이 나오면 똑 따고, 탐심이 나오면 툭 떨어뜨리고, 이렇게 죄가 올라올 때마다 꽃을 완벽하게 따버리면 열매는 맺힐 수가 없다. 죄의 열매를 맺지 않으면 의로울 수 있다는 착각으로 열매가 맺히기 전에 꽃을 따버리는 사람들을 가리켜 우리는 흔히 '성자'라고 이야기한다. 그들에게서 눈에 보이는 죄의 열매를 볼 수 없으니 그들이 한 번도 죄를 짓지 않고 율법을 완벽하게 지켰다고 생각할지 모른다. 하지만 다른 사람들은 다 속일 수 있어도 자기 자신은 안다. 자신이 의인이 될 수 없다는 것을 말이다.

1 그러므로 남을 판단하는 사람아, 누구를 막론하고 네가 핑계하지 못할 것은 남을 판단하는 것으로 네가 너를 정죄함이니 판단하는 네가 같은 일을 행함이니라 2 이런 일을 행하는 자에게 하나님의 심판이 진리대로 되는 줄 우리가 아노라 롬 2:1,2

로마서 1장에서 죄의 반역성으로 인한 영적, 도덕적 타락을 지적하고, 죄의 배후에 있는 사탄의 음모를 드러내고, 인류 보편적인 죄에 대해 이야기하더니 2장에 가서 그 방향이 확 바뀐다. 자기는 죄가 없다고 남을 판단하는 사람에게 화살이 돌아간다. 사실 산 위에서 가부좌 틀고 앉아 자기 안에서 일어나는 생각과 싸우기만 하는 사람은 성자 수준도 안 된다. 진짜 성자 급에 해당하는 사람은 바울이다. 그러면 하나님의 정확한 진리의 기준 앞에 서서 평생 율법을 어긴 적이 없었다고 한 바울의 고백을 들어보라.

"이제 내가 복음의 빛 앞에 서서 정직하게 나의 내면을 들여다보고 고백한다. 나도 내 마음의 법으로는 하나님의 법을 지키고 싶어서 눈물겹게 투쟁했다. 하지만 내 지체 속에서 한 다른 법이 내 마음의 법과 싸워 죄의 법으로 나를 사로잡는 것을 본다. 사랑하라는 계명 하나를 지키려고 내 안에서 끊임없이 투쟁하여 간신히 모양은 갖췄는데 하나님 앞에는 부끄러워 차마 고개를 들 수 없는 것이 나의 실상이다. 간음하지 말라는 계명을 들으면 그 순간부터 내 안에서 두 법이 싸웠고 그동안에도 나는 무수히 일어나는 나의 정욕, 음란과 싸워야 했다. 오호라 나는 곤고한 사람이다. 누가 나를 이 사망의 몸에서 건져줄까. 남의 눈은 속일 수 있어도 의로우신 하나님의 눈앞에는 도저히 설 수가 없구나."

주님은 음욕 자체를 간음과 동일한 죄로 이미 결론 내셨다. 죄는 나무든 열매든 씨앗이든 상관없이 죄 그 자체가 본질적인 문제이다. 죄가 얼마나 열매를 맺었느냐 하는 것은 우리 판단의 기준이 될 뿐이지, 하나님 앞에서는 아무런 차이가 없다. 죄는 확장성을 갖기 때문에 죄냐 아니냐, 죄가 있느냐 없느냐가 진짜 본질적인 문제다.

같은 불이라도 쇠를 녹이는 용광로의 불은 보기만 해도 무섭다. 하지만 생일 케이크 위에 꽂힌 촛불이 두렵거나 위험해 보이지는 않는다. 그런데 그 작은 촛불을 순진한 어린아이가 들고 아장아장 걸어가서 가스통에 붙이면 어떻게 될까? 그래도 예쁘게 탈까? 콧바람만으로도 끌 수 있는 약한 촛불도 상황과 조건만 맞으면 용광로의 불과 다를 바 없이 위험해진다. 온 세계를 태우고도 남을 가공할 위력이 불의 속성 안에 있다는 것이다.

그렇다면 상황이 허락되고 조건이 맞느냐의 차이만 있을 뿐, 질에 있어서는 저 악독한 히틀러의 분노와 똑같은 분노가 내 안에 있고, 저 음란한 고멜의 음란함이 내 안에 동일하게 있을 수 있다는 것이다. 상황과 조건만 맞으면 나도 얼마든지 히틀러 이상, 고멜 이상이 될 수 있다. 이 관점에서 죄를 보기 때문에 로마서 2장에서 "그러므로 남을 판단하는 사람아" 이렇게 화살을 돌려 모태신앙 유대인들을 향해 무섭게 질타한 것이다. 죄를 죄의 열매나 형태로 보지 않고 그 죄의 확장성의 측면에서 볼 때 그것이 가능한 것이다.

2. 영속성

> 죄의 삯은 사망이요 하나님의 은사는 그리스도 예수 우리 주 안에 있는 영생이니라 롬 6:23

> 또 그들을 미혹하는 마귀가 불과 유황 못에 던져지니 거기는 그 짐승과 거짓 선지자도 있어 세세토록 밤낮 괴로움을 받으리라 계 20:10

어떤 속성보다 가장 무섭고 끔찍한 것이 영속성이다. 죄는 시간이 지난다고 사라지거나 그 힘이 약해지지 않는다. 죄는 영원하다. 영원한 죄와 사탄을 위하여 준비된 지옥의 불은 영원히 타오를 것이다.

> 그러면 어떠하냐 우리는 나으냐 결코 아니라 유대인이나 헬라인이나 다 죄 아래에 있다고 우리가 이미 선언하였느니라 롬 3:9

지금까지 죄의 반역성에 대한 선포, 가공할 확장성에 대한 결론은 죄가 있느냐 없느냐로 집약된다. 에이즈나 나병 같은 병에는 잠복 기간이 있다. 그런데 현대 의학으로도 치료할 수 없는 에이즈 같은 병은 양성 판정을 받는 즉시 "아이고, 나 죽었구나!" 하게 된다. 병세가 어떻고 병이 얼마나 많이 진행됐느냐 하는 것보다 이 병에 걸렸느냐 안 걸렸느냐가 중요하다. 죄가 만약 이런 거라면 죄가 많으냐 적으냐는 차후에 따로 계산할 문제이지 당장 중요한 문제는 아니다. 가장 중요한 것은 죄인이냐 아니냐 하는 것이다. 죄인이라는 사실을 부정할 수 없는 순간, 우리는 '난 끝장났구나!' 하고 우리의 모든 소망을 끊어야 하는 것이다. 그런데 성경은 이미 우리가 다 죄 아래에 있다고 선언한다. "헬라인이나 유대인이나 다"라는 것은 모든 인류를 의미한다. 그다음 10절 이하의 말씀 또한 죄의 확장성이라는 관점에서 보지 않으면 이해가 잘 안 되는 말씀들이다.

10 기록된 바 의인은 없나니 하나도 없으며 11 깨닫는 자도 없고 하나님을 찾는 자도 없고 12 다 치우쳐 함께 무익하게 되고 선을 행하는 자는 없나니 하나도 없도다 13 그들의 목구멍은 열린 무덤이요 그 혀로는 속임을 일삼으며 그 입술에는 독사의 독이 있고 14 그 입에는 저주와 악독이 가득하고 15 그 발은 피 흘리는 데 빠른지라 16 파멸과 고생이 그 길에 있어 17 평강의 길을 알지 못하였고 18 그들의 눈앞에 하나님을 두려워함이 없느니라 함과 같으니라 롬 3:10-18

"의인은 없나니 하나도 없다"라는 선언 이후에 목구멍은 열린 무덤이고, 혀로는 속임을 일삼고, 입술에는 독사의 독이 있고, 발은 피 흘리는 데 빠르다는 말씀이 이어지는데 솔직히 보통 사람 같으면 '나는 그렇게 흉악한 짓을 한 적은 없는데…'라는 생각이 들 수 있다. 그런데 만약 상황과 스토리와 조건이 허락한다면 우리의 입술은 얼마든지 독사의 독을 뿜어낼 수 있다. 너무 어려운 시어머니를 만나 고생을 지긋지긋하게 하면 그 입에서 빨리 돌아가시면 좋겠다는 말이 나올 수 있다. 한국 전쟁 당시 한 형제 한 민족끼리 서로 죽고 죽인 것이 얼마인가. 정부가 수립되기 전 이념 대립이 빚은 여수 순천 반란 사건 때 조카가 삼촌을 죽이고 자식이 아버지를 생매장하는 일이 우리의 현대사에서 일어났던 일이다.

조건과 상황만 갖춰지면 우리는 얼마든지 인간 병기가 될 수 있는 사람들이다. 조롱당하고 억울한 일을 당하면 우리 입술에서 독사의 독이 나오는 것은 물론이고 발도 피 흘리는 데 빠르다. 어떤 권위자가 자신을 너무 어렵게 하고 평생 잊지 못할 말로 상처를 입혔는데 그의 허물이 드러났다면 우리는 그 사람을 죽이기에 가장 빠를 수 있다. 여간해서는 속이 시원하지 않아 갖은 방법을 다해서라도 그렇게 할 수 있다.

결국 이런 죄들이 지금 내게 열매로 드러나지 않았다 해도, 그 모든 가능성과 죄성이 충만하게 죄 장아찌로 나의 존재 안에 있다는 것이 성경의 선언이다.

그들의 눈앞에 하나님을 두려워함이 없느니라 함과 같으니라 롬 3:18

사실 우리가 하나님을 경외한다고 말하지만 실제적으로 우리를 진단하는 성경 말씀은 하나님을 두려워함이 없다는 것이다. 우리가 죄의 진정한 실체를 알고 죄에 대한 심판을 알고 나면 누구를 더 두려워해야 하는가? 사람보다 하나님을 더 두려워해야 한다. 그런데도 죄인들이 죄에 퍼질러 앉아서 죄를 떠나지 않는 이유는 솔직히 하나님을 두려워함이 없기 때문이라는 것이다.

당뇨병에 걸리면 합병증이 정말 무섭다고 한다. 모든 병이 그렇지만 그 병의 위험을 모를 때는 병에 걸릴 만한 행동을 마음 놓고 한다. 그러다가 어느 날 진찰을 받았는데 당뇨 수치가 높다는 진단이 나오고, 당뇨병이 얼마나 위험한지 잘못하면 발을 절단할 수도 있는데 자신도 그럴 가능성이 있다고 하면 그때부터는 태도가 확 바뀐다. 의사가 혈당 관리 잘하고 음식 조절하고 운동을 계속해야 한다고 명확한 지침을 내려주면 그때는 아군과 적군을 분명히 구분해서 병의 위험을 높일 만한 것들이 아무리 유혹해도 절대 속지 않고 경계하게 된다.

우리가 적을 분명히 알고 이제부터 누구와 싸워야 할지 알면 싸울 태세를 갖추게 된다. 죄가 그렇다. 죄를 우리가 싸워야 할 적으로 정확히 알면 하라는 것을 하고 하지 말라는 것을 절제할 수가 있다. 너무나 끔찍한 죄가 자신에게 실제가 되었기 때문이다. 문제는 우리가 죄에 대해서 한 번도 심각하게 생각해본 적이 없이 태도를 결정하지 않는다는 것이다. "물론 죄는 나쁘고 지으면 안 되지만, 만약 죄를 짓게 되면 어떻게 하죠?" 이렇게 무방비 상태로 뒷문을 열어놓고 죄가 다가오기를 기다리니 싸움 자체가 되지 않는 것이다.

죄인에게 내려지는 죽음의 선고

옛날에는 문둥병, 나병이라고 하는 이 병에 한 번 걸리면 천형(天刑)이라고 할 만큼 어려움을 많이 당했다. 동네에 나병 환자가 나타나면 돌을 던져서 인정사정없이 쫓아냈다. 나병 환자들이 병이 낫기 위해 아이의 간을 빼 먹는다, 눈을 빼 먹는다는 등 갖은 흉한 유언비어가 나돌아서 실제로 그들을 만나면 귀신 보듯이 하기도 했다. 무엇보다 아직 멀쩡히 살아 있는 사람인데 그 병에 걸렸다는 이유만으로 실제로 죽음으로 처리되어야 했다. 그러지 않으면 한 사람의 발병으로 가족 전체가 낙인이 찍혀 정상적인 생활이 불가능했기 때문이다. 그들은 웬만하면 과거 이야기를 하지 않는다. 사실 그들에게 과거는 없다. 나병이 발견된 즉시 이전의 삶은 죽은 것이다. 가족과 집을 떠나 오랜 부랑생활 끝에 무호적자가 되기도 하고 사회에서 격리되기 때문에 그들은 이전과 다른 사람으로 살아가야 했다.

　한번은 우연히 환우 한 분의 이야기를 듣게 되었다. 그가 중학생 때인가 운동을 하다가 상처가 났는데 상처의 반응이 예사롭지 않아 병원에 갔다 온 뒤로 갑자기 집안이 초상집 분위기로 바뀌었다. 다들 말수가 없어졌고, 엄마는 틈만 나면 훌쩍이고, 아버지는 한숨을 푹푹 쉬셨다. 어려운 시간이 흐르는 동안 중학생이니까 어느 정도 눈치는 있었다. 그렇게 고민이 깊어가던 어느 날 꼭두새벽에 엄마가 흔들어 깨우더니 세수를 시키고 교복을 깨끗하게 갈아입히고는 생일에나 먹는 미역국과 흰쌀밥 밥상을 차려주고 먹으라고 하셨다. 그리고 보니 아버지도 행장을 차려입고 한구석에 앉아 계시고, 엄마는 밥상을 차려주고 나서 하염없이 눈물을 흘리며 흐느끼고 있다. 까슬거리는 입에 밥이 몇 숟갈 넘어가지도 않아 대강 먹었는데 아버지가 옷 보따리 하나를 던져주더니 턱짓으로 따라오라는 시늉을 하였다. 그 옷 보자기를 걸어 메고 나오는데 엄마는 문설주를 붙잡고 숨죽여가며 복받치는 울음을 참으면서도 문지방을 넘어오지 못하였다. 혹시 다른 사람들이 보면 안 되니까. 아버지를 따라나서며 흐느끼는 엄마를 본 게 이 땅에서 마지막이었다.

아버지를 따라 도착한 곳은 나환자들을 격리 수용하는 섬으로 떠나보내는 바닷가였다. 거기 모인 사람들은 서로 얼굴을 쳐다보지 않았다. 인사하는 사람도 없이 여기저기 띄엄띄엄 서 있었다. 멀리서 배가 들어오면 아버지는 주먹을 쥐었다 폈다 하면서 일어나려고 하다가는 털썩 주저앉고 털썩 주저앉기를 반복했다. 생각해보라. 부모가 죽으면 뒷산에 묻고 자식이 죽으면 부모의 가슴에 묻는다고 하지 않는가. 죽어서 갖다 묻는 자식도 마음에서 떠나보낼 수가 없는데 시퍼렇게 살아 있는 자식을, 살아서 다시는 만날 기약이 없고, 썩어서 죽어 나가는 곳으로 보내고 어미인들 편히 잠들 수 있고 아비인들 편히 밥숟가락이 들어가겠는가. 해가 뉘엿뉘엿 떨어지고 막배는 점점 들어왔다. 이 배를 타지 않으면 안 되었다. 고통스러워하던 아버지가 무슨 생각을 했는지 아들의 팔목을 낚아챘다.

"이 웬수 같은 자식, 왜 세상에 나와 가지고…."

그러고는 아들을 끌고 다른 편 바닷가로 가서 바다 한복판으로 막 끌고 들어갔다. 뭐하자는 건지 짐작이 되지 않는가.

"내가 어떻게 너만 보내고 갈 수 있겠느냐. 이 자식아, 같이 죽어버리자."

물이 가슴에 찰 때까지 끌려들어가던 아들이 두 손으로 아버지를 꽉 붙잡고 말했다.

"아버지요, 형아들이 있지 않습니까. 문둥이 나만 죽으면 되지 아버지가 왜 죽습니까. 아버지요, 나만 죽으면 되지 아버지가 왜 죽습니까!"

아버지도 끝내 대성통곡을 하고 말았다. 그리고 마음에 다짐을 했는지 아들의 손을 탁 뿌리치고 바다에서 나가 물이 뚝뚝 떨어지는 몸으로 걸어가는데, 눈앞에서 그 모습이 사라질 때까지 한 번도 뒤돌아보지 않았다고 한다. 그것이 이 땅에서 본 아버지의 마지막 모습이었다.

나병 환자라는 낙인만 찍혀도 이 세상에서 실제 죽음을 경험한다. 하물며 우리에게 죄인이라는 선고가 내려지는 것은 모든 지독한 질병의 양성 판정을 받은 것보다 더 무서운 사형 선고다. 앞서 살펴본 대로 죄와 나는 따로가 아니고 이 무서운 죄가 곧 요, 나 곧 죄니 도대체 무슨 소망이 있겠는가. 그러니 나의 율법적인 노력이나 어떠한 희망으로도 불가능하다. 이 끔찍한 죄에서 벗어나는 길은 나에 대하여 죽는 길, 죄의 심판을 받는 길 외에는 없다.

내 마음의 사형 선고

1. 선한 자아

이제 우리 중에 "나는 죄인이 아니에요"라고 말할 수 있는 사람은 없을 것이다. 그렇다면 이제 우리의 모든 소망은 끊어져야만 한다. 나의 모든 열심과 최선으로 아무리 노력해도 하나님의 공의로운 심판을 피할 수 없기 때문이다. 그런데도 "그래도 나는 죄의 장아찌가 아니라 단무지예요" 혹은 "조금만 더 노력하면 선해질 수 있어요"라고 말하고 싶은 사람이 있는가? 그러나 반드시 알 것은 아무리 선한 일을 많이 해도 죄인은 죄인일 수밖에 없다. 선한 자아도 결국 죄다.

2. 자아 죽이기

우리가 좀 더 성숙한 신앙의 길에 들어서면 이제 우리는 하나님을 기쁘시게 하고 하나님의 뜻대로 살아야겠다고 결심한다. 그런데 이때부터 고민이 시작된다. 하나님을 기쁘시게 해야 되겠고 말씀이 옳은 줄도 알겠다. 그 소원이 너무 분명한데 아무리 애를 써도 잘 안 된다. 전에는 환경, 조건, 상황 때문에 어렵고 힘들어서 내가 불행한 줄 알았다. 그런데 주님을 알아갈수록, 내 자신이 말씀의 빛 가운데 드러나면 드러날수록 상황과 조건과 아무 상관없이 결국 문제는 나 자신, 자아에게 있다는 사실을 깨닫게 되는 것이다. 분명히 나는 하나님을 사랑하고 하나님의 뜻대로 살아야겠다는 결론도 내렸는데, 자아가 순종해주지 않아 말씀대로 살 수 없게 하는 것이다. 그러니까 밖에 있는 적보다 더 무서운 적이 바로 나 자신이라는 사실에 눈을 돌리기 시작한다.

이 결론에 다다른 사람이 시작하는 일이 '자아 길들이기'이다. 이 사람이 자아를 쳐서 복종시키려는 여러 노력을 많이 하다보니 실제로 옆에서 보면 정말 모범적인 신앙을 하는 것 같다. 칭찬도 받는다. 그런데 이렇게 진지하게 노력하다 보면 벽에 부딪치게 된다. 자아는 절대 길들여지지 않으며 본성적으로 하나님의 진리와는 정반대의 특성을 가지고 있다는 것을 깨닫기 시작한다. 그래서 비장한 각오를 하게 된다. '자아는 길들일 수 있는 존재가 아니구나. 이 자아가 죽어야만 내가 살겠구나.' 바로 이 결론에 이르게 되어 이제는 자아 죽이기에 들어간다. 여기에 도달할 정도면 정말 진실한 크리스천이다. 진지하다면 반드시 이 코스로 가게 되어 있다. 자아에 얽매이지 않을 수 있는 인격이나 신앙을 가졌다면 그는 존경해 마지않을 만큼 대단한 사람이다.

'자아 죽이기'는 인간이 할 수 있는 최선이자 최후의 선택이다. 다른 소망이 없다는 결론이 이제 확실해졌다. 이제는 능력이니 기도 응답이니 간증을 하러 다니는 일 따위 관심이 없고 사람들이 알아주든 아니든 오직 주님을 기쁘시게 하고 주님을 닮고 싶고 주님의 진리를 누리고 싶다. 그래서 내 병든 자아가 원수인 줄 알고 자아를 못 박아야 되겠다고 생각하고 자아 죽이기에 들어가면, 이마저 불가능하다는 결론에 도달하게 된다. 예수님을 십자가에 못 박는 것처럼 나도 내 자아를 십자가에 못 박으려고 하는 것을 한번 시연해보겠다.

'에이, 이놈의 자아를 죽여야 되겠다' 결심하고 못을 준비한다. '누구를 말할 것도 원망할 것도 없어. 오직 원수는 바로 내 자아다!' 가장 먼저 빨빨거리고 돌아다니는 발모가지를 못 박는다.

"탕!"

"아아!"

자아 죽이기에 들어가서 자기 발목을 못 박는다는 것은 요즘 자신의 기득권을 포기하고 다 내려놓는 용기 있는 분들의 이야기를 떠올리면 된다. "어떻게 저럴 수 있나. 대단하구나. 정말 하늘의 소망을 가졌구나." 감탄을 자아내기에 충분하다. 하나님의 뜻 외에 어떤 자아의 몸부림도 허용하지 않겠다는 각오와 결단이다. 이렇게 두 발목을 못 박으면 적어도 이제 자신이 원하는 데는 갈 수 없다.

그런데 이렇게 자기를 포기하고 내려놓으면 눈이 밝아진다. 내 문제에 매여 사심이 가득할 때는 객관적으로 볼 수 없고 정확한 사리 판단이 안 된다. 훈수하는 사람이 판을 더 객관적으로 볼 수 있듯이, 발목을 박아서 이제 내 마음대로 갈 수 없게 되니 상황이 객관화되어 훨씬 밝히 보인다. 움직이지 못한다는 점에서는 죽은 것이나 마찬가지인데 문제는 아직도 상체가 많이 남아 있다는 것이다. 눈에 보이고 귀에 들리고 손도 움직인다. 내가 나를 위해 살지는 않지만 이 범위 내에서 주님을 위한다는 일에는 아직도 여지가 많다. 그래서 이것저것 간섭한다. 또 밝아진 눈으로 교계를 보니 이렇게 해서는 하나님이 역사하실 수가 없다고 회개하라고 한다. 그래서 광야에 외치는 소리가 되고 사람들은 그를 존경하게 된다.

그의 손에 여전히 못과 망치가 들려 있다. '내가 또 무슨 짓을 하나. 아무리 옳고 좋은 명분도 있고 나를 위한 것이 아니라지만, 내가 여전히 살아서 난리를 치는구나. 나를 마저 못 박아야 되겠다' 이래서 다시 한쪽 손목을 내리쳤다.

"헉!"

그만 기절해버리고 말았다. 발목에 못을 박고 손목까지 못을 박았으니 이제 살았다고 할 게 없다. 이 정도의 사람을 보면 우리도 우러러보게 되지 않는가. 한 구도자가 다가와 존경의 눈빛으로 그를 우러러 보는데 그때 마침 정신이 돌아왔다. 그러자 이번에는 못 박히지 않은 나머지 한 손을 휘저으며 "너, 정신 차리지 못해. 왜 주님을 바라보지 않고 사람을 보느냐!" 이러고 소리를 질렀다.

두 발과 한 손을 못 박았는데도 목숨이 끊어지지 않은 채 눈에 보이는 대로 누구 훈수하고 판단하고 정죄하고…. 자아를 죽였다고 하지만 여전히 이런 모습이다. '거의 죽은 것과 죽은 것에는 차이가 있구나. 완전히 못 박지 않으면 안 되겠구나' 하고 남은 한 손마저 못 박으려 했지만 박을 수가 없었다. 그래서 죽으려고 했지만 다 못 죽은 자아가 되어 지금도 여전히 망치 든 손을 휘젓고 있다. 이것이 바로 인간이 마지막 희망을 건 자아 죽이기의 최후 모습이다.

결국 우리에게는 죽었다 깨어나도 우리 자신의 운명을 바꿀 힘이 없다. 결론은 너무 분명하다. 이 자아가 죽어야 한다. 그런데 죽일 수가 없다. 그러면 어떻게 해야 하는가? 이 무서운 '죄가 곧 나요 나 곧 죄'가 된 운명은 이 병든 자아가 죽어야만 벗어날 수 있겠는데 죽을 길이 없으니 이것을 어떻게 하면 좋겠는가. 복음이 아무리 완전해도 이 문제를 해결해주지 못한다면 적어도 복음은 내게 복음이 될 수 없다. 그래서 '은혜'라는 말이 등장하는 것이다. 은혜란 받을 자격이 전혀 없는 자에게 일방적으로 베풀어주시는 하나님의 선물이다. 드디어 나의 모든 노력, 모든 몸짓, 나의 모든 소망이 끝나고 비로소 우리는 진실한 의미의 은혜를 기다리게 된다. 오직 믿음으로만 기다리게 된다. 주님만 바라보게 된다.

그러면 이 문제의 결론은 딱 하나다. 죄가 자리를 잡고 뿌리를 내리고 살아가는 나의 이 병든 자아는 길들이려고 해도 안 되고 죽이려고 해도 안 되는데 이 완전한 절망 앞에 하나님은 어떤 대안을 가지고 계시는가? 복음은 우리에게 무슨 대안을 말해주시는가?

3. 내가 죽은 십자가

6 우리가 알거니와 우리의 옛 사람이 예수와 함께 십자가에 못 박힌 것은 죄의 몸이 죽어 다시는 우리가 죄에게 종노릇 하지 아니하려 함이니 7 이는 죽은 자가 죄에서 벗어나 의롭다 하심을 얻었음이라 롬 6:6,7

우리는 십자가에서 우리 죄가 다 처리되었다고 이론적으로 알고 있었다. 그런데 이 말씀에서 우리 죄가 십자가에 못 박혔다고 하는가? 대체 무엇이 못 박혔다고 했는가? 우리는 지금까지 주님이 십자가에서 우리 죄를 못 박아 처리하셨다고 알고 있었는데, 성경은 우리 죄가 못 박혔다고 하지 않고 우리의 옛 사람이 못 박혔다고 말씀한다. 왜냐하면 죄의 몸이 죽어야, 이 병든 자아의 실체가 죽어야 죄에게 종노릇하지 않을 수 있기 때문이라고 설명해주신다.

7절에 "이는 죽은 자가 죄에서 벗어나 의롭다 함을 얻었음이라", 죽음 없이 죄에서 자유할 수 있다는 것은 새빨간 거짓말이다. 죄에서 자유로워지는 유일한 길은 역설적이게도 죄에 대하여 죽는 수밖에 없다. 빚에서 자유로워지는 길은 빚을 갚는 길밖에 없다. 다른 모든 것은 속이는 것이다. 성경이 분명히 말씀한다. 죽은 자만이 죄에서 벗어나 의롭다 하심을 얻었다고 말이다.

2천 년 전 갈보리 언덕에서 예수님이 십자가에 죽으실 때 우리는 십자가에서 예수님만 죽은 줄 알았다. 그리고 너무 고맙게도 십자가 아래 우리의 죄 짐을 벗어놓으면 되는 줄 알았다. 그런데 놀랍게도 성경은 "우리가 알거니와 우리의 옛 사람이 예수와 함께 십자가에 못 박힌 것은", 아멘! 이 말씀을 그렇게 읽었으면서 어떻게 이 말씀을 그냥 지나갔는지 나에게는 그것이 기적이었다.

> 이는 너희가 죽었고 너희 생명이 그리스도와 함께 하나님 안에 감추어졌음이라 골 3:3

그토록 눈물겹게 길들이고 죽이려고 해도 할 수 없었던 내 자아 때문에 "하나님, 나는 틀렸습니다. 도저히 어떻게 안 되겠습니다" 하고 털썩 주저앉아 눈물도 마르지 않은 채 하나님을 향해서 고개를 드는

데 주님이 뭐라고 말씀하시는고 하니 "이는 너희가 죽었고", 주님은 "너희 죄가 죽었다"라고 하지 않으셨다. "너희가 죽었고", 아멘! 하나님의 뜻대로 살고 복음의 영광을 보고 싶어서 몸부림해본 사람이라면, 내 자신을 변화시켜보려고 그렇게 눈물겹게 살아본 사람이라면 이 말은 천지개벽보다 더 엄청난 비밀인 것이다.

내가 그리스도와 함께 십자가에 못 박혔나니 그런즉 이제는 내가 사는 것이 아니요 오직 내 안에 그리스도께서 사시는 것이라 이제 내가 육체 가운데 사는 것은 나를 사랑하사 나를 위하여 자기 자신을 버리신 하나님의 아들을 믿는 믿음 안에서 사는 것이라 갈 2:20

그리스도와 함께 십자가에 못 박힌 것이 내 죄인가, 나인가? 성경은 분명히 "내가 그리스도와 함께 십자가에 못 박혔나니"라고 말씀한다. 살아 계신 우리 주님은 어떻게 해야 우리를 이 끔찍한 죄의 형벌에서 벗어나 자유케 할 수 있는지를 가장 잘 아신다. 그 주님께서 당신의 아들을 십자가에 매달 때 이 지긋지긋하고 영원한 늪과도 같은 나의 병든 자아를 함께 십자가에 못 박아버리셨다. 주님께서 정말 잘하신 것이다. 주님이 그렇게 하셔야만 했다. 그 길 외에는 길이 없었다.

다들 모르고 십자가 지러 가시는 주님을 말렸다. 마리아만이 옥합을 깨뜨려 향유를 부어드려서 주님으로부터 "내 장례를 미리 준비하였다"라는 칭찬을 들었다. 누가 주님의 십자가 사건을 나 자신의 완전한 구원을 이루어주시기 위한 주님의 유일한 마지막 선택인 줄 알았을까? 이 사실을 미리 알았다면 너무 미안하고 죄송하지만 우리가 주님께 부탁을 드려야 한다.

"주님, 십자가로 가주십시오. 그래야만 당신의 영원한 꿈이 이루어질 수 있고, 내가 당신 앞에 즐거움이 될 수 있습니다."

주님이 십자가로 가셔야만 이 지긋지긋한 죄의 웅덩이에서 벗어나는 영원한 숙제가 해결될 수 있다. 우리가 사탄에게 붙잡혀 죄의 장아찌 노릇을 하며 병든 자아의 감옥에 갇혀 있는 것은 애굽의 종살이나 북한 정권에 붙들린 것과는 비교가 안 된다. 그것은 모형(模型)에 불과하다. 우리의 이 운명이 얼마나 끔찍한 것인지는 하나님이 죄를 어떻게 대응하시는지 보면 안다. 영원한 지옥밖에 다른 길이 없는 운명이다. 그런데 이 어마어마한 역사의 숙제를 해결하시는 하나님의 완전한 지혜가 나타났다. 우리가 그토록 더듬어서 마지막 결론으로 알게 된 진리, "세상에, 우리 죄, 자아가 죽어야 되는군요"라고 할 때 주님은 "그래서 너희 '옛 사람'을 내 아들과 함께 이미 십자가에 못 박았노라"라고 하신다. 할렐루야! 아멘.

4. 마음의 사형 선고

이제 우리는 주님이 당신의 아들을 십자가에 매달아 우리의 옛 사람, 병든 자아를 죽여야만 했던 하나님의 완전한 지혜를 계속 살펴볼 것이다. 문제는 우리의 믿음이다. 예수님이 2천 년 전 갈보리 언덕 십자가에서 나의 옛 사람을 십자가에 못 박으신 것은, 우리가 눈뜨고 밥 먹고 지금 여기서 살다 죽은 사건보다 더 분명한 역사적 객관적 실제 사건인데, 이 엄청난 진리가 내 믿음 안에서 나에게 실제가 되지 않으면, 나를 움직일 수 없는 믿음이면, 신학 지식 따위라면 나와 아무런 상관이 없다. 안타깝지만 예수님의 죽으심이 나와 아무 상관이 없다는 것이다. 주님의 피는 모든 인류를 구원하고도 남는 효력이 있지만 그것은 철저히 믿음으로 받는 전제하에서만 주어지는 것이다.

2천 년 전 그 십자가 사건 중에 함께하셨던 성령님은 이 역사적 객관적 실제 사건을 동일한 농도로 지금 우리에게 집행하시고 그것을 믿음 안에서 실제가 되게 해주시는 분이다. 죄에 대하여, 의에 대하여, 심판에 대하여 세상을 책망하시는 그 일을, 보혜사 성령께서 우리에게 이 복음의 진리를 통해 행하실 것이다. 사망이 올 때에도 사탄의 말을 들음으로 사망이 왔다. 생명도 마찬가지다. 이 복음의 진리를 들음으로 내 영혼에 죽음을 적용시키는 성령님의 역사가 임할 때 이 일은 우리에게 실제가 된다. 주님이 우리를 복음 앞에 세우시는 이유가 바로 이것이다.

주님이 십자가에서 이루신 것과 동일하게 나는 언제 내 자신의 죽음을 경험해보았는가? 복음의 진리가 나에게 실제가 된 적이 있는가? 실제가 됐다는 것은 그다음 나의 삶이 말해준다. 나 자신에 대해서 죽은 자는 더 이상 나로 반응하지 않는다. 오직 믿음으로만 반응한다. 그래서 갈라디아서 2장 20절 말씀이 가능한 것이다. 복음학교는 복음 앞에 서는 시간이다. 이 진리에 대해서 우리 모두가 다시 복음 앞에 서야 한다. 그렇다 치고, 감동 한 번 받고 넘어가서는 안 된다. 나에게 실제가 되어야 한다. 전심으로 이 진리 앞에 서라. 성령님이 내 마음을 수사하고 책망하실 때 "아멘" 하며 거기에 함께 참여하면 성령님께서 우리 안에 이 진리를 적용시키는 일을 하시는 것이다. 여기에 우리의 전심의 반응이 필요하다. 목숨 걸고 이 진리 앞에 서야 한다.

주님은 이미 우리의 삶 가운데 말씀해오셨다. 복음 앞에 선 우리에게 진리가 선포된다. 진리가 우리를 검증했다. 성령께서 진리로 우리를 수사하셨다. 진리로 우리의 양심을 때리셨다. 진리로 우리의 상태를 보게 하셨다. 그런 우리의 마음에 "와, 정말 죽었구나" 하고 실제로 사형 선고가 내려질 때까지, 우리는 이 십자가 진리 앞에서 나의 실존에 치밀하게 부딪쳐야 한다. 나 자신의 죽음을 내 전심으로 받아들이는 일이 일어날 때 비로소 우리는 십자가가 달리 보이기 시작한다. 그때는 그 십자가가 예수님만 달린 십자가로 보이지 않고 거기에 내가 죽은 십자가로 보이는 것이다. 할렐루야!

그래서 진리의 선포와 함께 이 진리가 남의 얘기가 아니라 바로 내 얘기였다는 사실이 스스로 확증될 때까지 내 자신과 직면해보는 시간이 필요하다. 내 안에서 사형 선고가 일어날 때까지 이 진리를 깊이 묵상하고 부딪치고 충돌해야 한다. 그래서 버티려야 버틸 수 없이 이 죽음이 내 마음에 받아들여질 때 비늘이 벗어지면서 주님의 십자가의 진리가 이론 따로 실제 따로가 아닌, 진리가 결론이 되는 것을 경험하게 될 것이다.

- 죄로 아담의 생명 전체가 오염되어 아담을 통하여 오는 우리 모두가 죄를 짓고 사망에 이르게 되었다.

- 죄는 결과로 맺힌 열매 정도가 아니다. 죄의 욕구를 끝없이 피워 올리는 존재로서의 죄, 죄 그 자체가 본질적인 문제이다.

- 죄가 많으냐 적으냐가 아니라 죄가 있느냐 없느냐, 내가 죄인이냐 아니냐가 가장 중요하다. 죄는 상황과 조건만 맞으면 온 우주를 뒤덮을 만큼 확장될 수 있다. 상황과 조건만 맞으면 그 누구보다 악한 짓을 할 수 있는 죄가 내 안에 동일하게 있다.

- 우리가 존재적 죄인이라는 것은 그 어떤 병의 판정보다 무서운 사형선고다. 죄 된 자아는 절대 길들여지지 않으며 우리는 우리 스스로를 죽일 수도 없다.

- 십자가에서 예수님이 죽으실 때 나의 병든 자아도 함께 못 박혔다. 그래서 나는 이미 예수님과 함께 죽었다. 이것이 복음이다.

• • •

주님이 하셨습니다!

죄된 나의 실존

이번 장에서는 우리가 깨닫게 된 진리의 조명을 받아 죄 된 나의 실존을 보고, 나의 죄 된 운명에 대해 실제적으로 내가 믿음으로 반응하고 화합하는 시간을 가지려 한다.

9 그러면 어떠하냐 우리는 나으냐 결코 아니라 유대인이나 헬라인이나 다 죄 아래에 있다고 우리가 이미 선언하였느니라 10 기록된 바 의인은 없나니 하나도 없으며 롬 3:9,10

복음학교에서 이 시간을 가진 후 어떤 분이 "죄의 열매를 기록하는 시간인 줄 알았는데 '죄 곧 나, 나 곧 죄' 밖에 다른 것으로 설명이 안 되는, 전혀 불가능한 죄인의 실체를 보는 시간이었다. 죄의 열매를 적는 시간이 아니라 존재적 죄인인 나의 모습을 보면서 너무 비참해서 더 이상 적을 수가 없었다"라고 고백했다. 이 시간에 함께 기록하면서 죄 된 나의 존재의 실존을 보도록 하겠다.

1. 왜 기록하는가?

범죄자에게는 현장 검증이 필요하다. 판사가 형을 선고하면 범죄자들은 대개 "나만 죄를 지었나? 나보다 더 악한 죄를 짓고도 멀쩡히 살아가는 사람들도 있는데, 이건 너무 부당한 형량이다" 하며 억울해하고 변명하려 한다. 그때 진행되는 것이 현장 검증이다. 어떻게 그 죄를 지었는지, 구체적인 범죄 현장에서 과정 과정을 밟으면서 자기가 지은 죄를 보게 되면 결국은 '내가 이런 형량을 받기에 마땅한 놈이구나' 동의하며 더 이상 변명하지 않고 그것을 받아들일 수밖에 없게 된다. 동일한 원리로 존재적 본질적 죄인인 내 자신의 실존을 보기 위하여 기록하는 시간을 가지려는 것이다.

2. 죄의 관점

앞서 우리는 죄를 여러 관점에서 살펴보았다.

첫째, 성경적 진리에 근거한 관점, 즉 죄를 보시는 하나님의 관점이다. 죄가 인격적 생명체에 들어와 우리는 '죄 곧 나 나 곧 죄'의 존재적 죄인, 본질적 죄인이 되었다. 둘째, 죄가 반역성을 가지고 영적으로 도덕적으로 어떻게 나타나며, 이 죄가 확장성을 가지고 역사와 사회 가운데 어떻게 확장되어왔는지도 보았다. 결국 죄의 삯은 사망이고, 주님이 죄와 사탄을 위하여 지옥을 준비하셔서 죄와 사탄은 지옥으로 갈 수밖에 없는 운명인 것도 살펴보았다. 그러면 마지막으로, 이 죄가 나하고 실제적, 개인적으로 무슨 상관이 있는가를 살펴보아야 한다. 내 생명과 내 삶 구석구석에서 죄와 나는 도대체 무슨 관계가 있는가.

이 전체가 합쳐질 때 우리 마음에 사형선고가 내려진다. 현장 검증으로 내 안에 죄가 확증되고 동의할 수밖에 없게 되어, 그렇게 사형선고가 내려진 후에 십자가는 우리에게 밝히 보일 것이다. 죄인들이 다 십자가에 매달리는 것이 아니다. 십자가는 사형선고 내려진 죄인에게만 의미가 있다. 보편적인 죄인은 결코 십자가에 동의할 수 없다. 내가 마땅히 죽어야 할 자라고 마음에 사형선고가 내려진 자에게만 십자가는 의미가 있다.

3. 어떤 방법으로 기록할 것인가?

① 기록 방법

그동안 우리는 수련회 가서 죄의 목록을 써서 태워보기도 하고 십자가에 못으로 박아놓기도 하고 다양한 방법을 시도해보았다. 그러나 이 시간에는 성경에 기록된 방법대로 할 것이다.

하나님께서 죄가 얼마나 무서운 것이며 그 실체가 어떠한지, 그리고 그 죄가 자기와 어떠한 관계에 있는지를 한 사람에게 사건으로 드러내어 아주 구체적으로 말씀하신 사건이 있다. 이에 동의하여 무릎을 꿇고 회개하였던 사람이 바로 다윗이다. 어린 시절, 아버지에게조차 잊혀진 채 살았던 다윗. 도대체 나는 누구인가, 자기의 정체성으로 고민하던 그가 하나님을 만났다. 그 후 그의 신앙고백이 성경의 많은 분량을 차지할 정도로 다윗은 대단한 고백을 한다. 그런 그에게도 자신이 얼마나 존재적 죄인인지를 깨닫게 된 사건이 있다. 그 사건을 가지고 하나님께서 드러내주신 과정을 우리도 동일하게 밟아보려고 한다. 죄의 열매, 죄의 과정, 죄를 지었던 원인. 이 원리로 살펴볼 것이다.

A4 용지를 준비하고 다음의 양식과 같이 세 부분으로 나누어 표를 만들되 열매는 좁게, 과정과 원인은 좀 넓게 하라.

열매	과정	원인

② 죄의 열매 – 과정 – 원인

다윗은 간음죄를 지었다. 이것은 열매였다. 그 죄를 지은 과정을 성경은 아주 구체적으로 기록하였다. 굳이 기록할 필요가 없는데 성령께서 기록하게 하셨다면 동일하게 모든 세대 가운데 죄인인 우리에게 비춰주시는 하나님의 교훈이 있다고 믿는다.

전쟁터에 나가지 않고 있던 다윗이 어느 날 밧세바를 바라보았다가 그녀를 데려오게 하여 간음하고, 이 일로 밧세바가 임신하게 된 과정이 구체적으로 기록되어 있다. 이 죄를 지은 원인은 무엇인가? 단순했다. "심히 아름다워 보이는지라"(삼하 11:2). 결국은 안목의 정욕이었다. 보이지 않는 하나님을 바라보고 믿음으로 살아야 할 하나님의 사람이 보이는 실상, 안목의 정욕으로 그만 죄를 지었다. 하나님 아닌 다른 것으로 만족하려고 하는 자아의 실존을 보게 된다. 결국 원인은 자기 자신을 위한 것이었다.

이 죄가 확장성을 가지고 나아간다. 임신을 알게 된 다윗은 사람들이 두려워지기 시작한다. 보이지 않는 하나님보다 보이는 사람을 두려워했다. 실상이 드러나기 시작하니 이 죄를 은폐해야 했다. 그래서 우리아를 전쟁터에서 불러내 집에 가서 아내와 동침하도록 권고하지만, 충성된 우리아가 집에 들어가지 않고 결국 이 일이 실패하자 우리아를 전쟁터로 보낸다. 죄를 은폐하려는 모습이 나타난다. 결국 죄를 은폐하려는 것도 자기 자신을 위한 것이다. 이게 알려지면 사람들이 나를 뭐라 할까 두려웠기 때문이다.

그래서 여기서 중단하는 것이 아니라 살인교사죄로 확장되어간다. 부하에게 우리아를 맹렬한 전쟁터 맨 앞에 보내어 죽게 하고 자신에게 보고하라고 편지를 쓴다. 요압을 동참시켜 살인을 교사하며 죄를 점점 더 확장시킨다. 자기 혼자 죄를 짓는 수준에서 나아가 이제는 이 죄를 은폐하고, 은폐하기 위하여 다른 수단을 동원하는 아주 교활한 모습을 보인다. 단순하다. 과정은 그랬지만 원인은 하나님보다 사람을 두려워하는 자신의 실체였다. 결국 다윗이 지었던 죄의 과정과 원인을 살펴보면, 환경이나 누구 때문이 아니라 '죄 곧 나 나 곧 죄'인 자아, 내 존재, 바로 자신을 위하여 죄를 지었다는 사실을 알게 된다.

죄를 깨달은 다윗은 자신이 존재적 본질적 죄인인 것을 무릎 꿇고 회개하며 기도하게 된다. 그것이 시편 51편에 나와 있는 기록이다.

"죄악 중에 내가 출생하였습니다. 태어날 때부터 내가 죄를 가지고 태어났습니다. 아니, 어머니가 죄 중에 나를 잉태하였습니다."

생명의 시작부터 자신의 존재 자체가 죄였다는 사실을 고백하며 하나님께 자기를 버리지 말아달라고 기도한다.

　이 과정을 표로 기록하면 다음과 같다.

열매	과정	원인
간음	밧세바를 봄 자기에게 데려오게 함 동침→잉태	심히 아름다워 보이는지라 (안목의 정욕) 하나님이 아닌 다른 것으로 만족하려는 자아
죄의 은폐	우리아를 보내라 집에 가서 발을 씻으라	하나님보다 사람을 두려워하 는 자신의 실체 (자기보호) 하나님의 사람이라는 자존심
살인 교사	계획을 세움, 편지를 씀 요압을 참여시킴 혼자 할 수 없을 때 수단을 사 용함	

이제 같은 과정으로 나 자신을 살펴보자. 먼저, 자신이 지었던 죄의 열매들을 적으라. 그리고 어떤 과정으로 그 죄를 지었는지 과정을 적어보고 원인을 찾아 적으라. 어쩌면 "도둑질을 했다. 나는 가난했기 때문이다" 등 변명도 나올 것이다. 그러나 변명을 해보아도 계속 적어가다 보면 내 자아, 내 자신을 위하여 죄를 짓는다는 사실, 결국 모든 원인의 끝에 내 자아가 있다는 사실을 알게 될 것이다. 그래서 죄의 행위라는 열매를 통해서 이 죄된 존재를 깨닫는 축복이 있기를 바란다. 열매 때문에 지옥 가는 것이 아니라 열매를 맺을 수밖에 없는 존재적 죄인인 나의 죄 된 생명, 즉 내가 죄인이기 때문에 지옥 간다는 아주 단순한 진리를 진정으로 깨닫게 되기를 바란다. 이미 알고 있지만 이 사실이 실제적으로 부딪치는 축복이 있기를 원한다.

특별히 열매 영역에서 보면, 아직 해결되지 않은 죄가 있다. 해결되지 않고, 여전히 누가 알면 어쩌나 하며 혼자 끌어안고 있는 죄들이 있을 것이다. 우선 그 죄를 적고 과정과 원인을 찬찬히 적어보라. 두 번째로는, 해결되어서 다른 사람들에게도 이야기할 수 있는 죄도 한 번 적어보라. 내 존재를 살펴보기 위해서이다. 그런 죄 역시 열매와 과정과 원인을 차례로 적어보라. 세 번째, 만일 그래도 정말 적을 게 없으면 그런 사람은 성자다. 성실한 모태신앙일 것이다. 그런 경우에는 열매로는 나타나지 않았지만 꽃이 피었던 것을 생각해보라. 마음은 먹었는데 행동으로 하지 못했던, 즉 마음 안에 일어나서 꽃이 피어 열매가 맺히기 직전까지 갔던 죄들이 있을 것이다. 그 죄를 적고 어떤 과정으로 나타났는지, 그리고 왜 그런 것이 생겨났는지 원인을 적어보라.

그러면서 우리는 자신의 실존을 보게 되고, 자신 안에 나타나는 자각 증상을 확인할 것이다. 열매는 다양하다. 사람을 무시하고 무관심한 것, 자기의, 우울증도 있다. 구타 등의 폭력성, 분노, 정욕, 간음, 낙태, 자위행위 등 수많은 죄의 열매들이 있을 것이다. 로마서 1장 29-31절의 말씀처럼 모든 불의, 추악함, 탐욕, 악의, 시기, 살인, 분쟁, 사기, 악독, 비방, 교만, 자랑 등 수많은 죄의 열매들이 있을 것이다. 이것을 남 얘기로가 아니라 내 삶에 나타났던 자각증상을 가지고 살펴보라. 그 과정에서 자신이 얼마나 교묘한 인간인지, 죄 된 인간이 얼마나 교묘하게 그것을 숨기고 그런 죄를 짓는지를 알게 될 것이다. 아니, 아예 드러내놓고 짓기도 한다. 그러면서 내 자신이 아니라 철저하게 다른 사람을 원망하는 형태로 나타나기도 한다. 주님의 도우심으로 이 과정을 통해 우리에게도 다윗처럼 하나님 앞에 무릎 꿇는 축복이 있기를 원한다. 할렐루야!

4. 존재적 죄인의 운명

이 존재적 죄인의 운명이 어떻게 되는지 살펴보자. 죄는 사탄으로부터 왔다. 이 사탄의 속성이 어떻게 드러나는지 이사야서 14장 12-15절을 보면, "내가 올라 … 내 자리를 높이리라 … 내가 앉으리라 … 지극히 높은 자와 같아지리라" 철저하게 '나'였다. 철저하게 사탄의 속성은 자아였다. 사탄으로부터 이 죄가 아담과 하와에게 들어올 때 "하나님과 같이 되어"(창 3:5), 바로 이 반역성을 가지고 왔다. 인격적 생명체에 이 죄가 들어와 '죄 곧 나 나 곧 죄'인 존재적 본질적 죄인이 되었다. 이 죄인의 가장 큰 특성이 자아이다. 자기를 위해서 사는 그것이 곧 사탄의 속성이다.

살아가는 동안 이 죄인은 선한 자아와 악한 자아라는 두 형태로 나타난다. 선한 자아는 꽃 따는 남자이고, 악한 자아는 열매가 풍성한 남자이다. 선한 자아는 드러나지 않은 죄인이고 악한 자아는 드러난 죄인이다. 선한 자아는 도덕적으로 법을 지킨 자이고 악한 자아는 법을 어긴 자이다. 사회적으로 선한 자아는 의인이고 사회적으로 악한 자아는 죄인이다. 그러나 선한 자아든 악한 자아든 존재 자체가 죄인이다. 의인은 없나니 하나도 없다고 했다. 로마서의 말씀을 보자.

기록된 바 의인은 없나니 하나도 없으며 롬 3:10

모든 사람이 죄를 범하였으매 하나님의 영광에 이르지 못하더니
롬 3:23

결국은 인간 존재 자체가, 이 모든 인류가 다 죄인이다. 겉으로 보기에는 매우 존경스러운 사람들이 많이 있다. 이단 종파도 외국에 나가서 고아원사역을 하고 가난한 사람들을 도우며 선한 일을 많이 한다. 그러나 그 선한 행위 자체가 결국은 자기 자신을 위한 것이다. 결국 존재적 죄인의 운명은 죽음이요 죽음 이후에는 심판이 있다.

죄의 삯은 사망이요 롬 6:23

한번 죽는 것은 사람에게 정해진 것이요 그 후에는 심판이 있으리니
히 9:27

죄의 생명을 가진 이 존재적 죄인이 사탄의 속성을 해결 받지 못하면 결국은 사탄과 운명을 함께하여 지옥으로 가게 될 것이다.

또 그들을 미혹하는 마귀가 불과 유황 못에 던져지니 거기는 그 짐승과 거짓 선지자도 있어 세세토록 밤낮 괴로움을 받으리라 계 20:10

마귀가 불과 유황 못에 던져지는데 거기에 거짓 선지자도 있다고 한다. 마태복음 7장 21절을 보라.

나더러 주여 주여 하는 자마다 다 천국에 들어갈 것이 아니요 다만 하늘에 계신 내 아버지의 뜻대로 행하는 자라야 들어가리라 마 7:21

주의 이름으로 선지자 노릇을 하고 주의 이름으로 능력도 행하고 주의 이름으로 귀신을 쫓아내도 이 죄의 문제를 해결하지 않으면 마지막 날에 심판대 앞에서 주님이 모른다 하시면 끝이다.

그러나 두려워하는 자들과 믿지 아니하는 자들과 흉악한 자들과 살인자들과 음행하는 자들과 점술가들과 우상숭배자들과 거짓말하는 모든 자들은 불과 유황으로 타는 못에 던져지리니 (이것이 둘째 사망이라) 계 21:8

결국 우상숭배는 자아숭배요 사탄숭배이다. 사탄숭배 하는 자는 결국 사탄을 따라 지옥으로 갈 것이다.

5. 주의사항

그러니 지금 이 시간, 당신의 죄를 적고 살펴보는 것을 멈추지 말라. 나도 복음학교 때마다 계속 참여하면서 얼마나 내가 존재적 죄인인지를 더욱 깊이 알게 되고, 알면 알수록 십자가의 은혜가 더 강력하게 임하는 은혜를 경험하고 있다.

① 눈을 감지 말라

이 시간은 기도하는 시간이 아니라 쓰는 시간이다. 생각이 나지 않는다는 것은 사탄의 공작일 뿐이다. 생각이 나지 않을 수가 없다. 눈을 감지 마라. 믿음으로 눈을 부릅뜨고 펜을 잡고 의지적으로 써내려가라. 계속 써내려가라. 열매를 적고 과정을 적고 원인을 적어보라. 나는 이래서 죄를 지었다고 변명도 한번 해보라. 그러고 또 다른 죄의 열매를 적으라. 과정을 적고 또 원인을 적어보라. 계속 가보라. 암 선고 받는 자리에서 딴 짓 할 수 있을까? 웃고 수다를 떨 수 있을까? 결코 그럴 수 없다. 오직 진리에 집중하라.

② 교리적으로 접근하지 말라

"나는 이미 죄 용서 받았는데, 나는 이미 구원 받았는데. 나는 이미 다 회개했는데."

앞서 분명히 밝혔듯이 이미 해결됐고 다른 사람들에게 얼마든지 말할 수 있는 자유함이 있는 죄라도 그 열매, 과정, 원인을 적어보라. 왜냐하면 죄 된 나의 실존이 어느 정도인지를 성령께서 진리 앞에서 보여주시는 시간이기 때문이다. 지금은 구원 받았느냐 안 받았느냐 얘기하는 게 아니고 죄에 관한 진리 앞에 정직하게 서는 것이다. 정직하고 진실하게 반응하라.

③ 감정에 속지 말라

죄를 처리하려면 나를 처리해야 한다. 죄와 자아는 분리될 수 없다. 죄는 형태의 문제가 아니라 존재의 문제이다. 죄의 문제는 존재의 변화 없이 근본적으로 해결되지 않는다. 마음에 사형선고가 내려져 자기절망을 경험하지 않은 자는 결코 은혜를 깨달을 수 없다. 그러나 사형선고의 느낌이나 절망이라는 감정을 기다리지 말라. 우리의 감정은 고장 났다. 지금은 눈물을 흘리거나 감정을 기다릴 때가 아니라 성령님 앞에 정신 똑바로 차리고 서서 수사를 받는 시간이다. 마음에 사형선고가 날 때까지 집중하여 기록하라.

④ 정직하게 직면하라

수련회에서 죄 목록을 써서 태우는 시간이 아니라 진리 앞에 서서 죄를 믿음으로 살펴보며 나아가는 시간이다. 내 자신을 하나님 앞에서 살펴보는 것이다. 내가 이런 존재구나, 정말로 죄가 이렇구나. 이것을 깨닫고 도움을 받기 위해서 이 기록 과정을 밟는 것이다. 언제까지? 마음에 사형선고가 내려질 때까지다. 다윗과 같이 '그렇구나. 아무리 변명을 해도 다른 어떤 원인이 아니고 내 존재가 문제였구나. 결국 나는 심판받아 마땅한 그런 존재구나'라는 마음의 사형선고를 성령께서 내려주실 것이다. 유구무언, 어떤 변명도 할 수 없는 모든 원인의 끝은 바로 나라는 깨달음. 내 자아를 위해서 내가 이런 짓을 저질렀고 이렇게 반응할 수밖에 없었다는 깨달음을 성령께서 주실 것이라고 믿는다. 아멘.

파스칼이 "인간이 자신의 비참함을 보는 것은 정말 비참한 일이다"라고 말했듯 자신의 비참함을 보는 것은 정말 비참한 일이다. 그러나 파스칼은 이어서 "그러나 그것은 가장 위대한 일이기도 하다"라고 말했다. 죄 된 나의 실존을 보며 내가 얼마나 비참한지를 깨닫게 되는 것은 비참하지만 그것은 가장 위대한 일이기도 하다. 그때 십자가가 보이고 구원이 보이며 하나님의 은혜가 보이기 때문이다. 할렐루야! 주님을 기대하자. 주님만 기대하자.

전신에 퍼졌으면 정하다 할지니

구약의 율법에서 나병에 걸리면 제사장이 그를 진찰했다. 진찰해서 그 병이 피부 등 어떤 곳에 부분적으로 퍼졌으면 그는 부정하다 이야기할 것이요(레 13:3) 전신에 다 퍼졌으면 그는 정하다(레 13:13) 할 것이라고 했다. 죄의 독이 들어온 우리는 나병환자보다 더 추악한 죄인이다. 그런 우리가 대제사장 되신 예수 그리스도 앞에 설 때 주님이 진찰하고 판단하실 텐데 저로서는 어찌할 수 없다고, 자신의 마음에 완전히 사형선고를 내릴 때 주님은 우리를 정하다 하실 것이다. 그때에 십자가 복음의 능력이 우리를 새롭게 하는 일들이 시작될 것이다.

그러나 부분적, 비교 상대적으로 "나는 이 정도는 괜찮아. 내가 죄인인 건 인정하지만 내가 그 정도는 아니야"라고 이야기하면 결코 십자가는 그에게 실제가 되지 않을 것이다. 진리 앞에 함께 나아가서 하나님의 그 선언에 함께 참여하고 믿음으로 화합하는 시간이 되길

원한다.

　이 시간 예수 그리스도의 이름으로 사탄을 대적하며 나아가자. 사탄은 우리를 소극적이게 하고 전심으로 나아가지 못하게 할 것이다. 여러 가지 질문으로 우리가 나아가지 못하게 할 것이다. 그러나 믿음으로 끊고 전심으로 나아가기로 결정하라. 두 손을 높이 들고 전심으로 "나를 도우소서, 성령님 나를 도우소서!" 기도하고 나아가자. 주님이 하신다. 할렐루야!

　"진리의 성령님, 계속해서 진리의 빛을 비추어주셔서 감사를 드립니다. 비추어진 진리 앞에 내가 정직하고 진실하고 겸손하게 나아가기로 결정합니다. 주여, 이 시간 더욱 더 깊이 있게 내 죄 된 나의 실존을 드러내주시고 보여주십시오. 내가 다윗과 같이 겸손하게 나아가겠습니다. 죄의 열매와 과정과 원인을 적는 이 과정 속에 성령님, 내 영혼 가운데 말씀하시고 비추셔서 정직하게 반응하게 하여주시고 하나님의 거룩함 앞에 무릎 꿇게 하여주옵소서. 우리 마음에 사형선고가 내려지기까지 주님, 쉬지 않고 일하여주옵소서."

- 진리의 조명을 받아 나의 실존을 보라.

- 죄를 열매로만 보지 말고 그 지은 과정과 원인을 구체적으로 살 펴며 깊이 들여다보라. 죄의 근원에 나의 죄 된 자아가 있음을 반 드시 발견하게 될 것이다.

- 악한 자아뿐 아니라 선한 자아도 죄인이다. 존재 자체가 죄인이 다. 죄인의 가장 큰 특성은 자아이다. 자기를 위해서 사는 것이 곧 사탄의 속성이다.

- 아직도 "나는 그 정도는 아니다. 이 정도는 괜찮다" 하고 있다면 더욱 집중하고 직면하라.

- 죄 된 나의 실존을 발견하고 마음에 사형선고가 내려진 자에게 십자가는 실제가 된다. 그런 자를 주님은 정하다 하신다.

· · ·

주님이 하셨습니다!

십자가의 도 1 | 복음의 의

가능성 제로

성경이 말씀하는 죄에 관한 진리대로라면 우리에게는 단 0.01퍼센트의 소망도 없다. 성경의 논고에 따르면 우리 편에서는 모든 소망이 끝이 났다. 누가복음 1장 73-75절에 주님이 아브라함에게 하신 맹세는 우리를 원수의 손에서 건져주신다는 것이다. 그것은 우리가 대체 어떤 지경에 떨어졌었는가, 우리가 얼마나 소망 없는 상태인가 하는 것을 알려준다. 이스라엘 자손들이 애굽에서 노예로 산 430년의 삶은 비참했다. 그러나 자식을 낳아 나일 강에 악어밥으로 던져 넣어야 하고 무수한 채찍질과 고된 노역으로 고통을 당하던 애굽의 노예 생활 정도는 죄의 포로 된 우리의 영적 실상과 우리가 영원히 당할 운명에는 비할 바가 안 된다.

그 원수의 강한 손, 고대 애굽 제국의 바로의 손아귀에서 누가 그 포로들을 고스란히 끌어내겠는가. 불가능한 일이었다. 우리도 지금 북한 정권에 사로잡힌 북한 동포들을 바라보며 발만 동동 구를 뿐 거기서 노예생활 하며 파리하게 죽어가는 사람들을 끄집어내는 일이 전 세계의 숙제가 되어 있지 않은가. 바로의 손아귀에서 건져내는 것이 그렇게 크고 대단한 일이면 정사와 권세와 이 어둠의 세상 주관자들, 이 세상의 신, 공중의 권세 잡은 자 사탄의 손아귀에서 우리를 끄집어내는 일은 비할 수 없이 어마어마한 일이다. 팔다리에 족쇄를 찬 육신의 노예를 풀어내는 것도 그렇게 어려운데, 전 생명이 악한 영의 사슬에 붙들려 노예가 되어버린, '죄 곧 나, 나 곧 죄'로 죄와 하나가 된 존재적 포로를, 죽이지 않고 살려내어 온전히 건져낸다는 것은 불가능하며 인간 편에서는 더욱이 아무 소망이 없는 이야기다.

다윗은 일찍이 어려서부터 주님을 사랑하고 성령의 충만함을 받고 특별한 인도함을 받은 사람이었다. 시인이요, 음악가요, 장군이요, 왕이며 그토록 하나님을 사랑했던 정의의 사람 안에 기막힌 교활함, 잔혹함, 음란함, 악독함이 있을 줄 누가 감히 생각이나 했겠는가. 밧세바와의 간음이 잠깐 눈이 멀어서 벌어진 해프닝인 줄 알았다. 그런데 아니었다. 밧세바가 임신한 사실을 듣고 다급해진 다윗은 충성스러운 우리아를 전쟁터에서 불러들여 집에 가서 편히 쉬라고 명령했다. 그런데도 우리아가 집으로 가지 않고 그의 부하들과 함께 밖에서 잤다는 말을 듣고 다윗이 우리아에게 물었을 때 우리아는 "전우들이 전쟁터에서 야영 중인데 저만 집에 가서 먹고 마시고 아내와 같이 눕다니 절대 그럴 수 없습니다"라고 대답했다.

이 충성스러운 신하의 말이 그를 감동시키기에 충분하지 않은가. 그때라도 양심의 가책을 받고 자신의 잘못을 돌이켰더라면 얼마나 좋았을까. 그렇지만 이 일은 그가 뭐에 한 번 단단히 씌워서 일어난 일도 아니고 없었던 일이 생겨난 것도 아니었다. 다윗이 원래 그런 죄의 장아찌인데 하나님의 은혜에 붙들려 왔을 뿐이었다. 그로부터 다윗은 살인을 교사(敎唆)하여 충성스러운 우리아가 전쟁터에서 죽게 만들었고, 천연덕스럽게 밧세바를 데려와 자신의 아내로 삼았다. 배신을 당한 우리아나 그의 가족 입장에서 보면 다윗을 때려죽여도 시원치 않을 일이다.

그 다윗이 하나님의 은혜를 구하며 엎드려 부르짖었다.

"주여, 모친이 죄 중에 저를 잉태했고, 제가 죄악 중에 출생했습니다. 제가 갑자기 더러워진 게 아니라 저는 출발 자체가 악한 종자였습니다. 죄의 장아찌였습니다. 주여, 내게 정직한 영을 새롭게 해주십시오. 주께서 판단하실 때 나는 다 그렇다고 말할 수밖에 없습니다. 맞습니다, 주님. 주님의 진리가 다 맞습니다. 주여, 제가 바로 그런 죄인입니다. 저를 살리소서. 저를 구원하소서. 구원의 즐거움을 회복시켜주옵소서. 주님이 저를 다시 일으켜주시면 제가 죄인들에게 하나님의 일을 노래할 것입니다. 하나님을 높일 것입니다."

혹시 지금껏 여러 모양으로 보호를 받아 나름대로 괜찮게 살아왔다면 그것으로 자기의를 채우려고 하지 말라. 우리는 오늘이라도 당장 엎어질 수 있다. 삼가 두려워해야 한다. 우리 중에 누구를 판단하거나 정죄할 수 있는 위치에 있는 사람은 아무도 없다. 주님은 동일한 이 무서운 죄에서, 이 끔찍한 죄의 절망에서 우리를 건져내셨다.

하나님을 두려워하지 않음!

9 그러면 어떠하냐 우리는 나으냐 결코 아니라 유대인이나 헬라인이나 다 죄 아래에 있다고 우리가 이미 선언하였느니라 10 기록된 바 의인은 없나니 하나도 없으며 롬 3:9,10

로마서는 1장 18절부터 32절까지 반역적인 죄가 인간 안에 어떤 열매를 맺었는지 낱낱이 밝히고 나서 2장에서는 갑자기 그 화살을 돌려 남을 가르치고 판단하는 자들, 모태에서부터 율법을 지키며 살아왔다는 유대인들에게 초점을 맞추는데, 그 이유는 죄가 열매의 문제가 아닌 생명, 존재의 문제이기 때문이다. 누구나 그 속에 가공할 죄의 세력이 있고, 그렇기 때문에 죄가 많든 적든, 드러났든 감춰졌든 상관없이 죄인에게는 똑같이 사형 선고가 내려지게 된다. 그렇기 때문에 유대인도 "악" 소리 못하도록 유대인이나 헬라인이나 다 죄 아래에 있고, 의인은 없나니 하나도 없다고 성경은 선언한다.

로마서 3장 18절에 "그들의 눈앞에 하나님을 두려워함이 없느니라"라고 한 성경의 결론처럼 우리는 스스로 법과 정의를 사랑할 수 있는 존재가 아니다. 법을 지키는 것은 우리의 존재적 반응이 아니라 법을 지켜야만 살아남을 수 있기 때문이요, 내게 유익이 되는 범위 안에서 그렇게 하는 것이다. 법을 지키는 것은 하지 말라는 말만 해서 되는 것이 아니라 적극적으로 해야 하는 일이다. "그러므로 사람이 선을 행할 줄 알고도 행하지 아니하면 죄니라"(약 4:17)라고 했다. 자유시장 경제를 중심으로 하는 민주주의 국가에서 어떻게든 법망을 피해 능력껏 벌어서 집을 몇 채씩 갖든, 몇 평에 살든, 얼마나 흐드러지게 쓰고 낭비를 하든 그것을 제재할 수는 없다. 그런데 갑자기 땅값이 천정부지로 올라 어마어마한 부자가 되었다고 생각해보라. 이것은 엄연히 불로소득이다. 법으로 억제하거나 정부에서 강제로 빼앗아 나눠줄 수는 없다. 하지만 기본 양심상 집 한 칸 없이 고통당하는 사람들을 돕는 것이 마땅하지 않겠는가.

그런데 누가 미쳤다고 그렇게 하겠는가. 그러니 선을 행할 줄 알고도 행하지 않으면 죄고, 이렇게 부익부 빈익빈이라는 극단적인 불평등이 오래 지속되면 결국 민족은 자멸하고 마는 것이다. 이것을 누가 막을 수 있겠는가. 우리는 법과 정의를 사랑하는 것이 아니며 법이 허용하는 한 하고 싶은 대로 자기의 이익을 추구한다. 자기만 생각하고 살아가니까 법과 정의의 사람이 될 수 없는 것이다. 하나님을 두려워함이 없기 때문에 법을 지키는 동기 자체도 우리의 선(善)에서 나오지 않는다.

복음학교에서 한 형제에게 질문을 했다. 먼저 "당신은 죄인인가?"라고 물었다. 그 형제가 "예"라고 대답했다. 두 번째로 "어떤 죄를 지었는가?"라고 물었다. 그가 "입에 담을 수도 없는 더러운 죄를 많이 지었다"라고 대답했다. 세 번째로 질문했다. "그중에 가장 악하다고 생각되는 죄를, 어떻게 짓게 되었는지 이야기해줄 수 있는가?"라고 묻자 그가 어렵다고 답했다. 그래서 왜 어려운지 물었다. "그것은 하나님이 두려워서인가, 아니면 여기에 있는 다른 사람들이 두려워서인가?"라고 물으니 사람들의 시선이 두렵기 때문이라고 대답했다.

이 형제와 동일한 질문을 받았을 때 여러분은 자신의 죄를 모든 사람 앞에서 당당하게 말할 수 있는가? 만약 그렇지 못하다면 그 원인은 하나님을 두려워해서인가, 아니면 사람을 두려워하기 때문인가? 우리가 하나님을 두려워한다는 말은 솔직히 중 염불 수준도 안 된다. 우리는 사람을 두려워한다. 성경이 이것을 정확히 지적한다. 만약에 우리가 정말 하나님을 두려워했다면 우리는 어떤 대가를 치르는 한이 있더라도 죄를 짓지 못했을 것이다. 하나님을 두려워함이 없기 때문에 사람의 눈만 피하면 되고, 사람들에게 왕따를 당하지 않으면 되고, 법적 제재에 걸리지만 않으면 된다는 생각으로 죄를 짓는 것이다.

지금 우리가 휴전선을 넘어가지 못하는 것은 왜 그런가? 넘어가면 죽는 줄 알기 때문이다. 사람들은 자기 계산으로 결론이 나면 그 이상의 일을 절대 하지 않는다. 건강에 치명적인 문제가 생긴다고 알려진 음식은 절대 먹지 않는다. 다이어트에 목숨을 거는 사람은 살 빼는 데 도움이 된다 싶으면 평생 저녁을 안 먹을 수 있다. 능력이다. 사람은 자기가 가치를 인정하고 실제로 받아들인 만큼 반응하게 되어 있다. 그러니 "그들의 눈앞에 하나님을 두려워함이 없느니라"라는 이 성경의 선언은 정확하다.

율법의 의

1. 율법 아래 있는 자

19 우리가 알거니와 무릇 율법이 말하는 바는 율법 아래에 있는 자들에게 말하는 것이니 이는 모든 입을 막고 온 세상으로 하나님의 심판 아래에 있게 하려 함이라 20 그러므로 율법의 행위로 그의 앞에 의롭다 하심을 얻을 육체가 없나니 율법으로는 죄를 깨달음이니라 롬 3:19,20

율법의 목적은 율법을 받은 이스라엘뿐만 아니라 모든 사람을 율법 아래 두어서 그들의 입을 막고, 그들로 하나님의 심판 아래 있게 하려 함이다. 율법이 정확한 기준을 제시했고, 우리는 그 율법이 살라는 대로 순종하고 그대로 살면 된다. 하나님이 우리에게 주신 율법에는 제사법, 시민법, 도덕법 등이 포함되어 있다. 여기서 말하는 율법이란 율법의 정신을 말하는데, 이 율법의 정신은 공의(公義)다. 하나님은 공의롭고 거룩하신 분이기 때문에 하나님이 주신 율법의 공의도 변하지 않는다. 율법이란 그렇게 살아야 하는 법, 곧 행위의 법이다. 이 율법은 지킬 수도 있고 안 지킬 수도 있는 것이 아니라 반드시 지켜야 하는 것이다. 율법을 지켰다면 그것은 당연한 일이다. 특별히 상 받을 일이 아니다. 그러나 율법을 어기면 율법의 기준대로 심판을 받아야 한다.

법에는 두 가지 기능이 있다. 교통 법규의 경우, 이 법의 목적은 교통안전이다. 법규를 지키는 운전자나 보행자의 안전을 보장해주는 순기능이 있다. 그러나 법을 어긴 사람에게 그 법은 곧 그를 심판하는 기능으로 바뀌어 손목에 쇠고랑을 채우든지 범칙금을 물게 한다. 법을 지키는 동안에는 법의 보호를 받지만, 법을 어기는 순간 법은 정죄하고 판단하고 심판하는 기능으로 돌아선다.

율법이 요구하는 것은 우리의 행위이다. 따라서 율법을 지켜야 하는 우리가 의롭고 죄와 상관없는 존재라면 율법은 안전하게 우리를 지켜줄 것이다. 그것이 진리가 우리를 자유롭게 한다는 말이다. 그러나 존재적으로 율법을 지킬 수 없는 자에게 율법은 곧바로 정죄와 판단의 기능으로 작용한다. 그래서 율법으로는 죄를 깨달을 뿐이라고 말씀하는 것이다. 쉽게 표현하면 이런 것이다. 될 대로 되라는 식으로 살아가던 어떤 사람이 은혜를 받고 정신을 차렸다. '이렇게 짐승만도 못하게 살아서는 안 되겠다. 인간답게 살아보자' 하는데 기막힌 인생 지침서인 성경을 알게 되었다. 무릎을 탁 치며 '그래, 하루를 살아도 하나님의 말씀대로 살아야겠다. 무슨 일이 있어도 나는 말씀을 지키고 율법대로 살겠다' 결심하고 그 걸음을 내딛게 되었다.

그런데 바로 이렇게 율법대로 살겠다는 것이 인간 최후의 노력이며 인간 최선의 끝이다. 이것이 결국 무엇으로 끝나느냐 하면 죄를 깨닫게 될 뿐이라는 것이다. 내가 율법을 지켜보겠다고 애쓰는 순간부터, 지켜보려고 하면 할수록 내가 얼마나 존재적 죄인인지, 얼마나 내면 중심으로 이 법을 지킬 수 없는 존재인지를 깨달을 수밖에 없다. 인간이 이렇게 절망적인 존재라는 것이다. 윤동주 시인의 〈서시〉에 "죽는 날까지 하늘을 우러러 한 점 부끄럼이 없기를, 잎새에 이는 바람에도 나는 괴로워했다…"라는 이 짧은 고백이 우리 마음에 감동과 도전을 준다. 하늘을 우러러 한 점 부끄럼 없이 살기를 결심하는 순간조차 우리는 그렇게 살 수 있는 존재가 아니다.

2. 율법의 선언

법 없이 살 때 우리는 우리가 얼마나 잘못됐는지 잘 모른다. 그런데 양심이 밝아지기 시작하고 바로 살아보려고 애를 쓰면 내 존재가 얼마나 죄의 장아찌인지, 얼마나 의로움과 상관없는 존재인지, 얼마나 더럽고 사악한 존재인지 알게 된다. 말씀대로 살려고 해보면 내가 얼마나 불가능한 죄인인지 깨닫게 될 뿐이다.

> 23 믿음이 오기 전에 우리는 율법 아래에 매인 바 되고 계시될 믿음의 때까지 갇혔느니라 24 이같이 율법이 우리를 그리스도께로 인도하는 초등교사가 되어 우리로 하여금 믿음으로 말미암아 의롭다 함을 얻게 하려 함이라 25 믿음이 온 후로는 우리가 초등교사 아래에 있지 아니하도다 갈 3:23-25

갈라디아서는 이 율법을 몽학선생(개역개정은 초등교사), 즉 "계몽지도 선생"이라고 해석한다. 율법이 우리를 데려가 이 율법에 차근차근 비추어주면 머리끝부터 발끝까지, 세포 하나하나까지 우리는 존재 자체에 대한 절망을 경험하게 된다. 율법의 목적은 우리가 죄를 깨달아서 우리에게 구원자이신 그리스도가 필요하다는 것을 알게 해주는 데 있다.

다림줄이라는 것이 있다. 건축할 때 삼각 원통 추를 매단 줄을 위에서 아래로 내리면 이 줄이 인력의 법칙에 의해 정확히 직각을 세워준다. 다림줄이 수직 상태의 기준을 잡아주어 성벽이나 건물이 기울지 않았는지를 정확히 보여준다. 죄도 그렇다. 각자 나름대로 기준이 있어서 그 기준대로 옳다 그르다 하지만 율법이라는 다림줄이 내려지면 반듯한지 굽었는지 잘못인지 아닌지 변명할 수 없이 정확하게 드러나게 된다. 우리의 양심에 율법이라는 다림줄이 내려지면 그

동안 자기변명과 합리화로 거짓되고 부패한 채 자기가 옳다고 구축해온 자신의 삶이 무너지기 시작한다. 잘난 척 똑똑한 척 자기의 옳음을 강변했던 삶의 모습이 진리 앞에서 하나도 옳은 것이 없다는 사실을 몸서리쳐지게 경험하게 된다.

따라서 로마서 3장 20절은 사실상 대법원 사형 판결이다. 지금까지 성경은 20절에 이르기까지 "악" 소리 못하도록 우리를 지옥 문 앞에 딱 세워놓았다. 죄의 실체를 드러내고 그 죄가 어떻게 우리와 하나가 되어 있는지 무섭게 도전하여 우리가 다 죄 아래 있으며 의인은 하나도 없고 우리에게 하나님을 두려워함이 없다고 선언한다. 그래도 혹시 율법으로 한번 살아보겠다고 한다면, 율법으로는 죄를 깨달을 뿐이며 마지막으로 "너는 영원히 지옥행이다. 사형이다. 탕탕탕!" 이 판결을 내리고 있는 것이 20절이다.

이 절망의 선언이 우리 안에 내려져야만 한다. 절망이 없는 사람, 아직도 배가 부르고 기름기가 남아 있는 사람은 십자가에서 나를 위해 죽어주신 주님이 별로 고맙지가 않다. 내 안에서 절망과 죽음을 경험하지 않고서는 나를 위해 구원의 은혜를 베풀어주셨다는 말이 전혀 실제로 다가오지 않는다. 마지막 소망과 기대마저 사라져야 지푸라기라도 잡는 행동이 나온다. 이 진리는 슬쩍 비껴가놓고 자꾸 어디서 다른 감동을 받으려고 하지 말라. 지금 우리는 분명한 나의 존재적 실상을 보아야 한다. 허상이나 심리 작용 정도로 "나는 죄인이지, 소망 없지"라고 하는 게 아니라 너무 분명하고 구체적인 현실, 암이나 나병보다도 더 분명한 나의 실상을 정확히 보고 이제는 그 사실 앞에 무릎이 꺾이고 절망으로 숨이 딱 멎어야 하는 것이다.

복음의 의

마지막 대법원 판결에 피고인인 나 자신이 100퍼센트 동의가 되는가? 대반전이 일어나지 않는 한 우리에게는 아무 소망이 없다. 로마서 1장부터 3장까지 그리고 3장 20절에 이르렀다. 여기가 중요한 분수령이 된다.

1. 복음

> 이제는 율법 외에 하나님의 한 의가 나타났으니 율법과 선지자들에게 증거를 받은 것이라 **롬 3:21**

"이제는"이라는 말은 우리 마음에 사형 판결이 내려지고 다른 어떤 기대나 희망을 모두 접어버린 상태를 말한다. "이제 다 끝났네. 다른 길이 없네" 그것이 '이제는'이다. 그때 장면이 바뀌면서 반전이 이루어진다. 율법은 마땅히 그렇게 살아야 하는 법이지만 우리는 율법과 정반대인 죄의 장아찌이기 때문에 율법으로는 오히려 죄를 깨닫게 될 뿐이고, 따라서 율법으로도 안 된다고 끝이 났다.

그러면 이제 역사의 막을 완전히 내리면 될 텐데, 모든 것이 끝난

잿더미에서 "이제는!" 하고 선포하시는 말씀이 바로 21절이다. "이제는 율법 외에 하나님의 한 의가 나타났으니 율법과 선지자들에게 증거를 받은 것이라." 인간 편에서의 이야기는 끝이 났고 이제는 하나님이 하실 일밖에 없는 것이다. 하나님이 하시는 일이 등장하는데 "이제는 율법 외에 하나님의 한 의가 나타났다"라고 하신다. 율법도 공의이다. 그런데 하나님께서 율법 외에 또 다른 의를 준비해놓으셨다고 한다. 율법 외에 하나님이 만드신 한 다른 의, 이것을 나는 '복음의 의'라고 표현하겠다. 복음의 의는 율법과 같이 하나님의 공의를 충족시킬 만한 완전한 의다. 공의는 공의인데 다른 점이 있다. 기준을 제시하는 율법은 그것을 지킬 능력이 없는 자에게는 아무런 소망이 되지 않는다. 그러니까 하나님께서 이것과 똑같은 공의이지만 내용이 다른 법을 하나 만드셨다는 것이다. 그 법은 율법과 선지자들에게 증거를 받은 것이라고 한다. 그것은 구약성경 내내 주님이 계시해오신 완전한 의다.

① 살게 하는 법

율법이 '살아야 하는 법'이라면, 그것이 불가능한 존재를 위해서 하나님이 마련하신 다른 한 의는 '살게 하는 법'이다. '살아야 하는 법'에는 행위가 요구되지만 '살게 하는 법'에는 믿음이 요구된다. 이 말씀에 입각해서 로마서 1장 17절을 다시 읽어보면 의미가 더욱 분명해진다.

복음에는 하나님의 의가 나타나서 믿음으로 믿음에 이르게 하나니 기록된 바 오직 의인은 믿음으로 말미암아 살리라 함과 같으니라 롬 1:17

② 복음을 주신 유일한 이유

율법을 주신 하나님도, 율법 외에 다른 한 의를 주신 하나님도 동일하게 의로우시기 때문에 어떤 경우에도 하나님은 죄를 용납하실 수가 없다. 율법으로도 되지 않고 우리가 할 수 없음을 아시는 하나님께서 하나님 혼자 주도적으로 하나님의 의를 마련해놓으셨다. 왜 그렇게 하셨는지 물으면 하나님도 대답하실 말씀이 없다. 우리를 사랑하시기 때문이라는 것밖에 다른 이유가 없기 때문이다. 복음에는 이 하나님의 의가 나타났다.

③ 하나님의 지혜, 비밀, 그리스도, 십자가의 도

성경은 '비밀'이라는 말을 많이 쓰지 않는데 복음에 나타난 하나님의 의(義), 십자가의 도(道)가 하나님의 비밀이다. 우리에게는 불가능하고 오직 하나님의 주권으로 가능하게 되는 일, 인간의 상식을 넘어서는 다른 이야기이기 때문에 비밀이라고 말하는데, 하나님 당신에게도 모순이 없고, 율법의 요구가 이루어지게 하시며, 그것을 받는 우리에게도 의가 되도록 준비하신 하나님의 이 완전한 의가 바로 하나님의 비밀인 십자가의 도인 것이다. 이것을 비밀이라고 표현한 성경 구절을 살펴보자.

6 그러나 우리가 온전한 자들 중에서는 지혜를 말하노니 이는 이 세상의 지혜가 아니요 또 이 세상에서 없어질 통치자들의 지혜도 아니요 7 오직 은밀한 가운데 있는 하나님의 지혜를 말하는 것으로서 곧 감추어졌던 것인데 하나님이 우리의 영광을 위하여 만세 전에 미리 정하신 것이라 고전 2:6,7

하나님의 지혜는 세상의 지혜로는 도저히 알 수 없는, 차원이 다른 비밀에 속한 것이다. '비밀'이라는 말에는 차원이 다르다는 뜻뿐만 아니라 "가장 핵심적이다", "가장 중심이다"라는 의미도 들어 있다. 그래서 7절에 "오직 은밀한(개역한글은 비밀한) 가운데 있는 하나님의 지혜"가 만세 전부터 준비되었으나 감추어져 있다가 때가 차매 이제 온전히 드러나게 되었다고 말하는 것이다. 공개된 비밀은 물론 십자가의 도이다. 그런데 십자가는 우리가 흔히 주님이 우리 죄 때문에 십자가에서 대신 매 맞으셨다, 고생했다 이런 정도로 한두 번 이야기하다가 부담스러워하는 그런 차원이 아니다. 십자가는 가장 완전한 하나님의 지혜와 능력이 담겨 있는 비밀이다.

2 이는 그들로 마음에 위안을 받고 사랑 안에서 연합하여 확실한 이해의 모든 풍성함과 하나님의 비밀인 그리스도를 깨닫게 하려 함이니 3 그 안에는 지혜와 지식의 모든 보화가 감추어져 있느니라 골 2:2,3

하나님의 모든 지혜와 지식의 모든 보화가 감추어져 있는 하나님의 비밀이 바로 십자가의 비밀이다. 할렐루야!

2 너희를 위하여 내게 주신 하나님의 그 은혜의 경륜을 너희가 들었을 터이라 3 곧 계시로 내게 비밀을 알게 하신 것은 내가 먼저 간단히 기록함과 같으니 4 그것을 읽으면 내가 그리스도의 비밀을 깨달은 것을 너희가 알 수 있으리라 5 이제 그의 거룩한 사도들과 선지자들에게 성령으로 나타내신 것같이 다른 세대에서는 사람의 아들들에게 알리지 아니하셨으니 6 이는 이방인들이 복음으로 말미암아 그리스도 예수 안에서 함께 상속자가 되고 함께 지체가 되고 함께 약속에 참여하는 자가 됨이라 엡 3:2-6

에베소서는 1장부터 "찬송하리로다 하나님 곧 우리 주 예수 그리스도의 아버지께서…" 하늘에 속한 모든 신령한 복을 우리에게 주시기 위해 이루신 하나님의 영원한 사랑과 구원 역사의 대서사시를 벅찬 감격으로 외친다. 그리고 3장에 이르러서 바울은 자신이 간단히 기록했지만 그것만 읽어도 하나님께서 그에게 그리스도의 비밀을 알려주셨다는 것을 알 수 있을 것이라고 한다.

26 이 비밀은 만세와 만대로부터 감추어졌던 것인데 이제는 그의 성도들에게 나타났고 27 하나님이 그들로 하여금 이 비밀의 영광이 이방인 가운데 얼마나 풍성한지를 알게 하려 하심이라 이 비밀은 너희 안에 계신 그리스도시니 곧 영광의 소망이니라 골 1:26,27

만세와 만대로부터 감추어져 온 이 비밀은 감추려고 해서가 아니라 때가 무르익어야 그 모습이 드러나는 것이다. 씨앗을 생각해보라. 완전한 생명을 가진 씨앗이지만 그 속에 있는 실체가 드러나기까지 씨를 심어 싹이 나고 줄기가 자라서 나중에 그 완전한 모습을 드러낸다. 때가 차야 하는 것이다. 성경의 표현대로 우리는 이 비밀을 단순한 사건으로 설명할 수 없다. "왜 십자가면 충분한가?", "2천 년 전 예수의 죽음이 지금 우리와 어떻게 관련되어 있는가?", "왜 십자가의 죽음이 우리에게 완전한 구원을 줄 수 있는가?", "이 일이 어떻게 믿기만 하면 가능한가?" 이 사실은 한 문장으로 설명할 수 있는 일이 아니다.

주님이 이 모든 도전을 다 상쇄하고, 모든 입을 막고, 모든 요구를 다 이루고도 남는 완벽한 도(道)로 준비한 것이 하나님의 비밀인 그리스도의 십자가이다. 이 엄청난 일을 계시하시는 데 수많은 시간과 역사와 존재가 필요했다. 계시가 진행되고 때가 무르익어 조건이 갖추어지다가 드디어 때가 차매 하나님께서 완벽하게 준비해놓으신 사건, 즉 예수 십자가와 부활로 다 이루셨다. 예수님이 십자가에서 "다 이루었다"(요 19:30)라고 하신 이 말씀의 의미를 도대체 어떤 자가 알아듣겠는가. 이런 역설적인 진리가 어디 있는가. 원수에게 붙잡혀 죽는 꼴에 다 이루었다니, 어떻게 남에게 붙들려 죽는 실패가 성공이 될 수 있으며, 어떻게 죽음이 승리가 될 수 있는가. 그러나 이것이 십자가의 역설적인 진리이다. 그래서 비밀이다.

1 옛적에 선지자들을 통하여 여러 부분과 여러 모양으로 우리 조상들에게 말씀하신 하나님이 2 이 모든 날 마지막에는 아들을 통하여 우리에게 말씀하셨으니 이 아들을 만유의 상속자로 세우시고 또 그로 말미암아 모든 세계를 지으셨느니라 히 1:1,2

이렇게 하나님은 만세와 만대로부터 감추어오던 이 비밀을 이제는 그리스도의 십자가로 드러내셨다!

하나님의 의지

'이제는'(21절)이라는 하나님의 의지가 개입되지 않았다면 복음의 역사는 결코 존재할 수 없었다. 하나님의 마음에 달린 일이었다. 하나님이 포기해버리시면 그만이었다. 율법으로 안 되고 사형 판결이 났을 때 하나님의 공의대로 심판하셔서 그냥 끝내면 될 일이었다. "아쉬운 한밤의 꿈이라고 생각하자. 너희 종자로는 안 되겠다. 너희들이 저지른 대로 그냥 지옥에나 가라. 없던 걸로 하자. 나 이제 식었다. 나 너무 지쳤다" 하나님께서 이러고 끝내셨으면 끝나는 것이다. 하나님의 마음에 우리의 운명이 달려 있었다.

그런데 하나님께서 갑자기 "이제는" 하고 결연히 일어나셨다. 그래서 은혜이다. 하나님의 주도적이고 일방적인 은혜였다. 받는 자가 고맙다는 말 한 마디 없이 악하게 덤벼들고 배반하여 떠나가는데도, 이 기막힌 자기 백성을 끝까지 사랑하신 바보 같은 하나님의 일방적 사랑…. 그 사랑이 없었다면 복음을 이야기할 만한 기대나 희망은 전혀 존재할 수 없었다. 복음의 근원은 우리 하나님 아버지의 마음이다.

이 아이에게는 우리가 필요합니다

천상의 목소리로 감동을 주는 스웨덴의 가수이고 《발로 쓴 내 인생의 악보》의 주인공으로도 잘 알려진 레나 마리아는 두 팔이 없고 한쪽 다리가 짧은 중증 장애를 가지고 태어났다. 하지만 사지 중에 하나밖에 없는 오른발로 운전, 요리, 수영, 십자수, 피아노와 성가대 지휘까지 못하는 게 없다. 3살부터 수영을 시작해서 1988년 패럴림픽에서 좋은 성적을 거둘 만큼 다재다능한 자매이다.

그녀에게 두 팔이 없고 다리 한 쪽이 짧다는 것은 다른 사람의 도움이 없이는 살 수 없다는 것을 말해준다. 대부분 장애를 가진 사람들이 자신의 장애에 눌려 슬프고 우울하고 비관적인 삶을 살다가 인생을 마치기 쉬운데 레나 마리아는 장애에 침몰당하지 않았다. 오히려 부족함이나 불편함을 느끼지 않았다. 자신이 다른 사람과 조금 다르게 생겼을 뿐이라며 당당하게 살아가는 그녀를 통해 많은 사람들이 용기를 얻고 있다.

그녀는 스웨덴 출신이다. 스웨덴은 '요람에서 무덤까지'라는 말처럼 최고 수준의 사회복지 정책으로 유명하다. 그런 나라에서는 레나 마리아와 같은 정도의 중증 장애가 있는 경우 그 아이를 부모가 직접 키우는 것은 보편적인 일이 아니다. 부모가 아이의 양육권을 포기하면 국가가 그 아이를 끝까지 책임져준다. 그런데 부모가 직접 돌보겠다면 부모 자신의 삶은 그야말로 포기하는 셈이 되는 것이다. 레나 마리아의 부모는 어려운 선택을 해야만 했다.

물론 레나는 자신의 운명을 스스로 결정할 수 없었고 오직 부모에게 그녀의 미래가 달려 있었다. 오늘의 레나 마리아가 될 수 있을 것인가, 아니면 장애인 시설에 맡겨진 채 최소한의 공급을 받으며 존재하다가 끝날 것인가. 중증 장애를 안고 아무것도 할 수 없는 채로 태어난 아기가 이 두 운명의 갈림길에 놓였다. 고민하던 아빠가 드디어 결정을 내렸다.

"이 아이에게는 우리가 필요합니다."

이 결정적인 한 마디로 레나 마리아의 운명이 완전히 달라졌다. 레나의 부모는 이 선택으로 어떤 대가를 지불해야 하는지 잘 알고 있었다. 부부는 결심했다. 단순히 이 아이를 그들의 곁에 두는 정도가 아니라 이 아이가 장애를 넉넉히 딛고 일어서서 아무것도 부족하지 않은 정상인으로 살 수 있도록 키우겠다고. 결심은 순간이지만 그 결심을 실행하는 시간은 한평생이다.

나도 자식을 다섯 낳고 옆에서 구경만 했다고 하더라도 한 아이가 태어나서 성장하기까지 어떤 과정을 거치는지 대강 짐작해볼 수 있다. 건강한 아이를 키우는 동안에도 간이 콩알 만해지고 심장이 오그라붙는 순간이 얼마나 많은가. 사지백체가 멀쩡해도 발달 과정을 거치면서 수천 번 넘어져야 걸음을 배우는데 세상에, 균형을 잡아줄 두 팔이 없고 한쪽 다리도 짧은 레나 마리아가 걸음을 걷기까지 어떤 과정을 거쳤겠는지 구구절절 어떻게 이야기하겠는가.

레나 마리아가 수많은 과정 끝에 깨금발을 뛰는 것까지는 성공을 했다. 하지만 팔이 없어서 균형을 잡을 수 없다 보니 뛰다가 넘어질 때는 아무 대책 없이 통나무처럼 그냥 픽 하고 쓰러지게 된다. 깨금발로 놀던 아이가 갑자기 엎어지더니 울음을 터뜨렸다. 그럴 때 보통 엄마 같으면 잘 참아오다가 갑자기 한 번 억장이 무너져서 아이를 붙들고 같이 통곡을 했을 일이 아니겠는가. 그러나 아이를 바르게 키우기 위해서 엄마에게는 무서운 인내가 필요했다. 어금니를 꽉 깨물고 지켜보는 것이다. 울면서 엄마의 도움을 기다리는 아이를 미동도 없이 바라보았다. 울음이 잦아들 무렵 아이에게 말한다.

"레나, 저 벽 쪽으로 기어가."

사랑하는 딸이 굼벵이처럼 온몸으로 기어 벽으로 가서 벽에 머리를 대고 홀로 일어서는 법을 터득할 때까지 사지 멀쩡한 엄마는 앉아서 그것을 지켜보기만 하고 있어야 했다. 이 과정들을 겪으며 얼마나 수없이 가슴을 졸이는 안타까운 시간들을 보냈겠는가.

아빠가 아이를 수영장에 데리고 가서 물에 띄우고 잡아주고 있으면 수영장이 왕왕 울리도록 떠들던 사람들이 하나둘씩 조용해지고 너무 놀란 나머지 슬금슬금 물 밖으로 나와 이상한 아이 레나 마리아를 구경했다. 그런데도 레나 마리아는 부모의 배려 속에 얼마나 당당하게 자라났는지, 마치 카메라 플래시를 받는 스타처럼 신이 나서 말했다.

"아빠 아빠, 저 사람들이 내가 수영을 잘 하니까 쳐다보는 거죠,

그렇죠?"

　학교를 다닐 때도 깨금발로 뛰어가는데 얼마나 이상하겠는가. 그러면 짓궂은 사내아이들이 그런 아이를 그냥 둘 리 없다. 여럿이 떼지어 몰려와 흉내를 내며 "어이, 외다리!"라고 놀릴 때도 레나 마리아는 싱글싱글 웃으며 "어이, 양다리!"라고 맞받아칠 만큼 당당했다. 책상 위에 모두 손을 올릴 때 레나는 발을 올려서 발가락으로 글씨를 쓰거나 그림을 그렸을 것이다. 그녀의 이야기가 해피엔딩이기에 망정이지, 구구절절 가슴 아픈 사연을 다 이야기하면 눈물바다를 이루지 않겠는가.

결코 포기하지 않으신 주님!

두 운명의 기로에서 자신의 운명을 자기가 선택할 수 없는 그 순간, 오늘의 레나 마리아의 운명이 주어지는 일에 그 아이가 할 수 있는 것은 아무것도 없었다. 오직 그 아이를 선택할 아빠의 마음에 달려 있었다. '이제는'이라는 말이 내게는 그런 감동으로 다가왔다. 모든 것이 다 끝났고 마음에 사형 판결을 받고 하나님의 처분만 기다리는 기막힌 절망 가운데 털썩 주저앉아 있는데 주님이 말씀하신다. "이제는!", "이제는 내가 일어나리라. 나는 너를 포기하지 않겠다. 무슨 값을 치르든 어떤 고달픈 여정이 기다리든, 나는 너를 절대로 포기할 수 없다. 반드시 이루어내고야 말리라." 하나님 아버지의 이 마음의 결정이 오늘 우리에게 구원의 길을 준비하셨다. 얼마나 멀고 험한 길이며 얼마나 엄청난 대가가 지불되어야 하는지 하나님께서 이미 알고 결정하신 것이다.

우리가 이 주님 앞에 감사하지 않을 수가 없다. 우리를 포기하지 않고, 우리를 잊지 않고, 우리를 내버리지 않으신 주님께 감사하자. 나 자신도 포기한 절망적인 나의 삶을 주님이 당신의 마음 안에 결정해주셨고 그 선택 때문에 오늘 우리에게 복음이 가능했다. 그 결정 때문에 우리에게 소망이 있고 생명이 있는 것이다. 하나님 우리 아버지께, 우리가 영원히 아버지라고 부를 수 있도록 그 가슴을 열어주신 하나님께, 나를 포기하지 않으신 주님께 감사드리자.

"나는 너를 결코 잊을 수 없고 포기할 수 없다. '여인이 어찌 그 젖 먹는 자식을 잊겠으며 자기 태에서 난 아들을 긍휼히 여기지 않겠느냐 그들은 혹시 잊을지라도 나는 너를 잊지 아니할 것이라 내가 너를 내 손바닥에 새겼고…'(사 49:15,16). 나는 너를 결코 포기하지 않겠다. 무슨 대가를 치르고 아무리 먼 길을 가더라도 내가 이 일을 온전히 이루어 너희로 나의 영원한 영광에 거하게 할 것이다"라고 결정해주신 주님께 정말 잘하셨다고 말씀드리자. 정말 감사하다고 우리 마음을 올려드리자. 우리를 포기하지 않으시고 우리를 위해 기꺼이 일어나서서 이 큰 구원을 이루기로 결정하신 주님의 선택에 찬양드리자. 하나님은 지치지 않으시고 이 일을 일방적으로 이루어오셨고, 때가 차매 우리에게 드러내시고, 다 이루어놓은 이 일에 온전한 믿음으로 나오라고 우리를 초대하신다. 온 마음으로 주님이 우리를 위해 일하신 그 현장으로 함께 가자. 주님을 신뢰하라.

- "의인은 하나도 없다." 공의의 율법이 최종 판결을 내리고 다 끝나서 아무 소망 없던 그때 '한 다른 의', 곧 복음이 주어졌다.

- 복음은 율법과 동일하게 공의롭되 '살아야 하는 법' 아닌 '살게 하는 법', 행위 아닌 믿음이 요구되는 하나님의 의이다.

- 복음은 하나님에게도 모순이 되지 않고 율법의 요구를 다 이루며, 받는 우리에게도 의가 되는 십자가의 도이다.

- 복음은 만세 전부터 준비되었고 세상의 지혜로 알 수 없으며 가장 핵심이요 중심인 하나님의 비밀이다.

- 복음은 엄청난 대가를 감수하면서도 소망 없는 우리를 포기하지 않으신 하나님의 깊은 사랑이다.

· · ·

주님이 하셨습니다!

십자가의 도 2

십자가의 도

이스라엘과 중동 지역의 문제는 단순한 힘의 논리만으로는 설명되지 않는다. 수많은 조건이 걸려 있고 복잡한 관계가 얽혀 있다. 정치력으로도 안 되고, 유엔(UN)으로도 안 되고, 종교 화합으로도 될 수 없다. 아마 세계 역사가 존재하는 한 영구 미제 사건으로 남을 것 같다. 그런데 허물과 죄로 죽었던 우리를 살려내시는 하나님의 구원 사건은 중동 문제와 비교가 되지 않을 만큼 복잡하다. 우리의 모든 상상력을 동원해도 다 알 수 없는 많은 요구와 조건이 충족되지 않는 한 도저히 이루어질 수 없다. 그래서 '비밀'이며 하나님 수준의 엄청난 사건이다.

1. 창세전

하나님이 준비해놓으신 그분의 비밀인 십자가의 도는 우발적으로 한 순간에 하나님의 동정심에서 나왔거나 어떤 면피용으로 만들어진 것이 아니다. 성경은 이 비밀이 갑자기 생겨난 것이 아니라 "만세와 만대로부터"(골 1:26), 즉 창세전부터 준비된 하나님의 지혜라고 선언한다. 이 십자가의 도에 관하여 성경이 계시하신 진리를 최소한으로 연대순으로 살펴보려고 한다.

죽임을 당한 어린양의 생명책에 창세 이후로 이름이 기록되지 못하고

이 땅에 사는 자들은 다 그 짐승에게 경배하리라 계 13:8

참 놀라운 말씀이다. '죽임을 당한 어린양의 생명책'이라고 한다. 그러면 이 책이 2천 년 전 갈보리 사건 이후에 만들어졌다고 생각할 수 있다. 그런데 놀랍게도 죽임을 당한 어린양의 생명책에 '창세 이후로' 이름이 기록된 자만이 하늘나라에 들어갈 수 있다고 하신다. 그러면 죽임을 당한 어린양의 생명책은 언제부터 준비된 것인가? 창세 이전부터 준비되었다는 것이다. 때가 차서 역사 가운데 드러난 것은 2천 년 전이지만 하나님의 마음 안에서 그리스도는 이미 창세전부터 '죽임을 당한 그리스도'였다. 이것이 성경의 선언이다. 그러니까 '구원자'라는 의미의 메시아인 그리스도는 우리가 범죄한 이후 하나님이 급하게 만들어낸 아이디어가 아니라 창세전부터 이미 주님의 마음 안에서 준비되었던 십자가의 도라는 의미이다.

　이것이 우리를 얼마나 안심하게 만드는지 모른다. 십자가의 구원을 이루시는 하나님의 마음은 창세전, 우리가 지음 받기 전부터 우리를 향한 확정된 사랑이었으며, 우리가 무엇을 하기도 전에 어떤 상황이나 조건이 펼쳐지기 전부터 하나님의 편에서 일방적으로 준비된 하나님의 비밀이었다. 주님은 창세전에 하나님의 십자가의 도를 준비하시고 그 성격을 정하셨다. 첫째, 그리스도 즉 구원자를 통해 구원하시고 둘째, 하나님의 자발적인 뜻에 따라 구원하신다는 것이다.

　4 곧 창세전에 그리스도 안에서 우리를 택하사 우리로 사랑 안에서 그

앞에 거룩하고 흠이 없게 하시려고 5 그 기쁘신 뜻대로 우리를 예정하사 예수 그리스도로 말미암아 자기의 아들들이 되게 하셨으니 엡 1:4,5

구원을 이루시는 십자가의 도는 누구의 사주나 외부의 영향을 받는 상대적 반응이 아니라 철저히 하나님의 주권과 뜻에 따라 하나님의 마음 안에서 자발적으로 이루어졌다는 것을 말씀한다. 십자가의 도는 "그 기쁘신 뜻대로" 이루어졌다. 주님은 이렇게 선포하신다. 언제? 창세전에! 어디서? 그리스도 안에서! 할렐루야! 철저히 그리스도라는 구원자를 통한 구원을 말씀한다. 인류를 구원하는 일에 "너는 스스로 율법을 지켜서 의로워지고 그 문제에서 빠져나올 수 있을 것이다"라는 그 어떤 암시도 없다. 그러므로 율법주의는 처음부터 잘못된 것이다. 절대 스스로 할 수 없으며 오직 그리스도를 통한 구원이 되리라는 것을 창세전부터 이미 계속 계시해준다.

하나님이 우리를 구원하사 거룩하신 소명으로 부르심은 우리의 행위대로 하심이 아니요 오직 자기의 뜻과 영원 전부터 그리스도 예수 안에서 우리에게 주신 은혜대로 하심이라 딤후 1:9

성경 각 곳에서 한 치의 어김이 없는 동일한 증언이 계속된다. 여기서도 계속 반복되는 것은 '자기의 뜻'이다. 즉 하나님의 기쁘신 뜻, 하나님의 자발적 의지에서 복음이 시작되었다는 것이다. 모든 만물이 하나님에게서 출발했고 모든 만유가 하나님 아버지 안에서 시작되었다. 그분이 싫다고 하면 그만이다. 그래서 로마서 11장 마지막 절에는 "이는 만물이 주에게서 나오고 주로 말미암고 주에게로 돌아감이라 그에게 영광이 세세에 있을지어다 아멘"(36절)이라고 하였다. 주님은 만유의 알파요 오메가이시다. 그분 이전으로 올라갈 시작이 없고 그분 이후로 진행될 끝이 없다. 모든 논의의 시작과 귀결점은 하나님이시다. 그분이 말씀하시면 결론이다. 주님 안에 모든 것이 있다. 그러므로 그 끝이 어떻게 될지는 주님의 끝을 봐야 하고, 시작이 어떻게 되었는지 그 기원을 알려면 연구하고 묵상하고 과학적 탐구를 할 것이 아니라 하나님에게서 시작해야 한다. 그러니까 복음은 하나님의 마음에서부터 시작되었음을 분명히 말씀한다.

십자가의 도는 철저히 하나님의 자의적인 뜻대로 하신 것이고 시기는 영원 전부터, 창세전이며 어떤 상황이 펼쳐지기도 전에 이미 그 뜻이 하나님 안에 정해져 있었다. 이것은 하나님의 태도와 의지를 말해준다. "그리스도 예수 안에서" 역시 구원자를 통한 것임을 뜻한다. 여기에 '은혜'라는 단어가 등장하는데, 하나님의 완전한 십자가의 도는 하나님의 은혜라는 요소가 반드시 포함되어야 할 요건임을 계시해주신 것이다.

주님이 우리를 사랑하시되 언제까지 사랑하시는가? 우리가 주님이 주신 자유 의지로 잘못 선택하여 망할 짓을 하고 죽음의 자리에 이르렀지만 주님은 그리스도의 값을 지불해서라도 우리를 결코 포기하지 않으시는 '영원한 사랑'으로 십자가의 도를 준비해놓으셨다고 말씀한다. 하나님이 당신의 의와 거룩을 그대로 유지하시며 하나님도 의롭고 받는 우리도 의롭게 되기 위해 결코 빠져서는 안 될 요소들을 계시해놓으셨는데, 그것이 그리스도를 통한 구원이요, 하나님의 자발적 뜻에 의해서 될 것이며 하나님의 은혜라는 방편을 통해서 될 것이라는 계시이다. 은혜란 받을 자격이 전혀 없는 자에게 거저 베풀어주시는 하나님의 일방적 호의다. 하나님이 준비하신 십자가의 도는 철저히 은혜라는 성격을 포함하게 될 것임을 이미 창세전부터 계시해두셨다.

2. 창조와 타락

> 내가 너로 여자와 원수가 되게 하고 네 후손도 여자의 후손과 원수가 되게 하리니 여자의 후손은 네 머리를 상하게 할 것이요 너는 그의 발꿈치를 상하게 할 것이니라 하시고 창 3:15

하와가 사탄의 사주를 받아 선악과를 먹고 아담도 먹게 했다. 이 어처구니없는 사건 이후 죄의 독성이 그 생명 안에 들어오니까 하나님의 원형은 온데간데없이 깨지고 하나님의 완전한 사랑의 교제 대상이던 영광스러운 존재인 그들이 하나님의 낯을 피하여 숨었다. 수치를 가리겠다고 어처구니없게도 무화과나무 잎으로 치마를 해 입었다. 이런 초라한 짓을 하고 수치감과 죄책감으로 두려워 숨은 그들에게 하나님의 음성이 사랑하는 아버지의 음성으로 들리지 않았다. "아담아, 네가 어디 있느냐?"라고 찾으시는 하나님 아버지는 변함없이 아버지인데 아담은 더 이상 옛날의 아담이 아니었다. 죄인을 추적하는 심판관 앞에 덜덜 떠는 죄인의 모습이었다.

"누가 너의 벗었음을 네게 알렸느냐 내가 네게 먹지 말라 명한 그 나무 열매를 네가 먹었느냐"(창 3:11). 이렇게 물으시는 하나님께 대답하는 아담은 이전의 아담이 아니었다. 완전한 하나님의 정서를 가지고 하와를 가리켜 "내 뼈 중의 뼈요 살 중의 살이라"라고 하던 아담 안에 이제는 원망이 부글부글 끓어올랐다. "하나님이 주셔서 나와 함께 있게 하신 여자 그가 그 나무 열매를 내게 주므로 내가 먹었나이다"(창 3:12). 여자 역시 뱀이 꾀어서 먹었다고 대답했다.

하나님의 금령(禁令)을 어기고 범죄하여 하나님의 생명에서 떠나 타락한 그들에게는 한 치도 회개의 빛이 없었다. 어떤 희망적인 태도도 보이지 않았다. 스스로 그럴 수 없는 존재가 되었기 때문이다. 그렇게 죄의 결과만 드러난 그때, 하나님께서 혼자 일방적으로 약속하시는 은혜의 언약이 성경 최초로 드러나게 된다. 우리의 어떠함과 전혀 상관없이 주님이 일방적으로 당신의 은혜를 나타내고 선포하신다. 우리의 요구나 상황에 따라 어떤 조건적인 반응을 하시는 것이 아니라 오직 주님의 뜻으로 이 일을 작정하고 언약하신다.

하나님은 우리가 범죄한 그 순간 바로 우리에게 "내가 여자의 후손을 너희에게 보낼 것이다"라고 구원과 구원자를 약속해주셨다. 이 말씀을 '원시복음' 또는 '최초의 복음'이라고 한다. 주님은 창세기 3장 15절 안에 구원에 관해 변개할 수 없는 두 진리를 분명히 담아놓으셨다. 앞으로 오고 오는 세대에 구원과 복음에 관한 수많은 논의가 있을 것이며, 수많은 거짓 그리스도와 잡다한 신학 사조를 가지고 말장난할 것을 주님이 다 아시고 누구도 귀에 걸면 귀걸이 코에 걸면 코걸이라고 할 수 없도록 하셨다. 이것을 보고도 딴 짓을 하면 누구라도 이 말씀이 심판하실 것이다.

① 구원자의 자격

인간은 결국 구원받아야 할 만큼 타락했고 구원이 필요한 심각한 상황에 떨어졌다. 여기서 우리가 주목해볼 두 가지 진리가 있다. 그것은 구원자에 관한 진리이며 구원의 방법에 관한 계시이다. 창세기 3장 15절에는 하나님이 어떤 구원자를 통하여 우리를 구원하실 것인지 나와 있다. 누구를 구원하려면 구원자가 자격도 되고 능력도 되어야 한다. 저 하나도 혼자서 비실거리면서 누구를 도울 수는 없다. 그래서 하나님은 구원자가 어떤 자격을 가져야 어떤 상황에서도 당당히 우리를 건져낼 수 있는지 분명히 계시해주셨다.

구약 내내 실패한 이스라엘이 지금까지 계속해서 기다리는 메시아는 하나님께서 약속하신 이 메시아와는 영 초점이 다르다. 그들은 초림한 예수는 메시아가 아니라고 한다. 그들이 기다리는 메시아는 다윗 왕과 같이 이스라엘 나라를 회복하는 메시아지만 그런 그들의 사상이 얼마나 성경에서 빗나간 것인지 우리는 깨달을 수 있다.

스스로 자기가 구원자라고 하는 놈이 이 세상에 얼마나 많이 왔다 갔는지 모른다. 통일교 문선명, 하나님의교회 안상홍 등 자칭 구원자라고 떠벌리다가 죽은 사람, 아직도 살아서 자신이 하나님이라는 사람이 난무한다. 한국에만 해도 이 정도이니 전 세계에 오죽하겠는가. 주님도 이렇게 말씀하셨다. "그때에 사람이 너희에게 말하되 보라 그리스도가 여기 있다 혹은 저기 있다 하여도 믿지 말라 거짓 그리스도들과 거짓 선지자들이 일어나 큰 표적과 기사를 보여 할 수만 있으면 택하신 자들도 미혹하리라"(마 24:23,24).

사실 인류 역사의 모든 화두는 "누가 그리스도냐?" 하는 것이다. 정치 권력적 메시아냐, 사상 이데올로기적 메시아냐, 종교적 메시아냐, 다들 이 존재를 기다리고 있었고 또 그때마다 나타났다. 2차 세계대전 당시 독일에서는 개신교 목사들조차 축도 후 "하일 히틀러" 하고 끝을 맺었다고 한다. 무너진 독일 제국의 영광을 다시 회복하겠다고 국수주의를 부추기던 그를 마치 구원자인 것처럼 여기며 같이 미쳤던 시대가 있었다. 남의 얘기만 할 게 아니다. 일제 강점기 때 예배당 안에서 일본 천황을 찬양하는 동방요배에 앞장선 친일파 목사도 이와 다를 것이 없다. 우리가 다 똑같은 무리다.

ⓐ 죄 없는 생명(신성)

하나님은 하나님께서 보내실 구원자, 즉 하나님이 인정하고 하나님이 준비해서 보내시는 완전한 자격을 갖춘 구원자는 놀랍게도 '여자의 후손'이 될 것이라는, 마치 암호처럼 들리는 말씀을 하셨다. 요즘 컴퓨터에 들어가서 어딘가에 접속하려면 아이디와 비밀번호를 넣어야 한다. 아무나 보라고 다 열어놓은 화면이 아닌 이상 자격이 필요할 때는 아이디와 패스워드가 필요하다. 그것이 맞지 않으면 아이디가 존재하지 않는다고 하거나 비밀번호를 잊어버렸느냐고 묻지 않는가.

하나님은 "누가 그리스도냐?"라는 수많은 논란에 종지부를 찍고 아무도 이런 사기를 칠 수 없도록 '여자의 후손'이라는 절묘한 패스워드를 주셨다. 하나님이 보내시는 구원자는 여자의 후손이다. 그러면 석가모니는 구원자인가? 석가모니라는 아이디에 여자의 후손이라는 패스워드를 넣어보면 된다. 그러면 당연히 "삑삑삑", "사기 침", "아이디가 맞지 않음" 이렇게 정확히 나온다. 왜냐하면 그는 여자의 후손이 아니기 때문이다.

"여자의 후손은 네 머리를 상하게 할 것이요 너는 그의 발꿈치를 상하게 할 것이니라"라고 하신 것을 보면 그가 구원자인 것이 분명한데, 그럼 왜 굳이 그가 여자의 후손이라고 말씀하는가? 여자의 후손이란 것은 자연스러운 출생을 말하는 것이 아니다. 보통 후손이라고 하면 남자의 후손을 일컫는다. 그러면 정상적인 혈통 개념과 보편적인 가치를 뒤집는 '여자의 후손'이라는 말은 어떤 의미인가? 이것은 부정모혈(父精母血)로 태어나는 자연 생식으로부터 나오는 인간이 아니라는 암시가 강하다.

왜 그런가? 우리를 죄와 사탄으로부터 구원하는 구원자가 되려면 그는 죄 없는 생명이 되어야 한다. "그가 우리 죄를 없애려고 나타나신 것을 너희가 아나니 그에게는 죄가 없느니라"(요일 3:5). 그러므로 구원자가 되려면 적어도 그가 죄 없는 생명이어야 한다. 당연하다. 죄가 있으면 자기 죗값을 치르기도 바쁜데 남의 죄를 대신해주고 말고 할 것이 없다.

사형수만 모아놓은 독방들이 죽 있는데 1호 감방에 있던 사형수의 사형이 집행되는 날이 왔다. 교도관들이 "1호 감방 죄수 아무개 나와!" 하고 부르자 악랄한 죄인이 나가지 않으려고 발광을 하기 시작했다. 나중에는 울고불고 "나 죽기 싫어요. 안 나갈래요. 살려주세요, 엄마!" 야단이 났다. 2호 감방에서 사형을 기다리던 잔인한 사형수가 듣다듣다 견딜 수가 없었다. 너무 마음이 아팠다. 특히 "엄마"를 부르는 데 그만 가슴이 무너져내렸다. 끌려 나가는 1호 사형수를 바라보다 못해 창살을 붙잡고 너무나 진지한 표정으로 교도관을 불렀다.

"이보시오, 내가 저 사람의 간절한 외침을 듣고 태어나서 처음으로 인간다운 눈물을 흘려봤소. 차라리 나를 죽여주시오. 내가 저 사람을 위해 대신 죽겠소. 나를 데려가시오."

눈물 없이 볼 수 없는 감동적인 드라마가 연출된 것이다. 그때 우락부락하게 생긴 교도관 하나가 무심한 표정으로 걸어오더니 쇠창살을 붙잡고 진지하게 눈물의 호소를 하고 있는 죄수의 귀를 찢어지게 잡아당기고는 말했다.

"조금만 기다려. 넌 네 죄로 죽어야 돼."

남의 죄를 대신해서 죽는다는 것은 자기 죄가 있는 한 불가능한 일이다. 자기 빚부터 해결해야 된다. 그러니 구원자의 첫 번째 조건은 죄 없는 생명이어야 한다. 그런데 아담의 후손으로 태어난 사람 중에 죄 없는 생명이 있는가? 로마서 5장 12절 말씀과 같이 아담 한 사람으로 말미암아 죄가 세상에 들어오고 그 죄 때문에 사망이 왔는데 아담으로 말미암아 이 땅에 온 남자의 후손, 즉 자연출생법을 통해 태어난 인간 중에는 아무도 죄와 무관한 자가 있을 수 없다. 의인은 없나니 하나도 없고(롬3:10) 죄와 무관한 인생도 있을 수가 없다.

그런 의미에서 구원자는 여자의 후손이 되어야 한다. 죄 없는 생명이면서 아담의 부정모혈로 오지 않았다면 인간 중에는 없다는 말이다. 그러면 인간 이하로는 안 되고 인간 이상의 생명을 찾는다면 다른 것이 없다. 하나님의 생명밖에는 없다. 그렇기 때문에 구원자의 자격으로 신성(神性)이 요구되는 것이다.

ⓑ 완전한 인간 생명(인성)

우리가 하나님께 죄를 지었다는 말은 하나님의 의가 깨뜨려졌다는 것이다. 하나님의 의는 공의이다. 눈에는 눈이고 이에는 이고 생명에는 생명이다. 따라서 하나님의 의가 충족되려면 인간은 인간으로 갚아야 한다. 다른 것으로는 안 된다. 그러므로 구원자가 되려면 적어도 완전한 인간이어야 한다는 요구 조건이 있다. 여자는 사람이다. 여자의 후손이라는 의미의 또 다른 강조점은 바로 그가 인간이어야 한다는 것이다. 여자의 후손이라는 계시 속에는 구원자에 관한 이 두 가지 요소가 절묘하게 포함되어 있다.

이것이 딜레마다. 인간 생명을 가지고 있어야 되는데 부정모혈로 태어난 인간 생명을 가진 자 중에는 죄 없는 자격자가 없다. 죄 없는 생명을 따져보니 인간 이상의 생명은 죄가 없으신 분, 홀로 한 분이신 하나님밖에 없는데 하나님은 하나님이시라서 안 된다. 그러니 우리의 상식으로는 이루어질 수 없는 얘기다. 죄 없는 생명 차원에서는 신성(神性)이 요구되고, 완전한 인간의 생명으로는 인성(人性)이 요구되는데 죄가 없으면서 완전한 인간, 신성과 인성을 함께 소유한 완전한 구원자란 인간 편에서는 나올 수가 없다. 논리적으로 불가능하다.

이 딜레마에서 하나님도 의롭고 두 가지 요구 조건을 충족시킬 수 있는 방법이 무엇인가? 우리는 짐작해볼 수도 없다. 어쩔 수 없이 하나님 수준에서 이 일을 해결하시는 것 외에 인간 편에서는 어떤 기대도 불가능하다. 이제는 하나님만 하실 수 있는 일을 기대할 수밖에 없다. 그래서 비밀이다. 그렇다면 주님이 창세기 3장 15절의 약속을 역사 가운데 어떻게 점진적으로 계시하고 성취하시는지 살펴보자.

ⓒ 계시와 계시의 성취

그러므로 주께서 친히 징조를 너희에게 주실 것이라 보라 처녀가 잉태하여 아들을 낳을 것이요 그의 이름을 임마누엘이라 하리라 사 7:14

이사야서 7장 14절은 '여자의 후손'이라는 계시가 진전되어 "처녀가 잉태하여 아들을 낳을 것이요"라는 하나의 단서를 보여줌으로써 우리에게 빛을 더해준다. 처녀는 사람, 완전한 인간이다. 그에게서 났으면 완전한 인간이다. 문제는 처녀 혼자서는 아이를 낳을 수 없다는 것이다. 이것이 가능하려면 어떤 초월적 힘이 아니고는 불가능하다. 그러면 이 일이 역사적으로 어떻게 성취되었는지 살펴보자.

> 30 천사가 이르되 마리아여 무서워하지 말라 네가 하나님께 은혜를 입었느니라 31 보라 네가 잉태하여 아들을 낳으리니 그 이름을 예수라 하라 32 그가 큰 자가 되고 지극히 높으신 이의 아들이라 일컬어질 것이요 주 하나님께서 그 조상 다윗의 왕위를 그에게 주시리니 33 영원히 야곱의 집을 왕으로 다스리실 것이며 그 나라가 무궁하리라 34 마리아가 천사에게 말하되 나는 남자를 알지 못하니 어찌 이 일이 있으리이까 눅 1:30-34

때가 차매 이사야가 오실 그리스도에 대해 예언하고 나서 약 700년 후 갈릴리 나사렛이라는 동네에 사는 처녀 마리아에게 천사가 나타났다. 그런데 살다가 무슨 이런 날벼락이 있겠는가. 천사가 마리아에게 아들을 낳을 것이라고 알려준 것이다. 그것도 구원자를 낳을 것이라고 하니 어처구니가 없는 얘기다. 자신이 사내를 알지 못하는데 어떻게 이런 일이 있겠느냐는 마리아의 질문은 아주 정상적인 반응이었다. 여자의 후손이라는 말은 그래서 기적이고 비밀이다.

> 35 천사가 대답하여 이르되 성령이 네게 임하시고 지극히 높으신 이의 능력이 너를 덮으시리니 이러므로 나실 바 거룩한 이는 하나님의 아들이라 일컬어지리라 36 보라 네 친족 엘리사벳도 늙어서 아들을 배었느니라 본래 임신하지 못한다고 알려진 이가 이미 여섯 달이 되었나니 37

대저 하나님의 모든 말씀은 능하지 못하심이 없느니라 눅 1:35-37

"아이를 낳게 되는 통로는 너 마리아지만 네게서 낳는 아들은 너의 아들이나 사람의 아들이 아니라 하나님의 아들이라 일컬음을 받으리라." 정말 엄청난 말씀이 아닌가. 죄가 없으신 예수님이 우리를 구원하시기 위해 인간이 되어 이 땅에 오시는 것이다. 철저한 인간 생명이 되셔야 하기에 마리아의 자궁을 통해서 오지만 "성령의 능력이 너를 덮으시리니 네게 잉태될 그는 하나님의 아들"이라는 놀라운 이야기였다.

아무리 그래도 너무 무리한 이야기가 아닌가 하고 고개를 갸웃거릴 때 천사는 "네 친족 엘리사벳도 늙어서 아이를 낳을 수 없는데 하나님의 능력으로 임신하였고 벌써 여섯 달이 되었다"라고 말한다. "아이를 낳을 수 있고 없고는 너에게 달린 문제가 아니라 낳게 하시는 주님의 능력에 있다. 없는 것을 있는 것으로 부르시고 무에서 유를 창조하시는 하나님이, 조금 늙었어도 어차피 있는 그 몸을 통해 아이를 낳게 하는 일이야 오죽 쉽겠느냐." 이런 식의 말이다. 설명은 길었지만 천사의 결론은 간단하다.

"네가 불가능하다고 불가능한가? 하나님은 전능하시기 때문에 하나님이 한다고 하시면 되는 거야!"

대답이 얼마나 간단한지 모른다. 마리아 역시 정말 준비된 처녀임에 틀림없다. 천사의 대답이 몇 문장 되지도 않는데 다 해봐야 스무 살도 안 됐을 이 어린 딸의 믿음이 얼마나 완전한지 이런 대단한 믿음의 고백을 한다.

"주의 여종이오니 말씀대로 내게 이루어지이다."

나는 불가능하지만 주님이 하신다면 하시는 것이다. 진리가 결론이 되게 하라. 내 경험과 한계가 아니라고 하는 것이 결론이 될 수 없다. 내 감정이 결론이 될 수 없다. 주님이 결론이다. 진리가 결론이다. 아멘인가? 그 진리를 믿는 믿음이 믿음이다. '여자의 후손'이라는 구원자의 자격은 세월이 흘러서 처녀가 잉태하여 아들을 낳을 것이라는 계시로 진전되었고 때가 차서 처녀 마리아에게 알리신 그대로 마침내 메시아가 오셨다.

ⓓ 성경의 해석

이 사건을 성경이 어떻게 해석하고 있는지 살펴보자.

4 때가 차매 하나님이 그 아들을 보내사 여자에게서 나게 하시고 율법 아래에 나게 하신 것은 5 율법 아래에 있는 자들을 속량하시고 우리로 아들의 명분을 얻게 하려 하심이라 갈 4:4,5

"이제는 내가 하리라" 외치셨던 하나님께서 불가능한 딜레마를 해결하고 완전한 자격을 가진 구원자를 우리에게 보내시기 위하여 무시무시한 선택을 하셨다. 죄 없는 생명이신 하나님의 아들의 생명을 주시되 인간이 되게 하시려고 때가 차매 그 아들을 여자에게서 나게 하신 것이다. 생각해보라. 천지를 창조하신 창조주가 피조물이자 죄인인 여자의 자궁에 착상이 되고 세포분열을 일으키고 그 속에서 자라나셨다. 탯줄을 달고 태어나 젖을 빨고 걸음마를 떼고, 언어를 지으신 하나님이 말을 배우고 인간이 되어 가셨다. 완전한 인간의 생명으로 우리를 대속하시려면 한 치도 빠짐없이 똑같은 완전한 인간이 되어야 하기 때문이었다. 한순간도 슬쩍 넘어가지 않으시고 처음부터 끝까지 철저히 우리와 똑같은 생명이 되시기 위하여 하나님이 선택하신 이 일은 잔인한 정도가 아니라 상상을 초월하는 이야기다. 하나님의 뜻이라고 하지만 우리로서는 감당하기에 너무 벅차다.

우리가 아무리 개를 사랑한들 개와 교제하고 싶어서 개 뱃속에 들어갔다가 개가 되어 태어나고 개의 말을 배우고, 이렇게 할 인간이 있는가? 가능하다고 해도 그렇게 할 인간이 없고, 같은 피조물의 입장에서도 아예 불가능하다. 그런데 천지를 창조하신 하나님, 조물주이신 하나님이 피조물인 인간이 되려고 낮아지셨다. 자기 아들을 보내어 여자에게서 나게 하셨다. 더군다나 율법을 제정하시고 심판하시는 하나님이 율법 아래 있는 자들을 구속하시고 아들의 명분을 얻게 하시려고, 완벽한 자격을 갖춘 구원자이신 그 아들을 율법 아래에 나게 하셨다. 이것을 창세전부터 꿈꾸셨다.

그러나 하나님께서 얼마든지 상황에 따라서 마음을 바꿀 수도 있잖은가. 아무리 잘해주려고 해도 너무 악착스러운 짓을 하면 "너는 틀렸다", "너는 안 되겠다", "복도 받을 놈이 따로 있다" 이렇게 얼마든지 정리할 수도 있었을 텐데, 주님은 창세전에 품었던 그 사랑으로 어떤 과정에서도 물러섬 없이, 언약한 그대로 하나도 빗나가지 않고 완전한 자격자가 될 때까지 오랜 세월을 철저히 준비하셨다. 그리고 하나님의 카이로스에 약속대로 당신의 아들을 여자에게서 사람으로 태어나게 하시고, 율법 아래 나게 하셨다. 갑자기 와서 덜컥 죽어버리는 게 아니라 완전한 인간으로 철저한 성장 과정을 거치시고, 우리와 똑같은 죄인의 명분을 가지고 율법에 순종하시고, 율법의 저주에 우리와 똑같은 대가를 지불하시고 완전한 구속자가 되셨다. 할렐루야! 때가 차매 그 아들을 보내셔서 여자에게서 나게 하시고 우리를 속량하시고 우리에게 아들의 명분을 주기까지 이 구원을 이루신 우리 하나님을 찬양한다.

② 구원의 방법

구원의 방법 또한 중요하다. 이 방법은 하나님도 의롭고 우리도 의로워서 사탄이 아무 소리 못하게 하고, 율법의 모든 요구도 완벽하게 이루는 것이어야 한다. 하나님은 창세기 3장 15절에 구원의 방법까지 계시해놓으셨다. 이 구절을 가만히 보면 하나님이 구원자로 보내시는 여자의 후손과 사탄을 상징하는 뱀의 후손 사이에 뭔가 전쟁이 벌어지는 것 같은 장면이 기록되어 있다. 뱀의 후손이 여자의 후손의 발꿈치를 상하게 하고 두 세력이 서로 공격을 주고받는 양상이 나타난다.

우리가 영적 세계를 잘 몰라서 그렇지, 사실 이 땅에서 일어나는 모든 역사는 영적 세계의 결과이다. 우리 눈에 보이지 않는 역사의 이면, 역사의 원인은 다 영적 세계에서 일어나며 그것이 현실 세계에 그대로 투영되는 것이다. 그러니까 이 세상의 역사, 우리 눈에 보이는 현실 세계는 보이지 않는 영적 세계를 그대로 보여주는 현상이다. 따라서 결판은 영적 세계에서 난다. 하나님이 전 우주적인 역사를 진행해가시면서 이 세상 가운데서 하나님의 백성을 건져내시는 것은 영적 세계에서 벌어지는 치열한 전쟁이다. 요한계시록을 보면 하늘에서 일어나는 일이 이 땅의 역사에 치명적인 영향을 끼치는 것을 볼 수 있다. 그래서 주님도 하나님의 나라가 이 땅에 임하게 하시고 뜻이 하늘에서 이루어진 것처럼 땅에서도 이루어지도록 기도하라고 가르치신 것이다.

그런데 여기서 창세기 3장 15절 말씀이 기록된 순서대로 따라가 보면 이상한 점을 발견하게 된다. 서로 공격을 주거니 받거니 하다가 여자의 후손이 먼저 뱀의 머리를 밟았다면 머리가 깨진 뱀이 여자의 후손의 발꿈치를 물 수 있는가? 상상해보자. 뱀이 먼저 여자의 후손의 발꿈치를 물었으면 여자의 후손이 뱀의 머리를 밟을 수가 없다. 성경에는 여자의 후손이 뱀의 머리를 상하게 한다는 얘기가 먼저 나오고 그다음에 뱀이 여자의 후손의 발꿈치를 상하게 한다고 했다.

뱀이 발꿈치를 문다는 말은 발꿈치만 따끔한 정도를 말하는 것이 아니라 뱀이 할 수 있는 최대의 공격을 묘사한 것이다. 뱀이 발꿈치를 물었다면 그것은 치명적인 공격을 한 것이다. 동맥이 지나가는 자리를 꼭 물면 몇 분 만에 사망에 이르게 하는 맹독을 가진 뱀들이 있다. 미국에 있는 어떤 물뱀은 펄펄 뛰는 말 70마리를 즉사시킬 만큼 어마어마한 독을 가졌다고 한다. 기어 다니는 뱀도 그 정도라면 사탄이 발꿈치를 문다는 것은 최고 권세를 썼다는 말이다. 사탄의 가장 큰 권세는 사망 권세다. 뱀은 허리나 꼬리는 아무 소용이 없고 머리를 밟아야 끝이 난다. 머리는 권세를 상징한다. 그러니까 여자의 후손이 뱀의 머리를 밟았다는 것은 사탄의 권세를 박살냈다는 말이다. 뱀의 머리, 즉 사탄의 권세를 박살내지 않는 한 그 손아귀에서 우리를 건져낼 수가 없다.

그런데 얘기가 이상하다. 주님이 뱀의 머리를 밟을 것이라고 했는데 또한 뱀이 그의 발꿈치를 물어 상하게 한다는 것이다. 이 이야기는 구성상 순서를 달리해야 정확히 알 수 있다. 그렇다면 여자의 후손이 먼저 뱀의 머리를 밟았다기보다는 뱀이 여자의 후손을 공격했는데 놀랍게도 그 결과 뱀의 머리가 깨뜨려졌다는 것이 된다. 뭔가 상당히 역설적이다. 그리고 이 역설이야말로 비밀이다. 뱀이 사망 권세를 사용하여 여자의 후손에게 치명적인 공격을 가했다. 그리고 우리를 구원하시기 위해 이 땅에 오신 구원자가 사탄의 공격을 피하거나 방어하지 않고 그대로 죽임을 당하셨다. 그런데 그것이 사탄의 권세를 깨뜨리는 결과가 된다는 것이다. 하나님의 구원 방법이 우리가 상상하는 것과 다르게 매우 역설적인 방법이 되리라는 감이 오지 않는가?

7 오직 은밀한 가운데 있는 하나님의 지혜를 말하는 것으로서 곧 감추어졌던 것인데 하나님이 우리의 영광을 위하여 만세 전에 미리 정하신 것이라 8 이 지혜는 이 세대의 통치자들이 한 사람도 알지 못하였나니

만일 알았더라면 영광의 주를 십자가에 못 박지 아니하였으리라

고전 2:7,8

우리가 흔히 "귀신같이 안다", "귀신같은 짓을 한다"라고 말하는데 정말 사탄은 거의 모든 것을 알고 많은 것을 흉내까지 낸다. 그렇지만 결정적인 것을 모른다. 성경이 전하는 이 감추어졌던 하나님의 비밀, 이 십자가의 도의 비밀을 눈치챘더라면 이 시대의 관원들, 세상 통치자들이 다른 짓은 몰라도 예수 그리스도를 십자가에 못 박는 짓은 하지 않았을 것이다. 그를 죽이기 위해 정사와 권세와 모든 세상 세력을 다 동원했고 마침내 예수 그리스도를 십자가에 못 박았다. 죽음이 이겼다고 깔깔거리는 웃음소리가 채 끝나기도 전에 사탄은 자신이 하나님의 음모에 걸려들었다는 것을 뒤늦게 깨닫는다. 대가리가 깨지면서 말이다.

누가 이 지혜와 이 비밀을 알았겠는가? 알았다면 예수 그리스도를 십자가에 못 박지 않았을 것이다. 이것이 창세기 3장 15절의 성취이다. 하나님은 우리를 죄에서 구원하셔야만 했다. 죄에 팔려 있는 우리가 죄에서 빠져 나오는 방법은 단 하나, 죄를 심판받는 것이다. 그렇기 때문에 예수 그리스도가 이 땅에 오셔서 십자가에 달려 죽으심으로 우리가 받아야 할 모든 심판을 대신 받으시고 우리를 죄로부터 해방시키신 것이다. 창세기 3장 15절에 이 역설적인 구원의 방법, 십자가의 비밀을 이미 담아놓으신 지혜로우신 하나님을 찬양한다.

- 복음은 창세전부터 준비된 하나님의 지혜다.

- 복음은 우리를 지으시기 전부터 확정된 사랑이다.

- 복음은 하나님의 자발적인 뜻에 따라 구원자 그리스도를 통하여
  은혜로 주시는 구원이다.

- 구원자의 자격은 죄가 없으면서도 완전한 인간이어야 한다.

- 구원자는 '여자의 후손'으로 계시되었다. 아담의 죽은 생명이 아
  니면서도 완전한 인간이어야 하기에 창조주 하나님이 피조물 인
  간이 되어 율법 아래 나시고 대가를 치르셨다. 사탄의 사망 권세
  로 죽고 그 권세를 밟아 깨뜨려 승리하셨다.

- 복음은 이 역설적인 구원을 담은 십자가의 지혜요 비밀이다.

· · ·

주님이 하셨습니다!

17강

십자가의 도 3

십자가의 도의 모형 1

앞서 살펴본 십자가의 도의 특징이 여러 역사의 사건 속에서 어떤 모양으로 계시되었는지 살펴보자. 주님은 가죽옷 계시를 통해 십자가의 도의 한 측면을 계시해주신다.

1. 가죽옷

> 여호와 하나님이 아담과 그의 아내를 위하여 가죽옷을 지어 입히시니라 창 3:21

아담과 하와가 무화과나무 잎으로 옷을 지어 입은 것은 말 그대로 처량하기 짝이 없는 일이었다. 인류 최초의 의상이었을 텐데, 나뭇잎이 맨살에 그냥 붙을 리 없고 아마 칡넝쿨을 끊어다가 거기에 엮어서 입었을 것이다. 하지만 이파리는 시간이 지나면 마르고 부서질 수밖에 없었다. 그런다고 우리의 수치가 가려지지 않는다는 것을 아시는 주님이 아담과 하와에게 가죽옷을 지어 입히셨다. 죽음이라고는 존재하지 않던 에덴동산에 첫 죽음이 시행되었다.

① 입혀주시는 의
저주 받은 죄 된 인간이 자신의 죄책감을 무마하고 위로받고 수치를 가려보려고 무화과나무 잎을 엮어 치마를 만드는 짓은 아담의 후손들에게 계속 반복되고 있다. 우리는 알량한 선행, 율법 준수, 인간적인 모든 노력과 최선으로 부끄러운 자기 실존의 모습을 가려보려고 한다. 크리스마스트리는 보기에 화려하고 아름답다. 하지만 그것은 나무 자체의 아름다움이라기보다 주렁주렁 갖다 붙이고 매단 수많은 장식 덕분이다. 철 지난 크리스마스트리를 보았는가? 너무 바빠서 4, 5월이 될 때까지 치우지 못해 한구석에 먼지가 쌓이고 퇴색한 금줄이 늘어질 대로 늘어지고 은종이 부담스럽게 매달려 있는 철 지난 크리스마스트리.

사람들은 자신이 한참 잘 나갈 때 "내가 누군데…", "내가 이런 일을 했는데…", "내가 뭘 많이 아는데…" 이렇게 학벌로 명예로 마치 크리스마스트리 장식처럼, 훈장처럼 자신을 꾸민다. 하지만 내게 덕지덕지 붙어 있는 것이 나 자신이라고 말할 수는 없다. 그것은 자기에게서 나온 것이 아니고 시간이 지나면 다 무효가 되는데도 그것이 자기 존재인 양 착각하는 것이다. 크리스마스트리를 철거하면서 거기 달린 온갖 장식을 뜯어내면 말라붙은 초라한 나무만 남을 뿐이다.

살아 있는 나무와 크리스마스트리는 확실히 다르다. 산 나무는 때가 되면 스스로 열매를 맺는다. 그다음에 다시 열매를 맺는다. 하지만 크리스마스트리는 그렇지가 않다. 갖다 붙인 장식을 떼어내면 비썩 마른 자기의 실체만 남는다. 이것이 범죄한 이후 생명의 근원에서 잘려나간 아담과 하와의 슬픈 자화상이다. 이것이 역사의 대를 이어서 오늘날 우리에게까지도 이어졌다.

주님이 가련하고 초라한 우리 인생의 옷을 벗겨내신다. "이것 가지고 너의 존재를 가릴 수 없고, 이것 가지고 하나님 앞에 나아갈 수 없다" 하시고 우리에게 가죽옷을 입혀주셨다. 인간에게서 난 자기의, 자신의 어떤 노력으로 자기를 위장하고 아무리 자격을 갖다 붙여도 이것으로 하나님 앞에 나아갈 수 없다. 율법의 의로도 죄를 깨닫게 되고 존재적 절망을 깨달을 뿐이지 하나님 앞에 나아갈 수 없다. 가죽옷의 계시는 우리의 의로는 하나님 앞에 나아갈 수 없다는 의미이다.

여기서 십자가의 도의 비밀이 계시된다. 하나님의 구원을 통해서 우리에게 주시는 십자가의 도는 '입혀주시는 의'가 될 것이다. 내게서 나온 의가 아닌 하나님께서 전적인 은혜로 우리에게 입혀주시는 의다. 내 존재가 의로워서, 내게서 나온 무엇을 가지고 하나님 앞에 나아갈 수 있는 것이 아니라 하나님이 입혀주시는 의로 나아갈 수 있게 될 것이라고 주님은 계시해주셨다.

② 피 흘림

가죽옷 계시에서 발견할 수 있는 것이 또 하나 있다. 가죽이 생기려면 한 짐승을 잡아야 한다. 여기에 반드시 피 흘림이 전제되어야 한다. 피 흘림이라고 하는 대속의 죽음이 있어야 입혀주는 의가 가능하다. 그러니까 십자가의 구속에는 반드시 피 흘림이 포함될 것이다. 성경에서 '피'는 생명을 상징한다. 즉 생명의 대속 없이는 사망의 권세에 붙잡힌 우리의 운명을 바꿀 수 없다. 우리는 이 가죽옷의 계시를 통해서 하나님의 구원에는 반드시 피 흘림이라는 대가 지불이 포함

되리라는 것을 짐작할 수 있다. 즉 십자가의 도에는 '입혀주는 의'와 '피 흘림'이라는 요소가 반드시 필요하다는 것이 분명하고 뚜렷하게 드러난다.

2. 아벨의 제사

하나님은 아주 희미하지만 죄인이 하나님 앞에 나아가는 구원의 길을 계시해주셨다. 죄인이 의롭고 거룩하신 하나님 앞에 나아가려고 할 때 가장 중요한 관건은 절대 죄를 가진 채로는 못 나간다는 것이다. 하나님은 죄를 발견하는 즉시 돌격하시는 진노의 본성을 가지고 계신다. 그렇기 때문에 곧바로 심판자로 돌변하신다. 거룩함이 없이는 아무도 주(主)를 보지 못한다. 반드시 심판을 받게 된다. 하나님을 보는 게 능사가 아니다. 잘못 보면 죽기 때문이다. 따라서 하나님 앞에 나아가려고 할 때는 대책 없이 나가서는 안 된다. 반드시 하나님의 심판에 대한 대책을 세우고 나가야 한다. 그것을 하나님 편에서 허락해주신 것이 바로 제사 제도다.

> 아벨은 자기도 양의 첫 새끼와 그 기름으로 드렸더니 여호와께서 아벨과 그의 제물은 받으셨으나 창 4:4

오늘날 남북이 군사분계선을 넘어 유일하게 합법적으로 만날 수 있는 장소가 있다면 판문점 공동경비구역(JSA)이다. 하나님께서 우리에게 유일하게 열어놓으신 통로가 제사라는 방법이다. 하나님도 우리를 심판하지 않아도 되고, 죄인도 벼락을 맞지 않도록 하나님이 마련해놓으신 길이다. 하나님의 의에도 문제가 없고, 하나님께 나아가는 죄인인 인간도 하나님의 의의 요구에 충족된 상태로 하나님을 만날 수 있는 것이다.

가인과 아벨 두 사람이 제사를 드리며 하나님께 나아갔다. 그런데 하나님께서 아벨의 제사는 받으셨지만 가인의 제사는 받지 않으셨다. 그렇다면 하나님이 받으시고 받지 않으시는 분명한 기준이 있다는 것이다. 가인은 농사하는 사람이라서 농산물을 바쳤고 아벨은 양을 치는 사람이라서 양을 바쳤다. 두 사람 모두 최선의 것으로 바쳤는데 하나님께서 하나는 거절하시고 하나는 받으셨다. 그렇다면 하나님이 용납하시는 제사와 용납하실 수 없는 제사의 기준은 무엇인가? 무슨 기준으로 하나는 받고 하나는 안 받으신 것인가? 이 일에 대한 성경의 대답이 히브리서에 나온다.

믿음으로 아벨은 가인보다 더 나은 제사를 하나님께 드림으로 의로운 자라 하시는 증거를 얻었으니 하나님이 그 예물에 대하여 증언하심이라 그가 죽었으나 그 믿음으로써 지금도 말하느니라 히 11:4

① 의 – 오직 믿음

여기에 몇 가지 용어가 등장한다. 첫째는 의(義)다. "의로운 자라 하시는 증거를 얻었으니"라는 말씀의 뜻은 하나님이 그를 의롭다고 인정해주셨다는 것이다. 그 이유가 무엇인가? 성경은 아벨이 하나님께

'믿음으로' 제사를 드렸다고 말씀한다. 여기서 믿음이 등장한다. 따라서 우리는 하나님이 십자가의 도를 통해서 허락하시는 구원의 놀라운 방법에는 믿음이 요구되리라는 것을 알 수 있다.

② 피 흘림의 예물

둘째는 예물이다. "하나님이 그 예물에 대하여 증언하심이라"라는 말씀으로 분명히 예물이 언급되고 있다. 여기서 하나님은 농사꾼이 농산물을 드리고 목자가 양을 드리는 것이 마땅하다, 그렇게 보지 않으셨다. 제사는 자기 생각에 지극정성으로 최선을 다해 드리는 것이 중요한 게 아니라 믿음으로 드려야 한다. 또 하나님이 요구하시는 예물은 정해져 있다. 그것은 피 흘림의 예물이다. 생명의 희생이 없이는 결코 하나님이 받으실 수 없다는 것이다. 죄의 문제는 분명히 생명과 관계되어 있다. 죄에 오염된 죄인들은 이 죄 된 생명의 처리 없이 하나님 앞에 나아갈 수 없다.

> 율법을 따라 거의 모든 물건이 피로써 정결하게 되나니 피 흘림이 없은
> 즉 사함이 없느니라 히 9:22

피 흘림, 생명의 희생이 없이는 결코 사함이 없고, 죄에 대한 사함이 없으면 의가 이루어질 수 없다. 그 의로움 없이는 하나님 앞에 나아갈 수 없다. 하나님은 믿음으로 더 나은 제사를 드린 아벨을 의롭다 여겨주셨고 그 제물을 받으셨다. 그러나 가인은 믿음 없이 자기

멋대로 자기 최선으로 드렸다. 하나님이 요구하시는 방법으로, 믿음으로 드리지 않은 그의 행위는 제물에 문제가 있었고, 제물에 문제가 있다보니 그는 하나님 앞에 의롭다 함을 얻을 수 없었다. 이것이 연쇄적으로 이루어진 것이다. 하나님은 아벨의 제사를 통해서 십자가의 도에도 의(義)와 믿음과 피 흘림의 요소가 충족되어야만 완전한 구원이 될 것이라고 계시해주셨다.

3. 노아의 방주

> 13 하나님이 노아에게 이르시되 모든 혈육 있는 자의 포악함이 땅에 가득하므로 그 끝 날이 내 앞에 이르렀으니 내가 그들을 땅과 함께 멸하리라 14 너는 고페르 나무로 너를 위하여 방주를 만들되 그 안에 칸들을 막고 역청을 그 안팎에 칠하라 15 네가 만들 방주는 이러하니 그 길이는 삼백 규빗, 너비는 오십 규빗, 높이는 삼십 규빗이라 16 거기에 창을 내되 위에서부터 한 규빗에 내고 그 문은 옆으로 내고 상 중 하 삼층으로 할지니라 창 6:13-16

가인과 아벨 이후 족보는 쫙 갈라진다. 궤도에서 이탈한 기차처럼 아주 내놓고 제 마음대로 간 가인의 자손이 있고, 아벨의 후손, 그러니까 아벨을 대신한 셋의 후손으로 그나마 기준을 가지고 살아온 모태신앙의 혈통이 그 명맥을 이어가고 있었다. 그런데 사람들이 땅 위에 번성하기 시작할 때 죄 또한 온 땅에 퍼져서 세상이 죄악으로 가득 찼다. 하나님의 아들들까지 똑같아졌다. "하나님의 아들들이 사람의 딸들의 아름다움을 보고 자기들이 좋아하는 모든 여자를 아내로 삼는지라"(창 6:2). 쉽게 말하면 모태신앙들이 자기들이 좋아하는 자로, 그러니까 하나님의 뜻을 따르거나 하나님이 주인 된 결정을 하지 않고 자기 눈에 보기 좋은 대로 아내를 삼았다는 것이다. 영을 팔고 육신이 된 삶으로, 이제 아주 드러내놓고 자아를 추구하며 세상에서 하나님 없이 인생의 일락(逸樂)에 빠져 살게 되었다.

그래서 주님도 "나의 영이 영원히 사람과 함께하지 아니하리니 이는 그들이 육신이 됨이라"(창 6:3)라고 말씀하셨다. 그들이 더 이상 하나님의 영이 함께할 수 없는 완전한 육신이 되어버렸다는 것이다. 그런데 죄를 지으며 되는 대로 살기 시작하면 스스로 자멸하게 되어 있다. 하나님은 죄가 영속할 수 없도록, 하나님의 법도를 떠나면 반드시 스스로 자멸하도록 그렇게 만들어놓으셨다. 아담과 하와가 에덴동산에서 범죄했을 때 주님이 그들을 동산에서 쫓아내신 것은 주님의 긍휼과 자비였다. 죄 된 생명을 가지고 영생하는 것이 지옥이기 때문이다.

하나님은 타락한 그들을 그냥 두실 수 없었다. 죄가 번성하지 못하도록 한계를 정하시기 위해 인간의 수명을 단축시키셨다. "그들의 날은 백이십 년이 되리라 하시니라"(창 6:3). 천 수(壽)를 가깝게 누리던 사람의 수명이 노아의 홍수 이후 5백 년 정도로 반감되었고 그 후 그들의 생명의 연한은 120년으로 제한되었다. 이것이 하나님의 자비이다. 죄 짓고 타락한 인간이 길이길이 오래 살면 서로 무섭다. 악한 히틀러가 죽지 않고, 모택동이 계속 살았더라면 정말 큰일 아닌가. 빨리 죽는 것이 그나마 한편의 자비이다.

그대로 놔두면 스스로 자멸할 수밖에 없는 이들을 차마 버릴 수 없었던 주님은 그들을 구원하기 위해 한 사건을 예비하고 한 사람을 부르셨다. 그가 바로 노아였다. 엄밀히 따지면 노아의 홍수 사건은 심판이 아니라 구원이다. 우리도 구제역이나 조류독감 등 가축 전염병이 돌기 시작하면 일단 이동을 통제하고 동물들은 살(殺)처분하여 묻거나 불로 태운다. 이때 병든 짐승을 살처분하는 것은 무서운 전염성에서 나머지를 보호하여 그곳을 살리려는 것이지 심판하려는 목적이 아니다. 노아의 홍수도 그 목적이 심판이 아닌 구원이었다.

노아의 방주 사건에는 구원에 관한 중요한 원리와 핵심적인 요소들이 잘 나타나 있다. 이 구원 사건을 통해서 주님이 보여주신 몇 가지 진리를 간단히 살펴보겠다.

① 하나님의 은혜

첫째, 구원의 역사는 반드시 하나님의 은혜의 역사일 것이다. 노아는 "의인(義人)이요 당대에 완전한 자라"(창 6:9)라는 말을 들었다. 하지만 그가 죄와 무관한 사람이라는 말은 아니다. 성경은 그것을 이렇게 표현한다.

> 그러나 노아는 여호와께 은혜를 입었더라 창 6:8

노아는 은혜 입은 의인이지 그가 존재적으로 의인이라는 말은 아니다. 구원의 방주를 계획하고 노아를 선택하시고, 그 가운데 구원의 역사를 이어가시는 것은 일방적으로 쏟아 부으시는 하나님의 은혜의 역사이지 우리의 어떤 공로나 요청에 의해서 된 것이 아니다. 이렇게 십자가의 도는 하나님의 은혜라는 성격을 철저히 견지하게 될 것이다. 이것이 노아의 방주에 담긴 하나님의 큰 계시이다.

② 구원은 오직 한 길

둘째, 구원은 오직 한 길이 될 것이다. 이 길 저 길이 있는 것이 아니다. 오직 한 길이다. 혹시 1호 방주, 2호 방주, 3호 방주가 있다는 말을 들어보았는가? 노아의 방주는 오직 하나이고 방주의 문도 오직 하나뿐이다. 이 계시는 성경 전체에 일관되게 흐르는 사상이다. 구원을 상징하고 하나님의 임재를 상징하는 성막의 문도 하나밖에 없다.

예수님도 이 모든 계시를 자신에게 적용하셔서 이렇게 말씀하셨다.

내가 곧 길이요 진리요 생명이니 나로 말미암지 않고는 아버지께로 올 자가 없느니라 요 14:6

오직 한 길, 오직 한 구원, 오직 한 생명이 있다. 구원은 여기도 있고 저기도 있고, 설악산 등산 코스처럼 A코스, B코스, C코스 이렇게 있는 것이 아니다. 다원주의니 뭐니 별 소리를 다 해도 실컷 떠들라고 하라. 그것은 구원과 아무 상관이 없다.

사도행전 4장 12절에 똑똑히 들어둘 말씀이 있다.

다른 이로써는 구원을 받을 수 없나니 천하 사람 중에 구원을 받을 만
한 다른 이름을 우리에게 주신 일이 없음이라 하였더라 행 4:12

구원은 오직 한 길이다. 십자가의 도는 구원을 오직 한 길로만 정
해놓으셨다. 모든 사람을 구원할 수 있는 이름은 오직 하나다. 아시
아 사람, 아프리카 사람, 고대인, 현대인, 잘난 사람, 못난 사람 모
든 사람이 구원 얻는 헷갈리지 않는 길, 동서남북 어디서나 나아가
는 하나의 길은 오직 예수 그리스도이다. 주님은 오직 하나면 충분
한 구원의 길을 마련하셨다. 복음 있고 또 뭔가 덧붙여야 하는 것이
아니라 복음으로 충분하고 복음 외에 다른 길이 없다는 사실을 분명
히 선포하신다. 십자가의 도는 이 진리를 분명히 포함하고 선포하는
것이 될 것이다.

③ 하나님의 절대 주권 사역
하나님이 준비하신 구원은 처음부터 끝까지, 계획부터 완성까지 철
저히 하나님의 주권적 사역이 될 것이다. 이 말은 구원을 얻는 우리
쪽에서는 절대 믿음만 요구된다는 것이다. 오직 믿음만 요구된다.
따라서 복음에 나타난 하나님의 의는 믿음만을 요구하는 의가 될 것
이다. "복음에는 하나님의 의가 나타나서 믿음으로 믿음에 이르게

하나니 기록된 바 오직 의인은 믿음으로 말미암아 살리라 함과 같으니라"(롬 1:17). 하나님의 구원 역사, 이 십자가의 도에는 철저하게 하나님의 절대 주권이 역사하여 시작도 끝도 진행도 완벽히 주님이 이루실 것이다. 그러니까 이 복음 안에서 우리는 오직 믿음으로만 누리고 살아야 한다. 아멘인가? 주님은 십자가의 도에 이 두 요소가 정확히 존재할 것이라고 말씀하신다.

④ 오직 믿음

방주를 통한 구원의 역사로 구원 얻는 모든 대상자에게는 처음부터 끝까지 오직 믿음만이 요구되었다. 노아에게 필요한 것도 처음부터 오직 믿음뿐이었다. 배를 짓는 조선공학은 항공공학만큼이나 뛰어난 첨단 기술이라고 한다. 그런데 하나님은 배를 지어본 적이 없는 노아에게 엄청나게 큰 배를 만들라고 명령하셨다. 120년이라는 세월 동안 그것도 바닷가에서 만든 것이 아니라 산에서 배를 만든다는 것은 처음부터 믿음이 아니면 못하는 일이다.

　어디 배를 짓는 일뿐인가. 믿음이 없이는 한순간도 감당할 수 없는 일투성이다. 짐승 데려오는 것을 생각해보라. 짐승은 일부일처제가 아니다. 제멋대로 다니는 사자를 어디 가서 부르며, 한 마리를 간신히 끌어다 놓고 다른 놈 데리러 갔다 오면 먼저 끌어다 놓은 놈이 그새 어디로 가버리는 일이 있지 않겠는가. 양 한 쌍을 데려다 놓고, 그다음에 이리를 데려다 놓고, 또 다른 짐승을 데리러 갔다 와보니 양은 뼈만 남고 이리는 사라져버리는 일도 있지 않겠는가. 이런 많은 것들을 생각하면 머리가 아파 온다. 짜증나고 우울해서 아무것도 못한다. 그런데 그냥 "주님이 하라고 그러셨어요. 주님이 하십니다. 주님이 하실 것입니다" 이러고 고민 하나도 안 하고 믿음으로 순종만 했더니 오게 하시는 분도 주님이시고 들어가게 하시는 분도 주님이셨다.

　그들은 방주 안에서 1년이나 살았다. 배 안에서 무슨 일이 일어나려고 하면 얼마나 많은 일이 벌어지겠는가? 애써 방주에 태운 짐승들이 서로 잡아먹는 일이라도 일어나면 말짱 도루묵이다. 지뢰가 사방에 널려 있는 셈이니 단 한순간도 믿음 아니면 못 산다. 구원의 복음은 오직 믿음으로만 누리는 것이다. 그러니 노아와 그의 가족들이 방주 안에서 무엇을 했을 것 같은가? 다른 것이 없다. 방주는 돛대도 삿대도 없으니 걱정이 없다. 키가 없으니 어디로 갈지 고민할 필요도 없다. 방주에 오른 그 순간부터 내릴 때까지 오직 믿음이다. 근심걱정 없이 오직 믿음으로 주님을 바라보고 주님만 찬양하고 예배드리는 것밖에 할 일이 없다.

4. 유월절

21 모세가 이스라엘 모든 장로를 불러서 그들에게 이르되 너희는 나가서 너희의 가족대로 어린 양을 택하여 유월절 양으로 잡고 22 우슬초 묶음을 가져다가 그릇에 담은 피에 적셔서 그 피를 문 인방과 좌우 설주에 뿌리고 아침까지 한 사람도 자기 집 문 밖에 나가지 말라 23 여

호와께서 애굽 사람들에게 재앙을 내리려고 지나가실 때에 문 인방과 좌우 문설주의 피를 보시면 여호와께서 그 문을 넘으시고 멸하는 자에게 너희 집에 들어가서 너희를 치지 못하게 하실 것임이니라
출 12:21-23

복음은 점점 더 명료하고 폭넓게 계시가 진전되어 오다가 출애굽이라는 사건에 이를 때쯤 상당히 구체적이고 아주 입체적으로 십자가의 도의 원리를 보여주게 된다. 그 주제 자체가 구원의 역사인 출애굽은 구원을 설명하기에 정말 좋은 사건이다. 역사 속에 실재했던 이 사건을 통해서 주님은 십자가의 도, 즉 우리를 구원하시는 역사가 얼마나 웅장한 나라의 차원에서, 권력 대 권력, 세력 대 세력에서 이루어지는가를 분명히 계시해주신다.

구원을 받았다는 것은 죄책감을 해결했다, 정신적 고통을 겪다가 버릇 좀 고쳤다는 한가한 이야기가 아니다. 우리가 도대체 어떤 상황에 처해 있었는지 아는 이상 구원은 어떤 권세, 한 제국을 제압하고 건져내는 사건과 비교가 안 될 만큼 어마어마한 사건이다.

그가 우리를 흑암의 권세에서 건져내사 그의 사랑의 아들의 나라로 옮기셨으니 골 1:13

어마어마한 구원의 역사는 우리가 아는 다른 어떤 큰 일과 비할 바가 아니다. 출애굽 사건이 대단한 역사적 사건이기는 해도 이것은

우리에게 실제 일어난 구원 역사에 비하면 그림자요 모형(模型)에 불과하다. 출애굽이라는 역사적 사건을 통해서 십자가의 도가 우리에게 진정한 구원이 되는 데 중요한 핵심 요소를 몇 가지 살펴볼 것이다. 출애굽의 핵심은 유월절 사건이다. 이 사건은 하나님이 우리에게 베풀어주실 구원 사건의 전모를 낱낱이 드러내준다.

그러면 이 구원 역사의 전후 배경을 잠깐 살펴보자.

① 아브라함의 언약

이스라엘 백성은 애굽 땅에 가 있었다. 애굽은 바로의 권세가 시퍼렇게 살아 통치하고 그 영향력을 발휘하는 제국이다. 하나님은 믿음의 조상 아브라함을 통해서 이스라엘 백성에 대한 언약을 이미 주셨다. "내가 특별한 목적을 가진 제사장 민족을 만들겠다", 즉 아브라함을 통해서 열국 중에 하나님을 드러내는 자신의 백성을 만들겠다고 약속하셨다. 한 개인을 불러내서 그를 통해 한 민족을 만들겠다고 약속하신 것은 하나님이 정말 살아 역사하시는 분임을 보여주는 좋은 예다. 불가능한 한 개인을 통해 큰 민족이 형성된다는 것은 하나님의 신적 능력이 개입하지 않는 한 불가능한 일이다.

이스라엘은 이 세상에 존재하는 다른 민족이나 나라와 다르다. 일반적으로 나라와 민족은 문화 내지는 언어, 족속, 지정학적, 정치 군사적 요인에 따라 쪼개지기도 하고 붙기도 하면서 국경이 만들어지고 민족이 형성되면서 성립되는데, 이스라엘은 그렇게 자연발생적으로 생긴 나라가 아니다. 하나님은 큰 민족을 이루실 목적과 의도를 가지고 혈혈단신 한 아람 사람 아브라함을 부르셨고, 어떤 역사의 격랑 속에서도 흔들리지 않고 상황에 구애받지 않으며 오히려 그 역사를 활용하셔서 하나님이 말씀하신 그대로 약속을 성취해 가셨다. 그래서 이스라엘은 그 존재 자체가 하나님이 실제 살아 계신 것과 하나님이 어떤 분이신가를 역사 속에 드러낸 특별한 민족이자 나라다.

사실 아브라함은 형편없는 모태신앙이었다. 아버지 데라가 우상 장사를 했으니 아브라함도 그 집에서 우상을 파는 심부름이라도 했을 것 아닌가? 그런 그에게 믿음이 있었으면 얼마나 큰 믿음이 있었겠는가. 이렇게 하나님이 그를 부르신 것은 그가 특별해서가 아니다. 하나님께서 일방적으로 선택하고 불러내셔서, 자식 하나 없는 아브라함에게 큰 민족을 이루게 해주시겠다는 거의 뻥 수준의 약속을 주셨다. 그러니 우리 상식으로는 도저히 말이 안 되고, 오직 믿음으로밖에 계산이 안 되는 이야기다. 그렇다면 이것은 그 주권이 철저하게 하나님에게 있지 아브라함의 어떠함 때문에 되는 일이 아니라는 것이다.

2 내가 너로 큰 민족을 이루고 네게 복을 주어 네 이름을 창대하게 하리니 너는 복이 될지라 3 너를 축복하는 자에게는 내가 복을 내리고 너를 저주하는 자에게는 내가 저주하리니 땅의 모든 족속이 너로 말미암아 복을 얻을 것이라 하신지라 창 12:2,3

아브라함에게 이 약속 하나를 덜렁 주시고 성취해가시는데, 주님은 도대체 급한 게 없으신 분이다. 하나님은 영원하신 분이니 하루가 천 년 같고 천 년이 하루 같지만, 다해봐야 백 년을 못 사는 우리에게 10년, 20년이 그냥 지나가버리면 도대체 우리 인생을 어디 가서 보상받으라는 것인가. 하나님이 아브라함을 부르신 것도 아브라함의 나이 일흔다섯일 때였다. 그런데 10년이 되도록 민족은 고사하고 애도 하나 없다.

믿음의 조상이라는 아브라함도 사람이고 상식이 있다. 계산이 뻔한데 주님이 말씀만 하시고 세월아 네월아 애를 안 주시니까, 기다리다가 기다리다가 10년쯤 됐을 때 그만 시험에 들고 만다. 정상적으로는 자식을 얻을 수 없다고 생각하고 집안의 종들 중에서 다메섹 사람 엘리에셀을 상속자로 정한 것이다. 그런데 10년 만에 주님이 또 약속만 가지고 나타나셨다. "아브람아 두려워하지 말라 나는 네 방패요 너의 지극히 큰 상급이니라"(창 15:1). 하도 약속만 하시니 이제는 감동도 은혜도 안 된다.

"주여, 별로 은혜가 안 되나이다. 저도 기다릴 만큼 기다렸는데 무얼 더 기다리겠습니까. 저도 생각이 있어서 참한 종놈 하나 양자 삼기로 했으니 주님도 너무 부담을 느끼지 마옵소서."

아브라함이 고개도 들지 않고 주절주절 떠들 때 우리 주님이 감동을 받으시고 "아브라함아, 너 그래도 괜찮겠니? 아니, 내가 너를 불러놓고 보니 네가 너무 늙었더라. 그래서 어떻게 중간에 얘기할 수도 없고 미안해서 한참 머뭇머뭇하고 그랬는데, 이렇게 네가 먼저 얘기를 해주니까 부담이 덜어진다. 고맙다야" 이렇게 말씀하시지 않았다. 하나님은 아브라함을 이끌고 밖으로 나가 밤하늘에 총총한 별을 바라보게 하셨다.

"아브라함, 너 저 별들을 셀 수 있느냐?"

"없는데요."

"네 자손이 저 별들처럼 많아질 것이다."

하나님의 육성을 들려주자면 "너 이놈, 정신 똑바로 차려라. 네놈이 될성불러서 너에게 약속했느냐? 나는 전능한 하나님이야. 내 말 자꾸 수정하지 말고 문자도 바꾸지 마라. 나는 내가 말한 그대로 이루는 하나님이다" 이렇게 말씀하신 셈이다. 그러자 아브라함도 정신이 번쩍 나서 '아, 내가 계산이 되어서 믿은 게 아니었지. 어차피 주님이 하시는 거구나' 다시 정신을 차리고 "예, 주님이 하십니다" 이렇게 돼서 결국 아브라함이 여호와를 믿으니 여호와께서 이를 그의 의로 여기셨다는 것이 창세기 15장 6절의 말씀이다. 하나님이 그때 아브라함과 언약을 세우시면서 그의 자손이 이방에서 객이 되어 430년 만에 돌아오게 되리라고 말씀하셨다.

이렇게 근근이 위기를 모면했지만 엎치락뒤치락 사연이 참 많았다. 하나님께서 간신히 아브라함을 진정시키고 수습해놓으셨는데, 이번에는 사라가 하갈을 아브라함에게 첩으로 주어 이스마엘을 낳아서 지금까지 중동 문제로 어려워지지 않았는가. 결국 각자 모든 노력과 최선의 끝에, 모든 방법과 소망이 끊어진 그때에 하나님은 당신의 능력으로 아브라함에게 이삭을 허락하신다. 바랄 수 없는 중에 바라고 믿어서 아브라함을 아브라함 되도록 하신 분이 바로 하나님이셨다. 우리가 상상하는 믿음의 조상의 모습과는 사뭇 다르지만 지극히 평범한 한 사람을 하나님께서 어떻게 믿음의 조상으로 세우시는지, 하나님의 그 열심을 찬양하지 않을 수 없다.

② 진정한 믿음의 훈련

이 우여곡절을 겪으며 하나님께서 아브라함과 이삭과 야곱을 지독하게 다루어 가시는 내용을 보다 보면 주님의 시간 개념이 우리와 다른 것처럼 숫자 개념도 우리와 다른 것을 볼 수 있다. 주님은 숫자에 별로 관심이 없으시다. 한순간에 수억 조의 별을 만들어내고 바다와 대양을 만드실 수 있는 그분에게 숫자가 무슨 의미가 있겠는가. 이 유한하고 좁아터진 인간, 버러지 같은 우리에게나 의미가 있지 숫자 가지고 그분을 감동시키기에 하나님은 너무 크신 분이다. 우리에게 어마어마하다고 생각되어 "주여, 5만 명이 모였나이다"라고 해도 주님께 5만이라는 숫자는 전혀 감동이 되지 않는다.

그런데 주님의 이 어마어마한 약속을 받은 집안에 손이 너무 귀했다. 약속은 거창하게 받았는데 아브라함과 이삭과 야곱 삼대에 이르도록 아이가 지독히 안 나왔다. 아브라함은 겨우 이삭 하나 낳고, 이삭도 결혼만 하면 생기는 애가 없어 간절히 기도한 끝에 간신히 에서와 야곱 쌍둥이를 한 번 낳은 게 다였다. 그중에 에서가 미끄러지고 야곱 하나뿐이었던 셈이다. 야곱은 여자를 밝히는 사람이 아니라 오직 라헬 한 여자만 사랑했다. 그런데 장인 라반에게 속아 라헬 대신 언니 레아를 먼저 아내로 맞이했고 그 후에 라헬을 얻게 된다. 자매의 아기 낳기 경쟁에 두 여종까지 가세하여 부인 넷을 통해 애를 낳았지만 고작 열둘이었다. 삼대 야곱에 가서 다해봐야 열두 아들을 낳아 나중에 열두 지파를 이루게 되는 것이다.

그러면 이렇게 하신 하나님의 의도는 무엇이었을까? 하나님은 이들에게 진정한 믿음이 무엇인지 훈련하기 원하셨다. 양이 아니라 질을 다루신 것이다. 하나님의 관심사는 숫자가 아니다. 물론 숫자는 중요하지만 의미 없는 숫자는 별 볼 일이 없다. 하나님은 교회의 숫자에 감동받지 않으신다. 주님이 큰 민족을 이루겠다고 하신 말씀은 뻥이 아니다. 그렇지만 그 민족이 그냥 숫자만 많은 민족이 되어서는 안 되고 철저하게 하나님의 언약 백성이 되어야 했기 때문에 아브라함도, 이삭도, 야곱도 믿음이 불가능했던 사람들을 믿음만 남도록 훈련하신 것이다. 아브라함, 이삭, 야곱은 환경이 다르고 조건이 다르고 성향이 다 다르다. 이렇게 전혀 다른 삼대가 똑같이 오직 믿음만 결론이 되는 사람들이 되기까지 하나님은 그들의 삶을 다루셨다.

③ 이스라엘의 인큐베이터

그러면 하나님은 어떻게 해서 큰 민족을 이루시는가? 큰 민족을 이루는 것은 단순히 아이를 많이 낳아서 되는 일이 아니었다. 세종시에 행정수도를 만든다고 수조 원을 넘게 들여 어마어마한 공사를 했다. 몇 십만 명이 사는 도시 하나를 만드는데도 이렇게 돈이 들고 공사가 필요한데 고대 시대에 수백만의 민족을 만든다고 생각해보라. 부족 집단으로 살던 고대 시대에 갑자기 사람이 많아져서 큰 민족이 되면, 위협을 느낀 주변의 다른 집단이나 나라로부터 공격의 대상이 되기 십상이었다. 그렇기 때문에 고대 시대에 큰 민족을 이루기 위해서 어디 가서 땅을 차지하고 어디에 나라를 세우고 어떻게 먹고 살지 고민할 문제가 한두 가지가 아니었다.

그러나 하나님은 저비용 고효율로 일하신다. 하나님은 당시 최강 대국이었던 애굽을 사용하기로 작정하셨다. 주님은 야곱의 열두 형제들 중에 요셉이라는 소년 하나를 애굽으로 팔려가게 하셨다. 요셉이 종에서 애굽의 총리가 되기까지 비용이 하나도 들지 않았다. 시위대장 보디발의 집에서 보디발의 아내의 유혹을 뿌리치는 바람에 요셉은 강간미수범이 되어 감옥에 갔다. 그러나 요셉을 거기서 애굽의 총리가 되게 하시는 하나님의 방법을 보라. 하나님께서 꿈은 바로에게 꾸게 하시고 정답지는 요셉에게만 보여주셨다. 모범 답안지를 다 보고 가서 꿈풀이 한 번에 총리가 되게 하신 것이다. 애굽에 종으로 팔려간 소년에게 애굽의 모든 실권을 움켜쥐도록 만드신 우리 하나님의 지혜를 찬송한다.

주님은 이렇게 돈 한 푼 안 들이고 애굽 전체를 접수해버리셨다. 때가 차매 야곱과 함께 애굽에 온 75명을 총리 요셉의 가족이라는 이유로 고센 땅이라는 가장 좋은 지역에 거주하게 하셨다. 모든 준비가 다 되었다. 정치 경제며 국방에 신경 쓸 일 없이 이제 애만 낳으면 되었다. 사실 이 족속은 아브라함, 이삭, 야곱 다 애 못 낳기로 유명하다. 그런데 이때부터 주님이 그들의 태(胎)의 문을 열기 시작하시니까 그 수가 얼마나 많아졌는지 모른다. 심지어 애굽 왕이 해산을 돕는 산파들에게 히브리 여인이 아기를 낳을 때 사내아이를 낳으면 죽이라는 명령을 내렸는데도, 히브리 여인들이 얼마나 강장한지 산파들이 도착하기도 전에 해산할 정도로 아이를 많이 낳기 시작하더니 그 수가 수백만이 되어버렸다. 우리 하나님은 정말 멋지시다.

④ 모세를 준비하심

하나님의 때는 완벽하고 정확하다. 이스라엘 백성들을 출애굽 시키기 전에 주님은 출애굽을 주도할 한 사람을 준비하셨다. 두려움에 빠진 바로가 사내아이들을 모조리 잡아 죽이기 시작한 죽음의 한복판에서 하나님은 절묘한 방법으로 모세라는 한 아기를 물에서 건져내어 애굽 왕실에서 자라나게 하시고 준비시키셨다. 왕자로서 나이 40세가 되었을 때 모세는 아주 뛰어난 실력자였다. 주님은 이렇게 모세를 완벽하게 준비시켜놓으셨지만 아직 하나님의 때는 아니었다. 그러나 모세는 자기 동족 이스라엘이 고통 중에 있을 때 자기가 애굽의 왕자라는 특별한 위치에 있고 나이 사십에 실력이 있는 것을 보고 자신이 이스라엘을 돌보는 일에 자격과 조건이 된다고 생각했다.

그러나 우리가 반드시 기억할 것이 있다. 우리는 탁월하고 뛰어난 인간의 재능으로 하나님을 도와드리는 것이 하나님의 일이 아니라는 것을 배워야만 한다. 하나님은 모세의 삶을 통해서 하나님이 원하시는 사람에게 무엇이 가장 중요한지를 정확히 보여주셨다. 이때 모세가 나이 사십의 왕성한 혈기, 왕자의 권위 그리고 뛰어난 실력으로 자기 백성을 돌아보겠다고 벌인 일은 고작 엉뚱한 사람 하나 때려죽인 것뿐이었다. 그 후 주님은 광야 사십 년 동안 모세를 완전히 다른 사람으로 만드셨다. 청년은 늙었고, 왕자는 도망자요 목동이 되었다. 애굽의 말과 일에 능한 실력자였던 모세는 입이 뻣뻣한 무능자가 되었다.

이렇듯 하나님의 때와 사람의 때는 다르다. 시간이 흐르고 다 늙어서 이제 모든 기회가 사라졌을 때 철저히 자신은 아무것도 할 수 없다는 깊은 절망 가운데 무력할 때 주님은 떨기나무 불꽃 속에서 모세를 부르셨다. "주의 일이란, 내가 주님을 위해서 무엇을 하는 것이 아니고, 오히려 나를 드려 주께서 나를 통해, 주님이 친히 주의 일을 하시는 것이다." 모세가 이 진리를 온전히 깨닫고 받아들이는 데 시간이 참 많이 걸렸다. 온전한 자기 죽음을 경험하지 않은 사람에게는 이것이 불가능하다. "네가 하는 일이 아니다. 내가 너를 쓰겠다는 말이다." 모세가 이 말씀을 알아듣고 드디어 지팡이를 들고 하나님이 명령하신 길을 따라간다. 이렇게 해서 하나님은 그분의 카이로스에 80세의 모세를 통해서 이스라엘의 출애굽 역사를 시작하셨다.

주님의 명령은 다른 것이 없다. 주님이 말씀하신 것을 바로에게 전하는 것뿐이었다. 이제부터 모세는 자신의 상식을 넘어서는 하나님 수준의 일을 시행해야 한다. 하나님은 모세에게 바로 앞에 가서 하나님의 심판을 선포하라고 하신다. 모세가 주님이 시키시는 그 일을 하면 할수록 바로는 점점 강퍅해진다. 이스라엘 백성에게 더 큰 노역을 시킨다. 이스라엘 백성들 역시 자신들을 구출하기 위해 온 모세를 비난하고 원망한다.

하지만 모세는 묵묵히 하나님의 말씀에 순종하였다. 다음날도 그 다음날도…. 똑똑한 종 같으면 이렇게 하겠는가? 40세의 똑똑한 모세였다면 아마 이 말씀에 순종하지 않았을 것이다. 자기 자신을 의지하지 않고 하나님의 말씀에 믿음으로 순종하는 사람이 되기까지 하나님은 이때를 위해 모세를 준비시키신 것이다.

하나님은 한 방에 바로의 권세를 박살내서 이스라엘 백성들을 끌고 나올 능력이 충분하시다. 그런데 어째서 열 가지 재앙을 내셨는가? 이 열 가지 재앙 사건으로 주님은 무슨 일을 하고 계셨는가? 주님에게는 단순히 이스라엘 백성을 빼내는 것만이 목적이 아니었다. 오고 오는 모든 세대를 구원하시는 하나님의 구원을 보여주셔야 했기 때문이다. 열 가지 재앙은 다 애굽 사람들이 신으로 믿는 우상과 연관된 것들이다. 그들이 믿던 우상이 꼼짝 못하고 당하면서 전능한 하나님의 능력이 나타나니까 상천하지에 신들의 이름은 많아도 진짜 살아 계시고 참되신 하나님은 여호와 하나님 한 분뿐이라는 사실을 만천하에 드러내신 것이다.

⑤ 심판과 구원의 딜레마

바로는 아홉 가지 재앙을 당하고도 사탄의 하수인답게 끝까지 자기 할 짓을 한다. 본색을 바꾸는 법이 없다. 감동시키거나 회유하거나 협의하는 것은 존재적으로 불가능한 일이다. 바로는 그의 속성상 절대로 맨 정신에 이스라엘 백성을 내놓지 않는다. 이제 남은 한 장의 카드는 심판이다. 사탄과 죄를 처리할 수 있는 유일한 길은 심판뿐이다. 그러면 결국 실력 대 실력으로 하나님께서 공의의 심판을 하시는 수밖에 없다.

여기에 딜레마가 있다. 하나님이 공의의 심판을 하실 때 하나님은 철저히 공명정대(公明正大)하셔야 한다. 하나님 스스로 자신을 어기실 수 없다. 그래야 그분의 거룩하심이 드러나게 된다. 그런데 심판을 하려고 보니까 고센 땅에 있는 이스라엘이 문제다. 애굽 땅 전체를 공의로 심판하려고 보니 애굽 땅 안에 함께 있는 이스라엘 역시 하나님의 공의의 심판에서 살아날 수가 없는 것이다.

우리가 나 따로 있고 죄 따로 있는 존재라면 이야기는 간단하다. 죄 있는 팔을 찍어버리든지 눈을 뽑아버리면 된다. 그런데 죄는 물로 씻고 불로 태워서 될 일이 아니라 죄 곧 나요 나 곧 죄라서 문제인 것이다. 애굽 안에 이스라엘이 있고 이스라엘이 애굽 안에 있다. 애굽을 심판하자니 그 안에 있는 이스라엘이 함께 심판을 받겠고, 애굽을 심판하지 않으면 애굽은 절대 이스라엘을 놓아주지 않을 것이다. 어떻게 하면 죄 곧 나요 나 곧 죄인 나의 실존은 심판으로 완전히 처리하고, 나는 살리는가? 이것이 구원의 딜레마이며 계속되는 성경의 주제다.

하나님은 죄를 심판하시고 우리를 구원할 권능과 전능이 충분하시다. 그러나 다른 한편으로 당신 자신의 거룩을 해칠 수 없기에 죄를 용납하실 수는 없다. 우리를 심판하자니 우리를 살릴 수가 없는 이 딜레마를 해결하는 것이 구원의 비밀이다.

⑥ 대속의 죽음과 심판

출애굽 사건에서 심판은 이미 기정사실이다. 주님은 바로의 장자로부터 짐승의 첫 새끼까지 모든 초태생(初胎生)을 완벽하게 심판하기로 이미 결정하셨다. 애굽을 심판하자니 애굽 안에 있는 이스라엘도 심판을 피할 수 없는 상황이다. 이때 하나님의 지혜가 드러난다. 하나님께서는 모세를 통해서 이스라엘 백성에게 복음을 전하신다.

"너희를 살리는 유일한 길은 애굽을 심판하는 것뿐인데 그러면 너희도 똑같이 심판을 받아 죽을 수밖에 없다. 그러나 나의 목적은 심판이 아니라 너희를 구원하는 것이다. 너희를 구원하고자 하니 지금부터 내가 시키는 대로 해라. 먼저 너희 가족의 숫자대로 흠 없는 양을 잡아라. 흠 없는 양을 택하여 잡는 의미는 이러하다. 하나님은 거룩하시므로 네가 받을 심판을 피할 수 없고 반드시 심판을 받아야 한다. 공의의 율법대로라면 심판을 받고 죽게 될 것이다. 하지만 너를 살려야 하니 너와 똑같은 자격으로 너의 죄를 대신하여 심판을 받을 대속의 제물을 준비하라는 것이다. 그 대속의 제물에게 네 죄와 너의 모든 죄로 죽어야 할 너의 실존 전부가 전가되어 양이 죽을 때 일어나는 일은 실제로 너에게 일어난 일이 된다. 너희는 지금 믿음으로 이 일에 참여하여 양을 잡아라. 양을 죽일 때 그 양은 네 이름과 자격으로 죽는 것이다. 너는 심판을 받되 내가 인정하고 내가 지정한 흠 없는 제물이 너를 대신하여 심판받게 될 것이다. 너는 그 믿음으로 그를 죽이고 생명을 상징하는 피를 좌우 문설주와 인방에 칠하라."

이 흠 없는 어린 양에게 지금 집행하는 심판은 결국 내가 당해야 할 심판이다. 이것을 나와 아무 상관이 없는 양이 대신 당하는 것이다. 물론 이것은 양의 죽음만으로 안 된다. 언젠가 그 양이 상징하는, 진정한 대속의 피 값을 치를 자격자가 여자의 후손으로 와서 감당해야 할 일이다. 어린 양을 믿는 믿음으로, 대속의 죽음을 믿는 믿음으로 이 일을 행하라는 것이다. 양이 죽을 때 사실은 나, 죄의 노예였던 내가 죽은 것이다. 그리고 그 고기를 먹는다는 말은 이제 내 생명과 내 존재로 사는 것이 아니라 나를 위해 죽은 이 양의 생명과 존재로 산다는 의미이다.

이 말의 의미를 예수님이 직접 이렇게 말씀하셨다.

"내 살을 먹고 내 피를 마시는 자는 내 안에 거하고 나도 그의 안에 거하나니 살아 계신 아버지께서 나를 보내시매 내가 아버지로 말미암아 사는 것같이 나를 먹는 그 사람도 나로 말미암아 살리라"(요 6:56,57).

심판이 이루어지는 그 밤, 이스라엘 백성은 잡은 어린 양의 피를 바깥문에 바르고 양의 고기를 먹고 절대 문 밖에 나가지 않고, 대신 죽은 어린 양의 피가 묻어 있는 집 안에서 믿음으로 숨어 있었다. 드디어 애굽 땅에서 한 집도 예외 없이 사람이나 짐승이나 처음 난 것들을 치는 철저한 심판이 집행되었다. 하지만 어린 양의 피가 칠해진 집 안에 있는 사람들에게는 그 심판이 넘어갔다. 죽음으로 완전한 심판이 행해지면 다시 심판할 것이 없기 때문에 이쪽은 심판이 끝났다는 의미로 "넘어가다", "유월(逾越)하다", "Passover"라고 한다. 그래서 유월절이다.

⑦ 그리스도 예수 안에 있는 구속의 비밀

죄의 노예로 심판받아 죽어야 했던 그들은 의미상 그들의 믿음 안에서 이미 양과 함께 죽었다. 그리고 거기를 떠날 때 그들은 이전의 그들이 아니라 새로운 하나님의 백성으로서 완전히 새로운 출발을 하게 된다.

로마서 3장 23절부터 26절 말씀으로 이 의미를 짚어보기 바란다.

23 모든 사람이 죄를 범하였으매 하나님의 영광에 이르지 못하더니 24 그리스도 예수 안에 있는 속량으로 말미암아 하나님의 은혜로 값없이 의롭다 하심을 얻은 자 되었느니라 25 이 예수를 하나님이 그의 피로써 믿음으로 말미암는 화목제물로 세우셨으니 이는 하나님께서 길이 참으시는 중에 전에 지은 죄를 간과하심으로 자기의 의로우심을 나타내려 하심이니 26 곧 이 때에 자기의 의로우심을 나타내사 자기도 의로우시며 또한 예수 믿는 자를 의롭다 하려 하심이라 롬 3:23-26

하나님의 딜레마는 하나님도 의로우시고, 이 은혜를 입은 복음의 수혜자인 우리도 의롭다 칭함을 받을 수 있어야 한다는 것이다. 죄에 대한 심판은 심판대로 이루어지되 그 심판 속에서 우리를 살리셔야 하는 하나님의 방법 역시 하나님과 스스로 모순을 일으키지 않는 떳떳하고 정당한 방법이 되어야 한다는 것이다. 이 원리와 비밀이 24절 "그리스도 예수 안에 있는 구속(개역개정은 속량)으로 말미암아"이다.

율법의 공의는 "눈에는 눈, 이에는 이"다. 율법의 공의만으로는 우리가 마땅히 죽어 심판을 받아야 한다. 이때 스스로의 힘으로는 이 공의의 심판에서 벗어날 수 없을 때, 즉 자기 스스로 빚을 갚을 수 없을 때 누군가 그의 값을 대신 치러주고 그를 값 주고 사서 그가 자유를 누릴 수 있게 해주는 것, 그것을 구속(救贖)이라고 한다. 하나님은 우리가 여기에 믿음으로 참여하면 우리가 직접 그 값을 치른 것과 똑같다고 인정해주시고 그 믿음을 우리의 의로 여겨주신다. 그러니까 하나님의 공의와 긍휼이 모두 이루어지는 가장 완전한 지혜의 방법을 준비해놓으신 것이다. 이것이 '하나님의 의', '복음의 의'다.

⑧ 믿음으로 말미암는 화목제물

25절에 중요한 말이 있다. '믿음으로 말미암는 화목제물'이라는 말이다. 하나님은 죄인이 하나님 앞에 나아가는 유일한 길로 제물을 드리는 제사를 마련해주셨다. 우리가 죄 있는 상태로 하나님 앞에 나가면 거룩하신 하나님은 우리를 우리의 죄 때문에 심판하실 수밖에 없다. 따라서 하나님이 허락하신 법대로 제물을 가지고 나와 그 제물에 자신의 모든 죄를 전가한 다음 그 제물을 잡아야 한다. 그것은 그저 제물만 잡는 것이 아니라 제물에게 일어나는 일, 즉 죽음과 심판이 자신에게 일어나야 했던 일임을 기억하고 믿음으로 그 심판에 동참하는 것이다. 그러면 하나님께서 그 믿음을 보시고 우리가 심판의 값을 치른 것으로 간주하여 우리를 의롭게 여겨주시는 것이다.

'믿음으로 말미암는 화목제물'이란 이 제물이 믿음으로 드려질 때만 효력이 임하는 제물이라는 것이다. 우리를 위해 화목제물이 되어

주신 예수님의 십자가의 대속은 모든 인류를 살리고도 남을 만한 효력이 넘치지만 그렇다고 모든 인간이 저절로 구원을 받을 수는 없다. 왜냐하면 화목제물은 오직 믿는 자에게만 효력이 있기 때문이다. 그러므로 믿음이라는 전제가 없이는 아무리 주님이 다 이루어놓으신 의라도 나의 의가 될 수 없다. 하나님은 이 놀라운 일을 십자가의 도에 예비해놓으셨다. 그것을 받는 우리의 태도는 단 하나, 하나님이 다 이루어놓으신 놀라운 그 일을 믿는 '믿음'이다.

- 구원은 아담에게 입혀주신 가죽옷처럼 하나님이 은혜로 입혀주시는 의(義)이며 반드시 피 흘림의 대속이 동반된다.

- 구원은 노아의 방주처럼 하나님의 은혜로 입는 것이며 오직 한 길뿐이다. 그 길은 오직 예수 그리스도이다.

- 구원은 계획부터 완성까지 철저히 하나님의 주권적 사역이며 여기서 우리에게 요구되는 것은 절대 믿음뿐이다.

- 하나님의 은혜와 대속에 우리는 오직 믿음으로 반응해야 한다. 복음 안에서 우리는 오직 믿음으로만 누리고 살아야 한다.

- 예수님의 구원을 예표하는 유월절 어린 양은 대속의 제물이요 믿음으로 말미암는 화목제물이다.

· · ·

주님이 하셨습니다!

십자가의 도 4

복음을 영화롭게 하라

십자가의 도의 모형 2

1. 고엘

이에 시어머니가 이르되 내 딸아 이 사건이 어떻게 될지 알기까지 앉아 있으라 그 사람이 오늘 이 일을 성취하기 전에는 쉬지 아니하리라 하니라 **룻** 3:18

롯기의 주제는 며느리가 시어머니를 잘 공경해서 복을 받아 왕손을 낳았다는 것이 아니다. 눈물겨운 휴먼스토리가 들어 있기는 하지만 고부간 갈등이 많은 현대 사회의 가정을 위하여 하나님께서 삼강오륜 수준의 윤리 도덕 이야기를 들려주시려고 성경에 롯기를 기록해 놓은 것이 아니다.

이스라엘에 큰 흉년이 들자 엘리멜렉이라는 사람의 가문이 베들레헴에서 모압 땅으로 이민을 갔다가 완전히 실패하고 말았다. 엘리멜렉과 두 아들이 다 죽고 시어머니 나오미와 두 며느리, 이렇게 과부 셋만 남아 오갈 데가 없게 되었다. 나오미가 다시 고향으로 돌아오려고 할 때 두 며느리가 따라나서자 나오미가 그들에게 말했다. "얘들아, 너희가 나를 따라오는 것이 내 마음을 아프게 한다. 난 이미 늙었고 소망이 없다. 그리고 모압 사람을 멸시하는 고집스러운 이스라엘에 가서는 너희의 미래가 없다. 다 잊고 돌아가 새 삶을 시작해

라. 딸아, 내 마음이 아프다. 돌아가다오." 눈물겨운 시어머니의 간절한 부탁에 오르바는 돌아갔다.

그런데 룻은 인간적인 정으로 어머니를 따라가는 것이 아니라는 신앙고백을 한다.

"어머니, 제게 더 권유하지 마세요. 어머니 가시는 그곳에 저도 가고, 어머니 머무는 곳에 저도 머물 것이며, 어머니의 백성이 제 백성이 되고, 어머니의 하나님이 저의 하나님이 될 것입니다. 어머니 죽어 묻히시는 곳에 저도 묻힐 것입니다. 제가 무언가 기대할 것이 있어서 어머니를 따라가는 게 아닙니다. 시집이 망해서 모든 것을 다 잃었지만 그게 아깝지 않을 만큼 저는 영생을 얻었고 살아계신 하나님을 만났습니다. 어머니, 저는 하나님 때문에 갑니다. 이전의 삶으로 돌아갈 수 없습니다. 하나님의 날개 그늘 아래 피하러 가겠습니다."

정말 감동이 되는 것은 이때가 사사시대라는 것이다. 룻기의 배경으로 짐작되는 사사시대 말기는 이스라엘 중에서 하나님의 신앙을 눈곱만큼도 찾아볼 수 없이 혼돈의 극치를 달릴 때였다. 이래봬도 사사시대의 주인공들은 다 모태신앙들이다. 그런데 신앙을 잃어버리고 이방인들보다 더 혼잡하고 악한 민족이 되어버렸다. 그럴 때 이민에 실패하고 거덜이 난 망한 이스라엘 집안에서 어떻게 이런 신앙을 건졌는지 참으로 놀랍다. 룻기는 이렇게 오직 신앙 하나 붙들고 역이민 해온 이방 여인에 관한 이야기이다. 이때부터 하나님은 아무 대책 없이 하나님 한 분만 바라보고 세상의 모든 가능성을 끊고 주님의 날개 그늘 아래 피하러 온, 망한 집 과부인 룻을 돌보시는 기막힌 섭리와 손길을 보여주신다.

하나님이 절묘하게 인도하셔서 룻이 보아스라는 사람을 만나게 되었다. 룻이 그의 호의를 입고 돌아와 그 일을 이야기하자 나오미는 불현듯 보아스가 자신의 근족임을 깨닫게 되면서 잊고 있었던 하나님의 언약, 즉 고엘 제도를 기억하게 되었다. '고엘'이란 "되찾다", "무르다", "구속하다"라는 뜻을 담고 있다. 개역성경에서는 "기업 무를 자"라고 한다. 이스라엘은 언약 공동체로서 하나님이 나누어주신 분깃을 따라 지파별로 따로 살게 되어 있다. 그런데 사람이 살다보면 빚을 지거나 망하거나 해서 기업(땅)을 팔았다가 도로 찾을 능력이 없어 아예 터전을 잃어버리는 경우가 있다. 그러나 이스라엘은 공동 운명이기 때문에 그렇게 되면 안 되었다.

그래서 하나님은 공동 운명된 이스라엘에게 특별한 의무와 책임을 주셨다. 어떤 사람이 실수나 죄로 또 무슨 이유 때문이든 기업을 다 빼앗기게 되었는데 도로 찾을 능력이 없을 경우 가장 가까운 친족 순서로 그 기업을 찾아서 돌려주도록 하신 것이다. 만약 형이 실패했는데 동생이 능력이 되면 동생이 형의 이름으로 그 모든 빚을 대신 갚아주는 것이다. 갚기는 동생이 갚는데 형의 이름으로 갚는 것이고, 그 땅을 되찾아서 동생이 갖는 것이 아니라 형의 이름으로 돌려주는 것이다. 이렇게 빼앗겼던 기업을 되찾아주는 하나님의 은혜의 제도를 고엘 제도라 한다. 기업을 무른다는 이 고엘이라는 말은 성경에서 주로 구속, 대속, 속량이라는 의미로 번역되어 있으며 이 단어는 구원의 복음에 중요한 요소를 이루고 있다.

나오미는 보아스가 자기의 근족이며 기업 무를 자라는 것을 깨달았다. "얘야, 하나님이 네 발걸음을 특별하게 인도하셨구나. 그는 우리의 고엘이 될 사람이다" 그러면서 나오미는 무슨 말인지 알아듣지도 못하는 룻에게 정말 믿음 아니면 순종하기 어려운 일을 시킨다.

"너는 목욕을 하고 기름을 바르고 고운 옷으로 몸을 단장하고 가서 보아스가 눕는 자리를 잘 봐두었다가 그의 이불 발치를 들고 누워 있어라. 그가 놀라거든 '당신은 우리의 고엘입니다' 이렇게만 말해라. 그다음에는 그가 알아서 할 것이다."

그러니까 한마디로 보아스와 동침할 것을 명령한 것이다. 룻은 현숙한 여인이다. 그런 룻이 맨 정신으로는 도저히 할 수 없고 믿음 없이는 절대 순종할 수 없는 일을 하라고 한 것이다. 그러나 룻은 그대로 순종했다. 보아스는 사사시대와 같은 어지러운 때에 보기 드물게 하나님을 경외하던 사람이었다. 그는 룻의 말이 무슨 뜻인지 정확히 알아차리고 룻에게 이렇게 말했다.

"무슨 말인지 알겠다. 내가 그 일을 지체하지 않겠다. 그렇지만 내가 아무리 좋은 뜻으로 하나님의 일을 한다고 해도 반드시 하나님의 율법을 따라야 하는데 그 순서로 보면 나보다 더 가까운 친족이 하나 있다. 그가 고엘로서 기업을 무를 첫 번째 책임자다. 하나님은 의로우신 분이기 때문에 하나님의 일을 하나님의 의를 어기면서 할 수는 없다. 그가 안 한다면 당연히 내가 한다. 그러니 염려하지 말고 가거라."

룻의 이 말을 듣고 나오미가 한 말이 앞서 본 룻기 3장 18절이다.

보아스는 지체 없이 장로들을 불러 성문에 모으고 이야기했다.

"우리 친족 엘리멜렉 가문의 나오미가 모압 지방에서 돌아와 그 소유지를 팔려고 내놓았다. 하나님의 법대로 하자면 나보다 더 가까운 친족이 여기 있다. 당신이 하겠다면 고엘이 될 것이고 그다음은 나다."

그렇지만 그 사람은 불경건한 자로 고엘 제도에 "아멘" 하고 순종할 뜻이 없었다. 제 돈으로 그 밭을 사서 죽은 자에게 돌려주다니 누가 미쳤다고 그 일을 하겠는가. 그래서 가장 가까운 기업 무르 자가 자기 신을 벗어 던졌다. 신을 벗는 행위는 자기 권리를 포기한다는 뜻이다. 이때 그가 벗은 신, 그가 내던진 권리를 믿음의 사람 보아스가 취한 것이다. 에서가 팥죽 한 그릇에 팔아먹은 장자의 명분을 야곱은 평생을 걸고 취했다. 이렇게 하늘나라 보배는 아무나 갖는 것이 아니다. 특히 고엘처럼 손해를 감수해야 하는 일을 믿음 없이 어떤 사람이 감당하겠는가.

보아스는 율법의 의로 흠이 없는 고엘이 되어 엘리멜렉의 기업을 모두 도로 찾아 엘리멜렉의 이름으로 나오미에게 돌려주었다. 그러면 나오미가 할 일은 무엇인가? 그가 되찾아준 것을 자신이 직접 되산 것과 같이 믿음으로 받고 완벽히 취하는 것이다. 참으로 잘 못 알아듣는 우리에게 하나님은 구속, 속량이라는 진리를 이해시켜주시려고 성경 한복판에 이 사건을 보석처럼 박아놓으셨다.

하나님의 구원은 주시는 편에서나 받는 편에서나 다 완전해야 한다. 속량은 누군가 고엘이 되어 내게 갚아주신 것을 나도 동일한 내용과 수준으로 믿는 것이다. 그렇기 때문에 복음의 내용은 곧 믿음의 내용이 되는 것이다. 열을 갚아줬으면 열을 믿어야 한다. 복음의 내용과 믿음의 내용이 딱 일치해야 한다. 나의 '고엘'이 되어주신 예수 그리스도, 그분이 잃어버렸던 나의 모든 기업을 되찾아주셨음을 믿음으로 취하여 누려라. 주님은 룻기를 통해 십자가의 도에서 중요한 속량, 구속의 원리를 말씀해주고 계신다.

2. 레위기

① 아사셀

> 8 두 염소를 위하여 제비 뽑되 한 제비는 여호와를 위하고 한 제비는 아사셀을 위하여 할지며 9 아론은 여호와를 위하여 제비 뽑은 염소를 속죄제로 드리고 10 아사셀을 위하여 제비 뽑은 염소는 산 채로 여호와 앞에 두었다가 그것으로 속죄하고 아사셀을 위하여 광야로 보낼지니라 레 16:8-10

레위기 16장에는 대속죄일의 규례가 나온다. 그중에 아사셀 염소에 대한 규례가 있다. 아사셀은 우리를 위하는 하나님의 구속 원리를 잘 보여준다. 일 년에 딱 한 차례, 이스라엘 모든 백성과 하나님 사이의 관계를 새롭게 정립하는 대속죄일, 쉽게 말하면 이 날은 대사면일이다. 이때 드려지는 제사는 평소의 제사와 조금 달랐다.

대속죄일에는 염소 두 마리를 선택해서 제비를 뽑는다. 그중 하나
는 보통 희생의 제물로, 평소에 하던 대로 잡아서 번제로 드려 불로
태우고 그 피는 대제사장이 지성소까지 가지고 들어간다. 지성소는
지극히 거룩하신 주님의 임재가 있는 곳이다. 등대가 있는 성소를 지
나 세마포 휘장으로 빈틈없이 가로막힌 지성소에 들어가면 법궤가
있다. 두 그룹 천사가 마주하고 있는 법궤 뚜껑을 시은좌(施恩座) 또
는 속죄소라고 하는데 거기에 가져간 피를 뿌린다. 이것은 백성들의
속죄를 위한 것이다.

그런데 대속죄일에는 하나님 앞에 속죄 제사를 드린 후에 아사셀
을 위해 뽑힌 다른 염소의 머리에 안수하여 백성들의 죄를 전가한 후
그 염소를 광야로 내보낸다. 아사셀 염소가 무인지경의 광야에 버려
지면 굶주린 이리 떼들이 달려들어 아사셀을 삼켜버린다. 하나님은
이 시청각 자료를 통해 이스라엘 백성들에게 보여주고 싶으셨던 것이
있었다.

아사셀 염소가 끌려나갈 때 그 길에 늘어서 있던 이스라엘 백성들
이 과연 무엇을 보았겠는가? 자기 자신이 된 염소의 운명을 지켜보는
것이다. 그 염소가 자신의 모든 죄를 짊어진 자기의 분신으로 보여
하나님께서 그들의 죄와 저주를 어떻게 심판하시는지 눈앞에서 보게
되는 것이다. 그러면 사람들은 '아, 죄 된 나의 병든 자아가 하나님의
심판을 받고 저렇게 죽어 처리되는구나.' 이 어린 염소에게 일어나는
일, 즉 죄 짐을 지고 심판을 받고 끌려나가 죽음으로 처리되는 이 과
정이 모두 자신에게 일어나야만 했던 일이라는 것을 실제로 받아들

이게 된다.

　또한 자신의 죄를 전가시킨 아사셀 염소가 광야에 내몰려 죽음으로써 더 이상 나의 죄가 남아 있지 않고 모든 죄악이 완전히 심판되어 제거되었음을 확인하게 하셨다. 심판받아 죽어야 할 나의 옛 사람에 대하여 '아, 내가 이제 끌려가는구나, 버림받는구나, 죽었구나' 이렇게 믿음으로 고스란히 받아들일 때 더 이상 자신에게 얽매이지 않고, 이제는 저주받을 자신에 대하여는 심판받아 끝났고, 하나님에 대하여는 의로운 자로 서서 하나님 앞에 나아가게 된다.

　예수님도 십자가를 지고 성문 밖에서 고난을 받으셨다. "보라 세상 죄를 지고 가는 하나님의 어린양이로다"(요 1:29)라고 한 세례 요한의 증거처럼 나의 죄를 그대로 지고 나 자신이 되어 하나님의 저주를 받아 저 성문 밖으로 끌려나가 내가 당할 일을 고스란히 당하신 것이다.

> 우리는 다 양 같아서 그릇 행하여 각기 제 길로 갔거늘 여호와께서는 우리 모두의 죄악을 그에게 담당시키셨도다 사 53:6

　어떻게 우리의 죄 된 운명을 담당시키고 해결하시는지 봤더니 우리 죄를 담당하는 어린양이 하나님의 아들일 줄이야 누가 알았겠는가. 미쳐도 유분수지 그것을 어떻게 방법이라고 하겠는가. 그러니까 사탄도 미처 알지 못했던 방법이었다. 하나님이 그렇게까지 나오실 줄 사탄은 짐작도 못했다. 온 천하 만물이 다 충격을 받을 일이었다.

하나님이 세상을 아무리 사랑하신다한들, 당신의 의로움을 아무리 지킨다한들, 하나님 자신인 당신의 아들을 잡아서 행하실 줄이야 누가 알았겠는가. 이것이 어떻게 설명해서 이해가 될 일인가. 무슨 논리로 납득이 되겠는가. 주님은 우리 죄를 짊어지고 대신 처리되는 아사셀 염소를 통해 우리의 죄를 어떻게 처리하시는지 그 원리를 보여주셨다.

② 제사제도

레위기를 읽다보면 제사를 할 때 양이나 소나 번제물로 드릴 짐승을 잡는 똑같은 이야기가 계속 나온다. 죄인들이 제사장 앞에 제물로 드릴 짐승을 데려온다. 그리고 제물 위에 손을 얹고 "저는 이러이러한 죄를 지었습니다. 저는 이 죄 때문에 벌을 받아 죽어야 합니다. 그런데 하나님의 언약을 따라 이 제물에게 저의 죄를 전가합니다" 그러면 전가한 순간 이 제물은 그 자신이 된다. 그래서 자신의 죄로 마땅히 자신이 받아야 할 심판을 제물에게 집행하게 되는 것이다. 짐승의 목을 따고, 가죽을 벗기고, 각을 뜨고, 내장을 꺼내고, 물로 씻고 불로 태운다.

매일 드리고 늘 드리는 제물인데 지겹지 않겠는가? 어차피 태워서 드릴 것 같으면 처음부터 통째로 태워서 드리면 될 텐데 왜 이 긴 과정과 방법을 지겨우리만큼 자꾸 반복해서 말씀하는가? 처음에는 나도 깊이 생각하지 못했다. 그런데 하나님께서 이 제사제도를 통해 상징적으로 말씀하고자 하시는 것이 있다는 것을 알았다. '죽어야 할 우리의 생명'이라고 할 때 이 생명은 단순히 목숨만 가리키는 것이 아니다. 생명이란 그저 살아 숨쉬는 행위가 아니라 우리의 모든 인격의 총체이다. 즉 어느 부분이 아니라 우리의 삶 전체이다.

하나님은 우리에게 '철저한 대속'을 알려주시기 위해 짐승을 잡을 때 그 존재가 상징하는 모든 부분을 구석구석 처리하는 모습을 보여주셨다. 마찬가지로 주님이 나를 대속하신다면 목숨과 삶을 다 대속해주셔야 한다. 자라면서 형성된 우리 자아의 모든 영역을 어떻게 구석구석 처리하시는지 그것을 상징적으로 보여주시는 것이다. 빚을 갚아도 일부만 갚아서는 자유롭지 못한 것처럼, 완전하고 철저한 대속이 되려면 대강 죽는 것이 아니라 나의 존재와 삶을 구성하는 모든 영역을 구석구석 해체하여 완전한 죽음과 대속이 이루어져야 한다.

중앙아시아에서 현지 지도자들을 위한 복음학교를 한 적이 있다. 마지막 날 강의를 마쳤는데 나더러 잠깐 기다리라고 하더니 내가 엎드린 것만큼이나 덩치가 큰 양을 한 마리 끌어왔다. 이 양을 강단으로 데려와서 나에게 선물로 준다고 했다. 나중에 알고 보니 내가 복음을 전할 때 제사 얘기를 반드시 하게 될 테니, 레위기에 나온 제사법 그대로 양 잡는 것을 한 번 보여주려고 작정한 것이었다.

날짜를 정하고 모여 바깥뜰에 둘러섰다. 그런데 양을 잡는다고 하면서 별다른 준비가 없었다. 삽으로 판 구덩이와 양만 있었다. 양을 잡는다는 현지 전도사님이 가진 도구라고는 자기 손바닥만한 칼 하나뿐이었다. 그가 양을 잡으려고 양의 네 발목을 같이 묶었다. 한꺼번에 발목을 묶으니까 양이 쓰러지는데 그때부터 내 마음이 심란해지기 시작했다. 산 짐승은 다 죽기를 두려워한다. 닭 한 마리만 잡으려고 해도 온 동네가 요란하다. 돼지도 돼지 멱따는 소리라는 말이 있듯이 온 동네가 떠나가게 소리를 지른다. 보통 짐승들이 죽을 때가 되면 살기를 느끼기 때문에, 소리를 지르고 발악한다. 그런데 양을 보고 깜짝 놀랐다. 무슨 이런 짐승이 다 있나 싶었다. 예수님을 묘사하는 구절에 "마치 도수장으로 끌려가는 어린 양과 털 깎는 자 앞에서 잠잠한 양같이 그의 입을 열지 아니하였도다"(사 53:7)라고 한 것처럼 꼭 죽기 위해서 태어난 짐승처럼 눈만 끔벅끔벅하고 반항을 하지 않았다. 이때부터 양으로 보이지 않고 예수님과 자꾸 오버랩이 되면서 마음이 어려워졌다.

양을 잡는 전도사님이 익숙한 솜씨로 양의 턱을 젖히더니 칼로 목을 땄다. 피를 쏟자 파놓은 구덩이에 피를 뽑았다. 피가 마지막 빠지는 고통 때문에 잠깐 경련이 이는 것 말고는 신음도 내지 않고 죽었다. 내 마음이 막 어려워졌다. 잠잠히 도살장으로 끌려가는 양과 같이 변론 한 마디 하지 않으시고 나는 이 일을 위해서 왔다고 스스로 죽으러 가시던 주님의 모습이 자꾸 겹쳐졌다.

그렇게 양이 죽자 가죽을 벗겨서 보자기를 삼아 바닥에 펼쳐놓고, 근육 구조를 잘 아니까 익숙하게 각을 뜬 다음 나무에 거꾸로 매달아서 내장을 끄집어내어 분리했다. 삶을 이루는 모든 구조를 철저히 분리하는 완전한 죽음. 치덕치덕 달라붙은 병든 자아로 끈적이게 덮여 있던 나의 가죽을 베고, 하나님 없는 더러운 사상과 철학으로 굳어진 나의 모든 골격을 해체하고, 나의 모든 정서를 끄집어내어 물로

썼고 불로 태우고…. 이렇게 해서 덜 죽고 대강 죽는 것이 아니라 내게 생명이 형성되고 나의 자아 인식이 형성되던 모든 과정을 철저히 분해해 완전한 죽음에 이르는 제사를 드리도록 주님이 말씀하신 것이다.

이 장면을 보면서 '아, 나의 이 병든 자아의 죽음이 실제가 되기 위해서, 주님이 한 치도 부끄러움이 없는 완전한 의를 얻게 하시기 위해서, 주님이 대속의 죽음을 죽으시려면 이렇게 죽으시겠구나! 이렇게 완전히 대속을 이루셨구나'라고 깨달아졌다. 그러면 그를 믿는 나의 믿음도 주님이 철저히 갚아주신 것만큼 철저해야 한다. 이렇게 복음이 철저하다면 우리도 철저하게 믿어야만 한다.

3. 이사야서 53장

주님이 우리를 어떻게 대속하셨는지 이 계시가 분명하고 뚜렷하게 진행되어오다가 이사야서에 오면 성경을 연구하는 사람들이 다 의심할 정도로 마치 예수님의 일생을 지켜보고 쓴 것처럼 너무나 생생하게 예언되어 있다. 예수님이 오시기 700여 년 전에 예언한 말씀이라고 믿을 수가 없을 정도다. 그중에 대표적인 이사야서 53장을 보자.

1 우리가 전한 것을 누가 믿었느냐 여호와의 팔이 누구에게 나타났느냐 2 그는 주 앞에서 자라나기를 연한 순 같고 마른 땅에서 나온 뿌리 같아서 고운 모양도 없고 풍채도 없은즉 우리가 보기에 흠모할 만한 아름다운 것이 없도다 3 그는 멸시를 받아 사람들에게 버림 받았으며

간고를 많이 겪었으며 질고를 아는 자라 마치 사람들이 그에게서 얼굴을 가리는 것 같이 멸시를 당하였고 우리도 그를 귀히 여기지 아니하였도다 4 그는 실로 우리의 질고를 지고 우리의 슬픔을 당하였거늘 우리는 생각하기를 그는 징벌을 받아 하나님께 맞으며 고난을 당한다 하였노라 5 그가 찔림은 우리의 허물 때문이요 그가 상함은 우리의 죄악 때문이라 그가 징계를 받으므로 우리는 평화를 누리고 그가 채찍에 맞으므로 우리는 나음을 받았도다 6 우리는 다 양 같아서 그릇 행하여 각기 제 길로 갔거늘 여호와께서는 우리 모두의 죄악을 그에게 담당시키셨도다 사 53:1-6

지금까지 우리는 십자가의 도가 어떤 요소를 갖추어야 하나님도 의롭고 온전하며 우리도 의롭고 온전한 구원의 방법이 될 수 있는지 살펴보았다. 이 요소들을 점진적 계시로 드러난 제목 수준으로 훑어보았다. "은혜의 방편이어야 한다. 구원자에 의한 구원이 될 것이다. 피 흘림이 있는 생명의 대속이 치러져야 될 것이다. 또한 하나님의 자발적이고 기쁘신 뜻에 의해서 이루어진 일이다. 하나님의 절대 주권 사역이 될 것이다. 그리고 오직 믿음으로만 누려지는 원리를 갖게 될 것이다. 대속의 원리, 이 모든 속량의 원리를 갖게 될 것이다."

이 원리가 하나도 빠지면 안 된다. 이것이 완벽하게 다 이루어져야 구원자로서도 완벽하고 구원의 방법으로도 완전한 구원이 된다는 것을 주님이 계속해서 역사와 존재를 동원해서 이루고 계시해오셨다. 드디어 이사야서 53장에 오면 본격적으로 계시가 드러나게 된다. 여자의 후손으로 오시는 분, 어린양이요 속죄양이요 대속의 제물이요 여러 모양으로 언급되었던 바로 그분, 메시아(그리스도)가 어떤 모습으로 오고 어떤 생을 살다가 무엇을 하며 어떻게 죽고 어떻게 부활하고 어떻게 이 완전한 구속을 이룰 것인지 생생하게 예언한 장면이 바로 이사야서 53장이다.

이사야서 53장 1절은 우리가 전한 복음을 누가 믿었고 하나님의 구원이 누구에게 나타났느냐, 즉 하나님이 세운 구원자가 누구냐고 질문한다. 2절 "그는 주 앞에서 자라나기를", 그는 성인(成人)으로 오시지 않았다. 우리를 대속하고 구원해야 한다면 우리 인생의 몇 살부터 구원하셔야 되는가? 우리는 언제부터 대속이 필요한 존재인가? 엄마 뱃속에 잉태되던 날부터다. 그러니 인간의 조건을 갖추려면 성인으로 뚝 떨어져서 될 일이 아니다. 여자에게서 나고, 자라고 형성되는 과정을 통해서 사람이 된다. 내 인생의 대속이 되려고 그분은 완전한 사람이 되어 이 땅에 오셨고 그 삶을 사셨다.

"그는 주 앞에서 자라나기를 연한 순 같고 마른 땅에서 나온 뿌리 같아서"(2절), 그는 마리아의 뱃속에서부터 사생아 취급을 당했다. 죄인 마리아의 자궁 속에 착상이 되고 세포분열을 일으키고 말을 배우고 키가 자라고 지혜가 자라면서 죄인인 내가 살면서 받게 되는 외로움, 거절, 고통을 함께 겪었다. 내 이름과 자격으로 와서 내가 받아야 될 죄의 저주, 외로움과 가난과 천대, 그리고 마지막 죽음까지 고스란히 내 대신 당하셨다. 내 이름표 달고 완벽하게 내가 되어 죄인으로서 내가 받을 모든 저주를 대신 당하셨다.

"그는 실로 우리의 질고를 지고 우리의 슬픔을 당하였거늘 … 그가 찔림은 우리의 허물 때문이요 그가 상함은 우리의 죄악 때문이라"(4,5절), 그분 자신의 질고가 아니다. 우리의 질고를 지고 우리의 슬픔을 당하셨다. 우리가 받아야 될 율법의 저주를 모두 다 감당하셨다. 나라고 하는 내 인생 전체, 내 존재 전부가 되어 이 땅에 오셨다. 생각해보라. 생명을 만드신 창조주가 태어나실 이유가 있는가? 그는 태어날 이유도 자라날 이유도 없는 분이시다. 사람으로 오셔서 사신 그분의 일생은 오직 나를 위한 제물로 오신 그분으로만 의미가 있다. 나와 상관이 없다면 전혀 필요 없는 일이었다. 그분의 출생, 성장, 고난, 채찍 그리고 십자가의 죽으심, 이 모두가 내가 당할 일이었는데, 그분이 전부 내 이름으로 철저하게 당하셨다.

또한 그분은 내가 하나님 앞에 피조물로서 지켜야 될 율법을 제정하신 분이므로 율법을 지킬 의무가 없다. 그런데 태어나서 할례, 결례, 그리고 세례를 받으시고 율법의 모든 조문을 지키시고, 율법의 요구이며 저주인 십자가의 죽음까지 죽으시고, 부활하시고 승천하셨다. 주님에게 일어난 모든 삶과 죽음은 창세전부터 죽임을 당한 어린양의 생명책에 나를 기록하여 나에 대한 완전한 구속을 이루시고 하나님이 꿈꾸셨던 나의 원형을 고스란히 살려내기 위한 것이었다. 심판은 심판대로 집행하시고 원형은 원형대로 살려내셔야 하는 이 기막힌 딜레마를 해결하고 구원하시려고 하나님은 조금도 하자가 없는 구원자를 보내셨다.

우리 죄를 없이 하려고 보내신 예수 그리스도, 그는 죄가 없으시다. 여자의 후손으로 오셔서 내 이름표 달고 내가 되어 내 인생에서 내가 받아야 할 저주와 멍에를 메어주셨다. 철저하게 가죽을 벗기고 각을 뜨고 내장을 꺼내고 물로 씻고 불로 태우듯이 내 병든 자아가 죽음으로 받아야 될 모든 저주와 율법의 요구를 완벽하게 내 이름으로 다 이루어놓으셨다. 그리고 "다 이루었다. 너는 이것을 네 믿음으로 취하라. 네 저주와 죽음은 내가 받아 가지고 가겠다. 너는 나의 부활 생명을 받아서 나로 살아라"라고 하신 것이다. 아멘인가.

예수님은 우리의 삶과 죽음 전부가 되어야 하셨기 때문에 완전한 사람이 되셨다. 한 치도 남김없이 철저하게 모든 대속을 완성해내셨다. 이 사실을 알고 나서 예수님의 일생을 묵상하면 '나 따로 예수님 따로'가 아니다. 이 땅에서 예수님의 생애는 나 없이는 전혀 의미가 없는 이야기다. 결국 그분에게 이루어진 일은 전부 내게 이루어진 일이다. 예수님이 채찍에 맞고 갈보리 언덕에서 죽으실 때 내가 그렇게 연연하고 자기 연민으로 싸 바르고 치유하고 회복한다고 날마다 부둥켜안은 자아, 이 끈적끈적하게 죄의 종노릇하던 나의 병든 자아에 어떻게 온전한 죽음이 집행되었는지를 믿음으로 바라보면서, 주님이 완전하게 대신해가신 나의 삶을 죽음의 자리로 넘겨라. 이제 더 이상 그 병든 자아에게 속아 내 순정을 바치는 비참한 인생을 살지 마라.

이렇게 할 때 나는 죽고 이제는 예수님의 생명이 나의 전부가 되고, 믿음으로 받아들인 내 삶의 모든 영역에서 그리스도의 새 생명이 내가 되어 사시는 역사가 일어난다. 우리가 이 믿음으로 초대를 받았다. 이 믿음으로 우리를 의롭다 하시며, 이 믿음으로 우리를 살게 하시는 하나님의 초청에 부름받은 것이다. 이 십자가로의 초대는 역사상 가장 위대한 사랑의 초대요, 가장 위대한 자비의 초대이다. 이렇게 상상할 수 없고 감당할 수도 없는 십자가 복음을 마련해놓으시고 주님이 우리의 자아에 죽음을 선고하셨다.

양심이 있고 주님을 사모하는 사람이라면 주님이 이루신 완벽한 대속의 죽음 앞에서 더 이상 병든 자아를 부둥켜안고 부들부들 떨며 이건 못 놓고 저건 포기 못하는 그런 짓은 할 수 없다. 제사를 드릴 때마다 믿음으로 드린 사람이라면 짐승의 가죽을 벗길 때 자기 마음의 가죽이 벗겨지는 경험을 했을 것이다. 믿음으로 화목제물을 드린 사람이라면 그 각을 뜰 때 자신의 고집과 편견과 경험과 모든 철학, 이것들이 갈기갈기 나뉘는 경험을 했을 것이다. 내장을 꺼내서 물로 씻을 때 오염된 나의 더러운 정서를 죽음에 넘긴다고 주님께 고백했을 것이다. 믿음으로 말미암는 화목제물을 이렇게 바치라고 하신 하나님의 의도를 알았더라면, 그 믿음으로 제사를 드리는 사람은 날마다 자기에게 행하신 이 놀라운 하나님의 은총을 실제로 받아들이고 그것을 누리는 일에 도움을 받았을 것이다. 하나님은 완전하시다.

십자가의 도를 아주 간략히 살펴보았다. 이 도는 율법의 정죄에도 떳떳하고 거룩한 하나님 앞에서도 완전하다. 주시는 하나님 편에서 완전하심은 말할 것도 없고 믿음으로 나아가는 우리도 이 원리라면 떳떳하고 당당하게 하나님 앞에 의로운 자로 나아갈 수 있다. 아멘인가? 그러니까 십자가면 충분한 것이다. 십자가는 단순히 한 번 죽은 희생과 박애 정신의 표상이 아니다. 십자가는 가장 완전한 하나님의 사랑이 가장 완전하게 드러난 것이다. 주님의 가장 깊은 영광이 드러난 영광의 십자가다. 죄악과 어둠의 실체가 역력하게 드러나고 흑암의 세력을 발가벗기고 사탄의 권세를 박살내버린 바로 그 능력의 십자가다. 우리를 완전히 의롭고 정결케 하신 보혈, 하나님의 거룩하고 완전한 의를 드러내신 십자가다. 주님이 이렇게 완전하게 이루어놓으신 복음으로 우리를 초대하신 것이다.

4. 복음의 수용

언젠가 나의 삶에 큰 도전을 주었던 실화가 있다. 어느 도시에 두 형제가 살고 있었다. 두 아들을 남겨놓고 부모가 갑자기 일찍 죽고 형제는 천애고아가 되어 도시 한복판에 버려졌다. 형이라고 한두 살 더먹은 어린아이가 소년 가장이 되었다. 어린아이들에게 삶의 무게는 너무 무거웠다. 하루하루 한 끼 한 끼를 해결하는 것이 참 끔찍했다. 이 시간을 지나는 동안 어리지만 소년 가장이 된 형은 늘 동생이 애처로웠다. 밤이면 엄마를 찾으며 우는 동생을 어르느라 어린 저는 울어보지 못했다. 좋은 음식이라도 생기면 저는 굶어도 동생은 먹었다. 옷이라도 반반한 게 생기면 저는 헐벗어도 동생은 입혔다.

1,2년 지나는 세월의 무게가 장성한 어른도 감당하기 어려운 삶의 무게만큼이나 무거웠다. 삶의 무게에 짓눌려서 점점 힘을 잃어갈 무렵, 하나님의 특별한 섭리로 누군가의 손에 이끌려서 교회를 찾았다가 잃어버린 부모님을 합친 것보다 더 좋은 예수님을 만나게 되었다. 이제 형은 주일만 되면 동생의 손을 이끌고 설레는 마음으로 예배를

드리고 은혜를 받고 그 힘으로 다시 한 주간 한 주간을 살아갔다. 시간이 흐르고 이제 제법 의젓해진 형은 나름대로 삶의 자리를 찾아가기 시작했고, 그 형의 동생을 향한 사랑은 해가 갈수록 더 절절하고 깊어졌다.

그렇지만 동생은 믿음이 자라지 않았다. 청소년이 되자 형을 따라서 제법 잘 나오던 교회를 점점 멀리 하며 트집을 잡기 시작했다. 이유는 단 한 가지였다. 하나님이 나를 사랑했으면 왜 부모님을 일찍 죽게 하고 우리를 이렇게 비참하게 만들었느냐는 것이다. 점점 교회와 멀어지는 것과 동시에 동생은 세상과 가까워졌고 일어나는 육체의 소욕을 따라 나쁜 친구들과 어울리기 시작했다. 동생이 방탕에 빠질수록 동생을 향한 형의 안타까운 사랑은 더 간절해져서 동생을 향한 기도가 점점 더 길어졌다.

시간이 흐르고 형제는 청년이 되었다. 이제는 형도 동생을 통제할 수 없는 지경이 되었다. 형은 동생이 늘 불안하기 짝이 없었다. 그날도 형은 밤늦도록 돌아오지 않는 동생 때문에 잠을 못 이루고 기도하고 있었다. 그런데 이상하게 그날은 마음이 불안하고 무언가 일이 벌어질 것만 같았다. 예감은 빗나가지 않고 자정이 넘은 시각에 갑자기 문이 열리더니 얼굴이 하얗게 질린 채 온 몸에 피 칠갑을 한 동생이 와들와들 떨며 서 있는 것이 아닌가.

"형, 나 어떡해. 사람을 죽였어."

갑자기 닥친 이 청천벽력 같은 사실 앞에 형은 본능적으로 벌떡 일어나서 황급히 동생의 피 묻은 옷을 벗기고 대강 피를 닦아낸 다음

자기 옷을 입혀서 골방으로 밀어 넣었다. 어떻게 해야 되겠다는 생각도 없이 순식간에 일어난 일이었다. 널브러져 있는 피투성이 옷을 보며 형도 어떻게 해야 할지 몰라 두려움이 밀려오기 시작했다. 그러더니 사랑하는 주님 앞에 잠깐 묵도하는 듯하다가 무슨 생각을 했는지 갑자기 입고 있던 옷을 벗고 피 묻은 동생의 옷을 주섬주섬 챙겨 입었다. 옷매무새를 다 정리하지도 못한 짧은 시간에 거친 군화발 소리가 들리더니 문을 발로 차고 들어선 자들의 난폭한 발길질이 이어졌다.

"이 새끼, 네가 죽였지?"

정신을 차릴 수 없이 날아드는 발길질과 주먹질 끝에 형은 그대로 거칠게 끌려나갔다. 순식간에 일어난 일이었다. 워낙 잔인한 살인 사건으로 세간에 알려졌기 때문에 동정의 여지가 없었다. 그런데 붙잡힌 이 이상한 죄수는 심문관의 말에 부정도 긍정도 아닌 "예, 저는 이 죄로 형벌을 받아야 됩니다", "예, 저는 이 죄로 형벌을 받아야 됩니다"라는 대답을 반복했다. 결국 이 말은 범행을 인정한 것으로 받아들여졌고 재판이 신속히 진행되어 사형이 언도되었다.

이 죄수가 들어온 후, 감옥은 이상한 분위기로 바뀌었다. 그 유명한 살인사건의 주범이라고 보기에 도저히 믿기지 않는 순진하기 짝이 없는 이 이상한 죄수. 들어와서도 틈만 나면 기도하고, 웅얼거리고 찬송을 했다. 시간이 흘러서 사형 집행일이 얼마 남지 않았다는 예감이 들던 어느 날, 그 사건에 대해 한 마디도 입을 열지 않던 죄수가 교도관에게 부탁을 해서 교도소장과 만나게 되었다. 그는 교도소장에게 편지 한 장을 쓰게 해달라고 청했다. 죄수가 편지를 쓰고 나서 봉투에 넣더니 교도소장에게 말했다.

"소장님, 저는 하나님을 경외하는 사람입니다. 이 편지 봉투에 소장님의 도장을 찍어서 아무도 뜯어보지 못하게 해주십시오."

교도소장이 도장을 찍어주자 한 가지 더 부탁을 했다.

"반드시 제 사형이 집행되고 난 뒤에 이 주소로 편지를 전해주시겠습니까? 저의 마지막 부탁입니다."

그가 보내는 마지막 밤이 찾아왔다. 그에게는 너무나 특별한 밤이었다. 사랑하는 주님을 만난다는 기대감 때문에 죽음의 두려움도 사실 별 문제가 아니었다. 딱 하나 마음에 걸리는 것은 그가 생명처럼 사랑한 동생이었다. 어린 나이에 엄마 아빠를 잃고, 지금도 무서운 죄책감과 두려움에 사로잡혀 떨고 있을 동생을 이 땅에 두고 간다는 것이 너무 안타까웠다. 밤새 눈물과 간구로 사랑하는 동생을 주님의 자비에 부탁하고, 다음 날 아침 드디어 엄정한 법의 심판 아래 그는 생애를 마감했다.

사형 집행관과 함께 사형장에 참석했던 교도소장은 마치 죽지 말아야 할 사람이 죽은 것 같은 불안함과 답답함으로 심란해서 견딜 수가 없었다. 사무실에 돌아왔지만 근무를 할 수 없어서 왔다 갔다 하다가 문득 그 죄수가 부탁한 편지 생각이 났다. 부담을 떨어버리기라도 하려는 듯 직원에게 편지를 전해주라고 지시했다. 직원이 주소지로 찾아가보니 마당에 풀이 자라고 있고 좀처럼 사람이 사는 집 같지가 않았다. 그럴수록 빨리 편지를 전달하고 돌아가야겠다 싶어서 대문을 힘껏 두드렸지만 아무리 두드려도 인기척이 없었다. 아무도 살지 않는 집이라고 생각하고 돌아가려고 하는데 집안에서 누군가 나오는 것이 보였다.

마치 귀신을 보는 것 같았다. 햇빛을 못 봐 낯빛이 하얗고 머리는 산발을 한 채 바싹 마른 송장 같은 사람이 와들와들 떨며 문을 열고 나오는 것이었다. 형이 끌려가고 난 뒤 동생은 너무 두려워서 바깥에 나와보지 못한 채 거의 죽음 같은 시간을 보내고 있었다. 그런 동생이 '이제는 끝났구나, 나를 체포하러 왔구나' 생각하고 와들와들 떨며 나온 것이다. 놀란 직원은 만나서 이야기를 해볼 용기가 나지 않아 문틈으로 편지를 냅다 던지고 줄행랑을 쳤다.

동생은 자기를 잡아갈 줄 알았는데 편지 하나만 툭 던지고 가자 어안이 벙벙해서 편지를 집어 들었다. 겉봉에 익숙한 형의 글씨가 보였다. 있을 때는 몰랐는데 형이 없으니까 그 빈자리가 너무 컸다. 형을 빼놓고는 삶을 얘기할 수 없을 만큼 형과 함께한 삶이었기 때문이다. 형이 너무 그리워 후회의 눈물도 흘렸지만 돌이킬 수 없던 그 밤, 끌려나간 형이 어떻게 되었는지 소식도 들어보기가 무서워서 숨어 있던 그에게 형의 글씨가 적힌 편지봉투는 너무나 반가웠다.

급히 봉투를 찢어서 편지를 열었다. 눈에 들어온 첫 줄은 "사랑하는 동생에게. 사랑하는 나의 동생 ○○야. 나는 너의 죄의 옷을 입고 너 대신 죽노라." 이게 무슨 말인지 도무지 감이 오지 않았다. 다시 읽어보고 또 읽어봐도 감이 잡히지 않았다. 몇 차례 읽다가 갑자기 "사랑하는 나의 동생 ○○야. 나는 너의 죄의 옷을 입고 너 대신 죽노라"라고 하는 이 문장의 의미가 확 다가오는 순간 동생은 "아악" 비명을 지르기 시작했다. 편지를 움켜쥐고 어디로 가야 하는지도 모르는 채, 그날 이후 한 번도 나가보지 못한 문을 박차고 길거리로 나가 미친놈처럼 외치기 시작했다.

"우리 형 내놔!"

우리 형 내놓으라고, 그럴 수 없다고 미친 듯이 울부짖으며 내달려 드디어 교도소 정문에 이르렀다. 소란을 듣고 나온 직원들에게 동생이 하는 말은 도대체 무슨 말인지 알 수가 없었다. 그러다가 툭 튀어나온 이상한 죄수의 이름, 그것은 바로 오늘 아침 사형이 집행된 죄수의 이름이었다. 교도소장 앞에 가서도 동생은 횡설수설 목이 쉰 채 격하게 떠들어대는데 무슨 말인지 정확히 몰라도 짐작이 안 갈 수 없었다. 오늘 아침 죽은 그 이상한 죄수가 이 자의 형이라는 것, 그리고 그는 결코 사람을 죽인 적이 없으며 자신이 살인범이라는 것…. 짐작은 가고 심증이 가도 이것은 더 들어서도 안 되고 더 들을 수도 없는 이야기였다.

"야 이 자식아, 닥쳐. 이 미친놈아, 그만해. 네 놈은 미친놈이야. 그 사건은 끝났어. 사형 집행 됐어. 너는 이 사건과 상관없어. 꺼져, 어서 나가."

쫓겨난 그가 들은 말은 형의 사형이 집행되었다는 사실 한 가지였다. 미친듯 넋이 나간 채로 허우적대다가 밤늦게 탈진하여 집으로 돌아왔다. 이제는 운명을 달리하여 다시는 형을 만날 수 없는 빈집이라고 생각하니 공허와 두려움이 밀려왔다. 대성통곡을 하고 엎어졌다. 이렇게 간절하게 그리울 줄 몰랐다. 그렇게 후회스러운 저주받은 운명인 줄 몰랐다. 밤새도록 울고불고 난리를 치는데 지푸라기라도 잡듯 단 한 가지 소원이 그에게 간절히 밀려오기 시작했다.

'나 형 있는 곳에 가고 싶다.'

개처럼 살아왔지만 분명한 건 형의 손에 이끌려서 나간 예배당에서 들었던 이야기, 형이 그렇게 섬기던 하나님, 사모하던 천국, 형이 좋은 곳에 간 건 분명히 알겠는데 그 형을 영원히 못 만난다고 생각하니 견딜 수가 없어 부르짖기 시작했다.

"형의 하나님, 나 형 한 번만 만날 수 있게 해주세요. 어떻게 하면 형을 만날 수 있죠?"

그러나 형이 간 천국에 아무나 갈 수 없는 것은 분명히 알겠고…. 울부짖고 몸부림치던 그때 부르짖는 그보다 어쩌면 그 질문을 더 기다렸던 분은 사실 주님이시리라. 그 밤 그 부르짖음을 못 들은 척하실 수 없는 주님이신 줄 우리가 안다. 나 같은 죄인 놈도 살인범도 형이 간 천국에 갈 수 있겠느냐고 묻던 그 밤이 다 지나기 전에 성령께서 그 마음을 감동하시고 하늘 가는 길을 허락해주셔서 그가 주님을 만나는 밤이 되었다.

그리고 맞이한 다음날은 수많은 날 중에 한 날이 아니었다. 더 이상 설명할 필요도 없었다. 그의 형이 자신의 이름으로 죽었으며, 그 죽음이 바로 자신의 죽음인 것이 그에게 너무나 생생한 실제였다. 그는 이미 죽은 자신을 장례하는 마음으로 자신의 소유라고 남아 있는 모든 것을 마당 한복판에 갖다 놓고 태웠다. 장례식을 끝냈다. 형의 체취가 남아 있는 유품을 찾아보니 평생 동생만을 위해 살아온 형에게 남은 것은 고작 낡고 초라한 옷 한두 벌이 다였다. 그러다가 문득 형의 마지막 체취가 남아 있는 편지가 생각났다. 방 한복판에서 편지지를 발견하고 다시 편지를 펴보았다. 읽다가 너무 놀라 첫 줄만 있는 줄 알았는데 편지에 자신이 읽지 못한 다음 구절이 있다는 것을 발견했다.

"사랑하는 나의 동생 ○○야. 나는 너의 죄의 옷을 입고 너 대신 죽노라."

그 다음 글귀가 눈에 확 들어왔다.

"이제 넌 나의 옷을 입고 나처럼 살아다오."

그래서 형의 옷만 남겨 놓았다. 그는 이제 죽은 자신이 아니라 형의 자격으로 살아야 했다. 낡았지만 형이 입던 옷을 입고 주일이 되면 형이 늘 사랑하며 섬겼던 교회로 찾아갔다. 성도들에게 형이 앉았던 자리가 어디냐고 물었다. 거기 앉아서 어떻게 예배를 드렸느냐고 물었다. 형이 하던 대로 그 자리에 앉아 열렬하게 찬송하고 예배했다. 형의 옷을 입고 그렇게 형처럼 살았다.

세월이 지나고 아픔이 조금 잊혀져갈 무렵, 그의 지저분하고 구질구질한 옛 친구들이 히죽거리며 나타나 그의 옷자락을 잡아당기면 동생은 한결같이 대답했다.

"이 옷 주인은 그런 짓 하지 않았어. 이 옷 주인은 그런 데 가지 않았어. 이 옷 주인은 그렇게 살지 않았어."

그 도시에는 그 형을 꼭 닮은, 그래서 형처럼 살아가는 동생이 살았다고 한다.

"나는 너의 죄의 옷을 입고 너 대신 죽노라", 내가 되어 이 땅에 오셔서 내가 되어 뱃속부터 거절을 당하시고, 내가 되어 비참하고 외롭고 어려운 그 삶을 사시고, 내가 되어 고난받으시고, 내가 죽고 비참하게 매달려야 할 십자가에 내가 되어 죽으시고, 내 죄의 옷을 입고 내 명찰을 달고 내가 되어 예수 그리스도께서 내 대신 죽으실 때 주님은 이미 그 구질구질하고 가련한 나의 옛 사람도 십자가에서 함께 죽었다고 말씀하신다.

"나는 너의 죄의 옷을 입고 너 대신 죽노라. 이제 넌 나의 옷을 입고 나처럼 살아다오."

예수 죽음, 내 죽음의 실제

주님이 우리에게 이루신 일을 어떻게 다 쓸 수 있을까. 수천 년 알려진 대로 역사 속에 나타난 그대로, 거룩한 당신의 완전함으로, 세상을 이처럼 사랑하사 하나님을 반역한 죄인, 죄 곧 나요 나 곧 죄인 나를 살리는 길이 그 길밖에 없기에, 당신도 의로우시고 나도 의로운 오직 한 길, 당신의 아들을 죄 있는 나의 모습으로 보내신 하나님. 처절하리만큼 완벽하게 내가 되어 내가 받아야 될 잔, 내가 받아야 될 고난을 받으시고 죽임당하고 부활하신 예수님. 이 완전한 생애를 통해서 주님이 나의 모든 저주와 죽음을 가져가셨다.

주님이 행하신 일이 역사적 객관적 실제 사건이듯이 이제 주님은 우리의 믿음을 요구하신다. 주님이 이루신 일이 사실이면 그 구원에 참여하는 나의 믿음도 실제여야 한다. 주님은 완벽하게 죽으셨고 온전히 죽으셨다. 예수님의 죽음이 철저히 내 대속의 죽음인데 주님의 죽음이 실제인 것처럼 내가 실제로 죽은 적이 있는가? 대강 죽었다 치는 것 말고 다시는 내가 나를 주장할 수 없도록 내 마음의 가죽을 베고 각을 뜨고 내장을 꺼내고 물로 씻고 불로 태워서 그렇게 죽은 적이 있는가? 주님에게 이루어진 그 일을 모두 내 믿음 안에 그대로 받아서 내가 그토록 놓지 못했던 나의 병든 자아에 대하여 죽음을 적용하고 실제 내 마음에 사형 선고를 받고 죽음을 받아들인 적이 있는가?

당신이 어떤 체험을 했는지 영접기도를 했는지 직분이 뭔지 물을 이유는 없다. 그러나 한 가지만 묻고 싶다. 언제 이 죽음이 당신의 실제가 되었는가? 그렇게 연연하며 사랑했던 내 자신에 대하여, 이 병든 옛 자아에 대하여, 나 자신에 대한 내 마음의 마지막 끈을 놓고 내 존재의 죽음을 믿음으로 화합하여 주님이 죽으신 것과 동일하게 내 마음 안에 이 죽음을 적용한 때는 언제인가? 십자가는 죽음 없이 통과할 수 없다. 죽음 없이 부활은 불가능하다.

지금 그 주님께서 당신을 그분의 완전한 부름으로 초대하신다. 내가 누군지 생각할 필요도 없고 변명할 이유도 없다. 단 한 가지, 이 죽음이 언제 실제가 되었는지 그것만 생각하라. 만약 그렇지 않다면 변명할 이유 없이 지금 결단하며 주님의 죽음의 자리로 나아가자. 믿음은 결단의 연속이다.

"주님, 맞습니다. 주님 죽을 때 나 죽은 것이 진정 사실인데 내 믿음 안에서는 그것이 사실이 아니었습니다. 주님, 이제 더 이상 우물쭈물하지 않고 이 죽음에 참여하기를 결단합니다. 주님, 이 죽음에 참여하겠습니다. 내가 붙들고 놓지 못한 끈적끈적한 나의 병든 자아에 마지막 정을 끊고 이 진리를 결론으로 삼아서 나의 죽음을 그대로 받아들여 나의 지정의, 내게 속한 모든 것을 죽음으로 넘기겠습니다. 나는 죽었습니다. 주님이 죽으신 것이 사실이듯 나도 내 믿음 안에서 죽었습니다. 율법의 정죄에 대하여 죽었고, 지옥의 영원한 저주에 대하여 죽었고, 죄와 사탄에 대하여 죽었고, 나의 꿈, 나의 명예, 나의 애착, 나의 생명, 내 것이라고 말한 나의 모든 추구, 나의 의, 자기만족과 쾌락, 우울증, 연민, 더러운 죄, 이 모든 것에 대하여 나 는 죽었습니다."

이 죽음의 자리에 믿음으로 참여하기 원한다면 결단하라. 오직 믿음만이 요구될 뿐이다. 감정을 기대하지 마라. 진리가 결론이다. 진리를 나의 실제로 받아서 "주님, 맞습니다. 저는 죽은 자입니다. 더 이상 속지 않겠습니다. 자아숭배하지 않겠습니다. 사탄숭배하지 않겠습니다" 이렇게 결단하는 자리로 나아가라. 몸을 일으키듯 자리를 박차고 일어나 병든 자아를 죽음의 자리로 넘겨버리고 다시는 거기에 연연하여 머물러 있지 않기를 결단하자.

지금 당신이 있는 그 자리에서 주님께 두 손을 높이 들라. 한 번 죽음으로 주님의 죽음에 믿음으로 온전히 참여하라. 주님의 죽음은 영단번 영원한 효력이 있다! 나의 죽음이라는 요단강을 넘어 이제 주님의 죽음의 자리로 나를 넘기자. 주님이 채찍에 맞을 때 나 채찍 맞았고, 주님이 버림당할 때 나 버림당했고, 주님이 죽을 때 나도 죽었다. 지금 성령님이 깨닫게 해주시는 대로 나를 이루고 있던 나의 병든 자아의 모습에 구체적으로 죽음을 선포하고 내 마음의 끝자리에서 끊어버리고 주님의 죽음의 자리에 넘기라. 이 완전한 복음을 이루신 주님의 이름을 간절히 부르며 우리 각자의 심령 안에 역사하시는 성령님의 도움을 받아 우리 믿음을 결단하고 죽음의 자리로 넘기자.

내가 그리스도와 함께 십자가에 못 박혔나니 그런즉 이제는 내가 사는 것이 아니요 오직 내 안에 그리스도께서 사시는 것이라 갈 2:20

"주님, 나 주님과 함께 죽었음을 선포합니다. 불쌍하고 가련한 죄된 병든 자아인 나는 주님과 함께 죽었습니다. 더 이상 음란하고 더럽고 자아추구하고 사탄숭배하던 나는 주님과 함께 죽었습니다.

너 악하고 더러운 사탄아, 네가 농락하고 미혹하고 끌고다니던 저주받은 병든 자아는 더 이상 너의 종이 아니다. 십자가에 죽었음을 선포한다. 너는 더 이상 나에게서 아무 분깃도 없고 아무 상관도 없음을 선포한다. 저주받은 사탄아, 네가 받은 저주를 가지고 지옥으로 떨어질지어다.

주님과 함께 나는 죽었고, 이제는 오직 주님이 나의 생명임을 선포하니 그의 피로 우리를 사서 하나님 아버지께 드리고 나라와 제사장으로 삼으신 주께 영광과 찬송과 능력과 존귀가 세세 무궁토록 있을지어다. 예수 죽음 내 죽음, 예수 부활 내 부활, 예수 생명 내 생명,

예수 거룩 내 거룩, 예수 능력 내 능력, 예수 지혜 내 지혜, 예수 천국
내 천국, 나의 전부가 되신 주님을 찬양합니다. 할렐루야! 십자가에
서 모든 것을 이루신 주님을 찬양합니다. 내 안에 믿음을 이루신 주
님을 찬양합니다. 완전한 복음을 주신 주님을 찬양합니다. 보혜사
성령님, 감사합니다. 예수님은 나의 생명이십니다. 주님, 모든 영광
을 받으시옵소서. 아멘."

- 잃은 땅과 기업을 대신 되찾아주는 '고엘'처럼 주님이 우리 생명을 대신 찾아주셨다. 그것을 믿음으로 받아 완벽히 취하라.

- 머리에 손을 얹고 죄를 전가함으로 아사셀 염소는 나 대신이 된다. 죄 짐을 지고 심판받고 끌려나가 죽음을 당해야 했던 나의 운명을 보여준다.

- 머리에 손을 얹고 죄를 전가함으로 속죄양은 나 대신이 된다. 내가 받을 심판을 대신 받고, 내 존재와 삶을 구성하는 모든 영역이 구석구석 해체되어 죽음에 이른다.

- 생명으로 생명을 갚는 이 대속을 이루려고 예수님이 오셨다. 완전한 사람이 되어 내 이름과 자격으로 와서 내가 받을 죄의 저주와 죽음을 대신 당하시고 그분의 부활 생명을 대신 주셨다.

- 구원은 믿음으로 이 죽음을 받아들이고 예수의 새 생명이 나 되어 사는 것이다.

· · ·

주님이 하셨습니다!

Part 3

복음의 축복

복음을 영화롭게 하라

복음의 조치 1 │ 새 생명과 약속

19
강

복음을
영화롭게
하라

복음의 조치 1

주님은 십자가의 권능으로 우리를 원수의 손에서, 흑암의 권세에서 건져내셨다. 주님이 우리의 존재를 무엇으로부터 건져내셨느냐 하는 이 일은 사실 주님이 이루신 일의 반을 말하는 것이다. 구원이란 무엇으로부터의 구원만이 아니라 무엇으로까지의 구원을 포함할 때 완전한 구원을 말하는 것이 된다. 이제 우리는 주님께서 완전한 구원으로 우리를 건져내신 이후의 삶으로 들어가야 한다. 십자가 너머에 이루어놓으신 일들, 복음 안에서 허락하신 축복이 무엇인지 아는 것은 정말 중요하다.

진정한 십자가는 우리를 죄에서 건져내는 능력일 뿐만 아니라 우리가 새롭게 얻은 생명과 그 생명으로 살아가는 중심에 있는 중요한 원리이자 기반이다. 믿음으로 산다는 것은, 주님이 나를 그 끔찍한 데서 건져주셨으니 이제 다시는 거기 빠지지 않도록 용을 쓰고 살아가야겠다고 해서 살아지는 삶의 질이 아니다. 알파요 오메가이신 주님은 대강 시작해놓고 나중에 감당이 안 돼서 후회하시는 분이 아니다. 처음부터 끝까지 어떤 대가가 지불되어야 하고 어떤 조치가 있어야 하는지를 완벽하게 아시고 준비해놓으셨다. 정말 감탄하지 않을 수가 없다.

믿음이란 복음 안에서 우리에게 허락된 축복, 주님께서 이렇게 완벽하게 이루어놓으신 것들을 누리며 살아가는 것이다. 아브라함이 믿음의 순종을 통해서 깨닫게 된 하나님은 준비하시는 하나님, '여호와 이레'의 하나님이시다. 하나님은 전지(全知)하시기 때문에 절대 놀랄 일이 없고 모든 것을 아신다. 주님은 그 능력과 사랑 안에서 모든 것을 준비하시는 여호와 이레의 하나님이시다. 성품상 그분은 준비하지 않으실 수 없는 분이다. 그 주님께서 십자가 이후의 삶에 준비해놓으신 놀라운 축복은 과연 무엇인가?

주님은 완전한 복음 안에 우리에게 주시는 축복을 조치(措置)해두셨다. 주님이 우리에게 주신 삶은 이전의 삶이 아닌 것이 분명하다. 십자가를 만나고 십자가를 통과하면 이전의 삶과는 전혀 다른 패턴, 전혀 다른 기반, 전혀 다른 삶의 가치, 전혀 다른 존재로 살아가게 된다. 이 부분을 확실하게 해주지 않으니까 이게 무슨 말인지 전혀 모르고 고작 술 담배 끊은 정도를 예수 믿어서 변화되었다고 생각하는데, 결코 그런 것이 아니다.

> 그런즉 누구든지 그리스도 안에 있으면 새로운 피조물이라 이전 것은 지나갔으니 보라 새 것이 되었도다 고후 5:17

"그런즉 누구든지 그리스도 안에 있으면", 복음 안에 들어오면, 십자가를 통과하면 "이전 것은 지나갔으니 보라 새 것이 되었도다", 얼마나 새롭게 되었느냐 하면 완전히 새로운 창조라는 말씀이다. 이전 것에 의지하여 그것을 확장하거나 개선시키는 정도가 아니라 재창조라고 할 만큼 기반 자체, 존재 자체가 달라졌다는 것이다. 나의 육체는 멀쩡히 눈뜨고 밥 먹고 움직이는 것 같지만, 내가 육체 가운데 사는 것은 "나를 사랑하사 나를 위하여 자기 몸을 버리신 하나님의 아들"의 그 새 생명으로 믿음 안에서 사는 것이다.

> 주의 영을 보내어 그들을 창조하사 지면을 새롭게 하시나이다
>
> 시 104:30

성령께서 우리 안에 완전하고 새로운 재창조의 역사를 이루신다. 십자가 사건을 통해서 이 복음을 근거로 성령이 우리 안에 완전한 새 사람을 지으신다고 말씀하신다.

> 살리는 것은 영이니 육은 무익하니라 내가 너희에게 이른 말은 영이요
>
> 생명이라 요 6:63

이 말씀은 유대인들이 도저히 이해할 수 없어서 이 말을 하시는 주님을 잡아 죽이려 했던 난해한 말씀이기도 하다. 예수님이 유대인들에게 "내가 진실로 진실로 너희에게 이르노니 인자의 살을 먹지 아니하고 인자의 피를 마시지 아니하면 너희 속에 생명이 없느니라"(요 6:53)라고 말씀하셨다. 이 말씀을 육적인 모태신앙들이 알아들을 리 없었다. "내 살을 먹고 내 피를 마시는 자는 영생을 가졌고 마지막 날에 내가 그를 다시 살리리니"(요 6:54), 멀쩡히 살아서 혈기 부리며 펄펄 뛰는 모태신앙들에게는 도저히 이해할 수 없는 말이었다.

1. 새 생명

우리의 생명이 육체의 생명만이 아닌 것은 우리가 이미 아는 바다. 육체는 그릇이다. 하나님께서 우리 안에 진정한 생명인 영의 생명을 지으셨는데, 우리가 허물과 죄로 죽어서 하나님께 온전한 원형으로 반응할 수 없게 되었기 때문에 살았다 하나 실상은 죽은 자이고, 십자가 이전의 삶은 모두 죽음이라는 것이 성경의 선언이었다.

그런 우리를 주님이 십자가를 통해 살리셔서 하나님에 대하여는 산 자요 죄에 대하여는 죽은 자로 변화시키셨다. 이전의 생명과는 그 근거와 존재가 다른 새 피조물이 되게 하셨다. 그러면 무엇으로 새롭게 지으셨는가? 새 생명을 주셔서 살리셨다. 복음의 축복을 온전히 누릴 수 있도록 주님이 우리에게 주신 새 생명의 특징은 무엇인가?

① 칭의의 생명(정죄함이 없음)

주님은 우리에게 정죄함이 결코 없는 칭의의 생명을 주셨다. 저주받은 옛 생명, 병든 자아는 두려움, 죄책감, 정죄감을 아예 받아놓은 생명이었다. 그런데 주님은 십자가를 통해서 결코 정죄함이 없고, 정죄당할까봐 두려워하지 않는 의로운 생명이 되게 하셨다.

> 1 그러므로 이제 그리스도 예수 안에 있는 자에게는 결코 정죄함이 없나니 2 이는 그리스도 예수 안에 있는 생명의 성령의 법이 죄와 사망의 법에서 너를 해방하였음이라 롬 8:1,2

우리는 보통 이 구절을 구원의 확신용으로 사용한다. 이제 결코 정죄함이 없다는 1절 부분만 잘라서 자기확신용으로 사용한다. 죄책감 떨어내는 데 혈안이 된 사람이라면 1절만 읽어야 부담이 없을 것이다. 그러나 성경 말씀은 문맥을 끊어서는 안 된다. 2절에 '이는'이라고 연결되는 말이 있으므로 1절과 2절을 같이 사용해야 한다. 어떻게 정죄함이 없는 생명이 되었느냐 하면, "이는 그리스도 예수 안에 있는 생명의 성령의 법이 죄와 사망의 법에서 너를 해방하였기" 때문이라는 것이다.

이전에도 실제로 죄와 사망의 법이 관념이나 이론 따위가 아니었다. 실제 죄와 사망의 법, 그 힘과 세력, 영향이 그대로 우리를 질질 끌고 다녔다. 그것과 동일하게 이제는 그리스도 예수 안에 있는 생명의 성령의 법이, 관념이나 중 염불이 아닌 실제 그 힘과 영향력으로 우리를 죄와 사망의 법, 그 영향력 아래서 건져내어 하나님의 거룩한 생명, 예수 생명으로 살아갈 수 있도록 하셨다. 그렇기 때문에 결코 정죄함이 없다. 아멘.

십자가는 하나님 편에서 일방적으로 우리에게 베풀어주신 완전한 의다. 그렇기 때문에 하나님이 십자가를 통해서 우리를 보실 때에는 우리를 의롭다고 선포하실 수밖에 없다. 하나님 편에서 이루어놓으신 것이자 이것을 '믿음으로 말미암는 화목제물'로 받는 전제에서 이루어졌기 때문에 모순이 일어날 수 없다. 하나님이 우리를 의롭다 칭하셨다는 말에는 하나님이 이루어놓으신 완전한 복음 안에서 우리가 의롭게 되었을 뿐만 아니라 거룩하게 살아갈 수 있는 생명으로 지어졌다는 의미도 포함된다. 그래야 하나님께 모순이 없다. 십자가 이전에도 거룩하시고 십자가 이후의 우리의 삶에도 거룩한 하나님이시다. 그러니까 하나님께서 우리를 완전하게 사죄해주셔서 의롭게 하시고, 우리가 그것을 실제로 누리고 살아가는 데에 효험이 있게 하셨기 때문에 칭의하심에 문제가 없다는 것이다.

> 죄가 너희를 주장하지 못하리니 이는 너희가 법 아래에 있지 아니하고 은혜 아래에 있음이라 롬 6:14

우리는 새로운 피조물이 되었다. 전에는 죄가 실제적인 영향력을 행사하며 우리를 질질 끌고 다녔기 때문에 바로의 권세 아래서 자유할 수 없었다. 그러나 이제는 죄가 우리를 주관할 수 없다. 홍해를 건넜다. 바로가 따라오지 못한다. 이제 우리가 법 아래 있지 않고 은혜 아래 있기 때문이다. 완전한 십자가의 은총 안에 있기 때문에 죄의 세력이 더 이상 우리를 잡아 흔들 수 없다. 이렇게 하나님의 은혜 안에 살아갈 수 있도록 주님이 조치해놓으셨다.

하나님은 당신 자신의 존재에 대한 모순을 일으킬 수 없는 분이며 하나님의 영원한 계획에도 결코 모순이 될 수 없다. 주님은 우리를 원수의 손에서 건져낼 뿐만 아니라 평생 하나님 앞에서 성결과 의로써 두려움이 없이 섬기게 하리라(눅 1:73-75) 약속하셨다. 하나님께서 우리가 그리스도 예수 안에 있는 생명의 성령의 법 안에서 성령으로 살아지는 예수 생명을 살도록 조치해두셨기 때문이다.

새 피조물이 되었다는 말은 새 생명이 되었다는 말이다. 그 생명의 첫 번째 특징은 칭의의 생명이다. 완전한 값을 치르고 법 아래에서 은혜 아래로 아예 나라를 옮겨버리심으로써 다시는 정죄받을까봐 두려워하지 않는 생명이 되었다고 선포하신다. 따라서 우리는 우리의 죄를 완전히 사해주신 것뿐 아니라 우리를 죄의 세력에서 해방하여 예수 생명으로 살아갈 수 있도록 해주신 것까지 믿어야 한다. 이것이 칭의의 생명에 대한 온전한 이해이다.

② 자녀 된 생명(신분)

15 너희는 다시 무서워하는 종의 영을 받지 아니하고 양자의 영을 받았으므로 우리가 아빠 아버지라고 부르짖느니라 16 성령이 친히 우리의 영과 더불어 우리가 하나님의 자녀인 것을 증언하시나니 롬 8:15,16

인간은 관계적인 존재다. 우리가 누군가와 관계를 맺을 때 신분은 매우 중요하다. 그렇다면 하나님과 나는 어떤 관계가 되었는가? 주인과 종의 관계인가? 아니면 심판관과 죄인의 관계인가? 주님이 새 생명 안에서 이루어주신 나의 신분은 바로 자녀의 신분이다. 자녀 된 생명이라는 말을 더 뚜렷하게 이해할 수 있도록 비교 대비한 것이 "너희는 다시 무서워하는 종의 영을 받지 아니하고"라는 구절에 나타난 종의 생명이다.

종이란 말은 당시 로마 시대를 배경으로 한다. 그 시대의 종은 나

귀와 별반 차이가 없었다. 있다면 말을 하고 못 한다는 정도다. 나
귀도 주인의 소유이고 종도 주인의 소유였다. 주인에게는 소유를 사
고팔고 죽이고 살리는 권한이 있다. 아무리 주인의 사랑을 많이 받
은 종이라도 종은 주인의 아들과는 다르다. 필요 유무에 따라 맺어
진 관계이기 때문에 재산으로 처분될 수 있는 불안정한 위치에 있다.
그런 의미의 종을 말한다. 그러니까 종은 언제 주인의 마음이 변할지
항상 불안하고 두려워한다.

　반면에 아들은 신분에 관한 한 무서워 떨 필요가 없다. 물론 부모
가 속상하면 "너, 내 자식 아니야, 나가!" 할 때도 있지만 그럴 때 진
짜 나갔다가는 "나가란다고 진짜 나가?" 그래서 또 혼이 난다. 이
신분은 떨어지려야 떨어질 수 없는 완전한 신분이다. "성령이 친히 우
리의 영과 더불어", 그러니까 우리의 영을 격려해서 큰 소리로 "아빠"
하고 부르짖게 하신다. 아빠는 친아버지를 부르는 말이다. '나 같은
놈이 자식이야? 난 틀렸어' 하고 주저앉을 때 성령이 충동을 일으켜
서 "아니야, 아빠야!" 하고 소리치게 하신다.

　이렇듯 하나님이 십자가 안에서 우리에게 주신 새 생명은 자녀 된
생명이다. 물론 이것은 십자가를 통과하여 성령으로 거듭난 생명에
게 주어진 것이다.

　영접하는 자 곧 그 이름을 믿는 자들에게는 하나님의 자녀가 되는 권
　세를 주셨으니 요 1:12

예수 그리스도를 받아들였다는 말은 하나님의 자녀 되는 권세를 받았다는 것이다. 자녀의 권세는 그 어떤 것으로도 주고받고 사고팔 수가 없다. 자식이든 부모든 서로를 부인할 수가 없다. 잘해도 잘못해도 언제나 부모와 자식이다. 이 관계는 상황에 따라서 붙고 떨어질 수 없다. 어느 때는 화가 나고 속상해서 입으로 부인하는 말도 하지만 그런 말 한마디에 절대 끊어질 수 없다. 이것이 우리를 얼마나 안전하게 하는지 모른다.

그 기쁘신 뜻대로 우리를 예정하사 예수 그리스도로 말미암아 자기의 아들들이 되게 하셨으니 엡 1:5

기뻐하라! 그리스도로 말미암아 하나님의 자녀가 되게 하셨다. 우리 안에 주신 이 새 생명, 복음 안에서 허락된 축복이 얼마나 안전한지, 천지가 다 없어져도 아버지와 우리의 관계는 흔들리거나 변하지 않는다. 이것이 자녀 된 권세다.

자녀를 키우다보면 참 재미있다. 똑같은 엄마 아빠 사이에서 태어났지만 다섯 손가락 크기가 다 다르듯이 아이들이 제각각 다르다. 그중에 막내가 재미있다. 옛 어른들 말씀에 내리사랑이란 말이 있다. 그 말은 아래로 내려갈수록 더 사랑한다는 말이 아니다. 다 똑같이 사랑하는데 부모로서 경험이 쌓이고 늦게 낳다보니 자식 생각하는 마음이 뭔가 더 애틋하다는 것이다. 보통 막내가 이런 부모의 심정을 귀신같이 안다. 그래서 그런지 우리집 막내가 도대체 부모를 겁내지 않았다.

　생각해보면 첫 아들은 참 엄하게 키웠다. 나도 처음 부모가 되어 혈기방장하던 초보 아빠이다 보니 첫 아들이 완전 실험대상이 된 것이다. 내가 새벽기도 빠지면 죽는 줄 알고 자랐기 때문에 첫째도 갓난아이 때부터 엄마 등에 업혀서 새벽기도를 나가야 했고, 아장아장 걷기 시작했을 때는 제 발로 걸어서 주님 앞에 나가야 된다고 해서 잠이 안 깬 채 어른 손에 매달려서 새벽기도에 나왔다. 만약 예배 시간에 울기라도 하면 어떻게 거룩한 예배를 방해할 수 있느냐고 단단히 혼이 났다.

　큰애들을 야단칠 때는 정의감에 불타서 동정심을 억누르고 매도 들 수 있었는데, 막내 버르장머리를 고쳐주려고 근엄한 표정으로 기다리고 있다가도 막내가 문을 열고 "아빠!" 이러면서 들어오면 갑자기 웃음이 나와 차마 때리기 어려웠다. 게다가 아이들에게 점수가 행복의 조건은 아니라고 가르쳤더니 우리 애들은 점수에 매우 자유로운데 막내는 더 심했다. 초등학교 때인가 한 번은 선생님이 사인을 받아오라고 했다고 시험지를 불쑥 내미는데 100점 만점에 20점 맞은 시험지였다. 그런데도 아무 거리낌이 없이 상장 내놓듯 당당하다. 하도 어처구니가 없어서 "야, 점수가 행복의 조건은 아니지만 이건 너무 심한 거 아니냐?" 했더니 자기가 오히려 충격을 받은 표정을 하며 "아빠…. 그게 얼마나 받기 어려운지 아세요?"라고 한다.

　너무 당당해서 이제 내가 더 당황스럽다. 아무리 성적에 자유해도 이렇게까지 개기는 것은 잘못이고 상황은 분명히 야단맞을 만한 상황인데 너무 당당하니까 웃을 수도 때릴 수도 없어 우물쭈물하고 있는데, 갑자기 내 턱 밑에 손을 모아 내밀더니 "아빠, 천 원만!" 그래서 "어, 천 원? 왜? 줘? 천 원…" 이러다가 아이 손에 천 원을 쥐어주니 문을 탕 닫고 나가버렸다. 순간 내가 속았다는 생각이 딱 들었다. 적반하장도 유분수지. 아들의 권세를 주셨다는 것이 하나님께 그렇게 하라는 말은 아니다. 그렇지만 어떤 경우에도 떨어질 수 없는 신분이 이 자녀 된 신분이라는 것이다.

③ 상속자의 생명(기업)

> 자녀이면 또한 상속자 곧 하나님의 상속자요 그리스도와 함께한 상속자니 우리가 그와 함께 영광을 받기 위하여 고난도 함께 받아야 할 것이니라 롬 8:17

주님이 주신 새 생명은 상속자의 생명이다. 이것은 '기업'을 말하는데 주님이 십자가로 말미암아 우리에게 허락하신 자녀의 신분은 그냥 자녀가 아니라 상속자라는 것이다. 로마인들은 적자생존의 원리를 갖고 있어서 아주 냉혹했다. 자식을 낳고 후사를 택할 때 정 제자식이 마땅하지 않으면 차라리 양자(養子)를 들이는데 우리가 생각하는 양자와는 다르다. 그 가문을 이어갈 만한 실력자를 뽑아서 완전히 적자(嫡子)로 삼는다. 그래서 자녀라고 다 자녀가 아니라 후사, 즉 상속자가 된 자녀는 다른 것이다. 하나님이 우리에게 주신 자녀의 신분이 바로 상속자라는 것이다.

하나님의 상속자인데다가 그리스도와 함께한 상속자다. 예수님은 "하늘과 땅의 모든 권세를 내게 주셨으니"라고 하셨다. 예수 그리스도 안에서 이 상속을 함께 받는 자로서 우리의 생명과 신분을 바꿔 주신 것이다. 이것은 실감할 수 있는 내용이 아니라 믿어야 될 내용이다. 그리스도와 함께한 상속자이기 때문에 그리스도가 누리는 그 영광을 우리가 함께 누리게 된다. 그리스도와 함께 그리스도 수준의 영광을 누릴 수 있는 생명을 주셨다! 기뻐하라!

물론 기뻐할 수만은 없는 게 영광 다음에 따라오는 "고난도 함께 받아야 할 것이니라"라는 구절 때문이다. 우리는 고난받을 짓만 골라 하면서도 고난받기를 죽기보다 싫어한다. 그러나 예수님과 함께 고난받는 것은 엄청난 특권이다. 생각해보라. 물론 기쁜 소식을 함께 나눌 친구도 진정한 친구일 수 있지만, 사실 내가 가장 힘들 때 생각나고 힘든 일을 함께 나눌 수 있는 친구가 진정한 친구 아닌가. 예수님과 영광을 함께하고 고난도 함께 받을 수 있다는 것은 가장 영광스러운 신분의 대접이다. 그러니 다시 기뻐하라!

생각하건대 현재의 고난은 장차 우리에게 나타날 영광과 비교할 수 없도다 롬 8:18

우리는 고난을 매우 싫어한다. 그러나 고난을 사랑하라. 고난받을 짓은 그치고 고난이 오거든 기뻐하라. 주님은 우리를 영광과 함께 고난도 같이 받는, 예수님과 공동운명으로 바꾸어놓으셨다.

　이제 이 완전한 새 생명이면 주님이 십자가 너머에 펼쳐놓으신 복음 이후의 삶과 그 축복을 능히 누릴 수 있겠는가? 아멘이다! 그런데 만약 우리에게 노력해서 이 생명의 질을 달성하라고 하셨다면 가능했겠는가? 절대 불가능한 일이다. 이 새 생명은 하나님께서 일방적으로 이루어놓으신 은혜로 주신 새 생명이다. 주님이 그런 조치를 해놓으셨기 때문에 이 새 생명으로 우리는 주님의 복음의 영광과 능력과 축복을 누릴 수 있게 된 것이다.

2. 권능 있는 약속

복음의 축복은 하나님께서 권능 있는 약속으로 보장해놓으신 십자가 너머 무한대의 삶이다. 하나님의 축복을 우리가 안전하게 누릴 수 있도록 주님이 권능의 약속으로 보장하셨고, 그것은 믿음으로 누리는 한 흔들릴 수 없고 빼앗길 수 없는 축복이다.

　주님이 권능의 약속으로 조치해놨다고 하면 '현찰 아니고 또 약속?' 이럴 수 있는데 이것은 우리 식의 생각이다. 유한한 우리에게는 약속이 별 의미가 없다. 약속해놓고도 다 취소하고, 다 뻥이고, 솔직히 지킬 능력도 없다. 입차게 떠들어봤자 상황 바뀌면 말짱 도루묵이다. "검은 머리 파뿌리 되도록 서로 부부의 대의를 지키며 살자" 하고 결혼 서약을 했지만 부부싸움이라도 하고 완전히 엉망진창일 때 그 약속이 도움이 되던가? 서약을 한들 아무 효력이 없다. 우리는 약속을 지킬 능력도 없고 그럴 수 있는 존재도 못 된다.

그러나 하나님은 다르시다. 하나님은 말씀으로 만물을 창조하셨다. 능력의 말씀으로 만물을 붙드시며 말씀으로 만물을 다스리신다. 그래서 성경은 "천지가 없어지기 전에는 율법의 일점 일획도 결코 없어지지 아니하고 다 이루리라"(마 5:18), "그러므로 모든 육체는 풀과 같고 그 모든 영광은 풀의 꽃과 같으니 풀은 마르고 꽃은 떨어지되 오직 주의 말씀은 세세토록 있도다"(벧전 1:24,25)라고 말씀한다. 영원하신 이 말씀, 능력과 창조의 이 말씀으로 우리의 삶을 보장해놓았다면 그것은 완전하다. 그 어떤 보장보다 가장 완전한 보장이다.

이 약속의 말씀이 얼마나 대단한지, 주님이 말씀으로 만물을 붙든다는 사실을 성경을 통해 알 수 있다. 시편 104편 9절에 "주께서 물의 경계를 정하여 넘치지 못하게 하시며 다시 돌아와 땅을 덮지 못하게 하셨나이다"라는 말씀이 있다. 지구는 모든 바다 수면의 높이가 같다. 그래서 해수면을 기준으로 육지나 산의 높이를 말할 때 해발(海拔) 몇 미터라고 한다. 수평선도 어디나 정확히 정해져 있다.

주님이 바다의 경계를 정하여 넘어오지 못하게 하셨는데, 우리가 보기에 바다가 넘어오지 못하는 것은 바닷가 모래사장인 것처럼 보인다. 모래는 애들이 만지기만 해도 부스러진다. 반면 바다의 힘은 무시무시하다. 어마어마한 대양에서 일어나는 파도의 힘이 얼마나 센지 수십 톤 되는 배를 종잇조각처럼 흔들다가 깨뜨려버릴 수도 있을 정도다. 그런데 이 파도의 힘으로 모래사장을 넘지 못한다.

하루 종일 어마어마한 파도가 밀려와서 철썩 하고 덮치는 듯하다가는 쪼르르륵 미끄러지고, 쪼르르륵 미끄러지고 만다. 가만히 보고 있자니 마치 이런 소리처럼 들렸다. "한 번만 넘어가봐요. 한 번만 넘어가봐요." 하루 종일 그래도 결코 넘어오지 못한다. 그러나 이것은 모래사장의 모래를 넘지 못하는 것이 아니라 주님의 말씀을 넘지 못하는 것이다. "물의 경계를 정하여 넘치지 못하게 하시며" 주님의 이 말씀 한 절을 못 넘는 것이다.

그런데 우리는 말씀을 수없이 넘나들면서 산다. 간이 배 밖에 나와서 "내가 가요?", "꼭 가요?", "지금 가요?", "싫어요!" 이렇게 말하는 피조물은 우리밖에 없다. 천사가 기이하여 쳐다본다. 우리가 밟고 있는 이 땅이 언제 땅인가? 태초의 땅이다. 그러니까 우리는 지금 창세기 1장 말씀 위에 서 있는 것이다.

하나님의 말씀은 능력이 있어서 "있으라" 하면 그냥 있어야 한다. 무에서 유가 되어야 한다. 창조의 말씀이기 때문에 "빛이 있으라" 하시면 "갑자기 어떻게 나와요?" 이럴 수가 없고 그냥 곧바로 생기는 것이다. 이것이 주의 말씀이다.

마리아가 그것을 알았기 때문에 처녀가 아이를 낳는다고 하는데도 "주의 여종이오니 말씀대로 내게 이루어지이다"(눅 1:38)라고 대답한 것이다. 말씀의 능력을 묵상하다가 은혜를 많이 받았다. 예수님께서 비록 이 땅에서 우리와 똑같은 육신을 입고 사셨지만 성령의 능력을 힘입어 말씀을 선포하실 때 그 말씀의 위력이 대단했다. 파도가 거세게 일다가도 주님이 꾸짖으시면 금세 잠잠해졌다.

또 주님이 나사로의 무덤에 가신 적이 있다. 제발 와달라고 하는데 일부러 지체하시다가 나사로가 죽어서 나흘이 지났을 때 오셨다.

예수님이 무덤 앞에 이르러 돌을 치우라고 하시자 마르다가 원망이 뚝뚝 묻어나는 말을 했다.

"주여, 죽은 지 나흘이나 되어 벌써 냄새가 나나이다."

"네가 믿으면 영광을 보리라 하지 않더냐."

결국 예수님께 야단을 맞고 돌을 옮겨놓으니 예수님은 무덤을 향해서 마치 산 사람 깨우듯이 "나사로야, 나오라"라고 말씀하셨다. 이 말씀의 위력이 얼마나 대단한지, 죽어서 썩은 송장이 벌떡 일어나 수족을 베로 동인 그대로 나오지 않았는가. 주님이 "풀어놓아 다니게 하라"라고 하실 정도로 나오라고 하면 즉시 그냥 나오는 것이다.

이 말씀을 보며 '야, 주님의 말씀이 정말 대단하구나. 죽은 자를 자는 놈 부르듯 부르시는 주님이시니 죽고 살았다는 게 주님 앞에 별 문제가 아니구나. 나오라고 하시면 산 놈이든 죽은 놈이든 나와야 되는구나' 이렇게 묵상을 하다가 여기서 멈추지 않고 '만약 주님이 고유명사를 쓰지 않으시고 '죽은 놈은 나오너라' 했더라면 무슨 일이 벌어졌을까? 아담 이후로 죽은 놈들이 전부 다 '접니까?' 하고 일어나서 나오는 바람에 산 놈은 다 깔려죽고 송장들만 왔다 갔다 하는 일이 생기지 않았을까? 와, 주님의 능력이 대단하구나. 한 명 살리는 거나 수억을 살리는 거나 주님에게는 동일하구나' 이런 생각을 해보았다. 이 정도로 권능 있는 말씀이 우리에게 이 복음의 축복을 약속하고 보장해놓으셨다는 것이다. 말씀이면 충분하다.

하나님의 약속은 얼마든지 그리스도 안에서 예가 되니 그런즉 그로

말미암아 우리가 아멘 하여 하나님께 영광을 돌리게 되느니라

고후 1:20

성경 안에 존재하는 하나님의 모든 약속은 그리스도 안에서 이미 모든 결재가 완료되었다. 우리가 그것을 믿음으로 아멘 하여 모든 약속이 시행 가능하게 된 것이다. 그러니까 하나님의 모든 권능 있는 약속, 보장된 말씀은 곧바로 우리에게 "예"가 되어 그대로 효험이 될 수 있도록 완전히 조치되었다. 이것이 예수 그리스도의 십자가가 이뤄놓으신 일이다. 주님은 우리 삶에 필요한 모든 조치를 해두시고 권능의 약속으로 보장해놓으셨다. 이 조문 하나하나가 중요하다. 이 약속 하나하나를 붙들어야 한다. 믿음은 약속을 믿는 것이다.

보험을 들면 보험료만 내지 말고 보험 약관을 읽어보아야 한다. 아이가 선교사 훈련한다고 갈 때 유학생 보험을 들었다. 서류 준비상 필요하다고 해서 들었기 때문에 관심도 없고 읽어보지도 않았다. 그런데 갑자기 해외에서 어떤 일로 엄청난 비용이 들어갈 상황이 생겼다. 그때 유학생 보험이 생각나서 보험 약관을 읽어보는데 그 상황에 딱 맞는 조항이 있었다. 이 조항으로 보험회사에 접수하자 정당하게 보상 처리를 받을 수 있었다.

처음 보험에 들었을 때 보험 약관은 글자에 불과하다. 그러나 약관에 명시되어 있는 상황이 발생하는 즉시 해당 계약의 내용은 문장 하나하나가 그대로 현찰이고 서비스고 살아 있는 권리이다. 그런데 이 약관을 알아야 받아낼 수 있다. 보험 약관이 그런 것처럼 하나님

의 말씀은 죽은 글자가 아니다. 하나님의 약속은 예수 안에서 생생히 살아서 우리에게 효험이 되는, 현찰보다 더한 약속이다. 그 말씀에 어떤 약속이 담겼는지 우리 삶에 지금 당장 필요한 약속을 중심으로 간략히 살펴보고자 한다.

① 승리하는 삶

> 4 무릇 하나님께로부터 난 자마다 세상을 이기느니라 세상을 이기는 승리는 이것이니 우리의 믿음이니라 5 예수께서 하나님의 아들이심을 믿는 자가 아니면 세상을 이기는 자가 누구냐 요일 5:4,5

첫 번째로 약속해주신 것은 승리하는 삶이다. 이 세상에서 세상 신(神), 즉 사탄의 영향력 아래 살 때 우리는 세상에 속한 자였기 때문에 세상을 이긴다는 것은 불가능한 일이었다. "예수께서 하나님의 아들이심을 믿는 자가 아니면 세상을 이기는 자가 누구냐"(요일 5:5), 이 말씀은 그냥은 이길 수 없다는 말이다. 그런데 놀랍게도 "하나님께로부터 난 자마다 세상을 이기느니라…"(요일 5:4), 주님은 우리가 세상을 이기도록 단단히 조치해놓으셨다. 세상을 이기고 그것을 당당히 누리는 것은 오직 우리의 믿음이라고 하신다.

우리가 세상을 살아가면서 우리 힘으로 이기지 못해서 늘 실패하고 넘어졌던 영역들이 있다.

ⓐ 죄와 유혹

첫째, 죄와 유혹이다. 우리는 세상이 주는 죄와 유혹에 번번이 질 수밖에 없었다. 그런데 죄와 유혹에 승리하여 세상을 이기도록 해주셨다. "죄가 너희를 주장하지 못하리니 이는 너희가 법 아래에 있지 아니하고 은혜 아래에 있음이라"(롬 6:14). 이 말씀과 같이 우리를 죄와 사망의 법이라는 세상 영향력에서 은혜 아래로 완전히 옮겨주셨다. 이것이 십자가에서 이루어놓으신 일이다. 따라서 죄는 더 이상 우리에게 주장하거나 주인 노릇을 할 권리가 없다. 전에는 결심하고 빠져나오고 싶어도 바로가 시퍼렇게 살아 있어서 절대 거기서 빠져나올 수 없었다. 그러나 주님이 바로의 정수리를 깨버리셨기 때문에 이제 누가 붙들 수 없다. 따라오면서 겁을 주고 홍해 바다 앞에서 난리를 칠 수는 있지만 절대 하나님의 백성을 털끝도 건드릴 수 없다. 양 새끼 한 마리도 못 뺏는다. "하나님께로부터 나신 자가 그를 지키시매 악한 자가 그를 만지지도 못하느니라"(요일 5:18). 이것이 주님의 약속이다.

ⓑ 환난과 핍박

둘째, 환난과 핍박이다. 이 세상에서 우리는 늘 세상이 주는 고통과 고난 때문에 넘어지고 두려워했다. 그런데 주님은 "이것을 너희에게 이르는 것은 너희로 내 안에서 평안을 누리게 하려 함이라 세상에서는 너희가 환난을 당하나 담대하라 내가 세상을 이기었노라"(요 16:33)라고 하셨다. 주님은 우리를 이 세상에서 환난이 없는 무풍지대에 두겠다고 약속하신 적이 없다. 이 세상에 사는 한 우리는 세상의 환난과 풍파를 당할 수밖에 없다.

그러나 이제는 환난이나 풍파를 두려워하는 겁쟁이가 아니라 담대히 풍랑을 헤치고 나아가는 승리자로 살아가라는 것이다. 주님이 우리와 함께하시기 때문이다. 우리에게 이기라고 하시는 것이 아니다. 우리는 여전히 약하고 두려워할 수밖에 없다. 하지만 전에는 고아처럼 나 혼자 이 풍랑을 맞이해야 했다면 이제는 아니라는 것이다. 폭풍을 지날 때 주님이 당신의 날개 그늘 아래 우리를 품으시고 폭풍을 통과해버리신다.

ⓒ 열매에 대한 두려움

셋째, 열매에 대한 두려움이 있다. 세상을 살면서 우리가 항상 두려움과 염려로 초조해 하는 것이 바로 열매에 대한 두려움 때문이다. "이 가정을 잘 꾸려나갈 수 있을까?", "내 자식, 잘 키울 수 있을까?", "개척한 이 교회, 실패하면 어떡하지?" 등등 미래에 대한 두려움, 열매 맺을 수 없을 것 같은 두려움 때문에 우리는 전전긍긍하고 초조하다. 왜냐하면 열매 맺는 능력이 우리에게 없기 때문이다. 이것이 우리가 세상에서 질질 끌려다니는 원인 중 하나다. 불안하고 두려우니까 사람들을 의지하고 무리 속에 끼려 하고 하나님보다 자꾸 눈에 보이는 다른 대책을 세우려고 하는 것이 아닌가.

세상에서 늘 실패하던 이 영역에 대하여 주님은 이렇게 말씀하신다. "나는 포도나무요 너희는 가지라 그가 내 안에, 내가 그 안에 거하면 사람이 열매를 많이 맺나니 나를 떠나서는 너희가 아무것도 할 수 없음이라"(요 15:5). 우리는 아무것도 할 수 없지만 주님이 말씀하신다. "이제 열매는 네가 걱정할 일이 아니다. 너는 내 안에 거하기만 해라. 열매는 내가 맺게 할 것이다." 초조하고 두려운 것은 이제 나의 영역이 아니다. 할렐루야! 그러니까 걱정할 것이 없다. 성공일까 실패일까, 열매를 맺을까 못 맺을까 걱정하지 말고 이미 다 이겨놓은 것처럼 당당하게 믿음으로 선포하고 진리가 결론이라고 외치라.

② 풍성한 삶

> 도둑이 오는 것은 도둑질하고 죽이고 멸망시키려는 것뿐이요 내가 온 것은 양으로 생명을 얻게 하고 더 풍성히 얻게 하려는 것이라 요 10:10

두 번째, 풍성한 삶을 약속하셨다. 우리는 간신히 지옥에서 건져내어 목숨만 붙어 있는 사람들이 아니다. 삶의 전 영역에서 풍성하게 예수 생명을 누리게 하신다. 그러니까 예수 믿는 사람이 초라하고 쩨쩨하게 살 이유가 없다. 우리는 비록 이 땅을 디디고 살지만 얻어먹는 자로 사는 것이 아니라 하늘에 속하여 이 땅을 축복하고 통치하는 자로, 무명한 자 같으나 유명한 자, 가난한 자 같으나 많은 사람을 부요하게 하는 자, 아무것도 없는 자 같으나 모든 것을 가진 자로 살아가는 것이다. 주님이 이런 풍성한 삶을 약속해주셨다.

③ 권능의 삶

오직 성령이 너희에게 임하시면 너희가 권능을 받고 예루살렘과 온 유대와 사마리아와 땅 끝까지 이르러 내 증인이 되리라 하시니라 행 1:8

세 번째, 권능의 삶을 약속해주셨다. 주님은 내가 이 증인 된 삶을 살아갈 때 권능을 받고 증인이 되리라고 하셨지 증인이 되도록 노력하라고 하시지 않았다. 성령이 임하면 어떤 상황과 조건에서도 성령이 내 안에 진리가 실제 되게 하시고, 성령이 나를 감동하여 이끌어 가시면 권능 있는 증인이 될 수밖에 없다. 사람이 자기 속에 기쁘고 좋아서 미치는 일이 생기면 아무도 그것을 막을 수가 없다.

아들이 서울대를 수석으로 합격하면 이것을 말하지 않는 것이 어렵지 자랑하는 것은 절대 어렵지 않다. 다른 사람이 시험에 드니까 절대 말하지 말라고 하면 화병 걸려 죽는다. 성령이 임하고 권능을 받으면 전하는 것이 어려운 게 아니라 하지 않는 것이 어렵다. 그러니 복음을 내 아들 서울대 수석 합격한 것만큼이라도 실제로 경험했더라면 권능 있는 삶, 권능 있는 증인이 되지 않을 수 없는 것이다.

그런데 우리는 거꾸로 가르쳤다. "전도해라", "방법은 이렇다" 전부 하라는 당위성과 방법으로 몰아붙여서 짐만 잔뜩 지워놓았다. 좀 답답해도 자기가 소리 지르지 않고는 견딜 수 없을 만큼 복음의 내용을 채워줬더라면, 불이 붙었더라면, 속이 뒤집어졌더라면 말릴 수 없었을 것이다.

④ 내적 평안의 삶

6 아무것도 염려하지 말고 다만 모든 일에 기도와 간구로, 너희 구할
것을 감사함으로 하나님께 아뢰라 7 그리하면 모든 지각에 뛰어난 하
나님의 평강이 그리스도 예수 안에서 너희 마음과 생각을 지키시리라

빌 4:6,7

네 번째, 주님은 내적 평안의 삶을 보장해놓으셨다. 세상의 모든
종교나 정신 치료를 통해서 모든 인간이 원하는 것은 마음의 만족과
평안이다. 평안을 얻자고 그렇게 치열한 삶을 살지만 그렇게 해서는
절대 못 얻는다. 주님이 십자가에서 내적 평안의 삶을 이루어주셨다.
우리가 주님 안에서 성공하고 승리하는 것은 따 놓은 당상이다. 그
런데 거기에 갈 때까지 우리의 연약한 마음은 수없이 흔들리고 수많
은 선택의 기로에서 갈등한다. 그러나 주님은 아무것도 염려하지 말
고 오직 감사로, 흔들리지 않는 하나님의 자녀 된 신분으로 아버지
께 아뢰면 우리의 지각과 이해를 초월한 주님의 평강이 우리의 마음
과 생각을 지켜주실 것이라고 하신다.

⑤ 거룩한 삶

23 평강의 하나님이 친히 너희를 온전히 거룩하게 하시고 또 너희의 온
영과 혼과 몸이 우리 주 예수 그리스도께서 강림하실 때에 흠 없게 보

전되기를 원하노라 24 너희를 부르시는 이는 미쁘시니 그가 또한 이루시리라 살전 5:23,24

다섯 번째, 거룩한 삶을 약속해주셨다. 육체를 입고 죄 된 이 세상을 살아가는 동안 뭐니 뭐니 해도 제일 큰 부담이자 두려움은 우리가 과연 거룩한 삶을 살아낼 수 있을까 하는 것이다. 세상 속에 아주 파묻혀서 거의 죄의 장아찌로 노예가 되어 살아온 것이 우리의 과거와 근성이기 때문이다. 그 죄에 길들여진 육체에 거하면서 여전히 바뀌지 않는 이 세상 한복판에서 살아가는 우리에게는 거룩한 삶이란 어쩌면 바랄 수 없는 희망처럼 보일 수도 있다. 그래서 아예 '어떻게 거룩하게 살 수 있나, 거룩하게 살아보려고 노력하는 거지' 이런 식으로 대강 얼버무리고 보편적인 삶을 살면서 그것을 신앙생활이라고 해오지 않았는가.

그러나 성경은 분명히 말씀한다. "너희의 온 영과 혼과 몸이 우리 주 예수 그리스도께서 강림하실 때에 흠 없게 보전되기를 원하노라." 이것은 희망만이 아니다. 우리를 부르신 그분이 변함없고 완전한 분이시니 그가 이 일을 이루신다. 우리의 어떠함 때문이 아니라 십자가를 통해서 이루어놓으신 주님의 그 은혜와 능력으로 우리를 이 세상 가운데서 보존하시고 거룩한 삶을 살게 하실 것이다.

주님께서 권능의 약속으로 주신 축복을 다섯 가지로 살펴보았는데 이것만 있는 것은 아니다. 우리 삶에 필요한 모든 것들이 다 있지만 그중에 필요하다고 생각되는 몇 가지만 살펴본 것이다. 십자가를 통과한 사람에게는 이 모든 약속이 예수 안에서 전부 내 것이 되었다. 그러니까 보험 약관의 계약 조건을 살펴보듯이 성경에 있는 약속을 전부 내 것으로 취하여 때마다 순간마다 기회마다 이 약속을 찾아 먹어야 한다. 이렇게 할 때 하나님 아버지께 영광을 돌리게 된다. 기도를 해도 향방 없이, 문제해결 소원성취 때문에 날마다 중 염불하듯이 하는 수준을 벗어나야 한다. 하나님의 약속을 붙들고 그 약속의 수준만큼 우리가 그 약속을 믿음으로 취하며 예수 이름으로 받아 누리고 하나님의 나라와 그 뜻이 이 땅에 이루어지는 역사의 증인이 되어야 한다.

- 십자가는 우리를 죄에서 건져내는 능력이며, 새롭게 얻은 생명과 그 생명으로 살아가는 중심에 있는 중요한 원리이자 기반이다.

- 복음에는 하나님이 우리에게 주시는 축복이 조치되어 있다.

- 복음은 우리를 개선하는 정도가 아니다.

- 복음은 우리를 결코 정죄함 없는 칭의의 생명, 자녀요 상속자 된 생명, 예수님과 영광을 함께하고 고난도 함께 받을 수 있는 공동 운명으로 새롭게 재창조하셨다.

- 복음은 우리에게 죄와 환난과 두려움을 이기고 승리하는 삶, 풍성하고 거룩하며 권능과 내적 평안이 있는 삶을 약속하셨다.

- 복음은 이것을 권능 있는 약속의 말씀들로 조치하셨다.

• • •

주님이 하십니다!

복음의 영광!
복음의 능력!
복음의 축복!

복음의 조치 2 ｜ 두 원리

주께서 우리가 완전한 복음의 축복을 누릴 수 있도록 '새 생명'을 주시고 '권능 있는 약속'의 말씀으로 조치해주셨다는 것을 살펴보았다. 이것만 해도 완전한데 주님은 세 번째로 '두 원리'라는 안전장치까지 조치해두셨다.

원리를 알면 겁낼 것 없다

우리가 어떤 것을 누리게 되기까지 그것이 가능하도록 작동하는 패턴, 원리를 발견하는 것은 매우 중요하다. 현대 사회에서 전기에너지가 사라진다면 우리가 누리는 문명생활도 대부분 사라질 것이다. 그만큼 우리가 누리는 문명생활은 전기에너지에 상당히 의존하고 있다. 그런데 이 엄청난 전기에너지를 쓰기 시작한 것은 그리 오래 되지 않았다. 물론 주님은 전기에너지를 이미 창조 때부터 우주 안에 만들어놓으셨지만 인간은 그 원리와 사용 방법을 발견하지 못했다. 전기에너지를 어떻게 생성시키고 전달, 관리하는지, 전기에너지가 어떻게 빛, 열, 소리 등 다른 여러 에너지로 사용될 수 있는지는 창조 이후로 세월이 이만큼 지나서야 알게 된 것이다.

이미 창조해두셨는데 원리를 몰라서 쓸 수 없는 것은 에너지뿐 아니라 복음도 마찬가지다. 어마어마한 복음을 이미 다 준비해놓으셨지만 어떻게 하면 복음의 능력을 누리는지 그 원리를 모르니까 잔뜩 겁을 먹고 단지 "복음이 좋다더라, 능력 있다던데"라고 할 뿐 한 번도 써본 적이 없었던 것이다. 그만큼 원리를 발견하고 아는 것이 매우 중요하다.

복음은 보이지 않는 영적 실재부터 보이는 세계에 이르기까지 우리의 삶 전반을 다 포괄하기 때문에 복음에 관련된 것을 누리려 하다 보면 많은 일들이 일어난다. 특히 하나님을 떠나 있던 죄인들에게 혼란이 가장 많은 영적인 영역에 영적인 원리를 알지 못한 채 접근하는 것은 위험하다. 귀신이 역사하기 좋은 무대가 바로 '영적'이라는 말을 붙여서 장난질하는 곳이다. 드러나는 현상과 눈에 보이는 기이한 사건들에 속아 "어머나, 성령님인가보다" 하고 마음을 전부 내어주다가는 귀신에게 농락당하기 쉽기 때문이다. 그래서 이런 일들을 경험하다 보면 겁이 나서 뭔가 올인 해서 믿기가 어려워진다.

개발이 진행되고 있거나 중도에 멈춘 낙후된 나라들을 가보면 기반은 갖추었는데 관리가 안 되는 것을 볼 수 있다. 특히 도로는 분명히 뚫려 있는데 관리가 잘 되지 않아 여기저기 움푹 팬 구멍이나 웅덩이가 있어서, 이 도로에서 속도를 내서 달리다가 이런 구멍에 빠지면 큰 사고가 날 수 있다. 그러니 길이 좋아 보여도 불안해서 달릴 수가 없다. 신앙생활을 할 때 너무 믿으면 "미쳤다, 맹신이다, 과신이다" 하고, 덜 믿으면 "뜨뜻미지근하다"라고 한다. 열심히 믿어보려고 하는데 열심히 믿었다는 사람들이 나중에 이상한 짓하는 것을 본 사람들은 겁을 먹고 '에이, 말씀이 성령님이지' 그러면서 아예 성령을 도외시하고 철벽을 친다.

무조건 믿는다고 하고 희한한 현상이나 능력을 성령의 역사라고 펄펄 뛰며 반응하면서 진리의 말씀에는 도무지 관심이 없는 것도 문제요, 성령 자체를 아예 배척하고 아무 감동도 아무 능력도 없이 실제가 되지 못한 교리 타령만 계속하는 것도 문제다. 뼈다귀만 덜거덕거리며 돌아다니는 그런 예수님은 없다. 에스겔이 본 환상처럼 뼈만 맞아서 되는 것이 아니고, 힘줄이 생기고 살이 오르고 가죽이 덮인다고 다 되는 것도 아니다. 죽음을 당한 자에게 생기가 불어서 살아나게 하라 하지 않으셨는가. 하나님의 군대는 말로 교리로만 가르쳐서 죽은 송장처럼 만드는 것도 아니요, 내용도 없이 현상만 떠들고 다니는 것도 아니다. 이것도 저것도 아니고 오직 상식과 통박으로 문제를 해결하고 성경은 그저 액세서리에 불과한 채 세련되게 교제나 하는 것도 아니다.

이런 여러 신앙의 행태 속에서 별의별 사람들을 다 경험하다보니까 나중에는 뜨뜻미지근해서 너무 믿지도 않고 아주 미끄러지지도 않는 그런 사람이 된다. 주님께 너무 가까이 가면 데어죽을까 봐, 너무 멀리 따르면 주님이 모른다고 하실까 봐, 그래서 주님이 돌아보면 언제든지 보이는 자리에 있지만 그러나 잡으려고 하면 결코 잡히지 않는 자리에서 썩은 새끼줄 끊어지지 않을 만큼의 긴장을 유지하며 귀신같은 신앙생활을 한다.

이 두려움의 근저에 많은 원인이 있겠지만, 그것은 어떤 원리로 복음을 누릴 수 있는지 모르기 때문이다. 복음이 그렇게 조심스럽고 어려운 것이라면 그것을 어떻게 누릴 수 있겠는가. 복음을 누리는 것이 그렇게 복잡하고 힘들다면 그것을 어떻게 복음이라고 주셨겠는가?

위험하기로 치면 전기도 어마어마하게 위험하다. 우리도 젖은 손으로 전기기구만 한 번 잘못 만져도 겁에 질려서 다시는 전기 근처에 가지 않는다. 하지만 불필요하게 두려워할 필요가 없고 객기를 부리며 무리하게 장난칠 필요도 없다. 남용해도 문제고 겁먹고 벽을 쳐도 문제다. 두려워 전전긍긍해서는 복음이 될 수 없다. 그래서 원리를 알아야 한다. 원리를 알면 겁내지 않고 전기를 마음껏 끌어다 쓰며 혜택을 누릴 수 있는 것처럼 신앙생활에서도 두 가지 원리를 굳게 붙잡으면 마음 놓고 믿음의 무한 질주를 할 수 있다.

복음의 조치 2

1. 두 원리

어떻게 믿어야 하는지 원리를 몰라서 이 완전한 복음 누리기를 주저하지 말라. 흔들릴 수 없는 원리, 그 진리에 깊이 뿌리를 박고 질주하라. 주님은 우리가 담대하게 무한 질주하며 믿을 수 있는 원리 두 가지를 준비해놓으셨다.

> 23 오직 너희의 심령이 새롭게 되어 24 하나님을 따라 의와 진리의 거룩함으로 지으심을 받은 새 사람을 입으라 엡 4:23,24

우리의 옛 사람과 완전히 변화된 새 사람을 특징짓는 말이 여기에 등장한다. 십자가를 통과한 자라면 주님이 이루신 십자가의 믿음 안에서 옛 사람을 벗어버리고 새 사람을 입는다. 이 새 사람이 어떤 원리로 움직이며 어떤 특징을 갖느냐 하면 "하나님을 따라", 하나님의 형상이기 때문에 모델은 하나님이다. "의와 진리의 거룩함으로 지으심을 받은 새 사람을 입으라", 새 사람은 '의'와 '진리'의 거룩함으로 지음을 받았다는 것이다.

> 지금 내가 여러분을 주와 및 그 은혜의 말씀에 부탁하노니 그 말씀이 여러분을 능히 든든히 세우사 거룩하게 하심을 입은 모든 자 가운데 기업이 있게 하시리라 행 20:32

이 말씀은 사도 바울이 에베소교회의 장로들에게 전하는 고별 설교의 일부이다. 심혈을 기울여서 목회했던 에베소교회를 떠나며 이제 다시 볼 수 없을지도 모르는 가운데 아직 경험이 많지 않은 이 어린 교회를 에베소라는 이교적이고 현란한 죄악의 도시에, 그 환난과 유혹의 한복판에 두고 가려니 아이를 물가에 내놓은 어미의 심정처럼 바울의 마음이 착잡했다. "누구에게 이 교회를 맡길 것인가? 누구여야 안심이 되는가?" 고민하고 기도하던 중에 결론이 났다. 그의 심정이 32절의 고백에 드러나고 있다.

"지금 내가 여러분을 주님과 그 은혜의 말씀에 부탁한다."

선교지에서 선교사님들이 안식년 하기가 아주 어렵다고 하는 고민을 들었다. 그동안 애써 일군 이 교회를 1년 동안 누구에게 맡기고 가느냐는 것이다. 1년 동안 무슨 일이 일어날지 불안해서 안식년을 못하는 분이 많다. 이것은 교회도 마찬가지다. 1년 안에 무슨 일이 일어날지 알 수 없기 때문이다. 어떤 이리가 들어와서 흔들어댈지, 또 어떤 문제가 생겨서 서로 싸우고 어려움이 생길지 너무 불안한 것이다.

바울도 누구에게 교회를 맡기고 어떤 후계자를 세울 것인지, 어떻게 해야 교회를 안전하고 튼튼히 지킬 수 있을지 고민했다. 그런데 결론이 분명히 났다.

"내가 너희를 사람 누구에게 부탁하지 않는다. 주님과 및 그 은혜의 말씀에 너희를 부탁하노니 이 말씀이 너희를 능히 든든히 세울 것이다. 나는 두려워하지 않는다. 세상 한복판에 너희를 두고 가도 나는 당당히 의뢰하는 것이 있다. 나는 주님의 몸 된 교회를 다른 자에게 부탁하지 않는다. 주님과 및 그 은혜의 말씀께 부탁한다."

사도 바울은 다른 누가 아니라 '주'와 그 은혜의 '말씀'에 맡기기로 한다. 주님이 복음을 안전하게 누리도록 준비해두신 원리 중 첫 번째는 '주님의 공로'이고 두 번째는 '주님의 말씀'이다. 이 두 원리를 굳게 붙잡고 이 원리 안에 견고히 서 있으면 어떤 시험과 유혹이 와도 미혹당하지 않는다. 두 원리를 굳게 잡은 사람은 눈치 보고 상황에 흔들리지 않으며 믿은 바대로 당당하게 질주할 수 있다.

① 주님의 공로

너희는 그를 죽은 자 가운데서 살리시고 영광을 주신 하나님을 그리

스도로 말미암아 믿는 자니 너희 믿음과 소망이 하나님께 있게 하셨 느니라 벧전 1:21

"하나님을 그리스도로 말미암아 믿는 자니", 하나님을 누구로 말미암아 믿는가? 우리가 하나님을 믿는 근거는 철저하게 예수 그리스도시다. 유대인도 유일신 여호와 하나님을 믿지만 그들이 바르게 하나님을 믿느냐 하는 척도는 예수 그리스도를 통해서 믿느냐는 것이다. 하나님을 믿는다고 하면서 예수 그리스도를 어떻게 대하는지 보면 어떤 하나님을 어떻게 믿고 있는지 정확히 알 수 있다. 바로 예수 그리스도에 대한 태도가 시금석이다.

주님도 "나로 말미암지 않고는 아버지께로 올 자가 없느니라"(요 14:6), "나를 본 자는 아버지를 보았거늘"(요 14:9)이라고 말씀하셨다. 만일 예수 그리스도를 통하지 않고 주님과 교제를 한다거나 십자가의 예수 그리스도라는 이 공로 없이 주님과 신령한 교제를 나눈다고 하면 착각이다. 예수 그리스도 없이 하나님을 깊이 연구해서 잘 안다고 하는 것은, 미안하지만 다해봐야 유대인 꼴이 되는 것이다. 우리는 예수 그리스도를 통해서만 하나님과 바른 믿음의 관계가 될 수 있다.

22 거짓말하는 자가 누구냐 예수께서 그리스도이심을 부인하는 자가 아니냐 아버지와 아들을 부인하는 그가 적그리스도니 23 아들을 부인하는 자에게는 또한 아버지가 없으되 아들을 시인하는 자에게는 아버

"예수께서 그리스도이심을 부인하는 자", 성경은 이런 자가 거짓말하는 자라고 말씀한다. "아들을 부인하는 자에게는 또한 아버지가 없으되", 성경은 분명히 이렇게 말씀한다. 우리 신앙의 터가 되는 '교회'란 무엇인가? '에클레시아'라는 헬라어 원어로 보면 "세상으로부터 불러냄을 받은 무리"라고 할 수 있다. 하지만 주님은 더 분명한 대답을 해주셨다. "너희는 나를 누구라 하느냐"라고 주님이 제자들에게 물으실 때 베드로가 "주는 그리스도시요 살아 계신 하나님의 아들이시니이다"라고 고백했다. 주께서 이 고백을 받으시고 "내가 이 반석 위에 내 교회를 세우리라"라고 말씀하셨다.

그러니까 철저하게 하나님을 예배하고 경배하며 하나님의 자녀 된 권리를 누리며 살아가는 신앙생활의 중심, 교회의 정체성의 기반은 바로 예수가 그리스도이시고 그가 살아 계신 하나님의 아들이라는 이 신앙고백이다. 이 고백이 중심이며 생명이고 원동력이다. 이것이 전부이다. 이것을 근거로 하지 않는다면 그 어떤 것에도 관심을 두지 말고, 속지 말고, 놀라지도 말라.

그러니 어떠한 영적 현상에도, 모든 신학적 이론 앞에서도 주눅 들지 말라. 정확하고 분명한 것은 성경이 말하는 예수가 그리스도이시라는 것이다. 십자가의 교리상 그렇다 치고 넘어갈 일이 아니다. 성령님에 관해서든 성경이나 교회 교리에 대해서든 무슨 말을 하더라도, 그 기반 자체가 분명히 예수 그리스도이신지, 그 논리와 이론과 현상에서 예수 그리스도를 빼면 그것이 다 무너질 만큼 그리스도가 완전히 그 중심이 되어 계신지를 분명히 보아야 한다.

교리는 드러나기 때문에 비교적 분별하기 쉬운데 사람들이 관심을 갖는 현상이나 능력과 같은 영적인 일, 특히 성령님에 관한 일은 그 현상과 능력만으로 분별하기 어렵다. 또한 현상으로 분별하는 일은 어리석은 짓이다. 그것이 귀신의 짓인지 성령이 하시는 일인지 알 수가 없다. 방언이나 치유는 기독교에만 있는 것이 아니다. 예전에 캐나다 퀘벡에서 어느 성당에 간 적이 있다. 복음과 상관이 없는 가톨릭 성당이었는데 수많은 기적이 일어났다는 증거로, 목발을 짚고 왔다가 다리가 나아 그들이 버리고 갔다는 목발을 얼마나 많이 전시해 놓았는지 모른다.

이렇게 현상 가지고 안 된다면 도대체 무엇으로 성령님이냐 아니냐를 구분할 수 있는가? 성령님에 관해서 이야기한다고 할 때에도 영적인 현상에 놀라거나 두려워하거나 경외하지 말라. 성령님이 하시는 사역은 분명히 십자가와 그리스도가 중심이 되고 드러나게 되어 있다. 이것을 확실히 봐야 한다. 성령님은 철저히 그리스도를 증거하신다.

내가 어느 집회에서 복음을 전하고 쉬는 시간에 차를 마시는데 어떤 분이 아주 충격을 받은 표정으로 다가와서 이렇게 말했다.

"저는 하나님 아버지도 알고, 성령님과 친밀한 교제를 누린다고 지금까지 확신하며 살아왔습니다. 아버지를 늘 가까이 느끼고 성령님과 늘 친밀한 교제를 누리며 사역해왔는데 이번에 말씀을 듣다보니 저에게 아버지가 있고 성령님은 있는데 어떻게 이렇게 예수님이 쏙 빠졌지요?"

이분이 성령 사역을 하시는 분인데 너무 충격을 받고 하시는 말씀이었다. 누가 뭐라고 판단하거나 정죄해서가 아니라 본인이 말씀을 듣다가 깨달은 것이다. 정확히 기억하셔야 한다. 영적일수록 철저하게 그리스도와 십자가가 중심이 되어야 하고 그리스도와 십자가가 드러나야 한다. 교회 역시 철저히 그리스도가 아니고는 설명이 될 수 없어야 한다. 교회가 그리스도 중심, 십자가가 중심이 된 실제적인 움직임이 아니라 조직이나 시스템이나 프로그램으로 설명되는 곳이면 큰일 난다. 십자가로 설명될 수 없는 조직이라면 삼가 조심해야 한다. 그리스도로 말미암아 하나님을 믿을 때 그 믿음이 온전한 믿음이 된다. 성부 성자 성령 삼위 하나님이 영원히 우리와 함께하시는 이 임마누엘의 축복은 철저히 그리스도 중심으로만 가능하다.

ⓐ 교회의 중심

교회란 그리스도 없이 존립할 수 없다. 성경에서 교회를 건물로 비유하면 그리스도는 기초요, 인체로 비유하면 머리이다. "이 닦아둔 것 외에 능히 다른 터를 닦아둘 자가 없으니 이 터는 곧 예수 그리스도라"(고전 3:11)라고 했다. 십자가의 그리스도라는 터가 아닌 곳에 세워진 교회는 기독교라는 이름으로 세워졌다고 해도 하늘나라와 전혀 상관없는 것이니 결코 속지 말아야 한다. 십자가의 예수 그리스도를 빼놓고 교회가 설명될 수 있는가? 불가능하다.

20 너희는 사도들과 선지자들의 터 위에 세우심을 입은 자라 그리스도 예수께서 친히 모퉁잇돌이 되셨느니라 21 그의 안에서 건물마다 서로 연결하여 주 안에서 성전이 되어 가고 22 너희도 성령 안에서 하나님이 거하실 처소가 되기 위하여 그리스도 예수 안에서 함께 지어져 가느니라 엡 2:20-22

"너희는 사도들과 선지자들의 터 위에 세우심을 입은 자라", 여기서 사도들과 선지자들의 터 위에 세우심을 입었다고 했는데, 이 사도들과 선지자들은 누구에 대한 사도와 선지자인가? 예수 그리스도이다. 그 그리스도 예수께서 친히 이 하나님의 교회에 모퉁잇돌이 되셨다. 성전이라는 가시적인 건물을 예로 들어 설명하는데 그분은 모퉁잇돌이기도 하지만 그분 안에서 건물마다 서로 연결하여 성전이 되어 간다. 건물이 이어지는 모든 중요한 요소마다 그리스도 없이는 연결이 불가능하다. 그리고 "너희도 성령 안에서 하나님이 거하실 처소가 되기 위하여 그리스도 예수 안에서 함께 지어져 가느니라", 그리스도 없이 터가 없으며, 그리스도 없이 모퉁잇돌이 없으며, 그리스도 없이 건물이 연결될 수 없으며, 그리스도 없이 함께 지어져 가고 완성되기는 불가능하다는 것이다.

그러므로 교회를 설명할 때 십자가의 예수를 쏙 빼놓고도 얼마든지 든든하게 잘 세워지고 얼마든지 조직으로 버틸 수 있다는 것은 부러워하거나 궁금해할 일이 아니고 모델 삼을 일도 아니다. 예수 그리스도 없이, 운영되는 당회는 별 가치가 없다. 예수 그리스도 없이, 잘 운영되는 조직이나 교단이라면 삼가 조심하라. 그리스도 없이 그리스도에게 복종할 수 없는, 그리스도가 실제가 되지 않는 곳은 어떤 곳이라도 죽은 조직이다. 이런 곳은 하나님나라와 별 상관이 없다. 아닌 것은 반드시 아닌 것으로 드러난다. 별 볼 일 없는 유혹이나 도전에도 와르르 무너지는 것을 역사가 이미 밝혀주었다.

　교회는 그리스도의 생명 없이는 설명될 수 없어야 한다. 십자가의 그리스도를 빼놓았다면 조직도 무너져야 한다. 그리스도의 십자가가 중심이 되지 않는 관계는 깨져야 한다. 반대로 어떤 불가능한 도전이나 서로 다른 점이 있더라도 그리스도 예수와 십자가 앞에서는 무릎 꿇고 하나가 될 수 있어야 한다. 이것이 그리스도의 생명이 실제가 된 교회이다.

　그리스도인이라고 말할 때는 그의 사상도 예수 없이 설명할 수 없고, 그의 정서와 의지도 예수 없이 말할 가치가 없다. 그들의 소망도 그들의 능력도 그들의 사상도 그들의 철학도 그들의 힘도 그리스도로만 설명되는 그런 사람들이 그리스도의 사람, 그리스도인이라고 할 수 있다. 다윗은 "나의 힘이신 여호와여 내가 주를 사랑하나이다"(시 18:1)라고 고백했다. "주님 없이 나는 아무것도 할 수 없고, 주님 없이 한 걸음도 갈 수 없습니다. 주님 없는 모든 삶은 헛됩니다." 이것이 그대로 자신의 고백이자 전부인 사람이 그리스도인이다.

　ⓑ 영성의 중심

　히브리서는 구약적인 용법을 사용하여 대제사장, 제물, 제사 등의 개념이 오늘날 그리스도 예수의 십자가에서 어떻게 성취되었고, 어떤 영적 의미가 완성되었는지를 해석해준다.

14 그러므로 우리에게 큰 대제사장이 계시니 승천하신 이 곧 하나님의 아들 예수시라 우리가 믿는 도리를 굳게 잡을지어다 15 우리에게 있는 대제사장은 우리의 연약함을 동정하지 못하실 이가 아니요 모든 일에 우리와 똑같이 시험을 받으신 이로되 죄는 없으시니라 16 그러므로 우리는 긍휼하심을 받고 때를 따라 돕는 은혜를 얻기 위하여 은혜의 보좌 앞에 담대히 나아갈 것이니라 히 4:14-16

우리에게 큰 대제사장이 계신다. 그분은 구속을 완성하고 승천하신 자, 곧 하나님의 아들 예수시다. 옛날에는 대제사장이 없이는 하나님 앞에 나아가거나 하나님 앞에 나아가 사죄를 얻는 일이 불가능했다. 그런데 우리의 연약함을 돕고 체휼하시는 분, 우리를 너무 잘 아시는 그분이 우리의 연약함을 모두 다 대신 짊어지시고 영원한 대제사장의 직무를 완성하셨다. 하나님과 사람 사이를 중보하는 자가 제사장이 아니겠는가. 진정한 대제사장이 되신 예수 그리스도로 말미암아 우리가 은혜의 보좌 앞에 담대히 나아갈 수 있게 되었다.

나의 영성이나 대단한 그 무엇으로 나아가는 것이 아니다. 철저하게 그리스도 예수의 공로로 나아가는 것이다. 신앙생활을 하다보면 내가 며칠씩 금식해서, 적어도 내가 이렇게 영성이 충만하니까, 이런 체험을 했기 때문에 기도 응답을 받은 것이라고 확신하는 경우가 많은데 정말 헛된 짓이다. 주님이 우리의 어떠함 때문에 응답하시는 것이 아니다. 기도 응답 확신의 근거는 나의 영적 상태가 아니다. 우리의 근거는 오직 예수 그리스도이시다. 그래서 기도도 철저히 예수 이름으로 해야 한다. 그리스도 예수를 바라보아야 한다. 그분 때문에 확신을 얻어야 한다. 하나님이 그리스도를 거절하실 수 없는 한, 주님은 예수 그리스도의 이름으로 나아가는 우리를 거절하실 수 없다.

23 제사장 된 그들의 수효가 많은 것은 죽음으로 말미암아 항상 있지 못함이로되 24 예수는 영원히 계시므로 그 제사장 직분도 갈리지 아니하느니라 25 그러므로 자기를 힘입어 하나님께 나아가는 자들을 온전히 구원하실 수 있으니 이는 그가 항상 살아 계셔서 그들을 위하여 간구하심이라 히 7:23-25

대제사장이 되신 예수님은 하나님과 우리 사이의 중재가 완전하도록 우리의 제사장 역할을 온전히 감당하신다. 그래서 우리가 하나님 앞에 나아가는 것이 결코 막히지 않고 우리의 제사가 헛되지 않도록 하신다.

12 오직 그리스도는 죄를 위하여 한 영원한 제사를 드리시고 하나님 우편에 앉으사 13 그 후에 자기 원수들을 자기 발등상이 되게 하실 때까지 기다리시나니 14 그가 거룩하게 된 자들을 한 번의 제사로 영원히 온전하게 하셨느니라 히 10:12-14

예수님은 스스로 제물이 되셔서 단번에 영원한 제사를 드리셨다. 우리는 제물이 되어주신 예수님의 공로로 하나님 앞에 영원히 온전하게 되었다.

19 그러므로 형제들아 우리가 예수의 피를 힘입어 성소에 들어갈 담력을 얻었나니 20 그 길은 우리를 위하여 휘장 가운데로 열어 놓으신 새로운 살 길이요 휘장은 곧 그의 육체니라 히 10:19,20

지성소는 일 년에 한 차례, 대제사장이 피를 가지지 않고는 들어갈 수 없었던 두려운 곳이었다. 성소에서 지성소로 나아가는 곳을 휘장이 가로막고 있어서 지극히 거룩한 하나님의 존전에 나아갈 수 있는 자가 아무도 없었다. 이 성소 휘장이 예수님이 십자가에 죽으실 때 놀랍게도 위로부터 아래까지 찢어졌다. 휘장은 예수님의 육체이다. 죄인인 인생들이 거룩하신 하나님 앞에 나아갈 수 없이 영원히 가로막혔던 이 휘장을 예수 그리스도께서 당신의 육체로 찢어 새로운 살 길을 열어주셨다. 그래서 죄인인 우리가 이제 다시는 제한받지 않고 성결과 의로 두려움이 없이 하나님의 존전에 당당히 나아갈 수 있도록 해주셨다.

하나님은 그분 앞에 나아가기 위해서 어떤 조건이 요구되는지 모든 율례로 말씀하시고 실제 제사를 그 모형으로 보여주셨다. 제사장도, 제물도, 제사의 순서도, 성막 모든 기구와 그 기능도, 하나님 앞에 온전한 구원이 되고 주님과 거침없는 교제가 이루어지고 하늘에 속한 모든 신령한 복을 누리기 위하여 필요한 모든 것을 상징적으로 보여주는 그림자요 모형이었다. 이 모든 것이 그리스도 안에서 완전하게 이루어졌다. 예수님이 대제사장이요 화목제사의 제물이며, 하나님 앞에서 구원을 이루신 십자가야말로 문제의 완벽한 해결이었다. 구원을 위한 모든 말씀과 요구가 오직 한 분, 예수 그리스도의 십자가를 통해서 완성되었다.

그러므로 우리가 하나님 앞에 나아가 예배하고 기도하고 하나님과 교제하고 동행하는 이 모든 것이 철저하게 그리스도의 공로가 중심이 되지 않으면 불가능하다. 성령님의 임재, 성령님의 능력, 성령님의 은사도 모두 철저하게 예수 그리스도의 십자가가 아니면 불가능하다. 주님의 공로야말로 우리가 복음의 축복을 누릴 수 있도록 조치된 중요한 두 원리의 한 축이다. 언제든지 이 주님의 공로가 중심이 되어야 한다. 그러면 어떤 영적 현상이든 어떤 현란한 신학 이론이든 어떤 체험이든 상관없이, 혼동해서 당황해지지 않아도 된다.

우리가 그토록 사모하고 다시 재현되기를 바라는 대표적인 부흥이 영국 웨일즈 부흥이다. 이 부흥은 아프리카, 인도뿐만 아니라 우리나라의 평양 대부흥에도 영향을 주었다. 술집과 유흥업소가 문을 닫고, 경찰서 유치장에서 사람들이 사라지고, 교회가 차고 넘쳤으며, 기도 운동과 회개 운동이 일어났고, 젊은이들이 선교사로 헌신했다. 몇 개월 만에 10만 명이 주께 돌아오는 이 엄청난 부흥의 한가운데 이반 로버츠라는 인물이 있었다. 그런 그가 돌연 잠적을 했고 몇 년 뒤에 나타나 아주 충격적인 고백을 했다.

웨일즈에서 성령의 부흥이 일어났지만 그렇다고 해서 물러가는 사탄은 없다. 사탄은 원래 도둑놈이기 때문에 도둑질하고 죽이고 멸망시키려는 사명을 지옥에 떨어질 때까지 절대 잊지 않는다. 존재적으로 결코 이 사명을 잃어버린 적이 없다. 오히려 부흥이 일어나면 같이 나팔을 불고 펄펄 뛴다는 것이 이미 역사적으로 많이 드러났다. 웨일즈 부흥으로 기적이 일어나고 사람들이 하나님의 임재를 경험하고 영적인 체험을 하고 영적인 것에 마음이 열리기 시작했을 때 사탄도 역사하여 귀신들림 현상이 함께 일어나기 시작했다. 사람들이 복음으로 뒤집어지고 회개하고 영적인 체험을 하면서 영적인 일에 마음의 문을 활짝 여니까 그 열린 문을 통해서 검문도 필요 없이 사탄이 공격해 들어오기 시작한 것이다.

이 땅에서 하나님의 교회 역사와 부흥이 일어날 때 귀신이 어떻게 같이 역사하여 혼동하게 하고 혼미케 하는지 이반 로버츠는 자신의 영적인 경험을 구술하여 책으로 펴냈다. 그것이 《성도들의 영적 전쟁》이라는 책이다. 그가 주의를 주는 여러 내용 중에 "수동성은 귀신에게 사로잡히는 주된 근거가 된다"라는 것이 있다. 한 번 은혜를 받고 마음이 열리면 '영적'이라는 말에 분별없이 자신을 내맡긴다. 영적인 현상이면 다 하나님께로부터 온 줄 알고 무조건 수용하는 '수동성'이 매우 위험하다는 것이다.

그 책에 언급된 현상들을 쭉 보니 내가 한국 교회에서 경험한 일들이 대부분 똑같이 기술되어 있었다. 나도 영적인 것을 사모해서 70년대에 기도원을 많이 찾아다녔다. 자라기는 보수정통진리말씀 중심의 교회에서 자랐기 때문에 교회와 기도원을 냉탕 열탕 오가듯이 하며 사우나 체질로 강하게 단련을 받았다. 그러면서 정말 볼 것 안 볼 것을 많이 보고 경험했다. 이반 로버츠는 마음의 수동성의 위험을 알리며 어떤 현상이든 무조건 받아들이지 말고 뒤로 물러서서 냉정하게 분별하라고 한다. 그 분별의 원칙이 '십자가의 그리스도'이다. 현상에 놀라지 말라. 진리 없이 영적 현상에 자신을 내던지는 어처구니없는 일을 하지 말라. 지금도 이런 어려움을 겪고 있는 분들이 많은데 그것은 사탄이 세기 때문이 아니다. 우리가 어처구니없이 어리석어서 그런 것이다. 그러므로 우리가 이 원리를 굳게 붙잡아야 한다. 어느 때든지 오직 예수 그리스도, 예수 그리스도의 십자가를 철저히 붙잡아야 한다.

② 주님의 말씀

두 번째 원리는 주님의 말씀이다. 우리가 주님의 말씀, 주님의 진리를 떠나면 큰일 난다. 하나님은 인격이신 하나님이시며 말씀하시는 하나님이시다. 그리고 진리의 하나님이시다. 하나님은 우리가 주의 백성으로 살아가기에 충분한 말씀을 주셨기 때문에 우리가 주님의 말씀에 목숨을 걸고 진리대로 산다면 다른 책임을 묻지 않으실 것이다.

15 또 어려서부터 성경을 알았나니 성경은 능히 너로 하여금 그리스도 예수 안에 있는 믿음으로 말미암아 구원에 이르는 지혜가 있게 하느니라 16 모든 성경은 하나님의 감동으로 된 것으로 교훈과 책망과 바르

게 함과 의로 교육하기에 유익하니 17 이는 하나님의 사람으로 온전하게 하며 모든 선한 일을 행할 능력을 갖추게 하려 함이라

딤후 3:15-17

디모데후서 3장 1절에서 바울은 "말세에 고통하는 때가 이르러"라고 경고한다. 죄 된 인간과 그 문명이 발전하면 할수록 사람들이 더 행복해지는 시대가 되는 것은 아니다. 말세에 고통하는 때가 이른다고 한 것처럼 오늘날 우리 시대가 그렇다. 사람들이 자기를 더 사랑하는 지독한 자아추구가 노골화된다. 절대 권위를 무시해버린다. 부모든 선생이든 나라든 다 싫고, 나 좋으면 좋은 것이다. 절대 진리란 없다. 지독한 자기추구, 자기만족, 자기쾌락, 다원주의, 인본주의, 상대주의가 충만해져서 나중에는 고통스러워 견딜 수 없게 된다. 사람들이 자유를 누리며 살겠다고 핵가족화하고 자기주장이 뚜렷해진 지금 이 시대가 과연 살 만해졌는가? 공동체는커녕 어느 누구에게 매이지 않아서 자유를 누리는가? 가정의 문제가 그 어느 때보다 심각해지고 우울증과 이혼과 자살로 수없이 고통하는 때가 이미 말씀처럼 이루어졌다.

수많은 지식과 볼거리가 넘쳐나고 무슨무슨 시대다, 디지털이다, 혁명이라고 하며 상상 못할 세계가 펼쳐진다고들 하는데, 교회는 어떻게 할 거냐고, 전통적인 교회와 예배 방식으로는 살아남지 못한다, 사고의 전환이 일어나야 한다고 세미나와 기사로 온통 떠들썩했는데 그럼 우리는 얼마나 새로워졌는가?

말세에 고통하고 복잡하고 변화무쌍하게 환경이 바뀌어갈 때 주님은 정말 황당하기 짝이 없는 대책을 내놓으신다. "이렇게 어려운 말세에 고통하고 복잡한 때가 이르면 교회가 선도하며 나가야 된다"라고 말씀하지 않으시고 "너희는 더욱 꼴통이 돼라"라고 하신다. 14절에 "그러나 너는 배우고 확실한 일에 거하라", 점점 더 성경 꼴통이 되라고 말씀하신다. 놀랍다. 우리 생각과 주님의 생각은 아주 다르다. 하나님의 지혜는 영원하시다. 세월이 변하고 유행이 바뀌어도 주님의 말씀은 영원하다. 해 아래 새 것이 없다. 전도서 말씀처럼 헛되고 헛되며 헛되고 헛되다. 아무리 유행이 바뀌고 세월이 바뀌고 장난 수준이 좀 높아져도 인간은 바뀌지 않는다. 죄인 인간은 안 바뀐다.

교회는 교회가 무엇을 위해 존재하는지 정확히 알아야 한다. 교회는 오락센터도 정신치료센터도 아니다. 유행을 선도하는 그룹도 아니다. 교회는 세상 어디서도 줄 수 없는 유일한 그 무언가를 주어야 한다. 교회가 전문으로 해야 할 일에 전문이 되어야 한다. 살아 계신 주님의 진리에 목숨을 걸어야 한다. 주님의 말씀에 목숨을 걸어야 한다. 그래서 주님이 말씀하신다.

"성경은 너에게 구원에 이르는 지혜를 주신다. 세상 어느 지혜도 어떤 종교 철학 이데올로기도, 하나님이 주실 수 있는 영원한 구원을 줄 수 있는 것은 하나도 없다. 오직 이 성경의 계시 안에만 허락되어 있다. 성경에는 주님의 복음 안에서 하나님이 주신 원형의 생명을 살아가는 모든 인생 지침, 모든 교훈, 책망, 바르게 함, 의로 교육하기에 유익한 말씀이 있다. 부족함이 없는 완전한 새 삶의 인생 지침서,

이 성경이 네가 하나님의 사람으로 온전하게 하며 모든 선한 일을 할 수 있게 하는 것이다.”

"하나님의 사람으로 온전하게 하며 모든 선한 일을 행할 능력을 갖추게 하려 함이라”, 주의 사역을 한다는 사람이 다른 방법, 잡다한 지식은 많이 알면서 정작 성경을 모르고 복음을 모른다면 이런 기막힌 이야기가 어디 있겠는가. 주님은 하나님의 사역을 섬기고 모든 선한 일을 하기에 주신 말씀이면 충분하다고 말씀하신다. 우리가 성경에 전념하여 성경 안의 이치에 굳건히 선다면 부족함이 없을 것이다. 성경은 그 표현이 단순하지만 성경의 진리는 가장 정확하고 완벽하다. 이 말씀에 대한 확신 없이 어떻게 무슨 근거로 교회를 운영하며 감히 사람들의 영혼을 변화시키는 일을 하겠는가? 모든 교회, 모든 영적인 것의 기반이 바로 진리요 말씀이다.

신령할수록 성령님이 강력하게 역사하고, 성령을 체험하고 교제하는 사람일수록 그 증거는 말씀과 진리에 더 밝아지는 것이다. 성령은 진리의 성령님이시다. 인간이라는 존재는 언어를 통해서 자기 마음을 알려준다. 그런데 성경 말씀이 살아 있는 주님의 말씀이다. 그러면 하나님이 이 말씀을 통해서 하나님 당신의 마음을 보내셨다는 말이다. 다른 무엇보다 더 이 말씀이 주님의 마음을 알려주는 것이다. 그렇다면 성령에 민감하고 성령과 동행하고 성령의 역사와 성령의 은사를 행하는 사람일수록 누구보다도 성경의 진리요 복음의 진리에 정확히 초점을 맞추고 주님의 진리에 더욱 분명히 서야 한다.

성경 따로 능력 따로, 진리 따로 은사 따로. 이런 이상한 귀신 장난 같은 일에 혼동해왔기 때문에 능력이 나타나지 않고, 아무 실제가 되지 않는 복음을 이고 지고 다니느라 피곤해 죽는다. 주님을 위해 살아드리느라 거의 돌아가실 지경이 된다. 복음 가지고 나간 선교사가 지치고, 복음 사역하다가 우울증에 걸리는 일이 일어난다. 그러나 복음, "기쁨의 소식"이라는 말은 기쁨에 '관한' 내용이 아니다. 기쁨의 증인이 되기 위해서는 우선 내가 기뻐야 한다. 그래야 그 기쁨을 전하게 된다.

그러니까 괜히 사명감에 들떠서 펄펄 뛰지 말고 내 안에 진정한 기쁨이 올 때까지는 기쁘다고 말하지 말라. 기독교는 변호인을 둔 것이 아니라 증인을 두었다. 그렇다면 기다려야 한다. 사역한다고 좇아다니기보다 내 안에 기쁨이 이루어질 때까지 오히려 주님 안에 머물러 있어야 한다. 그래서 그 기쁨이 소리치지 않고는 견딜 수 없는 지경이 될 때 누가 아무리 말려도 나가서 전하게 되는 것이다. 그런데 우리는 이 순서가 바뀌었다. 그러니까 내용 없이 사역으로, 엉뚱하게도 자신을 위해, 야망 성취를 위해서나 가는 것이다. 주님의 진리는 죽은 진리가 아니다. 살아 있는 하나님의 말씀이다.

여호수아에게 내린 처방

7 오직 강하고 극히 담대하여 나의 종 모세가 네게 명령한 그 율법을 다 지켜 행하고 우로나 좌로나 치우치지 말라 그리하면 어디로 가든지 형통하리니 8 이 율법책을 네 입에서 떠나지 말게 하며 주야로 그것

을 묵상하여 그 안에 기록된 대로 다 지켜 행하라 그리하면 네 길이 평탄하게 될 것이며 네가 형통하리라 9 내가 네게 명령한 것이 아니냐 강하고 담대하라 두려워하지 말며 놀라지 말라 네가 어디로 가든지 네 하나님 여호와가 너와 함께 하느니라 하시니라 수 1:7-9

여호수아에게 모세가 얼마나 대단한 사람이었는가. 그런데 그 모세조차 감당하지 못했던 민족이 광야의 이스라엘 백성이었다. 모세도 그만 도중하차하고 말았다. 그런데 모세가 죽고 모세와 비교할 수도 없는 자신이 이 민족을 이끌고 가나안에 들어가야 한다고 하니 여호수아만큼 인생이 다급하고 절박했던 사람이 어디 있겠는가. 그들은 이제 가나안을 정복해야 한다. 그것은 40년 동안 광야생활을 한 것과는 달랐다. 광야에서는 살아남기만 하면 됐지만 일곱 족속이 시퍼렇게 살아 있는 가나안 땅에 들어가려면 전쟁을 해야 했다.

또 전쟁만 해서 될 일도 아니었다. 이 수백만의 노숙자 군단을 데리고 경제 문제를 어떻게 해결할 것인가. 거기다가 국가를 건설하려면 적어도 정치적 안목이 있어야 될 것 아닌가. 여호수아라는 이 지도자 한 사람 안에 최소한 정치학, 경제학 그리고 군사학적인 준비까지 되어야만 하는 다급한 현실이었다. 믿음으로 "믿습니다" 해서 될 일이 아니고 가나안에 들어가자마자 닥칠 현실이었다. 더욱이 모세에게 그랬던 것처럼 수틀리면 여호수아를 불러대고 돌로 치려고 할 반역의 백성들과 함께였다. 무슨 능력으로 어떻게 이 일을 하겠는가.

여호수아가 얼마나 심적 부담을 많이 느꼈을지 주님이 하신 말씀을 봐도 짐작이 된다. 주님도 여호수아에게 이 어려운 일을 맡겨놓으시고 좀 미안하셨는지 계속 "강하고 담대하라. 두려워하지 말며 놀라지 말라"라고 하신다. 몇 번이나 반복하신다. 얼마나 떨리고 얼마나 두렵고 얼마나 불가능한 일인가. 그때 주님이 "너, 인간 모세에게 주목하지 마라. 모세가 잘나서가 아니라 내가 모세와 함께하였던 것이 비밀이다. 모세와 함께했던 내가 너와 함께하면 모세를 통해 했던 일, 너를 통해서도 할 수 있다"라고 하시고 또 말씀하시기를 "너에게 경제학 이론, 정치학 이론, 군사적인 실력, 이런 것이 필요한 게 아니다." 이렇게 다급한 현실을 앞두고 있는 여호수아에게 주님은 현찰 하나 안 주시고 다만 말씀만 하신다.

자신이 여호수아라고 생각해보라. 다급하고 기가 막힌 현실에서 주님이 하시는 말씀은 다른 말씀이 아니라 "주야로 율법을 묵상하고 그 율법에 기록된 대로 다 지켜 행하라"라는 것이다. 아니 우리 중에 여호수아보다 더 바쁜 사람이 있는가? 그는 들어앉아 성경을 연구할 사람이 아니라 칼과 창이 난무하는 전쟁터에 나가 싸워야 하는 현장의 사람이 아닌가. 그런 그에게 주님은 오직 말씀만 따라 나아가라고 하신다.

"밤낮으로 율법을 묵상하고 기록한 원리대로 행하기만 하라. 네가 어디로 가든지 평탄하지 않은 길도 내가 평탄하게 할 것이며 형통하게 할 것이다."

우리는 우리 통박으로 평탄한 길을 찾느라 애쓴다. 하지만 아무리 길이 평탄해도 가다가 고꾸라지고 넘어지고 졸고 실수하면 평탄한 길에서도 망하는 법이다. 반대로 아무리 어렵고 평탄하지 않은 길이라도 주님이 평탄하게 하시면 평탄하게 되고 형통할 것이라고 말씀하신다.

"평탄하게 하고 이기게 하는 모든 일은 내가 할 일이다. 너는 오직 진리에만 마음을 쓰고 내 사인에 집중하여 내 말씀이 가라는 만큼 가고 멈추라면 멈춰라. 그러면 그 이상은 내가 할 것이다."

초대 교회의 위기는 사도들이 구제하는 일에 바빠서 하나님의 말씀과 기도하는 일을 소홀히 한 것이다. 오늘날 목회자들도 이 말씀을 읽고 가르치고 설교까지 하면서 자신에게 전혀 대입해보지는 않는 것 같다. 여전히 바쁘게 세미나에 가고 회의하고 남는 시간에 TV 보면서 능력이 안 나타난다고 하니 말이다. 말씀이 없이는 수많은 방법이 난무해도 능력이 나타나지 않는다. 말씀에 온전히 집중하라. 진리 외에 어떤 것도 우리의 삶을 보장해줄 수 없다.

진리가 결론 되게 하라

복 있는 사람을 노래한 시편 1편을 생각해보라. 하늘에 속한 모든 신령한 복으로 복 받은 우리는 고기가 물을 떠나 살 수 없듯이 하나님의 진리를 떠나서 살 수 없다. 복 있는 사람은 오직 여호와의 율법을 즐거워하여 그 율법을 주야로 묵상한다. 복 있는 사람은 오직 말씀을 따라 산다. 경험과 철학이 아닌 율법, 즉 말씀을 주야로 묵상하고 지켜 행하면 그것으로 충분하다. 시냇가에 깊이 뿌리내린 나무와 같으려면 말씀에 올인 하라. 죄인의 길에 서지 말고 부러워하지도 말라. 바보 같아 보여도 말씀에 착념하라. 그러면 가장 알맞은 때에 주님이 열매 맺게 하실 것이다. 진리가 아닌 것에 눈도 돌리지 말고 오직 진리 편에 서라.

또 시편 기자는 "주의 말씀은 내 발에 등이요 내 길에 빛이니이다"(시 119:105)라고 고백한다. 그런데 솔직히 우리는 우리의 가정, 직장, 심지어 교회에서도 주의 말씀으로 한 걸음 한 걸음 걸어가보지 못했다. 이 길을 가보려면 세상의 쓰레기 같은 지식, 어쭙잖은 경험이나 통박을 버리고 오히려 어린아이처럼 바보가 되어야 한다. 한 걸음 한 걸음 말씀에만 집중하며 어린아이처럼 그렇게 주님을 구했더라면 교회는 주님의 능력을 경험했을 것이다. 우리가 확신할 수 있는 것은 주의 말씀은 영원하다는 것이다. 하나님의 새 사람은 무엇으로 살아지는 사람인가? 새 사람은 하나님을 따라 의와 진리의 거룩함으로 지음을 받았기 때문에 그는 진리를 먹고 산다. 새 사람은 오직 진리를 통해 용기를 얻고 빛을 발하고 능력을 얻는다.

각주구검(刻舟求劍)이라는 고사성어가 있다. 중국 초나라의 어떤 사람이 배를 타고 가다가 실수로 칼을 강물에 풍덩 빠뜨리고 말았다. 물에 흔적이 남지 않으니 얼른 그 위치를 배 난간에 새겨놓았지만 배도 이미 움직였으니 어떻게 칼을 찾을 수 있었겠는가. 우리의 믿음과 삶의 터를 흔들리는 기초 위에 두면 큰일 난다. 진리에 근거하지 않는 믿음생활과 체험은 미친 짓이다. 우리는 오직 진리에 목숨을 걸어야 한다. 하나님의 진리 앞에 어느 때든지 말씀이 정말 그러한가, 그리고 진리가 그렇다고 하면 체험을 기다리지 말고 진리를 결론으로 삼아야 한다. 진리가 결론이 되게 하라.

컴퓨터에 쓸 만한 프로그램이 그렇게 많다는데 나는 그 혜택을 누리지 못하고 있다. 컴퓨터를 다루지 못하는 사람에게는 그 속에 아무리 놀라운 기능이 있어도 소용이 없기 때문이다. 이와 같이 성경 속에는 복음의 삶을 누릴 수 있는 모든 진리가 담겨 있다. 그러나 아무리 완전하게 준비되어 있어도 그것을 알지 못하면 누릴 수가 없다.

먼저 두 가지 원리를 굳게 잡고 믿음으로 올인 하라. '주님의 공로'와 '주님의 말씀'의 원리를 붙잡아라. 십자가를 통과하고 나면 내 통박으로 살던 나는 죽고 주님이 말씀하시면 된 것이다. 나는 불가능하지만 주님은 하실 수 있으니까 그것으로 된 것이다. "주님이 하셨습니다", "주님이 하십니다", "주님만 기대합시다" 이렇게 선포하면 되는 것이다. 주님이 이미 그 일을 이루셨고 십자가가 결론이기 때문이다.

- 복음의 능력을 누리는 원리는 주님의 공로와 주님의 말씀이다.

- 하나님을 믿는 믿음도, 신앙생활도, 교회의 정체성도 철저하게 예수님이 그리스도이시고, 살아 계신 하나님의 아들이라는 신앙고백이 근거가 되어야 한다.

- 현상에 속지 말라. 모든 논리와 이론과 현상에서 예수 그리스도와 십자가가 드러나고 확고한 중심이 되어야 한다.

- 진리이신 주님의 말씀이 모든 교회와 사역, 영적인 것을 세우는 기반이다. 성령을 체험하고 성령과 교제하는 사람일수록 말씀과 진리에 더 밝아져야 한다.

- 하나님은 성경 말씀을 통해서 그분의 마음을 알려주신다.

- 주님의 공로와 주님의 말씀이라는 두 원리를 굳게 잡고 믿음으로 올인 하라.

· · ·

주님이 하십니다!

복음의 영광!
복음의 능력!
복음의 축복!

복음의 조치 3 ─ 두 비밀

복음의 조치 3

1. 두 비밀

복음의 축복 가운데 주님이 네 번째로 조치해두신 진리는 '두 비밀'이다. 주님이 우리에게 이루어놓으신 복음이 얼마나 완전하고 안전한지 말해주는 이것은 바로 연합의 비밀이다. 예수님은 이름이 많이 있다. 직임을 나타내는 '그리스도'라는 이름을 비롯해서 전능자, 기묘, 모사 등 여러 이름 중에 '임마누엘'이라는 이름도 있다. "그의 이름은 임마누엘이라 하리라"(마 1:23), 이는 "하나님이 우리와 함께하신다"라는 뜻이다. 주님은 이 연합의 비밀, 임마누엘을 이루러 오셨고 십자가에서 이루셨다.

① 교회의 비밀 (새로운 지위)

이 연합의 비밀을 성경이 표현하는 대로 크게 둘로 정리해보면 첫 번째 비밀은 '교회의 비밀'이다.

> 29 누구든지 언제나 자기 육체를 미워하지 않고 오직 양육하여 보호하기를 그리스도께서 교회에게 함과 같이 하나니 30 우리는 그 몸의 지체임이라 31 그러므로 사람이 부모를 떠나 그의 아내와 합하여 그 둘이 한 육체가 될지니 32 이 비밀이 크도다 나는 그리스도와 교회에 대하여 말하노라 엡 5:29-32

주님이 십자가를 통해 이루신 큰 비밀은 교회와 그리스도를 완전한 한 생명의 유기체로 만들어서 나누려야 나눌 수 없게 하신 것이다. "우리는 그 몸의 지체임이라", 몸 따로 머리 따로일 수 없다. 몸과 머리가 분리되면 몸이라는 구성 자체가 불가능해진다. 그러니까 그리스도의 몸의 지체라고 할 때는 한 몸을 강조하는 것이다. 죄인과 의로우신 하나님 사이가 하늘과 땅보다도 더 먼데 예수님이 십자가의 구속을 통해서 이 둘을 연합하게 하시되 그저 옆에 가까이 있는 정도가 아니라 아예 한 생명, 공동 운명이 되도록 하나로 연합시키셨다.

서로 다른 두 개체가 완전히 한 몸을 이루는 관계의 예표가 되는 것이 결혼이다. 인간관계에 부모와 자식 사이도 있고 친구 사이도 있지만, 그중에서도 결혼은 그렇게 될 거라고는 꿈에도 생각하지 못하면서 각기 다른 곳에서 전혀 상관없이 남남으로 살던 남자와 여자가 하나 더하기 하나는 둘이 아니고 다른 하나로 연합되는 특별한 인간관계이다. 전혀 하나가 될 수 없었던 죄인과 의로우신 하나님, 창조주와 피조물 사이를 하나로 만드는 이 신비한 연합을 우리가 알아들을 수 있게 설명해주시려고 부부 사이를 예로 등장시키셨다.

하나님은 "남자가 부모를 떠나 그의 아내와 합하여 둘이 한 몸을 이룰지로다"(창 2:24)라고 하셨다. 하나님이 꿈꾸셨던 결혼의 원래 의미는 둘이 아니고 하나라는 것이다. "이는 내 뼈 중의 뼈요 살 중의 살이라"(창 2:23), 아담이 실패한 이 사랑의 노래를 완성하신 분이 예수 그리스도이시다. 신랑이신 주님이 그의 신부 된 교회를 자신의 피 값을 주고 사서 둘이 아니요 하나로 만드셨는데, 어떻게 사랑했느냐 하면 "그리스도께서 교회를 사랑하시고 그 교회를 위하여 자신을 주심 같이"(엡 5:25), 즉 그리스도가 당신의 생명을 통째로, 그리스도의 전부를 교회에게 내어주셨고, 그러므로 교회도 그리스도가 전부가 되어 떼려야 뗄 수 없는 연합으로 한 몸이 되었다.

이 성경 구절은 결혼식 단골 성구인데 주례자나 듣는 신랑 신부나 이런 일이 과연 현실에서 가능하다는 믿음을 갖는 분은 아마 거의 없지 않을까 싶다. "남편아, 너 똑바로 들어라. 그리스도가 교회를 위하여 자신을 주심 같이 네 아내를 위해서 네 생명을 내어주어 사랑해라" 하면 "네" 하고 대답은 잘 하지만 그 도둑놈이 무슨 짓을 할지 우리가 짐작할 수 있다. '자신을 주는 게 어디 있습니까. 에이, 어렵습니다.' 또 "아내여, 신부된 교회가 그리스도에게 하듯 범사에 자기 남편에게 복종할지니라"라고 하지만 그 여우가 그렇게 하리라고는 누구도 기대하지 않는다. 사실 "이 비밀이 크도다 나는 그리스도와 교회에 대하여 말하노라"라는 32절 말씀을 보더라도 이 말씀은 주례사로 쓰라고 주셨다기보다 교회와 그리스도의 비밀에 관하여 말씀하신 것이다. 초점이 거기에 있다.

우리는 잃어버린 꿈을 십자가 안에서만 되찾을 수 있다. 왜냐하면 이 십자가는 존재적으로 하나님 앞에 나아가는 것이 불가능한 죄 장아찌였던 우리를 주님의 죽으심과 부활에 연합시켜서 예수 부활의 생명으로 그리스도와 내가 떼려야 뗄 수 없는 완전한 한 생명, 한 몸이 되어 살게 해주셨기 때문이다. 그렇게 주님은 우리의 머리가 되셨고 우리는 그의 지체가 되었다. 이것이 바로 그리스도와 교회의 관계다. 교회는 건물이나 조직이 아니다. 머리 되신 예수 그리스도가 우리의 모든 세포 하나하나와 말초신경까지 다 돌보시고 사랑하시고 이끄시며 영향력을 미치는 생명의 유기체이다. 교회가 오직 그리스도에 의해서 사는 것, 예수께서 그렇게 한 운명이 되신 것이 바로 교회의 비밀이며 이 신비한 연합을 십자가 복음이 이루어내셨다.

> 20 그의 능력이 그리스도 안에서 역사하사 죽은 자들 가운데서 다시 살리시고 하늘에서 자기의 오른편에 앉히사 21 모든 통치와 권세와 능력과 주권과 이 세상뿐 아니라 오는 세상에 일컫는 모든 이름 위에 뛰어나게 하시고 22 또 만물을 그의 발 아래에 복종하게 하시고 그를 만물 위에 교회의 머리로 삼으셨느니라 23 교회는 그의 몸이니 만물 안에서 만물을 충만하게 하시는 이의 충만함이니라 엡 1:20-23

예수 그리스도는 우리를 구원하시려고 하늘 영광을 버리고 육체를 입고 이 땅에 오셔서 우리와 똑같은 '내'가 되셨다. 죄로 말미암아 다 죄에 팔려 더럽혀진 만물에 당신이 완전한 의를 채우시고 모든 속죄를 이루셔서 만유를 다 구속할 권한을 되찾으셨다.

그냥 죽으시고 부활하신 것이 아니었다. 죽으실 때 나와 연합해서 죽으심으로 모든 죄에 대한 심판을 모조리 끌어안고 하나님의 심판 아래서 끝장을 내셨고, 죽음을 이기고 부활하실 때에는 모든 통치자, 권세, 어둠의 주관자, 이 세상뿐 아니라 오는 세상에 일컫는 모든 이름 위에 뛰어난 지위를 가지고, 모든 만유를 회복할 권세를 가진 주인이 되어 부활하셨다. 주님이 죄의 속죄양으로 죽을 때는 그 죗값으로 비참하게 죽으셨지만 부활하실 때는 그 값을 치러서 얻어낸 권세와 모든 이름 위에 뛰어난 이름 그리고 만물을 충만케 하는 자의 충만을 가진 교회의 머리가 되셨다.

그러면 그분이 왕으로 등극하시고 모든 만유의 진정한 회복, 재창조의 주인으로 일어서실 때 그분과 함께 연합된 교회는 어떻게 될까? 시집을 잘 가거나 좋은 집에 양자로 들어가면 그 모든 것이 다 내 것이 되는 것처럼, 모든 만물을 충만케 하시는 그 주님이 교회와 한 몸이 되시니까 교회는 졸지에 예수 충만 내 충만, 예수 능력 내 능력, 예수 거룩 내 거룩, 예수 지혜 내 지혜가 된다. 우리가 이 엄청난 이야기를 다 느낄 수 없다는 것이 안타깝다. 하지만 진리가 결론이다.

그러니 이 복음의 진리를 알면 그 사람이 성공신학이니 하는 이야기에 넋을 팔 수 있겠는가. 우리가 무엇을 더 성공할 게 있는가? 모든 정사와 권세를 가지고 온 세상을 충만케 하시는 주님이 내 머리가 되셨고, 내가 그 안에서 만물을 충만하게 하시는 이의 충만을 소유했는데 무슨 한이 맺혀서 또 성공을 하고 무엇을 더 기웃거리겠는가. 십자가와 복음을 전혀 모르니까 예수를 믿으면서도 여전히 세상에서 높은 자리, 성공, 야망, 긍정의 힘, 적극적 사고방식을 운운하는 것이다. 우리는 성공하기 위해서 사는 사람이 아니다. 무엇을 갖지 못해 한이 맺히고 우울증에 걸려서 사는 사람이 아니라 모든 것을 다 소유한 사람이다.

구약성경의 아가서는 사랑의 노래로 잘 알려져 있지만 주님은 아가서를 통해서 하나님과 당신의 신부인 교회의 관계를 말씀하고 싶어 하신 것 같다. 술람미라는 한 여인이 살고 있었다. 그런데 아가서의 주인공 술람미 여인은 신데렐라나 백설공주 같은 주인공과 콘셉트가 영 달랐다. 사실 여인이라고 하기에 좀 거리감이 있다. 오랜 시간 중동의 태양 아래서 포도원지기를 하며 햇볕에 그을려 거무스름하고 거친 피부, 먼지와 땀에 찌든 옥수수수염 같은 머리털, 근육질의 체형까지.

그런 술람미 여인에게 어느 날 예기치 않은 일이 일어난다. 그 마을에 새로 온 멋진 목동과 사랑에 빠지고 만 것이다. 술람미와 목동은 서로 깊이 사랑했다. 그 꿈결 같던 사랑의 노래가 아가서에 담겨 있다. 그런데 미소년인 목동이 자신에게 너무 과분하다 싶더라니, 어느 날 목동이 술람미 여인에게 잠시 이곳을 떠나 다른 곳에 다녀오겠다고 하는 것이다. 그러나 반드시 돌아오겠다는 약속을 남기고 그는 그녀를 떠나갔다.

그가 떠나고 난 뒤 술람미 여인은 사랑하는 목동이 돌아오기만을 기다리며 하루하루를 살아갔다. 그러다가 그 동네에 귀인이 행차한다는 소식이 들렸다. 하지만 자나 깨나 목동 생각뿐인 술람미에게는 다른 관심이 없었다. 그런데 그 술람미 앞에 신분이 아주 귀한 분이 손을 내밀었다. 목동으로 알았던 사람은 왕이 된 솔로몬이었고 그가 즉위식을 마치고 사랑하는 여인 술람미를 데리러 다시 그 마을에 찾아왔던 것이다.

아무것도 모르던 술람미 여인은 왕의 사랑을 입은 자로 왕과 결혼했다. 이것이 아가서의 배경이 된 대강의 이야기라고 할 수 있다. 불우한 처지에 있던 술람미 여인이 솔로몬을 만났는데 그가 왕으로 등극하자 졸지에 왕비가 된 것이다. 그러면 솔로몬의 부귀영화는 술람미 여인의 부귀영화가 되고 솔로몬의 영광도 술람미 여인의 영광이 된다. 왕의 모든 것이 술람미 여인의 것이 되는 것이다.

우리의 신랑 되신 예수님이 초림 때 너무 비참하게 오셔서 그분 닮으라고 할까 봐 겁이 났는데, 재림하여 다시 오시는 그날에는 영광의 왕, 심판주로 오신다. 물론 어린양의 정식 혼인잔치가 예비되어 있지만, 주님이 이미 십자가로 그분과 나를 떼려야 뗄 수 없는 한 몸의 연합을 이루시고 주님이 내 머리가 되셨기에 나는 비천하고 아무런 존재가 아닌데도 그분의 존귀 내 존귀, 그분의 능력 내 능력이 된다는 것이다. 이것을 주님이 이루셨다. 마치 드라마 같은 이 이야기를 주님이 얼마나 실제로 여기셨는지 우리가 살펴볼 필요가 있다.

4 땅에 엎드러져 들으매 소리가 있어 이르시되 사울아 사울아 네가 어찌하여 나를 박해하느냐 하시거늘 5 대답하되 주여 누구시니이까 이르시되 나는 네가 박해하는 예수라 행 9:4,5

사울은 종교 경찰이 되어 예루살렘의 교회를 핍박하고 스데반을 때려죽이는 일에도 주모자가 되었다. 그 기세로 다메섹까지 쫓아가서 그리스도인을 박멸해버리겠다고 악을 쓸 때 주님은 가만히 계셨다. 교회가 위기를 당하는데도 그 일에 앞장서고 있는 사울을 그냥 내버려두신 것이다. 주님이 계산이 없고 손이 짧아서 그러셨을까? 주님은 언제든지 저비용 고효율로 일하신다. 주님은 그 당시 교회도 환난과 핍박을 통해 다루실 계획을 가지고 계셨을 뿐만 아니라 사울 개인도 결정적인 때에 다루시기 위해 기다리고 계셨다. 드디어 그가 다메섹으로 가는 길에 주님은 정말 주님답게 일하셨다. 비용 하나 안 들이시고 태양의 촉수를 조금 높이셔서 사울이 눈이 확 멀어 땅에 엎어지게 하셨다. 역시 비용을 전혀 안 들이시고 음향 효과만으로 사울의 이름을 부르셨다. 그때 사울이 홀랑 뒤집어져서 역사상 가장 고생했지만 불평 한마디 못하는 충성스러운 선교사가 되었다. 사울이 바울 되는 이 회심 사건으로 능력 있게 쓰임 받게 된 것이다.

그때 주님이 사울에게 하신 말씀을 잘 들어보라. "사울아, 사울아, 네가 어찌하여 교회를 핍박하느냐?"라고 하지 않으셨다. 언제 사울이 예수님을 만났는가? "나는 네가 박해하는 예수라", 예수님을 만난 적도 없고 교회를 핍박했는데 주님이 "네가 나를 핍박하였다"라고 말씀하셨다. 사울이 핍박한 건 교회인데 왜 예수님은 당신이 핍박당한다고 하셨을까. 예수님은 당신 자신과 교회를 동일시하셨다. 한 몸이기 때문이다. 주님에게는 이것이 늘 현실이었다.

이렇게 주님과 교회를 떼려야 뗄 수 없는 관계로 연합시킨 이 비밀을 십자가로 이루셨다. 이 연합은 누구도 깰 수 없다. 그리스도와 함께 연합한 공동 운명은 분리될 수 없다. 그와 함께 영광을 받기 위하여 고난도 함께 받아야 하는 것이다.

② 내주의 비밀(새로운 능력)

앞서 살펴본 그리스도와 교회의 연합이라는 비밀은 표현상 우리에게 주어진 새로운 지위를 강조하는 연합이었다. 두 번째 연합의 비밀은 '내주의 비밀'이다. 내주(內住)라는 말은 "내 안에 거하신다", "이 안에 사신다"라는 표현이다.

> 26 이 비밀은 만세와 만대로부터 감추어졌던 것인데 이제는 그의 성도들에게 나타났고 27 하나님이 그들로 하여금 이 비밀의 영광이 이방인 가운데 얼마나 풍성한지를 알게 하려 하심이라 이 비밀은 너희 안에 계신 그리스도시니 곧 영광의 소망이니라 골 1:26,27

만세와 만대로부터 감추어졌던 십자가의 도의 비밀, 창세전부터 그리스도의 십자가의 사랑으로 우리를 사랑하시고 선택하신 하나님 아버지의 마음 안에 준비되었던 이 완전한 비밀은 바로 우리 안에 계신 그리스도시니 곧 영광의 소망이시다. 주님은 십자가로 이루실 이 큰 꿈을 바라보시고 십자가의 부끄러움을 개의치 않고 승리하셔서 우리 안에 이 영광을 이루어내고야 마셨다. 우리를 너무나 사랑하셔서 당신의 아들을 십자가에 매달면서까지 하나님이 바라신 것은 그리스도께서 내 옆에 계시는 정도가 아니라 아예 내 안에 내주하시는 것이었다. 그러면 육신을 입고 이 땅에서 살아가는 동안 바울은 이 엄청난 비밀의 진리를 어떻게 믿음으로 실제로 누리고 살았는지 그의 고백을 들어보자.

20 나의 간절한 기대와 소망을 따라 아무 일에든지 부끄러워하지 아니하고 지금도 전과 같이 온전히 담대하여 살든지 죽든지 내 몸에서 그리스도가 존귀하게 되게 하려 하나니 21 이는 내게 사는 것이 그리스도니 죽는 것도 유익함이라 빌 1:20,21

삶의 모든 순간 그의 생각과 마음을 이끌어가는 간절한 힘은 이것이었다.

"나에게는 간절한 기대와 소망이 있는데 무슨 일을 하든지 아무 일에든지 부끄럽지 않고 전과 같이 이제도 온전히 담대하여 내가 어떤 환경과 상황에 처한다 해도 모든 순간, 육체의 한계를 가진 내 몸에서, 내가 살든지 죽든지 그리스도가 존귀히 되기를 바란다. 내게 사는 것이 그리스도이시기 때문이다. 이 육체는 변한 적이 없지만 이 안에 사는 이가 그리스도이기 때문에 이 소망이 부끄럽지 않다. 그래서 내 안에 진정 실제가 되시는 주님이 내가 자나 깨나 앉으나 서나, 크고 작은 모든 일에 있어서 존귀히 되실 수 있다. 그러면 내가 죽는다 한들 무슨 상관이 있느냐. 내가 죽고 깨뜨려져서 내 안에 계신 주님의 영광과 생명이 온전히 드러날 수 있다면 그것을 어찌 마다하겠느냐."

바울의 실존의식, 자아인식은 철저하게 그리스도였다. 익숙한 옛 관습을 따라 살지 않고, 자기 안에 사시는 그리스도가 너무나 당연한 진리의 실제이기 때문에 모든 순간 아무 일에든지 그리스도가 드러날 수만 있다면 자신은 낮아지든 밝히든 죽음에 던져지든 상관이 없었다. 우리에게도 오직 이것이 간절한 기대와 소망이고 우리가 사는 이유이며 삶이자 오늘 우리의 일과이다.

내가 그리스도와 함께 십자가에 못 박혔나니 그런즉 이제는 내가 사는 것이 아니요 오직 내 안에 그리스도께서 사시는 것이라 이제 내가 육체 가운데 사는 것은 나를 사랑하사 나를 위하여 자기 자신을 버리신 하나님의 아들을 믿는 믿음 안에서 사는 것이라 갈 2:20

바울은 이렇게 선포할 만큼 자기 안에 사시는 생명의 주체가 그리스도이심을 늘 의식하고, 내주하시는 그리스도를 생생한 실제로 누리고 살았다. 믿음이란 향방 없는 긍정의 힘, 적극적 사고방식이 아니다. 너무 분명하게 이루어진 실제이고 진리의 결론이며 그 믿는 내용이 정확하다. "내가 육체 가운데 사는 것은", 즉 이 육체를 움직이고 반응하고 살아가는 것은 어떤 믿음이었느냐 하면 이전에는 사탄에게 속아서 내 병든 자아의 실체를 철석같이 믿고 그것을 내 존재로 믿는 믿음이었다. 그러나 이제는 예수와 함께 죽은 십자가의 진리가 너무 분명하기에 "나를 사랑하사 나를 위하여 자기 몸을 버리신 그리스도, 그분이 내 안에 사시는 것을 믿는" 믿음 안에서만 모든 것을 의식하고 살아간다는 것이다. 이것은 바울만의 고백이 아니라 그리스도인인 우리 모두의 고백이다.

영광스러운 연합의 결과

이렇게 주님은 놀라운 두 가지 비밀을 십자가를 통해서 이루어놓으셨다. 머리와 몸이 되고 한 몸이 되었다는 말이나 내주하셨다는 것은 모두 연합의 비밀을 강조하는 말씀이다. 다만 한 몸 되는 연합이 새로운 지위를 강조했다면 내주는 새로운 능력을 강조했다고 볼 수 있다. 하나님이 십자가를 통해서 우리와 그리스도를 완전히 연합하셔서 떼려야 뗄 수 없는 공동 운명체로 만드셨다는 것은 우리의 경험이나 영성의 높이를 더해서 거기에 도달하라는 말이 아니라 주님이 십자가로 이루어놓으신 결과이다. 주님과 한 몸이 된 연합, 주님이 임마누엘이 되신 이 영광스러운 연합으로 우리가 새로운 지위와 새로운 능력을 얻었다는 결과를 한 절로 표현한 말씀이 있다.

> 너희는 하나님으로부터 나서 그리스도 예수 안에 있고 예수는 하나님으로부터 나와서 우리에게 지혜와 의로움과 거룩함과 구원함이 되셨으니 고전 1:30

우리는 내가 누구인지 알 수 없었던 자들이었다. 내가 누구인지, 어디서 왔는지, 장차 어디로 갈 것인지, 도대체 나라는 이 실체가 어떤 존재인지 오리무중이었다. 그런데 십자가의 진리 앞에 서자 잃어버린 나의 존재를 발견한 것이다. 나는 술집 아들, 아무개 집안의 자식이 아니었다. 나는 하나님으로부터 난 하나님 작품이다. 하나님께서 그분의 마음 안에서 디자인하셨고, 그분의 계획과 경륜을 따라 때가 차매 이 땅에 태어나게 하신 나는 하나님의 작품이다.

주워듣고 배우고 느끼고 반항하면서 부패한 마음으로 내가 왜곡되게 인식하고 살아온 병든 자아는 내가 아니다. 진리를 만나고 보니 나는 재수 없이 태어난 역사의 한 희생물이 아니라 창세전부터 주님의 가슴에 씨앗처럼 품어졌다가 하나님으로부터 난 존재였다. 그런데 하나님으로부터 난 인간임에 틀림없지만 아담의 후예라는 통로로 오는 바람에, 한 번도 깨어나지 못한 알처럼, 싹을 틔워보지 못한 씨앗처럼, 진정한 원형으로 한 번도 꽃피워보지 못한 채 그냥 그렇게 저주받은 운명으로 지옥을 향해 달려가던 나를 진리의 성령님이 찾아오셔서 기가 막힌 은혜로 그리스도 예수 안으로 이끄셔서 십자가를 만나게 하시고 이제 그리스도 예수 안에 있는 자가 되게 하셨다. 깨어나지 못한 알은 동일한 생명을 가졌어도 거기에 어떤 실체가 들어 있는지 아무도 모른다. 우리의 인생이 자신의 참 존재를 싹틔우고 꽃피우고 그 생명을 드러내는 것은 십자가를 만날 때만 가능하다.

내가 하나님으로부터 나서 그리스도 예수 안에 있으면 예수는 더이상 2천 년 전에 계셨고 나와 상관없는 그런 분이 아니시다. 내가 이 십자가를 만나 그리스도 안에 들어올 때 예수님은 하나님으로부터 나와서 나에게 지혜와 의로움과 거룩함과 구원함이 되셨다. 우리를 십자가로 연합시키셔서 주님 안에 들어온 나를 하나님과 한 운명이 되게 하사 주님의 지혜 내 지혜, 주님의 능력 내 능력, 주님의 거룩 내 거룩, 주님의 의로움이 나의 의로움 되게 하셨다. 이 모든 진리를 어쩌면 이렇게 한 절로 정확히 요약 정리해놓으셨는지 정말 멋진 우리 하나님이시다.

지금까지 들었던 진리, 내 안에 적용되고 믿어져서 내게 실제가 된이 진리를 가만히 생각해보면 이 말씀이 저절로 외워진다. "너희는", 너희는 어떤 존재인가? 하나님으로부터 난 존재이다. "하나님으로부터 나서", 그리고 어떻게 되었는가? 그리스도 예수 안에 있게 되었다. "그리스도 예수 안에 있고", 그러면 무슨 일이 벌어졌는가? "예수는하나님으로부터 나와서", 예수는 나와 무슨 상관인가? 우리에게 무엇이 되셨는가? "지혜와 의로움과 거룩함과 구원함이 되셨으니", 이단어를 하나하나 생각해보라. 평생 사모하고 추구하고 얻고 싶어서몸부림쳤지만 좌절하고 포기했던 지혜, 의로움, 거룩함, 구원함, 그런데 예수 그리스도 안에 들어오는 바람에 이것들이 전부 다 통째로내 것이 되어 예수님의 지혜가 내 지혜 되고, 예수님의 거룩이 내 거룩이 되었다. 그러면 이제 이 구절에 자기 이름을 넣고 자기 고백을 실어보자.

"○○는(은) 하나님으로부터 나서 그리스도 예수 안에 있고 예수는 하나님으로부터 나와서 ○○에게 지혜와 의로움과 거룩함과 구원함이 되셨으니."

아멘! 이 고백을 가능케 하신 우리 주님을 찬양하자.

나의 안에 거하라

중국 선교의 아버지라고 불리는 허드슨 테일러는 선교 역사상 좀 더중요한 의미를 갖는다. 중국은 어마어마한 대륙이다 보니 외국인으로서 내륙으로 들어가 선교를 한다는 것은 상상하기 어려워 대부분의 선교가 해안선 선교에 머물러 있었다. 그럴 때 영국 출신의 허드슨 테일러 선교사가 내지(내륙) 선교의 지평을 열었기 때문이다.

그는 스무 살에 중국 선교사로 가서 오직 하나님만을 믿는 믿음 선교(Faith Mission, 재정적 필요를 직접 요청하지 않고 오직 하나님께 기도함으로 공급받음)를 시행했다. 재정 문제뿐 아니라 모든 사역의 영역에서도 그는 믿음으로 살아갔다. 그런 그에게 위기가 찾아왔다. 늘어나는 사역과 넓어지는 관계 속에서 심적 압박을 느끼게 되면서 그는 평정을 잃고 분노하고 근심하고 초조해하는 자신의 모습을 발견하게 되었다. 외적으로 보면 선교사의 길을 잘 걸어가고 있는 것 같지만 내적인 자신의 모습은 주님 앞에 너무 부끄러운 것이었다.

주님을 닮고 싶고 주님의 거룩하심에 도달해보고자 모든 경건의 훈련을 동원해보아도 자신의 한계를 극복할 수 없었다. 할 수 있는 방법과 노력을 다해보았지만 그럴수록 점점 더 절망스러워졌다. '난 안 되는구나, 난 틀렸구나.' 그러다가 신경쇠약 증세까지 나타났다. 이제는 선교사는커녕 하나님의 자녀라는 확신마저 흔들릴 만큼 심한 갈등과 고민 속에 고통스러운 시간을 보내고 있을 때, 맥카디라는 동료 선교사에게서 편지가 왔다. 그는 맥카디도 자신과 같은 고민을 하고 있다는 것을 깨달았다. 그렇지만 그의 편지는 고민으로 끝나지 않았다. 그 고민이 어떻게 해결되어 갔는지 과정이 자세히 적혀 있었다. "어떻게 하면 믿음을 강하게 할 수 있는가? 그것은 믿음을 구하기 위해 애쓰는 것이 아니라 미쁘신 분 안에 거하는 것이다." 그는 자신이 주님과 연합되었다는 사실을 깨달은 것이다.

가난하고 목마른 심정으로 편지를 읽던 허드슨 테일러의 심령에도 희망이 생겼다. 얼마 가지 않아서 그는 "나는 포도나무요 너희는 가지라 그가 내 안에, 내가 그 안에 거하면 사람이 열매를 많이 맺나니 나를 떠나서는 너희가 아무것도 할 수 없음이라"(요 15:5)라는 말씀을 통해서 주님이 십자가에서 이루신 놀라운 비밀을 깨닫게 되었다.

"나는 포도나무요 너희는 가지라", 줄기에서 가지가 나왔지 가지가 줄기를 버텨준 것이 아니다. 나무가 포도나무면 거기서 나온 가지는 포도나무 가지다. 나무가 거룩하면 거기서 나온 가지도 거룩하다. 우리가 하나님으로부터 난 자가 아닌가. 주님이 거룩하시니 우리도 거룩한 것이다. 허드슨 테일러가 이 사실을 깨닫고 놀랍게 변화되었다. 이 깨달음은 단순히 구원의 확신을 갖는 데 그치는 것이 아니라 그의 삶의 전 영역에 적용된 진리였다.

우리를 거룩하게 하시기 위해 주님이 이미 이루신 십자가의 놀라운 비밀을 보게 되자 그는 더 이상 거룩해지기 위해 투쟁하지 않았다. 더 이상 애쓰지 않았다. 사역에 관해서도 더 이상 열매를 맺기 위해 용쓰지 않았다. 가지가 왜 열매를 맺으려고 용을 쓰겠는가. 가지가 나무에 붙어 있으면 그 뿌리로부터 양분이 공급되어 때를 따라 저절로 열매를 맺지 않겠는가. 그분은 포도나무요 우리는 가지이니 우리는 그분 안에서 영원한 안식을 누리게 되었다.

그는 중국내지선교회(OMF)를 설립했다. 일평생 그보다 더 바쁘고 치열하게 산 사람이 많지 않을 것이다. 중국에서 일어나는 수많은 내란을 겪었으며 동료들이 수없이 죽임을 당했다. 선교지에서 부인과 아이들을 잃기도 했다. 그러나 그를 가장 오래 가장 가까이에서 지켜본 동료 선교사들은 그에 관하여 이렇게 말했다. "그는 진정으로 주님 안에서 안식할 줄 아는 사람이었다."

주님이 우리에게도 이것을 주고 싶어 하신다. 이 놀라운 영광을 우리에게 주시려고 십자가에서 이 일을 이루셨다. 지혜, 의로움, 거룩, 구원, 이것은 죽었다 깨어도 우리에게서 나올 수 있는 것이 아니다. 그런데 주님이 십자가에서 이 연합을 완전하게 이루어내심으로 이제는 나의 지혜, 나의 의로움, 나의 거룩, 나의 구원이 되어주셨다!

- 복음이 얼마나 완전하고 안전한지 연합의 비밀이 말해준다. 죄인인 우리가 십자가 구속으로 말미암아 예수님과 한 생명으로 연합하게 되었다.

- 교회의 비밀은 머리 되신 예수님이 온몸을 돌보고 사랑하듯 교회가 그리스도와 생명의 유기체 되게 하신 신비한 연합이다.

- 하나님께서 우리를 너무나 사랑하셔서 당신의 아들을 십자가에 내주시면서까지 그리스도께서 내 안에 내주하시는 내주의 비밀을 이루셨다.

- 주님이 임마누엘 되셔서 우리가 주님과 한 몸이 된 영광스러운 연합으로 우리는 새로운 지위와 새로운 능력을 얻었다.

- 그리스도와 함께 연합한 공동 운명은 분리될 수 없다. 그와 함께 영광을 받기 위하여 우리는 고난도 함께 받아야 한다.

- 십자가를 만나 그리스도 안에 들어올 때 예수님은 하나님으로부터 나와서 나에게 지혜와 의로움과 거룩함과 구원함이 되신다.

· · ·

주님이 하십니다!

복음의 영광!
복음의 능력!
복음의 축복!

복음의 누림 1 — 여기라

복음을
영화롭게
하라

복음의 누림 1

복음의 삶이 우리에게 허구나 바람이 아닌 진정한 실제가 되도록 하기 위해서 주님은 복음의 조치를 취해놓으셨다. 십자가 구원을 통해서 새 생명을 주시고 권능 있는 약속으로 보장해주실 뿐만 아니라 이 복음을 누구라도 온전히 믿고 누릴 수 있도록 주님의 공로와 주님의 말씀이라는 두 가지 원리를 준비해주셨다. 또 떼려야 뗄 수 없도록 생명이 유기적으로 연합되는 두 가지 연합의 비밀을 준비해놓으셨는데, 머리와 몸이 한 몸을 이루는 교회의 비밀을 주셨고, 그리스도께서 내 안에 영원히 내주하심으로 주님과 내가 하나 되는 임마누엘을 이루셨다.

이렇게 하나님 편에서 완전하게 준비하고 조치해놓으신 이 복음의 안전대책에는 조건이 있다. 이것을 오직 믿음으로 누리는 자에게만 해당된다는 것이다. 그러니 돈이 드는 것도 아니고 힘이 드는 것도 아니고 지식이 필요한 것도 아닌데, 믿기만 하면 되는데 믿지 못해서 망했다면 동정의 여지가 없다. 그것은 못 믿어서가 아니라 악하기 때문이다. 성경은 불신을 "믿지 아니하는 악한 마음"(히 3:12)이라고 표현했다. 정상적인 사고가 아니다. 그보다 못한 것도 홀랑 믿고 청춘 바치고 돈 바치고 결혼도 하면서 주님은 못 믿는다면 그건 악심이므로 동정의 여지가 없다. 하나님은 어린아이라도 듣고 믿으면 누릴 수 있는 복음을 우리를 위해 준비해주셨다. 우리에게 고시에 합격할 만한 수준에 이르라고 하지 않으시고 주님이 이미 다 이루어놓으셨다.

그러면 이렇게 완벽하게 준비된 복음의 축복을 어떻게 누릴 것인가. 우리의 대적자가 아직 시퍼렇게 살아서 마지막 발악을 하는 이 세상 한복판에서, 죄에 길들여진 육체를 가지고 육체의 본성을 거슬러서 살아가야 하는 우리에게, 주님이 예비하고 조치해놓으신 축복들이 실제가 되려면 무엇이 필요한가? 결론은 믿음이다.

복음에는 하나님의 의가 나타나서 믿음으로 믿음에 이르게 하나니 기록된 바 오직 의인은 믿음으로 말미암아 살리라 함과 같으니라 롬 1:17

복음의 축복을 누리려면 오직 믿음이면 된다. 믿음이란 가장 단순하고 순전한 개념이다. 하지만 타락한 아담으로부터 죄의 본성을 이어받아 정반대의 삶을 살아온 우리에게는 여간 복잡하고 어려운 게 아니다. 믿음과 정반대의 삶을 살았기 때문에 우리에게 믿음에 대한 혼돈이 존재하기 때문이다.

앞서 믿음의 개념을 정리할 때 이 세상에 '보이는 실재'와 '보이지 않는 실재'가 있다는 것을 살펴보았다. 보이고 나타난 것에는 믿음이 필요하지 않다. 믿음은 보이지 않는 실재를 대하는 원리이다. 바라는 것은 아직 이루어진 것이 아니다. 보이지 않지만 분명히 실재하는 저 미래적인 것을 믿고 오늘의 실재로 누리고 살아가는 것이 믿음이다. 또한 믿음은 행함의 반대 개념이다. 모든 믿음의 근거는 내가 아니라 내가 믿고자 하는 대상 내지는 진리에 있다. 따라서 믿음은 인간의 최선과 정반대편에 자리한다.

결단이 필요하다

우리가 구체적으로 이 믿음을 사용하려고 하면 여기에는 결단이 필요하다. 왜 결단이라는 요소가 필요한가? 우리는 그동안 속고 살아왔다. 살아 계신 하나님을 없는 것같이, 내 인생의 주인이 내가 아닌데 내가 주인인 것처럼, 그리고 헛되고 병든 자아를 나인 양 철석같이 믿고 살아왔다. 모든 시스템이 다 사실이나 진리와 정반대, 하나님과 정반대로 길들여져 온 것이다.

습관은 제2의 천성이다. 사고하는 방식도 습관이 되다보면 자기의 천성이 되어버린다. 늘 부정적인 시각으로 누군가를 판단하고 비판하는 것에 오래 길들여진 사람은 어떤 사건이 닥치든지 사람을 보면 판단부터 한다. 그것이 진리냐 아니냐, 옳으냐 그르냐, 실제냐 아니냐는 아무 상관이 없다. 습관이 그렇게 무섭다. 오랜 반복을 통해 습관이 되면 이 습관은 제2의 천성이 되어 그것이 마치 정상인 것처럼 그 사람의 기초가 되어버린다.

중독이 무엇인가? 중독도 처음에는 아무것도 아니요 자신에게 없던 것이었다. 실제로 없었는데 길들여지는 반복을 통해 습관이 되고 제2의 천성이 되어 아예 내 살처럼 내 몸에 딱 붙어버린다. 그러면 여기서 벗어나기가 어려워진다. 알코올 중독자는 알코올 기운이 떨어지면 손이 떨려서 컵도 제대로 들지 못한다. 원래 술 안 먹는 것이 정상이었는데 술 취한 상태에 너무 오래 길들여져서 시스템이 전부 다 술이 들어간 상태에 맞게 돌아가다보니 술기운이 떨어지면 모든 시스템이 흔들리고 불안정해지는 것이다. 커피도 중독이면 술과 똑같다. 커피를 마시지 않으면 어지럽고 머리가 아프다면 그것도 중독된 것이다. 이것을 금단현상이라고 하는데 뭐든 마찬가지다. TV나 인터넷이나 뭐든 중독이 되면 그것 없이는 정상적인 기능을 할 수 없다.

감정이나 사고하는 능력도 마찬가지다. 자기연민을 자꾸 개발시키면 나중에는 결국 우울증이 된다. 자기를 너무 사랑한 나머지 자기에 관해 민감해지고 자기 생각에 침잠하고 자꾸 '나는 위로받아야 돼, 나는 슬퍼, 나는 불행한 사람이야, 나는 외로워' 이러기 시작하면 점점 우울해지고 그것이 습관이 되어버린다. 이런 식으로 병든 자아와 왜곡된 자아상에 길들여져 거의 내 몸이 되어버렸다. 이런 우리의 몸은 우리가 신경을 쓰지 않으면 익숙한 대로 반응해서, 예전에 하나님 없이 자아를 추구했던 육적 본능을 따라 저절로 움직인다.

그러니까 진리가 어려운 것도 아니고 억지도 아닌데, 진리를 선택하려면 진리를 결론 삼아 태도를 바꾸고 익숙한 습관을 끊기로 결단해야 한다. 내 몸에 익숙한 관성을 거스르고 결단하는 믿음을 써야 한다. 진리에 대해 바르게 반응하려면 아예 사고부터 감정, 의지, 나의 영의 작용까지 반드시 결단의 요소가 필요하다. 복음을 듣고 새 생명으로 태어났으니 이제부터 저절로 살아지리라 생각한다면 그것은 오해다. 육체뿐만 아니라 이 세상 구조와 시스템이 모두 진리와 하나님에 대해서 철저히 반역적이다. 그 세상 한복판에 사는 우리도 이미 그릇된 방향에 길들여져 있다. 그러니까 진리에 반응하려고 하면 저절로 되는 것이 아니라 억지 같은 느낌이 들 정도의 결단이 필요하게 되었다. 그러나 반드시 진리가 결론이 되게 해야만 한다.

정상적인 사고를 하는 사람이라면 위험한 일, 건드리면 큰일 나는 일이다 싶으면 아무리 느낌이 속여도 하지 않는다. 인지능력이 있는 사람이면 어떤 유혹을 받더라도 핵폭탄 단추를 함부로 누르지 않을 것이다. 죄가 무엇인지 제대로 알았다면 아무리 사탄이 우리를 속이고 "죄를 지어도 괜찮다, 일단 저질러보라"라고 유혹해도 거기에 넘어가지 않는다. 병을 심하게 앓아본 사람은 "그 병에 이거 먹으면 죽는다"라고 하는 것은 혀를 깨물어도 안 먹는다.

그것이 자신에게 얼마나 해가 되는지를 알면 결단할 수 있다. 그렇게 하지 못하는 것은 진리를 결론으로 삼지 않기 때문이다. 믿음으로 살아본 적도 없이 항상 선택의 여지를 남겨놓고 그동안 익숙하게 살아온 대로 대강대강 살다가는 망하는 것이다. 분명한 것은 복음의 이 어마어마한 축복은 철저히 믿음을 전제로 주셨다는 사실이다. 육체를 입고 이 세상 한복판에서 살아가는 우리가 어떻게 믿음으로 살아갈 수 있는가? 그렇기 때문에 결단이 필요한 것이다. 믿음을 이루는 결단의 3요소는 "여기라", "드리라", "신뢰하라"이다.

1. 여기라

믿음의 결단 첫 번째는 '여기라'이다. 여기기로 결단하는 것이다.

10 그가 죽으심은 죄에 대하여 단번에 죽으심이요 그가 살아 계심은

하나님께 대하여 살아 계심이니 11 이와 같이 너희도 너희 자신을 죄에 대하여는 죽은 자요 그리스도 예수 안에서 하나님께 대하여는 살아 있는 자로 여길지어다 롬 6:10,11

예수님이 죄에 대하여 단번에 죽으시고 하나님께 대하여 다시 사셨다. 우리를 대신해서 철저히 그렇게 하셨다. 예수님이 이루어놓으신 이 역사적 객관적 실제 사실과 이 진리를 듣고 알았으니 이제 우리도 우리 자신을 죄에 대하여 죽은 자요 하나님에 대하여는 그리스도 예수 안에서 산 자로 여겨야 한다.

① 인식의 전환

정황을 파악하고 진리를 알았거든 이제 더 이상 속고 살아온 경험이나 느낌 때문에 퍼질러 앉아 있지 말고 정신을 차리고 진리를 결론 삼아 그 진리를 사실로 여기겠다고 결단하라. 거짓 정보를 진리의 정보로 바꾸어 사실로 대처하는 인식의 전환이 요구된다. 인식의 전환은 매우 중요하다.

새 사람을 입었으니 이는 자기를 창조하신 이의 형상을 따라 지식에까지 새롭게 하심을 입은 자니라 골 3:10

이제 우리는 저 병든 옛 자아에 대하여 죽고 그리스도 안에서 우리의 원형, 잃어버렸던 원형을 찾아 새 사람을 입었다. 믿음으로 십자가를 통과하여 하나님 안에서 새롭게 지음 받은 이 새 사람은 우리를 창조하신 하나님의 형상을 좇아 지식에까지 새롭게 하심을 입은 자이다. 그러니까 이전에 병든 자아로 자기를 인식했던 이 인식에 전환이 일어나야 한다. 이제 더 이상 병든 자아로 자신을 인식하지 않고 하나님께서 창조하신 원형으로 인식하는 것이다.

물론 보이는 실재는 그대로인 것 같다. 하나님 없이 소망 없이 내 병든 자아를 섬기며 찌그러진 상태로 살던 내 모습이 '보이고 나타난 나의 실재'로 지금 분명히 존재한다. 그러니 저절로 익숙한 대로 그렇게 인식하게 되지만 여기에 속지 말아야 한다. 이제는 보이는 실재에 반응하지 말고 나를 보이지 않는 실재로 인식해야 한다. 믿음으로 나를 주님의 원형으로 인식하는 인식의 전환이 일어나야 한다. 그러니까 믿음이라는 요소를 생각할 때 먼저는 '여기는 믿음', 즉 인식의 전환에서 시작되는 것이다. 믿음은 진리를 믿는 것이다. 속아왔던 거짓된 정보를 밀어내고 이제는 전모를 알게 된 진짜 사실, 진리를 내 믿음의 근거로 삼아 아예 인식의 틀 자체를 진리로 바꿔버려야 한다.

이 변화가 일어나지 않았다면 그 믿음은 아직도 여전히 자기확신, 정신통일이다. 아무리 믿음이라고 부르짖고 난리를 피워도 진리를 실제로 여기는 인식의 전환이 없으면 그저 굿하는 것에 지나지 않는다. 진리에 대한 인식의 전환을 거치지 않은 채 자기확신을 믿음이라고 부둥켜안고 뜨겁게 펄펄 뛰다가는 조금 있으면 헷갈리고 속고 좌절을 겪게 될 것이다.

ⓐ 진리의 발견

어떻게 해야 인식의 전환이 일어나는가? 첫째, 진리를 발견해야 한다. 무턱대고 그냥 믿어버리지 말고 사실이 정말 그런지 따져봐야 한다. 사실이 정말 그런지, 믿을 만한지, 분명한 근거가 있는지 따지고 알아야 한다. 우리의 문제에 하나님이 도대체 어떤 일을 이루어주셨는지 먼저 복음, 그 총체적 진리를 정확하게 발견해야 한다.

ⓑ 사실로 간주

둘째, 발견한 진리의 사실을 온전히 확신하고 명확히 깨달을 때까지 집중적으로 수많은 테스트를 해봐야 한다. 이렇게도 찔러보고 저렇게도 찔러봐서 이 사실을 온전히 깨닫고 확신하게 되면 "야, 진짜구나!" 이렇게 정말 사실로 간주하게 되는 것이다. 그러니까 한 번이라도 십자가의 복음과 자기 존재에 관한 이 진리에 집중하고 고민하고 목숨 걸고 부딪쳐봤더라면 변화가 일어나도 벌써 일어났을 것이다. 복음을 그저 세례문답용이나 죄책감 떨어내는 정도로 대강 보고 넘어가니 이렇게 해서 얻은 결론이라고 붙잡아봤자 관념이나 신학적 지식에 그쳐서 삶에 아무런 변화가 일어나지 않고, 유혹의 바람이 불거나 어떤 도전 앞에 서면 통째로 흔들리고 마는 것이다.

이 진리를 대강 넘어가서는 안 된다. 진리를 발견했다면 이것이 정말 그런지 치열하게 따지고, 이 진리가 옳다면 이 십자가의 진리 앞에 나의 존재를 철저히 대입하여 고민해봐야 한다. 이렇게 진리를 찾아 헤매는 사람들이 있다. 이렇게 찾아서 만난 진리는 견고하다. 대강 그슬리고 대강 감동받으면 그 감동보다 더 센 감동 앞에서 말짱 도루묵이 된다. 그러니까 결단이 일어나려면 먼저 진리를 발견해야 하고, 발견한 그 진리가 사실로 간주될 때까지 치열하게 부딪쳐보아야 한다. 발견하고 테스트하고, 이 두 과정을 통해 확실한 사실로 내 안에 받아들이게 될 때 인식의 전환이 일어나는데 이것이 '여기는 믿음'이다.

악한 왕, 그놈은 이미 죽었다!

믿음에 왜 이런 결단이 필요한지 예를 들어보겠다. 옛날 아주 흉악하기 짝이 없는 나쁜 왕이 살고 있었다. 그 밑에서 제대로 몇 년을 산 사람이 없을 만큼 아주 악랄한 왕이었다. 그토록 패악을 부리더니 정변이 일어나 십자가형에 처해졌다. 십자가에 단단히 못 박혔는데도, 얼마나 독한 놈인지 십자가에 매달려서도 도끼눈을 뜨고, 이빨을 으드득 갈고, 고래고래 소리를 질러서 여전히 보기에 무서웠다.

그를 오래 섬기던 종이 하나 있었다. 주인의 눈빛만 봐도 숨소리만 들어도 오금이 저리고 심장이 오그라드는 두려운 종살이를 오래 해온지라 그가 처형을 당했다는 이야기를 들었지만 가보지 못하다가 다음날 용기를 내어 십자가를 찾아갔다. 먼발치에서 십자가에 달린 주인을 바라보며 '저렇게 죽을 것을, 왜 그렇게 살았을까?' 안타까운 마음에 혀를 차던 종이 아직 죽지 않아 정신이 돌아온 왕과 눈이 마주쳤다.

십자가에 매달린 왕이 자신의 몸종을 보자마자 "이 죽일 놈!" 하고 호통을 치며 눈을 부릅떴다. 왕의 고함에 놀란 종은 그 자리에 털썩 주저앉아 "아이고 주인님, 용서해주세요" 하며 빌었다. "어서 술 가져오지 못해?", 왕의 호령에 주인에게 술을 갖다 바치고, "안주는 왜 안 갖고 와?" 하면 바들바들 떨며 안주를 준비하고, 계속해서 십자가에 매달린 왕의 심부름을 하느라 뛰어다니는 불쌍한 그 사람이 만일 자신의 동생이라면 그에게 뭐라고 말해주겠는가? 어떻게든 그를 도와주어야 할 텐데 이 상황을 어떻게 바꿔주어야 하겠는가?

십자가형의 원래 목적은 악한 왕을 죽이는 데 있다. 죽이기로 결론이 났고 가장 오래 고통을 느끼며 죽게 하는 십자가형을 집행한 것이다. 그래서 그 왕이 십자가에 못 박혔을 때 사실 그는 이미 죽은 것이지만, 죽는 과정에서 시간이 좀 더 걸릴 뿐이다. 그러는 동안 입만 살아서 떠드는 것인데 그게 두려워 심부름을 하고 있다면 그 종에게 지금 무엇이 필요한가? 바로 인식의 전환이다. 죽었다고 여겨야 한다.

종의 눈앞에는 그에게 익숙한 상황이 펼쳐지고 있다. 그러나 그가 간과한 것은 십자가에 못 박힌 것이 이미 죽은 것이나 다름이 없다는 사실이다. 살아서 떠들고 있다지만 십자가에 못 박혔으니 실상은 죽은 것이다. 느낌이나 상황이 어떻든 그가 아무리 떠들어도 그것과 상관없이 사실 그는 이미 죽은 자이므로 "실상은 죽은 자이니 죽은 자로 여겨라. 너와 상관없는 자로 여겨라" 이렇게 말해주어야 한다.

우리에게도 이 '여기는 믿음', '여기는 결단'이 필요하다. 우리는 병든 옛 자아에게서 자유하기 위해 십자가에서 이미 이루어진 일을 바라본다. 하지만 삶의 오랜 습관과 죄의 영향력이 남아 아직 여전히 살아 있는 것처럼 보이고 나타나 혼란스럽다. 그럴 때마다 우리는 믿음을 써야 한다. 십자가가 결론이므로 나의 죄와 옛 자아에 대해서는 죽은 자로, 하나님과 그분 안의 원형에 대해서는 산 자로 여겨야 한다. 너무 오랫동안 두려움과 종노릇에 길들여져 있었기 때문에 결단이 필요한 것이다.

그런데 사실 사람들은 이렇게 여기는 일에 아주 선수들이다. 자기가 과거에 어떤 모습이었는지 금세 지워버리고, 처음부터 괜찮았던 것처럼 여겨버리는 일이 비일비재하다. 그런 사람들이 왜 진리 자체에 대해서는 그렇게 하지 못하는가. 그것은 아예 그렇게 여기고 싶지 않기 때문이다. 자신을 거기에 드리고 싶지 않은 것이다. 십자가에서 이루어진 사실이 부정할 수 없도록 명확하고 진리가 분명히 선포되었는데도, 이 진리를 사실로 받아들이지 않고 미련을 남기고 결단을 유보한다. 인식을 전환하려고 하지 않고 오히려 옛날 그 자리에 퍼질러 앉아 있다. 병든 자아가 운명은 비참해도 잠깐씩 누리고 사는 재미가 있었기 때문에 차마 이것을 포기하기가 쉽지 않은 것이다.

'언젠가 나중에는 변하겠지만 아직은 아니야. 지금은 변하기 싫다.'

그런데 결단하지 않으면 반드시 결단을 당하는 날이 오게 될 것이다. 변화를 유보할 경우 뜨거운 맛을 보는 수밖에 없다. 복음은 이미 다 준비되어 있는데 지옥에 가서는 안 되지 않는가. 모든 환경과 조건이 다 바뀌어도 우리 마음에서 인식의 전환이 이루어지지 않으면, 죽을 만큼 고생을 해도 그 삶이 바뀌지 않는다.

죄의 종노릇 하고 살아온 병든 옛 자아의 삶이 느낌으로, 현실에서 실제 하는 힘으로 우리에게 작용하기 때문에 여전히 살아 있는 것 같고, 여전히 나를 끌어당기는 힘이 있는 것처럼 느껴진다. 그럴 때 결단이 필요하다.

"여기라."

죄에 대하여는 죽은 자요 의에 대하여 하나님을 대하여는 산 자로 여기는 것이다. 이미 이루어진 진리를 믿음으로 여기라. 결단하라.

- 복음을 듣고 새 생명으로 태어났다고 저절로 살아지지는 않는다. 복음의 축복이 실제가 되려면 믿음이 필요하다.

- 우리가 그동안 살아 계신 하나님을 없는 것같이, 내가 내 인생의 주인인 것처럼, 병든 자아를 나인 양 믿고 진리와 정반대로 길들여져 왔기에 믿음에는 진리를 결론으로 삼는 결단이 필요하다.

- 믿음을 이루는 결단의 3요소는 여기고, 드리고, 계속 신뢰하는 것이다.

- 진리를 사실로 여기도록 인식을 전환하라.

- 자신을 병든 자아 아닌 하나님이 창조하신 원형으로 인식하라.

- 아무리 살아서 떠들고 있어도 내 옛 자아는 십자가에 못 박혔으니 이미 죽은 자로 여기라.

- 자신을 죄에 대해 죽은 자, 하나님을 대해서는 산 자로 여기라.

· · ·

주님이 하십니다!

복음의 누림 2 ┃ 드리라 1

복음을 영화롭게
하라

복음의 누림 2

1. 드리라

믿음의 결단 두 번째는 '드리라'이다. 하나님이 우리를 위해 어떤 일을 이루어주셨는지 복음의 진리를 발견하고 그것을 사실로 간주하게 되면, 여겨진 진리가 우리 삶에 실제로 체험되어야 하는데 그 과정이 바로 '드리는' 과정이다. 믿음은 결단의 연속이다. 진리를 사실로 여기는 인식의 전환이 온전히 일어났다면 그 진리에 자신을 드리게 되는 것은 자연스러운 귀결이다.

> 12 그러므로 너희는 죄가 너희 죽을 몸을 지배하지 못하게 하여 몸의 사욕에 순종하지 말고 13 또한 너희 지체를 불의의 무기로 죄에게 내주지 말고 오직 너희 자신을 죽은 자 가운데서 다시 살아난 자같이 하나님께 드리며 너희 지체를 의의 무기로 하나님께 드리라 14 죄가 너희를 주장하지 못하리니 이는 너희가 법 아래에 있지 아니하고 은혜 아래에 있음이라 롬 6:12-14

죄에 대하여 죽고 의에 대하여 산 자로 여겨졌다면 '여겨진' 진리에서 '드리는' 결단으로 곧바로 나아가야 한다. 말씀을 깨닫고 은혜를 받아 인식의 전환이 일어나서 복음이 정말 너무 기쁘고 놀랍다는 것을 깨달았는데, 자신의 삶에서 드리는 믿음을 적용할 지점이 어딘지 분명히 알았으면서도 '지금은 아니고…'라고 변명하고 회피하면 나중에도 순종할 수 없다. 사탄은 절대 물러서지 않는다. 결론이 다 나도 다시 찔러본다. 할 수만 있으면 택한 자라도 넘어뜨리려는 악한 시도를 결코 멈추지 않는다. 그래서 드리는 결단이 신속하게 이루어지지 않으면 사탄은 어떤 이유로든 유보하게 하고 직면하지 못하게 하고 자꾸 딴 데로 관심을 기울이게 할 것이다.

드리는 결단으로 나아가지 않으면 우리는 실제 삶에서 진리를 체험할 수 없게 된다. 그러므로 드리라. 매섭게 결단하고 이미 여긴 진리에 나 자신을 드리라. 간격을 두지 말라. 우물쭈물 지체해서는 안 된다. 그럴 때 비로소 복음이 자신에게 실제가 될 것이다.

> 그러므로 형제들아 내가 하나님의 모든 자비하심으로 너희를 권하노니 너희 몸을 하나님이 기뻐하시는 거룩한 산 제물로 드리라 이는 너희가 드릴 영적 예배니라 롬 12:1

우리는 드리는 결단을 통해서 진정한 복음의 능력을 체험하고 큰 기쁨을 경험할 수 있다. 바울은 앞서 복음을 설파한 다음 곧바로 이렇게 권한다. 우리의 몸을 하나님께 산 제물로 드리는 것이 우리가 드릴 영적 예배라고 말이다. 이 드리는 믿음을 우리는 흔히 '헌신'이라고 이야기해왔다. 사실 헌신이라는 말 자체가 내 몸, 나 자신을 드린다는 의미이다. 하지만 보통은 헌신이라는 단어가 과격한 개념으로 사용되어, 특별한 믿음을 가진 누군가에게만 해당된다거나 교회에 나온 지 얼마 되지 않은 사람에게 헌신을 요구하는 것은 무리이고 한참 세월이 흘러야 할 수 있다고 생각한다.

그런데 바울은 "복음의 결론을 알았으면 내가 하나님의 완전한 자비로 권하는 말이 있는데 네 전부를 헌신하라는 것이다. 하나님께 전부를 드려라" 이렇게 말한다. 복음이 어떤 것인지 제대로 알았다면 사실 이보다 더 큰 축복이 없다는 것을 알기에 바울이 이렇게 권하는 것이다. 복음을 누리려면 믿음을 결단하고 자신을 드리는 이 믿음이 반드시 필요하다. 그러기 위해서는 헌신이라는 말의 오해도 풀어야 한다. 나의 시간, 재능, 소유 등 나의 일부분을 드리는 것이 아니라 내 몸 전부, 내 존재를 진리에 기꺼이 내어드린다는 것은 결국 누가 내 인생의 진짜 주인이냐, 삶의 주도권이 누구에게 있느냐 하는 문제이다.

우리의 열심과 최선이 진정한 믿음과 정반대편에 있다는 것을 분별해내는 것도 쉬운 일은 아니다. 주님의 큰 사랑을 받고 내가 주님을 위해서 눈물겹게 섬기는 것이 헌신인 줄 알았는데 사실은 정반대라니, 이것은 자기 스스로 분별하기 어렵다. 또 우리가 워낙 자기중심으로 살아왔기 때문에 내가 하는 것이 아니라 믿음으로 한다는 것을 받아들이는 것도 참 어려워한다. 나 역시 이 진리를 체험으로 배우기까지는 시간이 많이 걸렸다. 이 진리를 객관적인 이론이나 다른 사람의 이야기로 하자면 한두 줄로 정리가 되겠지만, 조금이나마 도움이 되었으면 하는 마음으로 지금부터 내가 체험한 과정을 함께 나누고자 한다.

나의 이야기

신기하고 행복한 교회

나는 '안모태'(모태신앙이 아님)로 신앙을 출발했기 때문에 교회에 대한 사전 정보가 거의 없었다. 그러나 주님의 뜨거운 사랑에 감격하여 신앙생활을 시작했기 때문에 사전 정보는 없어도 동기부여가 이미 충분히 되어 있었다. 아무리 율법적인 설교를 들어도 나에게는 전혀 문제가 되지 않았다. 주님의 큰 사랑을 받고 죄를 용서받았으니 주님의 은혜를 갚고 주님을 위해서 사는 것밖에 다른 생각이 없었기 때문이다.

처음 교회라는 데를 와보니까 어떻게 사람 사는 데가 이렇게 다른지! 나에게는 같은 대한민국이지만 하늘 아래 전혀 다른 법과 문화가 통용되는 곳이 교회였다. 그만큼 내가 살던 데와 너무 달랐다. 살면서 교회라는 곳이 존재하는지도 몰랐던 나에게는 교회에서 느껴지는 정서 자체가 전부 새로웠다. 가장 신기했던 것은 욕을 한마디도 안 하고 오래 이야기하는 것이었다. 그야말로 문화충격이었다. 술을 먹은 것도 아니고 기생도 아닌데 사람이 맨 정신에 어쩌면 그렇게 느끼하게 말할 수 있는지, 서로 쳐다보고 눈을 깜박거리며 "어머나 자매님, 사랑해요" 하는 것도 어려웠다.

나는 관계가 가까울수록 욕을 진하게 하는 분위기, 느끼하고 메슥매슥한 것을 못 견디는 분위기에서 자랐는데 교회에 와보니까 어쩌면 그렇게 나이스하고 부드럽고 정돈된 언어를 쓰고 욕을 한 마디도 안 하는지 어렵고 어색한데 그래도 그것이 좋았다. 뭔가 다른 차원이 느껴졌다. 게다가 교회에 처음 온 나를 "김 선생, 김 선생" 하고 불렀다. 우리 조상 삼 대를 거슬러 올라가도 그렇게 고상한 직업을 하신 분이 없다. 옛말에 선생님 그림자도 밟지 말라고 할 만큼 선생님을 어렵게 생각했는데, 술집 아들인 나에게 선생이라니 몸 둘 바를 모르겠고 가만히 있을 수가 없었다.

"아이고, 저 선생 아니에요, 선생 아니에요."

그런데 돌아서면 흐뭇하고 난생 처음 인간적인 대우를 받은 느낌이 들었다. 물론 나중에 조직에 깊이 들어와서 보니까 교회에서 마땅히 부를 이름이 없을 때 선생이라고 한다는 것을 알게 되었지만, 그때는 이미 너무 깊이 발을 들여놔서 알아도 아무 소용이 없었다. 그렇게 마치 신혼처럼 모든 것이 새롭고 신기하고 고맙고 감동이 되는 행복한 출발을 했다.

예수 믿는 이야기 좀 해보자!

처음 모교회로 섬긴 교회는 성도가 스무 명 남짓한 시골 교회였다. 6.25 전에 세워진 예배당이니까 70년대 초에 20년이 훨씬 넘은 교회인데도 스물 몇 명밖에 안 되는, 정말 부흥이 안 된 오래된 교회였다. 시골 교회 분위기를 아는 분은 짐작하겠지만 교회에는 아주머니, 할머니, 환자들이 대부분이다. 그런데 거기 젊은 놈이 끼여 앉아서 할머니, 아주머니들과 찬송을 불렀다. 거기서는 찬송가 600곡이 다 한 곡이었다. 멜로디도 리듬도 필요 없고 멋진 성가대나 음악적인 감동도 아무것도 없지만 십여 년 동안 나는 그저 눈물로 노래를 불렀다. 예배 때마다 눈물이 있었고 어떻게 나 같은 죄인 놈이 이 거룩하신 하나님의 예배에 감히 참여할 수 있는지 정말 고맙고 감격스럽고 감사했다.

나는 예수를 믿고 예수 믿는 사람과 얘기를 하고 싶었는데 시골 교회에는 교제할 대상이 별로 없었다. 시골 교회 교인들은 힘든 농사 일로 고단하니까 주일 대예배만 다들 조금 정신 차리고 예배를 드리지, 다른 예배에는 목사님만 홀로 깨어 계시고 나머지는 거의 졸면서 머리를 찧고 앉아 있는 경우가 많다. 예배가 끝나면 서로 쳐다보기도 민망해서 부리나케 예배당을 빠져나가기 바빴다. 그러니 교제고 뭐고 할 겨를이 없다. 할머니라도 좋으니 그냥 예수 믿는 이야기를 좀 해봤으면 좋겠는데, 교제할 대상도 없고 할 여유도 없었다.

또 나는 교회 용어를 거의 몰랐다. 세상 문화에 익숙해서 '교제'라는 용어도 몰랐다. 그래도 얼마나 교제가 하고 싶은지 예배가 끝나면 목사님도 아닌데 제일 먼저 문간에 나가 서서, 그나마 이야기 좀 할 만하다 싶은 사람을 붙들고 한다는 말이 "놀다 가요, 예? 놀다 가요"였다. 그것이 교제 좀 하자는 말이었다. 내가 아는 말이 그것밖에 없기 때문이었다. 교회에서 어떤 젊은 놈이 "놀다 가요" 그런다고 동네에 소문이 다 났다. 그렇게 애걸복걸하는데도 놀다 가는 사람 하나 없었다.

그러다가 몇 개월 만에 세상에, 그 교회에 젊은이들이 몇 명 우르르 떼를 지어 나왔다. 있을 수 없는 일이었는데, 무슨 일인지 그렇게 젊은이들이 나왔고 나는 이 기회를 놓칠 수 없어서 벼르고 있다가 예배가 끝나기 무섭게 바깥에 나가서 이 젊은이들을 붙들었다.

"놀다 가요, 예? 놀다 가요."

기도 부흥의 역사

나중에 알고 봤더니 그들은 교회에 한 번 구경삼아 나온 젊은이들로 대부분 '안모태'였고 교회 문화에 익숙하지 않았다. 놀다 가라고 붙잡는 내가 교회 주체 측이라고 생각했는지 미안해서 남게 된 모양이었다. 그렇게 해서 저녁 예배가 끝나고 나서 나보다 더 생짜배기인 친구들까지 다함께 작은 시골 교회 예배당에 둘러앉았다.

나는 예수 믿는 사람들이 예배당 안에 둘러앉아 있다는 것만으로도 너무 신나고 행복해서 싱글벙글이었다. 싱글벙글 그렇게 3분, 5분이 그냥 흘러갔다. 문제는 내가 '안모태'라서 프로그램이 전혀 없다는 사실이었다. 나는 교회에서 뭘 해야 하는지 전혀 몰랐다. 물론 나는 아무것도 안 해도 괜찮았다. 예수 믿는 사람끼리 앉아 있다는 것 자체가 너무 좋으니까 전혀 문제가 없었다.

그런데 이 사람들은 죽을 맛이었다. 아무것도 안 하고 서로 빤히 쳐다보고 앉아 있으려니까 시선을 어디에 둘지 몰랐다. 5분이 넘어가니까 여기저기서 끙끙대며 신음소리가 나오기 시작했다. 일어나 나갈 수도 없고 앉아 있을 수도 없이 어려워하는 눈빛이 역력한데 나는 뭘 해야 하는지 알 수가 없었다. 예배, 찬송, 기도 외에 이 거룩하고 신성한 예배당에서 다른 것을 할 수 있다고 생각이나 했겠는가.

다들 너무 어려워하는 것 같아서 내가 이렇게 제안을 했다.

"그럼 우리 기도해요."

그러자 사람들이 이제 이 어려운 분위기에서 탈출할 수 있겠다 싶었는지 얼른 고개를 숙였다. 그런데 문제가 또 있었다. 나도 기도를 잘 할 줄 모르는데 다른 사람들도 기도가 뭔지 잘 몰랐다는 것이다. 기도하자고 시작해놨지 다들 고개는 숙였는데 그러고 다시 2분, 3분, 4분 시간이 흐르고 또 "끙…" 하는 신음소리가 들렸다. 이 압박감에 어찌할 줄 모르는 것이 느껴졌다.

그런데 이 분위기를 견디다 못한 심약한 자매 하나가 너무 답답하고 안타까우니까 신음하듯이 "하나님 아버지" 하고 불렀다. 대책 없이 부르기는 했지만 할 말은 없는데 "하나님 아버지" 하고 부르는 그 순간부터 어려운 분위기의 책임이 다 그 자매에게로 몰렸다. 어쩔 줄 몰라 하던 자매가 "하나님 아버지, 하나님 아버지" 이러고 한참 끙끙대더니 갑자기 대성통곡이 터져버렸다. 이 무슨 날벼락인가. 예배당에 나왔다가 까닭 없이 붙들려서 기도한다고 하나님을 불렀는데 그때 신기한 일이 벌어졌다.

이 자매가 통곡을 하자 이심전심이었다. 갑자기 나머지 청년들도 다 같이 울기를 시작하는데 왜 우는지, 무엇 때문에 우는지 이유도 전혀 묻지 못하고 그때부터 통곡을 하기 시작했다. 1970년대는 한국 교회가 수적으로 폭발적인 부흥을 할 때였다. 그 당시 정말 특이하고 말로 설명이 안 되는 희한한 일들이 많았다. 나도 그런 설명이 안 되는 상황을 몇 차례 경험했는데 이 날도 그중에 하나였다. 통곡으로 시작해서 기도가 터지기 시작한 것이다.

나중에 들으니 예수님의 이름으로 기도할 줄 아는 사람도 그중에 둘밖에 없었다고 한다. 다들 생전 처음으로 기도가 터진 것이다. 지금 생각해보면 무슨 기도를 어떻게 했는지 기억이 나지 않는다. 아무튼 막 기도하기 시작했다. 급기야 나중에 목사님이 와서 보고 말릴 지경이었지만 말리려고 해도 말릴 수가 없었다고 한다. 얼마나 뜨겁게 기도하는지 그 기도가 다음날 새벽기도까지 이어졌다.

이때부터 나도 탄력을 받고 이 사람들도 계속해서 교회에 나오게 되었다. 이러면서 교회도 부흥되기 시작했다. 다 해봐야 스물 몇 명이던 교회가 2,3년이 지나기가 무섭게 청년회 재적만 50명이 넘었다.

신앙생활에 홀랑 미치다

그때 엑스플로 74 대회를 앞두고 민족복음화를 위해 전국의 교회에 사영리 등 전도요원 훈련교재와 자료들이 배급되었다. 나도 그 교재들을 공부해서 내용을 이야기로 풀어갈 수 있을 정도가 되었다. 나는 순모임, 한솥밥 먹기 운동, 영친운동 등 요즘으로 말하면 청년 셀그룹 활동을 열심히 했다. 그러면서 매일 밤마다 청년들이 모이고 부흥이 되니 처음 시작한 신앙생활에 너무 신바람이 났다. 딴 생각 하나 없이 그야말로 신앙생활에 홀랑 미쳤다.

나는 처음 믿을 때부터 새벽기도 안 나가면 죽는 줄 알았고 그 새벽기도를 더 열심히 다니기 시작했다. 처음에 기도 못할 때는 시편을 읽으며 그 내용을 기도문으로 하기도 했는데, 기도가 터지고 제대로 기도할 수 있게 되면서 문장으로 정확히 기도하는 법을 훈련하기 시작했다. 우리 교회는 보수정통진리말씀 중심의 교회로 중언부언하면 안 된다고 가르쳤기 때문에 정신을 똑바로 차리고 또박또박 기도해야지 같은 말을 반복하면 안 되었다.

"거룩하시고 자비로우신 하나님 아버지, 에덴동산을 창설하시고 아담과 하와를 만드시고, 하와가 선악과를 먹는 바람에 쫓겨나서 아벨의 제사는 받으시고 가인의 제사를 받지 않으신 주여!"

이렇게 시작해서 슬슬 본색이 드러나기를 내 안에 '누구보다 내가 예수님을 제일 잘 믿어야겠다' 이런 생각이 들기 시작하더니 모든 부분에 경쟁심이 생기기 시작했다. 새벽기도도 시간도 정해놓지 않고 눈이 떠지면 바로 나와서 그때부터 "주여!" 소리 소리를 질렀다. 새벽예배 후 각자 개인기도를 하는 시간에도 나는 목소리만큼 주님을 사랑한다고 생각해서 최대한 목소리를 높여서 "자비하시고 거룩하신 하나님 아버지, 주여…" 하면서 문장을 또박또박 갖춘 기도를 총알처럼 쏟아내기 시작했다. 이런 기도를 잠깐 하고 끝내는 것이 아니라 두세 시간씩 하니까 다른 교인들이 기도줄을 놓치게 되고 아무리 정신을 차려도 자기 기도가 되지 않아 다들 내가 하는 대표기도를 듣는 형국이 되었다. 다른 교인들이 견디다 못해 "저 김 집사는 깡통신앙이다", "저만 잘난 척한다" 뒷말도 하고 시기 질투를 얼마나 하는지 그때 나도 상처를 많이 받았다.

나의 경쟁심은 신앙생활 전반에 다 나타났다. 나보다 누가 예수님을 더 열심히 섬긴다는 것은 도저히 견딜 수 없는 일이었다. 기도도 내가 제일 길게 오래 많이 해야 했고 기도 목소리도 내가 제일 커야 했다. 목사님까지 경쟁 대상으로 여겨서 목사님이 무릎을 펴지 않는 한 나도 절대 무릎을 펴지 않았다. 어떻게든 목사님이 기도를 마치고 가셔야 그다음 5분이라도 더 늦게 일어나서 돌아가곤 했다. 누구보다 제일 열심히 해야 한다는 이 경쟁심은 끝 갈 줄을 몰랐다.

그 교회에 터줏대감인 호랑이 권사님이 한 분 계셨다. 얼마나 대단하고 무서운 권사님인지 아무도 이분을 괴롭힐 수 없고 자칫 이분을 잘못 건드렸다가는 동네를 떠나야 할 정도였다. 이 권사님은 종갓집 맏며느리로 스물여덟에 청상과부가 되었다. 며느리의 재가(再嫁)는 집안의 큰 수치였기 때문에 마음잡고 살도록 집안에서 예배당에 나가는 것을 허락해주어서 교회에 나오게 된 분이었다. 그러니 이분에게 예수님은 구주이실 뿐만 아니라 정말 신랑이셨다. 모든 소망을 예수님께 두고 평생 신앙생활을 해오셨다.

이분이 꼭 잡고 있는 일이 하나 있었는데, 바로 새벽종을 치는 일이었다. 20년이 넘도록 새벽종을 치셨는데 아무도 그 종줄을 빼앗을 수 없었다. 그런데 이것이 내 마음에 딱 걸렸다. '누가 나보다 주님을 더 사랑하느냐. 이 중요한 새벽에 복음의 종소리를 울리는 일인데 이것을 내가 해야겠다' 이런 생각이 들어서 마침내 결심을 했다. 종은 시간이 되어야 치게 되는데 권사님보다 더 일찍 가서 종탑 아래 쪼그리고 앉아 있다가 시간이 되어 권사님이 올라올 때쯤 되면 내가 먼저 종줄을 붙잡는 것이다. 아무리 약이 올라도 손주 같은 사람하고 싸움을 해서 뭐 하겠는가. 이렇게 해서 결국 나는 아무도 빼앗을 수 없었던 권사님의 새벽 종줄마저 빼앗고 말았다.

그때 신앙생활은 지금 생각해도 신이 날 정도로 정말 재미있었다. 나는 세례를 받자마자 주일학교 교사를 시켜달라고 졸랐다. 나는 목사님이 시키는 것은 그것이 옳든 그르든 그대로 순종했다. "아니오"라는 대답을 한 번도 생각해본 적이 없다. 주님을 사랑하니까 목사님이 시키는 일을 거절하는 그 자체가 불경건인 줄 알았다. 시골 교회가 작아도 있을 건 다 있다. 또 교회가 사람이 많든 적든 일꾼이 없다 보니 한 번에 십여 가지 일을 맡은 적도 있었다. 아마 여전도회장을 빼놓고 거의 다 해본 것 같다. 전임 사역자인들 그렇게 일할 수 있을까 싶게 거의 매일 교회에 가서 살았다. 그리고 나는 그것이 좋았다.

몸부림과 부르짖음

그렇게 열심히 목사님이 시키는 대로 다 하고 많은 사역을 도맡아 몇 년을 지내다보니 처음에 변두리 사람이던 내가 어느새 교회의 주축이 되었다. 그리고 나니까 이제는 일이 너무 많이 주어져서 목사님보다 설교를 더 많이 할 때도 있었다. 주일학교, 중고등부, 청년회 모임, 교사 모임에서, 또 가끔은 목사님이 시키는 새벽기도 설교까지 했다. 그래도 그것이 기쁘고 감사해서 시켜주기만 하면 다 했는데 그러다보니까 여러 일로 실수가 많아졌고 그만큼 제대로 하는 일이 많지 않았다.

그중에 제일 어려운 것은 두 가지 요구를 한꺼번에 들을 수 없다는 것이었다. 예를 들면 이런 것이다. 5월은 목회 계획상 주로 가정의 달이라서 목사님이 가정에 관한 설교를 많이 하신다. 그 설교를 들으면 내가 제일 죽일 놈이다. 교회에 미쳐서 가정을 돌볼 새가 없었기 때문이다. 본문 말씀도 주로 "누구든지 자기 친족 특히 자기 가족을 돌보지 아니하면 믿음을 배반한 자요 불신자보다 더 악한 자니라"(딤전 5:8), 이렇게 가정의 모범도 못 되면서 누구를 전도하느냐고 하시면 너무 괴로웠다. 5월 내내 시달리다가 '좋다. 이제는 나도 가정 중심으로 신앙생활을 해야겠다' 하고 가정 중심으로 신앙생활 하기로 결심을 하고, 삶도 정리하고 계획도 세운다.

그러다가 6월이 된다. 6월은 목회 계획상 호국보훈의 달, 충성의 달이라서 설교도 바뀐다. 이제는 주님의 몸 된 교회를 위해서 희생하고 충성 봉사하고 순교한 사람들을 말씀하신다. 본문도 "내 이름을 위하여 집이나 형제나 자매나 부모나 자식이나 전토를 버린 자마다 여러 배를 받고…"(마 19:29) 이렇게 확 바뀌어 냉탕과 온탕을 오가니 사우나가 따로 없었다.

설교하시는 분은 부담없이 주제에 충실하게 설교하셨는지 몰라도 듣는 사람은 몸뚱이 하나 가지고 어떻게 살아내야 하는지 보통 어려운 게 아니다. 현실과 맞지 않으니까 교인들도 대부분 자기가 알아서 교통정리를 해가며 산다. 하지만 나에게는 말씀이 전부였다. 그 말씀에 전심으로 순종하여 그대로 살아야 했기 때문에 참 어려웠다.

이제는 가정 중심으로 살아야겠다고 간신히 마음을 먹고 계획을 짜도 매일 예배당에 안 나갈 수가 없었다. 전구가 하나 나가도 "김 집사, 김 집사" 무슨 일이 있기만 하면 연락이 왔다.

"김 집사, 교회에 좀 와야겠어."

생전 그럴 수가 없는데 목사님께 이렇게 말했다.

"목사님, 오늘은 다른 사람을 좀 부르시면 안 될까요? 제가 오늘 좀 계획이….".

내 말이 끝나기도 전에 목사님은 "어허, 순종이 제사보다 낫지 않나" 그러시고 목사님 말에 불순종하고 나갔다가 벼락 맞은 집사 얘기를 하시면 그 말을 듣고 안 갈 수가 없다. 그렇게 마음이 천근만근 무거워지니 늘 기쁨으로 하던 교회 일이 점점 부담이 되기 시작했고 이런 일들이 자꾸 쌓이다보니까 짐은 점점 무겁고 어려워졌다.

"목사님, 제가 어떻게 해야 될지 모르겠습니다. 가정 중심으로 해야 되겠는데 그러다보면 교회에 충성을 해야겠고, 교회에 충성하려다보면 가정 일에 소홀하게 되고. 어떻게 하는 것이 주님을 기쁘시게 하는지 잘 모르겠습니다."

"어허, 그러니까 말씀 중심으로 해야 돼."

"예, 그래서 저도 말씀 중심으로 하려고 하는데요."

"그러니까 좌로나 우로나 치우치지 말아야 되는 거야."

"뭐가 좌고 뭐가 웁니까?"

"어허, 뱀같이 지혜롭고 비둘기같이 순결해야 돼."

점점 헷갈리고 죽을 지경이었다. 순전한 마음으로 기쁘게 했던 신앙생활이 이제는 뭔가 매달린 것처럼 부담과 죄책감만 자꾸 쌓였다. 중등부 교사, 주일학교 교사로 공과공부와 설교를 준비해야 하는데 뭘 제대로 준비할 수 없고 토요일이 되면 정신이 하나도 없었다. 1년에 한 번씩 강습회에 가면 강습회 강사들은 예외 없이 마태복음 18장 말씀으로 "작은 자 중 하나를 실족하게 하면 차라리 연자 맷돌이 그 목에 달려서 깊은 바다에 빠뜨려지는 것이 나으니라"(마 18:6)라고 하면서 "공과준비도 안 하고 설교집 베껴서 설교하는 삯군 목자들," 이러며 야단을 한다. 그러면 나는 금세 연자 맷돌 매달고 바다에 들어가야 하는 죽일 놈이라는 죄책감에 "주여!" 하고 부르짖게 된다. 또 새해 제직 부흥회에 가면 사명 받고도 도망간 요나 이야기를 하며 사명 감당 못한 집사, 장로로 물고문당할 거냐고 그러니 다시 "주여!" 부르짖다가, 답답하고 컬컬한 마음으로 기도원에 가면 "너희가 믿을 때에 성령을 받았느냐"(행 19:2) 그러는데 받았는지 안 받았는지 알 수가 없고 "불 받아라" 하면 "주여!" 하고 부르짖을 수밖에.

그리고 아무도 가르쳐주지 않았다!

매사에 전심이니까 항상 죽어라고 달려가는데 그럴수록 점점 나는 목마름이 더해갔다. 해가 갈수록 일은 많이 하고 남들에게 열심 있다는 말은 듣는데 내면의 속사람은 점점 더 어려워졌다. 너무 많은 짐으로 짜증이 나는데 주일학교 교사들을 몇 년씩 보다 보면 뺀들뺀들하고 말을 안 듣고 안 나오기도 하며 속을 썩이니 책임 맡은 부장으로서 마음이 어려워지다가 슬금슬금 분노가 일어나기 시작했다.

"아니 이것들, 예수를 이렇게 믿어도 되는 거야? 교회가 이래서 되겠어?"

명분이 생기고 조건과 상황이 딱 갖춰지자 나에게서 다 없어진 줄 알았던 혈기가 부글부글 끓어오르기 시작했다. 혈기의 내용은 좀 달라도 그래도 혈기는 혈기다. 혈기만 올라오는 것이 아니라 육적 소욕이 다 같이 올라왔다. "오호라 나는 곤고한 사람이로다 이 사망의 몸에서 누가 나를 건져내랴"(롬 7:24). 더 매달려 기도하고, 더 은혜받으러 좇아다니고, 더 열심히 봉사하고, 그러면 해결이 될까 싶었지만 그럴수록 목마름은 더 커질 뿐이었다. 겉으로는 칭찬받는데 속으로는 부족하다고 느끼는 간극이 점점 커지자 이 부분을 메우려고 더 열심히 일하고, 일을 하면 할수록 내 내면에 목마름이 쌓이면서 주님을 기쁘시게 할 수 없다는 슬픔에 젖기 시작했다.

'내 믿음, 내 충성이 부족해서 그런가?'

아무도 이것을 어떻게 채울 수 있는지 가르쳐주지 않았고 듣느니 늘 최선을 다하라는 이야기뿐이니 할 수 있는 대로 더 열심히 했다. 은혜를 받으면 곧바로 행동에 옮겼다. "하나님의 성전은 무너졌는데 너희가 판벽한 집에 거주하는 것이 옳으냐" 하시면, 판벽한 집은 없고 근근이 셋방을 살아도 그것이 또 마음에 찔려서 '그래, 하나님의 성전이 온전히 세워질 때까지 전자제품은 땡이다' 이렇게 원래 없지만 아예 가질 기회조차 없애버렸다. 자나 깨나 오직 주님, 주님 은혜, 어떻게 하면 주님을 기쁘시게 하나 하는 마음으로 열심을 냈지만 그럴수록 변하지 않는 내 모습, 나의 내면이 더 적나라하게 드러나고, 채워지지 않는 부분이 채워질까 나의 최선을 다해 열심을 내어도 자꾸 일을 저지를 뿐이었다.

예배당을 짓는다고 하면 돈이 없는데도 미리 작정부터 하고 거꾸로 곗돈을 부어나갔다. 옛날 이자가 얼마나 비싼가. 그래서 그 돈을 갚고도 늘 빚이 남았다. 십일조도 소득의 십일조가 아니라 돈을 빌려와도, 돈을 갚을 때도 거기서 십일조를 떼니 빚이 쌓여갔다. 무소유로 사는데 빚은 자꾸 쌓이고 일이 꼬이기 시작하는데 이대로는 도저히 해결이 안 날 일을 자꾸 하게 되었다.

열심이 특심하여 벌인 사건

그런 열정을 가진 내가 한번은 기드온이 바알의 제단을 부순 말씀에 은혜를 받았다. 이 말씀에 은혜를 받고 나자 죄책감이 밀려왔다. '나는 날마다 말로만 주님을 사랑했지 내가 무슨 우상을 때려 부쉈나. 주님을 사랑하면 기드온처럼 우상을 때려 부숴야 되는데, 나는 입만 살아 있는 주둥이 신앙이구나.' 회개의 눈물로 밤을 지새우고 다음날 떠오르는 아침 햇빛과 함께 나는 비장한 각오로 청년회를 긴급 소집했다. 그리고 모두에게 "네가 주님을 사랑하느냐?"라고 물었다. 모두 주님을 사랑한다고 대답했다. "그러면 주님을 사랑한다는 우리가 뭘 때려 부쉈나?" 그랬더니 다들 고개를 숙이고 말이 없었다. 가까이 절간도 없고 그러다가 생각난 것이 동네 성황당 나무였다.

산으로 둘러싸인 시골 마을은 산을 넘어가면 동네가 바뀐다. 그래서 이 동네에서 저 동네로 넘어가는 것을 재 너머 간다고 하는데 동네 고갯마루에 수령이 몇 백 년 되는 아름드리 성황당 나무가 서 있었다. 동네에서도 영발이 세다고 소문이 나 있었다. '저거다.' 결정을 내리고 날을 정하고, 만반의 준비를 해서 청년들과 그 나무를 베겠다고 갔다. 주님을 위하여 저지른 일인데, 이게 보통 일이 아니었다. 몇 백 년 된 고목이다 보니 나무가 아니라 완전히 쇳덩어리였다. 이 나무를 베는 데 꼬박 이틀이 걸렸다. 밥 먹고 교대하면서 쉬지 않고 "십자가 군병들아 주 위해 일어나 기 들고 앞서 나가" 부르며 정말 충만 자체였다. 이렇게 해서 나무를 쓰러뜨리고 다시 붙일 수 없도록 다섯 토막으로 자르는데 아주 통쾌했다. 정말 주님을 기쁘시게 한다는 확신과 충만함으로 가득 찼다. 너무 기쁘고 신이 났다.

그런데 성경에도 나와 있지만 산꼭대기와 산 아래의 상황은 늘 다른 법이다. 모세가 호렙산에 있을 때나 예수님이 변화산에 계실 때나, 산꼭대기와 산 밑에 그 헷갈리던 상황이 달랐던 것처럼 우리도 성경과 똑같이 되어버렸다. 우리가 무슨 일을 저질렀는지 나중에 사건의 전모가 밝혀졌다. 그때가 70년대인데 당시 박정희 대통령이 군사 통치를 할 때라서 대통령의 권한이 대단했다. 그런데 다들 워낙 가난해서 국민들이 산에서 나무를 해서 불을 때는 바람에 산이 벌거숭이가 되어 홍수가 나곤 했다. 그래서 산림녹화를 아주 중요한 국가 시책으로 정하고 산림법을 강화해서 일년생 이상 되는 나무를 허가 없이 벌목할 경우 현장 구속이 가능할 만큼 엄한 법을 만들어놓았는데 우리가 그것을 몰랐던 것이다.

게다가 그 나무가 있던 산의 주인이 하필이면 그 동네에서 교회 박멸 운동에 앞장선 방앗간 주인이었다. 얽혀도 어떻게 그렇게 얽혔는지. 우리는 충만해서 산을 내려왔는데, 산 아래서 집사님 권사님들이 우리 목사님이 잡혀갔다고 하는 것이다. 방앗간 주인이 목사님의 멱살을 잡고 끌고 갔고, 붙들려 간 목사님은 본디오 빌라도 앞의 예수님처럼 무릎을 꿇린 채 갖은 고난을 다 당하는 상황이 펼쳐졌다. "다 잡아넣겠다. 이 교회를 완전히 문 닫게 하겠다"라고 난리법석 피우는 것을 사정사정해서 간신히 두 주간의 유예 기간을 얻었다. 합의 조건으로 돈을 요구했는데 교회 일 년 예산을 다 긁어모아도 안 되고 이듬해 예산까지 해도 될까 말까 한 거액이었다. 농사지어서 추수감사절에도 곡식으로 헌금을 내던 그 옛날 시골 교회에 무슨 현찰이 있겠는가. 그때는 이자가 어마어마하던 때라 현금으로 그 돈을 빌렸다가는 평생 못 갚는다. 이것을 2주 만에 해내라는 것은 아예 교회문을 닫게 하려고 작정한 것이다.

교회가 발칵 뒤집어졌다. 청년들이 다 잡혀갈 판이었다. 그 일가 친척들은 그 일에서 우리 아이는 빼라고 하고 돈도 못 내겠다고 해서 교회가 이 일로 나뉠 뻔했다. 물론 나도 물러설 수 없었다. 신앙이 한창 무르익었을 때였다. 또 겁도 많으면서 주님을 사랑한다고 날마다 순교사화집 같은 것을 읽고 은혜를 받아서 주기철 목사님의 일사각오 신앙을 무척 흠모했다. 오직 주님을 위해서 언젠가 순교해야 한다고 엄청 분위기 잡을 때니 내가 물러설 수 있겠는가.

"좋다. 이 거룩한 주님의 고난에 끼워달라고 해도 안 끼워준다. 다 빼라. 내가 하자고 한 거니까 내가 책임진다."

사람들은 "합의해서 돈을 물어줘야 된다. 안 그러면 구속당한다", "아니다. 버텨야 된다" 의견이 갈라졌다. 나는 혼자 책임진다고 버티고 사람들은 의견이 화합되지 않아 돈은 못 모으고, 결국 청년들이 다 빠지고 나 혼자 책임지기로 한 채 2주의 유예 기간이 지나갔다. 그리고 나는 꿈에도 그리던 고난의 가시밭길을 가게 되었다.

나는 구속이 되어 경찰서에서 조서를 썼다. 사건 경위를 다 쓰고, 더 할 말이 있느냐고 하기에 나는 할 말 많다고 하고 단서 조항으로 세 가지를 썼다. "첫째, 나는 국민의 한 사람으로서 새마을 운동에 앞장섰다. 새마을 운동에는 정신 운동이 있는데 그 운동의 일환으로 미신 타파 운동을 했다. 둘째, 나는 신앙인으로서 우상 타파를 한 것이다. 셋째, 법무부 장관을 만나게 해달라. 안 그러면 지금부터 단식하겠다."

하룻밤을 보내고 난 뒤 본서로 송치되게 되었다. 그 조용한 시골 동네에 살던 교인들이 영화에서나 한 번 볼까, 일정 시대에나 볼 일이지, 같이 지내던 교인이 붙들려 간다는 소식을 듣고 안 나와볼 수가 없었다. 그래서 평소 나를 미워하던 분들까지 다 나왔다. 지서 문이 열리고 내가 끌려 나가는데 얘기로만 듣고 드라마로만 보다가 눈앞에서 실제로 그런 일이 벌어지니까 시골 사람들의 눈이 훌렁 뒤집어졌다. 그 무서운 호랑이 권사님이 "아이고, 우리 김 집사, 못 데려간다. 날 죽여!" 하고 난리를 치니 무슨 대단한 정치범이라고 데려가겠는가. 하는 수 없이 다시 지서에 데려다놓았는데 교인들이 죄다 흩어져서 급전을 빌려다가 합의금을 마련해서 방앗간 주인에게 주고, 나는 순교의 꿈이 사라진 채 풀려나게 되었다.

이 난리통에 우리 목사님은 충격을 받고 돌아가실 뻔했다.

"우리가 말씀대로 살아야 하지만 현실에 산다는 것도 잊지 말아야 합니다."

미안하고 죄송해서 죽을 지경이라 며칠은 조용히 지냈다. 하지만 주님을 사랑하는 나는 가만히 있는 것이 견딜 수가 없었다. 그다음에 뭔가 또 일을 저지르게 되었다. 주님을 사랑하는데 왜 자꾸 일을 저지르게 되는지 알 수가 없었다. 이렇게 감격과 눈물의 희비가 교차하는 많은 시간들을 보냈다.

나의 목마름

신앙생활을 시작한 지 7,8년쯤 이런 곡절을 겪으며 내면의 목마름이 생기다보니 도저히 이렇게 해서는 안 되겠다 싶었다. '어떡하면 정말 주님을 기쁘시게 할 수 있나? 어떡하면 내가 주님처럼 변화될 수 있나?' 내 혈기 하나 어떻게 안 되고, 내면의 속사람이 주님을 닮을 수 없다는 것 때문에 남모르는 아픔과 어려움을 겪었다. 이것을 상쇄해보겠다는 겉보기의 열심으로 사람들의 칭찬을 다 받아도 말이다.

지금 생각해보면 내가 주님을 사랑하는 것은 분명히 사실이었지만 그토록 열정적이었던 데는 사람들의 평판과 인정도 한 몫을 했다. 망한 술집 아들로 어디 가서 인간 대접 별로 받아보지 못한 내가 교회에 와서 처음으로 가장 따뜻한 인정을 받아보았다. 예를 들어서 내가 기도를 하면 교인들이 다가와서 "아이고, 김 집사님, 집사님이 기도할 때 눈물이 나서 혼났어요. 목사님 설교에는 은혜를 못 받았는데 집사님 기도에 너무 은혜를 받았어요" 이러면 무슨 그런 말씀을 하시냐고 하고 돌아서서 눈물이 핑그르르 돌며 '아, 주님이 역사하셨구나' 이런 생각이 들었다.

은근히 이런 것을 기대하다 보니 다음에 대표기도를 했는데 이번에 누가 와서 이런 소리를 안 해주면 섭섭하다. 이런 식의 상승작용이 일어난 것이다. 시간이 한참 지나서 '그때 내가 그랬던 게 정말 주님에 대한 목마름만이었을까?' 생각해보니 아니었다. 내가 사람들의 평판과 인정에 너무 목말랐던 것이다. 주님의 사랑만으로 만족한다던 내 안에 다른 목마름도 많았다. 그때는 정말 몰랐다. 이런 시간들이 반복되면서 어차피 주님을 기쁘시게 못할 바에는 빨리 천국으로 데려가달라고 기도하기도 했다.

그즈음 전국적으로 80 세계복음화 대성회를 준비하면서 '세계복음화'라는 말이 전국 교회에 돌기 시작했다. 그때 '믿음이 없이는 하나님을 기쁘시게 못한다는데, 이 목마름이 어쩌면 내 믿음이 크지 못해서 주님을 기쁘시게 못하는지 모른다. 주님이 가장 기뻐하시는 선교를 위해서 내가 쓰임 받을 수 있으면 이 문제가 해결될 수 있을지 모른다'라는 생각이 들었다. 나는 내가 할 수 있는 최고 그 이상의 믿음으로 걸음을 내디뎌보겠다고 하고 혼자서 10명의 선교사를 후원할 수 있을 만한 사업을 하나 주시기를 구했다.

그때는 그것이 내 분량을 넘어서는 큰 믿음으로 한 가상한 생각이라 여겼고 청년수련회에서 그 제목으로 기도를 부탁했다. 그리고 일년이 지나지 않아 주님이 생각지도 못한 방법으로 사업을 하나 허락해주셨다. 나는 '주님이 나에게 기적을 베푸시고, 하나님을 향한 내 사랑에 응답하서서 내가 주님에게 최후의 사랑을 드릴 수 있도록 해주셨나보다' 하는 마음으로, 사업 '사' 자도 모르고 공장 '공' 자도 모르는 내가 공장 대여섯 군데를 돌아다니면서 몸뚱이가 부서져라, 죽자 사자 일을 했다.

솔직히 주님 만났을 때부터 지금까지 무소유로 사니까 돈 모을 일이 없고 돈 들어갈 데도 별로 없다. 생각이 있다면 공장 잘 되고 돈 많이 벌어서 오직 주님의 일 하는 것밖에 없다는 기쁨으로 죽을 둥 살 둥 사업에 매달렸다. 내가 기억하기에 1년 365일 중에 등을 붙이고 반듯이 누워서 자본 적이 별로 없었던 것 같다. 주님 앞에 이 믿음 가지고 이것만큼은 성공해서 주님의 큰 사랑에 보답하고 주님을 기쁘시게 해드리고 싶었다. 1년 여 그렇게 생활하며 몸에 무리가 되었지만 나에게는 마지막 기회인 것만 같았다.

너, 네 자리를 정돈해라

내 꿈은 대한민국에서 가장 목사님을 잘 섬기는 장로, 칭찬받는 장로가 되는 것이었다. 나는 내가 주의 종이 된다는 것은 꿈에도 생각해보지 않았다. 나 같은 사람이 주의 종이 된다는 것은 생각만으로도 불경건한 일이라고 여겼다. 왜냐하면 보수정통진리말씀 중심의 교회에서 자라 주의 종은 하나님께서 만세전부터 예정하신 특별한 분들이며 그런 분들은 안 하려고 안 하려고 평생 도망을 다녀도 하나님께서 반드시 불러다가 쓰시는 불가항력적 은혜로 쓰임 받는 분들이라는 교훈을 철석같이 믿었기 때문이다. 그래서 나의 꿈은 장로였다. 아직은 새파랗게 젊어서 안수집사로 세워지고, 나의 최선으로 주님을 섬긴다고 사업에 미쳐서 뛰어다니던 내 삶에 주님이 드디어 손을 대기 시작하셨다.

새벽 2,3시쯤, 그날도 너무 지쳐서 공장에서 쭈그려 졸고 앉아 있는 나를 보고 공장장이 제발 가서 누워 자라고 데려다가 눕혔다. 잠깐 눈을 붙였다 떠보니 새벽기도 시간이었다. 새벽기도 안 나가면 죽는 줄 아니까 또 벌벌 기어나가 엎어져서 기도도 못 하고 있는데, 그날 주님이 내 마음에 강한 감동으로 "너, 네 자리를 정돈해라" 하시는 것이다. 주님이 히스기야 왕에게 네가 죽고 살지 못하리니 네 집을 정리하라고 하신 그 말씀이 나에게 임한 것이었다.

'내가 너무 피곤해서 그런가?'

나는 깜짝 놀랐다. 늘 천국 데려가달라고 해놓고 정작 오라고 하시니까 그것도 당황스러웠다. 이것이 마음에 부담이 되어 기도하면 그 생각이 떠오를까 봐 2,3일간 기도를 못했다. 그런데 점점 순종을 안 하면 죽을 것 같고 '아하, 이거 분명한 하나님의 뜻인가보다' 싶었다. 그렇지만 사업을 도와주셨던 분들에게는 전혀 상식에 맞지 않는 일을 해야 한다. 갑자기 사업을 정리하게 좀 도와달라는 말을 누가 받아주겠는가. 너무 지쳐서 그런 모양인데 사업은 우리가 잠시 봐줄 테니 한 달 정도 시간을 내서 기도원이라도 다녀오라고 하는데 그게 아니라고 해도 말이 안 통했다. 그래서 거의 고별 편지처럼 사업 정리를 부탁하는 메모를 남기고 집에도 마지막 인사를 하고 그렇게 신변정리를 끝냈다. 그리고 기도원에 가서 주님이 나를 데려가실 날을 기다렸다.

그런데 주님이 데려가신다고 불러놓고 데려가지를 않으셨다. 내가 주님 앞에 드릴 게 뭐가 있겠는가. 나는 사랑하는 주님이 날 데려가실 때 덜 무겁도록 속을 비우기로 하고 금식하면서 기다리는데, 배는 고파 죽겠는데 빨리 데려가지 않으셨다. 나는 기도원의 산꼭대기로 올라갔다. 그때도 나는 폼에 너무 신경을 썼던 것 같다. 옛날 성자들이 주님으로부터 부름 받을 때 침상 머리에서 기도하다가 숨졌다는 이야기, 리빙스턴의 죽음, 야곱의 죽음, 이런 것을 늘 생각하니까 나도 죽을 때 주님 앞에 기도하다가 부름 받고 싶다는 소원을 순교의 소원과 함께 늘 품고 있었다.

그래서 나는 주님을 사랑하니까 가장 멋진 모습으로 사랑하는 주님께 기쁨을 드리며 임종을 맞이하겠다는 생각으로 산꼭대기에서 제일 높은 범바위라는 데를 올라갔다. 그때가 1월이니까 얼마나 추운가. 어마어마하게 춥지만 마지막 찬송과 감격으로 주님을 맞이해야겠다고 산에 올라가 혼자 주님을 부르고 눈물에 겨워 펑펑 울었다. 그 당시에 기도원에 다니던 불과 사명자들이 부르던 찬송이 있다.

주여 나의 생명 나의 정성 드립니다.
이 작은 나의 생명 나의 정성 다해
주님만을 위하여서 살기 원하오니
주여 잡아주소서. 나를 잡으소서.
주님만을 위하여 살게 하소서.

아 불 같은 성령으로 충만케 하옵소서.

환난이 와도 핍박이 와도 주님만 위해 살게 하소서.

"불 같은 성령으로, 주여!" 분위기를 엄청 잡고 내 서러움에 눈물이 폭발했다. 그때 주님이 참 어려우셨을 것 같다. 이렇게 난리를 부리는데 문제는 주님이 안 데려가시는 것이다. 배는 고파 죽겠는데 내려갈수도 없고 올라갈 수도 없고 참 기막힌 시간을 넋이 나간 채 보냈다.

내가 널 쓰고 싶다

정초에 사람들이 없더니 기도원에 사람들이 점점 더 많이 올라오기 시작했다. 산에 오른 지 20일쯤 되었을 때 자정이 좀 넘어서 잠이 깼다. 1월 중순이니까 보통 영하 10도에서 15도 정도 되는데 돌로 된 예배당 바닥에 나가 엎어졌다. 그런데 그렇게 잠잠하시던 하나님이 갑자기 은혜를 부어주시기 시작했다. 그 추운 예배당 안에서 요한복음 6장의 생명의 떡이니 내 살을 먹고 내 피를 마시라고 하시는 주님, 살 찢어서 나를 살려주신 주님의 은혜가 막 부어지기 시작하니까 눈물 콧물이 어마어마하게 쏟아졌다. "주여 주여" 기도를 하다가 감격해서 내 안에서 영혼의 고백이 흘러나왔다.

"내 주 예수 주신 은혜 한없건만 나 주님께 드린 것은 참 적으니…"

생각해보면 이 망한 술집 아들놈, 이게 뭐라고 이런 은혜를 주셨나 감사하고 감사한데 받은 사랑은 이리 큰데 드린 것도 없이 내 생애를 마치는가보다…. 아무리 은혜가 임해도 정신을 차렸어야 했는데,

그다음 가사까지는 가지 말았어야 했는데, "주님 앞에 드린 것은 참 적으니 주 예수여 이 생명을 드립니다" 이 말은 하지 말았어야 했다. 그러고 있을 때 갑자기 주님이 내 마음에 강하게 감동하셨다.

"야, 김용의! 내가 널 좀 쓰고 싶다."

느낌이 이상했다.

"쓰셨지 않습니까."

"아니, 내가 너를 전도자로 쓰고 싶다."

꿈에도 바라지 않고 이것만큼은 나와 상관이 없다고 생각한 그것이 내 마음에 감동으로 온 것이다. 이 생각이 들자 지금까지의 은혜가 싹 가셔버렸다. 아니 어쩌면 그렇게 단번에 사라지는지…. 그런데 문제는 흔적이 남아 있다는 것이었다. 그 흔적부터 지워야 하니까 우선 눈물자국을 지우고 콧물도 끊었다.

"그건 안 됩니다."

주님 앞에 두 손을 들다

십여 년 신앙생활을 해오는 동안 나도 모르게 내 안에 이런 희한한 준비가 되어 있었다. 나는 내 자랑처럼 나의 겸손과 믿음을 표현하는 말로 헌신이라는 말을 이렇게 쓰곤 했다.

"나는 주님 앞에 99퍼센트 헌신했다."

이 말은 내가 다 못 드린다는 말이 아니었다. 99퍼센트라는 말은 나의 최선의 전부를 의미했다. 그럼 1퍼센트는 왜 남겨놓느냐고 하면, 혹시 주님이 나를 너무 지나치게 사랑하셔서 나는 해당도 안 되는데 "너, 주의 종이 돼라"라든지 이런 이야기를 하실 때 내가 분수도 모르고 주님이 시킨다고 그냥 "예" 하면 안 되니까 내가 내 주제 파악을 잘한다고 하는 겸손의 몫으로 남겨놓았다고 할 요량이었던 것이다. 그렇게 남겨놓는 1퍼센트가 무엇인지 나도 정확히 몰랐는데, 가만히 돌이켜보니까 짐작되는 것이 있었다.

내가 신앙생활을 하면서 계속 목사님 곁에서 오래 지내며 목회자의 삶을 가까이 보게 되었다. 70년대 농촌 교회 목회자의 생활이 어떻다는 것은 그때를 산 세대라면 대강 아실 것이다. 시골 교회 목회가 별거 아닐 것 같아도 보통 어려운 게 아니다. 목회자도 사람인데 교인들 한 사람 한 사람이 목회자에게 예수님 정도의 수준을 요구하고, 말이 그렇게 많고, 그래서 목회자처럼 외로운 사람이 없었다. 목사님을 돕고 목사님의 삶을 지켜보면서 존경하는 마음도 있지만 은근히 내 마음 안에 두려움 같은 것이 생겼다. '아, 목회자는 순교보다 나을 게 하나도 없다. 순교와 거의 같은 급의 사명의 길이자 정말 십자가의 길이다. 순교는 쿡 찌르면 죽으면 되는데 목회자의 길은 순교는 순교인데 산 채로 말려서 죽이는 미라식 순교구나' 이런 생각이 어느덧 들어와 있었던 것이다.

나는 하나님께 헌신했다. 그러나 나는 내 주제를 잘 알아서 주님이 지나친 은혜로 나를 부르신다면 내 순정의 표현이자 겸손의 표현으로 그것만큼은 정중히 거절하겠다고 남겨놓은 이 1퍼센트, 다른 것은 다 해도 이것만큼은 못한다고 남겨놓은 그것이 바로 이 두려움이었던 것이다. 순교는 해도 목회자는 절대 못한다는 내 마음을 주님이 콕 찍으셨다. 그래서 주님이 "내가 너를 전도자로 쓰고 싶다"라고 하시는 순간, 숨어 있던 그 마음이 바로 표출되어 강한 부정이 일어난 것이다.

그런데 그때 주님이 다른 설명도 필요 없이 내 눈앞에 환상인지 상상력인지 모를 생생한 장면 하나를 펼쳐주셨다. 강이 흐르고 다리가 놓여 있다. 다리 저편에 완전히 소돔과 고모라 같은 동네에 불벼락이 떨어지고 있었다. 그들이 얼마나 악한지 서로 칼로 찔러 죽이고 정말 아비규환이었다. 그런데 하나님께서 저기에 몇몇 구원할 사람이 있으니까 나더러 가라고 명령하셨다. 너무 생생해서 오금이 저리도록 두려운데, 주님은 그때 내 모습을 내가 보게 하셨다. 다리 이편에서, 저리로 가라는 하나님의 명령에 나는 죽어도 못 가겠다고 하면서 내 앞에 우리 큰아들, 선교사로 바친 그 아들의 등을 떠밀며 "네가 가라, 네가 가라" 이렇게 하고 있는 내 모습을 비춰주시는 것이었다.

이럴 때 정말 다른 사람이 다 몰라도 나는 알았다. 죽어도 그것만은 못한다고 하는 내가 날마다 나 믿음 좋다고 떠벌린 게 있었다. "난 우리 아들 다 주의 종으로 바쳤다"라고 떠들고 다녔던 것이다. 그러니까 "너는 못 가는 데를 네 자식 보낸다고 떠미는 꼴 아니냐, 네 말과 네 태도가 모순 아니냐"라고 이렇게 한 장면으로 시청각적으로 보여주신 것이다. 그럼 그걸 말로 하셔야지, 잔인하게 이런 식으로 장면을 보여주시면 어떻게 그것을 인격적인 교제라고 할 수 있겠는가. 이 장면이 보이는데 나는 무서우니 네가 가서 죽으라고 어떻게 아들을 떠밀 수 있겠는가. 이 장면을 보는 순간 나는 데굴데굴 구르고 발광을 했다.

"못 보냅니다. 저기를 어떻게 보냅니까. 못 보냅니다. 내가 열 번 가면 갔지 내 자식, 못 보냅니다!"

그러면서 악을 쓰고 울고불고 난리를 치는데, 우리 주님은 우리가 발광을 할 때는 나타나지 않으신다는 특징이 있다. 발광하다 지쳐서 더 울 힘도 기도할 힘도 남아 있지 않을 때 주님이 내 마음 안에 이렇게 도전을 하셨다.

"김용의 너 이놈! 내가 너한테 한 가지만 묻자. 네 놈이 너의 사랑 같지 않은 사랑으로도 네 자식 대신해서 네가 열 번 가면 갔지 네 자식은 못 보낸다고 그랬지. 그러면 내가 너를 위해 보내준 예수는 너한테 네 아들만 못하냐? 나는 내 아들을 보냈는데…."

더 버티고 말고 할 것도 없이 두 손을 번쩍 들 수밖에 없었다. 구워 잡수시든 삶아 잡수시든 튀겨 잡수시든 맘대로 하시라고, 정말 어렵게 어렵게 두 손을 들었다. 이것이 나의 소명이었다. 나는 이때 어려운 두 손을 들게 하시고 하나님께 응답하게 하신 것이 결론인 줄 알았다. 그러나 이때부터 나의 열심에 스스로 도취되어 나의 최선으로 눈물겹게 주님을 사랑한다던 내 믿음의 실체가 어떤 것인지 다루시는 주님의 손길이 시작되었다.

- 진리를 사실로 여기는 인식의 전환이 일어났다면 내 삶에서 그 믿음을 적용할 지점을 알고 즉시 결단하여 진리에 자신을 드리라.

- '드리는' 것은 사실로 여겨진 진리가 삶에서 실제로 체험되는 과정이다. 드리는 결단으로 나아가야 삶에서 진리를 체험할 수 있다.

- 이 드리는 믿음이 '헌신'이다. 헌신은 내 인생의 진짜 주인이 누구냐, 삶의 주도권이 누구에게 있느냐 하는 문제다.

- 헌신은 특별한 누군가, 오래 믿은 사람이 하는 것이 아니라 믿는 사람 모두가 믿는 즉시 해야 하는 일이다.

- 헌신이란 내 소유, 시간, 재능 등 일부분을 드리는 것이 아니라 내 존재 전부, 내 삶의 주도권을 온전히 주님께 드리는 것이다.

- 우리의 열심과 최선은 진정한 믿음과 정반대편에 있다. 내가 하는 것과 믿음으로 하는 것도 구별해야 한다.

· · ·

주님이 하십니다!

24강

복음의 누림 3 │ 드리라 2

복음을 영화롭게 하라

10년 신앙생활을 정리하다

지난 10년. 시골 교회 구석에서 해봤자 무엇을 대단히 했겠느냐마는 나는 내 인생 전부를 걸고 전심으로 달려왔다. 내가 주님을 어떻게 사랑했고 어떤 마음으로 하루 일과를 보내며 그 10년 동안 주님을 어떻게 섬겨왔는지는 주님이 증인이시다. 그런데 마지막 그 믿음이 부도났다는 사실 앞에 섰을 때 나는 정말 기가 막혔다. 주님을 사랑해서 그렇게 살았다는 나의 믿음이 허상으로 드러나니 비참하기 이를 데 없었다.

주님의 부름을 받고 그 후로 1년. 주님은 나의 인생에 정말 없어서는 안 되는 시간을 연출해나가기 시작하셨다. 내 믿음의 허상을 완전히 발가벗기시고 복음이 나에게 실제가 되도록 하나님의 신실한 손길로 나와 나의 가족을 다루기 시작하셨다. 정말 주님의 큰 사랑의 기간이었다. 신실하신 주님은 나의 최선이 믿음의 정반대라는 이 진리를, 말이 아니라 몸으로 배우게 하셨다.

주님께 사명을 받고 드디어 한 달 만에 기도원에서 내려왔다. 한 달 동안 수염도 깎지 않고 털바지 입고 털신을 신은 채 도사 같은 모습으로 돌아온 것이다. 그때 내가 가진 상식이나 경험으로는 주의 종이라면 신학교에 가서 신학을 하고 목사 안수를 받고 목회를 하는 것이었다. 그래서 주님이 나와 가족의 앞길을 책임질 후원자를 붙여주시고 신학교에 보내주시리라 기대하며 떠나온 가족의 품으로 돌아왔다. 그러나 반가움도 잠깐이고 그때부터 혼돈의 시간이 시작되었다. 이제부터 나는 주의 종이기 때문에 다른 일을 해서는 안 되고, 오직 들어앉아서 예배를 드려야 했다. 애꿎은 가족들을 앉혀놓고 아침저녁으로 계속 예배를 드리기 시작했는데 하루, 이틀, 한 주가 지나고 한 달이 지났는데도 먹을 것 하나 마련하지 않고 들어앉아 이러고 있으니 교회도 어려워지고 가족도 어려웠다. 거룩한 사명이나 부르심이 아니라 이제 매일 밥 먹는 것이 심각한 문제였다.

지금 내가 바로 가고 있는 건지, 어떻게 기다려야 되는 건지 도대체 누구도 가르쳐준 적이 없어서 막막하게 하나님만 바라보고 기다리며 그 시간을 버티기 시작하는데, 사람 마음 안에 염려와 근심을 만들어내는 수만 가지 시나리오가 있다는 것을 알았다. '이러다가 불경건한 신비주의로 가는 거 아닌가, 사람들이 나를 뭐라고 할까, 내가 주님의 영광을 가리는 거 아닌가, 우리 애들은 어떻게 하지', 그 많은 시간 동안 생각으로 얼마나 공격을 받았는지 모른다. 하나님이 부르셨다는 이 부름은 누구 하나 아는 이가 없고 오직 부르신 하나님과 나밖에 모른다. 그러니 부르신 하나님 편에서 입을 닫고 계시면 나는 완전히 황당한 인간이 되는 것이다. 그런데도 주님은 아무 소리 안하시고, 아무 대책도 없이 시간은 지긋지긋하게 길고, 정말 미치고 펄쩍 뛸 노릇이었다.

주님이 사람의 내면을 다루시는 데는 침묵보다 더 좋은 것이 없다. 일단 불러놓고 아무 말씀도 안 하시면 내 속에서 모든 가능성이다 요동하며 일어나서 내 영의 모습이 엑스레이로 그대로 찍히고 내 믿음의 실체가 다 드러나게 된다. 지금은 끝난 뒤니까 결말이라도 이야기하지만 그때는 이 결말이 어디로 튈지 알 수 없는 상황이었다. 더 기가 막힌 것은 그때 셋째 딸아이가 생긴 것을 알았다. 내 믿음은 그 한계가 5개월짜리였다. 더 이상 이 자리에 앉아 당할 수 없어서 아무 대책이 없지만 일단 여기를 뜨기로 했다.

떠나기로 결정했을 때, 부름 받았다는 나를 도와주려면 제1순위는 내 일생에 처음으로 영적 아버지이자 목회자가 되신 목사님이 아니겠는가. 그러나 하나님은 절묘하게 사건을 만드셔서 목사님으로부터 어떤 도움도 받지 못하게 하셨다. 10년을 섬긴 교회를 떠나면서 찬송가 한 절로 인사를 대신하게 하셨다. 나는 내 일생에 과거가 없는 사람 아닌가. 고향도 일가친척도 버렸다. 오직 주님 한 분밖에 없고 10년 신앙생활 한 것밖에 기억이 없는데, 10년 신앙생활 한 자리를 정돈하니까 보따리 몇 개가 전부였다. 오갈 데는 없고 아는 데라고는 기도원밖에 없었다. 기도원에 자원 사찰로 들어가면 밥은 얻어먹을 수가 있다. 나는 배가 점점 불러오는 아내와 두 아이를 데리고 기도원으로 들어가기로 했다.

겁에 겁을 더하사

사실 목회자가 되는 두려움, 목회에 대한 두려움이 더 깊어졌던 또 다른 경험이 있었다. 주일을 본 교회에서 지켜야 온전한 주일성수가 된다고 배운 나는 서울에서 사업을 하면서도 주일마다 교회로 내려가 본교회를 섬겼다. 그때 은퇴하신 목사님 부부가 교회로 오셨는데, 이분들은 평생 개척교회만 하시다가 아이들을 중등 기본 교육도 못 시켜서 두 아들이 막일을 하며 셋집을 전전하니 노부모를 모실 수가 없고 은퇴 이후 오갈 데가 없자 여기저기 시골의 빈집을 찾아 우리 교회까지 흘러 들어오게 되신 것이었다.

그 분들의 숙소를 마련해드리고 심부름을 하다가 목사님의 지나온 이야기를 듣고 보니 겹에 겹을 더하사 '아, 순교는 해도 목회자의 길로 끌려가면 정말 큰일 난다'라는 생각이 더 깊이 새겨지게 되었다. 움막 같은 집을 하나 구해서 두 노인이 지내시도록 했는데, 몇 주가 지난 주일에 그 목사님이 이상한 패션을 하고 나타나셨다. 이불 호청 같은 것을 찢어서 턱을 둘러서 머리 위에 묶고 입에 나뭇가지를 물고 오신 것이다. 예배가 끝나고 나서 왜 그러시냐고 물으니 말씀을 못하시고 피가 섞인 침을 줄줄 흘리시는데 엄청난 치통을 앓고 계신 것이었다.

나중에 들은 이야기로는 치아 암인가 하는 치명적인 병에 걸리셨는데도 기본적인 치료 한 번 제대로 못 받아보고 밤낮없이 고통에 시달리다가 돌아가셨다. 그런 목사님의 최후를 보게 하시며, 겹에 겹을 더하사 아주 확고한 마음을 갖게 하시고 나서 나를 사명으로 부르셨으니 내가 얼마나 비장한 각오로 거기에 응답했겠는가. 주님이 그렇게 부르셔서 기다리는데 아무 말씀이 없으시고, 결국 기도원으로 들어와 이 기가 막힌 죽음의 시간을 보내게 된 것이다.

부름은 받았는데 소망은 없고, 어떻게 해야 할지 모르는 채 설명이 안 되는 상황에서 기막힌 내 믿음의 허상, 별 볼 일 없는 내 믿음의 실상이 다 드러나니 얼마나 비참한지…. 주님이 비참에 비참을 더하사 봉사하고 있던 기도원에 사람들이 몇 백 명씩 오니까 배가 점점 불러오는 아내는 기도원 주방에서 밥을 했다. 나는 이 일 저 일을 돕고 산에 가서 일도 하며 지냈는데, 일이 어려운 게 아니라 어떻게 하겠다는 목적도 없이 그렇게 지내다보니 더욱 더 비참했다.

사명인지 뭔지 받았는데…

그 기도원에 목사님 한 분이 머리를 빡빡 밀고 40일 금식기도를 하러 들어왔다. 미국에서 목회하시는 분인데 1년 동안 이 기도를 위해 차근차근 준비하면서 고국에 들어와 기도하겠다고 와서 조용한 기도원을 찾다가 내가 있던 기도원으로 온 것이다. 이분이 온 지 한 20일 정도 지났을 때였다. 그 기도원의 뒷산을 한참 올라가면 깎아지른 절벽에 굴이 있었다. 이분은 이미 걷기 어려울 정도로 금식을 하고 있었는데, 그 굴에 가서 3일을 기도하려고 하니 기도 자리를 마련해달라는 것이었다.

나는 심부름하는 사람이니까 해달라는 대로 자리를 마련하기 위해 올라가 보니 바로 절벽 난간에 동굴이 있어서 졸다가는 절벽으로 떨어질 것 같았다. 그런 곳에서 장기 금식자가 삼일 밤낮을 혼자 기도하겠다고 하니까 그 상황이 남의 일 같지가 않았다. 나도 열심이 있어서 기도원에 좇아다니고 철야기도도 하고 산기도를 많이 해봐서 아는데 사람들이 여기저기서 기도할 때 밤 10시 정도까지는 그래도 괜찮다. 그런데 12시가 넘어가고 사람들의 기도 소리가 하나둘씩 사라져가고 나 홀로 외로이 소리 지르는 것 같아지면 머리가 쭈뼛 서기 시작한다. 산기도 하는 사람들이 다 겁 없이 하는 것 같아도 사실 말없이 서로 통하는 것이 있다. 무서우니까 기도하는 사람끼리 들리도록 이쪽에서 "주여…" 하면 저쪽에서 "주여…" 하고 이렇게 부르짖으면 서로 위로가 된다. 산기도의 여러 경험상 이분을 혼자 두고 올 수가 없어서 남아서 같이 기도해드리면 어떻겠느냐고 했더니 딱 잘라 거절하셨다. 미국생활을 오래 하셔서 그런지 예스 노가 아주 정확했다.

그런데 내가 의리 빼놓으면 없는 사람이라 이분이 그 캄캄한 산 중에 홀로 있을 생각을 하니 도저히 잠을 잘 수가 없었다. 그래서 자정이 넘은 시간에 시키지도 않은 짓을 했다. 이 밑에서 "주여…" 하면 좀 위로가 될까 해서 그렇게 하고, 새벽에 나와서 또 그러고, 이렇게 사흘 동안 의리를 지켰다. 무엇을 바라고 한 것은 아니지만 그렇게 했으면 지나가는 말이라도 무슨 인사가 있을 것 같은데 아무 소리가 없다. 고맙다는 말이라도 한마디 나올 줄 알고 혹시 도움이 되었는지 둘러서 어렵게 물어보니, 이분이 정나미 떨어지게 딱 잘라 말했다.

"방해가 됐습니다."

그동안 믿음이 어떻고 주님을 제일 사랑하고, 여러모로 떠벌리고 다니던 내 모양이 크고 작은 사건들을 통해 믿음이라고 할 게 없이 드러난 소망 없는 시간, 마음에 죽음 같은 시간을 보냈다. 그러는 동안 이 목사님의 40일 금식기도 기간이 거의 다 차서 거동이 어려울 정도가 되었다. 나는 이분처럼 40일을 꼬박 기도에 매진하는 장기 금식자를 처음 보았다. 이분은 그 기도를 1년이나 철저히 준비했다고 하니 감탄하지 않을 수가 없었다. 그는 정말 믿음이 실제요 나는 완전히 폼만 잡는 허상인 것 같아 주눅이 들어 있었다. 그는 말수가 적고 장기 금식하는 중이라 대화가 별로 없었는데 어느 날 그 목사님이 내게 물으셨다.

"나는 지금 내 기도제목을 분명히 가지고 미국에서 여기까지 와서 기도를 하는데, 무슨 까닭인지 자꾸만 하나님이 당신 기도를 시키십니다. 김 집사님은 도대체 무슨 일로 여기에 와 있는 겁니까?"

자기 기도에 방해가 되니까 짜증스러워 하면서 이렇게 묻는데, 갑작스러운 질문에 나도 특별한 대답이 없고 주절주절 사실대로 말할 수밖에 없었다.

"아휴, 무슨 목적이 있는 게 아니라 사명인지 뭔지 받았는데 오갈 데가 없어서 그냥 대책 없이 여기 와 있는 거지요."

그러자 내가 말을 해놓고도 그 말에 내가 기가 막혔다. '이야, 사명인지 뭔지 받았는데 오갈 데가 없어서 밥 얻어먹으러 여기 기도원에 와 있구나.' 이 말에 너무 비참하고 쓸쓸해져 있는데 이분이 내 대답을 듣더니 하는 말이 이랬다.

"거참, 집사님은 준비 다 됐네. 딱 한 가지만 있으면 되겠네."

이런 희망적인 이야기는 부름 받은 이후로 처음이었다. 하나도 준비될까 말까, 준비된 게 아무것도 없는데 휙 하고 던지는 말이 "준비 다 됐네, 하나만 있으면 되겠네"라고 하니 어처구니없기는 해도 기분이 나쁘지 않았다.

오(O) 자, 케이(K) 자 서원

"아이고, 목사님, 절 잘 모르셔서 그러시는데 저는 하나만 있으면 되는 게 아니라 정말 준비된 게 하나도 없습니다."

그리고 그렇게 끝내려니 섭섭해서 "그런데 그 하나가 뭐예요?"라고 물었다. 사람 마음이 가난해지니까.

"당신은 다른 건 다 필요 없습니다. 준비 다 됐습니다. 딱 한 가지만 있으면 되겠습니다. 살아 계신 하나님에 대한 돌덩어리 같은 믿음 하나만 있으면 됩니다."

그동안 이런 유의 이야기를 못 들어봤을 리 없지 않은가. 그런데 이 말을 듣는 그 순간 내 영혼이 반응하는 것을 내가 알겠는데, 그 느낌을 어떻게 표현해야 할지 모르겠다. 내 믿음이 부도가 나고 비참에 비참을 더한 이 기가 막힌 상황으로 주님이 1년 가까이 끌어오셨는데, 그 순간 이 목사님을 통해서 딱 한 문장으로 대답하신 것이다. "다른 것 다 필요 없습니다. 살아 계신 하나님에 대한 돌덩어리 같은 믿음 하나면 충분합니다." 내 영혼이 "아멘!" 하고 반응하며 내 속에서 밀려 올라왔다. 툭 던진 이 한 마디가 커다란 쇠망치로 내 가슴을 있는 대로 가격하는 느낌이었다. 그토록 갈망하고 뭔지 몰라서 더듬어 찾아온 그것을 통째로 맞이하는 느낌이 들었다. 십여 년 목마르게 찾고 구했던, 이유도 까닭도 잘 모르겠는데, 그 말 한마디에 정말 통쾌한 아멘이 밀려왔다.

"목사님, 정말 아멘입니다. 아유, 정말 됐습니다. 아멘입니다."

뭘 더 바랄 것도 더 물을 것도 없고 설명할 수 없는 충만함으로 가득했다. 그런데 문장이 짧은 아쉬움이 남았다.

"아유, 목사님. 정말 됐습니다. 아멘입니다. 그런데 혹시 뭐 한 마디 더 해주실 것 있습니까?"

그랬더니 이분이 빙긋이 웃으면서 이 말을 해석해주며 내게 들려주신 말씀이 지금 내 신앙의 좌우명이 되었다.

"집사님, 당신이 당신 자신의 새끼손가락 하나 드는 거, 이것도 하나님의 허락 없이 당신 스스로 결코 들 수 없다고 하는, 자기 자신에 대한 전적인 자기포기는 하나님의 절대 은총을 가져옵니다."

이 말이 그대로 내 영혼에 눈물도 나지 않을 만큼 충격으로 다가오는데, 이 충격을 놓칠까 봐 그 자리에서 주님 앞에 서원을 했다.

'아멘, 아멘! 주님, 됐습니다! 주님, 이제 절대 저에게 설명하거나 설득하지 마십시오. 아프리카의 잃어버린 영혼들을 위하여 내가 누구를 보내며… 이렇게 길게 말씀하지 마십시오. 그냥 사인만 하십시오. 그러면 오(O) 자, 케이(K) 자입니다. 오케이입니다, 주님. 사인만 하십시오. 내가 할 수 있고 없는 것이 아니라 새끼손가락 하나도 들 수 없는 난데, 하나님이 하라고 하실 때 내가 할 수 있어서 시키는 것이 아니라면, 하나님이 하시는 거라면 아무리 큰일인들 그것을 아멘 못할 이유가 없고, 아무리 적은 일이라도 내 힘으로 하라면 나는 할 수 없습니다. 그러니 주님이 하라 말라 하시는 하나님의 명령에 O자 K자 말고 내가 다른 것을 할 게 없습니다. 내가 하는 게 아니라면, 어차피 당신이 하는 거라면 너무 커서 못할 일이 어디 있으며 너무 작아서 주님 없이 할 수 있는 일이 어디 있겠습니까. 이제는 O자 K자만 있을 뿐입니다. 주님, 사인만 하십시오. 설득하지 마십시오. 저에게 할 수 있냐 없냐 계산해볼 시간도 주지 마시고 사인만 하십시오. 주님이 말씀하셨다면 저는 O자 K자입니다.'

그 오케이 대답을 날려드렸을 때 내 영혼에 기쁨이 밀려오기 시작했다. 10년 동안 그토록 목마르게 어떻게 하면 주님을 기쁘시게 할까 하던 내 영혼의 간절한 소원에 대한 하나님의 해답이었다. 충분하다는 생각이 들었다. 하나님을 최고로 영화롭게 하고 있다는 확신이 들었다. 내가 100퍼센트의 믿음으로 서 있는 한 주님은 나에게서 최고의 영광을 받으신다는 확신이 생겨났다. 이 기쁨 때문에 너무 기뻐서 발이 구름을 디디는 것만 같았다.

첫 번째 오더

이렇게 미친 듯이 기뻐서 어쩔 줄을 모르고 있는데, 부르신 이후에 그렇게 잠잠하시던 주님이 그 다음날 곧바로 사인(sign)을 주셨다. 산에서 일하다 내려오니까 집사람 말이 내가 아는 한 분이 나를 만나러 왔다가 갔다는 것이다. 무엇 때문인지 모르지만 어쨌든 만나러 왔다가 갔다는 이야기를 듣는데 성령께서 이것이 사인이라는 확신을 주셨다. 내가 내 일생에 지금까지 믿음이라고 말했던 내 믿음이 다 부도난 것이 확인된 다음, 처음으로 나의 가장 순전한 믿음으로 주님의 사인을 받은 것이다. 이것을 놓칠 수 없었다. 얼른 다이얼을 돌렸다. 전화를 했는데 그 분이 아직 안 왔다고 했다.

"저 김용의라는 사람입니다. 그 분이 오시거든 이 한 마디만 전해 주십시오. 김용의라는 사람이 말하는데 오(O) 자, 케이(K) 자라고 그러십시오."

"뭐요?"

"영어 알파벳, O자 K자라고 그러십시오. 할렐루야!"

철커덕. 무슨 내용인지 무슨 오더인지도 모르는데 하나님의 사인이라는 확신 때문에 O자 K자를 날려드린 것이다. 가장 순수한 믿음으로 주님 앞에 오케이를 날려드렸다. 만약에 "아프리카 전체를 너에게 부탁한다" 하셨다고 해도 거기에 O자 K자가 되는 대답을 날려드렸을 것이다. 얼마나 신이 나는지! 아프리카 전체를 맡긴들 내가 못할 이유가 뭐 있겠는가? 어차피 주님이 하시는 건데. 내가 하는 게 아닌데. 내가 믿음으로 오케이를 날려드렸다는 기쁨 자체가 너무 커서, 하고 안 하고는 이제 상관이 없었다.

며칠 후, 나를 만나러 왔던 그 분을 만났다. 그렇게 큰 믿음을 준비시킨 다음 나에게 O자 K자를 받아내신 그 오더가 뭔지 궁금하지 않은가. 그 내용은 강원도 오지에 예배당도 없고 교인도 없지만 개척했으면 하는 희망 지역에 개척 준비할 사람을 찾았는데 어떤 신학생이 대답해놓고 펑크를 냈다고 한다. 그때 마침 내 생각이 났다는 것이다. 차비만 대줄 테니 거기를 한 주에 한 번씩 왔다 갔다 하면서 개척 준비를 하라는 오더를 가지고 왔는데, 나는 이미 아프리카 전체를 감당할 믿음을 준비하고 O자 K자를 날려드린 것이다.

내가 그 사실을 알고 난 뒤에 실망했을까, 안했을까? 내게 크고 작고는 전혀 문제가 되지 않았다. 내가 할 수 있는지 없는지 계산해서가 아니라 주님의 명령에 전적인 믿음으로 응답했다는 이 감격으로 나는 100퍼센트 만족했다. 주님께 영광을 돌렸다는 이 기쁨을 누구도 빼앗을 수 없었다.

하나님의 불도장

그때 나는 이런 복음을 정리하지도 또 들어보지도 못했다. 정말 전통적인 교회 안에서 정말 율법적인 설교를 들으며 몸뚱이로 배우다가 눈물겨운 10년의 최선이 아무것도 아닌 것으로 결론이 나고, 내 믿음이 부도가 나고, 나는 아무것도 할 수 없다는 마음의 사형선고를 받고, 이제는 오직 주님이 사인하시면 O자 K자 하겠다는 믿음의 대답을 드렸다. 사랑하는 주님은 내가 얼마나 감정적이고 다혈질이고 흔들리기 쉬운 사람인지 아시기 때문에 주님이 주신 이 소중한 진리를 내 안에 불도장 찍기로 작정하셨다. 첫 번째 하나님의 오더에 응답하고, 내가 하나님을 최고로 영광스럽게 했고 하나님의 최고의 기쁨이 되었다고 하는 만족감으로 들떠 있는데 얼마 지나지 않아 청천벽력 같은 소식이 들려왔다. 어느 이른 아침에 전화가 왔는데 형수가 울면서 와달라고 하는 것이었다.

내가 부름을 받던 그 해에 주님이 나 하나 주의 종 만들기 위해 온 가족 가운데 일하셨는데 그중에 어머니가 나의 10년의 기도 끝에 중풍을 통해 예수님께 돌아오셨다. 하나님이 기적적으로 살려주셨는데 반신이 약간 불편하지만 다른 사람 도움 없이 그저 예배당 가기에 딱 좋을 만큼만, 그 정도로 회복시켜주셨다. 또 우리집 셋째 딸이 태어나던 그즈음에 조카 세 명이 조르륵 태어났다. 그리고 지금은 내가 장남이지만 내 위에 형님이 한 분 더 있었다. 지금은 고인(故人)이 된 형의 이야기다. 그 형이 화상 사고를 당했다.

평소에도 죽음을 겁내지 않던 사람이었는데 머리끝부터 발끝까지 화상 범위가 80퍼센트, 평균 화상 도수 3도의 화상을 입었다. 《지선아, 사랑해》의 주인공인 이지선 양이 3도 화상에 화상 범위가 50퍼센트였다고 한다. 그리고 살아난 것도 기적이라고 하는데 형은 80퍼센트, 발목만 빼고 나머지가 다 불에 탔다. 서울 시내 대학병원 다섯 군데에서 모두 거절당하고, 강남시립병원에서 간신히 받아줘서 지금 거기 있다고 전화 연락이 온 것이다.

상황이 이쯤 되면 형이 살아도 문제고 죽어도 문제였다. 만약 산다면 나의 사명자의 길은 끝장이었다. 집안에 어른이라고는 나밖에 없으니까 화상 중상자에 병환 중인 어머니, 형의 가족, 우리 가족까지…. 내 가족만 데리고도 믿음이 부족해서 순종 못하고 이 난리를 겪었는데 주님은 문자 그대로 가족과 조카 모두 다 데리고 가는 믿음의 조상 아브라함 콘셉트를 확실하게 만들어주셨다.

한껏 기쁨에 들떠 있다가, 어쩌면 좋으냐고 우는 형수의 전화를 받고 서울 올라가는 버스를 탔다. 그 상황이 하도 기가 막히니까 의식하지도 못하는 사이에 그냥 눈물이 주르륵 흘러내렸다. 그런데 놀랍게도 성령께서 "하나님의 은사와 부르심에는 후회하심이 없느니라"(롬 11:29), 내 내면에 깊은 평안을 주시는 것이다. 설명할 수 없는 평안으로 붙들어주시는 주님의 위로를 경험할 수 있었다.

강남시립병원에 도착했을 때 보게 된 광경은 정말 살아서 두 번은 경험하지 못할 일이었다. 형이 그냥 데인 게 아니라 불에 타고 있는 현장에서 끄집어내어 급히 불을 껐기 때문에 전혀 수습이 안 되어 있었다. 사람 몸이 수분이 70퍼센트가 넘는 물통이다 보니 이 몸이 한참 불에 타서 수분 팽창을 하여 드럼통처럼 부풀어 올랐다. 몸이 터질 것 같으니까 가슴에 누룽지처럼 타서 딱딱해진 피부를 메스로 바둑판처럼 착착 그어놓았는데 벌어진 살 사이사이에서 피가 줄줄 배어나오고 있었다. 중환자실에서 마주한 형은 도저히 맨 정신으로 볼 수 없는 상태였다.

형이 중학교 때 미션 스쿨을 다녔다. 그때도 날마다 담장 뛰어넘어 돌아다녔지만 채플 시간에 강제로 가기도 하고 어설프게나마 성경도 좀 알아서 예수님, 하나님을 알았다. 그런데도 내가 예수 믿는 것을 알고 만나기만 하면 갖은 욕을 하고 저주를 퍼부어댔기 때문에 이 기막힌 상황에서 내가 할 말이 없었다. 의료진이 내게 당부하기를 환자가 분명히 물을 달라고 할 텐데 화상환자에게는 절대 물을 주면 안 된다고 했다. 그 말을 다 듣고 들어갔는데도 상황은 너무 처참했다. 하도 예수님을 욕하던 입이라 기도하자고 할 수도 없었다.

"형, 불쌍히 여겨달라고 하자. 하나님한테 불쌍히 여겨달라고 그러자."

그랬더니 이 사람이 얼마나 독한지 이는 불에 안 탔으니까 그 이를 부드득 갈면서 말했다.

"야, 이 새끼야, 잔말 말고 저 의사 간호사 못 보게 네 손에다가 물을 찍어 가지고 내 혓바닥에다가 적셔줘."

이런 상황에 의식이 또렷한 것이다. 지금도 불에 타들어가 죽을 것 같으니까 죽어도 좋으니 물 좀 찍어다가 혀를 적셔달라는 것이다. 하나님은 내가 얼마나 감정 기복이 심하고 약한 놈인지 아시고 전도자로 쓰시려고 그러셨는지, 어려서부터 사람 임종을 그렇게 보게 하셨다. 사랑하는 가족의 임종을 대부분 나 혼자 봤다. 예수 믿고 나서 열심이 특심이라서 초상이 났다고 하면 가족도 못 보는 교인들의 임종을 많이 봤다. 사람이 숨 떨어지는 것을 한 번 생생하게 지켜보면 더 이상 세상에 덧정이 없다.

누가복음 16장을 내 눈앞에서 내 가족을 통해서 보게 하시는데 정말 기가 막혔다. 부자가 나사로에게 손가락 끝에 물을 찍어서 내 혀를 서늘하게 해달라고 하는, 지옥에서나 들어야 할 이 얘기를 형을 통해 듣게 하시는 것이다. 술집 아들놈인 내가 혹시 세상으로 되돌아설까 봐 아주 불도장을 찍으시는 것이었다.

처음 믿음을 쓰다!

그때부터 나는 하나님께 매달렸다.

"주님, 이대로 못 데려갑니다. 잠시의 고통도 이 정도라면, 이것이 영원히 지옥으로 이어진다면 말이 안 됩니다. 이 영혼, 못 데려갑니다. 저 10년 동안 기도해왔습니다. 이 영혼 위해서 당신께 10년 동안 기도해왔습니다. 못 데려갑니다. 너와 네 집이 구원을 얻으리라고 하신 약속을 내가 붙들고 있습니다. 주님, 그냥은 못 데려갑니다."

의사가 이 상태면 의학적으로 3일을 못 넘긴다며 더 이상 치료를 못하겠다고 했다. 지금 피부가 없이 혈관이 다 노출되어 있어서 패혈증이 오면 오늘 밤이라도 죽을 수 있다는 것이다.

"선생님, 이 사람은 못 죽어요. 죽을 수가 없는 사람이에요"라고 했더니 의사가 비웃었다.

"에이, 못 죽는 사람도 있습니까?"

"예, 이 사람은 못 죽어요. 치료해주세요. 돈이 얼마가 들든지 치료해주세요."

그러자 돈만 낸다면야 하겠는데 거액의 보증금을 먼저 내라고 했다. 시립병원에 오는 환자들이 가난하니까 병원에 와서 치료를 받다가 환자가 죽고 가족이 뻗대면 병원비를 못 받는다. 게다가 화상 치료는 매일매일 돈이 어마어마하게 들어간다. 그러니까 돈을 먼저 내라는 것이다. 나도 사업을 하던 사람인데 전화 한 통 하면 그까짓 돈 얼마야 못 빌리겠는가마는 이제는 "저 돈 필요하니까 좀 도와주십시오" 할 김용의는 죽었지 않은가. 그 믿음이 없어서, 두려워서 그토록 기가 막힌 시간으로 단련을 받았고, 이제 나는 내 새끼손가락 하나도 내 힘으로 못 움직이는 사람이 되었다.

나는 할 수 없고 상황은 다 막혔고 하늘밖에 구멍이 없었다. 이때 처음으로 내가 한 번도 써보지 못한 믿음을 쓰게 되었다. 그렇게 펄펄 뛰며 예수 믿는 것 둘째가라면 서러워하던 내가 한 번도 써보지 못한 믿음. 상식, 통박 말고 말 그대로의 믿음을 써야 했다. 하나님이 사람의 마음을 감동해서 그를 통해서 도와주시는 그런 것 말고, 하나님 앞에 구해서 하나님이 주시는 것을 받는 믿음, 엘리야의 까마귀 믿음, 성경 사실로는 알아도 오늘날에 내가 쓸 수 있다고는 한 번도 믿어본 적이 없는 그 믿음. 나에게 상황은 오직 그것만 남아 있었다.

형이 이대로 죽는다면 지옥이다. 반드시 치료를 해야겠는데 가족들은 울면서 나만 쳐다보고 있었다. 나는 강남시립병원 잔디밭으로 나왔다. 여기저기 사람들이 앉아 있었다. 나는 잔디밭에 무릎을 꿇고 하늘의 하나님 앞에 손을 들었다.

"하나님! 저, 하늘 아래 주님밖에 없습니다. 그리고 저는 당신을 신뢰합니다. 저 영혼, 구원 받아야 됩니다. 그냥 데려가실 수 없습니다. 하나님, 보증금이 필요하답니다. 보증금 얼마가 필요합니다. 전화하고 돈 빌릴 김용의는 죽었습니다. 주님, 응답해주십시오."

사흘이면 죽는다던 형이 닷새가 지나도 숨이 떨어지지 않았다. 그렇게 강퍅하게 버티던 형이 나흘째 되는 날, 예수님을 영접했다. 나의 기도 10년 만에 그 영혼을 구원해주신 것이다. 물론 병원 보증금도 허락되었다.

내 주를 가까이 하게 함은

그때 형이 변했다. 형은 잠을 한숨도 못 자고 불에 타는 듯한 생생한 고통의 시간을 보냈다. 주님을 만난 형에게 마치 형의 일생을 노래한 듯한 찬송 가사를 적어서 형이 잘 볼 수 있는 데 붙여주었다. "내 주를 가까이 하게 함은 십자가 짐 같은 고생이나", 너무 멀리 갔던 탕자가 돌아오는 길이 힘이 들어도 "생명길 되나니 은혜로다", "야곱이 잠 깨어 일어난 후 돌단을 쌓은 것 본받아서", 평생 남은 시간이 얼마가 될지 모르지만 주님 앞에 찬송하다 가게 해달라고 그 찬송가 가사 4절을 적어주었다.

형이 정말 변했다. 화상환자들이 죽기보다 싫어하는 것이 처치실에 가는 것이다. 내가 형의 철침대를 밀고 처치실에 올라갈 때 침대에 누운 형의 입에서 찬송이 흘러나왔다. "이 백성은 내가 나를 위하여 지었나니 나를 찬송하게 하려 함이니라"(사 43:21). 아무리 멀리 떠났고 아무리 악독한 인생이라도, 주님을 욕하고 저주하던 그 입에서 찬송을 받아내시는 주님을 나는 보았다.

형이 처치실에 들어가면 끔찍한 장면이 벌어진다. 생체 실험도 무슨 그런 생체 실험이 다 있겠는가. 피부가 없는 온 몸에 어마어마한 양의 약을 발라 두었다가, 처치실에 들어가면 약물을 콸콸 붓고 쇠딱지처럼 두껍게 탄 살들을 불려서 뜯어낸다. 이때 화상환자들이 너무 고통스러우니까 소리소리 지르다가 까무러치기도 하고 그러다가 죽기도 한다. 그런데 그때 나는 형의 모습을 보았다. 다른 때 같았으면 이미 난리가 났을 사람이다. 의사 죽이고 눈알 빼겠다고 난리를 쳤을 것이다. 그런데 이 사람을 하나님이 어떻게 변화시키셨느냐 하면, 그 고통스러운 시간 동안 신음소리 한 마디 안 내고 주님의 이름만 부르며 통과하는 것이었다.

그렇게 시간이 흐르는데 열흘이 가도 숨이 끊어지지 않자 병원에서 당황하기 시작했다. 의사가 나를 부르더니 환자가 죽지 않아서 큰일이라고 했다. 저대로 두면 있는 대로 오그라들기 때문에 얼른 피부 이식을 해야 하는데 환자에게 남은 살이 거의 없기 때문이었다.

첫 번째 사명지, 소명의 그 자리로

그때도 주님은 나를 준비시키고 단련시키고 확증을 주시기 위해 그 짧은 시간 동안 내가 주님 앞에 구한 것들을 신실하게 응답해주셨다. 그러던 중에 주님이 사인으로 보내준 분을 만나 주님의 오더 내용을 확인하게 된 것이다. 그때 "내가 처음으로 주님 앞에 나의 첫 믿음, 처녀 믿음으로 서원한 것이니까 꼭 그대로 하고 싶습니다. 그런데 이런 일이 벌어졌고 상황은 불가능합니다. 그러니 나를 위해 기도해주십시오. 이달 말까지 나는 그곳에 꼭 가고 싶습니다"라고 나의 소원을 말하고 중보기도를 부탁하고 돌아왔다.

만 15일째, 주님이 요엘서 2장 말씀을 주셔서 그 말씀을 묵상하다가 젖먹이 아이에 이르기까지 온 가족에게 금식을 선포하고 같이 기도했다. 온 가족이 손을 잡고 하나님의 성전에 올라 예배할 그날을 바라보면서…. "너희는 옷을 찢지 말고 마음을 찢고 너희 하나님 여호와께로 돌아올지어다 그는 은혜로우시며 자비로우시며 노하기를 더디 하시며 인애가 크시사 뜻을 돌이켜 재앙을 내리지 아니하시나니"(욜 2:13).

사흘 금식이 끝나고 만 17일이 되던 날 자정에 중환자실에서 연락이 왔다. 내게 너무 익숙한 장면이 펼쳐지고 있었다. 늘 혼자 맞이했던 임종의 순간이 또 다가오고 있었다. 파란만장했던 형의 생애의 마지막 순간을 지키며 나는 혼자 찬송을 부르고 혼자 임종예배를 하고 형을 그렇게 하나님의 품으로 보냈다.

3일 장례를 마치고 형을 공동묘지에 묻은 뒤 죽어라 달려서 강남고속버스터미널로 왔다. 주님께 서원한 그 첫 번째 부르심, 소명의 그 자리에 가고 싶었다. 순종해드리고 싶었다. 그때가 바로 내가 서원했던 그 달 마지막 토요일, 강릉행 마지막 버스의 출발을 10여 분 남겨놓은 시각이었다. 마침내 나는 그 버스를 탔다. 그리고 일가친척 하나 없는 사고무친(四顧無親)의 강원도 첫 사명지로 발을 내딛게 되었다. 드디어 하나님도 해내셨고, 나도 해냈다. 하나님은 최고의 영광을 받으셨고, 나도 드디어 그 일을 해낸 것이다. 너무 기뻤다. 기뻐서 다른 것은 아무것도 생각이 나지 않았다.

도착해서 일단 가족과 함께 살 수 있는 집이 있는지 찾아보았다. 예배당도 없고 교인도 없는 곳이라 마땅한 데가 없었는데, 동네 한복판에 주인이 버리고 간 지 3년 되었다는 폐가가 하나 있었다. 거기 살아도 되느냐고 물었더니 귀신 사는 것보다 사람 사는 게 훨씬 낫다고 환영해주어서 그곳에 들어가게 되었다. 마당은 온통 풀로 덮여 있고, 지붕에도 풀이 나고, 화장실은 흔적도 없고, 부뚜막은 반이 무너져 있고, 문짝은 비틀려 있고 쥐똥이 잔뜩 쌓여 있었다. 귀신 영화 세트장으로 쓰기에 전혀 손색이 없는 집이었다. 풀을 뜯어내고 길을 내고 쥐똥을 긁어내고 문짝에 창호지 한 장을 바르고 거기를 들어갔다. 강원도는 11월 첫 주면 뼈가 오슬오슬한다.

셋째 딸 낳은 지 얼마 안 되는 아내도 퉁퉁 부은 채로 애들 둘을 데리고 핏덩어리를 안고 주님이 보내신 첫 사명지에 주님의 인도하심을 따라 도착했다. 보따리 몇 개만 들고 왔다. 오직 믿음으로 순종한 첫 걸음이었다. 물론 내일 먹을 양식이 없었고, 후원자는 더군다나 없었다. 문자 그대로 하늘의 하나님만이 우리의 유일한 후원자였다. 하지만 감격했다. 사랑하는 주님이 우리를 인도하셔서 온 이 자리, 만약 여기서 죽게 하시면 순교라는 확신에 의심의 여지가 없었다. 너무 기뻐서 거기 엎어졌다.

주님이면 충분한 길을 걷다

그날부터 오직 주님만이 우리의 후원자가 되셨다. 주님을 믿는 믿음이면 충분한 그 폐가가 바로 내 삶의 터전이었고 예배당이었고 본당이었고 교육관이었다. 거기서 우리 가족이 죽지 않고 살아남았고 그곳은 교회가 되었다. 공식적 후원 없이 그때부터 지금까지 동일한 방법으로 살고 있다. 주님은 한 번도 우리를 실망시키지 않으셨다.

그 바쁘신 주님께서 우리 가족의 식단을 처음부터 끝까지 직접 짜주셨다. 금식, 미식, 분식, 소식 골고루 짜주셨다. 그래도 금식을 자주 한 건 아니었다. 그 시간들을 보내며 주님께서 많은 은혜를 주셨는데 가장 감사했던 건 가족, 특히 아이들의 마음까지 주장해주신 것이다.

주님은 그때 오직 믿음, 문자 그대로 '오직 믿음'으로 살게 하셨다. 단 한 가지, 믿음의 증인 삼으시려고 나 같은 쓸모없는 인간을 불러

주신 하나님…. 망한 술집 아들로 중학교도 졸업 못한 가방 끈 짧은 놈, 정서라고 아무것도 제대로 준비되지 않은 쓰잘 데 없는 인간, 내가 보아도 준비된 게 하나도 없고 아무짝에도 쓸모없는 자였다. 그런데 기도원에서 만난 목사님을 통해서 전해준 "당신에게 필요한 건 오직 돌덩어리 같은 믿음 하나"라는 그 말의 의미를, 나는 지금도 너무 확실하게 깨닫고 있다.

그날부터 지금까지 나는 무슨 일을 해야 할지 고민해보지 않았다. 내가 기도할 수 있는 한, 나는 가장 바쁜 사람이고 가장 위대한 사역을 한다고 확신한다. 어디를 가야 할지 무엇을 해야 될지 고민해본 적이 없다. 만족에서 만족이었고 영광에서 영광이었다. 주님이 증인이시지만 내 삶에서 주님이 최고의 영광을 받으시고, 그리고 나에게 최고의 영광스러운 삶을 살게 해주고 계신다. 정말 주님 한 분이면 충분했다.

주님이 내게 가르쳐준 이 믿음의 삶을 살면서 나는 어떻게 사역해야 하는지 사역의 방법을 구하지 않았다. 주님이 인도하시면 전심으로 순종할 뿐이었다. 그런데 내가 젊은이들을 만나 광야에서 내가 만난 살아 계신 하나님을 이야기하면 1시간만 이야기를 해도 젊은이들이 확 뒤집어지는 것이다. 그들이 목사가 되고 선교사가 되었다. 그러고 나니까 아무것도 할 줄 모르는 나를 이곳저곳에 세우셨다. 나는 할 수 있다 없다를 말할 자격이 없다. 계산할 수가 없다. 그저 순종할 때마다 주님이 하셨다. 그래서 주님이 가르쳐주신 이 한 가지를 붙들고 주님이면 충분한 이 길을 걷게 되었다. 주님이 걷게 하셨다.

나의 1퍼센트

나는 '드리라'라고 하는 이 헌신을, 주님의 큰 사랑을 받은 내가 다른 생각 하지 않고 오직 주님을 위하여 눈물겹게 섬기는 것이라고 알았고 그렇게 배웠다. 그런데 주님은 내게 이 사실을 깨닫게 해주셨다. 어떤 섬마을 총각이 군대를 가게 되었다. 거기서 한 처녀와 서로 사랑하고 연애를 했는데 섬처녀를 두고 군대를 가려니 발길이 떨어지지 않았다. 작별인사를 한 뒤 배가 떠나려고 할 때 몸은 99퍼센트 다 배에 실었는데, "오빠, 가지 마" 그러는 연인을 두고 차마 발을 뗄 수가 없었다. 그래서 1퍼센트 엄지발가락만 나루에 걸쳤다. 발을 떼지 못하는 총각을 보고 뱃사공이 견딜 수가 없었다.

"이 봐, 빨리 안 타! 당신 때문에 못 가고 있잖아."

"거의 다 탔어요."

이 총각이 배를 탄 것인가, 안 탄 것인가? 이 총각의 마음은 99퍼센트 몸을 실은 그곳에 있는가, 마저 못 실은 1퍼센트에 있는가?

나는 헌신을 99퍼센트라고 생각했고 겸손의 몫으로 1퍼센트를 남겨놓았다. 아니 두려움으로 남겨놓은 1퍼센트를 겸손이라고 가장하였다. 그런데 주님은 99퍼센트의 헌신이란 결코 가능하지 않다는 사실을 가르쳐주셨다. 그리고 어쩌면 드릴 수 있는 99퍼센트보다 그것만은 못 드리겠다고 하는 1퍼센트 안에 나의 전부가 걸려 있을지도 모른다는 사실을 알려주셨다. 내가 겸손의 몫이라고 남겨놓았던 그 1퍼센트 속에, '나는 주의 종은 못 된다'고 하는 두려움 속에 내 모든 불신앙이 다 숨어 있는 줄을 나는 몰랐다. 주님이 이 부분을 건드리시고 나를 가르치셨다.

"야, 김용의! 나는 네가 십여 년 동안 나를 위해 눈물겹게 살아준 너의 최선은 인정한다. 그것은 사실이니까. 그러나 나는 한 번도 너를 내 뜻대로 써본 적이 없다. 네가 마저 드리지 못한 1퍼센트 때문에."

최선은 믿음의 정반대편이라는 것을 나는 몸서리치게 배웠다. 그렇다. 주의 일이란 내가 주님을 위해서 무엇을 하는 게 아니고 오히려 나를 주님께 드려서 주님이 나를 통해 그분의 일을 그분이 친히 하시는 것이다. "네가 나를 위해 눈물겹게 살아준 최선은 인정하지만 나는 한 번도 너를 내 뜻대로 쓴 적이 없다…." 사랑하는 주님에게 이 말을 듣는다는 것은 너무 억울하고 기막힌 일이다. 그러나 가슴 아프지만 인정해야만 했다.

나에게 있는 1퍼센트, "다른 건 다 할 수 있겠는데, 주님께 이것도 드리고 저것도 하겠는데 이것만은 못합니다. 거기만은 못 갑니다. 이것만은 포기 못합니다. 그 사람만큼은 용서 못합니다"라고 남겨놓은 그 1퍼센트가 어쩌면 자신의 모든 존재가 달려 있는 전부일지 모른다.

"다른 건 다 해도 난 선교지만큼은 못 가요, 다른 건 다 포기해도 내 자식은 포기 못해요, 다른 건 다 해도 그 일만큼은 못해요, 다른 건 다 포기해도 내가 개척한 이 교회, 이걸 내가 어떻게 포기해요…." '다른 건 다 해도 이것만은'이라고 하는 이 1퍼센트, 어쩌면 이것이 최후에 검증되어야 할 우리의 모습일 수 있다. 99퍼센트의 헌신이란 없다. 주님이 원하는 것은 우리의 눈물겨운 최선이 아니다. 나는 주님이 아니면 아무것도 할 수 없다는, 갈라디아서 2장 20절이 이 어려운 과정을 통해서 나에게 복음의 실제가 됐다.

"내가 그리스도와 함께 십자가에 못 박혔나니", 최선을 다해서 살 수 있는 나는 없다. 예수와 함께 못 박혔다. "그런즉 이제는 내가 사는 것이 아니요 오직 내 안에 그리스도께서 사시는 것이라", 이 진리가 우리에게 실제가 되도록 주님이 우리를 부르고 계신다. 복음을 실제로 체험적으로 누리는 이 "드리라"라는 결정의 자리, 결단의 자리로 주님이 우리를 초대하고 계신다.

마지막 1퍼센트를 드리는 결단

사랑하는 여러분, 주님은 우리에게 그분의 전부를 내어주셨다. 그런데 그 주님 앞에 못 드릴 1퍼센트가 있다니 그건 무슨 말인가? 믿음은 결단의 연속이다. 어쩌면 두려웠을 것이다. 어쩌면 이 말을 듣게 될까 봐, 다른 건 다 건드려도, 복음 이야기 다른 건 다 해도 이것만큼은 건드리지 않기를, 건드리면 어떻게 하나 그 두려움이 있었을지 모른다.

그러나 지금 그 주님 앞에 대면하여 서야 할 시간이 되었다. 어쩌면 이미 거의 다 알 것이다. 나의 1퍼센트가 무엇인지. 내 마음의 끝자락이 닿아 있는 그것이 무엇인지 알 것이다. 그것이 마저 넘겨지지 않는 한 주님은 한 번도 우리를 받은 적이 없다고 말씀하신다. 이제 사랑하는 주님 앞에 우리가 결정하고 나아가야 할 시간이다. 나에 대하여 죽고 하나님에 대하여 산 자, 우리가 받아들였던 이 진리가 우리의 실제가 되도록 결단해야 할 자리에 이르렀다. 성령께서 이미 우리 안에 조명하고 말씀해 오셨을 것이다. 결혼만은 포기 못하고, 명예만은 포기 못하고 어떤 이유로든 나를 붙잡고 있었던, 그래서 주님과의 사이에서도 그것만큼은 주님이 개입하실 수 없게 만든 1퍼센트. 이것이 주님 앞에 넘겨지지 않는 한 주님은 우리를 받은 적이 없다고 하신다.

그럼 이제 어떻게 하겠는가. 주님이 나를 받아주시도록, 나에게 이 마지막 관문이 무엇이든 주님 앞에 결정하며 나아가라. 그것이 순종해야 할 명령이든, 포기해야 될 것이든, 버려야 될 것이든, 그것을 주님 앞에서 결정해야 한다. 믿음은 결단의 연속이다. 주님 앞에 움켜쥐고 있던 그 손을 내려놓고 주님이 나를 받아주시도록 주님 앞에 나의 1퍼센트를 마저 넘기자. 그리고 주님이 나의 전부가 되셔야 한다.

주님 앞에 이 결단으로 나아가자. 성령이 깨닫게 해주시는 바로 그것. 내 마음의 모든 끝이 다 있는 그것. 그것을 주님 앞에 우리의 입술로 고백하며 주님 앞에 결단하며 주님 앞에 드리며 나아가자.

- 주님이 원하시는 것은 우리의 눈물겨운 최선이 아니라 믿음이다.

- 나는 주님이 아니면 아무것도 할 수 없다는 전적인 자기포기는 하나님의 절대 은총을 가져온다.

- 99퍼센트의 헌신은 겸손 같아 보이지만 전심이 아니다. 99퍼센트의 헌신이란 결코 가능하지 않다.

- 주님께 드리지 못하는 마지막 1퍼센트에 내 모든 존재와 불신앙이 다 숨어 있을 수 있다.

- 아무리 눈물겹게 최선을 다해도, 내가 움켜쥔 그 1퍼센트 때문에 주님이 나를 주님의 뜻대로 쓰실 수 없다.

- 우리가 100퍼센트의 믿음으로 서 있을 때 주님은 최고의 영광을 받으신다.

· · ·

주님이 하십니다!

복음의 누림 4 — 계속 신뢰하라

복음의 누림 4

1. 계속 신뢰하라

믿음의 결단, 그 세 번째는 '계속 신뢰하라'이다. 여기고 드리는 믿음의 결단은 문 한 번 통과하면 되는 단회적인 문제가 아니다. 그 믿음의 선상에서 계속 걸어가야 한다. 믿음 가운데서 믿음에서 믿음으로 계속 나아가는 것이다. 더욱이 우리는 진리와 정반대로 살아온 육체 가운데 계속 거하며 진리에 대적하는 이 세상 한복판에서 살아간다. 거기서 한 번 믿음의 승리를 했다고 해서 그다음에도 저절로 승리하게 되는 것은 아니다. 한 번만 믿음을 쓰는 것이 아니라 계속 믿어야 한다. 그러므로 이 궤도를 벗어나지 말아야 한다. 철저히 '믿음에서 믿음으로'이다.

계속 신뢰하라. 그런데 이것도 결단이 필요하다. 특별한 의미가 있는 약속의 말씀을 몇 구절 살펴보자.

너희를 부르시는 이는 미쁘시니 그가 또한 이루시리라 살전 5:24

우리 하나님은 미더우신 분이다. 믿을 만한 분이신데 그가 또한 이루어주실 것이라고 말씀하셨다. 하나님은 시작하신 것을 끝내지 않고 형편에 따라 대강 흐지부지하시는 분이 아니다. 반드시 마침표를 찍을 때까지 끝까지 그 일을 이루시는 정말 신실하신 분이시다.

주께서 너희를 우리 주 예수 그리스도의 날에 책망할 것이 없는 자로 끝까지 견고하게 하시리라 고전 1:8

이로 말미암아 내가 또 이 고난을 받되 부끄러워하지 아니함은 내가 믿는 자를 내가 알고 또한 내가 의탁한 것을 그 날까지 그가 능히 지키실 줄을 확신함이라 딤후 1:12

모든 은혜의 하나님 곧 그리스도 안에서 너희를 부르사 자기의 영원한 영광에 들어가게 하신 이가 잠깐 고난을 당한 너희를 친히 온전하게 하시며 굳건하게 하시며 강하게 하시며 터를 견고하게 하시리라
벧전 5:10

"이루시리라", "견고하게 하시리라", "지키시리라", 표현이 조금씩 다르지만 같은 내용이다. 모든 은혜의 하나님이 이루시고 견고하게 하시고 능히 지키실 것이다. 그리스도 안에서 우리를 부르셔서 그분의 영원한 영광에 들어가게 하신 그분이 잠깐 고난을 받는 우리를 친히 온전하게 하실 것이다.

사실 주님께 부름 받은 이 땅의 그리스도인이 이 세상 가운데서 산다는 것은 한 마디로 표현하면 고난받는 것이다. "무릇 그리스도 예수 안에서 경건하게 살고자 하는 자는 박해를 받으리라"(딤후 3:12)라고 했다. 이전에 살던 대로 살면 편하다. 세상에 속하면 자기에게 속한 자이기 때문에 세상이 대적하지 않는다. 그러나 세상으로부터

불러냄을 받아서 주님에게 속하면 이때부터 세상 편에서 보면 대적이다. 그러니까 경건하게 산다고 하는 것 자체가 벌써 고난을 전제로 한다. "고난을 당한 너희"라는 말은 이 세상에 있으나 세상에 속하지 않은 자로, 마치 물살을 거슬러 올라가듯 이 땅에서 이 세상의 가치와 정반대인 하늘의 가치를 살아내려면 부딪쳐야 할 상황들이 있음을 언급하는 것이다.

온전하게 한다는 말은 온전할 수 없는 상황이 있다는 것을 전제로 한다. 그것이 고난이다. 믿음을 흔들어서 온전할 수 없게 하는 이 상황 속에서 주님은 우리를 온전하게 하리라고 약속하셨다. 굳게 한다는 말 역시 우리가 흔들리고 약하다는 말이다. 그런 도전이 있을 때 우리를 굳게 할 것이라고 하신다. 이 땅에서 살아가는 우리가 우리의 믿음을 흔들고 도전하는 수많은 상황을 맞이하며 나아갈 때 여호와 이레 되시는 주님께서는 우리가 주님의 영원한 영광에 들어가게 하려고 부르셨기 때문에 우리를 친히 온전케 하시고 굳게 하시고 강하게 하시고 터를 견고하게 하시고 지키시고 이루어주실 것이다.

그러니 어떻게 하라는 것인가? 계속 신뢰하라. 계속 신뢰하라. 어떤 상황, 어떤 도전 앞에서도 주님은 이미 친히 이 모든 상황에서 능히 우리를 지키실 준비가 되어 있으시다. 따라서 우리도 동일하게 신실하게 주님만을 신뢰해야 한다. 하루에도 수없이 우리의 믿음을 흔드는 공격이 올 것이다. 그때 열 번 공격하면 열한 번 믿고, 스무 번 공격하면 스물한 번 믿어야 한다. "한 번 믿었는데 왜 자꾸 또 시험하고 난리야" 이러면 안 된다. 계속 신뢰하라.

믿음에서 벗어나면 죽음이다

고래가 아무리 대단한 바다의 왕자라도 모래사장으로 뛰어오르면 고깃덩어리가 되고, 기차가 레일을 벗어나는 순간 고철 덩어리가 되는 것처럼, 복음 안에 있는 능력은 철저하게 '믿음'이라고 하는 레일 위에서만 가능하다. 믿음을 벗어나는 순간 우리의 옛 모습을 고스란히 보게 될 것이다. 우리가 믿음으로 선택하지 않는 모든 순간은 연구할 가치도 없다.

그래서 믿음에서 믿음이다. 나에게 삶의 의미를 묻는다면, 연약하고 넘어지는 모든 상황을 통해서 '이건 믿음 없이는 안 되는구나, 오직 믿음으로만 살아야 되는구나. 그래서 내 안에 살아 계시는 주님, 나는 주님과 함께 죽었고 내 안에 그리스도가 사신다고 하는 이 믿음 안에서만 사는 거구나' 바로 이런 것이다.

믿음, 믿는다, 신앙생활 한다는 의미를 모르고 믿음으로 산다는 내용이 불투명해지니까 멀쩡한 복음을 가지고 도대체 무슨 짓을 하는지 모른다. 십자가 없는 믿음, 진리에 근거를 두고 있지 않은 믿음은 한 마디로 긍정의 힘, 적극적 사고방식일 뿐이다. 믿음은 긍정의 힘이 아니다. 기독교가 말하는 믿음이란 적극적 사고방식 따위가 아니다. 결코 그럴 수 없다.

복음에는 하나님의 의가 나타난다. 그래서 믿음으로 믿음에 이르게 한다. 그리고 오직 의인은 믿음으로 말미암아 살 것이다(롬 1:17). 할렐루야! 우리에게 믿음 없이 사는 순간은 없다. 그럴 가치가 없다. 믿음을 따라 하지 않는 모든 것이 죄다(롬 14:23). 성경의 선언은 단호하다.

1 형제들아 내가 너희에게 전한 복음을 너희에게 알게 하노니 이는 너희가 받은 것이요 또 그 가운데 선 것이라 2 너희가 만일 내가 전한 그 말을 굳게 지키고 헛되이 믿지 아니하였으면 그로 말미암아 구원을 받으리라 고전 15:1,2

우리가 받은 이 복음의 진리를 헛되이 믿지 않고 그 가운데 견고히 서서 흔들리지 않으면 이로 말미암아 구원을 얻는다. 태평양을 지날 때 배에 타고 있어야지 배에서 뛰어내리면 죽듯이, 이 믿음의 줄을 놓치면 큰일 난다. 믿음으로만 살아가야 한다. 그럴 때 성령님께서 실제적으로 십자가에서 완성된 사역을 우리의 자아 생명에 그대로 적용시켜서 자아 생명을 죽음에 붙들어두실 것이며, 그 결과 내가 아니라 오직 그리스도께서 내 안에 사는 삶이 실제가 되어 우리의 삶을 이끌어갈 것이다.

우리는 가나안 정복전쟁에서 그 견고한 여리고 성이 어떻게 통쾌하게 무너졌고, 어떻게 이스라엘 백성들이 믿음으로 승리했는지를 보았다. 그런데 아뿔싸, 여리고와 비교가 되지 않는 아이 성 싸움에서 그들은 완벽하게 패배한다. 큰 전쟁에 100퍼센트의 믿음이 필요하다면 지극히 작은 전쟁에도 똑같이 100퍼센트의 믿음이 필요하다. 오직 동질의 믿음이 필요할 뿐이다. 여기고, 드리고, 동일한 믿음으로 계속 신뢰해야 한다.

전기장판 하나 쓰는 것쯤이야

눈물겨운 최선의 삶에서 믿음으로 돌이킨 이후 새롭게 시작된 신앙생활에서 나도 여러 차례 믿음의 실패를 경험했다. 전혀 예기치 않은 부분에서, 상상할 수 없는 일에 넘어졌다. 우리 가족이 처음 가서 살게된 그 빈집은 비록 귀신 영화 세트장 같았지만 첫 번째 교회 개척지이자 우리 가족에게는 삶의 터전이었다. 빈집이니까 전기가 끊어진 지오래였다. 그래서 밤이 어두워지면 자고 날이 밝으면 깼다. 아궁이는 불을 땔 수가 없었다. 화장실도 없었다. 그래도 하나님께서 매일먹을 것을 공급해주시고 가족들의 마음을 지켜주시고 믿음으로 사는 과정들을 허락해주셨다.

그런데 유혹은 대단한 데서 오는 것이 아니었다. 문이라고 얇은 창호지 한 장을 발라놨으니 바람을 제대로 막지 못해서 안팎이 거의 온도가 같았다. 추운 겨울을 불기 없는 방에서 전깃불도 없이 생활하는데 한 가지 유혹이 생겼다. 짐 보따리 안에 일인용 전기장판이 따라온 것이다. 보지 않았을 때는 전혀 신경 쓸 일이 아니었는데 전기장판을 보는 순간, '와, 이것만 전기를 꽂아서 가로로 깔고 다섯 식구 나란히 누워 엉덩이만 살짝 걸쳐도 기가 막히겠다' 싶은 유혹이 보통이 아니었다. 없으면 넉넉히 지나갈 만한 믿음이 있는데, 이 유혹이 오자 옛날 살던 익숙한 통박이 확 돌아갔다.

'전기장판 하나 쓰는 것쯤이야' 하는 생각이 들어서 믿음으로 살아야 하는 것을 미처 생각하지 못했다. 익숙한 통박으로 옆집에 잘 이야기해서 전기 좀 끌어다가 쓰면 되겠다 싶었던 것이다. 강원도 인심이 그리 각박하지는 않아서 쓰고 나오는 전기세를 내겠다고 부탁을 하니 옆집에서 그렇게 하라고 했다. 그래서 나는 너무 당연히 익숙한 삶의 방식을 따라서 일을 진행했다. 드디어 전기를 꽂던 날의 그 기쁨! 전구에도 불이 들어오고 냉골이던 바닥에도 1인용 전기장판에 온기가 따끈따끈하게 들어오니까 최고급 아파트에 사는 것과 비교가 안 될 만큼 기뻤다.

전기를 끌어다가 쓰는 데는 문제가 없었는데 정작 문제는 따로 있었다. 적은 액수이기는 해도 먼저 쓰고 나중에 돈을 내는 것이니 외상, 즉 빚을 내는 것이 아닌가. 그런데도 나는 너무 당연히 '이 정도야…'라고 생각하고 숫제 기도제목도 될 수 없다고 생각했는데, 주님은 한 달이 지나도 두 달이 지나도 허락을 해주지 않으셨다. 그런데도 우리는 계속해서 전기를 썼다. 우리가 쓰는 전기료가 계속 누적되어갔지만 보통 한 동네에서 서로 아니까 한두 달은 봐주었다.

전기회사에서는 석 달이 마지노선이라 그때까지는 전기세를 내야 한다. 그때 돈으로 4,5만 원 정도였다고 기억이 되는데, 이미 큰 믿음의 전쟁에서 승리한 내가 그까짓 전기세 몇 만 원을 믿음이 부족해서 얻지 못할 리 없고 너무 당연하다고 생각해서 간절한 마음도 없이 석 달이 다 되어갔다. 그 사이에 전기세를 받으러 사람이 오면 하나님이 다 공급하신다고 큰소리를 땅땅 쳤다. 큰소리를 치다가 3개월이나 밀렸는데도 갈등과 고민 없이 당당히 믿었다.

마침내 석 달이 지났다. 온 가족의 목숨을 건 큰 전쟁에서 믿음의 승리를 경험한 내가 바로 1인용 전기장판의 유혹에 딱 걸린 것이다.

여리고 성 싸움 뒤에 아이 성 싸움과 같은 기가 막힌 패턴이었다. 그런데도 여기에 믿음을 써야 되는지 말아야 되는지, 어떻게 써야 되는지 생각할 겨를도 없이 너무 익숙한 통박으로 하다가 3개월 치 전기세가 덜커덕 밀려버리고 말았다.

이것은 단순한 전기세가 아니었다. 그 동네는 무교회 지역이라 교회에 관한 선지식이 아예 없었다. 교회와의 인연이라고 해봐야 옛날에 천주교인들이 박해를 피해 숨어서 옹기를 굽던 곳이 있다고 하고, 6.25 때 교회에서 구제품을 받아본 것밖에 없는 그런 곳이었다. 이런 곳에서 교회에 대한 바른 인식을 심어주려면 정말 살아 계신 하나님을 보여주는 것밖에 없다.

그런데 어느 날 동네 폐가에 웬 젊은이가 가족들과 함께 들어와서 사는데, 자신들은 하나님을 믿는다고 하고, 어떻게 먹고 사느냐고 하면 하나님이 먹이신다 그러고, 어디서 벌어오는 것도 없이 어떻게 굶어죽지 않고 매일 살아서 나오고, 신기하기 짝이 없는 이 일이 하나님의 작전이신 줄 누가 알았겠는가. 그렇게 지내면서 아주 당당하고, 살아 계신 하나님이 분명히 공급하신다고 아주 맡겨놓은 것처럼 큰소리를 쳤는데 3개월 전기세에 코가 꿰인 것이다.

전기세를 내야 하는 마지막 날 토요일 아침이 되었다. 토요일이라 12시가 마지노선인데 아침까지 전혀 고민을 안 하다가 9시가 되어도 아무 기미가 없자 갑자기 계산이 돌아가기 시작했다. 지금까지 아무 연락이 없고 대책도 없다면 모든 방법은 끝이 난 것이다. 무엇보다 믿지 않는 전기 직원과 전기를 빌린 이웃에게 떠벌려온 하나님의 이름이 어떻게 될까 하는 걱정이 앞섰다. 돈의 액수보다 하나님의 이름이 걸린 문제였다. 어떤 방법도 없었다.

'어? 이거 야단났네.'

9시가 넘자마자 이 외진 시골에 12시 안에 조치하려면 우체국밖에는 다른 방법이 없다는 생각에 나도 모르게 일어나서 읍내로 걸어가게 되었다. 기가 막히고 어처구니없게도 공중전화 박스 안으로 들어갔다. 너무 다급해서 생각나는 전화번호로 다이얼을 돌리고 "나 김용의인데, 여기 주소가 강원도 어디어디이니 아무 말 묻지 말고 돈 5만 원만 부쳐달라" 철커덕. 수화기를 내려놓고 전화박스를 나서려는데 조롱과 비웃음이 몰려왔다.

"야, 이 자식아, 뭐? 믿음? 아이고, 예이 꼬라지야. 불쌍한 놈."

너무 비참한 생각과 공격이 나를 괴롭히는데 어처구니가 없었다. 이 큰 전쟁을 이겨놓고 앞마당 구덩이에 빠져 죽는 꼴이니 억울하고 분하고 눈물도 나지 않을 만큼 기가 막혔다. 발을 질질 끌고 비참한 패배자의 모습으로 터벅터벅 걸어서 다시 집으로 향했다. 이것을 어떻게 수습하고 받아들여야 될지 모를 정죄감이 밀려왔다.

'아, 결국 이 짓으로 끝난다는 말인가.'

우리의 믿음을 보기 원하시는 주님

집으로 들어올 무렵 우체국 집배원이 나와 속도를 같이 하며 집으로 같이 들어왔다. 그때가 80년대 초여서 지금처럼 다른 송금 제도가 있는 것이 아니라 누가 전신환을 보내면 그것을 우체국에서 받아서 전달해주었다. 그런데 아무리 계산해도 내가 전화한 사람이 보내준 전신환이 전달될 시간은 아니었다. 집배원이 건네준 전신환을 받아보니 역시 내가 부탁한 사람이 아니라 전혀 모르는 사람에게서 온 것으로 5만 원이 들어 있었다. '에이, 이게 뭐야. 조금만 더 기다릴 걸.' 그리고 12시 이전에 내가 부탁한 '믿음의 실패작'이 뒤따라 도착했다. 아무 쓸모없고 아무것도 아닌 나를 비웃고 깔깔거리는 불신앙의 흔적이 그대로 다시 돌아온 것이다.

어떻게 믿음을 써야 하는지 생각하지 못한 채 맞이한 작고 짧은 경험이었지만 그 비참한 실패를 하면서 정말 아찔하고 휘청했다. 물론 모든 은혜의 하나님이신 주님은 언약하신 대로, 흔들리던 나를 견고하게 하시고 지키셨다. 그 방법의 하나로 이때 내 사진을 정확히 찍어놓으셨다. 이후에 내가 설치고 돌아다닐 것을 잘 아시고, "믿음을 그따위로", "믿음도 없으면서" 하고 다른 사람을 정죄하고 판단할 줄 너무 잘 아시고 그럴 때마다 "네가 믿음이 좋아서 승리를 해? 이 나쁜 놈아!" 하며 떠오르게 하시는 해상도 높은 사진을 확실하게 찍어놓으셨다.

그 장면을 한 번씩 떠올리면 이마에 땀이 날 만큼 아찔해지면서 내 믿음이 좋아서 여기까지 온 게 아니라 하나님의 은혜로 붙들어주셨음을 다시 깨닫게 된다. 큰 전쟁도 주님의 도움이 없으면 승리가 불가능하지만 믿음으로 사는 삶은 지극히 작은 것 하나도, 아무리 작은 것도 내 상식으로는 안 된다. 큰일이든 작은 일이든 동일하게 여기고, 드리고, 신뢰하는 100퍼센트의 믿음이 아니고서는 안 된다.

사탄이 이 시간을 놓칠 리 없다. "야, 이 자식아, 네가 믿음은 무슨 믿음이냐. 에이 꼬라지야." 그래서 자책으로 밀려오면 그때 어떻게 해야 하는가? 너무 기막히고 비참하지만, 그놈이 하는 말이 사실이기는 해도 그놈의 정죄는 옳지 않다. 그렇다. 십자가를 바라보는 것이다. 어느 때든지 십자가 앞으로 돌아가면 놀랍게도 주님은 늘 여기고, 드리고, 계속 신뢰할 수 있도록 회복을 주신다. 그래서 주님의 격려를 받고 다시 주님 앞에 감사하는 것이다. 주님이 나의 연약함, 믿음 없음에도 불구하고 나를 붙드시고 오히려 거기서 더욱 견고케 해주시는 은혜로 하나님을 경험하게 해주셨다.

그 후로 2,3년이 흐르고 예기치 않은 자리에서 5만 원 전신환의 주인공과 만나게 되었다. 그는 내가 사업할 때 하청을 맡은 공장의 사장이었는데 감리교 권사였다. 내가 전신환을 받은 마지막 토요일 아침 8시쯤, 그가 출근을 하는데 사명을 받았다고 사업을 접고 사라진 내 이름이 뜬금없이 생각나더라는 것이다.

'어? 그 김 형 참, 어디서 어떻게 사나.'

업무를 보려고 하는데도 그 생각이 떠나지 않아 주섬주섬 주머니에서 지갑을 꺼내보는데, 웬만한 사업가면 보통 수표 몇 장은 늘 넣고 다니는데 하필 그날, 웬일인지 지갑에 돈 5만 원밖에 들어 있지 않았다. 마음에 이상한 부담을 느끼며 수첩을 찾아보니 또 마침 '강원도 강릉시 명주군 옥계면 김용의'라고 면까지만 적힌 반쪽짜리 주소가 눈에 띄었다. 누군가 전해준 소식을 듣고 정확하지 않은 주소를 적어놨던 것이다. 주소도 정확하지 않고 또 사업가가 돈 5만 원을 어디에 어떻게 부치겠는가. 하지만 그는 부담을 떨칠 수 없어서 우체국으로 가서 김용의 앞으로 전신환을 보냈고, 면 단위는 한 집안 같던 시절이라 이상한 교회 겸 집에 사는 내 이름을 다 알아서 집배원이 전신환을 내게 전해주었던 것이다.

주님이 보고 싶으셨던 것은 우리의 믿음이다. 주님의 손이 짧아서 우리를 돕지 못하시는 것이 아니다. 주님은 내 믿음을 그렇게 기뻐하시며 그 믿음의 교제를 누리기 원하신다. 일도 아니고 능력도 아니다. 우리가 주님을 믿는 것이 하나님의 일을 하는 것이다. 쓰디쓴 경험이었지만 깊이 감동이 되었다.

늦게 주실 때는 다 이유가 있다

이름도 없는 6명의 초기 사역자들이 모여 순회선교단을 시작할 때 나도 그 일원으로 참여하게 되었다. 준비 기간을 빼고 정식으로 출범한 것이 1997년 10월이다. 6명이 대단히 신령하거나 굉장한 믿음의 용사는 아니었다. 그래도 필요를 공급하시는 주님의 은혜를 따라 그냥 버티고, 안 주시면 굶었다. 감사하게도 주님이 우리에게 그 믿음 하나는 주셨다.

그때 우리가 고아원에서 지내고 있었는데 주님이 공급은 해주시는데 이상하게 시간차를 두고 한 달씩 늦게 공급해주시는 바람에 고아원 측과 우리 사이에 약간의 긴장이 있었다. 집은 얹혀산다고 해도 고아원에서 아이들 먹는 밥을 뺏어 먹으면서 그 밥값도 늦게 내니까 보통 염치가 없는 게 아니었다. 주님이 절대 이유 없이 그렇게 하시지 않는데 왜 그러실까 궁금했다. 그런데 문제는 주님이 설명을 안 하신다는 것이다. 그것이 우리의 믿음을 요구하는 것이다.

순회선교단의 첫 공식 사역으로 인도 중북부에 정착하는 선교사들을 돕기 위해 약 6개월의 일정으로 우리 팀이 가서 지원해주기로 하였다. 그런데 우리 가정과 박 선교사 가정의 남은 가족들의 거처를 마련하는 일이 문제였다. 6개월 동안 한 달에 1백만 원씩 내고 고아원에 계속 있을 수는 없었기 때문이다.

그나마 우리 가족은 사무실 옆에 개조해준 10평짜리 집이 하나 있어서 거기에 있기로 했는데, 박 선교사님의 가족을 어디로 보내야 할지 아직 알 수가 없었다. 모든 것이 다 아버지 것이고 또 우리 것인데, 관리인들이 주인보다 더 세게 나오니까 도대체 들어갈 곳이 보이지 않았다. 출국해야 하는 날짜는 잡혔고 그때 허락된 곳은 그린벨트 안에 있기 때문에 언제 부숴도 아무 소리 안하고 나가겠다고 약속하고 들어가 살 수 있는 딱지 집 하나가 전부였다.

그래서 짐을 싸고 고아원을 떠나기에 앞서 고아원 쪽에 우리가 6개월 동안 인도에 갔다가 돌아오면 그때 다시 들어와서 같이 살도록 해주면 좋겠다고 부탁을 했는데 거절을 당했다. 그때 비로소 주님이 왜 한 달씩 늦게 공급해주셨는지 알았다. 당장에 우리를 쫓아내면 백만 원을 못 받게 되니까 늦은 한 달 치 식대 백만 원이 거꾸로 우리에게는 보증금이나 마찬가지였던 것이다. 주님이 계속해서 한 달씩 늦게 공급해주시는 바람에 우리가 그때까지 고아원에서 안전하게 지낼 수 있었다는 것을 뒤늦게 깨달은 것이다. 이 깊은 수를 누가 읽을 수 있다는 말인가.

첫 사역, 믿음의 순종

그렇게 백만 원도 제때 공급받지 못하던 시절이었는데 첫 사역을 위해 드는 비용이 2천만 원이었다. 2천만 원 전체 비용을 다 허락 받아야 했다. 그런데도 일주일 전까지 십일조도 들어오지 않았다. 펑크 나면 아예 사역을 접어야 하는데 2천만 원이 어디서 생긴다는 말인가. 공식적으로 모금을 하거나 후원을 받는 것도 아니고 오직 하나님이 공급해주셔야만 했다.

그 와중에 우리를 위해 기도해주시는 몇몇 지인들에게 공식 출범과 사역을 알리는 파송기도회를 하기로 했다. 사람들을 모아놓고 파송기도회를 하면서도 우리를 파송해줄 사람이 없어서 우리가 우리를 파송하며 6명이 같이 특송을 불렀다. "주님 뜻대로 살기로 했네. 주님 뜻대로 살기로 했네. 뒤돌아서지 않겠네." 그날 이 특송을 부르며 파송기도회를 하는데, 이런 상황에서 순종하는 우리를 보며 우리의 헌신에 스스로 은혜를 받았다.

그때가 IMF가 터지던 해였다. 2천만 원은 사역비이고 6명이 나가 있는 6개월 동안 가족의 생활비는 별개였다. 갓난아기와 학생이 줄줄이 달려 있고 겨울을 어떻게 나야 하는지 대책도 없이 딱지 집 한 칸이 전부인데, 그런 가족을 그대로 남겨두고 6명이 떠나야 했다. 주님이 우리의 믿음의 터를 세우시는 초기 단계에 우리에게 이런 믿음의 출발을 요구하신 것이다.

그러자 마치 내가 백제의 계백 장군 같다는 생각이 들었다. 황산벌 전투에서 결사대를 이끌고 장렬히 싸운 백제의 마지막 장군. 전쟁은 판세가 이미 기울었고 결론은 뻔한 것이었다. 그러나 뒤로 물러설 수 없고 자기 처자식을 원수의 손에 둘 수 없어서 칼을 뽑아 처자식을 베고 나아갔다는 그 계백 장군…. 인도에서 돌아와도 고아원으로 다시 들어갈 수도 없다. 다시 돌아와도 들어갈 집이 없는 그 상태에서 주님이 우리의 첫 공식 사역의 출발을 믿음으로 순종하게 하신 것이다. 그러니까 우리가 보기에도 상당히 흐뭇하고 대견스러울 수밖에 없지 않은가.

이때 재미있는 생각이 들었다. 만약에 주님이 너무 바빠서서 우리가 인도에 다녀왔는데도 들어갈 집을 마련해두지 않으셨다면 어떻게 할까? 걱정하지 않았다. 그때 아이들까지 16명이었다. 나는 손에 손을 잡고 서울 시가행진을 하려고 마음먹고 있었다. 그러면 사람들이 궁금해서 뭐하는 거냐고 물을 것이다. 그럴 때 사람들이 다 듣게 큰소리로 "하나님이 인도 갔다 오라고 그래서 갔다 왔는데 너무 바쁘신지 아직 우리가 들어가 살 집을 마련해놓지 않으셨어요" 이렇게 계속 떠들고 다니면 주님도 상당히 부담스러우실 거라고 말이다.

그런 상황에서 출발을 결정하는데 주님이 우리의 첫 사역을 격려해주시느라 1진이 떠나는 날, 공항에서 전혀 상상할 수 없던 거액을 마지막까지 완벽하게 채워주셨다. 나는 2진을 데리고 떠날 예정이었는데, 1진을 보내고 나서 어떤 분이 꼭 한번 만나자고 연락해 왔다. 그 당시 IMF 때문에 모든 땅과 집값이 거꾸로 처박힐 때였는데 그 지역만 집값이 올라가는 곳으로 데려가더니 4층 빌딩을 보여주면서 순회선교단 센터로 쓰기에 부족하지 않은지 묻는 것이 아닌가. 부족할 리가. 그 분이 이 건물을 구입해서 순회선교단 센터로 준비해놓겠으니 걱정 말고 다녀오라고 말씀해주셔서 나의 서울 시가행진 계획은 수포로 돌아갔고, 그 후 이름도 없는 선교단체가 제 건물을 가지고 하나님의 사역을 마음껏 할 수 있도록 주님의 큰 격려를 받았다.

그렇게 주님이 우리의 모든 필요를 채워주셨다. 우리는 세상에 무슨 갑부 자식들처럼 근심도 걱정도 없이 돈을 써가면서 저 오대양 육대주를 다닌다. 비행기 값이 얼마나 많이 들겠는가. 지금까지 수십 개 나라를 계속 돌아다녔는데 그 비용만 해도 얼마겠는가. 그러나 하나님의 뜻이라고 확인된 사역에 돈이 없어서 못한 적은 지금까지 없었다. 하나님이 허락해주셨고 그때마다 신실하게 지켜주셨다.

주님이 그 모든 순간을 지켜주셔서 지금 이 정도로 경험을 했으면 언제 어떤 상황이 오든지 지금까지의 경험만으로도 특별한 믿음을 쓰지 않아도 저절로 될 법도 한데, 희한하게 처음처럼 항상 긴장이 된다. 마치 믿음의 싸움을 처음 하는 것처럼 여전히 긴장이 되고 공격이 있다. 그래서 계속 신뢰해야 한다. 처음 믿은 그날처럼 계속 신뢰하라. 흔들리고 공격을 당하고 실수하고 넘어질 때조차 놓치지 말고 여기고, 드리고, 계속 신뢰하라.

이 원리와 패턴이 우리 안에서 계속 적용될 때 우리의 믿음은 허상이 아니라 실제가 된다. 나의 어떤 대단한 무엇 때문이 아니라 이 믿음이 산 믿음이 되어서 우리가 하나님의 약속을 쟁취하고 누리도록 이끌어주신다. 지금까지 아주 적은 믿음이지만, 주님은 이 믿음의 증인이 되라고 나와 우리 단체를 축복하고 이끌어주신다.

믿음의 계승을 위한 새 출발

순회선교단을 시작하고 주님의 공급하심을 믿음으로 누리다가 만 7년이 되었을 때 하나님이 사역을 늘려주셔서 가족들이 늘어나기 시작하여 기존 센터의 수용 한계를 넘어서게 되었다. 그리고 다른 문제도 있었다. 초기 멤버들의 이런 이야기가 그다음에 일어난 세대, 즉 다음세대 사역자들에게 마치 무용담처럼 들려진다는 것이었다. 그것이 초기 사역자들에게 있었던 특별한 경험으로 여겨지면서 이 믿음이 제대로 이어지지 않는다는 마음의 부담이 생겼다.

적어도 증인이 되려면 이 믿음의 원리가 특별한 누구만이 아닌 누구나 누릴 수 있는 것이 되어야 한다. 또 적어도 두 세대 정도는 동일한 믿음을 쓸 수 있어야 하는데 사역이 어느 정도 안정 궤도에 들어서니까 그럴 만한 사건의 기회가 별로 주어지지 않았다. 그것 때문에 마음에 부담을 상당히 느끼고 있었다. 순회선교단이 존재하는 한 사람이 바뀌어도 이 믿음의 가치를 절대 희석시키는 일이 없도록, 초기 멤버들과 똑같이 다시 한번 하나님 앞에 서는 기회를 갖도록, 더 늦기 전에 증인 세대가 확실히 서는 사건을 한 번은 저질러야 된다고 생각했다.

그때 주님이 사인을 주셔서 만 7년 되던 해에 센터로 사용하던 건물에 대한 권리를 비롯한 모든 기득권을 다 내려놓고, 우리가 가진 모든 것을 제로로 만들고 그해 12월까지 건물을 비우겠다고 일방적으로 통보했다. 가족들에게도 공개적으로 선언하고 연속 릴레이 금식을 하며 하나님께 기도하기 시작했다. "하나님, 이제 중인 세대와 함께 믿음의 중인 세대가 세워지는 일을 위해 다시 한번 믿음의 걸음을 뗍니다. 저희를 인도해주십시오. 다음세대도 이 믿음의 행진에 같이 하여 동일하게 그들 자신의 체험이 되게 해주십시오." 하나님이 어떻게 인도하시는지 보기 원했기 때문이다.

전체 살림 규모가 적지 않아 한 달 동안 이사하고 정리하기 위해서는 11월 말까지 결론이 나야 했다. 그렇지 않으면 길바닥에 나앉을 판이었다. 그런데 시간이 흐르고 점점 날짜가 다가오는데 손바닥만한 작은 구름 하나 떠오르지 않았다. 어느새 11월 말이 다가오는데 내 속에서 '괜히 터뜨렸나', '객기 부린 건가', '큰일 났네', '하나님의 영광 가리게 생겼네…' 이런 수많은 공격이 밀려왔다. 하나님의 진리에 근거하지 않은 어떤 행동을 시작했다면 수많은 공격 앞에 버텨 설수 없다. 마지막 붙들게 되는 것은 감정도 아니고 느낌도 아니고 결국 말씀이다. 하나님의 언약이다. 그러니 말씀을 붙들고 계속 신뢰하라. 여기고, 드리고, 계속 신뢰하라.

11월 마지막 주 토요일이 되었는데 그날이 내가 맡은 릴레이 금식 순서였다. 여전히 다급하기 짝이 없었다. '신실하신 주님이 오늘은 손바닥만한 구름이라도 보여주시겠지' 기대하며 금식을 하는데 금식이 너무 힘이 들었다. 해가 지고 밤 8시, 9시가 지나도록 전화 한 통, 구름 하나 뜨지 않았다. 다시 다급해지기 시작했다. 믿음의 싸움은 아무리 오래 믿음으로 살아도 절대 경력이 붙지 않는다. 그러니 매 순간 똑같이 계속 신뢰해야 한다.

'와, 이제 큰일 났다. 틀렸구나.'

밤 10시가 지나갔다. 배는 고파 죽겠고 입술이 바싹바싹 타들어 갔다. 밤 11시가 되었다. 아무 일도 없이 그날이 지나가면 큰일이었다. 왜냐하면 믿음은 그다음 생각을 하지 않기 때문이다. '이거 어떻게 되는 거지. 이거 떠벌렸고 이미 시작했고 공개했는데 주님은 잠잠하시고 어떡하라는 거지', 11시 반이 지나는데 마음이 너무 어려워서 엎어졌다 뒹굴었다 하면서 기도도 못하다가 마침내 12시가 다 되어 가고 있었다.

정말 창피한 이야기지만 나는 하루 금식을 하고 나면 자정이 넘어서 꼭 뭐를 먹고 자야 한다. 그날도 너무 힘들고 심정이 상해 있는데 말 안해도 너무 잘 아는 집사람이 내가 부탁하지도 않았는데 라면 끓일 준비를 하고 물을 올려놓는 것이 보였다. "뭐하는 거야?" 이러고 신경질을 확 냈다. 그런데도 주섬주섬 상을 차리고 김치와 밥을 준비하고 12시 땡 하고 나자 라면 한상을 내 앞에 밀어놓았다.

내가 평소 하도 사자처럼 믿음의 용사라고 떠들고 돌아다니니까 우리 아이들에게는 사자가 기운 없어서 약해진 모습을 보는 것이 일종의 쾌감이다. 아이들이 잠도 안 자고 문을 빠끔 열어서 보고 있다는 것을 알았다. 응답은 안 왔지, 나는 다급하지, 실패감 비슷하게 막 공격하지, 그런데 누구 약 올리듯이 라면은 갖다놨지, 정말 짜증이 났다. 그 비참한 패배감. 먹긴 먹으면서도 화가 나서 먹고 그냥 확 드러누워 잤다.

다음날이 주일이었는데 기쁨이고 뭐고 없었다. 수십 명 가족들이 길바닥에 나앉게 생겼는데 이게 어디 보통일인가. 워낙 외치고 살아 온 게 있으니 수습할 수도 없고, 배수진을 쳤으니 뒤로 물러갈 수도 없었다.

믿음의 증인, 믿음의 섬

그날 저녁 어느 중형교회에 집회가 잡혀 있었다. 그 교회 사역자가 처음에 다른 일정이 없으면 일일 부흥회를 해달라고 요청했지만 거절하고 저녁 순서만 맡기로 한 집회였다. 게다가 당회장 목사님과의 식사까지 거절하여 가뜩이나 대면하기 껄끄러운데 다른 사역자들 하나 없이 넓은 거실에 당회장 목사님과 내가 단 둘이 마주 앉게 되었다. 안 그래도 사나이들은 만나면 화제가 없다. 서로 점잖게 인사를 하고, 음료수를 마시고 앉았는데 문제는 저녁 집회까지 1시간이나 남았다는 것이다. 한두 마디 하다가 대화가 끊기고, 음료수를 새로 마시고, 다시 침묵이 흐르다가 목사님도 너무 어려우신지 나중에는 나를 보지 않고 바깥만 쳐다보았다.

그런데 대화가 끊어진 지 몇 분이 흐르고 목사님이 혼자 중얼중얼 하시는데 그중에 내 귀에 쏙 들어오는 단어가 있었다.

"아이고, 참 아깝네. 에이 참 아까워. 그거 참, 훈련센터 그거, 아 유, 아깝네."

훈련센터! 다급한 심정으로 손바닥만한 작은 구름이라도 없나 눈이 빠지게 기다리고 오직 거기에만 관심이 있던 나는 목사님이 갑자기 독백처럼 훈련센터가 어떻다고 하시니 귀가 번쩍 뜨였다.

"저, 목사님, 혹시 지금 뭐라고 말씀하셨나요? 무슨 센터가 아깝다고 그러신 거 같은데 무슨 얘기신가요?"

내가 관심을 보이자 이분도 그 어려운 상황에 화젯거리가 생긴 것이 반가운지 얼른 정색을 하고 이야기하기 시작했다. 어떤 분이 중학교 폐교 건물을 손보다가 결국 포기하고 교회에 부탁하여 이 교회에서 1년 동안 맡았다가 교회 형편상 도저히 어려워서 그 건물을 쓰지 못하겠다고 권리를 양도하는 통보를 바로 어제 했다는 것이다. 중학교 폐교? 센터? 거기다가 임대? 조건이 딱딱 맞아 들어가는 게 구름 같아 보였다.

"목사님, 그거 어제 쓰지 않기로 하셨다는데, 저희가 지금 훈련센터가 필요한데 그럼 혹시 저희가 써도 되겠습니까?"

"아이고, 그러면야 좋지요. 정말 아까운데."

"조건이 어떻게 되나요?"

폐교 재산은 교육부 소관으로 임대료가 1년에 얼마라고 하시는데 마침 우리 단체에도 얼마 전 목적이 분명하지 않은 헌금이 들어왔는데 그 액수가 또 거의 맞았다.

"목사님, 일단 그걸 저희가 좀 쓰게 해주십시오."

"아, 그거야 얘기해드릴 수 있지요."

어색하던 분위기가 갑자기 너무 친해져버렸다. 결론을 내리고 나서 그날 저녁 집회 설교는 날아가는 기분으로 했던 것 같다. 그런데 나중에 정신을 차리고 물어봤더니 섬이라고 한다.

'섬? 가만있어 봐. 섬? 아이고, 선교단체 사무실이 섬이라니 이게 무슨 일인가? 우리가 무슨 요양원 할 것도 아닌데.'

아쩔해서 다음날로 인천국제공항 바로 옆에 있다는 그 섬으로 달려갔다. 섬은 섬인데 감사하게도 배를 타면 10분밖에 걸리지 않았다. 우리가 이 걸음을 걷는 주제가 바로 믿음의 증인, '믿음'이었는데 섬 이름도 믿을 신(信) 자, 신도(信島)였다. 그렇게 해서 그해 12월 우리는 신도라는 섬으로 순회선교단 본부를 옮기게 되었다.

믿음 체질

12월 첫 주부터 꿈같은 믿음의 행진을 하여 가족들을 데리고 마지막 짐까지 다 도착한 날이 12월 24일, 크리스마스 이브였다. 매섭게 추운 겨울 바닷바람이 통으로 불어오는 황량한 폐교 운동장 한복판에 난민들처럼 짐을 운동장에 다 부려놓고 아이들에 이르기까지 모두 다 손에 손을 잡고 둘러섰다. 감격 자체였다. 지금도 크리스마스가 되면 저희 가족과 공동체 전체가 운동장에 모인다. 마치 신대륙에서 첫 추수감사절 예배를 드렸던 청교도들처럼, 대책 없이 믿음의 행진을 했던 그날을 기념하며 크리스마스 예배를 드린다.

섬 한복판의 폐교는 겨울을 지낼 수 있는 준비가 전혀 되어 있지 않았다. 그때부터 24시간 '돕바' 체제에 들어갔다. 추운 겨울을 통과하기 위해서 형제자매들은 입을 수 있는 옷을 다 껴입었다. 신도에 와 보신 분들은 알지만 주방도 식당도 펄럭이는 천으로 되어 있다. 아침

7시면 아장아장 걷는 아기들까지 데리고 나와 그 추운 식당에서 밥을 먹었다. 화장실도 다 얼어서 따로 없다. 겨울을 지나는 내내 얼굴이 얼어서 조금만 온도가 높은 데 들어가면 벌겋게 달아올랐다.

그런데 모든 가족들이 오직 믿음으로 그해 겨울을 통과하니까 눈빛이 달라졌다. 이제는 말도 편하게 못한다. 했다 하면 거의 군대 구호처럼 비장하게 "괜찮습니다!" 이렇게 대답한다. 다른 선교단체 사람들이 우리에게 찬송을 불러도 꼭 군가처럼 부른다고 한다. 하나님께서 우리를 견고히 세우시자 주님이 한 번 뭔가 말씀하시면 결론 내고 돌파해내기 시작했다. 그때부터 감당할 수 없을 만큼 사역을 확장시켜주시고, 주님이 하시는 일을 주님이 스스로 나타내주시는 것을 우리 가운데 증거로 드러내주셨다.

하나님이 우리에게 보고 싶어 하신 것은 믿음이었다. 지금도 하나님은 동일한 믿음으로 제2, 제3의 일꾼들을 세우시고 또 사역들을 일으켜주신다. 우리는 인위적인 방법은 일부러 제하고 우리의 상식과 경험으로 하는 일들은 가급적 피한다. 그래서 늘 고백한다.

"주님이 하셨습니다. 주님이 하십니다. 주님만 기대합니다."

이것은 그냥 구호가 아니라 우리의 신앙고백이다. 하나님만을 계속 신뢰하는 믿음의 고백이다. 아무리 큰 전쟁을 이겨도 그 전쟁이 작은 전쟁의 또 다른 승리를 보장해주지는 않는다. 아침에 승리했다고 저녁에도 승리가 저절로 보장되는 것은 아니다. 신뢰하라. 계속 신뢰하라.

생애 첫 공식 부흥회

은혜 받기에 바쁘고 신학도 제대로 못한 사람이 갑자기 교회를 시작했으니 도대체 처음부터 끝까지 무엇을 어디서 어떻게 해야 되는지 알 수가 없었다. 그래서 더 오직 믿음이 필요할 뿐이었다. "주여, 주님이 하십니다. 예, 주님이 하실 겁니다. 할렐루야! 내가 아닙니다. 주님이 하십니다." 이 믿음으로 순종하는 것뿐이었다.

처음 강원도에서 첫 교회를 개척하고 1년쯤 지나자 그때부터 주님이 나를 끌어내기 시작하셨다. 주님이 가라고 하시면 악 소리 못하고 아멘 해야 되지 않는가. 그때 나는 하나님 앞에 "예스, 노"를 한다는 자체가 불신앙으로 생각되었기 때문에 무슨 요청이든 연결이 되기만 하면 "예", "오케이" 이것밖에 달리 대답할 수가 없었다. 그런데 대답을 해놓고 보니 부흥회를 인도해달라는 것이다. 세상에, 내가 부흥회를 어떻게 하는가. 간절히 기도를 하는데 주님은 늘 그렇듯이 현찰을 안 주시고 약속을 주셨다. 설교 본문이 필요하고 원고가 필요한데 설교 한 편도 안 주시고, 출애굽기 23장 말씀으로 약속만 해주셨다.

그런데 그 말씀을 가만히 보니까 약속의 내용이 심상치 않았다. 가나안 족속을 다 몰아내고 나서 그 땅을 주시겠다고 하지 않고 들어가서 쫓아낸 만큼 그렇게 하시겠다니, 이것을 부흥회에 적용하자면 저녁 설교 한 편 주고, 그 다음날 새벽 설교 주고, 계속해서 끝까지 주님을 믿을 수밖에 없도록 피를 말리시겠다는 말씀이 아닌가. 어쩐지 불길했다.

그때 차비가 허락이 되는데 그것도 꼭 가는 차비가 허락이 되었다. 저녁 7시 집회인데 하루 온종일 완행 기차를 타고 버스를 갈아타고 해서 6시 반에 겨우 교회에 도착했다. 그때까지 주님은 첫날 설교 본문도, 제목도 안 주셨다. "믿습니다. 주님, 믿습니다. 할렐루야! 내가 하는 것이 아니라 주님이 하십니다. 내가 하는 게 아니라 주님이십니다." 예배당에 도착해서 찬송을 하는데 이때부터 배가 살살 아프기 시작했다. 집회 시작하기 30분 전인데 화장실에 가서 아무리 주를 불러도 본문이 생각나지 않았다.

처음으로 하는 부흥회라서 초조하기 짝이 없는데, 원고도 없고 본문도 생각나지 않았다. 다시 앞자리에 쭈그리고 앉았다. "큰일 났네. 주여, 보내셨으면 말씀을 주셔야죠. 주여, 믿습니다. 내가 아니고 주님이십니다." 이러고 있는데 찬송을 인도하는 전도사님이 바로 이 찬송을 하는 것이었다. "나 위하여 십자가의 중한 고통 받으사 대신 죽은 주 예수의 사랑하신 은혜여… 어찌 찬양 안 할까" 이 찬송을 옛날 시골 교회에서 찬송하는 식으로 아주 구성지고 은혜 충만하게 부르는데, 다급하고 초조한 순간에도 이 가사가 죄인의 심령을 때렸다. 콧등이 찡하면서 눈물이 났다. 십자가, 그러는데 주님의 은혜가 그냥 임하면서 강사가 설교 부담을 잊고 혼자 은혜를 받고 앉아 있었다. 강사가 앞자리에서 울고 있으니까 찬양을 인도하는 전도사님이 불을 받아서 더 뜨겁게 찬양하기 시작했다.

내게 주님의 은혜가 임하니까 구속하신 주님의 그 사랑이 너무 감사한데, 내가 설교 부담을 가지고 있다는 것 자체가 주님께 너무 죄송한 마음이 들었다. 주의 사랑에 너무너무 감사해서 들어주는 사람 하나 없는 들판에 가서 나 혼자라도 주님을 사랑한다고 고백할 텐데, 무슨 설교 걱정인가 싶고 모든 부담이 싹 사라져버렸다. 듣든지 아니 듣든지 주님 사랑하는 고백을 나 혼자라도 하리라 결심하고 드디어 순서를 따라 강단에 올라갔다.

'까짓, 주님의 사랑 이야기하는데 무슨 본문 걱정인가!'

요한복음 3장 16절을 본문으로 정하고 나니 이제 눈앞에 회중은 온데간데없었다. 바로 지금 주님의 사랑에 완전히 매료된 채 오직 주님 앞에서만 반응하기 시작한 것이다. 본문을 읽고 나서 누가 듣거나 말 것도 없이 새파란 부흥강사가 강단에 올라와 전혀 눈치 보지 않고 눈물을 줄줄 흘려가며 율동을 시작했다. "먹과 같이 검은 죄로 물든 내 마음 주님의 보혈로 눈보다 희어졌네." 나는 주님이 은혜를 부어주시는 대로 울며불며 사랑을 고백하고 외치기 시작했다. 내 생애 첫 공식 부흥회는 이때부터 성도들과 하나가 되어 완전히 눈물바다가 되었고 마침내 홍해바다를 걷는 것 같았다.

무슨 설교를 할지 내일 아침 설교도 준비되지 않았지만, 하나님의 사랑을 이야기했으면 그다음에 무슨 얘기를 하겠는가? 죄 이야기해야 하고, 죄 이야기했으면 십자가 이야기를 해야 한다. 이렇게 집회를 하는데 눈물바다가 되어 한 주간이 꼬박 흘러서 마지막 날 50명이 모이는 예배당에 100명이 넘게 들어와 앉을 자리가 모자라게 되었다. 마지막 날 집회까지 주님은 은혜를 어마어마하게 부어주셨다.

지금까지도 주님은 아무 준비 없이 계속해서 보내신다. 그래서 매

번 사역지에 가면 초조하기 짝이 없다. 설교 본문을 보내달라고 하는데 보내줄 수가 없기 때문이다. 밥을 먹으면서도 계속 간절히 주님께 요청한다. 앉으나 서나 "주여", 초조하지만 그 초조함이 주님을 계속 믿을 수밖에 없게 한다. 주님이 그토록 진한 교제를 원하시는 것이다. 주님은 이렇게 말씀하신다.

"계속 신뢰하라. 너는 나를 계속 사모하라. 너는 나를 계속 의지하라."

너, 생겨 먹은 대로 해라

계속 신뢰할 것을 가르쳐주시는 주님의 은혜를 경험하며 지금까지 왔지만 그래도 너무 어려운 적이 있었다. 어느 날 일정을 점검하다 보니 다음날 오전 10시부터 유명한 대형 교회에서 목회자들을 위한 영성세미나 일정이 잡혀 있었다. 영성세미나라는 것을 해본 적도 없고 게다가 목회자들을 대상으로 하는 영성세미나라고 하니까 그날 저녁부터 기도를 하는데 아주 죽을 지경이었다.

다음날 새벽기도를 하러 아예 그 교회로 갔다. "주여! 반석을 깨뜨리시는 하나님, 애굽의 군대를 홍해바다에 장사시키신 하나님!" 성경에서 믿음에 관련된 사건과 말씀을 떠올리며 믿음을 막 주장하고 "아멘" 하면 잠시 마음에 평안이 오다가 금세 다시 두려움이 밀려왔다. 믿음을 쓰면 처음에는 30분 정도 효력이 있다가 그다음에 20분, 그다음에는 10분, 나중에는 믿음을 써도 돌아서면 두렵고 눈뜨면 또다시 두려웠다.

그 교회는 목회자만 800명이었다. 나를 인도하시는 분이 10분 전이니 강단에 오르셔야 된다고 하기에 올라가면서 오신 분들을 슬쩍 보자 더 아찔했다. 참석하신 분들 중에 절반 가까이 기대감 없이 앉아 있는 것이 보였다. 물론 내가 그 자리에 초청받을 만한 이력도 없고 내가 속한 단체도 한국 기독교계에서 들어보지도 못한 이름이다. 사람들이 열렬히 환영하고 사모해도 떨려서 죽을 것 같은데 그 순간까지도 주님은 말씀을 주시지 않았다. 나는 의자에 앉지도 못하고 의자를 붙들고 무릎을 꿇고 주님께 구했다.

입장을 바꿔 놓고 생각해보라. 이제 끝장이었다. 무슨 농담도 아니고 여기까지 와서 "저 준비 안 됐습니다. 죄송합니다" 이렇게 말할 수는 없다. 주님을 계속 신뢰해야 한다는 마음으로 끝까지 '주여, 주여, 주여' 이러고 있는데 어느덧 순서가 되어 진행을 맡은 목사님이 강사를 소개할 시간이 되었다. 그런데 그 목사님이 "강사님이 직접 소개해주시겠습니다"라고 하는 그 절박한 마지막 순간에 주님이 내 마음 안에 조용한 내면의 음성으로 말씀하셨다.

"너, 생겨 먹은 대로 해라."

성경의 위대한 사건, 약속의 말씀을 봐도 믿음이 생기지 않더니 "생겨 먹은 대로 하라"라는 조용한 음성이 내면에 들어오자 갑자기 믿음이 확 임했다. 내 생겨 먹은 대로 하라는데 못할 게 없었다. 평안과 함께 담대함이 임하면서 탁자를 탁 차고 일어나 이렇게 포문을 열었다.

"할렐루야! 쳐다만 봐도 은혜가 되는 사람이 왔습니다."

'어차피 생겨 먹은 대로 하는 거니까 영성이니 뭐니 기억하지 말고 아예 자유롭게 하자. 예수님 자체가 영성이신데 무슨 이야기인가' 싶어 "저는 화류계 술집 아들입니다"를 시작으로 거침없이 이야기를 이어나갔다. 영성 세미나라는 거룩한 분위기인지라 처음에는 여기저기서 웃음을 참느라 어려워하더니 한 시간쯤 흐르자 이번에는 흐르는 눈물을 주체하지 못하게 되었다. 하나님이 제한 없이 마음껏 은혜를 나누게 하셨다.

그 일을 통해 한 가지 확실하게 깨달았다. 절박한 순간에 주시는 은혜가 참 효력이 크다는 것이다. 나는 나 이상 할 수 없다. 나는 마른 막대기 같고 보리떡 다섯 개, 물고기 두 마리 같아도 쓰시는 주님이 쓰시면 된다. 내가 나를 꾸미려고 해도 내게서 없는 것이 나올 수는 없다. 있는 것 가지고 주님이 요긴하게 쓰시면 된다. 그래서 결정적인 순간에 "너, 생겨 먹은 대로 해라" 하시는 주님을 그저 신뢰한다. 나를 아시는 주님이 나를 여기에 보내신 데는 목적이 있다고 믿는 것이다. 잘난 사람 보낼 것 같으면 왜 나를 보냈겠는가. 그리고 "주님, 제 생겨 먹은 대로 할 테니 역사는 주님이 하옵소서" 하는 것이다.

나는 하나님께서 계속 신뢰하라고 하시는 이 원리로 평생 믿음이 실제가 되는 그 길을 걸어가고 있다. 정말 보잘것없는 믿음, 겨자씨같이 작은 믿음이지만 그렇게 가고 있다. 이 믿음의 원리를 이론이 아니라 실제로 여기고, 드리고, 계속 신뢰하라. 계속 신뢰하라. 주님이 우리와 함께하신다.

- 믿음은 결단 한 번으로 끝나지 않는다. 계속 믿음의 궤도 안에 있으면서 믿음에서 믿음으로 나아가야 한다.

- 한 번 믿음의 승리가 또 다른 승리를 보장해주지는 않는다. 처음 믿은 그날처럼 계속 신뢰하라.

- 큰 전쟁에 100퍼센트의 믿음이 필요하다면 지극히 작은 일에도 똑같이 100퍼센트의 믿음이 필요하다.

- 믿음의 원리와 패턴이 계속 적용될 때 우리 믿음은 실제가 되고 산 믿음이 된다.

- 하나님은 우리가 주님을 계속 신뢰하고 사모하고 의지하는 깊고 진한 교제를 원하신다.

- 믿음을 흔드는 이 세상 속에 있는 우리를 모든 은혜의 하나님이 지키시고 견고하게 하시고 온전하게 하신다.

· · ·

주님이 하십니다!

복음의 영광!
복음의 능력!
복음의 축복!

Part 4

복음의 증인

복음을 영화롭게 하라

복음과 성령 1

26강

복음을 영화롭게 하라

로마서와 에베소서는 성경 속 복음의 광맥을 잘 드러내주는 성경 속의 성경이다. 성경 전체를 통해 주님이 우리에게 보여주고자 하는 것이 무엇이며, 무엇을 준비하셨으며, 그것을 어떻게 성취하셨으며, 우리가 그것을 어떻게 누리는지 에베소서를 통해 조감해볼 수 있다. 에베소서가 주님이 창세전에 품으셨던 복음의 영광과 능력과 축복을 조감도처럼 보여주고 하나님의 완전한 복음 안에서의 삶을 선포한다면, 로마서는 우리가 빠졌던 그 형편없는 죄악의 실체가 무엇인지 아주 구체적이고 치밀하게 밝혀준다.

로마서 1장은 "하나님의 진노가 불의로 진리를 막는 사람들의 모든 경건하지 않음과 불의에 대하여 하늘로부터 나타나나니"(롬 1:18) 죄악의 반역성으로 시작해서 그 죄가 얼마나 끔찍한 우상숭배인지, 또 이것이 영적으로 나타날 때 영적, 도덕적으로 어떻게 타락하는지, 타락한 내용이 배후 사탄의 모습과 얼마나 일치하는지를 말씀한다. 그래서 죄에 빠졌다는 말이 그저 현행법에 저촉된 단순한 죄인 따위가 아니라는 사실을 알게 한다. 우리가 빠졌던 흑암의 그 무시무시한 권세, 음모 그리고 영원히 지옥에 처박힐 만큼 무서운 죄가 '죄 곧 나요 나 곧 죄'였던 운명에 대해 숨 쉴 틈 없이 공격하고 밝혀내신다.

이런 말씀이 로마서 1장과 2장에 계속되는 가운데 모태신앙인 유대인이 집중포화를 받게 된다. 유대인이라고 하면서 그렇게 하니까 "하나님의 이름이 너희 때문에 이방인 중에서 모독을 받는도다"(롬 2:24)라고 할 정도다.

유대인이 문제인가? 율법이 문제인가?

모태신앙인 유대인과 율법의 문제는 뜨거운 감자이다. 왜냐하면 이스라엘을 선택하신 분이 하나님이신데, 하나님이 선택하신 유대인이 아무것도 아닌 것처럼 집중적으로 욕을 먹기 때문이다. 심지어 2장 마지막에는 유대인의 존재를 허무는 것처럼 들릴 만한 말씀으로 끝을 맺고 있다.

> 28 무릇 표면적 유대인이 유대인이 아니요 표면적 육신의 할례가 할례가 아니니라 29 오직 이면적 유대인이 유대인이며 할례는 마음에 할지니 영에 있고 율법 조문에 있지 아니한 것이라… 롬 2:28,29

이렇게 유대인이 자꾸 질타를 받으니까 혼돈이 생긴다. 왜냐하면 율법은 실존했던 구약 시대의 유대인들과 맺은 하나님의 언약이며, 선한 것이다. 주님도 유대인들을 통해서 당신의 계시를 진전시켜 오셨다. 그러면 이 언약은 헛것인가? 이 언약은 다 무효가 되고 단지 영적인 의미로 치부하고 끝낼 것인가? 그럴 수 없다는 것이다. 유대인과 직접 맺은 실제적인 언약과 영적 이스라엘과 맺은 언약, 두 가지 의미는 여전히 살아 있고 하나님은 그 일을 성취해 가실 것이다.

3장은 "그런즉 유대인의 나음이 무엇이며 할례의 유익이 무엇이냐 범사에 많으니 우선은 그들이 하나님의 말씀을 맡았음이니라"(롬 3:1,2)라고 시작한다. 그렇다. 육신의 유대인이 아무것도 아닌 것은 아니다. 아무리 그래도 하나님도 없이 법도 없이 제멋대로 산 이방인과 유대인이 어떻게 같을 수 있겠는가. 성경도 이것을 인정한다. 그러나 결론적으로 유대인과 이방인이 같을 수밖에 없다고 하는 것은 죄의 장아찌, 존재적 죄인의 생명이기 때문에 근본적이고 본질적인 의미에서 그렇다는 것이다.

9 그러면 어떠하냐 우리는 나으냐 결코 아니라 유대인이나 헬라인이나 다 죄 아래에 있다고 우리가 이미 선언하였느니라 10 기록된 바 의인은 없나니 하나도 없으며 롬 3:9,10

죄의 가공할 만한 능력을 근거로 존재로서의 죄를 다룬다. 우리는 모두 존재적으로 죄성을 가지고 태어났기 때문에 소망이 없다고 말씀한다.
그래서 19,20절에 율법으로는 안 된다는 선고가 내려진다.

19 우리가 알거니와 무릇 율법이 말하는 바는 율법 아래에 있는 자들에게 말하는 것이니 이는 모든 입을 막고 온 세상으로 하나님의 심판 아래에 있게 하려 함이라 20 그러므로 율법의 행위로 그의 앞에 의롭다 하심을 얻을 육체가 없나니 율법으로는 죄를 깨달음이니라 롬 3:19,20

우리가 복음을 이야기하고 있는 선상에서 율법을 이야기하다보니 '율법주의'는 그야말로 타도의 대상이다. 또 우리가 존재적인 죄인이기 때문에 율법을 지킬 수 있는 능력이 없어서 율법으로는 불가능하다는 선고를 내리는 것인데, 그러다보니 우리가 알아듣기에 율법을 공격한다는 생각이 드는 것이다. 하나님이 율법을 주셨는데 하나님이 주신 율법이 공격을 받는다고 생각하니 유대적 배경에 있는 자들에게 아무리 복음을 말해도 그들에게는 걸림이 되어 복음을 받아들일 수가 없었던 것이다.

성경의 대분수령

어쨌든 결론은 났다. 로마서 3장 20절까지는 안 된다, 틀렸다, 우리는 끝났다, 우리 편에서의 모든 희망은 이제 접어야 된다고 하는 것이 결론이다. 왜냐하면 인간은 모두 존재적 죄인이기 때문에 마지막으로 '내가 최선을 다해서 옳게 살아봐야지. 율법을 지켜봐야지' 하고 결심해봤자 최종적으로 불가능하기 때문이다.

우리는 끝이 나서 턱을 쳐들고 하늘을 바라볼 수밖에 없는데 그때 하나님이 "이제는" 율법 외에 한 다른 의를 준비해놓으셨다고 선포하시는 것이다. 로마서 3장 20절과 21절이 그 분수령이다. 율법은 공의의 법이며 우리가 그렇게 살아야 하는 법이다. 율법 외에 하나님이 마련해놓으신 복음의 의도 하나님의 공의를 포함하고 있다. 차이가 있다면 율법은 '살아야 하는 법'인데, 복음은 '살게 하는 법'이라는 것이다.

그러면 이 논제가 왜 필요한가? 앞서 우리는 믿음의 원리, 복음의 축복을 누리는 원리를 살펴보았다. 그런데 우리에게는 여전히 뭔가 두려움의 여지가 남아 있다. 우리가 정신 바짝 차리고 믿음의 길을 가면서도, 끊어진 한강 철교처럼 난간만 남은 다리를 건너는 피난민처럼 불안한 것이다. 거기만 건너가면 산다는 건 알겠는데 이러다가 떨어지면 어떡하나 하는 불안함이 여전히 있다.

완전하신 하나님은 우리를 너무 잘 아신다. 부모가 자녀에게 있어야 할 것을 미리미리 준비해서 자녀를 양육하는 것처럼 하나님은 우리가 어떤 환경 가운데 있는지 우리에게 무엇이 필요한지 정확히 아신다. 하나님은 여호와 이레의 하나님이시다. 이제 우리는 감탄하지 않을 수 없는 하나님의 또 다른 준비를 보게 될 것이다.

로마서 3장 20절과 21절에서도 바로 이런 구도가 계속 반복되는 것을 볼 수 있다. 로마서 3장은 23절에 "모든 사람이 죄를 범하였으매 하나님의 영광에 이르지 못하더니"라고 다시 반복해서 결론 내리기를 인간 편에서는 어떤 희망도 없다고 한다. 그러면 무(無)에서 유(有)를 창조하셨던 하나님은 본래 하나님의 의도, 우리를 사랑하셔서 아름다운 원형의 형상으로 살게 하시는 그 일을 가능케 하실 수 있는가? 주님이 그렇다고 하신다.

주님이 재창조의 역사로 행하시는 그 일은 아무것도 없는 온전한 터 위에 건물을 짓는 것보다 있는 집을 허물고 다시 짓는 재건축처럼 더 어렵고 복잡하다. 죄로 오염되어 아무 소망이 없는 우리를 다시 완전한 피조물로, 새로운 피조물로 지으시는 일이기 때문이다. 하나님이 그 일을 이루시려면 하나님 당신도 의롭고 구원받는 우리도 의로운 방법이어야 한다. 하나님은 급하다고 해서 목적 때문에 아무 불법이나 막 행하시는 분이 아니다. 하나님께서 준비하신 완전한 한

법은 바로 예수를 믿음으로 말미암는 화목제물로 삼으시는 것이었다. 너무나 엄청난 대가가 지불되는 방법이지만 하나님은 그 방법을 택하셔서 양자(兩者) 모두가 의롭게 되면서 우리를 구원하는 길을 준비하셨다. 그러므로 우리에게 요구되는 것은 오직 믿음뿐이다.

믿음, 생명, 죄, 십자가 복음

4장은 그럼 믿음이란 무엇인지 믿음의 본질을 설명한다. 바랄 수 없는 중에 바라고 믿는 믿음, 자기를 의롭다 하시는 이를 믿는 자에게 하나님은 그의 믿음 자체를 의(義)로 여기신다. 일하는 것과 똑같이 여겨서 일을 아니할지라도 은혜를 베풀어주신다. 받을 자격이 없는데 베풀어주시는 은혜를 믿는 그 믿음을 하나님은 우리의 공로로 삼아주신다. 아브라함과 다윗을 예로 들어 이 믿음의 원리를 설명한다.

5장에 가면 하나님 편에서 전부 일방적으로 해놓으신 사역이 열거되는데, 그렇게 하신 것은 복음이 처음부터 우리를 일방적으로 사랑하신 하나님의 본심에서 준비되었기 때문이다. 12절 이하에 아담 한 사람의 범죄함으로 말미암아 사망이 온 것처럼 이제는 예수 그리스도 안에 있는 이 은혜로 말미암아 모든 사람이 생명을 얻는 생명의 원리를 말씀한다.

6장에서는 본격적으로 주님이 십자가에서 이루신 일과 우리의 믿음을 하나로 이루는 일을 말씀한다. 3,4절은 세례에 대한 말씀으로 우리가 세례를 받았다, 믿었다는 말인즉, 우리가 예수와 함께 그의 죽으심과 합하여 세례를 받음으로 그와 함께 장사되었다는 것을 믿는 것이며 이것이 복음이라고 말씀한다.

> 6 우리가 알거니와 우리의 옛 사람이 예수와 함께 십자가에 못 박힌 것
> 은 죄의 몸이 죽어 다시는 우리가 죄에게 종 노릇 하지 아니하려 함이
> 니 7 이는 죽은 자가 죄에서 벗어나 의롭다 하심을 얻었음이라 롬 6:6,7

죽고 사는 문제가 아니고는 죄에서 벗어날 길이 없다. 왜냐하면
죄는 생명의 문제이기 때문이다.
　6장은 주님이 이미 이루신 진리가 우리의 믿음 안에서 실제가 되
기 위하여, 우리의 믿음이 움직이는 믿음, 실제의 믿음, 살아 있는 믿
음이 되려면 여기라, 드리라, 계속 신뢰하라는 결단의 요소가 있다는
것을 가르쳐준다.

> 10 그가 죽으심은 죄에 대하여 단번에 죽으심이요 그가 살아 계심은
> 하나님께 대하여 살아 계심이니 11 이와 같이 너희도 너희 자신을 죄에
> 대하여는 죽은 자요 그리스도 예수 안에서 하나님께 대하여는 살아
> 있는 자로 여길지어다 롬 6:10,11

그다음에는 이제 죄가 다시는 너희를 주장하지 못하도록 생각 속
에서도 지워버리고, 습관과 중독처럼 우리에게 익숙한 것으로 농락
하려는 것도 단호히 잘라버려서 어떤 흔적도, 어떤 중간지대도 남겨
놓지 말고 그대로 계속해서 자신을 죄에 대하여는 죽은 자요 하나님

께 대하여는 살아 있는 자로 여기고, 하나님 앞에 구체적으로 드리라고 말씀한다.

나의 생명과 존재와 시간과 나의 모든 꿈, 내게 속한 모든 것을 온전히 드리고 그 사실에 물러서지 말라. 계속되는 도전과 유혹 앞에서도 100퍼센트의 믿음으로 동일한 원리로 여기고 드리고 계속 신뢰하며 나가라. 그러면 주님이 친히 온전케 하시고 굳게 하시고 강하게 하시고 터를 견고케 하실 것이다. 성경은 이 말씀을 외치는 것이다.

> …내가 믿는 자를 내가 알고 또한 내가 의탁한 것을 그 날까지 그가 능히 지키실 줄을 확신함이라 딤후 1:12

> 너희 안에서 착한 일을 시작하신 이가 그리스도 예수의 날까지 이루실 줄을 우리는 확신하노라 빌 1:6

6장은 여기고 드리고 계속 신뢰하기 어려울 것처럼 생각하는 사람들에게 우리가 전에도 동일하게 병든 자아를 지독하게 섬기며 살아왔다고 지적한다. 내가 누구의 말을 듣고 순종할지 결정하는 순간 그 사람의 종이 되는 것이니 이제는 오직 나의 새 사람을 창조하신 주님께 종이 되어 거룩함에 이르는 열매를 맺으라고 말씀한다. 이 놀라운 주님의 은혜를 듣고도 우리 마음에는 여전히 '에이, 이제 재미는 다 끝났네'라는 약간은 슬픈 감정과, '그래도 나는 다시 죄를 짓고 말 거야'라는 믿음이 자리를 잡고 있다. 이 믿음은 심지어 아주 견고

하다. 이런 귀신같은 여지를 남겨두어서는 절대 안 된다.

6장은 "죄의 삯은 사망이요 하나님의 은사는 그리스도 예수 우리 주 안에 있는 영생이니라"라는 23절 말씀으로 끝이 난다. 그런데 6장이 이렇게 끝이 나면 8장 1절에 "그러므로 이제 그리스도 예수 안에 있는 자에게는 결코 정죄함이 없나니"로 이어지는 것이 논리상 맞다. 이렇게 연결되어 복음으로 말미암은 영광스러운 승리의 장으로 알려진 8장이 이어져야 맞다. 그런데 문제는 중간에 7장이 끼어 있다는 것이다.

로마서 7장의 함정

7장에는 알다시피 우리가 너무 사랑하는 구절이 들어 있다. "오호라 나는 곤고한 사람이로다 이 사망의 몸에서 누가 나를 건져내랴"(롬 7:24). 이 구절을 발견하는 순간 우리는 눈이 번쩍 떠지며 바울 사도도 놀라운 복음을 이야기하다가 결국 우리가 이 세상에 사는 동안에는 율법을 온전히 이룰 수 없다고 한다는 식으로, 우리가 원하는 쪽으로 둘러 빠지려고 작정한다. 이것이 바로 7장의 함정이다.

여기서 논란은 "우리는 거룩하게 살 수 있는가?" 이 한 가지다. 이제 우리가 이전에 알던 것보다 복음을 좀 더 치밀하게 알고 놀랍다고 깨달았으면서도 다시 현실로 돌아가 귀신 장난에 여전히 나를 맡길 것인가, 아니면 복음의 진리 안에서 이 여지마저 싹둑 잘라버리고 주님이 온전히 이루신 복음의 영광과 능력과 축복을 실제로 누리는 삶으로 나아갈 것인가, 이 마지막 테스트를 하고 있는 것이다.

나도 7장을 많이 고민했다. 여전히 육체 안에 있고 이 세상 가운데 살기 때문에 치열하게 고민하지 않을 수 없다. 한 번의 결단으로 되는 일이 아니라 이 결단에서 계속 믿음으로 살아가야 하는데, 이것이 정말 가능한지, 이 여지를 마저 자르라니 숨이 막히는 것 같다. 율법이 요구하는 기준, 즉 하나님이 원하셨던 원형으로서의 삶을 우리가 이 땅에서 살아낼 수 있는가? 이것은 죽어 천국에 가서 온전히 영화로운 몸이 되어서야 가능한 이야기가 아닌가 하는 논란의 여지가 남아 있다. 이 말은 결국 율법의 요구를 이루어낼 수 있느냐, 없느냐 하는 것이다.

나도 이 부분을 고민하면서 몇 권의 주석을 찾아보았다. 대부분의 결론은 율법의 요구를 이룰 수 없다, 온전하게 살 수 없다는 것이었다. 사실 이 말씀에 대한 주석은 주님이 하시는 수밖에 없다. 그런데 복음을 주신 주님은 이 문제를 모르고 그냥 말씀하신 것인지, 아니면 이에 대한 대책이 있으신지 이것은 우리가 한번 보아야 한다.

3장 20절까지 결론은 우리는 할 수 없다는 것이다. 그러나 하나님은 하실 수 있다. 율법으로는 안 된다. 지켜야 되는 법, 살아야 되는 법은 우리로서는 불가능했다. 그러면 우리가 어쩔 수 없으니 하나님도 어쩔 수 없다는 말인가? 아니면 하나님은 하실 수 있다는 것인가? 결론은 다른 것이 없다. 그러나 "이제는" 하나님이 다른 한 의를 준비해놓으셨다. 하나님은 우리에게 '살게 하는 법'을 주신다고 하셨다. 이 논리가 성경 전체의 논리다.

그러면 성경은 7장을 어떻게 해석하는가? 7장의 논제는 간단하다. 우리는 이 땅에서 살아가는 동안 율법의 요구를 이룰 수 없다. 율법의 요구가 우리에게서 이루어질 수 없다고 이야기한다. 그러나 성경은 이렇게 말씀한다. "우리 힘으로는 율법의 요구를 이룰 수 없다. 그러나 그래서 복음이 주어졌는데 복음은 율법의 요구를 이룰 수 있다!"

복음과 성령 1

1. 복음의 결론 : 영으로 살아가는 삶

> 율법이 육신으로 말미암아 연약하여 할 수 없는 그것을… 롬 8:3

"율법이", 율법은 하나님의 공의이다. 이것은 변할 수 없다. 그런데 그 율법이 우리에게 온전히 이루어질 수 없었던 것은 율법이 틀려서가 아니라 우리의 육신이 연약하여 할 수 없었기 때문이었다. 우리가 율법을 이루어낼 수 있는 존재가 아니었다는 것이다. 그럼 이것이 결론인가? 3절 후반절을 계속 보자.

> … 하나님은 하시나니 곧 죄로 말미암아 자기 아들을 죄 있는 육신의 모양으로 보내어 육신에 죄를 정하사 롬 8:3

육신이 연약하여 할 수 없다는 것이 결론이 아니다. 하나님은 하신다. 어떻게? "자기 아들을 죄 있는 육신의 모양으로 보내어" 우리가 지금까지 나누었던 십자가의 도(道)로 그렇게 하신다. "죄를 정하사"라는 말은 그 죄의 값을 다 지불하고 계산하셨다는 것이다. 그렇게 십자가로 다 이루어놓으셨다. 그리고 우리에게 그것이 이루어지게 하기 위해서, 4절에서 말씀한다.

> 육신을 따르지 않고 그 영을 따라 행하는 우리에게 율법의 요구가 이루어지게 하려 하심이니라 롬 8:4

말씀대로 살 수 있다는 말이다! 어떻게 가능한가? '육신을 따르지 않고 영을 따라 행하는 우리에게' 그 일이 이루어지게 하려 하신다. 여전히 우리는 가능성을 자꾸 '나' 중심으로 생각한다. 나를 중심으로 생각하는 성향과 정서가 아직도 내 안에 남아 있다. 육신을 따라가는 사람은 평생 그렇게 갈 수밖에 없다. 그러나 하나님은 율법의 요구와 말씀대로 살아질 수 있는 삶을 위해서 우리에게 복음을 주셨다. 이것이 성경의 결론이다. 이것을 이해하고 난 다음 8장 1절과 2절을 읽어야 온전히 이해가 된다.

> 1 그러므로 이제 그리스도 예수 안에 있는 자에게는 결코 정죄함이 없나니 2 이는 그리스도 예수 안에 있는 생명의 성령의 법이 죄와 사망의 법에서 너를 해방하였음이라 롬 8:1,2

이제는 율법에도 부끄럽지 않게 죄와 사망의 심판에서 빚을 다 갚고 우리를 건져내셨기 때문에 그리스도 예수 안에 있는 자에게는 "결코 정죄함이 없다." 이 말은 단순히 끄집어냈다는 정도가 아니라 원래 목적한 하나님의 형상대로, 하나님의 자녀답게 살아갈 수 있는 축복과 능력을 그대로 누리며 살아가는 자가 되게 하셨다는 것이다.

2절에 그리스도 예수 안에 있는 '생명의 성령의 법'이라고 표현한다. 그리스도 예수 안에서 십자가를 통해서 우리에게 주어진 생명은 우리가 용을 써서 살아내는 생명이 아니라 성령으로 말미암아 살아지는 생명이다. 이 주제와 논의가 성경 전체의 결론이자 사상이다.

2. 옛 언약에서 새 언약으로

다음은 성경의 중심 사상이자 구약의 결론이라 할 수 있는 말씀이다.

31 여호와의 말씀이니라 보라 날이 이르리니 내가 이스라엘 집과 유다 집에 새 언약을 맺으리라 32 이 언약은 내가 그들의 조상들의 손을 잡고 애굽 땅에서 인도하여 내던 날에 맺은 것과 같지 아니할 것은 내가 그들의 남편이 되었어도 그들이 내 언약을 깨뜨렸음이라 여호와의 말씀이니라 33 그러나 그 날 후에 내가 이스라엘 집과 맺을 언약은 이러하니 곧 내가 나의 법을 그들의 속에 두며 그들의 마음에 기록하여 나는 그들의 하나님이 되고 그들은 내 백성이 될 것이라 여호와의 말씀이니라 34 그들이 다시는 각기 이웃과 형제를 가리켜 이르기를 너는 여호와를 알라 하지 아니하리니 이는 작은 자로부터 큰 자까지 다 나를

알기 때문이라 내가 그들의 악행을 사하고 다시는 그 죄를 기억하지 아니하리라 여호와의 말씀이니라 렘 31:31-34

예레미야의 시대에 육신적 이스라엘은 하나님의 언약과 사랑과 능력의 돌봄에도 불구하고 그들의 악행과 존재적 죄성으로 쫄딱 망했고 복음을 누릴 수 없었다. 눈물의 선지자 예레미야의 호소에도 악에서 떠나지 않았던 그들은 결국 그들의 죄 값으로 갈고리에 코가 꿰고 쇠사슬에 결박되는 가장 비참한 모습으로 바벨론에 포로로 끌려갔다. 그토록 하나님을 배신하고 반역하여 우상을 섬기고 병든 자아를 추구하던 그들의 악행이 얼마나 처절하고 비참한 결과를 가져오는지를 제 눈으로 보아야 했다. 그토록 자랑하던 성전도 바벨론의 느부갓네살에게 완전히 파괴되었다.

그러나 예레미야는 아무런 희망을 볼 수 없던 잿더미에서 아무 열매도 보지 못하고 죽은 실패한 선지자가 아니었다. 놀랍게도 그는 영원히 변하지 않는 하나님의 약속과 완성된 복음을 믿음으로 바라보고 죽었다. 하나님의 종은 눈앞의 열매를 가지고 울고불고 하는 사람이 아니다. 주님이 주신 약속을 붙들고 진리를 결론으로 삼고 사는 사람이다. 예레미야뿐만이 아니다. 구약의 선지자들 중에는 제 명에 죽은 사람이 거의 없다. 그리고 그들은 모두 무너진 현실 가운데 "우리는 끝났다. 그러나 하나님은 끝내지 않으셨다"라는 메시지를 외치다가 죽은 사람들이다. 우리는 지금 그 메시지의 결과를 누리고 살고 있다.

예레미야서 31장에서 주님은 예레미야를 통해 '옛 언약'과 '새 언약'을 말씀하신다. 옛 언약은 모세가 출애굽 한 후 시내산에서 받은 말씀을 가리킨다. 행위언약이다. 언약을 맺었지만 그들이 죄를 짓고 계약을 파기했기 때문에 율법은 오히려 법을 지키지 않은 그들을 정죄하고 판단하는 기능으로 돌아서게 되었다. 그러니까 옛 언약으로는 안 되었다. 옛 언약은 실패했다. 그런데 주님이 "보라 날이 이르리니"라고 하신다. "그 날 후에 내가 끝장난 내 백성과 새 언약을 맺을 것인데 그것은 옛 언약과 같지 않을 것이다"라고 말씀하신다. 이 말은 하나님이 변했다는 말이 아니다. 하나님은 여전히 거룩하고 의로우시다. 문제는 이전에 주신 율법은 "하라 마라" 하는 기준은 제시하지만 그것을 지킬 능력까지 줄 수는 없어서 사람들이 쳐다만 보다가 죽는다는 것이다. 이 율법이 옳은 줄은 알겠고, 마음은 원인데 육신이 약해서 지키지 못하고 죽어갔다. 이 옛 언약, 즉 율법으로 안 되니까 '그 날 후에' 새 언약을 줄 것이라고 하신다.

그럼 옛 언약과 새 언약이 어떻게 다른가. 전에는 돌판에 새겨진 언약이었다. '나' 있고 따로 있는 언약이었다. 쳐다보기만 하고 지키지 못하니까 주님이 새 언약을 주시는데, 이 새 언약은 마음에 기록한다고 하신다. "나의 법을 너희 마음에 새겨주겠다. 그래서 이제는 누구나 다 큰 자나 작은 자나 하나님을 알라 하지 않을 것이다." 사람은 마음의 존재이기 때문에 마음에 하나님의 마음을 가지면 하나님처럼 살 것이고, 마음에 진리를 새겨 넣으면 진리를 따라 살 것이다. 그러니까 '살게 하는 법'을 주겠다는 것이다. 이것이 구약성경 전체의 요약이자 결론이다. 이스라엘의 역사가 실패의 역사로 마감되었을 때 "그래서 옛 언약(율법)으로는 안 된다. 고로 이제는 하나님 그분이 하셔야 한다. 어떻게? 살게 하는 법을 너희에게 줄 것이다." 말씀대로 살 수 있다. 어떻게? 주님이 하시겠다는 것이다. 놀라운 것은 우리 마음 밖에 있던 율법이 우리 마음에 새긴 법이 되어 그렇게 살게 될 것이라고 하신다. 그러면 어떤 방식으로 이 말씀을, 살아서 움직이는 이 진리를 우리 안에 거하게 할 수 있는가? 이것이 비밀이다.

이것에 관해서 성경의 결론은 똑같은 구도를 갖는다. "인간으로는 안 된다. 그러나 하나님은 하신다. 옛 언약으로는 안 된다. 하나님이 새 언약으로 이루실 것이다." 예수님은 새 언약의 중보자이시다. 새 언약을 이루기 위해 오셨다고 말씀하셨다. "너희가 다 이것을 마시라… 이것은 나의 피 곧 언약의 피니라"라고 말씀하셨고 이것을 이루셨다. 구약의 다른 선지자들도 하나님의 이 꿈같은 약속에 마지막 희망을 두었다.

3. 새 언약의 약속들

에스겔 선지자는 이 말을 좀 더 분명하게 표현했다.

26 또 새 영을 너희 속에 두고 새 마음을 너희에게 주되 너희 육신에서 굳은 마음을 제거하고 부드러운 마음을 줄 것이며 27 또 내 영을 너희 속에 두어 너희로 내 율례를 행하게 하리니 너희가 내 규례를 지켜 행할지라 28 내가 너희 조상들에게 준 땅에서 너희가 거주하면서 내 백

성이 되고 나는 너희 하나님이 되리라 겔 36:26-28

에스겔은 바벨론으로 함께 끌려간 포로 선지자였다. 아무 소망 없이 해골골짜기의 마른 뼈같이 되어버린 이스라엘의 절망적 상황 속에서 주님은 이 선지자에게 주님의 비전을 심어주신다. 에스겔은 그 환상 가운데 붙들렸고 그 꿈을 먹고 죽었다. 하나님의 사역자가 눈앞에 보이는 상황에 주저앉아서 내 결론을 가지고 낙심한다는 것은 말이 안 된다. 그것은 주의 종이 아니다. 주님이 포기하지 않으셨으면 종도 포기하지 말아야 한다. 낙심하고 포기했다는 것은 자기만을 위한 사역이었기 때문에 자기연민에 주저앉아 하는 말이지, 주님 때문에 그런 것이 아니다. 주님 때문이라면 주님이 "끝나지 않았다" 하실 때 절대 끝났다고 분위기 잡거나 해서는 안 된다. 주님이 아직 끝나지 않았다고 하시면 끝나지 않은 것이고, 주님이 앞으로 이루실 거라고 하시면 보이지 않아도 진리가 결론이다.

주님이 예레미야를 통해 놀라운 새 언약의 비밀을 말씀하셨는데, 마음에 법을 새기겠다는 이 언약을 주님이 어떻게 이루실지 말씀하셨다. 강퍅하여 마음이 하나님으로부터 떠난 이 백성을 새 언약으로 돌이키실 때에 주님은 우리의 굳은 마음을 제거하고 부드러운 마음을 줄 것이며 새 영을 부어줄 것이라고 하신다. 할렐루야! 성령을 보내주실 것이다. 그래서 하나님의 영, 진리 자체이신 성령이 아예 우리의 마음 안에 오셔서 우리가 말씀을 따라 살게 할 것이다.

에스겔도 죽기까지 꿈꾸며 바란 것이 하나님의 이 영광스러운 약속이었다. 그 약속은 바로 성령님에 관한 약속이다. 구약의 선지자들이 바라보면서 절망 가운데 희망을 잃지 않고, 소망 중에 죽을 수 있었던 것은 바로 성령을 보내주시겠다는 이 약속 때문이었다.

그런데 목적이 정확하다. 병들고 죄 된 장아찌 같은 육신으로는 말씀을 살아내는 일이 도저히 불가능하다. 그들에게 하나님의 백성답게 하나님 말씀을 살아내는 그런 존재로 새 언약이 이루어지게 하시려고, 이 복음을 우리 안에 살아내게 하시려고 우리 안에 내주하러 오시는 성령님을 약속하셨다. 놀랍고 충격적인 하나님의 약속은 성령 하나님이 친히 우리 안에 오셔서 하나님의 복음을 살아내게 하는 주체가 되어주시겠다는 것이다. 이것이 새 언약의 중심이다.

13 내 백성의 땅에 가시와 찔레가 나며 희락의 성읍, 기뻐하는 모든 집에 나리니 14 대저 궁전이 폐한 바 되며 인구 많던 성읍이 적막하며 오벨과 망대가 영원히 굴혈이 되며 들나귀가 즐기는 곳과 양 떼의 초장이 되려니와 15 마침내 위에서부터 영을 우리에게 부어주시리니 광야가 아름다운 밭이 되며 아름다운 밭을 숲으로 여기게 되리라 사 32:13-15

하나님의 백성, 하나님의 신부였지만 지금은 이름뿐인 이스라엘, 죄의 결과로 철저하게 파괴되어 실패하고 끝이 날 텐데 15절에 "마침내" 여호와께서 성령을 그들에게 부어주시리니 그래서 광야처럼 메마르고 완전히 버려진 황폐한 그들의 인생을 아름다운 밭이 되게 할 것이며, 아름다운 밭을 숲으로 여기게 되리라 하신다. 이 일은 무엇으로 가능한가? 하나님이 마침내 부어주실 성령으로 그렇게 되리라는 것이다.

구약의 선지자들은 바로 우리는 실패했으나 하나님이 보내시는 보혜사 성령으로 이 놀라운 복음을 살아내게 하신다는 약속을 바라보고 죽었다. 육신이 연약하여 할 수 없는 그것을 하나님은 하시는데, 바로 우리 안에 내가 아닌 성령이 이 일을 이루어내게 하시겠다는 약속을 바라본 것이다.

> 28 그 후에 내가 내 영을 만민에게 부어주리니 너희 자녀들이 장래 일을 말할 것이며 너희 늙은이는 꿈을 꾸며 너희 젊은이는 이상을 볼 것이며 29 그때에 내가 또 내 영을 남종과 여종에게 부어줄 것이며
>
> 욜 2:28,29

오순절 날 요엘 선지자의 이 예언을 적용한 베드로의 설교를 통해서 하나님은 우리에게 요엘이 꾸었던 꿈이 무엇인지를 보게 하셨다. 이 얘기가 지금 우리에게는 그다지 큰 충격으로 들리지 않지만, 구약의 선지자들에게 이 말씀은 상상도 할 수 없는 일이었다. 구약 시대에는 죄인들의 심령 안에 내주하기 위해서 오시는 성령이란 개념 자체가 불가능할 때였다. 그러니까 '말세에'(행 2:17)라고 말한다. 여기도 '그 후에' 이렇게 조건이 붙는데 그러면 무슨 조건이 완성되어야 이것이 가능한가?

그 조건이라는 것도 상상할 수 없는 일이다. 죄인의 심령에 거룩한

하나님이 직접 임하시면 곧바로 심판이다. 성전의 지성소로 나아가는 것도 직접 못 나가고 대제사장을 통해서 나가고 피 없이는 못 나가는데, 어떻게 거룩한 하나님이 우리 안에 오실 수 있다는 말인가. 이렇게 개념 자체가 어렵고 선지자들의 상상력이 미칠 수 없는 이야기를 하나님께서 새 언약이라고 말씀하시는 것이다. "보라 날이 이르리니", "그 날 후에", "말세에 내가" 이렇게 어떤 때가 이루어져야 하는 기적이다.

"말세에 내가 내 영을 내 남종과 여종들에게 부어주리니 늙은이든 젊은이든 꿈과 환상을 볼 것이다. 그들은 한계에 붙들려 살지 않고 그들의 한계를 뛰어넘을 것이다. 그들은 불가능하지만 하나님의 영광에 사로잡혀 하나님 수준으로, 하나님께서 주시는 영역으로 살아가는 일을 보게 될 것이다." 요엘도 그때를 바라보고 꿈꾸며 죽었다.

그러면 바울은 새 언약에 대해서 어떻게 말하는가?

그가 또한 우리를 새 언약의 일꾼 되기에 만족하게 하셨으니 율법 조문으로 하지 아니하고 오직 영으로 함이니 율법 조문은 죽이는 것이요 영은 살리는 것이니라 고후 3:6

이스라엘 사람들에게 모세는 거의 하나님을 방불할 만큼 존경하는 사람이다. 하나님과 대면하여 보았고 율법을 직접 받은 사람이었다. 가장 뛰어나고 탁월한 사람이었다. 그러나 바울이 당당하게 말하기를 "모세의 직분은 심판하고 죽이는 율법의 직분이었다. 이것도 그렇게 영광스럽다면 하물며 영의 직분은 얼마나 더 영광스러운가. 영의 직분은 그 율법의 요구가 이루어지게 하고 살리는 것이다. 심판하고 죽이는 것도 그렇게 대단한 직분이면 죽을 수밖에 없는 사람을 다시 살려서 살게 하는 영의 직분은 얼마나 더 영광스러우냐. 모세는 옛 언약의 일꾼이었지만 우리는 새 언약의 일꾼이다." 할렐루야! 바울은 하나님께서 우리를 새 언약의 일꾼이 되기에 만족하게 하셨다고 한다. 이 새 언약의 중심은 성령을 말씀하는 것이다.

이렇게 모든 인간 편에서는 끝이 났다. 이방인은 말할 것도 없다. 유대인 이스라엘도 끝났다. 그런데 하나님은 꿈을 가지고 계셨다. 이 복음을 살아낼 수 있게 하시는 하나님의 대안은 아예 복음 자체이시고 진리 자체이신 성령 하나님을 우리 마음 안에 오게 하시는 것이었다. 복음을 살아내게 하시는 주체로서 우리 안에 내주하러 오시는 성령님을 약속하셨다. 구약의 선지자들이 꿈꾸며 바라보았던 약속이 바로 이것이었다.

4. 성령을 보내시는 유일한 목적

성경은 성령을 보내시는 유일한 목적을 말씀한다. 성령 하나님은 우리가 복음을 살아내게 하기 위해 오시는 분이다. 그러나 성령을 논하는 우리의 관심사는 엉뚱한 데 가 있다. 성령의 능력, 은사, 체험, 기적, 느낌 이런 것 외에 별로 관심이 없다. 넘어지고 금가루 나오고 금이빨로 바뀌는 이런 것에만 관심이 있다. 맞았나 틀렸나를 논란하고 싶지는 않다. 그러나 성령을 보내시는 주님의 진짜 목적, 어떤 것과도 대체할 수 없는 가장 중요한 본질과 목적을 이해하고 있는지 묻고 싶다.

맞는 말이라고 해서 다 유익한 것은 아니다. 성경에 있는 말이고 맞는 문장이라도 본질을 말하지 않으면서 다른 데 관심을 두게 할 만큼 거꾸로 더 많이 이야기된다면 그것은 본질을 호도하는 것이다. 사탄도 그런 짓을 한다. 성령님에 관해 논의할 때 우리는 삼가 조심해야 한다. 복음 없이 성령을 나눈다는 것은 언어도단이다. 복음과 성령이다. 예수 그리스도 없이, 십자가의 복음 없이 성령을 말하는 것은 궁금해 하지도 말고 유혹받지도 말기 바란다.

모든 선지자들이 꿈꾸어 온 복, 성령이 오신 목적은 철저하게 우리에게 복음을 살아내게 하기 위함이다. 우리를 가르치는 정도가 아니라 내 안에서 영원히 떠나지 않는 진리의 영으로 오셔서 심령의 법이 되어 우리로 하여금 이 복음을 살아내게 하는 주체가 되시는 것이다. 다시 정리한다. 성령님은 복음을 살아내게 하기 위하여 우리 안에 내주하러 오신다. 복음을 살아내게 할 목적으로 내주하는 새 언약의 영으로 오신다. 이것이 성경 전체의 사상이다.

13 그 안에서 너희도 진리의 말씀 곧 너희의 구원의 복음을 듣고 그 안에서 또한 믿어 약속의 성령으로 인 치심을 받았으니 14 이는 우리 기업의 보증이 되사 그 얻으신 것을 속량하시고 그의 영광을 찬송하게 하려 하심이라 엡 1:13,14

주님이 우리에게 복음을 주시고 우리가 구원의 복음을 듣고 그 안에서 믿었는데 그 결과가 무엇인가? 바로 약속의 성령으로 인 치심을 받는 것이다. 여기에 인(印), 보증이라는 말이 나온다. 우체국에서 우편물에 우체국 소인이 찍는다. 그것은 그때부터 수신인에게 우편물이 전달될 때까지 우체국이 책임지겠다는 말이다. 즉 인을 친다는 것은 책임과 소유를 말한다. 그런데 우리가 받은 복음이 결코 헛되지 않고 공염불이 되지 않도록 보증이 되시는 분, 인이 되시는 분이 누구신가. 바로 성령님이시다.

"와, 복음의 진리가 엄청나네. 놀랍네. 어유, 그런데 너무 엄청나서 엄두가 안 나네." 이런 우리를 주님이 너무 잘 아시기에 그 복음을 우리에게 살아내라고 하시는 것이 아니라 성령님이 직접 파견되어 보혜사로 우리에게 오시겠다는 것이다. 그것도 옆에 오시는 게 아니라 내 주하러 오시겠다는 것이다. 그러니 이보다 더한 인(印)이 어디 있으며, 이보다 더한 보증이 어디 있겠는가.

돈을 빌려줄 때 보증을 세운다. "이 사람만 가지고는 돈을 못 빌려주겠다. 그러니 믿을 만한 당신이 보증을 서라." 그럴 때 사실은 이 사람 때문에 돈을 내준다기보다는 보증인 때문에 주는 것이다. 그러니 보증인이 나중에 덤터기를 쓰는 것이다. 그렇듯 우리가 이 땅에서 복음을 살아내게 하는 일에 덤터기를 쓰신 분이 성령님이다. 보혜사라는 말이 그 말이다. 우리와 함께하시고 우리를 가르치며 이끄시고 우리가 복음을 살아내게 하는 모든 책임이 이제 사사건건 성령님에게 간 것이다. 성령님께 심심한 위로의 말씀을 드리고 싶다.

그래서 성령님이 인과 보증이 되셔서 우리 안에 내주하시며 이 모든 복음의 진리를 생각나게 하시고, 깨닫게 하시고, 감동감화하게 하시고, 보호하시고, 교통하시고, 책망하시고, 어떻게든 주님의 진리로 이끌어주시는 것이다. 유모, 보모 정도가 아니라 보혜사, 완전히 우리와 붙어 계시면서 새 언약의 보증이요 인이 되신다.

> 우리 구주 예수 그리스도로 말미암아 우리에게 그 성령을 풍성히 부어 주사 딛 3:6

미치지 않은 이상 어린 자녀가 아무거나 주워 먹도록 내버려두든지 어디 둘러빠지거나 부딪치는데도 아무 대책을 세우지 않는 엄마는 없다. 모정만 있어도, 엄마만 되어도 그러지 않는데 우리를 그토록 사랑하신 주님이 연약한 우리를 불가마니 같은 이 세상에 그냥 두시겠는가? 자신의 전부를 내주실 뿐 아니라 우리를 주님과 공동운명이 되게 하사 아예 우리 안에 오시겠다는 것이다. 그분이 바로 보혜사(保惠師)이다.

- 복음은 우리 힘으로는 이룰 수 없는 율법의 요구를 이루어 우리로 말씀대로 살게 한다. 그 일을 위해 성령이 오시는 것이므로 복음 없이는 성령을 이야기할 수 없다.

- 성령님이 오시는 가장 중요한 목적과 본질은 우리가 복음을 살아내도록 하시는 것이다.

- 성령님은 내 안에서 영원히 떠나지 않는 진리의 영으로 오셔서 심령의 법이 되어 내주하시며 우리로 복음을 살아내게 하신다.

- 구약의 선지자들은 하나님이 보내시는 보혜사 성령으로 이 놀라운 복음을 살아내게 하신다는 약속을 바라보고 꿈꾸었다.

- 성령님은 우리를 그분과 공동 운명이 되게 하고, 우리가 받은 복음이 결코 헛되지 않도록 친히 인을 치고 보증이 되어주신다.

· · ·

진리가 결론 되게 하라!

복음과 성령 2

복음과 성령 2

1. 그 날 후에

이제 우리는 반드시 혼돈을 끝내야만 한다. 예수님이 성령에 관한 진리를 어떻게 말씀해 가시는지 살펴보자.

> 37 명절 끝날 곧 큰 날에 예수께서 서서 외쳐 이르시되 누구든지 목마르거든 내게로 와서 마시라 38 나를 믿는 자는 성경에 이름과 같이 그 배에서 생수의 강이 흘러나오리라 하시니 39 이는 그를 믿는 자들이 받을 성령을 가리켜 말씀하신 것이라 요 7:37-39

명절 마지막 날, 초막절 제8일에 예수님은 "누구든지 목마르거든 내게로 나아와 마셔라. 나를 믿는 자는 성경에 이름과 같이 그 배에서 생수의 강이 흘러나리라"라고 큰 소리로 말씀하셨다. 목마를 때마다 우물로 가서 물을 마시면 마시고 난 다음에 또 목이 마르다. 이 물은 먹는 자마다 다시 목마르다. 그런데 주님이 예비하신 복음은 그 배에서 생수가 강처럼 흘러나오게 하신다.

그 놀라운 약속의 실체는 주님이 그를 믿는 자가 받을 성령을 가리켜 말씀하신 것이다. 그러니까 예수 믿는 결과가 바로 '성령', 우리가 받을 성령 때문에 가능하다는 것이다. 옛 언약으로 안 되는 그것을 새 언약으로 하시겠다는 하나님의 이 영원한 약속, 구약의 결론을 예수님도 인증하신 것이다. 그래서 주님을 믿는 자는 이 새 언약에 참여하게 되는데 그 실체가 바로 그들이 받을 성령이다.

그런데 여기서 39절 하반절, 괄호 안에 있는 말씀을 살펴볼 필요가 있다.

(예수께서 아직 영광을 받지 않으셨으므로 성령이 아직 그들에게 계시지 아니하시더라)

이때는 주님의 사역이 꽤 진행이 되었다. 제자들도 이미 주님의 보냄을 받아 귀신을 쫓아내고 병 고치고 능력을 행했다. 그런데 성령이 아직 그들에게 계시지 않았다니, 그러면 그들이 누구의 능력으로 그런 기적과 능력을 행한 것인가? 물론 성령의 능력으로 한 것이다.

오해 없기 바란다. 성령님은 오순절 이전 구약 시대에도 계속 역사하셨다. 기적도 베푸시고 능력도 행하시고 때로 필요한 사람들에게 오셔서 잠시 머무시며 그를 감동하고 붙잡으셔서 삼손도 쓰셨고, 브살렐과 오홀리압도 쓰셨고, 다윗과 함께하시며 그도 쓰셨다. 다윗이 "주의 성령을 내게서 거두지 마소서"라고 기도하는 모습을 통해서 볼 수 있듯이 구약 시대에 성령은 특정한 사람들에게 잠시 머물다가 때가 되면 떠나셨다는 것을 알 수 있다.

이사야가 예언한 대로 예수님이 육체를 입고 이 땅에 오신 것은 성령의 능력으로 된 것이다. 복음서 곳곳에 기록된 대로 주님이 말씀을 가르치신 것은 성령으로 하신 것이다. 주님이 세례 받을 때 성령이 비둘기같이 임했다. "하나님이 나사렛 예수에게 성령과 능력을 기름 붓듯 하셨으매"(행 10:38)라고 했다. 눈 먼 자가 보게 되고 벙어리가 노래하고 앉은뱅이가 일어나고 포로 된 자가 자유케 되는 이런 일들은 주의 성령의 기름 부음 받은 자를 통해서 일어나게 된다고 했다. 예수님은 성령에 이끌려서 시험을 이기셨다. 예수님은 성령의 능력이 아니고는 행하지 않으셨다. 예수님도 육체를 입고 계신 동안에 성령의 능력으로 행하셨고 제자들도 그랬다.

따라서 성령이 아직 그들에게 계시지 않더라는 말은 성령이 역사하시지 않았다는 뜻이 아니라 아직 성령이 내주(內住)하시지는 않았다는 것이다. 그것은 아직 예수님이 영광을 받지 못해서인데 그럼 예수님이 영광을 받으신 때는 언제인가? 그분은 우리의 완전한 대속(代贖)이 되시기 때문에 그분에게는 우리에게 일어날 일들이 모두 다 이루어져야 한다. 십자가에 죽으시고 부활하신 것만 가지고는 안 된다. 그러면 어디까지인가? 예수님이 승천하셔야 한다. 그래서 에베소서에는 "또 함께 일으키사 그리스도 예수 안에서 함께 하늘에 앉히시니"(엡 2:6)라고 했다. 여기까지가 우리를 향한 하나님의 구속이다. 주님이 그 영광을 얻으셔야만 새 언약의 중보가 되시는 성령께서 우리 안에 내주하러 오실 수 있다.

성령님이 우리 안에 오시려면 우리 안에 오셔도 괜찮을 만큼 우리의 존재적 문제가 해결되는 것이 중요한 관건이다. 주님께서 우리를 저주와 사망에서 완전한 생명으로 옮기신 이 존재적 변화를 이루지 않고는 성령님이 우리 안에 내주하실 수 없다. 그래서 '그 날 후에'라는 전제가 있는 것이다. '그 날'이란 그분이 영광을 받으신 날, 즉 구속이 완성된 날이다. 십자가 구속의 완성으로 이제는 결코 정죄함이 없는 생명이 되어, 성령이 오셔도 문제가 되지 않도록 이 준비가 끝나야 보혜사 성령이 오실 수 있다.

2. 예수님과 성령

① 예수님의 이름으로 오시는 성령(예수님의 증언)
예수님의 증언을 통해 더 결정적인 말씀을 보자.

> 6 도리어 내가 이 말을 하므로 너희 마음에 근심이 가득하였도다 7 그러나 내가 너희에게 실상을 말하노니 내가 떠나가는 것이 너희에게 유익이라 내가 떠나가지 아니하면 보혜사가 너희에게로 오시지 아니할 것이요 가면 내가 그를 너희에게로 보내리니 요 16:6,7

이 말씀을 통해서 조건이 확실하게 제시된다. 예수님이 떠나가면 보혜사가 오실 수 있지만 예수님이 떠나가지 아니하면 보혜사가 오실 수 없다. 주님의 구속이 완성되지 않으면 보혜사가 오실 수 없다고 너무나 명확히 말씀하신다. 그러니까 십자가 없이 성령, 성령 하는 것은 본질에서 빗나간 이야기다. 이것이 얼마나 중요한 연관 관계가 있는지 보라. 예수님이 친히 증언하신 것이다.
요한복음 14장부터 16장은 주님이 마가의 다락방에서 행한 최후의 강화(講話)라고 말한다. 십자가에 죽으시기 바로 전날 밤, 가장 중요하고 놀라운 비밀의 진리들을 말씀하시며 이후 세대 누구도 성령님에 관하여 말장난하거나 논란을 일으키지 못하도록, 사탄이 절대 속일 수 없도록, 성령에 관하여 너무나 중요한 진리들을 거듭거듭 확실하게 말씀하셨다. 그 말씀 중에 하나가 바로 이 구절이다.

요한복음 14장 1절부터 주님은 "너희는 마음에 근심하지 말라 하나님을 믿으니 또 나를 믿으라"라고 말씀하시며 "내가 지금 십자가를 지러 가는 것이 근심할 일이 아니다. 나도 고통스럽고 고민스럽지만 나는 이 일 때문에 왔다. 이 일을 이루면 하나님이 창세전부터 꿈꾸셨던 어마어마한 일이 너희에게 이루어진다. 그러니 제발 마음에 근심하지 마라"라고 하신다.

그러나 주님의 격려에도 불구하고 제자들은 전부 은혜를 지독히 못 받는다. '왜 자꾸 저 얘기를 하고 그러시지. 십자가에 안 죽는다고 하면 간단할 걸. 아우, 정말' 그러는데 주님이 혼자 흥분하셔서 "내가 가면 하늘나라에 맨션을 준비하고 나 있는 곳에 너희를 데리러 올 거다. 3년 반이나 가르쳤으니까 너희는 내 말의 의미를 알 거다. 내가 어디로 가는지 너희는 그 길을 알고 있다"라고 하시자 견디다 못한 도마가 "어디로 가시는지도 모르는데 그 길을 어찌 알겠사옵나이까"라며 찬물을 확 끼얹었다. 주님은 그런 말을 하는 도마에게도 "내가 곧 길이요 진리요 생명이니 나로 말미암지 않고는 아버지께로 올 자가 없느니라…" 하시는데, 빌립까지 "주여, 그렇게 어렵게 말씀하지 마시고 그저 아버지를 한 번 보여주세요"라고 하니 주님이 그때는 정말 화가 나셨는지 "빌립아, 너희와 내가 이렇게 오래 같이 있었는데 네가 나를 알지 못하느냐. 날 본 사람은 아버지를 보았거늘 어찌하여 아버지를 보이라 하느냐" 이렇게 16장까지 이르렀는데도 제자들은 은혜 받은 표정이 아니라 점점 근심이 가득했다. 그래서 예수님이 "도리어 내가 이 말을 하므로 너희 마음에 근심이 가득하였도다"(6절)라고 하신 것이다.

"내가 사실을 너희에게 말한다. 너희가 어려워하지만 내가 떠나가는 것이 너희의 유익이다. 내가 가야 보혜사가 오신다. 내가 가지 않으면 보혜사가 오실 수 없다. 내가 십자가의 구속을 완성하고 저 하늘로 영광의 승천을 해야 아버지께서 창세전부터 예정하시고 그토록 꿈꾸시며 너희에게 주려고 하셨던, 그리고 구약의 그 절망의 시기를 보내며 선지자들이 고대하며 죽었던 그 일, 보혜사가 오셔서 너희 안에 영원히 내주하시는 일이 이루어질 수 있다. 내가 너희와 함께한 3년이 너희에게 비할 데 없는 감격이자 특권이겠지만 하나님이 너희를 위해 준비하신 것에 비하면 모형도 안 된다. 그래서 내가 너희와 함께 있는 것보다 떠나가는 것이 유익이다. 보혜사가 오시면 너희 옆에 있는 것이 아니라 너희 안에 영원히 내주하실 것이다." 주님이 이 말씀을 하시는 것이다.

성령님이 우리 안에 내주하러 오시는 것은 새 언약의 중보자이신 예수 그리스도의 희생이 이루어져야만 가능하다. 반드시 십자가의 구속을 전제로 성령이 오시는 것이다. 따라서 오순절 성령 강림 사건은 우리가 성령 충만을 받는 어떤 모형이라기보다 역사상 예수님의 십자가가 단번이었듯이 하나님께서 성령을 보내신 사건이다. 이제 내주하시는 성령님이 오시게 되었다는 선포를 완성한 역사적인 의미가 있다.

이렇게 주님은 분명히 십자가와 성령님의 관계, 복음과 성령님의 관계, 성령님이 오시는 목적을 직접 증언하셨다. "그를 믿는 자들이 받을 성령", 그러므로 주님을 믿는 자들이 생수가 솟아나는 삶을 누리는 비결이 무엇인가? 바로 성령님이 내 안에 오셔서 그 복음을 살아내게 하시기 때문에 목마르지 않는 삶, 생명수가 넘치는 삶이 가능하다.

> 16 내가 아버지께 구하겠으니 그가 또 다른 보혜사를 너희에게 주사 영원토록 너희와 함께 있게 하리니 17 그는 진리의 영이라 세상은 능히 그를 받지 못하나니 이는 그를 보지도 못하고 알지도 못함이라 그러나 너희는 그를 아나니 그는 너희와 함께 거하심이요 또 너희 속에 계시겠음이라 요 14:16,17

"이제 아버지의 마음 안에 이미 준비되었던 그 일을 아버지께서 너희에게 허락해주시기를 바라서 내가 아버지께 구한다. 그가 또 다른 보혜사를 너희에게 보내어 영원토록 너희와 함께 있게 하시는데…", 그냥 함께 있는 것이 아니라 너희 속에 계시게 하겠다고 하신다. 그 목적은 바로 하나님이 약속하신 새 언약을 성취하시기 위해서다.

그분은 진리의 영이시다. 거룩하신 하나님이 죄인에게 오시면 그것은 심판이다. 그러니까 십자가 없이 내주하시는 성령을 받는다는 것은 새빨간 거짓말이다. 있을 수도 없고 논리상 불가능하다. 세상은 성령을 받을 수 없다. 하지만 그리스도 안에 있는 우리에게는 오실 수 있다. 그는 우리와 함께 계실 뿐만 아니라 우리 속에 내주하시기 위해 오시는 진리의 영이다. 새 언약이 이루어졌다.

　로마서 8장 3절에 우리가 율법대로 살 수 없는 이유는 율법이 잘못되어서가 아니라 육신이 연약해서라고 했다. 육신이 연약해서 할 수 없는 그것을 하나님은 하신다. 어떻게? 그 아들을 죄 있는 육신의 모양으로 보내어 육신에 죄를 정하사 다 갚아버리시고 십자가로 구속을 완성하셔서 그렇게 하신다. 4절에 "육신을 따르지 않고 그 영을 따라 행하는 우리에게 율법의 요구가 이루어지게 하려 하심이라"라고 했다. 십자가를 통과한 자가 육신, 즉 옛 자아에 대하여 죽고 성령을 따라 행하는 자에게 율법의 요구가 이루어지게, 복음을 살아내게 하려 하시는 것이다. 그러니까 성령 없이는 복음의 삶을 살아낼 수 없다는 것이 완벽한 결론이다. 그것을 아시는 하나님께서 십자가 복음에 참여한 우리에게 내주하시는 성령님을 보내시는 것이다.

　여기서 한 가지 더 짚어볼 것이 있다. 우리는 십자가에서 이루신 일을 통해 예수 그리스도께서 우리 안에 내주하신다는 진리를 알게 되었다. 그런데 예수님도 내주하시고, 성령님도 내주하시고, 한 분 잘 모시기도 어려운데 두 분을 모시고 어떡하나 이런 이상한 고민의 여지조차 남겨두어서는 안 된다. 변함없는 진리는 예수 그리스도가 내 안에 내주하시고 우리 안에서 예수 그리스도의 생명을 실제로 살아

내게 하시는 것은 성령으로 말미암아 가능하다는 사실이다. 예수님이 내주하시고 성령이 내주하신다는 말이 서로 모순을 일으키지 않는 것은 두 분 다 온전히 함께하시는 삼위일체 한 분 하나님이시기 때문이다.

한번 엄밀하게 따져보자. 지금 교회가 기다리는 소망은 예수님의 재림이다. 그러면 예수님은 지금 어디에 계신가? 물론 내 안에 계시지만 성경의 선언에 따르면 하나님 보좌 우편에서 우리를 중보하고 계신다. 원수들을 발 아래에 두기까지 기다리고 계신다. 우리는 다시 오실 주님을 기다리고 있고, 주님은 하나님 우편에 계시고, 그런데 여전히 주님이 내 안에 내주하시는 이 진리에 변함이 없다면 이 사실을 어떻게 이루어내시는가.

우리가 읽은 말씀이 단서가 될 수 있다. 바로 '또 다른 보혜사'(요 14:16)다. 여기서 '다른'이라는 단어의 원어는 질이 다른 것이 아니라 질은 너무나 똑같은데 분명히 다른 것을 의미한다. 그러니까 이 말은 예수님도 보혜사이신데 예수님과 똑같은 다른 보혜사, 성령님을 보내신다는 뜻이다. 이 성령님이 우리 안에 오셔서 영원토록 내주하신다. 여기서 한 가지 분명한 것은 예수님이 내주하시는 이 진리가 결국 궁극적인 진리이다. 그런데 성령님이 오시는 목적은 철저하게 복음을 살아내기 위해서다.

또 다른 보혜사로 오시는 성령님은 예수 생명을 살아내시는데 "이제는 예수 시대가 지났고 성령 시대가 왔도다"라고 하시며 성령의 깃발을 흔들지 않으신다. 성령님은 철저히 예수님의 이름으로 오시고 철저히 예수님의 자격으로 사신다. 철저히 자신을 드러내지 않고 예수님만 드러내신다. 철저히 예수님의 생명을 살아내기 위한 목적으로 오시기 때문에 "우리에게 예수님이 내주하시고 성령님이 내주하신다"라는 이 말에 모순이 없다. 따라서 "성부 시대, 성자 시대가 지나고 성령 시대 왔다"라는 것은 아주 잘못된 것이다. 그럴 수가 없다. 성부 시대, 성자 시대, 성령 시대가 따로 있지 않다. 지금도 성부 시대이고, 성자 시대이며, 성령 시대이다. 성령님이 일하신 확실한 증거는 반드시 복음과 예수 그리스도께서 드러나신다는 것이다.

② 예수님을 증거하는 성령(사역)

> 보혜사 곧 아버지께서 내 이름으로 보내실 성령 그가 너희에게 모든 것을 가르치고 내가 너희에게 말한 모든 것을 생각나게 하리라
>
> 요 14:26

이것은 신학자가 한 말이 아니다. 예수님이 하신 말씀이다. 보혜사 곧 아버지께서 예수 그리스도의 이름으로 보내실 성령은 예수님의 이름과 자격으로 오신다. 그리고 오셔서 모든 것을 가르치시는데 "내가 너희에게 말한 모든 것을 생각나게 하시리라", 그러니까 성령님은 예수님의 말씀을 가르치시는 것이다. 예수 그리스도의 복음 외에 다른 복음을 전하면 저주를 받아 마땅하다(갈 1:8,9). 다른 복음은 없다. 성령은 예수님이 말씀하신 모든 것을 생각나게 하실 것이다.

이 말씀을 좀 더 강조한 부분이 요한복음 16장 12,13절이다.

12 내가 아직도 너희에게 이를 것이 많으나 지금은 너희가 감당하지 못하리라 13 그러나 진리의 성령이 오시면 그가 너희를 모든 진리 가운데로 인도하시리니 그가 스스로 말하지 않고 오직 들은 것을 말하며 장래 일을 너희에게 알리시리라 요 16:12,13

예수님은 제자들에게 3년 반 동안 어마어마한 말씀을 하셨고 그것이 복음서에 소개되어 있다. 또 예수님께서 직접 바울을 통해서도 계시하셨다. 지금 주님은 십자가 사건을 앞두고 계시고, 오순절 사건이 아직 남아 있었다. 주님이 말씀하신다. "내가 이 말을 해도 지금은 너희가 감당할 수 없다. 그러나 진리의 성령이 오시면 너희를 모든 진리 가운데로 인도하실 것이다. 진리의 성령은 듣고도 실제가 되지 못하는 죽은 진리가 아니라 그 진리의 본질, 그 생명을 알려주실 것이다."

그러면서 성령님이 '자의로'(개역한글) 말하지 않는다고 하신다. "그가 스스로 말하지 않고 '오직' 듣는 것을 말하며", 그러니 혼돈이 없어야 한다. 예수님 방송 따로, 성령님 방송 따로가 아니다. 그래서 성령님이 하시는 일인지 아는 것은 주님의 공로(십자가)와 주님의 말씀이라는 두 원리를 분명히 붙잡는 것이다. 그럴 때 영적인 혼돈을 줄이고 미혹에 빠지지 않을 수 있다. 우군(友軍)을 만나 가장 신나서 성령님을 마음껏 기뻐하고 환영할 우리가 왜 성령님에 대해서 겁먹고 무슨 얘기만 나오면 주눅이 드는가. 우리보다 성령님과 더 가까운 사람이 어디 있는가. 우리 안에 내주하시는 성령님이시다.

그런데 무슨 기적에 그렇게 놀라는가? 암 나은 것이 뭐 그렇게 놀라서 나팔 불 일인가? 가장 어마어마한 기적은 저 사탄의 권세 아래 생명 존재가 붙잡혀 있던 우리를 그리스도 예수의 십자가로 구원해주신 일이다. 성령님은 예수님이 하신 모든 일을 적용하시는데 "그가 와서 죄에 대하여, 의에 대하여, 심판에 대하여 세상을 책망하시리라"(요 16:8)라고 말씀한다. 할렐루야! 2천 년 전 실제적 십자가 사건을 우리 안에 그대로 적용하서서 우리로 하여금 죄에서 해방되어 하나님의 거룩한 자녀로 태어나게 하시는 이 엄청난 일, 사람으로 할 수 없는 일을 하나님이 하시는 그 일, 성령님이 하시는 이 일보다 더 큰 기적이 어디 있는가.

그다음 귀신이 나가고 병이 낫는 일은 너무 당연한 일이다. 복음 앞에서 주님은 여러 가지 일을 하신다. 주님이 원하시면 죽을병도 능히 고치고 바꾸고 귀신도 쫓아내신다. 그런데 앞뒤도 안 맞고 성령님의 성품과도 도대체 맞지 않는 일들에 왜 그렇게 몰려다니고 관심을 쏟는지 이해할 수 없다. 마치 그런 능력만 복음의 능력이고 그것만 성령님의 역사인 것처럼 착각해서는 안 된다. 주님께서 제발 우리 눈에서 비늘을 벗기시고 알 것을 바로 알게 해주시기를 원한다. 성령님은 오직 들은 것을 말하고 자의로 말하지 않으신다. 성부 성자 성령이 철저하게 한 분이서서 주님이 말씀하시는 것과 성령님이 말씀하시는 것이 똑같고 주님이 하시는 일과 성령님이 하시는 일이 똑같다.

그가 내 영광을 나타내리니 내 것을 가지고 너희에게 알리시겠음이라
요 16:14

성령님은 스스로의 영광을 구하고 자기 깃발을 들지 않으신다. 예수님의 영광을 가지고 예수님의 것을 가지고 나타내신다. 예수 그리스도가 이루어놓으신 이 모든 새 언약의 실체를 우리에게 그대로 적용하여 실제가 되게 하시려고 성령님이 보혜사로 오셨다.

성경이 거듭났다, 믿었다, 구원받았다고 말씀하는 것은 크게 두 가지 의미이다. 베드로전서 1장에서는 말씀으로 거듭났다고 말씀한다. "너희가 거듭난 것은 썩어질 씨로 된 것이 아니요 썩지 아니할 씨로 된 것이니 살아 있고 항상 있는 하나님의 말씀으로 되었느니라"(벧전 1:23). 그리고 요한복음 3장에서는 "예수께서 대답하시되 진실로 진실로 네게 이르노니 사람이 물과 성령으로 나지 아니하면 하나님의 나라에 들어갈 수 없느니라"(요 3:5), 성령으로 나야 한다고 말씀한다.

그럼 이 두 말씀이 모순인가 하나인가? '말씀'이란 다른 것이 아니라 예수님의 복음을 가리킨다. 십자가에서 이루어놓은 사실에 근거한 실제를 말하는 것이고, 영원히 하나님이 언약하시고 영원히 효력이 있는 십자가로 완성된 십자가 복음을 말한다. 우리는 다른 근거가 아니라 하나님의 언약과 완전하신 그 복음으로 구원 받았다. 우리가 '진리의 말씀 곧 구원의 복음'을 듣고 믿어야 한다. 믿음은 다른데서 나서는 안 된다. 다른 데서 난 것은 정신통일이고 중 염불이다.

성경이 말하는 믿음, 구원받는 믿음이 무엇인지 정확한 내용을 알고 믿어야 한다. 십자가의 복음을 듣고 믿어 구원받았으니 말씀으로 말미암아 구원받았다는 말도 맞다. 이 말씀으로 우리 안에 책망하고 깨닫게 하고 회개하고 믿게 하시는 역사를 성령님이 하신다. 따라서 성령으로 거듭났다는 말도 맞다. 이 두 가지는 둘이 아니라 하나다.

보혜사 성령이 오시면 주님께서 우리 안에 십자가를 통해서 이미 온전하게 이뤄놓으신 이 완전한 복음, 그 완전한 조치가 우리에게 실제가 된다. 십자가의 능력으로 우리에게 이루신 이 일이 죽은 이론이나 지식이 아니라 살아서 움직이는 실제가 되도록 보혜사께서 그 진리를 우리의 삶에 구체적으로 적용하신다. 그 진리를 죽어야 할 우리의 자아 생명에 적용하셔서 나의 죽음이 실제가 되게 하고 산 예수 생명이 실제가 되게 하사 성령이 예수 생명을 살아내는 주체가 되셔서 예수 안에 있는 생명의 성령의 법으로 우리를 죄와 사망의 법에서 해방하셨다.

이 진리를 가지고 로마서 8장을 읽어야 열광하고 읽을 수 있다.

3. 오직 성령으로!

4 육신을 따르지 않고 그 영을 따라 행하는 우리에게 율법의 요구가 이루어지게 하려 하심이니라 5 육신을 따르는 자는 육신의 일을, 영을 따르는 자는 영의 일을 생각하나니 6 육신의 생각은 사망이요 영의 생각은 생명과 평안이니라 7 육신의 생각은 하나님과 원수가 되나니 이

는 하나님의 법에 굴복하지 아니할 뿐 아니라 할 수도 없음이라 8 육신에 있는 자들은 하나님을 기쁘시게 할 수 없느니라 롬 8:4-8

누군가 말했듯이 성령님은 위대한 장의사이시다. 성령님이 궁극적으로 하시는 일은 우리를 십자가 죽음의 자리에 데려가시는 것이다. 육신을 따르는 자는 육신의 일을 생각한다. 그런데 이 육신의 생각, 즉 옛 자아의 생명은 죽었다 깨어나도 하나님의 뜻에 복종할 수 없다. 심지어 사역이나 봉사를 할지라도 절대 하나님의 뜻에 순복할 수 없고 하나님을 기쁘시게 할 수도 없다. 이것은 서로 굴복할 수 없이 완전히 십자가로 딱 갈라진다.

성령께서는 우리 옛 자아의 생명을 십자가의 죽음에 완벽하게 적용시켜서 거기 붙들어두시고, 주님이 우리에게 주신 그리스도 예수의 새 생명을 충만하게 살아내게 하신다. 그래서 육신을 따르는 자는 육신의 일로, 영을 따르는 자는 영의 일로 딱 갈라지게 되어 있다. 그러니까 우리 안에 그리스도가 산다는 말은 오직 성령이 아니고는 불가능하다.

성령이 아니면 안 된다

9 만일 너희 속에 하나님의 영이 거하시면 너희가 육신에 있지 아니하고 영에 있나니 누구든지 그리스도의 영이 없으면 그리스도의 사람이 아니라 10 또 그리스도께서 너희 안에 계시면 몸은 죄로 말미암아 죽

은 것이나 영은 의로 말미암아 살아 있는 것이니라 11 예수를 죽은 자 가운데서 살리신 이의 영이 너희 안에 거하시면 그리스도 예수를 죽은 자 가운데서 살리신 이가 너희 안에 거하시는 그의 영으로 말미암아 너희 죽을 몸도 살리시리라 롬 8:9-11

성령이 아니면 안 된다. 자나 깨나 앉으나 서나 오직 성령님만 의지해야 한다. 복음의 진리 되신 십자가를 이뤄내는 것은 내가 아니라는 것이 십자가의 외침이다. 내 안에 계시는 예수 그리스도의 새 생명을 살아내는 것은 성령님이시다. 그러니까 의심하지 말고 진리가 결론이 되어 믿음의 걸음을 내딛어라. 복음의 삶 자체가 너무 높은 차원이라서 성령이 아니고는 살아낼 수가 없다. 그리스도의 영이 없으면 그리스도의 사람이 아니다.

이제 그리스도께서 우리 안에 계시면 몸은 죄로 말미암아 죽은 것이지만 영은 의로 말미암아 산 것이다. 로마서 8장은 '성령장'이라고도 불리는 승리의 대헌장이다. 말씀대로 살 수 있다는 선언이다. 2천 년 전 예수 그리스도를 죽은 자 가운데서 살리신 이의 영이 우리 안에 계시면 우리의 죽을 몸도 능히 살려내서 말씀에 순종하게 하시고 복음을 살아내게 하실 것을 말씀한다. 주님의 진리에 반응하며 살 수 있게 하실 것이다. 하나님의 진리에 시퍼렇게 살아서 반응할 수 있게 하실 것이다.

12 그러므로 형제들아 우리가 빚진 자로되 육신에게 져서 육신대로 살

것이 아니니라 13 너희가 육신대로 살면 반드시 죽을 것이로되 영으로써 몸의 행실을 죽이면 살리니 14 무릇 하나님의 영으로 인도함을 받는 사람은 곧 하나님의 아들이라 15 너희는 다시 무서워하는 종의 영을 받지 아니하고 양자의 영을 받았으므로 우리가 아빠 아버지라고 부르짖느니라 16 성령이 친히 우리의 영과 더불어 우리가 하나님의 자녀인 것을 증언하시나니 17 자녀이면 또한 상속자 곧 하나님의 상속자요 그리스도와 함께한 상속자니 우리가 그와 함께 영광을 받기 위하여 고난도 함께 받아야 할 것이니라 **롬** 8:12-17

빚을 지면 꼼짝없이 채권자가 요구하는 대로 해야 한다. 아니꼽고 더러워도 빚을 다 갚을 때까지는 그렇게 해야 한다. 종이기 때문이다. "너희가 전에는 죄에 빚진 자로서 사탄에게 꼼짝 못하고 통째로 내맡겨져 질질 끌려다녔지만 이제 빚은 다 갚았고 채권자 그놈은 너에게 명할 어떤 권한도 명분도 없다"라고 말씀한다. 이제는 육신에게 져서 육신대로 살 것이 아니다. 그렇게 하면 결과가 뻔하다. 죽음이요 멸망이다. 영으로써 몸의 행실을 죽이면, 오직 믿음으로 하나님의 성령을 따라 행하면 살 것이다.

내가 이르노니 너희는 성령을 따라 행하라 그리하면 육체의 욕심을 이루지 아니하리라 **갈** 5:16

육체의 소욕을 이루지 않는 것은 육체의 소욕과 싸워서 되는 일이 아니다. 십자가의 진리를 그대로 적용해서 죄에 대하여 죽은 자로 여기고 아예 상대하지 말아야 한다. 사기꾼의 말은 상대도 하지 말아야지 그 말을 상대하기 시작하면 벌써 사기에 말려드는 것이다. 성령께 집중하면 성령께서는 더욱 하늘나라의 향취로 우리를 인도하시고 거룩한 소망과 열망을 갖게 하시고 주님의 형상을 닮게 하신다. 하나님에 대한 갈망이 크면 그보다 저급한 일에 대해서 이제는 별로 상관하지 않는다. 놓느냐 못 놓느냐, 끊니 마니 할 새가 없다. 큰 꿈에 사로잡힌 사람은 다른 사소하고 자잘한 일에 눈 돌릴 겨를이 없다. 그러니 오직 성령을 따라 행하라. 그러면 성령께서 우리의 영안을 열어주시고 더 크고 새로운 갈망을 주셔서, 그 성령을 따라 행할 때 육체의 욕심을 이루지 않을 것이다.

성령께서 주시는 거룩한 양심과 진리에 관한 것들을 맛보고 나면, 이전에 끊지 못하던 끈적끈적하고 더러운 육적 소욕들, 말하자면 자아추구하며 그 교만하고 다른 사람에게 인정받으려 애쓰고 그렇게 해서 만족해하던 것들이 얼마나 유치하고 냄새나게 느껴지는지 모른다. 거룩한 것을 맛볼수록 육체의 소욕과 성령이 소욕이 뚜렷하게 드러나고 그 결과가 너무나 분명해진다. 육의 생각은 사망이요 영의 생각은 생명과 평안이다. 그 유혹에 끌려 무릎을 꿇으면 찝찝하기 짝이 없고 내가 무슨 짓을 했나, 왜 이 따위 짓을 했나 후회하게 된다. 그러나 어려워도 본성이 이끄는 힘을 거슬러 진리와 성령의 음성에 순종하고 나면, 내 영혼이 그 생명과 평안을 경험하게 된다. 그래서 육체의 소욕과 성령의 소욕을 따른 경험의 결과가 더욱 뚜렷해지고 서로 원수가 되어 이제는 더 이상 어중간하게 이것 찔끔 맛보고 저것 찔끔 맛보는 일이 불가능해진다. 점점 편이 확실하게 갈라진다.

"영으로써 몸의 행실을 죽이면 살리니 무릇 하나님의 영으로 인도함을 받는 사람은 곧 하나님의 아들이라", 하나님 아버지와 더욱 교제하고 진리 안에서 행하는 것보다 주님이 더 기뻐하시는 것은 없다. "만일 우리가 하나님과 사귐이 있다 하고 어둠에 행하면 거짓말을 하고 진리를 행하지 아니함이거니와"(요일 1:6). 이 말씀처럼 "나는 하나님과 사귐이 있다, 주님과 영적인 교제를 하고 있다"라고 하면서 어둠 가운데 행한다는 말은 거짓말이다. 빛 가운데 행할 때 하나님과 교제하는 것이 가능하다. 할렐루야!

우리를 다 아시고 도우시는 성령

그러나 우리가 현실에 있고 이것이 결코 만만치 않다는 것도 분명히 말씀한다.

19 피조물이 고대하는 바는 하나님의 아들들이 나타나는 것이니 20 피조물이 허무한 데 굴복하는 것은 자기 뜻이 아니요 오직 굴복하게 하시는 이로 말미암음이라 21 그 바라는 것은 피조물도 썩어짐의 종 노릇 한 데서 해방되어 하나님의 자녀들의 영광의 자유에 이르는 것이니라 22 피조물이 다 이제까지 함께 탄식하며 함께 고통을 겪고 있는 것을 우리가 아느니라 23 그뿐 아니라 또한 우리 곧 성령의 처음 익은 열매를 받은 우리까지도 속으로 탄식하여 양자 될 것 곧 우리 몸의 속

죄로 타락한 이후 이 세상은 죄 가운데 팔려버렸다. 이 땅 만물을 다스리도록 위임 받은 인간이 사탄에게 종노릇하는 바람에, 모든 피조물도 다 썩어짐의 종노릇하는 처지에 빠졌다. 온 자연세계가 다 망가지고 탄식하고 신음하는데 이 피조물도 고대하는 것이 하나님의 아들들이 나타나는 것이다. 하나님의 창조의 원형이 되어 하나님이 창조하신 세계를 그분의 성품대로 아름답게 가꾸고 하나님의 영광을 위해서 섬겨줄 하나님의 아들들이 나타나기를 모든 피조세계가 갈망한다.

그러니까 인간의 구원 역사, 복음 역사는 만유를 회복하시는 위대한 하나님의 재창조 역사이다. 이것을 피조세계가 다 기다린다. 모든 피조물이 다 신음하고 고통하며, 썩어짐의 종노릇하는 데서 해방되어 하나님의 자녀들의 영광의 자유에 이르게 되기를 바라고 있다.

육체에 거하는 우리도 이 몸은 아직 구속받지 못했다. 이것을 벗고 갈 때 아까우니 이 몸에 너무 비용을 많이 들이지 말기 바란다. 함부로 할 것은 아니지만 나중에 벗어도 아깝지 않을 만큼 아주 닳도록 쓰고 갈 일이지, 여기에 투자를 너무 많이 하거나 불필요하게 비용을 들일 필요는 없다. 23절에 "우리까지도 속으로 탄식하여"라고 했다. 우리 몸은 이 세상에서 진리가 아닌 죄에 길들여져 있기 때문에 이 육체 안에서 하나님의 거룩을 이루고 주님의 뜻에 순종해간다는 것이 힘이 들어 탄식이 절로 나온다는 것이다.

우리 몸은 조금만 신경을 안 써도 옛날 버릇이 그대로 나타나 엉뚱한 짓을 하게 된다. 육신이 무슨 짓을 저지를지 모르니 경계를 늦추지 말고 진리로 노려봐야 한다. 게으르게 두었다가는 이놈이 앉으면 누우려고 하고, 누우면 일어나지 않으려고 한다. 한 번만, 조금만 이러다가 나중에 쉬지 않고 계속 시비를 건다. 게으름에 한 번 내맡기기 시작하면 한도 끝도 없다. TV에 눈길 한 번 주기 시작하면 한도 끝도 없다. 잘못 길들여진 습관이 나를 완전히 사로잡아 구석에 처박아 넣는 것은 아주 간단한 일이다.

그러므로 이 육체는 단순한 문제가 아니다. 잘 관리해야 한다. 잘 관리하라는 말은 화장하고 성형수술하고 지나치게 운동만 하고 돌아다니라는 말이 아니라 거룩함에 준비되도록 늘 쳐서 복종하기도 하고 단련시키기도 하며 하나님께 순복하게 하라는 것이다. 그런데 이 일을 하다보면 탄식이 나오게 된다는 것이다. 주님은 우리가 육체에 거하는 이 어려움을 아신다. 육체에 속하여 이 땅 가운데 사는 우리가 어떤 어려움을 겪고 있는지 주님이 다 아신다.

26 이와 같이 성령도 우리의 연약함을 도우시나니 우리는 마땅히 기도할 바를 알지 못하나 오직 성령이 말할 수 없는 탄식으로 우리를 위하여 친히 간구하시느니라 27 마음을 살피시는 이가 성령의 생각을 아시나니 이는 성령이 하나님의 뜻대로 성도를 위하여 간구하심이니라

롬 8:26,27

건강할 때는 건강에 유익한 것을 원하지만 병이 들면 이상하게 몸에 안 좋은 것을 자꾸 먹고 싶은 이상한 병리현상이 생긴다. 우리도 이 죄 된 몸을 가지고 이 땅에서 모든 썩은 가치로 살아오다보니 하나님의 거룩함이나 성령에 익숙하지 않아서 무엇을 구하려 해도 무엇을 구해야 될지 잘 모른다. 마땅히 기도할 바를 모른다는 말은 내게 어떤 복음이 필요한지를 잘 모른다는 것이다. 그러니 다해봐야 자기 문제해결, 소원성취뿐이다. 이것이 자신에게 도움이 되는지 안 되는지도 모르고 달라는 대로 내놓으라고 아우성이다. 그런데 우리가 달라는 대로 주님이 다 주셨더라면 우리는 벌써 망했다.

자녀를 키우다가 가장 어려운 때가 사춘기 때다. 자녀가 해달라고 하고 하기 원하는 것들이 무엇인가. 거의 하지 말아야 될 것들이다. 우리도 어리숙하고 연약해서 무엇을 구해야 될지 모르고 마땅히 기도할 바를 모르는 그때 보혜사이신 성령님이 아예 파견되어 오셔서 우리와 함께하시며 밀착 경호를 해주시고, 중간에서 교통정리를 해주신다. 우리가 자꾸 엉뚱한 것을 달라고 하고 엉뚱한 짓을 하려고 할 때마다 말할 수 없는 탄식으로 우리를 위하여 간구해주신다. 혹시 우리가 잘못 구하면 마음을 감찰하시는 우리 하나님도 알아서 새겨들으시고, 아버지의 뜻대로 성도를 위해 간구해주시는 성령님도 우리를 도우신다. 그러니까 우리가 하나님의 자녀가 되었다는 것이 얼마나 안전하고 놀라운지 모른다. 우리가 익숙하지 못해 주님 앞에 무엇을 구해야 될지 모르는 것도 주님이 다 아시니 말이다.

우리가 예수를 믿어도 무엇을 얼마나 많이 알겠는가. 병든 자아와 붙어살았던 우리가 엉뚱한 것을 구하고 헛것을 구할 때 성령님은 수정해서 대신 구해주시고, 말할 수 없는 탄식으로 기도해주신다. 우리가 기도 안 한 그대로 하셨다면 우리는 벌써 다 망했을 텐데, 이렇게 기도 안 하는데 이만큼 사는 것은 누군가 우리를 위해 기도하는 것이다. 하나님 아버지는 아들을 내어주기까지 우리를 사랑하시고, 예수님은 하나님 우편에서 우리 편 들어 우리를 위해 중보기도 해주시고, 성령님은 아예 보혜사로 딱 붙어서 말할 수 없는 탄식으로 대신 간구해주시고 우리 기도를 교정해주시고 수정해주신다.

우리가 알거니와 하나님을 사랑하는 자 곧 그의 뜻대로 부르심을 입은 자들에게는 모든 것이 합력하여 선을 이루느니라 롬 8:28

성부 성자 성령님이 한통속으로 우리를 밀어주시니까 우리는 망할 수가 없다. 그러니까 하나님의 뜻대로 부르심을 받은 자들에게는 모든 것이 합력하여 선을 이루는 것이다. 성부 성자 성령 하나님이 완전한 복음을 준비해놓으시고, 또 이 세상 한복판에서 거스르는 육체 가운데 거하는 우리의 약점을 아시고 성령이 우리에게 내주하시며 일을 이루어가시니 누가 하나님이 하시는 일을 막으며 누가 우리에게 두신 하나님의 소원을 막겠는가.

놀랍게도 29,30절은 우리의 구원을 총체적으로 완성된 완료형으로 말씀한다.

29 하나님이 미리 아신 자들을 또한 그 아들의 형상을 본받게 하기 위하여 미리 정하셨으니 이는 그로 많은 형제 중에서 맏아들이 되게 하려 하심이니라 30 또 미리 정하신 그들을 또한 부르시고 부르신 그들을 또한 의롭다 하시고 의롭다 하신 그들을 또한 영화롭게 하셨느니라 롬 8:29,30

그만큼 목적이 뚜렷하다. 주님이 창세전부터 이미 우리를 향해 품으셨던 원형은 그 아들의 형상을 본받게 하려고 미리 정하신 것인데, 우리를 미리 정하시고 정하신 우리를 부르시고, 부르신 우리를 의롭다 하시고, 의롭다 하신 우리를 영화롭게 하셨다고 말씀한다.

모든 것을 은사로 주신 하나님

31 그런즉 이 일에 대하여 우리가 무슨 말 하리요 만일 하나님이 우리를 위하시면 누가 우리를 대적하리요 32 자기 아들을 아끼지 아니하시고 우리 모든 사람을 위하여 내주신 이가 어찌 그 아들과 함께 모든 것을 우리에게 주시지 아니하겠느냐 33 누가 능히 하나님께서 택하신 자들을 고발하리요 의롭다 하신 이는 하나님이시니 34 누가 정죄하리요 죽으실 뿐 아니라 다시 살아나신 이는 그리스도 예수시니 그는 하나님 우편에 계신 자요 우리를 위하여 간구하시는 자시니라 롬 8:31-34

여기까지 선포하다보니 세상에, 그런즉 이 일에 대해서 우리가 무슨 말을 더 하리요. 만일 하나님이 우리를 위하여서 하나님이 짜고 밀어주시면 누가 우리를 대적하리요. 하나님이 우리를 도와주기로 작정하셨으면 누가 우리를 막을 수 있으리요. 자기 아들을 아끼지 않고 내주신 하나님이 어떻게 우리를 놓칠 수 있겠는가. 그 아들과 함께 모든 것을 은사로 주시지 않겠는가. 아들을 주셨다는 말이 결론이다. 십자가가 결론이다. 아들도 주셨다는 말은 아들 이하 모든 것을 다 준다는 말이다. 그러니 완전한 복음을 주신 것이다. 주님 안에 있는 모든 것을 다 주신 것이다. 하늘에 속한 모든 신령한 복으로 우리에게 복 주신 것이다. 할렐루야!

누가 능히 하나님의 택한 자들을 송사하겠는가? 하나님이 허술하게 송사 당하시겠는가? 하나님이 의롭다고 하실 때 그냥 대충 의롭다고 하시겠는가? 하나님은 완벽하게, 율법이든 마귀든 그 무엇 앞에서도 떳떳하고 당당하고 부끄러움 없는 의로움을 우리에게 주시는 분이다. 죽으실 뿐 아니라 다시 살아나신 이가 그리스도인데, 그 그리스도가 우리를 중보하시고 우리 대신 우리의 고엘이 되셨는데 누가 우리를 정죄하겠는가.

35 누가 우리를 그리스도의 사랑에서 끊으리요 환난이나 곤고나 박해나 기근이나 적신이나 위험이나 칼이랴 36 기록된 바 우리가 종일 주를 위하여 죽임을 당하게 되며 도살당할 양 같이 여김을 받았나이다 함과 같으니라 37 그러나 이 모든 일에 우리를 사랑하시는 이로 말미암아 우리가 넉넉히 이기느니라 38 내가 확신하노니 사망이나 생명이

나 천사들이나 권세자들이나 현재 일이나 장래 일이나 능력이나 39 높음이나 깊음이나 다른 어떤 피조물이라도 우리를 우리 주 그리스도 예수 안에 있는 하나님의 사랑에서 끊을 수 없으리라 롬 8:35-39

누가 우리를 이 완전한 하나님의 사랑에서 끊으리오. 이 땅에서 최악의 상태에 내던져진 성도라 할지라도 그를 그리스도의 사랑에서 끊을 수 없다. 이 엄청난 십자가의 복음으로 우리를 사랑하시고 확증하시고 실제가 되신 하나님의 사랑에서 감히 우리를 끊을 자가 없다. 이 모든 일에 우리를 사랑하시는 이로 말미암아 우리가 넉넉히 이긴다. 환난, 곤고, 박해, 기근, 적신, 위험, 칼, 이것도 모자라서 사망이나 생명이나 천사나 권세나 현재 일이나 장래 일이나 능력이나 높음이나 깊음이나 다른 어떤 피조물이라도 우리를 사랑하신 우리 주 그리스도 예수 안에 있는 하나님의 사랑에서 끊을 수 없다고 외친다. 이것이 어떻게 죄책감 떨어내는 구원의 확신 정도를 말하는 것이겠는가. 아니다. 복음이야말로 완전한 복음이다. 할렐루야!

성령에 취하라

완전하게 이루어놓으신 이 복음을 성령께서 때에 맞게 구체적으로 우리에게 적용하신다. 하나님의 이 어마어마한 복음의 보물창고에서 때마다 분초마다 상황마다 우리에게 필요한 모든 것들을 가져다가 적재적소에 딱딱 적용해주신다. 그때그때 필요에 따라, 해갈이 필요하면 물을 주시고, 양식이 필요하면 양식을 주시고, 보호가 필요하면 보호해주시고, 위로가 필요하면 위로를 주신다.

아무리 엄청나게 준비해놓아도 어디에 재고가 쌓여 있는지 모르면 쌓아놓고 굶어죽는 수가 있다. 그래서 주님이 말씀하신 것처럼 우리 안에 보혜사 성령께서 오셔서 예수 생명 안에 허락된 이 모든 복음의 진리를 때마다 생각나게 하시고, 진리 가운데로 인도하시고, 이 진리를 우리에게 적용하시고, 이 진리로 승리케 하시고, 잘못 가면 안전장치가 있어서 주님이 탄식하고 근심하시며 우리를 그릇된 길에서 돌이키시고 책망하시고 바르게 하시고 견고히 승리케 하신다.

성령님은 우리가 복음을 살아내게 하기 위하여 우리 안에 내주하러 오셨다. 그것이 가장 중요한 사역이다. 따라서 예수 그리스도의 구속과 상관없이 성령이 우리에게 내주하시는 것은 절대 불가능하다. 솔직히 우리는 십자가의 복음을 모르는 채 여러 경험을 통해서 성령이 하시는 일에 노출된 적도 많다. 당연히 있고 또 있을 수 있다. 모든 것을 하실 수 있다.

그러나 할 일 없이 한가하게 향방 없이 떠돌아다니며 여기저기서 귀신 장난하는 성령님은 있을 수가 없다. 그분은 우리가 사용할 능력이나 감화력 같은 것이 아니다. 성령님은 온 땅을 통치하고 다스리시는 완전하신 하나님이시요 전능한 아버지이시다. 우리가 경배와 찬양을 드리고 복종해야 할 영원하신 주님이시다.

성령에 대한 오해와 잘못 사용되고 있는 말 때문에 우리가 성령님을 너무 불경스럽게 대할 때가 많다. 그러나 성령 충만이란 내가 그분에게 능력을 받아 휘두르고 돌아다니는 것이 아니라, 거꾸로 내가 완전히 성령께 사로잡힌 상태, 성령이 내 모든 지정의 인격과 내 모든 것을 장악하신 상태를 말한다.

> 술 취하지 말라 이는 방탕한 것이니 오직 성령으로 충만함을 받으라
> 엡 5:18

술 취하지 말라는 말을 성령 충만과 비교하였다. 술을 먹으면 어떤 특징이 나타나는가? 술을 처음 마실 때는 사람이 술을 먹어서 통제가 가능하다. 그런데 점점 술이 술을 먹고, 나중에 가면 술이 사람을 먹는다. 그래서 술 취하면 사람이 제정신으로 움직이는 게 아니라 술 정신으로 움직인다. 나중에 중독에 이르면 술의 힘이 없이는 정상적인 사고도 안 되고 감정 통제도 안 된다. 기본적인 기능도 술을 먹어야 돌아간다. 어떤 사람은 일을 해도 술을 먹어야 하고, 못을 하나 박아도 술을 먹어야 박는다. 완전히 술에 절어 술 장아찌가 된 것이다. 술이 그 사람을 장악하면 술 성향으로 나타날 수밖에 없다. 술 취한 결과는 방탕이다.

그러니 술 취하지 말고 성령의 충만을 받으라. 성령이 충만하게 되면 나의 육적 소욕이나 성향이 드러나지 않는다. 성령께서 나를 지배하시니까 사랑과 희락과 화평과 오래 참음과 자비와 양선과 충성과 온유와 절제 같은 성령의 열매로 예수님의 성품이 우리 안에 드러나게 된다. 내 힘으로 드러나는 것이 아니라 성령께 취하여 성령께 붙들려서 그렇게 된다.

성령의 은사

성령님은 결코 초점 없이 일하지 않으신다. 많은 현상과 기적과 능력을 동원하여 일하시지만 목표가 정확하다. 사람들을 십자가로 인도하시는 것이다. 단적으로 성령의 역사를 경험하여 감동도 받고 눈물도 나왔지만 그 사람이 예수님께 반응하지 않는다면 어떤가? 반대로 아무 준비도 없고 설명도 없이 얻어맞고 고난당하고 변화를 받아 갑자기 예수님에 대한 생각이 나고 거룩한 삶에 대한 소망이 생기고 그래서 결국 십자가로 돌아온다면 그것은 성령께서 일하시는 것이다.

성령님의 은사에 대해서도 마찬가지다. 확실히 기억할 것은, 은사란 말 그대로 주는 분의 마음에 따라 주시는 선물이지 받는 사람이 이거 달라 저거 달라 하는 것이 아니라는 사실이다. 만일 우리의 죄된 성향을 따라 그대로 내버려두면 우리가 어떤 은사를 구할까? 성령의 은사만 해도 얼마나 오해가 많은지 모른다. 이 부분에 대해서 성경이 분명히 말씀하는데도 우리는 원치 않는 것은 그냥 지나친다.

성령께서 은사를 주시고자 할 때 나타나는 은사가 있고 다른 은사도 있다. 보통 성령의 은사라 하면 지혜의 은사, 지식의 은사, 병고치는 은사, 능력의 은사, 믿음의 은사 등이 나타나는데 그 나타나는 은사 중에 제일 받고 싶어 하는 은사가 뭘까? 골라잡아서 받으라면 주로 많이 받고 싶은 은사가 무엇일까? 예언하거나 병 고치는 은사인가? 그러면 왜 그런가? 은사가 다 똑같다면 왜 군이 갖고 싶어 하겠는가? 조종하고 싶고 자기가 높아지고 싶기 때문이다.

놀랍게도 은사는 그런 것만이 아니다. 섬기는 은사도 있고 구제하는 은사도 있다. 그런데 가뜩이나 설거지 하다 죽을 판인데 그것을 은사로까지 받겠는가. 이런 것은 원하지 않는다. 도둑놈 같은 이 병든 자아에게 매여 있는 사람에게 은사를 골라잡으라고 하면 전부 병만 고치고 예언하고 돌아다닐 것이다. 그럼 하나님이 이런 도둑놈 심보에 거룩한 성령의 선물을 주시겠는가? 천부당만부당한 말씀이다.

예언하는 사람들에게 묻겠다. 선지자들처럼 왕 앞에 가서 듣기 좋은 말을 했으면 좋겠는데, 하나님께서 왕에게 "왕, 너 싸가지 없다. 버르장머리 고쳐라" 이렇게 말하라고 하신다면 그래도 예언하겠는가? 이것은 자기 목숨이 걸린 문제다. 듣기 좋은 얘기만 해서 봉투 챙기고 싶은 도둑놈은 그런 말을 안 한다. 십자가 없이 은사니 뭐니 하고 돌아다니는 사람은 더 말할 것도 없다.

또 하나 묻겠다. 우리는 성령 충만을 받고 싶어 한다. 사도행전 2장의 오순절 성령 충만 이후 3천 명이 회개하고 돌아왔다. 반면에 사도행전 7장에서 스데반이 성령 충만했을 때는 돌이 3천 개가 날아왔다. 선택할 수 있다면 사도행전 2장의 성령 충만과 7장의 성령 충만 중 어느 것을 원하는가?

우리가 이런 식으로 받기 원하는데 주님이 우리를 통제하지 않으시고 주권이 주님에게 있지 않다면 무슨 꼴이 나오겠는가. 다 능력받아서 불의 사자, 능력의 종, 유명 강사가 되어 3천 명씩 회개하며 돌아오게 하고, 큰 교회 하기를 원할 것이다. 얼마나 많은 사람들이 주의 이름으로 얼마나 기가 막힌 오류를 많이 저질렀는가.

그래서 주님이 분명히 말씀하셨다. 은사를 주시는 분이 성령님이

시다. 성령이 그의 뜻대로 교회의 유익을 위하여 나누어주신다. 그리스도의 몸의 지체를 주실 때는 각 지체의 분량대로 역사하게 하셨다. 물론 어떤 것도 없어서는 안 된다. 그런데 우리가 중요하게 보고 관심을 두는 것과 하나님이 중요하게 보시는 것은 차원이 다르다. 우리는 욕심에 겨워서 드러나고 나타나고 대장 노릇 하는 데 관심이 있지만 무엇이 중요한지 정확히 아시는 주님은 결코 혼동하실 리가 없다. 그러면 십자가의 복음의 진리를 우리에게 적용하시고 우리가 살아내게 하시려고 우리 안에 내주하러 오신 성령께서 우리에게 정말 원하시는 것이 무엇이겠는가? 그런데도 성령에 관해 논의를 한다고 하면 우리의 관심은 이미 다른 데 가 있다. 성령님이 하시는 일 중에서도 '은사', '나타나는 것', '능력' 이런 것에 관심이 많다. 하지만 그것은 전체 중에 지극히 일부이다.

가장 크고 놀라운 성령의 역사

성령님이 하시는 일 중에 가장 중요한 것은 이 어마어마한 복음의 사건, 십자가의 사건을 우리에게 적용하는 것이다. 이 말씀의 진리를 가지고 죄에 대하여, 의에 대하여, 심판에 대하여 책망하신다. 성령의 검 곧 하나님의 말씀을 불처럼 방망이처럼 날선 검처럼 쓰신다. 성령이 우리에게 검으로 쓰시는 말씀은 살았고 운동력이 있어서 좌우의 날선 어떤 검보다도 예리하여 우리의 혼과 영과 및 관절과 골수를 찔러 쪼개기까지 하며 우리 마음의 생각과 뜻을 감찰하신다. 성령께서 이 진리로 우리의 모든 허물어야 할 것들을 허물어 파하시며 우리 안에 진리의 견고한 집들을 세우시고 성전을 세우시고 주님의 아름다운 성품을 회복하시고 예수 그리스도의 생명을 나타내시는 놀라운 일들을 행하신다. 이 일을 위해 조명하시고 깨닫게 하시고 알게 하시고 감동받게 하시고 결단하게 하시고 "아멘" 하고 나아가게 하신다.

이 땅에 처음 죽음이 들어올 때 들음으로 들어왔다. 하와가 사탄의 말을 들음으로 들어왔다. 어처구니없어 보이는 이 일이 얼마나 위험한지 모른다. 그런데 살리는 일 또한 들음으로 말미암아 온다. 성령께서 이 진리를 듣게 하시고 알게 하신다. 그러므로 성령의 가장 크고 놀라운 역사는 이 십자가의 진리가 우리에게 고스란히 실제가 되게 하셔서 죽음을 적용시켜주시고 우리의 인격 전부를 다스리시는 것이다. 하나님이 우리에게 주셨던 주님의 원형이 자아의 생명에 찌든 이 육체에서 벗어나 자유롭게 되어 주종 관계, 부부관계, 부모자식 관계 등 모든 관계가 온전한 관계로 회복되고 하나님의 교회가 주님의 능력 안에서 온전하게 되는 것이다.

잠깐 기적을 일으키고 잠깐 능력 베푸는 것은 할 수 있지만 그 인격이 온전히 변화하여 그리스도께 복종되고 서로 그리스도의 의를 이루는 이 일이야말로 얼마나 큰 능력인가? 성령님은 하나님의 몸 된 교회를 머리 되신 그리스도께 복종케 하고 그리스도로 충만케 하시는 일을 중점적으로 행하신다. 결국 성령이 일하시는 현장에는 성령의 열매가 드러나게 되어 있다. 그리스도 예수의 사람들은 육체와 함께 그 정욕과 탐심을 십자가에 못 박아버린 사람들이다. 성령은 그 사실을 날마다 우리 자아 생명에 적용하여 십자가에 박아놓은 그 생명이 다시 우리를 범접하지 못하도록 계속 역사하시고, 부활 생명이 되시는 그리스도의 생명을 우리 안에 충만케 하셔서 전인적 총체적으로 그 진리에 집중하고 갈망하고 거기에 순종하게 하신다. 이것이야 말로 성령의 가장 놀라운 역사이다.

주님의 이 주 되심과 사역을 위해서 하나님이 꼭 필요하다고 생각하시는 영역에 성령의 나타남과 능력을 드러내시는 일이야 누가 막겠는가. 그 사역을 하시면서 은사를 드러내시고 능력을 나타내서 일하시는 것이 필요하다면 어떤 것도 제한할 필요가 없다. 열린 마음으로 얼마든지 주님이 행하시는 일을 기대하고 또 믿음으로 구할 수 있다. 가장 중요하고 본질적이고 혼동하지 말아야 할 복음과 성령이라는 관점을 놓치지 않는다면 말이다.

- 성령의 내주하심은 예수님이 십자가 구속을 완성하고 부활 승천으로 영광 받으신 후, 우리가 십자가 복음에 참여해 완전한 생명으로 존재적 변화가 이루어진 후에 가능하다.

- 성령은 예수님의 이름으로 오셔서 예수님의 자격으로 사신다. 십자가 없이는 성령을 말할 수 없고, 성령이 일하실 때는 반드시 복음과 예수님이 드러나신다.

- 성령의 일을 분별할 때 주님의 공로(십자가)와 주님의 말씀이라는 두 원리를 굳게 잡아야 미혹에 빠지지 않는다.

- 성령님은 복음의 진리를 우리 삶에 적용해 실제가 되게 하신다. 옛 자아의 생명을 십자가의 죽음에 적용해 죄에서 해방하고 하나님의 자녀로 태어나게 하며 우리로 그리스도 예수의 충만한 생명을 살아내게 하신다.

- 성령 충만이란 내가 성령께 사로잡힌 상태이다.

· · ·

진리가 결론 되게 하라!

복음의 영광!
복음의 능력!
복음의 축복!

복음과 선교 1

로마서 8장에서 복음이 이루어낸 승리의 대헌장이 선포되고 나면 우리의 관심은 곧바로 전환된다. 복음이 이렇게 엄청나다면 복음은 나 개인의 차원에 머물 수 없다는 것이다. 복음이 자신에게 실제가 된 사람의 첫 번째 반응은 자신이 사랑하는 사람들의 구원에 대한 갈망이 생기는 것이다. 그러니까 가만히 있을 수가 없다. 복음을 알지 못하는 부모님, 가족, 친구에게 간절히 복음을 전하게 된다. 또한 하나님의 언약의 대상이자 복음의 통로가 되었던 이스라엘의 운명은 어떻게 되는지, 복음의 혜택을 받아야 할 온 열방, 모든 영혼들에게 관심이 가게 된다. 로마서 9, 10, 11장에 이르는 논지가 바로 그런 관심에서 비롯된다.

특히 바울은 누구보다도 이스라엘을 사랑한 사람이다. 로마서 9장 1절 이하에서 그는 자신의 심정을 이렇게 말한다. "나의 형제 곧 골육의 친척을 위하여 내 자신이 저주를 받아 그리스도에게서 끊어질지라도 원하는 바로라 그들은 이스라엘 사람이라⋯." 바울은 복음을 깨닫고 자신의 동족 이스라엘의 구원을 간절히 바랐다. 그런데 자신은 역설적이게도 이방인의 사도가 되었다. 선교사들에게 가슴 아픈 말이 "네 부모도 전도하지 못하면서 외국까지 나가 선교를 한다고?" 이런 공격이다. 정말 가슴을 후벼 파는 말이다.

바울도 그랬다. 그는 누구보다 이스라엘에 대한 소망이 간절한 사람이며 하나님의 사랑을 받던 이스라엘의 영광에 사로잡힌 사람이었다. 그가 이 어마어마한 복음의 비밀을 깨닫고 나자 이스라엘을 향한 마음이 더욱 간절해졌다. 자신들의 열심으로 하나님을 섬긴다고 하는데 바른 지식을 좇지 않고 복음을 몰라서 오히려 하나님께 원수 짓을 하는 내 동족, 내 부모, 내 일가친척, 이스라엘이 너무너무 안타까운 것이다.

가슴 아파하는 그에게 하나님께서 하나님의 구원 계획의 비밀을 가르쳐주신다. 마치 잔이 넘어지면 물이 쏟아져서 흐르듯이 이스라엘의 불순종과 실패가 이방인에게는 구원이 흘러가는 계기가 되었고, 이방인의 충만한 수가 다 차기까지 얼마 동안 이스라엘이 거역하겠지만 하나님은 이스라엘을 향한 언약을 포기하지 않으신다. 이 과정에서 이방인이 이스라엘을 시기나게 한다는 것이다.

"어? 2천 년 전 저 갈보리에서 로마의 사형수로 죽은 예수, 그저 선지자 중 한 사람인 줄 알고 건축자의 버린 돌처럼 홱 버렸는데, 그 복음을 받은 이방인들이 복음의 영광, 능력, 축복을 다 누리고 있네. 이거 뭐야? 우리가 버린 건데. 아니, 우리가 뭘 버린 거야. 저들 저거 행복한 것 좀 봐."

그렇게 이스라엘이 돌아오게 되고 궁극적으로 이스라엘과 열방이 모두 구원을 얻도록 하시는 하나님의 섭리를 깨닫게 된 바울이 "아, 그러니까 내가 이방인의 사도가 된 것이 영광스러운 거구나. 내가 지금은 내 동족, 내 이스라엘을 버리는 것 같아도 이방인 선교를 빨리 완성해야 유대인이 돌아오니까 오히려 내 동족을 살리는 지름길이구나" 하고 감복하며 하나님을 찬양하고 영광을 돌리며 11장을 마무리하고 있다.

복음과 선교 1

1. 열방용 복음

로마서는 8장까지 복음의 영광과 능력과 축복을 다루고, 이렇게 완전하고 멋진 복음을 준비해놓으셨는데 그럼 인류의 운명은 어떻게 될 것인지 살펴보는 것으로 11장을 마치게 된다. 그다음 12장부터는 "자, 이 전모를 너희가 들었으니 그럼 이제 너희가 어떻게 해야 되겠느냐?" 하고 삶의 현장에서 이 복음을 실제로 누려가는 지침을 다루게 되는 구조로 되어 있다.

> 유대인이나 헬라인이나 차별이 없음이라 한 분이신 주께서 모든 사람의 주가 되사 그를 부르는 모든 사람에게 부요하시도다 롬 10:12

주사약은 1인 1회 분량씩 앰플에 담겨 있다. 효력이 아무리 강해도 1인용으로 만들어진 것은 한 사람에게 한 번 주사하면 그만이다. 그런데 이 엄청난 복음의 용량은 하나님의 마음 안에서 준비될 때부터 '열방용'이었다. 처음부터 한 교회나 교단이나 한 민족용이 아니라 열방용 복음이었다. 그래서 모든 인류 누구든지 복음이신 예수 그리스도의 이름을 부르기만 하면 부르는 자마다 구원을 얻게 되고 누구든지 그를 믿는 자는 부끄러움을 당하지 아니하리라 하셨다.

> 13 누구든지 주의 이름을 부르는 자는 구원을 받으리라 14 그런즉 그

들이 믿지 아니하는 이를 어찌 부르리요 듣지도 못한 이를 어찌 믿으리요 전파하는 자가 없이 어찌 들으리요 15 보내심을 받지 아니하였으면 어찌 전파하리요 기록된 바 아름답도다 좋은 소식을 전하는 자들의 발이여 함과 같으니라 롬 10:13-15

이렇게 누구든지 주의 이름을 부르면 구원을 얻는 어마어마한 복음, 내용이나 용량 자체가 열방을 구원하고도 남을 만한 어마어마한 열방용 복음을 주셨어도 전파하지 않으면 들을 수 없고, 듣지 못하면 믿지 못한다. 그러니까 듣고 믿어 누릴 수 있도록 설계된 이 복음에는 처음부터 하나님의 선교 의지가 포함되어 있을 뿐만 아니라 전파하는 속성, 즉 선교적 속성이 함께 들어 있다. 그러므로 우리가 복음을 받으면 복음 안에 있는 선교적 속성까지 같이 받게 된다. 따라서 복음의 논의는 자연스럽게 복음과 선교로 흘러갈 수밖에 없다.

완벽하게 준비된 생명의 양식

주님이 우리에게 복음의 기쁜 소식에 대해 알게 하신 사건이 구약에 나온다. 북이스라엘의 수도 사마리아 성이 아람 군대에 둘러싸여서 그대로 몰살당할 위기에 처해 있었다. 성이 완전히 포위되니까 성 안에서 짐승의 똥도 양식으로 구할 수가 없게 되었다. 사람이 굶어죽게 되어 눈이 뒤집히니까 여인 둘이서 "오늘은 네 아들, 내일은 내 아들을 잡아먹자"라고 하는 극단적인 상황까지 벌어지게 되었다. 이렇게 사망이 사마리아 성 안에 가득 차게 되자 왕이 한 장관을 엘리사에게 보내 이 상황에 대한 조언을 부탁했다. 하나님은 엘리사를 통해서 일방적으로 복음을 선포하신다. 내일 이맘때 평소보다 더 싸게 양식을 살 수 있을 거라고 말씀하셨다. 누가 이것을 믿겠는가? 왕의 장관도 믿지 못하여 비웃었다. 그때 엘리사가 그에게 "네가 네 눈으로 똑똑히 보겠으나 너는 그것을 먹지 못하리라"라고 말했다.

주님은 일하실 때 저비용 고효율로 일하신다. 아람 군대는 성을 둘러 진을 치고 장기전을 생각하여 군량미를 어마어마하게 갖다가 쌓아놓았다. 이제 전쟁에 이겨서 성을 접수할 일만 남았다고 기쁨에 흐드러져 있을 때 주님은 돈이 거의 안 드는 음향효과를 들려주셨다. 병거 소리, 말 소리, 큰 군대가 쳐들어오는 소리를 듣게 되자 그들이 혼비백산해서 진영에 있는 것을 고스란히 두고 도망쳐버렸다.

이렇게 하나님은 온 백성이 먹고도 남을 어마어마한 양식을 완벽하게 준비해두셨다. 문제는 왕이나 장관이나 성 안에 있는 누구도 믿음 있는 사람이 없다는 것이다. 그러니까 복음을 들어도 코웃음을 치고 믿지 못해 받아들이지 못했다. 준비된 생명의 양식에 둘러싸여서 굶어죽는 상황이라니 얼마나 어처구니없는가. 그때 다 준비된 것과 이 사망 사이에 넘을 수 없는 갭이 하나 있었다. 전파하지 않으면 어찌 듣겠으며 듣지 못하면 어떻게 얻겠느냐는 것이다. 이때는 이 소식을 전하는 자체가 이 성을 구원하는 일과 맞아 떨어지는 것이다.

제정신에 순종할 사람은 없는데 성문 어귀에 나병 환자 네 사람이 있었다. 그들이 성 안에서 굶어 죽으나 아람 군대에 항복해서 죽으나 마찬가지이니 앉아서 죽기를 기다리지 말고 아람의 진으로 가자고 하였다. 그런데 진영에 이르니 진이 텅텅 비어 있어서 장막에 들어가 먹고 마시고 은금과 의복을 가지고 나와 감추었다. 그때 뒤통수를 때리듯 양심의 소리가 들려왔다. "오늘은 아름다운 소식이 있는 날인데 성 안에서 우리 동족들은 다 죽어가고 있다. 조금만 더디 하면 더디 하는 시간만큼 죽어갈 텐데 우리가 이 어마어마한 소식을 알고도 전하지 않으면 하나님이 벌을 내리실 것이다. 왕궁에 이 소식을 알리자." 그들이 성으로 돌아와 말했지만 이 꿈같은 이야기를 누가 믿겠는가. 나중에 척후병을 보내서 사실까지 확인하고 나자 백성들이 몰려나가 아람 진영을 약탈하기 시작했고 엘리사가 말한 대로 밀가루와 보리 등 양식을 싸게 거래하게 되었다. 그러나 엘리사의 말을 믿지 못했던 장관은 성문 어귀에서 백성들에게 밟혀 죽고 말았다.

이 생명의 기쁜 소식은 전해져야 하는 과정을 남겨두고 있다. 전하지 않으면 들을 수 없다. 아무리 준비되어 있어도 모르면 그냥 망한다. 생명의 양식에 둘러싸여 있어도 죽는 것이다. 이때는 기쁜 소식을 전달하는 행위 자체가 복음의 내용만큼이나 중요하다. 결국 전파하지 않으면 어떻게 듣겠는가. 더욱이 준비된 것이 모든 사람을 살릴 만하다면 적어도 모든 사람에게 들려주기는 해야 한다.

우리에게 주실 때부터 열방용으로 준비된 복음에는 열방의 모든 사람을 살리고도 남을 만한 능력과 생명의 양식이 들어 있다. 그런데 단지 우리가 전파하지 않아서 멸망한다면 에스겔서에서 말씀한 것처럼 그 책임이 알고도 전하지 않은 우리에게 있다고 하신다. "말로 악인에게 일러서 그의 악한 길을 떠나 생명을 구원하게 하지 아니하면 그 악인은 그의 죄악 중에서 죽으려니와 내가 그의 피 값을 네 손에서 찾을 것이고"(겔 3:18)라고 아주 준엄하게 말씀하셨다.

복음에는 선교라는 속성이 함께 담겨 있다. 우리는 다시 한번 하나님 앞에서 이 주제에 우리의 중심을 부딪쳐보아야 한다. 자아의 속성은 얼마나 교활한지, 다 동의하고 다 받는 것 같은데도 결정적인 순간에 뭔가 남겨놓을 수 있다. 우리의 중심을 다뤄볼 수 있는 중요한 주제 중 하나는 복음을 내가 원하는 대로 받지 않았느냐는 것이다. 복음을 아예 무시하고 사는 사람들도 많지만 "복음, 복음" 하는 사람들 중에도 적잖이 이 놀라운 복음을 딱 자기 것으로만 받는다. 자기만 복음을 알고 "저 복음도 모르는 것들" 하면서 다른 사람들을 비판하고 자기 외에 복음이 없는 것처럼 굴어서 실망스러울 때가 많다.

복음은 원래 주신 분의 복음을 액면 그대로 받아야지 자기가 원하는 방식으로 자기가 원하는 것만 취사선택해서 받으면 안 된다. 자신을 충족시킬 만한 내용은 다 받으면서 복음이 나에게 명하는 것은 받지 않는 식으로, 쉽게 말해서 복음에는 축복과 권한뿐 아니라 책임도 함께 오는데 "나는 권한만 취하고 책임은 못 받겠다" 한다면 이건 전혀 받은 것이 아니다. 하나님이 우리에게 복음을 주실 때는 복음과 함께 선교라는 중요한 속성을 함께 주셨다는 사실을 다시 한번 기억하라. 그래서 내가 자아추구적으로 복음을 받았는지 아닌지 이 주제 앞에 서서 점검해보는 것이 좋다.

그리스도인과 선교

한국 교회에서도 이제 '선교'라는 주제가 어느 정도 무르익지 않았나 하고 생각했는데, 선교에 직접적이든 간접적이든 참여하고 있는 교회가 몇 퍼센트나 되는지 그 통계를 보고 깜짝 놀란 적이 있다. 세계 선교사 파송 순위 2위 국가, 2만 명이 넘는 선교사를 파송하는 지금, 이 정도면 선교에 관심이 없는 교회가 없을 거라고 생각했는데 통계에 따르면 전체 교회의 15퍼센트만 직간접으로 선교에 참여하고 있다고 한다. 한국 교회의 85퍼센트는 선교에 별 관심이 없고 선교에 직간접적으로 참여하고 있지 않다는 얘기다. 그러니까 선교하는 교회만 계속 하고, 무관심한 교회는 여전히 무관심한 것이다. 또 한다고 해도 선교사 한두 명 또는 십여 명 파송해서 그저 얼마씩 선교헌금을 보내는 것이 선교 사역의 대부분인 경우가 많다.

그러나 이제 선교를 그저 유행이니까, 많이 하니까 이런 차원으로 접근해서는 안 된다. 복음 안에서 선교란 무엇이며 어떻게 이해하고 접근해야 하는지 그 첫 단추부터 바르게 꿸 필요가 있다. 선교라는 논의가 우리에게 취사선택의 문제인지, 과연 나와 선교가 무슨 상관이 있는지 보편적인 측면에서 살펴보자.

① 비전

모든 성도와 교회가 바라보는 동일한 비전, 궁극적인 비전이 있다.

9 이 일 후에 내가 보니 각 나라와 족속과 백성과 방언에서 아무도 능

히 셀 수 없는 큰 무리가 나와 흰 옷을 입고 손에 종려 가지를 들고 보좌 앞과 어린 양 앞에 서서 10 큰 소리로 외쳐 이르되 구원하심이 보좌에 앉으신 우리 하나님과 어린 양에게 있도다 하니 계 7:9,10

온 나라와 족속과 백성과 방언 가운데 모든 구원 받은 영혼들이 하나님 앞에 진정한 예배를 드리는 것이 바로 우리의 비전이다. 이 일이 있기 위해 빠져서는 안 될 것이 바로 선교 완성이다.

② 재림

이 천국 복음이 모든 민족에게 증언되기 위하여 온 세상에 전파되리니 그제야 끝이 오리라 마 24:14

우리가 대망하는 예수님의 재림도 선교 완성과 딱 맞물려 있다. 주님은 이 열방용 복음을 준비하신 아버지의 마음으로 "이 천국 복음이 모든 민족에게 증언되기 위하여 온 세상에 전파되리니 그제야 끝이 오리라"(마 24:14)라고 말씀하셨다. 하나님의 속성상 선교 완성이 되지 않고는 주님이 재림하실 수 없다는 결론이 분명하다. 재림을 소망할수록 그 소망과 더불어 정말 떼려야 뗄 수 없는 조건이 선교 완성이다. 그러므로 선교를 빼놓고 선교에 관심이 없으면서 예수님 다시 오시기를 기다린다는 말은 새빨간 거짓말이든지 무지함이다.

③ 지상대명

> 18 예수께서 나아와 말씀하여 이르시되 하늘과 땅의 모든 권세를 내게 주셨으니 19 그러므로 너희는 가서 모든 민족을 제자로 삼아 아버지와 아들과 성령의 이름으로 세례를 베풀고 20 내가 너희에게 분부한 모든 것을 가르쳐 지키게 하라 볼지어다 내가 세상 끝날까지 너희와 항상 함께 있으리라 하시니라 마 28:18-20

마태복음 28장 18-20절은 잘 알려진 대로 예수님의 지상대명(至上大命)이다. 지상대명은 가장 상위명령, 가장 크고 우선하는 명령이라는 뜻이다. 여기서도 주님은 "너희는 가서, 모든 민족을 제자로 삼아 아버지와 아들과 성령의 이름으로 세례를 베풀고 내가 너희에게 분부한 모든 것을 가르쳐 지키게 하라"라고 명령하셨다. 교회의 머리요 우리의 대장 되신 예수 그리스도의 지상대명, 가장 위대하고 우선시되어야 할 가장 상위명령이 바로 선교 명령이다. 이 명령을 제쳐두고 다른 명령을 이야기할 수 없다.

제자훈련 하는 분들은 자꾸 제자훈련만 강조하는데 먼저 전제하고 있는 것이 무엇인가? 어디서 제자훈련을 하라는 말인가? 모든 민족을 제자로 삼는데 그들을 기다리는 것이 아니라 '가서' 제자 삼으라고 말씀하신다. "가서 모든 민족을 제자로 삼아라" 이 지상대명 역시 궁극적으로 '선교'의 명령이다.

④ 권능

> 오직 성령이 너희에게 임하시면 너희가 권능을 받고 예루살렘과 온 유
> 대와 사마리아와 땅 끝까지 이르러 내 증인이 되리라 하시니라 행 1:8

예수님이 우리에게 성령의 권능을 약속하시면서 이 말씀을 하실 때 "오직 성령이 너희에게 임하시면 너희가 권능을 받고 예루살렘과 온 유대와 사마리아와 땅 끝까지 이르러" 이것을 전부 동시 시제로 말씀하셨다. "예루살렘을 마치면 그다음에 유대를 생각해라. 유대도 마치면 사마리아를 생각하고, 사마리아가 되고 혹시 시간이 남거나 기회가 되거든 나중에 땅 끝도 한번 생각해봐라" 하지 않으시고 예루살렘과 유대와 사마리아와 땅 끝까지 동시에 하라는 것이다.

이것은 하나님 아버지의 당연한 마음이다. 예수님이 오천 명을 먹이실 때 앞줄에 앉아 있는 사람만 계속 먹이시고 그다음 줄을 먹이시지 않았다. 그러지 않았다면 뒤에 몇 줄은 기다리다가 죽는다. 세상을 이처럼 사랑하시는 하나님 아버지는 그런 식으로 일하지 않으신다. 그래서 권능을 약속하실 때도 동시에 하도록 말씀하신 것이다.

⑤ 그리스도인의 신분과 사명

성도들에게 선교에 대한 주제로 도전하면 난생 처음 듣는 얘기로 꿈에도 생각해본 적 없이 전혀 남 얘기인 사람이 많다. 복음을 그저 문제해결, 소원성취, 자아만족, 죄책감 떨어내기용 정도로 전했기 때문

에 복음에 어떤 측면이 있는지 생각해보지 않은 경우가 너무 많은 것이다. 그리스도인이 되었다고 말할 때 그에게 주어진 가장 근본적인 부르심과 사명은 무엇일까? 특별한 부름이 아니라 복음을 받아들여서 그리스도인이 되었을 때 그의 신분과 사명이 무엇인지 알아보자.

17 그런즉 누구든지 그리스도 안에 있으면 새로운 피조물이라 이전 것은 지나갔으니 보라 새 것이 되었도다 18 모든 것이 하나님께로서 났으며 그가 그리스도로 말미암아 우리를 자기와 화목하게 하시고 또 우리에게 화목하게 하는 직분을 주셨으니 19 곧 하나님께서 그리스도 안에 계시사 세상을 자기와 화목하게 하시며 그들의 죄를 그들에게 돌리지 아니하시고 화목하게 하는 말씀을 우리에게 부탁하셨느니라

고후 5:17-19

이 말씀을 그대로 이해한다면 누구든지 그리스도 안에서는 새로운 피조물이다. 모든 것이 하나님에게서 났는데 하나님이 그리스도로 말미암아 우리를 하나님과 화목하게 하실 뿐만 아니라 우리에게 화목하게 하는 직책을 주셨다. 그러므로 그리스도인이 되었다는 말은 내가 그리스도로 말미암아 주님과 화목하게 되었을 뿐만 아니라 동시에 화목하게 하는 직책을 받고 그 말씀을 부탁받아 하나님이 그리스도 안에 계셔서 세상을 자기와 화목하게 하시고 저희 죄를 저희에게 돌리지 아니하시는 이 복음의 제사장 직무로 부름받았다는 말이다. 선교 사명을 받은 사람이 아니고 모든 그리스도인이 다 그렇

다. 그래서 그리스도인의 신분과 사명이 바로 선교이다. 우리에게는 선교적 존재로서 신분과 사명이 주어졌다.

> 그러나 너희는 택하신 족속이요 왕 같은 제사장들이요 거룩한 나라요 그의 소유가 된 백성이니 이는 너희를 어두운 데서 불러내어 그의 기이한 빛에 들어가게 하신 이의 아름다운 덕을 선포하게 하려 하심이라
> 벧전 2:9

이 구절 역시 특수한 어떤 사람이 아니라 그리스도 안에 들어온 모든 사람에게 하시는 말씀으로, 주님께서 우리를 택한 족속이요 왕 같은 제사장이라고 하신다. 제사장은 하나님과 백성 사이를 중재하는 직분이다. 모든 그리스도인은 하나님과 이 세상을 중재하는 복음의 제사장 직분, 즉 선교적 존재로 주님께 부름받았다. 그러니 복음을 받음과 동시에 어떤 존재인식을 가져야 하겠는가? 자기가 어떤 과정을 통해서 복음을 받게 되었는지 안다면 선교적 존재라는 인식은 당연한 귀결이다. 그리스도인의 신분과 사명은 가장 중요하고 근본적인 내용이다. 비전, 재림, 지상대명, 권능, 그리스도인의 신분과 사명, 그 어떤 것을 생각하더라도 결코 선교와 무관할 수 없다.

2. 성경에 나타난 하나님의 선교

처음부터 하나님의 마음 안에서 이 선교는 어떤 비중을 가지고 있었는지 살펴보자.

① 아브라함 : 선교적 존재

> 1 여호와께서 아브람에게 이르시되 너는 너의 고향과 친척과 아버지의 집을 떠나 내가 네게 보여 줄 땅으로 가라 2 내가 너로 큰 민족을 이루고 네게 복을 주어 네 이름을 창대하게 하리니 너는 복이 될지라 3 너를 축복하는 자에게는 내가 복을 내리고 너를 저주하는 자에게는 내가 저주하리니 땅의 모든 족속이 너로 말미암아 복을 얻을 것이라 하신지라 창 12:1-3

구약성경의 모판이라고 하는 아브라함 언약이다. 주님이 복의 근원이 되리라고 말씀하신 이 내용은 사람들이 모두 좋아한다. 주님께서 먼저 "내가 너의 집안을 번성하게 해주겠다. 애들을 많이 낳게 해서 집안을 번성하게 하고 큰 민족을 이루어주겠다. 수만 많은 집안이 아니라 선생 하면 대학교수, 총장이요, 정치인 하면 국회의원 내지 국무총리, 가끔 가다 대통령, 수상도 나오게 해서 네 이름을 창대하게 하리라" 이런 약속을 하실 때에는 주님과 우리의 정서가 너무 딱 맞는다. 게다가 더 마음에 드는 것이 "너를 축복하는 자에게는 내가 복을 내리고 너를 저주하는 자에게는 내가 저주할 것이다", 이 말씀은 주님이 말씀하신 중에 가장 화통하고 속이 확 뚫리는 말씀이다. 우리는 우리 정서에 딱 맞아서 집집마다 "복의 근원이 되리라" 이 말씀을 걸어놓는다. 우리뿐 아니라 유대인도 좋아하고 모든 사람이 좋아하는 구절이다. 누가 싫다고 하겠는가. 그런데 이렇게 누구나 부담 없이 좋아하는 이 '복'이라는 말의 개념이 무엇일까?

이 약속을 받을 때 "땅의 모든 족속이 너로 말미암아 복을 얻을 것이라 하신지라" 이 말이 약간 걸리고 부담스럽지만 걱정하지 않는다. "주님이 복을 흐드러지게 퍼주시면 남는 걸 버리겠어요? 불쌍한 나라도 도와주고 구제도 할 테니 걱정하지 말고 주세요" 이럴 수 있는 구절이다. 그런데 이렇게 해석하는 것이 과연 맞을까? 이 복을 말씀하실 때 목적에 해당하는 것이 '아브라함'일까, 아니면 '땅의 모든 족속'일까? 문맥상 목적어가 아브라함이라면 지금 말한 대로 내 편에서 하나님이 주시는 복으로 받으면 된다. 그런데 만약 목적 자체가 땅의 모든 족속이라면 이야기가 달라진다. 그렇게 되면 아브라함에게 주시는 모든 복에는 목적이 있는데, 그것은 땅의 모든 족속이 복을 받게 된다는 것이다. 그러면 이야기의 주체는 아브라함이 아니라 땅의 모든 족속이 된다.

이 말씀은 어떻게 해석하느냐에 따라 천양지차로 다르게 해석될 수 있으므로 성경이 기록된 배경을 봐야 한다. 우리가 얼마나 자아추구적으로 해석해왔는지 생각해볼 필요가 있다. 우리는 하나님이 주신 원래 의도대로 이 말씀을 받아야만 한다. 이 언약의 말씀을 해석하는 성경의 해석을 듣는 것이 무엇보다 낫다.

8 또 하나님이 이방을 믿음으로 말미암아 의로 정하실 것을 성경이 미리 알고 먼저 아브라함에게 복음을 전하되 모든 이방인이 너로 말미암아 복을 받으리라 하였느니라 9 그러므로 믿음으로 말미암은 자는 믿

음이 있는 아브라함과 함께 복을 받느니라 갈 3:8,9

이 복이 무슨 복인지 복의 의미가 정확히 정의되어 있다. 이 복은 복음의 복이다. 믿음으로 말미암아 의롭게 되는 복이다. 몇 가지 소원성취나 문제해결 같은 저급한 차원의 얘기가 아니고 하나님과의 관계가 회복되고 하나님이 꿈꾸셨던 하늘에 속한 모든 신령한 복을 받게 되는, 복 중의 복이다. 그래서 아브라함에게 먼저 이 복음을 전했다는 것이다.

그러면 그다음 누구에게, 무엇을 목적으로 주신 약속인지 이 복의 목적을 보자. "하나님이 이방(모든 족속)을 믿음으로 말미암아 의로 정하실 것을 성경이 미리 알고" 목적이 아브라함이 아니고 순서상 먼저 아브라함에게 복음을 전하되 "모든 이방인이 너로 말미암아 복을 받으리라" 그러니까 목적은 모든 민족이다. 그리고 모든 민족에게 주고자 하는 이 복은 복음의 복이었다. 이렇게 되면 아브라함의 존재와 역할은 이 복을 전달하는 선교적 존재가 되는 것이다. 아브라함을 불러 선교적 존재가 되게 하시려는 주님의 뜻은 역사상 과연 성취되었는가? 그렇다.

② 이스라엘 : 선교적 공동체

5 세계가 다 내게 속하였나니 너희가 내 말을 잘 듣고 내 언약을 지키면 너희는 모든 민족 중에서 내 소유가 되겠고 6 너희가 내게 대하여

제사장 나라가 되며 거룩한 백성이 되리라 너는 이 말을 이스라엘 자손에게 전할지니라 출 19:5,6

사실 창세기는 이스라엘 백성으로 시작하지 않는다. 하나님은 이스라엘만을 위한 민족신 정도가 아니라 온 열방과 세계를 지으신 만유의 주님이시다. 주님은 창세기 1장부터 모든 민족을 창조하신 분으로 당신을 계시하셨다. 민족은 창세기 11장의 바벨탑 사건 이후에 형성되었고 이스라엘은 아브라함이 등장한 창세기 12장에 와서야 등장하게 된다. 노아의 후손들이 이동해 오다가 사람들의 죄 된 속성이 하나의 언어 아래 응집력을 발휘하여 바벨탑을 쌓으며 하나님께 반역을 하여 스스로 자멸하게 되었을 때 하나님은 그들의 악행을 막기 위해서 할 수 없이 언어를 혼잡케 하시고 그들을 흩어지게 하셨다. 그것이 오늘날 언어와 문화가 다른 각 민족으로 갈라지는 계기가 되었다. 이렇게 해서 죄의 응집력은 막을 수 있겠는데 문제는 이들이 하나님의 구원의 손길에서 멀어지게 되었다는 것이다.

바벨탑 사건 이후 언어가 혼잡해지면서 지구촌 곳곳으로 흩어져서 거기서 여러 민족을 이루는 것들을 바라보시던 하나님이 갈대아 우르에 있는 평범한 한 사람 아브라함을 불러내서서 언약하시는 것이 바로 창세기 12장의 이야기이다. 인류가 흩어지는 11장을 배경으로 12장에서 아브라함을 부르신 하나님께서 "나는 저 흩어져 가는 사람들을 내 마음에서 지울 수가 없다. 반드시 그 민족들에게 복을 주고야 말리라. 그들을 구원하고야 말리라. 네가 나에게 순종하면 내가 너에게 복을 주어 너로 큰 민족을 이루겠다. 개인으로 민족을 당할 수 없으니 모든 민족을 감당할 특별한 목적으로 너를 통해 민족 하나를 만들고, 그렇게 특별히 선정한 너희를 통하여 모든 민족에게 복을 주는 그 일을 하리라"라고 당신의 의지를 말씀하시며 약속하셨다.

이 아브라함의 언약이 이루어져 아브라함 개인 한 사람이 수백만의 큰 민족이 되었다. "큰 민족을 이루고"라는 하나님의 약속 한 구절이 완성되어, 이스라엘이 출애굽할 때 큰 민족이 되어 나오게 하셨다. 아브라함과 개인적으로 언약을 맺으셨던 하나님께서 이제 민족이 된 그들과 민족적으로 언약을 맺으신다. 이 언약이 바로 출애굽기 19장에 언급된 말씀이다. 주님이 선포하신다. "온 세계가 다 내게 속하였다. 나는 열방의 하나님이요 온 세계의 하나님이다."

유대인도 이것을 잊지 말아야 했다. 주님은 가족신이나 민족신 정도가 아니라 온 세계의 하나님이시다. 온 세계가 주님께 속했는데 그들을 특별한 소유로 세운 목적이 무엇인가. "너희가 내 말을 잘 듣고 내 언약을 지키면 너희는 나의 특별한 소유가 될 것이다. 그래서 하나님을 잃어버린 모든 민족 가운데 하나님을 드러내는 거룩한 백성으로 구별될 것이고 제사장 나라가 될 것이다."

제사장은 하나님과 백성 사이를 중재하는 직분이다. 그런데 민족 자체가 제사장 민족이라고 한다. 이 말을 지금 우리의 논지에 맞추어서 표현한다면, 이스라엘은 존재 목적 자체가 선교적 공동체이고, 이 목적을 잃어버리면 존재할 이유가 없는 나라라는 것이다. 모든 나라 가운데 하나님을 드러내고, 모든 이방 나라들을 하나님과 화목하게 하는 제사장 직분을 다하도록 그 목적으로 특별하게 세우신 민족이라는 것이다.

보통 우리는 구약의 이스라엘 공동체를 신약교회의 모판으로 생각한다. 그러면 그 원리대로 신약교회는 선교적 공동체로 부름을 받았다는 것이다. 앞서 신약교회가 가진 비전, 대망하는 재림, 지상대명, 성령의 권능의 약속, 그리고 그리스도인의 신분과 사명 등 아무리 살펴보아도 분명한 것은 선교적 공동체라는 사실이다. 여기서 선교적 공동체라 함은 여러 목회 영역 가운데 "요즘 선교를 해야 목회가 부흥한다더라" 해서 선교위원회 하나 만들거나 선교사 한두 명 지원하기로 했다는 이야기가 아니다. 존재 자체가 선교적 공동체라는 말이다.

아브라함을 부르시고 복의 근원으로 삼았다는 것은 그 한 사람 배부르고 잘살게 한다는 것이 아니다. 복음 안에 이미 열방용 복음을 주셨고 아브라함에게 주신 복이 그냥 복이 아니라 믿음으로 말미암아 의롭다 함을 얻는 복음의 복이었다는 얘기다. 그 대상과 목적은 모든 민족이다.

그런데 이 말씀에 구약의 이스라엘은 실패했다. 나라로 볼 때 이스라엘은 실패했다. 그들은 어처구니없게도 복음을 아전인수 격으로 받아서 "우리는 선민(選民)이다"라고 주장했다. 선민답게 살지는 않으면서 선민 자존심은 남아 있는 것이다. 모태신앙이 신앙인답게 살지는 않으면서 모태신앙이라는 자존심만 남아 있었다. 그런데 이스라엘이 실패하고 있던 구약의 암흑 시기에도 아브라함의 언약을 정확히 알아듣고 취했던 사람들이 있다.

③ 선교에 응답하는 기도

> 1 하나님은 우리에게 은혜를 베푸사 복을 주시고 그의 얼굴 빛을 우리에게 비추사(셀라) 2 주의 도를 땅 위에, 주의 구원을 모든 나라에게 알리소서 3 하나님이여 민족들이 주를 찬송하게 하시며 모든 민족들이 주를 찬송하게 하소서 시 67:1-3

"하나님이여 우리에게 복을 주시고 그 얼굴빛을 우리에게 비춰주십시오"라고 복을 구하는 1절은 누구나 이해할 수 있다. 그런데 이 복을 무슨 목적으로 구했는가? 주님이 내게 복을 주셔서 나 하나 배부르고 내 집 넓히고 내 자랑 하자는 것이 아니다. 문제해결, 소원성취하는 것이 아니다. "하나님, 내게 복을 주시면 그 결과 주님의 도를 땅 위에, 주님의 구원을 모든 나라에 알리게 하옵소서. 내게 복을 주시면 그 결과로 주의 복음이 온 열방 가운데 주의 도가 땅 끝까지 알려지게 해주시고 하나님이여, 모든 민족들이 주를 찬송하게 하소서." 선교적 소명을 찾아보기 어려웠던 바로 그 실패한 이스라엘 한복판에서 이 시인은 아브라함의 복의 개념을 정확히 이해하고 있었다.

이것을 한국적 정서로 표현한다면 이런 것이다. 주님을 너무너무 사랑하는 권사님이 한 분이 계셨다. 그 분에게 아들이 하나 있는데 이 아들도 엄마를 닮아서 신앙이 좋았다. 신앙 좋은 엄마는 아들의 신앙이 좋기를 바랐지 공부하라고 닦달하는 분이 아니었다. 그런데 별로 바라지도 않았는데 그 아들이 서울대 의대를 들어가더니 졸업

할 때도 역사상 최고 학생으로 수석 졸업을 하게 되었다. 이것이 소문이 나서 그 엄마가 어떻게 키웠는지 방송국에서 인터뷰를 요청하자 권사님 마음에 기쁨보다 여러 가지 부담이 생겼다. 그래서 사람들을 피해 교회로 달려와 밤새도록 주님 앞에 묻고 기도했다.

"주님, 이 여종은 주님이 구원해주신 것만도 너무 감사하고 감격해서 더 바랄 것도 원할 것도 없고, 주님 섬기는 이 특권과 기도하는 이복 가지고 감사한 줄 알고 살아왔는데 귀한 자식을 맡겨주시더니 제가 뭘 잘한 것도 아닌데 그렇게 믿음이 좋게 잘 자라고, 그것만도 고마운데 바라지도 않은 서울대 의대를 들어가 이번에 무슨 일인지 수석으로 졸업을 한다고 하니 갑자기 여종의 마음에 두려움이 밀려옵니다. 주여, 혹시 제가 주님 말고 제 자식을 더 사랑했거나, 혹시 영원한 것 말고 다른 걸 더 구한 적이 있나요? 주여, 왜 그런지 여종의 마음이 불안합니다."

그러면서 눈물로 기도하는데 갑자기 은혜가 임하며 마음에 한 줄기 빛이 비쳐오고 코끝이 찡해지며 이런 생각이 드는 것이었다. 몇 주 전 그 교회에 까무잡잡하고 깡마른 선교사 한 분이 오셨는데 보기에도 너무 애처로운 그 선교사가 카랑카랑한 목소리로 "내가 누구를 보내며 누가 우리를 위해 갈꼬?" 소리를 지르더니 "요즘에는 선교지에서 목사, 선교사는 다 받아주지 않아서 정식 선교사로는 갈 수 없고 전문인 선교사들에게만 열린 곳이 많아지는데 그럼 거기 누가 가겠습니까?" 하던 것이 생각난 것이다.

"주여, 갑자기 여종에게 이 생각을 떠올리심은 웬일이시옵니까. 구하지도 않고 바라지도 않았는데 왜 우리 자식 서울대 의대 수석하게 해주셨나 했더니, 갑자기 여종의 마음에 감동이 오는데, 그렇게 특별한 은사를 주시고 이런 기회를 주신 것이 다름이 아니라 그저 실력 있는 의료 선교사가 되어 주님이 그렇게도 사랑하시는 저 잃어버린 미전도 종족들에게 가서 복음을 전하라고 하시는 하나님의 큰 뜻이 있는 줄 생각하니 너무너무 송구한 마음이 듭니다. 이 죄인 가문에 영광스러운 선교사라니 이게 무슨 말입니까. 주여, 너무너무 감격스럽습니다. 그저 혹시 허락하신다면 기왕에 기회 주셔서 준비시키신 우리 아들, 아무도 가고 싶어 하지 않는 저 미전도 종족의 의료 선교사로 하나님께 드리오니 받아주시옵소서."

잘 생각해보라. 우리 교회에 이런 권사님이 많을까? 그러면 사모님은 많을까? 서울대 의대 수석이다. 그 하나밖에 없는 아들을 아무도 가지 않는 열방의 선교사로 보내기로 기꺼이 바칠 사모님이 많을까 적을까? 그러면 목사님은? 선교사님은? 선교지에서 선교사님들에게 이렇게 물어보면 없다고 한다. 나 하나 고생한 걸로도 충분하다고 한다. 그런데 그 어두웠던 시절, 구약의 한복판에서 이 시편 기자가 아브라함의 언약을 그대로 받고 이 기도를 올려드린 것이다.

- 복음이 자신에게 실제가 된 사람의 첫 반응은 사랑하는 사람들의 구원에 대해 갈망이 생기는 것이다.

- 복음은 처음부터 열방용이다. 전파해야 듣고, 들어야 믿고 누릴 수 있는 선교적 속성을 담고 있다.

- 생명의 기쁜 소식인 복음에는 전해져야 하는 과정이 남아 있다. 복음을 전달하는 행위는 복음의 내용만큼이나 중요하다.

- 복음은 주신 그대로 받아야지, 내가 원하는 대로만 받아 축복은 취하고 책임은 거절한다면 하나님은 준엄하게 책임을 물으신다.

- 교회의 비전, 주님의 재림, 지상대명, 성령의 권능, 그리스도인의 신분과 사명 그 무엇으로도 복음과 선교는 불가분의 관계이다.

- 복의 근원이란 선교적 존재로 복음의 복을 받았다는 뜻이다.

· · ·

진리가 결론 되게 하라!

29강

복음과 선교 2

복음을 영화롭게 하라

나가서 모든 족속에게 전해주기만 하면 그 이름을 부르는 모든 자가 어마어마한 복음의 영광과 능력과 축복을 받을 수 있도록 다 준비해 놓으시고 자기 아들을 아끼지 아니하시고 내주신 하나님 아버지의 가장 간절한 소원은 무엇일까? 우리가 예배당을 크게 짓고 장례위원회, 전도위원회 구색에 맞춰 선교위원회 하나쯤 만들고 선교비를 보내는 것이 과연 하나님의 마음 안에 있던 원래 비중으로 선교를 합당하게 받은 것인가? 나는 선교지에 계신 선교사님 중에도 성경이 말씀한 대로 선교를 이해하지 못하는 분들이 적지 않다는 것을 발견하고 깜짝 놀랐다. 하나님의 백성으로서 하나님의 뜻인 선교를 온전히 받지 않았을 때 어떤 비극이 존재할 수 있는지 성경의 역사를 통해서 살펴보도록 하겠다.

복음과 선교 2

1. 선지자 요나

선지서를 읽다가 늘 이해가 안 된 것이 요나서이다. 선지서는 대부분 빼곡히 주님이 주신 예언의 말씀으로 되어 있지 그 선지자 자신에 대한 이야기는 거의 없다. 그런데 성공한 이야기도 아니고, 선지자 중에서 아주 성질 더럽고 실패한 선교사의 이야기를 이 중요한 성경 한 복판에 끼워 넣은 이유는 무엇일까? 요나서에 예언이라고는 딱 한 줄이 있다. "사십 일이 지나면 니느웨가 무너지리라." 그리고 나머지는 전부 선지자가 하나님께 대들고 걸핏하면 죽이라고 하는 이야기뿐이다. 이것을 무슨 하나님의 말씀이라고 여기에 기록해놓았는지 이해가 되지 않았다.

그런데 이 요나서가 구약 역사에서 선교적 공동체로 부름 받았던 이스라엘이 하나님 앞에 어떻게 반응하고 어떻게 망했는지, 그 이스라엘의 이야기를 선지자 한 개인의 삶으로 축약해서 기가 막히게 보여주는 한 전형이라는 사실을 깨닫게 되었다.

여호와의 말씀이 아밋대의 아들 요나에게 임하니라 이르시되 욘 1:1

북이스라엘의 선지자 요나는 하나님께 직접 부름을 받은 정통 선지자였다. 선지자의 자격은 하나님의 부름을 받는 것이다. 요나는 국수적일 만큼 유대주의적 사고가 꽉 차 있었고 이스라엘 민족에 대한 자긍심이 대단했으며 열심이 큰 사람이었다. 뿐만 아니라 요나는 큰 종이었다. 하나님이 일을 맡기실 때 아주 짧은 단회적 사건, 작은 일에 쓰시는 종도 있지만 요나는 한 나라가 흥하고 망하는 굵직한 예언 사역을 했기 때문이다. 그는 누구보다도 주님의 마음을 가장 정확히 이해하고 알아야 할 사람이었다. 선지자는 그 직분 자체가 백성들이 제대로 잘 갈 때는 할 일이 별로 없다. 잘못 갈 때 바른 길로 돌이키도록 책망하고 교정하고 바르게 세워야 하기 때문에 누구보다 하나님의 뜻에 민감하고 예리하게 서 있어야 한다. 그러니 선지자라는 그의 위치로 보면 하나님의 마음을 가장 잘 알 수 있는 사람이다. 그런데 가장 가까워야 할 하나님과 선지자 사이에 어떤 비극과 갭이 존재할 수 있는지 요나서의 사건이 잘 보여준다.

사실 요나는 너무 솔직 담백할 뿐 아니라 우리와 정서가 잘 맞는다. 요나서는 요나가 북이스라엘 사역을 할 때 애증관계에 있던 앗수르의 운명에 관한 이야기이다. 고대 제국들이 다 난폭했지만 앗수르는 특히 잔인하고 폭력적인 민족으로 악명이 높았다. 니느웨의 악독이 하늘에 상달되었다고 할 정도니까 그냥 두어도 자멸할 판이었고 하나님께서 국지적인 심판을 할 수밖에 없는 상황이었다.

이들이 북이스라엘을 자꾸 괴롭혔고 나중에는 결국 북이스라엘을 멸망시키고 말았다. 그러니 이런 관계에 있는 앗수르에 애국주의자인 요나가 심정적으로 가까울 수 없지 않겠는가. 우리도 전 세계 모든 나라를 공평하게 사랑해야 하지만 아무리 노력해도 이상하게 잘 안 되는, 가깝고도 먼 나라가 있다 보니 이 요나의 심정을 잘 이해할 수 있다. 물론 우리는 용서했다. 그러나 잊을 수는 없지 않은가.

그 요나에게 주님이 갑자기 명령을 내리셨다. 니느웨에 대하여 "40일이 지나면 그 성이 망한다"라는 메시지를 주시며 그 성에 가서 예언하라고 하셨다. 누구보다도 애국주의자요 유대주의자였던 요나에게 그 지긋지긋한 니느웨가 40일 후면 망한다는 것은 무엇보다 반가워할 일이고 너무 신나서 외칠 법한 일인데, 이상하게 요나가 정반대의 반응을 보였다. 니느웨는 동쪽 내륙에 있는데 서쪽으로 가서 배를 타고 다시스로 도망하려고 한 것이다. 바라도 자기가 먼저 바랐을 일인데 왜 그랬을까?

요나는 아주 예리한 사람이다. 하나님이 왜 40일 전부터 그 성에 가서 40일 후에 망한다고 외치라고 하시는지 거기에 뭔가 있다고 생각한 것이다. 하나님이 진짜 그 성을 망하게 하시려면 40일 동안 아무도 눈치 못 채게 비밀에 부쳤다가 그들이 죄를 잔뜩 지었을 때 불벼락을 내리셔서 쥐새끼 한 마리 못 빠져나오게 하셔야 하는데 말이다. 그래서 생각해보니 짐작되는 것이 있었다.

'40일이나 그 성이 망한다고 외치면 아무리 악독한 성읍이라도 그 중에 심장 약한 몇이 그 소리를 듣고 "아이고, 큰일 났네. 하나님, 용서해주세요" 하고 회개하면 용서 그 자체이신 하나님, 마음 약한 우리 하나님이 "아이고야, 저기 몇 놈이 회개하는구나" 이러고 죄를 용서해주시려고 하시는구나', 이렇게 눈치를 챈 것이다. 그러니까 하나님이 용서하실지도 모른다는 생각만 해도 견딜 수가 없어서 하나님을 피해 도망친 것이다.

가만히 순종을 안 하면 될 텐데 왜 도망가는가? 하나님에 대해서 너무 잘 알기 때문이다. 하나님은 한다면 하시는 분이니 버텨봤자 소용없고 얼른 도망치는 게 수라고 생각한 것이다. 다시스로 가는 배를 타고 나서 갑판 위에서 왔다 갔다 하면 하늘의 하나님이 보실까 봐 배 밑창으로 쏙 내려가버렸다. 멀뚱멀뚱 있다가는 양심을 통해 말씀하실 수 있으니까 누워서 깊이 잠들어버렸다.

혹시 성경에 "내가 내 종 요나를 잡으려 했는데 요나가 배 타고 밑창에 쏙 들어가 잠드는 바람에 놓쳐버렸다" 이런 기록이 있을 수 있을까? 없다. 하나님은 하신다면 하시는 분이다. 어느 때는 비용을 거의 안 들이고 일하시다가 또 어느 때는 낭비하듯이 막 쓰신다. 워낙 스케일이 크신 하나님께서 요나 하나를 잡는다고 지중해 바다 전체를 흔들어버리셨다.

여호와께서 큰 바람을 바다 위에 내리시매 바다 가운데에 큰 폭풍이 일어나 배가 거의 깨지게 된지라 온 1:4

지중해를 다 흔들어버리시니까 할 수 없이 배 밑창에서 나와 제비를 뽑게 되었다. 도대체 이 재앙이 누구 때문인지 제비를 뽑는데 제비 하면 또 우리 주님이 아니겠는가. 요나가 보니 잔잔하던 바다에 갑자기 풍랑이 일어났고 제비를 뽑았는데 자기가 딱 걸렸다. 요나가 이것은 하나님이 아니고는 할 수 없는 일이라는 것을 알았다. 워낙 하나님에 대한 지식이 정확하니까 바로 깨달아졌다.

가만히 보면 이 요나 형님이 성질이 아주 더럽다. 걸핏하면 자기를 죽이라고 그런다. 그가 선장과 사람들에게 "나는 히브리 사람으로 하나님의 종이다. 이 풍랑은 여호와가 날 잡으려고 하시는 거니까 날 바다에 확 던져버려라"라고 말했다. 하나님이 추적하시는 한 도망쳐봤자 소용이 없다는 것을 아니까 그냥 죽어버리겠다는 심정으로 한 말이었다.

드디어 사람들이 요나를 들어 바다에 던졌다. 하지만 하나님은 하늘만 아니라 바다 속에서도 하나님이시다. 큰 물고기를 예비하셔서 요나를 꿀꺽 삼키게 하시고 사흘 밤낮 물고기 뱃속에 있다가 나오게 하시니 이제는 순종 안 할 도리가 없었다. 회개는 마음 중심으로 돌이키는 것이다. 그러니 요나는 회개한 적이 없다.

> 3 요나가 여호와의 말씀대로 일어나서 니느웨로 가니라 니느웨는 사흘 동안 걸을 만큼 하나님 앞에 큰 성읍이더라 4 요나가 그 성읍에 들어가서 하루 동안 다니며 외쳐 이르되 사십 일이 지나면 니느웨가 무너지리라 하였더니 욘 3:3,4

니느웨에 도착해서 사흘 길이 되는 이 성읍을 하루 동안 다니며 "40일이 지나면 니느웨가 무너지리라"라고 하였다. 가만히 묵상해볼 때 요나가 가장 두려워하는 상황은 니느웨 백성들이 이 메시지를 알아듣는 것이다. 잘못하면 알아듣고 회개하는 일이 생길 수 있기 때문이다. 그러니 모르긴 몰라도 말은 하되 하나님은 했다고 인정하실 수밖에 없고 들은 사람은 무슨 말인지 못 알아듣게 하는 방법으로 하지 않았을까?

하지만 혹시 요나가 머리를 써서 그렇게 했다고 해도 주님이 당하시겠는가? 결국 니느웨에 회개하는 역사가 일어났다. 왕부터 사람이나 짐승까지 다 베옷을 입고 회개하니 하나님이 뜻을 돌이키셔서 그들에게 내리기로 한 재앙을 내리지 않으셨다. 요나에게는 정말 있어서는 안 될 큰일이 일어난 것이다.

1 요나가 매우 싫어하고 성내며 2 여호와께 기도하여 이르되 여호와여 내가 고국에 있을 때에 이러하겠다고 말씀하지 아니하였나이까 그러므로 내가 빨리 다시스로 도망하였사오니 주께서는 은혜로우시며 자비로우시며 노하기를 더디하시며 인애가 크시사 뜻을 돌이켜 재앙을 내리지 아니하시는 하나님이신 줄을 내가 알았음이니이다 3 여호와여 원하건대 이제 내 생명을 거두어 가소서 사는 것보다 죽는 것이 내게 나음이니이다 하니 욘 4:1-3

성경에는 "요나가 매우 싫어하고 성내며 여호와께 기도하여 이르되" 이렇게 점잖게 표현되어 있는데 사실 이것으로는 요나의 심정을 이해할 수 없다. 현장 입체낭독이 필요한 상황이다. 요나가 하나님이 재앙을 내리려던 뜻을 돌이키신 것을 깨닫자마자 그동안 누르고 눌렀던 분노가 확 치밀어 오르는데 그냥 싫어한 게 아니고 매우 싫어했다고 했다. 잔뜩 열이 받아서 악을 쓰며 여호와께 삿대질하면서 "여호와여, 내가 이럴 거라고 통박 딱 잡고 안 간다고 그러는데, 나를 억지로 물고문 시켜서 혹시나 하고 전했더니 역시나 역시나야…. 내가 고국에 있을 때부터 딱 알아봤습니다. 오, 여호와여, 자비로우시고 노하기를 더디 하셔서, 사랑이 너무너무 넘쳐서 이놈 저놈 잡놈 아무 놈이나 많이 사랑하고 용서하시는 여호와여, 정말 놀라우십니다. 차라리 나를 죽여! 죽여!" 성경에 차마 이런 식으로 표현할 수 없어서 아주 점잖게 적었지만 상황은 이렇다는 것이다.

성읍을 나온 요나가 성읍이 잘 보이는 능선에 초막을 짓고 그 그늘 아래 앉았다. 걸핏하면 죽이라고 하는 요나인데 굳이 안 죽여도 그냥 두면 중동의 내리쬐는 땡볕에 죽게 생겼다. 주님은 죽이라고 하면 또 안 죽이시는 분이다. 이 성질 더러운 종을 위해 박넝쿨을 자라게 해서 머리 위에 그늘이 지게 해주셨다. 요나가 박넝쿨 때문에 너무 기뻤다. 그러더니 이번에는 주님이 벌레를 예비하사 박넝쿨을 갉아먹게 하셔서 박넝쿨이 시들어버렸다. 또 주님이 이렇게 하셨다는 것을 요나가 알았다. 해가 뜨고 햇볕이 머리에 내리쬐니 요나가 다시 죽기를 구하였다. 그런 요나에게 주님이 물으셨다.

"요나, 네 이놈. 네가 박넝쿨 때문에 싱질내는 것이 정당하다고 말했지. 그럼 한 가지 묻자. 너와 박넝쿨은 무슨 인연이냐? 네가 수고하고 키운 것도 아니고 저절로 자랐다가 저절로 말라버린 박넝쿨도 네가 그렇게 아끼는 것이 당연하다고 말했지. 그런 너의 논리로 너에게 묻겠다. 네가 그렇게도 망하기를 원하는 저 니느웨 성읍에는 좌우를 분변(分辨)하지 못하는 사람들이 십이만 여 명이고 가축들도 많다. 그리고 그들은 우연히 생겨난 게 아니야. 내가 그들을 지었고 친히 양육했어. 내가 그들을 심었고 자라게 했어. 나는 그들을 사랑했고 인내해왔어. 그들이 범죄하고 스스로 자멸의 길로 가고 있지만 난 그들을 포기할 수 없어. 너도 네가 아무 수고도 하지 않고 잠시 피었다 진 박넝쿨을 그렇게 아꼈는데, 내가 심었고 내가 키웠고 내가 세운 나의 니느웨 백성을 내가 어찌 아끼지 않겠느냐."

주님의 말씀이 떨어지자 성질 사나운 요나도 더 할 말이 없었는지 성경도 "내가 어찌 아끼지 아니하겠느냐 하시니라"라는 주님의 그 말씀으로 끝이 나 있다.

하나님의 마음을 가장 잘 알아서 하나님이 사랑하는 족속들에게 이 마음을 전해주어야 할 선지자가 그 사명을 잃어버리면 이런 비극이 존재할 수 있다. 이것이 바로 구약에 나타난 이스라엘의 모습이었다. 그들은 그들 한 민족 잘 먹고 잘 사는 것이 아니라 온 세상을 구원할 복음을 가지고 있었고, 온 땅의 영혼들이 바라봐야 할 하나님을 모시고 있었다. 요나와 같이 그들의 순종과 불순종에 온 열방의 운명이 달려 있었다. 주님의 이 부름을 잃어버리고 이 언약을 지독하게 자기중심적으로 생각하고, 선교적 소명을 잃고, 하나님을 자신들의 민족신 정도로 생각하는 것이 얼마나 엄청난 결과를 가져오는지 주님은 역사 속 한 인물을 통해서 적나라하게 보여주셨다.

이 이야기는 우리가 처한 상황에 비하면 모형도 안 된다. 신약 교회는 십자가에서 완성된 복음을 가지고 있다. 선지자들이 그토록 꿈꾸던 성령님이 오셨다. 그분이 오셔서 땅 끝까지 이르러 주님의 몸 된 교회를 증인으로 삼겠다고 친히 그 능력으로 증거하겠다고 약속하신 어마어마한 성령의 능력을 가지고 있다. 그리고 온 천하 모든 민족이 받을 만큼 준비된 예수 그리스도의 십자가 복음이 주어졌다. 만약 이 교회가 선교적 소명을 쏙 빼고 나머지 복음만을 아전인수 격으로 누리고 있다면, 자신들 배불리고 성공하고 죄책감 떨어내는 복음으로 틀어쥐고 있다면 이 일은 요나서의 일과 비교가 안 되는 너무 끔찍하고 기가 막힌 큰 죄악이라고 하지 않을 수 없다.

하나님께서 요나를 통해서 그토록 외치고 싶으셨던 말씀이 있다.

요나가 자신의 실패한 이야기를 기록하여 오고 오는 모든 세대에 하나님의 마음을 전하는 도구가 되도록 한 것은 어떤 말보다 더 강력하게 우리 마음에 도전이 되도록 하신 하나님의 섭리라고 생각한다.

2. 선교적 존재

이스라엘에게 주어진 복음에 있어 우리는 모두 이방인이었다. 요나의 입장에서 보면 우리는 니느웨 사람들이었다. 만약 하나님이 복음 안에 선교라는 속성을 담아두지 않으셨다면 오늘의 우리는 있을 수 없다. 다른 사람들은 몰라도 지구 반대편에 있는 이방인이었던 우리 민족에게 선교라는 이 주제는 생명과 직결되어 있다. 130여 년 전만 해도 미전도 종족이었던 이 조선 땅에 하나님의 열정이 아니었다면, 하나님이 요나와 같은 종과 싸우시며 니느웨를 구원하시는 열정과 동일한 열정을 우리 민족을 위해 가져주시지 않았다면, 하나님께서 우리 민족을 향한 열정을 포기하셨더라면 오늘 우리는 없었다.

2천 년 전 갈보리 언덕에서 당신의 아들의 생명을 잡으시며 시작된 이 십자가 복음의 역사는 2천 년 세월 동안 하나님이 너무도 아끼시는 그분의 수많은 종들을 허비하듯이 희생시키시면서 오늘 여기까지 왔다. 한 알의 밀알이 땅에 떨어져 죽지 않으면 열매를 맺을 수 없다던 주님은 당신이 친히 밀알이 되셨고, 당신의 가장 사랑하는 종들을 밀알 삼으셔서 오늘의 열매를 맺게 하셨다.

130여 년 전, 이 조선 땅은 가장 악랄하게 하나님의 복음을 받아들이지 않는 땅이었다. 지금은 복음을 받아들여서 복음이 만발하다

보니 우리 민족이 태생적으로 원래 복음에 잘 반응하는 민족이라고 착각하는 사람들이 있다. 종교성이 강하다느니 그때 역사적으로 복음을 받을 만한 시기였다느니 여러 분석을 하지만 폐일언하고, 한국 천주교는 100년 동안 선교하면서 씨를 말리려고 덤벼드는 이 조선 민족 때문에 수많은 순교 성지를 갖게 된 역사적인 아픔이 있다. 개신교 역시 수많은 희생자를 냈다. 그 당시 일본은 우리보다 먼저 복음을 받아들여 부흥을 경험한 적이 있고, 중국 땅은 훨씬 더 복음을 먼저 받아들였다. 복음 전도의 노력을 안 한 것이 아니라 조선의 문을 두드렸지만 이 땅이 워낙 완고해서 발도 못 붙이게 열어주지 않았던 것이다. 맨 정신으로 그냥은 열릴 땅이 아니었다.

① 토마스 선교사의 피

굳게 닫힌 조선의 문을 열기 위해 애쓴 스물일곱 살의 젊은 토마스 선교사, 사실 그도 올 만한 상황에서 오고 될 만한 상황에서 된 게 아니었다. 그는 본래 중국 산동성 선교사로 와 있었는데 전도여행을 다녀오니 결혼한 지 얼마 안 된 아내가 죽어 있었다. 임신 중이었는데 하혈을 멈추지 못한 채 혼자 죽어간 것이다. 아내를 지키지 못한 자책감과 충격으로 고통스러워하는 그에게 하나님은 조선을 포기할 수 없는 주님의 마음을 부으셨다. 이 조선에 아직 태어나보지 못한 주님의 몸 된 교회가 있는데, 이 신부된 교회를 잃어버리고 있는 우리 주님의 마음이 사랑하는 아내를 잃은 토마스의 가슴에 부어졌다.

그가 조선 땅을 찾아올 때 오라는 초청장이 있었던 것이 아니다.

살인과 만행과 약탈이 기다린다는 소문이 있는 줄 알고 출발한 길이었다. 제너럴 셔먼 호라는 미국 상선을 타고 몇 마디 배운 조선말로 통역관을 자청하여 들어올 때 양각도 모래톱에 걸린 배가 불에 타게 된다. 불타는 배에서 탈출하여, 대동강변에 늘어서서 그들을 죽이려고 하는 사람들에게 무언가 외치고 성경책을 전한 스물일곱의 토마스 선교사. 그는 생전에 머리 터럭 하나 섞여본 적 없는 이 민족을 사랑하다 찾아와서 복음 한 번 제대로 전해볼 기회 없이 박춘권의 무정한 칼날 아래 목이 떨어졌다. 그 피가 쏟아져 대동강변을 붉게 물들였다. 하나의 밀알이 떨어져 죽이야 열매를 맺겠다던 주님의 뜻이 아픔을 가진 사랑하는 종의 희생을 통해 그곳에 피로 뿌려졌다.

평양은 동양의 예루살렘이라고 할 만큼 복음을 여는 전초 기지가 되었다. 그렇지만 그냥 된 것이 아니었다. 하나님의 사랑하는 종들의 희생이 뿌려졌고, 거기에 주님의 은혜가 임해서 복음이 꽃피우게 된 것이다.

② 언더우드 선교사의 기도

본격적으로 선교가 시작된 이 땅에 하나님의 아까운 종들이 많이 왔다. 1885년 최초의 선교사로 인천 제물포 앞바다에 도착한 언더우드 선교사, 그의 심정이 초기 기도문에 고스란히 표현되어 있다.

"주여! 지금은 아무것도 보이지 않습니다. 주님, 메마르고 가난한 땅, 나무 한 그루 시원하게 자라 오르지 못하고 있는 이 땅에 저희들을 옮겨와 앉히셨습니다. 그 넓고 넓은 태평양을 어떻게 건너왔는지 그 사실이 기적입니다. 주께서 붙잡아 뚝 떨어뜨려 놓으신 듯한 이 곳, 지금은 아무것도 보이지 않습니다. 보이는 것은 고집스럽게 얼룩진 어둠뿐입니다. 어둠과 가난과 인습에 묶여 있는 조선 사람뿐입니다. 그들은 왜 묶여 있는지도, 고통이라는 것도 모르고 있습니다. 의심부터 내고, 화부터 냅니다. 조선 남자들의 속셈이 보이지를 않습니다. 이 나라 조정의 내심도 보이지를 않습니다. 가마를 타고 다니는 여자들을 영영 볼 기회가 없으면 어쩌나 합니다. 조선의 마음이 보이지를 않습니다. 그러나 주님, 순종하겠습니다. 겸손하게 순종할 때 주께서 일을 시작하시고 그 하시는 일을 우리의 영적인 눈이 볼 수 있는 날이 있을 줄 믿나이다. "믿음은 바라는 것들의 실상이요 보이지 않는 것들의 증거니"라고 하신 말씀을 따라 조선의 믿음의 앞날을 볼 수 있게 될 것을 믿습니다. 지금은 우리가 황무지 위에 맨손으로 서 있는 것 같사오나, 지금은 우리가 서양귀신, 양귀자라고 손가락질 받고 있사오나, 저들이 우리 영혼과 하나인 것을 깨닫고, 하늘나라의 한 백성, 한 자녀임을 알고 눈물로 기뻐할 날이 있음을 믿나이다. 지금은 예배드릴 예배당도 없고 학교도 없고 그저 경계와 의심과 멸시와 천대함이 가득한 곳이지만 이곳이 머지않아 은총의 땅이 되리라는 것을 믿습니다. 주여! 오직 제 믿음을 붙잡아주소서."

이렇게 절절한 기도로 매달린 그들의 첫 믿음의 걸음, 언더우드는 5대째 이 땅에서 조선 사람보다 더 조선을 사랑하며 이 땅을 섬기고 있다.

③ 아펜젤러 선교사의 희생

언더우드 선교사와 함께 인천에 도착한 아펜젤러 선교사 역시 가족들이 시험에 들 만큼 조선을 사랑했던 사람이다. 성서번역위원회에 참석하기 위해 목포로 가던 중 그가 탄 배가 군산 앞바다에서 다른 선박과 충돌하는 사고가 났을 때 수영을 잘하던 아펜젤러 혼자라면 살 수도 있었는데 물에 빠져 가는 조선 소녀를 구하고 나서 그는 끝내 파도를 이기지 못했다. 그는 서해 바다 어딘가 바다 묘지에 잠들어 있다.

④ 루비 켄드릭 선교사의 생명

루비 켄드릭이라는 스물여섯 살의 미국 처녀 선교사가 있다. 그녀를 내 딸이나 내 누이라고 생각해보라. 스물여섯 살의 그 꿈 많은 처녀가 대체 어떤 사랑에 붙들려서 이 멀고 먼 이역만리 조선 땅에 왔는지, 그가 토로한 그 사랑의 심정이 양화진에 있는 그녀의 묘비문으로 남아 있다.

"만일 나에게 천 개의 생명이 있다면 그 모두를 조선에 바치겠습니다."

조선 사람인 우리가 언제 우리 민족을 이렇게 사랑해보았는가. 루비 켄드릭의 마음이 아니라 바로 주님의 마음이었다. 그는 한국에 온 지 8개월 만에 숨졌다. 죽음을 앞두고 만일 자신이 이 자리에서 일어나지 못하거든 자기를 파송한 청년단체의 청년들에게 더 많이 조선에 와달라는 유언을 남겼다고 한다. 그녀의 말이 전해지자 수십 명의 청년들이 은둔의 나라 조선으로 달려왔다고 한다.

⑤ 로제타 홀 선교사의 사랑

로제타라는 처녀 의사 선교사는 미국에서 보장된 미래를 다 포기하고 이 어렵고 척박한 조선 땅에 찾아왔다. 그녀를 뒤좇아 온 윌리엄 홀과 조선에서 결혼하고 의료 선교 사역을 계속하던 중 남편이 평양에서 청일전쟁 중에 환자들을 돌보다가 전염병으로 죽어 이 땅에 묻히게 된다. 미국으로 소환되어 슬픔에 잠겨 있는 로제타에게 주님이 말씀하셨다. "난 아직 조선을 포기하지 않았다. 네 남편이 다하지 못한 일을 네가 해야 하지 않겠니." 그래서 두 아이를 데리고 남편이 죽은 그 땅에 다시 돌아오지만 온 지 얼마 되지 않아 어린 딸마저 풍토병으로 잃는다. 딸을 묻으며 로제타가 이렇게 기도했다고 한다. "하나님, 사랑하는 내 아들 셔우드 홀과 조선에서 평생 사역을 할 수 있게 해주시길 원합니다." 로제타 홀은 평생을 그렇게 자신의 삶을 녹여가며 이 땅을 섬겨주었다. 그녀의 기도대로 그녀와 아들 셔우드 홀은 결핵 퇴치에 앞장섰고 최초로 한글 점자를 만들었고 많은 학교와 병원을 세웠다.

이름 없이 묻힌 수많은 밀알들

2호선 합정역에서 약 10분 거리에 양화진이라는 곳이 있다. 천주교인들을 박해하면서 목을 잘라 한강에 던졌다 해서 절두산(切頭山)이라고 알려진 그곳에 외국인 선교사 묘역이 있다. 바람 부는 한강변에 이름 없는 수많은 선교사들이 묻혀 있다. 아무 말이 없이 세월에 스친 묘비만 남아 있다. "나는 영국의 그 영광스러운 웨스트민스터 사원에 묻히는 것보다 내가 사랑하는 조선에 묻히기를 원한다"라고 했던 헐버트 선교사의 무덤도 거기 있다.

선교사 중에는 1950년 6.25 동란이 터지던 때 우리도 살 길을 찾아 피난하던 때에 전쟁통에 자녀들까지 데리고 들어와서 죽은 분도 있었다. 무덤의 기록을 보니 석 달 된 아이가 죽고 그다음 세 살짜리 재롱둥이가 죽었다. 이국땅에서 전쟁통에 아빠 엄마를 따라 태어나고 자란 아이가 선교사 사모의 품에 안겨 숨을 헐떡이며 죽어가는 장면을, 죽은 아이를 끌어안고 통곡했을 그 부모의 심정을 한번 생각해보라. 한 알의 밀알이 땅에 떨어져 죽어야 열매를 맺는다.

오늘의 우리가 이런 환경 가운데 주님 앞에서 거룩한 부름 앞에 서는 축복을 누리는 것도 이 놀라운 주님의 부름에 순종해준 분들이 있었기 때문이다. 물론 수천 명의 선교사들 중에서 평가가 엇갈리는 분들도 있을 수 있다. 그러나 엄청난 사랑을 받은 사람으로서 그런 말은 함부로 할 일이 아니다.

선교보다 더 아름다운 일은 없다

받을 때는 아무리 크고 엄청난 이야기를 해도 별로 감동이 안 온다. 사랑은 받을 때는 잘 모른다. 사랑을 주어봐야 아는 것이다. 하나님께서 축복해주셔서 우리는 이제 선교 100년 만에 선교사 파송 순위 2위 국가가 되어, 2만 명이 넘는 선교사가 170여 개 나라에 흩어져

나가 있다.

이 선교사님들의 심부름이라도 하겠다고 하는 우리는 순회선교단이 되었다. 우리는 선교사님들이 포기하고 돌아오면 그 땅의 영혼들에 대한 하나님의 손길이 거두어지는 것이니 그러지 않도록 선교사의 퇴로를 차단하기 위해 좇아다녔다. 가서 감동 작전을 펴기도 하고 섬기고 돌아다니며 여러 모습을 보았다. 이제 세월이 지나 선교 역사가 깊어지자 한국 선교사들의 희생 소식이 여기저기서 들려오고 현장에서도 보고 듣게 되었다.

네팔에 가서 어느 선교사의 집에 머물렀는데 아침에 일찍 벨이 울렸다. 히말라야 고지에서 사역하던 선교사님의 가정에서 온 전화였다. 아이들이 너무 춥다고 해서 작은 난로를 피워줬는데 아침에 눈을 뜨고 보니 산소가 희박한 고산지대에서 산소가 모자라 두 아이가 질식사하고 만 것이다. "불러도 애들이 대답이 없어요. 어떡하면 좋아요!" 울부짖던 선교사님은 이제 그 아이들을 뒤뜰에 묻어놓고 다시 그곳의 사역을 하신다. 목회자 복음학교 2기 때로 기억하는데 선교 파트를 강의하고 있을 때 그 사모님이 지금 훈련을 받고 있다는 소식을 듣고 그 분에게 자리에서 일어나달라고 부탁했다. 우리가 당신을 위해 기도할 수 있는 기회를 좀 달라고….

사랑을 받을 때는 잘 모른다. 이제 우리가 주는 쪽이 되었다. 모스크바 한복판에서 칼에 찔려 그 땅의 희생제물이 된 동생 선교사를 추모하는 형의 절절한 추모사를 읽어보았다. 그렇게도 사랑한다던 아프리카의 오지에 가서 사고로 죽은 딸과 사위의 소식을 듣고 늙은 우리라도 그들의 소원을 이어가야겠다고 길을 나서는 장인장모 부부 선교사의 이메일 전문을 읽어본 적도 있다.

사랑하는 동료 선교사 중에 한 분이 캄보디아 사역을 하다가 쓰러져서 한국으로 후송되었는데 배를 열어보니 암이 온통 퍼져 있었다. 항암치료를 받으면 일어설 수도 없다는데 그 비쩍 마른 몸으로 다시 그 나라로 가서 마지막 불꽃을 태운 참 고집스러운 사람이었다. 진짜 선교사처럼 오리지널로 한번 해보겠다고 자녀들을 다 현지인 학교에 보냈고 아이들에게 상처를 엄청 주었다. 프놈펜에 내란이 일어났을 때 그들과 같은 고난 속에 있겠다고 총알이 쏟아지는 집에 남기도 했다.

그가 나중에 선교사 회장이 되어 내게 그곳 선교사회 수련회를 인도해줄 것을 부탁했다. 그리고 바라던 일이 이루어졌다고 얼마나 기뻐했는지 모른다. 그러나 결국은 다시 쓰러져서 한국으로 돌아왔다. 끔찍하고 고통스러운 병고를 치르며 나중에는 누가 심방을 와서 찬송을 불러도 같이 부를 기력이 없어 손가락으로 까닥까닥 지휘를 했다. 자신도 지금 같이 찬송을 부르고 있다는 표현이었다. 끝내 일어나지 못하고 숨지기 직전까지 그는 사명을 다 감당하지 못하고 가는 것을 안타까워했다. 그런 아빠의 손을 잡아준 것은 아빠 때문에 상처를 많이 받은 딸이었다. 딸아이가 그의 손을 꼭 잡고 이렇게 위로의 말을 들려주었다고 한다.

"아빠, 아빠는 캄보디아 선교에 실패하지 않았어요. 아빠의 캄보디아 선교는 끝난 것이 아니에요. 왜냐하면 아빠 딸 내가 아빠 대신 거기서 선교할 테니까요."

그리고 지금도 그 사역의 자리를 모녀가 지키고 있다. 이 세상에 아름다운 이름도 있고 말도 있고 일도 있지만, 하나님이 세상을 이처럼 사랑하사 아들을 주신 일보다 더 아름다운 일이 없고, 이 세상에 인간이 할 수 있는 위대한 일이 많지만, 우리 주님에게 받은 사랑 그대로 우리의 생명을 제물로 드려 이 십자가의 복음으로 열방을 살리는 선교보다 더 아름다운 일은 없다고 생각한다. 이것은 누구만의 일이 아니라 이 큰 사랑의 혜택을 입은 우리 모두의 일이다.

선교적 부름에 응답하라

알렉산더 더프라는 분이 스코틀랜드의 첫 해외 선교사로 인도로 선교를 떠났다가 늙고 나이가 많아 귀국했다. 그를 환영하는 환영식이 열렸지만 그에게는 기쁨이 전혀 없었다. 두고 온 인도 땅이 눈에 밟혀서 도대체 기뻐할 수 없었기 때문이다. 엉뚱하게도 그는 환영식장에서 선교사들을 콜링했다.

"내가 늙어 떠나왔다고 해서 인도 선교가 끝난 것이 아닙니다. 사랑하는 여러분, 누군가가 대신해서 거기 선교지에 가주셔야 합니다. 인도의 영혼들이 우리의 도움을 기다리고 있습니다. 누가 가시겠습니까?"

그러나 모두 선교사 환영식에 왔지 그런 부담을 받으러 오지 않았기 때문에 거기에 반응하는 사람이 아무도 없었다. 너무 안타까운 나머지 이 노(老) 선교사가 간절히 외치다가 쓰러졌다. 들것에 실려

나가다가 정신이 돌아온 알렉산더 더프 선교사는 자신을 다시 한번 강단에 세워달라고 부탁했다. 부축을 받고 선 그가 무덤덤한 청중들에게 다시 이야기했다.

"사랑하는 여러분, 영국의 빅토리아 여왕이 자신을 위한 군대를 모병할 때는 죽을 줄 알면서도 그렇게 수많은 젊은이가 목숨을 걸고 따르더니 우리 대장 예수 그리스도가 이 땅을 구원하려고 그의 군대를 부를 때에는 이렇게도 대답할 사람이 없다는 말입니까. 좋습니다. 그러면 늙은 나를 다시 보내주시오. 나를 인도의 갠지스 강변에 눕혀주시오. 나는 거기서 주님을 맞이하겠습니다. 그러면 인도 사람들이 내게 와서 묻겠지요. 당신, 왜 여기에 왔느냐고. 그러면 분명하고 똑똑히 들려주겠소. 하나님이 인도를 사랑하셔서 스코틀랜드에서 보낸 마지막 하나님의 사람인 내가 여기에 왔다고."

성령이 그냥 두실 리가 없었다. 그 자리에 참석한 많은 젊은이들이 "왜 당신이 스코틀랜드에서 순종한 마지막 하나님의 사람이 되어야합니까? 아닙니다. 우리도 있습니다" 하고 헌신하며 일어서서 그 선교 행렬이 계속 진행될 수 있었다.

선교지에서 선교사님들과 함께 시간을 가지며 이렇게 이야기했다.

"선교사님들, 돌아올 생각하지 마십시오. 하시다가 정 힘에 부쳐서 더 할 힘이 없거들랑 거기 털썩 주저앉으십시오. 그리고 거기서 찬송하고 기도하십시오. 그 힘도 없거들랑 돌아오려고 하지 말고 거기서 신음이라도 하십시오. 정히 신음할 힘도 없거들랑 거기 쓰러져 묻히십시오. 사랑하는 종을 그 땅의 밀알로 심으신 하나님이 그 땅을 버리지 않을 것입니다. 하나님은 그렇게 일해오셨고, 지금도 주님의 역사는 그렇게 이어져가고 있습니다. 그곳을 지켜주십시오.”

복음을 한 마디 노래로 할 수 있을까? 시로 읊을 수 있을까? 하나님이 세상을 이처럼 사랑하사 독생자를 주셨다는 이것이 얼마나 큰 사랑인지, 우리가 쥐꼬리만큼이라도 희생을 해보니까 이제 조금씩 알아가는 것 같다. 우리 중에 누구도 이 선교적 부름에서 예외일 수는 없다. 선교사 이하의 영성으로 살 자도 없다. 우리는 모두 선교적 부름 앞에 있고 선교적 존재로 살아야 한다.

동일한 부르심의 자리로 가라

사랑하는 여러분, 선교는 한가하고 고급스러운 선택의 문제가 아니라 우리의 존재를 가능하게 했던 하나님의 절절한 가슴이 담긴 주님의 마음이다. 선교 명령에 순종하지 않는다면 이 어마어마한 복음을 가지고도 수많은 영혼들이 지옥으로 떨어져 갈 것이다. 잠시잠깐 일생의 비극도 너무나 안타까운데, 해답이 없다면 할 수 없지만 해답을 두고도 영원한 운명으로 떨어져야 하는 일은 주님의 마음에 있을 수 없는 일이다.

우리 주님은 열방의 하나님이시다. 우리가 열방의 이 끝에서 잊혀진 이방인으로 있을 때에도 주님은 그분의 가슴에서 우리를 한 번도 지운 적이 없었다. 그렇게 하나님은 지금도 우리의 순종을 기다리는 이 땅의 수많은 영혼들을 그 마음에서 지울 수 없는 분이다. 요나와 같은 악한 종과 싸우시면서도 주님은 선교의 걸음을 멈추지 않으신다. 우리는 모두 선교적 존재로 부름 받았다. 그 이하일 수는 없다.

"주님, 맞습니다. 제가 복음을 받았다면 복음 안에 있는 선교도 함께 받았습니다. 주님, 저는 선교적 존재입니다. 나의 모든 영향력과 나의 모든 기회와 나의 모든 생명을 다해서 주님이 원하시는 곳에서, 부르심의 끝자리에 서서 이 사명을 감당해야 할 나는, 기도로 물질로 나의 영향력으로 당신의 이 부름 앞에 온전히 서야 할 선교적 존재입니다."

이렇게 우리 마음 안에 이 진리에 응답하기를 바란다. 믿음은 결단의 연속이다. 하나님의 복음을 받되 혹시 이기적이고 사아추구적인 태도로 받지 않았는가. 가다가 다 못 간 타협의 자리, 포기하고 주저앉은 그 자리는 더 이상 우리가 있을 자리가 아니다. 사랑하는 주님에게 드릴 최고의 자리, 부르심의 끝자리에 있게 해달라고 우리 자신의 결정을 주님 앞에 올려드리기를 원한다. 선교적 존재로 살지 않는 우리의 자리가 더 이상 가다 다 못 간 타협의 자리가 되지 않도록 땅 끝에 선 동일한 영성으로, 그리고 동일한 부르심의 자리로 가라. 거기가 우리가 지켜야 할 바로 그 자리이다.

- 교회와 우리가 선교의 소명을 잊고 나머지 복음만을 아전인수 격으로 가지고 있다면 이는 너무나 끔찍하고 큰 죄악이다.

- 2천 년 동안 하나님의 귀한 종들이 숱한 희생의 피를 뿌린 그 위에 십자가 복음은 꽃을 피우게 되었다.

- 우리도 복음에 이방인이었다. 이 땅에 수많은 선교의 피와 눈물과 기도와 생명과 희생과 사랑이 뿌려져 복음의 싹을 틔웠다.

- 사랑은 줄 때에야 알게 된다. 이제 우리나라도 주는 나라가 되어 선교의 희생을 치르고 있다.

- 복음을 받은 우리 중에 누구도 선교의 부름에서 예외일 수 없고, 선교사 이하의 영성으로 살 수 없다.

- 우리는 모두 선교적 존재이다.

• • •

진리가 결론 되게 하라!

나의 복음

나의 복음

사도 바울은 이방 문화의 중심지라 할 수 있는 고대 로마에서 복음을 받고, 수많은 유혹과 도전과 시련이 있는 이 세상 한복판에서 하늘에 속한 백성으로 사는 로마교회 성도들을 강하게 세우기 원했다. 그래서 성령님의 감동을 받아 로마의 성도들에게 편지하기를 "내가 너희 보기를 간절히 원하는 것은 어떤 신령한 은사를 너희에게 나누어주어 너희를 견고하게 하려 함이니"(롬 1:11)라고 하였다. 이 간절한 소망을 전하며 영광스러운 복음을 선포하는 편지가 로마서다.

바울은 이것을 다 기록하고 나서 마지막에 "이 복음으로 너희를 능히 견고하게 하실 지혜로우신 하나님께 예수 그리스도로 말미암아 영광이 세세무궁하도록 있을지어다 아멘"(롬 16:26,27)이라고 확신에 차서 인사한다. 그러니까 바울이 로마서 1장에서 어떤 신령한 은사를 나누어주어 로마교회 성도들을 견고케 하려 한다고 언급한 그 '신령한 은사', 우리를 견고하게 할 은사가 다름 아닌 복음이라는 것이다.

신앙은 무엇으로 견고케 하며 세상은 무엇으로 이기는가? 이 완전한 십자가의 복음이다. 이 복음에 대한 확신이 없으면 복음의 증인이 되기 어렵다. 나도 확신하지 못하면서 누구에게 전하겠는가. 복음은 완전하고 영광스럽고 능력으로 충만하지만, 복음을 대강 지나치면 별 볼일이 없고 그저 늘 다른 무언가에 도움을 받아야 하는 것

정도로 여기게 된다. 그래서 "복음? 아, 있다 치고" 하면서 잘 안 되니까 다른 것을 찾고, 잡다한 것에 관심을 두고, 여기저기 기웃거리는 것이다. 복음에 집중하고 복음에 골똘하게 올인 하여 복음 안에 있는 그 능력과 축복을 제대로 알았더라면…. 바울은 이 복음이야말로 우리를 능히 견고하게 하실 수 있는 하나님의 완전한 지혜라고 선포한다.

바울은 로마서 12장부터 "너희 몸을 하나님이 기뻐하시는 거룩한 산 제사로 드리라"고 권면하고, 그리스도의 지체로서 어떻게 서로 섬기고 복음으로 살아가야 하는지 그리스도인의 생활과 모든 관계 안에서의 교훈들을 들려주다가, 16장을 마무리하면서 자신이 전한 이 복음을 마지막 몇 절로 요약해놓았다.

복음은 예수 그리스도이신데, 이 복음은 우발적으로 갑자기 생긴 것이 아니라 창세전부터 주님의 마음 안에 디자인되어 있던 영원한 복음이다. 영세 전부터 감추어졌다가 이제는 나타내신 바 된 십자가의 도다. 이 복음은 영원하신 하나님의 명령으로 선지자들의 글로 말미암아 구약성경 전체를 통해 증언되어 온 것으로 모든 민족이 믿어 순종케 하시려고 준비하신 열방용 복음이었다.

25 나의 복음과 예수 그리스도를 전파함은 영세 전부터 감추어졌다
26 이제는 나타내신 바 되었으며 영원하신 하나님의 명을 따라 선지자들의 글로 말미암아 모든 민족이 믿어 순종하게 하시려고 알게 하신 바 그 신비의 계시를 따라 된 것이니 이 복음으로 너희를 능히 견고

하게 하실 27 지혜로우신 하나님께 예수 그리스도로 말미암아 영광이 세세무궁하도록 있을지어다 아멘 롬 16:25-27

그런데 25절에 관심을 끄는 한 표현이 등장한다. 바로 "나의 복음"이다. 이 말은 성령의 도구가 되어 로마서를 기록하게 된 바울의 고백이라고 할 수 있다. 그러면 바울은 그냥 복음이라는 단어를 사용하지 않고 왜 군이 '나의 복음'이라고 표현했을까? 그 의미가 무엇인지 어렵지 않게 몇 가지로 유추할 수 있다.

1. 객관적 복음

첫째, 바울이 말한 '나의 복음'이란 바울을 통해 계시된 십자가 중심의 복음이라고 이해할 수 있다. 이 표현을 쓰게 된 배경을 생각해보면 그때는 성경이 완성되지 않은 시대였다. 그 당시 사도들의 편지로 여러 복음이 기록되고 전해졌다. 같은 복음이지만 베드로가 전해준 복음이 있고, 요한이 전해준 복음도 있었다. 예수 그리스도를 가리키는 한 복음을 이렇게 여러 사람이 각 사람의 특성대로 기록한 것이다.

신약성경의 대부분을 차지하는 바울 서신은 바울을 통해 계시된 복음이다. 특히 로마서는 십자가의 도의 비밀이 뚜렷하게 드러나 있다. 하나님께서 창세전부터 감추었던 비밀의 경륜이자 우리에게 축복이 되는 놀라운 비밀이 바울 사도를 통해 계시된다. 바울 사도는 열두 사도 중에 들어가지는 않지만 베드로와 여러 사람들과 교제하면서 그들이 전한 복음이 주님으로부터 온 것임을 서로 확인하는 기회를 가졌다. 로마서는 바울을 통해 계시된 객관적인 복음의 진리 그 자체라고 할 수 있다. 전하는 사람에 따라 표현의 방법이나 깊이 등은 다를 수 있다. 그러나 중심 진리는 누가 전해도 바뀔 수 없으며 누가 말해도 이 내용 이상도 이하도 아니다. 주님은 십자가의 복음, 이 단 하나의 복음을 주셨기 때문이다.

2. 주관적 복음

둘째, '나의 복음'의 '나'에 'ㅁ' 받침을 붙이면 어떻게 될까? '남의 복음'이 된다. 복음의 이 객관직 진리는 누가 말해도 진리인데 이 진리를 깨닫고 명확하게 알고 다 이야기했지만 이것이 남의 얘기라면? 내게 적용되지 않는 그저 남의 복음이라면 이처럼 안타까운 일은 없다. "아, 그거 다 압니다. 논문도 썼습니다", "나는 책도 펴냈습니다", "박사 학위도 받았습니다"라고 해도 미안하고 죄송하지만 복음에서 비껴간다. 우리가 그런 불쌍한 인생은 되지 말아야 한다.

'나의 복음'이란 쉽게 말해서 바울에게 실제가 된 복음이라는 의미를 포함한다. 바울에게 실제가 된 복음은 바울에게 '나의 복음'이지 '남의 복음'이 아니다. 복음학교는 그 목적 자체가 복음에 관한 연구나 세미나가 결코 아니다. 수백 차례의 복음학교를 통해 이미 몇 만 명이 복음학교를 하셨는데 그러는 가운데 우리가 놓치지 않는 목적이 있다. 그것은 복음학교를 하는 동안 각자 복음 앞에 서고 이 복음이 진정 우리에게 실제가 되는 것이다. 나는 한 치도 물러설 수 없이 이것을 위하여 주님 앞에 복음학교를 섬겨왔다. 주님도 그렇게 일하고 인도해오셨으며 또 지금까지 그렇게 축복하셨다.

바울을 통해 계시된 이 복음은 이제 바울뿐 아니라 각자에게 실제가 되어야 한다. 그냥 슬쩍 넘어가서는 안 되고, 나에게 정말 실제가 되었는지, 어떤 과정을 거쳐서 실제가 되었는지 반드시 검증해야 한다. 믿음의 원리에서 보았듯이, 나 자신과 직접적으로 연관되지 않았던 개념이 내 안에서 실제가 되려면 '여기라' 인식 전환의 과정이 필요하고, '드리라' 실제로 내 삶의 전부로 받아들이고, '계속 신뢰하라' 거기에 올인 하는 진정한 결단의 과정이 필요하다. 지식적 동의는 믿음이 아니다. 복음이 나를 움직일 수 있는 실제의 믿음이 되려면 어떤 형태를 띠든지 이 여기고 드리고 계속 신뢰하는 과정을 나의 내면 안에서 반드시 거쳐야 하며 이 요소들을 비켜 지나갈 수 없다.

3. 나의 복음 시간

하나님을 경외한다고 하는데 하나님 경외함이 정말 나에게 실제인가? 우리는 사람을 두려워하지 하나님을 두려워하지 않는다. 이 경외함이 실제가 되지 않는다면 이론으로 책을 몇 권 써도 얼마든지 눈앞의 하나님을 전혀 두려워하지 않고 살아갈 수 있다. 그래서 하나님은 우리에게 이 경외함이 실제가 되는 한 사건을 마련해주기 원하신다. 그 사건 앞에 서면서 나의 내면에 있는 것들 중에서 실제가 된 부분과 그렇지 않은 부분이 뚜렷하게 구별되고, 내가 정말 하나님을 두려워하는지 사람을 두려워하는지가 분명하게 드러난다. 내 믿음이 정말 나를 움직이는 믿음인가 하는 것은 우리가 살아가면서 수없이 부딪치게 될 것이다. 그렇다면 적어도 복음학교에서 그것을 경험할 수 있도록 한 사건을 마련하고자 하는데 그것이 바로 '나의 복음' 시간이다.

① 경외함을 확증하는 시간

> 8 내가 또한 너희에게 말하노니 누구든지 사람 앞에서 나를 시인하면 인자도 하나님의 사자들 앞에서 그를 시인할 것이요 9 사람 앞에서 나를 부인하는 자는 하나님의 사자들 앞에서 부인을 당하리라 눅 12:8,9

이 '나의 복음' 시간은 첫째, 경외함을 확증하는 시간이다. 사람을 두려워하는가, 하나님을 두려워하는가 하는 것은 말로 싸워서 될 일이 아니다. 시험을 당할 때 그 태도가 분명히 드러나게 되어 있다. 다니엘의 세 친구 사드락과 메삭과 아벳느고에게도 동일한 시험이 찾아왔다. 느부갓네살 왕이 "믿지 않아도 되니까 금 신상에 그냥 절만 하라"라고 회유했지만 그들은 끝까지 하나님 경외함을 포기하지 않았다.

또한 우리나라 일제 강점기에도 일본 천황에게 경배하라는 사회적 압박이 심했다. "아, 누가 미쳤다고 천황에게 절을 하나? 천황이 무슨 신인가? 하나님만 살아 계시지. 그런데 마음은 안 그렇지만 형편이 이런데 어쩌겠어. 그냥 고개만 숙이자고." '그저 머리만 숙이라'며 설득하던 유혹의 목소리에도 불구하고 머리조차 숙일 수 없어 죽어간 믿음의 증인들이 있다.

"주기철 목사, 당신만 생각하지 마. 당신 때문에 교회 다 죽어. 사람이 지혜롭게 해야지. 마음만 안 그러면 될 거 아냐. 그냥 고개 숙여. 잘난 척하지 말고 고개 숙이라고. 당신만 믿음 있어? 나도 믿음 있다고. 주기철 당신, 교만한 사람이야. 고개 숙인다고 마음도 숙이나? 어쩔 수 없는 거지." 이것이 우리 한국 교회가 겪었던 일이다. 이렇게 말하면서 신사참배에 앞장서신 분들은 그때도 잘 사셨고 이후에도 잘 살아남아서 높은 자리도 하시고 모든 혜택도 다 누리다가 가셨다.

그런데 "난 마음으로는 안 그런데, 그냥 고개만 숙이자"라고 하는 것에 대해서 어떻게 생각하는가? 사람의 고백과 그 행동이 다를 때 주님은 "누구든지 사람들 앞에서 나를 시인하면 인자도 하나님의 사자들 앞에서 그를 시인할 것이요, 사람들 앞에서 나를 부인하면 하나님의 사자들 앞에서 부인을 당하리라"라고 헷갈리지 않게 분명히 말씀하셨다. 하나님을 경외하는 것은 사람들 앞에서 드러날 수밖에 없다. 변명하고 부인하려 해도 드러나게 되어 있다. '나의 복음' 시간은 하나님 경외함을 확증하는 기회의 시간이 될 것이다.

② 믿음의 실제를 경험하는 시간

둘째, 믿음의 실제를 경험하는 시간이 될 것이다. 믿음에는 "여기라, 드리라, 계속 신뢰하라" 이 세 가지 결단의 요소가 필요하다. 여기고, 여겨진 것이 분명하다면 우물쭈물하지 말고 드리라. 드리는 결정을 했는데도 사탄이 계속 잡아 흔들고 공격을 해오면 그때는 진리를 결론 삼아서 계속 신뢰하라. 평소에는 다 믿는 것 같아도 위급한 상황이 닥치면 내 믿음이 정말 실제였는지 아닌지 여실히 드러난다. 이때 '아, 나는 여기가 약하구나. 믿음이 없구나' 할 것이 아니라 믿음을 취하는 원리를 따라서 여기고 드리고 신뢰하라. 그러면 진리가 기반이 되어 있기 때문에 여기고 드리고 신뢰하는 과정을 통해서 나에게 불가능했던 그 일을 어떻게 믿음으로 이기는지 경험할 수 있다. '나의 복음' 시간은 진정한 믿음의 실제를 경험하는 시간이 될 것이다.

③ 십자가 통과를 확증하는 시간

셋째, 십자가를 통과했음을 확증하는 시간이 될 것이다. 각자의 삶에는 복음이 정말 내 삶의 복음이 되지 못하는 영역들이 있다. 많은 것들을 이기고 성공해서 다른 일에는 늘 자신 있고 담대하고 복음이 좋고 능력인데, 어떤 영역에서는 늘 복음이 맥을 못 춘다면 결국 나는 복음의 큰 능력과 축복을 누리지 못하는 것이다. 사실 복음이 우리의 삶에 복음이 되지 못하는 이유는 대개 우리의 연약한 부분들과 관련이 있다. 이것은 쉬쉬하며 피하고 무덤까지 가져갈 일이 아니다. 이 부분을 그냥 놔둔 채 다른 것을 강화해서 자신의 연약하고 어두운 부분을 상쇄해보려고 하는 눈물겨운 노력을 끝내라. 이제는 실제가 되지 못하게 하는 이 부분에 복음의 능력을 적용해야 한다. 내 삶의 자신 있는 부분뿐만 아니라 내 자아의 실제가 딱 걸려 있는 부분, 내 삶의 발목을 늘 붙잡는 그곳에 반드시 십자가의 죽음을 적용시키는 싸움을 해야 한다. 나의 연약한 부분에 십자가의 죽음이 적용될 때 십자가의 능력을 경험할 수 있다. '나의 복음' 시간은 이 싸움에 믿음을 써서 승리할 기회를 줄 것이다.

④ 하나님이 일하시는 시간
이 시간은 하나님이 일하시는 시간이 될 것이다. 감정을 기다리지 말라. 믿음이 실제가 되지 않아서 복음의 진리로 살지 못하고, 피하고 대강 지나치며 살아왔던 지금까지의 태도를 이제는 십자가에 넘겨버려라. 이 땅에서 살아남느라고 배운 그 꼼수와 통박을 던져버리고 믿음으로 통쾌하게 정면충돌하라. 그래서 이제는 말 따로 삶 따로가 아니라 우리가 외친 복음의 진리대로 당당하게 살아가게 하시려고 하나님이 일하시는 시간임을 기억하고, 사람을 안중에 두지 말고 오직 하나님과 내가 일대일로 대면하여, 주님이 마음껏 내게 일하실 수 있도록 나의 온전한 믿음으로 반응하는 시간이 되길 바란다.

4. 복음 앞에서 결단하라
'나의 복음' 시간에 여러 반응이 일어날 것이다. 복음학교 안에서도 온갖 반응이 다 일어났다. 복음을 다 이해했어도 복음 앞에 서면 우리는 익숙한 우리의 관습대로 두려움을 느끼고, 모든 생각이 딱딱하게 굳어지며 하얗게 질려서 그냥 본능으로만 움직이게 된다. 하지만 호랑이에게 물려가도 정신만 차리면 산다는 말이 있다. 정신없이 본능으로 반응하는 것에 속지 않도록 정신을 차리고 이제는 믿음으로 반응하라. 오직 진리를 붙든 믿음으로 반응하라.

나의 복음 시간에 계속 두려움으로 우리를 잡아 흔드는 사탄의 공격들이 있겠지만 그럴지라도 이제는 정말 복음 앞에 서서 복음의 진리를 결론으로 삼아야 한다. 주님 앞에서 또다시 두려움 때문에 물러서거나 복음의 결론 앞에서조차 결단을 유보하지 말라. 내가 결단 안 한다고 역사가 미뤄지지는 않는다. 내가 결단하지 않으면 결단당한다. 어차피 해야 할 결단이라면 내가 주도권을 가지고 해야 한다. 우리는 이 결단이 필요하다. 이 결단은 내용에 있어서는 영 단번의 결단이지만 삶에서는 거듭되는 결단이 될 것이다. 복음학교에서 정직하고 원리에 충실하게 안내해드리는 대로 복음 앞에서 어린아이처럼 순전하게 반응하면 정말 유익한 경험이 될 것이다.

평생에 이런 기회는 다른 데서 부탁한다고 해도 절대 주어지지 않을 것이다. 앞서 예를 든 것처럼 병원에 가서 맹장 수술을 하면 배만 내밀면 되지만, 내가 물 끓이고 칼 갈고 나 혼자 수술하려고 하면 진짜 어렵다. 이 나의 복음 시간이야말로 평생에 어디서도 다시 얻기 어려운 기회이다. 그러니 이 시간만큼은 절대 비껴가는 일이 없도록 할 것과 정직하게 복음 앞에 설 것을 당부드린다.

복음학교를 통해서 우리는 객관적인 진리로서의 복음을 들어왔다. 그 복음을 개인적으로 적용하며 고민하고, 마음에 성령님의 수사를 받으며 결단하고, 이미 정리된 부분도 상당 부분 있을 것이다. 이제는 주님이 그렇게 행하신 일을 종합적으로 살펴보는 것이다. 이 진리 안에서 내게 적용되어야 할 문제가 100이라면 그중 95퍼센트는 복음 앞에 해결이 되었다. 그런데 남은 5퍼센트가 긴가민가하다. 그것을 복음 앞에 가지고 가는 것이다. 내게 복음이 되어야 할 영역을 이 복음 앞에 정직히 가지고 가보면 분명하게 드러나게 되어 있다.

바로 이때 믿음을 쓰고 지금까지 우리가 확증하고 붙들었던 복음을 여기에 적용해서 못 박고 끝내야 한다. 그렇게 해서 더는 그것이 나의 삶을 지배하지 못하도록 하고, 나에게 복음이 복음 되지 못하는 영역으로 남지 않도록 하는 것이다. 이제 약 1시간 동안 4,5분 정도 분량으로 나의 복음을 써보라. 남의 이야기하지 말라. 오직 내게 나의 복음이 되어야 할 그 영역만 가지고, 복음의 진리 안에서 내가 십자가를 통과해야 할 내용으로, 죽어야 할 나의 실체와 십자가를 통과하는 믿음으로 나의 복음을 적는 것이다.

해외 복음학교에 참석했던 선교사 한 분이 깊은 고민을 하다가 나의 복음 시간을 통과하고 난 뒤에, '나의 복음'에 대해 자신이 받은 은혜를 홈페이지에 공개적으로 보내왔다. 다음은 그 분이 보낸 내용이다.

"나의 복음은, 세상에 드러내고 싶었고 드러나야만 했고 때가 차매 드러난 하나님의 복음과는 달리, 드러내고 싶지 않았고 드러나면 아니 되었고 그러나 추적하시는 이의 권고와 적발로 말미암아 결국은 드러날 수밖에 없는 복음이었습니다. 처음에 나의 복음은 제게 큰 혼란을 가져다주었습니다. 하나님의 복음은 영광스럽고 능력 있고 축복이 가득한데 비해 나의 복음은 수치스럽고 허약하고 상처가 가득한 복음이었습니다. '이것이 어찌 듣는 이에게 복음이 되겠는가? 이것을 듣는 누가 이를 복음으로 여길 수 있겠는가?' 그래서 혼란스럽고 주저했습니다. 십자가 앞에서 떨림과 고통의 시간을 보낸 뒤 나의 복음을 제시했습니다. 그리고 나의 복음은 드디어 제게 진정한 복음으로 다가왔습니다. 수치를 넘어선 기쁨이, 죄를 극복한 은혜가, 상처를 처리하신 영광이 임했습니다. 그리고 알았습니다. 나의 복음이 복음학교의 대미요 결론임을. 그리고 새로운 시작임을. 감사합니다. 중앙아시아에서 이 아무개 선교사."

나의 복음 시간을 통해서 정말 주님의 이름이 영화롭게 되었다. 하나님을 경외하는 사람들의 용기 있는 결단과 정직히 십자가 앞에 선 영혼들로 말미암아 하나님은 영광을 받으셨다. 이 복음의 능력이 각 교회와 단체와 선교지에서 나타났다. 담대하게 한 번 죽은 사람은 두 번 죽지 않는다. 십자가 복음이 실제가 된 사람은 다른 것을 두려워하지 않는다. 이 귀한 축복의 시간을 허락하신 주님께 정말 감사드린다.

이 시간은 결코 죄를 밝히는 시간이나 정신 치료하는 시간이 아니다. 누구도 의식할 이유가 없다. 다만 하나님을 경외함으로, 믿음의 결정으로 하라. 무엇보다 복음이 객관적인 실제요 사실이며 십자가에 죽은 나의 죽음이 실제인 만큼 나의 믿음이 실제가 되기에 이보다 더 좋은 기회는 없다. 그래서 더욱 주님 앞에 정직하게 서서 주님이 도우시도록 믿음으로 정직하게 순종만 하라. 그러면 주님이 하시는 일을 보게 될 것이다. 우리 주님이 하신다.

- 바울이 말한 '나의 복음'이란 사도 바울을 통해 계시된 복음이다. 십자가 복음이 뚜렷하게 드러난 객관적 진리이다.

- 또한 '바울에게 실제가 된 바울 자신의 복음'이다. 복음은 나에게 '남의 복음' 아닌 '나의 복음'이 되어야 한다.

- 나의 복음을 고백할 때 사람을 두려워하는지 하나님을 두려워하는지 드러나므로 나의 복음 시간은 하나님 경외함을 확증하는 시간이다.

- 나의 복음 시간은 복음이 내 삶의 복음이 되지 못하던 영역에 십자가의 죽음을 적용해 승리하고 복음의 능력을 경험하는 시간이다. 불가능했던 그 일을 어떻게 믿음으로 이기는지 경험하게 될 것이다.

- 나의 복음 시간은 오직 하나님과 대면할 때 우리로 복음의 진리에 당당하게 살아가게 하시려고 하나님께서 일하시는 시간이다.

· · ·

진리가 결론 되게 하라!

나의 복음과 복음학교 이후

복음을
영화롭게
하라

자동차 운전하는 방법은 워낙 쉬워서 1시간만 강의를 들어도 누구나 알 수 있다. 하지만 1시간 강의를 들었다고 해서 도로에 나가 직접 운전할 수 있는 것은 아니다. 운전을 하기까지 수많은 시행착오를 거쳐야 하고, 운전이 자신의 실제가 되기까지 참 어렵다.

한 모태신앙이 복음학교에 와서 가장 어려웠던 것이 "주님을 사랑하는 분만 아멘 합시다!"라는 말이었다고 한다. 물론 처음에는 멋모르고 교회 다니면서 늘 하듯이 "아멘" 이렇게 대답하고 시작했는데, 두 번째부터 "주님을 사랑하는 분만 아멘 합시다" 이러니까 '그 '만' 자만 안 붙이면 좋겠는데, 저 말을 왜 또 묻지?' 하는 생각이 들었다. 주님을 사랑한다는 생각을 해본 적도 없는데 주님을 사랑하는 분만 아멘 하라니까 목구멍에 가시가 걸린 것처럼 못하겠고, 주님을 사랑한다는 이 말이 복음학교 메시지와 계속 부딪치는데 정말 미치겠고 뛰쳐나가고 싶고, '그럼 나는 뭐하고 살았나? 나 예수쟁이도 아니고 진짜 완전히 날라리네' 이런 생각과 함께 자기 죄의 실체가 드러나니까 화도 나고 변명도 했다가 온갖 몸부림을 쳤다. 그래도 하나님의 은혜로 도망치지는 못하고 남아 있었는데 나의 복음 시간에 주님이 크게 역사해주셨다. 이분이 자신도 이제 "주님을 사랑하는 분만 아멘 합시다"라는 이 말에 비로소 진짜 "아멘" 할 수 있게 되었다고 너무나 감격스러워 하며 고백했다.

그냥 슬쩍 지나가면 누구라도 할 수 있는 대답 같지만, 주님을 사랑한다는 것이 무엇을 의미하는지 자신에게 실제로 다가오기 시작하면 쉽게 입이 떨어지지 않는다. 목숨을 걸어야 할 수 있는 대답이기 때문이다. 로마 시대에 로마 황제를 주(主), 곧 큐리오스라고 부를 때 다른 큐리오스를 말하면 화형을 당하여 순교할 그때는 성경이 말씀한 것처럼 성령으로 아니하고는 누구든지 예수를 주시라 할 수 없다. 그냥 대강 따라서 말할 때는 할 수 있다. 그러나 "너, 예수를 주라고 하면 죽여!" 이러는데도 주라고 할 수 있는 것은 진짜 목숨을 건 것이다.

경외함으로 복음 앞에 서는 시간

복음학교는 복음 앞에 서는 시간이다. 복음 앞에 선다는 말은 "복음이 정말 실제인가?"라고 정직하게 묻는 것이다. 사람은 아직 되지 않았는데 자기가 원하는 바를 그대로 여겨버리는 능력이 있다. 그렇다 보니 자기 삶의 무게를 하나도 싣지 않고도 좋은 얘기니까 다 동의하고 살아간다. 복음이 실제인가 하는 것도 복음에 관한 진리에 대해 신학적으로 동의하고 정서적으로 동의한다고 하고 산다. 그러나 어떤 사건에 한 번 딱 부딪쳤을 때는 내가 고백한 그것이 아니라 실제에 부딪쳐서 반응하는 그것이 나 자신이라는 것이 드러난다. 같은 금도 정금인지 도금인지 불이라는 테스트를 한 번 거치면 금방 드러나는 것과 같다.

실제가 되지 않았다면 실제가 되기까지 어떤 과정을 거치는지 한 번 체험해보도록 마련한 것이 나의 복음 시간이다. 나의 복음이 죄의 공개 자백이거나 회개하라는 말이거나 이렇게 해야 구원을 받는다고 다른 말을 한 적이 없는데 이상한 반응이 나오기도 하지만 표현한 그대로 '나의 복음'이다. 복음이 남의 복음이 아니라 나에게 실제가 된 복음이어야 그 복음을 선포할 수 있다. "그런데 나의 복음을 사람들 앞에서 하라는 거예요?" 맞다. 신앙은 나 혼자 골방에 들어가서 하는 것이 아니다. 혼자 굴 파고 들어가 있으면 증인이 될 수 없다. 주님은 속지 않으신다. 하나님 경외함이란 사람들 앞에서 주님을 시인할 수 있는 것이다. 그러면 주님도 아버지 앞에서 우리를 시인하신다. 만약 사람이 두려워서 부인하면 주님도 아버지 앞에서 부인하신다. 왜냐하면 그 이하도 그 이상도 없기 때문이다.

복음학교를 백여 회 넘게 진행하면서 사람들의 내면 실체가 드러나는 것을 보게 되는데 얼마나 대단한지 모른다. 복음이 장난이 아니기 때문이다. 복음학교는 자발적이지 않다면 절대 등록을 받지 않는다. 자발적으로 복음학교에 왔다가도 무슨 이유와 어떤 핑계를 대서라도 복음 앞에서 비껴가려고 하는 사람들의 뻔한 반응들을 잘 알고 있다. 내가 교회에 집회를 30년 넘게 다녀보니까 본질적인 이야기가 들어가고 진짜 수술 좀 하려고 말씀을 들이대면, 자존심 내세우고 듣고 싶어 하는 것만 듣고 골치 아프면 안 나오고 강사 탓이나 하는 것을 보게 되었다. 물론 교회에서 강제로 할 수는 없다.

그래서 복음학교는 신청할 때부터 철저하게 자발적으로 거짓 없이 하나님을 경외함으로 5박 6일 동안 복음학교 훈련에 임할 것을 하나님과 약속하고 동의해야 지원이 가능하다. 원서를 쓸 때부터 자필이 아니면 안 된다. 대필이 확인되면 곧바로 탈락이다. 전화 면접까지

하면서 복음 앞에 서고자 하는 태도가 전심인지 확인한다. 양보하지 않는다. 왜냐하면 하나님을 경외하는 마음으로 하기 때문이다. 하나님 경외한다는 말을 농담 삼아 입에 올리지 않는다. 하나님을 두려워함이 거짓말이면 그다음은 더 말할 것이 없다. 철저하게 하나님 경외함으로 한다. 온 국민이 아는 유명한 분이라도 너무 바빠서 그랬다고 해도 아내가 대신 지원서를 써서 탈락했다. 아무리 아들을 복음학교에 보내고 싶더라도 목사님이 아들 목소리 흉내 내서 전화 면접을 한다면, 그 목사님에게 경외함이라는 단어는 어떻게 취급되고 있는 것인가.

우리에게 하나님을 두려워함이 있는지 없는지 테스트해볼 수 있는 좋은 방법은 가장 두려워하는 사람 앞에서 자신의 신앙 고백을 해보는 것이다. 그럴 때 정확히 드러나게 된다. 우리가 두려워하는 것은 하나님이 아니다. 사람이다. "그들의 눈앞에 하나님을 두려워함이 없느니라"(롬 3:18). 왜냐하면 사람이 우리의 현실이고 우리가 사람의 인정, 평판에 절절매며 살아왔기 때문이다. 그런데 우리가 이 벽을 넘지 못하면 세상없는 복음 아니라 천사의 말을 들어도 그것은 우리의 실제가 되지 못한다. 우리의 삶이 그것을 증거하지 않는가. 이 벽을 넘는 데 믿음을 써서 돌파하지 않는다면 그 믿음은 말짱 도루묵이다.

저 정말 살고 싶어요!
선교사를 대상으로 해외 복음학교를 할 때였다. 일정한 지역에 있는 한국 선교사들은 서로의 사정을 잘 안다. 그런 분들이 한 장소에 모여서 복음학교를 하게 되니 좀 더 현실적인 긴장감이 있었다. 그 복음학교에 그 선교지의 자칭 영적 대모(代母)라는 여선교사님이 참석했다. 그 여선교사님은 아마 자기 열심으로 가족을 모두 데리고 선교지에 온 것 같았다. 선교지에서 복음학교가 열린다고 하니까 1번으로 등록도 했다. 복음학교를 하면서 복음과 선교 시간까지 눈물을 펑펑 쏟고 혼자서 은혜를 다 받았다. 그런데 나의 복음 시간이 시작되면서 눈물이 싹 마르고 얼굴이 확 굳어졌다. 나의 복음 시간을 설명하는데 이미 감을 딱 잡은 것이다.

이분이 복음학교를 잘 모르고 스무 살 된 아들을 복음학교에 데려왔다. 중학교 1학년 때 엄마를 따라 선교지에 온 아들은 현지인 학교에서 잔뜩 겁을 먹고 여러 군데 학교를 전전했고 지금은 모든 것을 그만두고 집안에만 은둔해 있는 자폐에 가까운 환자였다. 그러니까 이분에게는 더 이상 '나의 복음'이라는 말이 안 들리고, '이거 다 까발리라는 얘기 아냐?' 이렇게 반응하게 된 것이다. 본인은 물론 걱정이 없다. 산전수전 다 겪어봤고 유치한 애들 장난 같은 거, 그냥 슬쩍 넘어갈 수 있겠는데 문제는 아들을 데려온 것이다. 그때부터 체면이고 경외함이고 없이 이분이 계속 자기 아들을 주시했다.

아들은 다른 조에 속해 있었고 말씀을 듣는 것 같지도 않고 졸기도 했다. 그런데 '나의 복음' 시간에 처음으로 하나님 앞에 반응하고 싶은 영적 갈망이 생겼다. 그리고 조장에게 "저 정말 살고 싶어요"라며 자기 실체를 이야기하는데 자신이 대인기피증이고, 인터넷중독,

포르노중독이라는 것이다. 스무 살 청년이 정상적인 사고가 불가능할 만큼 망가져 있었다. 조장은 주님이 그 청년을 위해 마련해놓으신 복음을 믿고 돌파하도록, 나의 복음을 선포하도록 그를 격려해주었다. 잠시 용기를 내는 것 같던 청년이 금세 "그런데 제가 나의 복음 이야기하면 우리 엄마는 진짜 나를 죽일 수 있어요. 진짜 나를 죽일 수 있어요"라고 하는 것이다. 얼마나 엄마에게 주눅이 들어서 살았으면 그랬겠는가. 딱 보기에도 자기 아들이 '어? 저거 일 저지르게 생겼네' 싶으니까 영적 대모라는 분의 태도가 돌변했다.

"야, 나와!"

주위 사람들이 다 놀랄 정도로 아들을 눈길 하나로 제압해서 불러냈다. 긴 말이 필요 없었다. 독사 같은 눈으로 제 새끼를 딱 쏘아보고 말했다.

"지나가! 지나가!"

그래도 불안했는지 갑자기 문을 열고 마당으로 나가더니 "복음학교, 이단이야! 귀신 장난이야!" 이러고 악을 썼다. 다른 선교사님들의 얼굴이 새카매졌다. 그렇지만 순회선교사도 만만하지 않다. 그렇게 발광한다고 무서워 떨지 않는다. 하나님을 경외하는데 누구 말이 두려워서 물러서겠는가. 마지막 한 명이라도 끝까지 나의 복음을 해야 끝이 난다. 그러나 너무나 안타깝게도 그 아들이 나의 복음을 하지 못하고 지나갔다. 140여 회 복음학교를 하면서 그렇게 지나간 예를 나도 본 적이 없다.

지독한 죄인이 제 뱃속에 임신된 아이를 태중에서 낙태시키는 것만

하는 줄 알았더니, 낳아서 20년 동안 키운 자식이 마지막 순간에 살고 싶어서 나오려고 하는 것도 자기체면 때문에, 지옥에 도로 밀어넣는 짓을 어미가 할 수 있다는 것을 나는 그때 똑똑히 보았다. 앞서 순회선교단 홈페이지에 공개적으로 자신의 짧은 '나의 복음'을 보내왔던 선교사님이 이 복음학교에 참석하여 동일한 현장에 있었던 분이다.

나에게 복음은 진정한 '나의 복음'인가?

복음이 내 삶에 실제가 되는 과정은 동의한다고 되는 일이 아니다. 우리는 이것을 경험으로 안다. '나의 복음' 앞에 서는 동안 우리는 각자 차이는 있어도 다 비슷한 정서적 어려움을 겪는다. '복음과 선교' 시간을 끝으로 복음학교를 마쳤다면 순회선교단을 사랑할 뻔했는데, '나의 복음'이라니 정말 촌스럽고 짜증난다는 분도 있었다. 당면한 '나의 복음'이라는 사건 앞에 정신이 없어지면서 그동안 들었던 복음의 영광, 능력, 축복은 온데간데없이 아무 생각도 나지 않는 것도 경험할 것이다.

그러나 이 '나의 복음' 사건은 그동안 자신이 살아왔던 방식으로 슬쩍 지나가는 것이 아니라 믿음을 써서 통과해야 한다. 경외함을 확증하는 시간이다. 십자가 통과를 확증하는 시간이다. 이 믿음의 실제를 체험하는 시간이다. 이때 믿음을 쓰라. '가만있어, 내가 왜 이래? 뭐 때문에 이러는 거야? 뭐 없는 얘기를 하라는 거야? 도대체 복음이 나의 어떤 부분에서 승리했는지 이야기하라는 거잖아', 그래서 그것을 이야기하다보니 복음이 정말 이 기막히고 절망적인 죄에서 나를 건져냈고 저주받은 병든 자아, 사기 치고 음란했던 나를 승리하게 했다는 것을 깨닫는다. 그러면 이것이야말로 우리가 온 천하에 외칠 말이 아닌가.

우리에게 다가온 '나의 복음'이라는 사건은 다시 말하지만 우리의 죄를 까발리는 시간이 아니다. 자아의 감옥에서 우리를 건져주신 승리의 복음을 선포하는 시간이다. 나의 복음을 쓰는 시간은 어떠했는가? '오직 믿음' 아니었는가? '여기까지 써야 하나? 이것도 나누어야 하나?' 수많은 생각을 했을 것이다. 그때마다 여기고, 드리고, 계속 신뢰하는 믿음을 쓰지 않았는가?

나의 복음을 나누는 시간도 마찬가지였을 것이다. 왜 나의 복음을 나누기까지 의자를 10개나 준비해서 한 자리 한 자리 옮겨 앉을 때마다 간이 콩알만 해지게 하는 것인가. 모든 것은 다 의미가 있다. 의자 10개는 출애굽 당시 10가지 재앙을 의미한다. 의자로 나와 앉는 것도 죽음을 확정하는 믿음이 필요하다. 하지만 옆 자리로 옮길 때마다 계속해서 복음학교 내내 들은 진리가 생각나며 죽음이 실제가 되는 것을 경험했을 것이다. 여기고, 드리고, 계속 신뢰하라!

그리고 마침내 하나님을 경외함으로 나의 복음을 나누었을 때, 진리 안에서 누리는 진정한 자유를 경험하지 않았는가. 물론 적당히 타협하고 슬쩍 비껴간 사람들도 있을 것이다. 그러나 나의 복음의 자리는 끝이 아니다. 하나님 앞에 설 수 있도록 주어진 기회, 이것은 느낌이나 감정이 아닌 오직 믿음의 자리이다. 나의 복음이라는 기회

앞에서도 주저하고 결단하지 못했다면 지금이라도 결단하라. 지금이라도 하나님 앞에 최고의 믿음을 올려드리자.

십자가의 죽음을 믿음으로 받고 병든 자아를 죽음으로 넘기지 않으면 계속해서 보이는 상황에 반응하게 될 것이다. 죽은 것을 확인하지 않으면 여전히 보이는 상황에 반응하여 아직 살아 있다고 생각하게 된다. 십자가에서 죽은 우리에게는 진정한 변화가 있어야 한다. 고해성사 따위가 아니다. 진정한 믿음의 화합만이 필요하다. 그렇다면 이제 묻겠다.

'당신에게 복음은 진정한 나의 복음이 되었는가?'

나의 복음 후 자가 진단

스스로 자신의 존재를 보는 것은 쉬운 일이 아니다. 그래서 우리는 지금까지 진리의 진단을 들었다. '나의 복음' 시간은 죽음과 부활 중 죽음에 초점이 맞춰져 있다. 하지만 죽음이 끝이 아니다. 우리는 이제 믿음으로 부활에 참예해야 한다. 나의 복음 이후 '자가 진단' 시간에 내가 어떤 존재였는지 인정하고, 내가 어떤 상태에 있는지 살피고, 내가 무엇에 믿음을 쓰지 못했는지 자가 진단해서 지금이라도 그 믿음을 취하면 승리할 수 있다. 믿음은 언제나 현재형으로 살아 있는 복음이기 때문이다.

1. 죽음의 능력

나의 복음 시간이 죽어야 할 나의 실체, 십자가의 죽음의 능력에 초점이 맞춰져 있었다면 복음학교 이후에는 주님의 부활 생명에 초점이 있다. 우리는 흔히 죽음 하면 저주요 실패를 떠올린다. 그런데 죽음이 어떻게 능력이 되는가? 복음 안에서는 죽음이 능력이다. 한 알의 밀이 땅에 떨어져서 죽어야만 그 안에 있는 생명의 확장력이 피어오를 수 있다. 죽어야 꽃을 피우고 열매를 맺는다. 죽지 않으면 한 알 그대로 있다. 다른 방법이 없다. 복음도 마찬가지이다. 십자가를 통과해야 복음의 실제를 경험할 수 있다.

로마서 6장 7절이 말씀하는 것처럼 죄와 병든 자아를 이기고 자유케 되는 길은 죽음밖에 없다. 미국이나 캐나다 또는 호주 같은 나라에는 끝이 보이지 않는 들판이 있다. 그 들판은 건기(乾期)가 되면 매우 위험한 곳이 된다. 여러 달 동안 비 한 방울 오지 않아 바싹 마른 풀에 강한 바람이 불면 자연 발화하여 큰 불이 날 수 있기 때문이다. 그런데 어떤 사람이 건기에 자연 캠핑을 나갔다가 이 사실을 모르고 들판 깊숙이 들어갔고, 우리가 상상하는 것처럼 그 들판에 광풍이 불어와 불이 나기 시작했다면 그 사람이 살기 위해서는 어떻게 해야 할까? 과연 뛰어서 도망칠 수 있을까? 무섭게 타오르는 불길이 바람을 만나면 그 속도는 말이 달리는 속도와 같이 빠르다.

방법은 단 한 가지다. 자기가 서 있는 자리를 먼저 태워버리는 것이다. 이미 탄 곳은 불이 힘을 쓸 수 없다. 한 번 불타고 지나간 곳은 불이 넘어올 수 없다. 죽음이 왜 능력인가? 심판은 두렵지만 한 번 심판이 끝난 곳에는 더 이상 심판이 임하지 않는다. 그러므로 심판이 진행될 때 우리가 피할 곳은 오직 한 곳, 이미 심판이 이루어진 십자가의 그늘 밑이다. 죽고자 하면 살 것이다. 영원한 진리의 복음 안에서, 죽음은 '능력'이다. 복음은 이론이 아니다. 한 번 죽은 사람은 또다시 죽지 않는다.

① 역사적 실례

> 17 바로가 백성을 보낸 후에 블레셋 사람의 땅의 길은 가까울지라도 하나님이 그들을 그 길로 인도하지 아니하셨으니 이는 하나님이 말씀하시기를 이 백성이 전쟁을 하게 되면 마음을 돌이켜 애굽으로 돌아갈까 하셨음이라 18 그러므로 하나님이 홍해의 광야 길로 돌려 백성을 인도하시매 이스라엘 자손이 애굽 땅에서 대열을 지어 나올 때에
>
> 출 13:17,18

유월절을 지나고 출애굽을 했는데도 이스라엘 백성의 마음에는 아직 이 일이 실제가 되지 않았고, 그렇기 때문에 하나님은 가나안으로 들어가는 가장 가까운 내륙의 길이 있는데도 이스라엘 백성을 홍해의 광야 길로 인도하셔서 애굽의 노예로 살던 과거 이스라엘 백성이 죽음의 능력을 경험하고 그들의 마음에 진정한 사형 선고가 내려지도록 하셨다. 앞에는 홍해 바다요 뒤에는 애굽의 군대가 뒤쫓아오는 가운데 그들은 뒤로 물러설 곳이 없었다. 마침내 그들은 믿음

으로 홍해를 건넜다. 다시는 돌아올 수 없는 강을 건넌 것이다.

② 영적 해석

1 형제들아 나는 너희가 알지 못하기를 원하지 아니하노니 우리 조상
들이 다 구름 아래에 있고 바다 가운데로 지나며 2 모세에게 속하여
다 구름과 바다에서 세례를 받고 고전 10:1,2

성경은 이 사건을 '세례'라고 설명한다. 세례는 예수 그리스도의
'죽음'에 믿음으로 함께 참예하는 것이다. 우리가 주님이 가르쳐주신
이 원리를 생명 걸고 순종했더라면, 타협하지 않았더라면 지금 한국
교회의 문제는 상당수 해결되었을 것이다. 철저한 신앙고백으로 정
말 자신이 죽고 다시 산 복음을 받은 사람에게만 세례를 주는 것이
마땅하다. 거듭나지 않았고 믿는다고 말할 수 없다면 집사 직분을
주어서는 안 된다. 복음 앞에 서는 일, 십자가를 통과하는 이 부분이
분명해야 한다. 이 죽음의 능력을 철저하게 믿음으로 체험해야 한다.

2. 종합검진(내면여행)

① 자발성
아무리 좋은 음식도 억지로 입에 넣어줄 수는 없다. 경외함과 사모함
과 목마름이 필요하다.

② 집중성

모든 방해를 제하고 목숨을 걸고 전 존재로 복음 앞에 서라.

③ 진리의 다림줄

진리의 다림줄을 내렸다. 복음 외에 다른 이야기, 다른 주장을 하지 않았다. 오직 복음만 이야기했다. 혹시 그래도 헷갈릴까봐 로마서, 에베소서 안에서 말씀을 전했다.

3. 자가 진단

이제 나타난 나의 반응을 통해 자신을 스스로 진단해보자.

첫째, 하나님을 경외한다는 나의 믿음은 과연 실제인가? 나의 복음이라는 시간 앞에서 과연 나는 하나님을 경외하는 사람이었는지 살펴보라.

둘째, 이 상황 앞에서 여기고 드리고 계속 신뢰하는 믿음의 원리가 실제였는가? 나는 불가능하지만 진리가 결론 되는 믿음의 원리를 사용했는가? 선택의 기로에서 어느 편을 택했는가?

셋째, 나의 자아의 죽음이 실제였는가? 주님은 이미 나의 병든 자아를 처리해주셨는데 내 믿음 안에서 나는 이 병든 자아의 죽음을 온전히 받아들이고 그 죽음에 온전히 참여한 자로서 더 이상 자아에 연연하거나 거기에 휘둘리는 여지를 남겨둔 그런 사람은 아닌가?

이 질문 앞에 나의 반응은 어떠했는가? 우리는 이 과정을 지나면서 나의 병든 자아가 얼마나 자기변명과 합리화에 능한지, 얼마나 진리 앞에 서기를 두려워하는지 보았을 것이다. 이때 믿음의 실제가 여과 없이 드러나게 되는데 믿음으로 반응하지 못할 때 흔히 볼 수 있는 태도로 공격형이 있고, 그냥 그렇게 넘어가거나 애써 무시하는 냉담형, 핵심을 비껴가는 위장형이 있다.

우리는 이미 복음을 들었고, 어떤 해결책이 있으며, 내가 무엇을 해야 할지 알고 있다. 남은 것은 딱 하나다. 그것은 바로 결단이다.

결단하지 않으면 결단 당한다

이제 자신의 모습을 정확히 진단했는가? 내가 결단하지 않으면 결단을 당한다. 진리가 밝혀지지 않고 자기가 분명히 드러나지 않았을 때는 변명의 여지가 있다. 그러나 빛이 있는 곳에 더 이상 어둠이 머물 수 없는 것처럼 그다음에는 빛을 배척하든지 아니면 어둠의 일을 벗어던지든지 지금 결단해야 한다. 지금 믿음을 취하라.

> 14 그러므로 이제는 여호와를 경외하며 온전함과 진실함으로 그를 섬기라 너희의 조상들이 강 저쪽과 애굽에서 섬기던 신들을 치워버리고 여호와만 섬기라 15 만일 여호와를 섬기는 것이 너희에게 좋지 않게 보이거든 너희 조상들이 강 저쪽에서 섬기던 신들이든지 또는 너희가 거주하는 땅에 있는 아모리 족속의 신들이든지 너희가 섬길 자를 오늘 택하라 오직 나와 내 집은 여호와를 섬기겠노라 하니 수 24:14,15

말년의 여호수아가 이스라엘 백성에게 이제는 단호히 선택하라고 말한다. 출애굽 그리고 광야 40년 동안 그들의 부모 세대가 전능하신 하나님의 임재와 기적 속에서도 악심을 품고 병든 자아에 대한 끈끈한 정을 놓지 못해 어떻게 죽어갔는지 그 자식들이 다 보았다. 그 다음 주님의 약속을 믿고 오직 믿음으로 가나안 땅을 정복하게 하신 것도 다 경험했다. 이제는 더 이상 증거가 필요 없다. 남은 것은 선택뿐이다. 섬길 자를 오늘 택하라. 여호수아는 나와 내 집은 여호와만 섬기겠다고 선포한다. 믿고 안 믿는 것은 각자의 몫이다. 그러나 우리는 여호수아처럼 말해야 한다. 모든 증거를 담대히 증거한 후 나는 내가 증거한 이 진리, 여기에 서 있겠다는 증언이 필요하다.

약삭빠른 원숭이를 잡겠다고 쫓아다니면 못 잡는다. 그런데 똑똑한 원숭이를 생포하는 방법이 있다고 한다. 그것도 원숭이가 제 꾀에 넘어가게 해서 잡는 방법이다. 주둥이가 좁은 호리병에 길게 끈을 매고 병 안에 원숭이가 좋아하는 음식으로 잘 익은 과일 같은 것을 넣어둔다. 그리고 원숭이가 눈치 채지 못하도록 멀리 움막 안에 자리를 잡고 숨어서 줄을 잡고 누운 채 한숨 자는 것이다. 그러면 냄새를 맡은 원숭이가 사방을 살펴보고 안전하다고 확신이 들면 호리병에 손을 넣어서 그 안에 들어 있는 음식을 한 움큼 잡는다. 간신히 빈손으로 들어간 호리병인데 음식을 잔뜩 쥐었으니 뺄 수가 없지 않은가.

원숭이가 끽끽 소리를 지르며 손을 빼려고 하다 보니 호리병에 맨 줄이 흔들린다. 그러면 천천히 일어나서 "어험" 이렇게 소리를 많이 내면서 원숭이가 있는 곳으로 오는 것이다. 인기척을 느끼고 더 다급해졌는데도 원숭이는 호리병 안에 잡은 것을 놓을 수가 없다. 사람은 헛기침을 하며 아주 천천히 다가온다. 이 상황을 지켜보던 늙은 원숭이가 소리친다. 자신도 여러 번 그렇게 동료를 잃어봐서 젊은 초짜 원숭이가 무슨 짓을 할지 너무나 잘 알기 때문이다.

"인마, 너 빨리 손 빼."

"안 빠져요."

"놔야 빠지지. 포기하라고, 포기하라니까!"

"이걸 어떻게 포기해요. 아유, 난 포기 못해요."

"안 돼. 인마, 놓으라니까."

"포기 안 돼요. 이걸 어떻게 포기해요. 큰일 났어요. 날 도와줘요."

사람이 점점 다가와서 초짜 원숭이가 잡히기 바로 직전에 늙은 원숭이가 비명처럼 외치는 말이 이 말이다.

"너 결단 안 하면 결단 당해!"

결국 호리병에서 손을 빼지 못한 원숭이는 붙잡힌다. 이 기막힌 원숭이의 모습이 만물의 영장이라는 사람에게도 보인다. 결단 안 하면 결단 당한다. 복음 앞에 선다는 말은 복음에 대해서 그저 동의하고 감동받는 것이 아니다. 복음 앞에 철저히 서야 한다. 결단해야 한다. 주저하거나 두려워하거나 변명할 여지는 이제 없다. 하나님이 살아 계시고 복음은 생생한 실제이다. 할렐루야!

담대한 나의 복음

어느 교회 담임목사님이 복음학교를 전혀 모르셨는데 부임한 지 얼마 안 된 젊은 부목사로부터 복음학교를 한 번 다녀오시면 좋겠다는 권유를 받았다. 처음에는 생소하여 당황했지만 복음학교라는데 뭔가 있는 모양이라고 좋게 생각이 바뀌어 '그래. 그렇게 좋다는데 한번 가보지' 하고는 지원을 하여 복음학교에 오셨다. 복음과 선교 시간까지는 그 부목사가 안목 있고 같이 사역해볼 만한 인재처럼 느껴지며 고마운 생각마저 들었다.

그런데 갑자기 '나의 복음' 시간이라는 말을 듣는 순간부터 당황스럽고 동의할 수 없고 감당이 안 되고 화가 나기 시작했다. 그때 마침 복음학교를 진행한 교회가 커서 방도 여럿이고 복도도 많았다. 나도 모처럼 나의 복음을 하는 현장에 참여해서 은혜를 받으려고 가던 길에 싸우는 듯한 소리가 나서 무슨 일인가 해서 가보니 목사님과 복음학교 섬김이가 실랑이를 하고 있었다. 목사님이 나의 복음 시간이 진행되는 방에 들어가지 않고 나와 계시니까 섬김이는 들어가시라고 하고 목사님은 안 들어간다고 하고 하나님 경외하심으로 하시라고 하다가 벌어진 일이었다.

결국 좀 진정이 되면 들어오시라고 하고 섬김이가 먼저 방으로 들어간 다음에도 목사님은 복도를 왔다 갔다 하며 씩씩거리셨다. 긴 복도에는 아무도 없었다. 그러나 지나갈 통로를 잃은 내가 한쪽 구석에서 간신히 몸을 숨기고 있었다. 그 목사님이 들어가셔야 나도 지나갈 수 있는 상황이라서 나는 숨을 죽이고 기다렸다. 그런데 목사님은 아무도 없는 것을 확인하자 발을 구르고 욕을 하며 분에 못 이겨 하셨다. 나는 깜짝 놀랐다.

"이거 누구 물 먹이려고 여기 보냈어? 이런 시간이 있으면 있다고 말을 해야 될 거 아냐!"

　나중에 중보기도팀에 긴급 기도제목까지 올라왔다. 목사님이 나가신다고 해서 다들 긴장하고 정말 간절히 기도만 했는데 하나님께서 그 기도를 들으셔서 다행히 나가지 않으셨다. 버티다가 버티다가 나의 복음 시간에도 맨 마지막에 나오셨다. 처음에는 미루다가 못하면 못한 채로 끝내겠지 별 수 있나 싶었다고 한다. 그런데 가만히 보니 그냥 지나갈 것 같지가 않고 도망칠 수도 없다. 나의 복음이 진행되는 동안 자신은 안 한다고 하면서 밖에서 다른 사람들이 하는 나의 복음을 들으며 '에이, 끄슬리고 가네', '아니 저게 무슨 나의 복음이야?' 이런 식으로 판단을 하게 되자 '안 하면 몰라도 어차피 해야 하면 제대로 하리라' 주님이 이렇게 생각을 바꿔주셨다.

　그래서 목사님이 아주 정직하게 복음 앞에 서보니 처음에는 홧김에 시작했지만 복음의 진리에 감동이 되고 나의 복음을 돌파하게 되면서 성령께서 복음이 실제가 되는 은혜를 주셨다. 얼마나 은혜가 됐는지 토요일 저녁 복음학교를 마치고 지방으로 내려가 자정이 다 되어서 설교 준비를 하는데도 다른 설교를 하기 어려워, 5분 정도 한 나의 복음을 50분에 걸쳐서 주일 대예배에서 나누셨다. 그러자 교인들이 엄청난 충격을 받았다. 처음에는 놀라서 충격을 받았지만 '세상에, 무엇이 우리 목사님을 저렇게 담대하게 만들었나, 복음이 진짜구나' 해서 교인들이 오히려 은혜를 받았다.

　우리는 자가 진단을 통해서 남이 모르는 나, 하나님과 나만이 아는 나, 주님이 진단해주신 부분을 복음으로 결단하여 믿음의 승리자가 되어야 한다. 그 증언이 나의 복음이 되고 그 복음이 증거되는 곳 곳마다 듣는 자가 살아나는 역사가 일어날 것이다.

복음학교 이후

복음학교에는 수료증이 없다. 왜냐하면 복음을 수료하면 큰일나기 때문이다. '5박 6일 동안 거의 죽을 뻔했네', '이제 끝났구나' 그렇게 복음을 수료해버리면 안 된다. 이제는 각자 처한 데서 복음을 살아 내야 한다. 돌아가는 순간 우리는 삶의 현장과 부딪친다. 예수님도 이렇게 말씀하셨다. "너희가 세상에 속하였으면 세상이 자기의 것을 사랑할 것이나 너희는 세상에 속한 자가 아니요 도리어 내가 너희를 세상에서 택하였기 때문에 세상이 너희를 미워하느니라"(요 15:19). 세상과 함께 대강 섞여서 살 때는 큰 저항이 없는데 복음 편에 딱 붙 어서 세상 정반대편에 서고 나면 세상 모든 크고 작은 일에 다 저항 을 느낀다. 그러다보면 자칫 타협하기 쉽고 도로 물러서기 쉬운데 그런 일에 괜히 반응할 이유가 없다. 복음으로 사는 삶의 걸음을 절 대 주춤거릴 필요가 없다.

　멋진 복음의 삶과 승리만 상상하다가 정작 복음으로 사는 일에 익 숙하지 않아서 겪게 되는 과정이 있으니 단 몇 가지만 유념하기 바란 다. 복음학교를 마치고 난 뒤 자기 삶의 터전으로 돌아가서도 복음 의 영광을 보며 누릴 수 있는 방법에 대한 가이드다.

1. 정산하라

23 그러므로 예물을 제단에 드리려다가 거기서 네 형제에게 원망들을 만한 일이 있는 것이 생각나거든 24 예물을 제단 앞에 두고 먼저 가서 형제와 화목하고 그 후에 와서 예물을 드리라 25 너를 고발하는 자와 함께 길에 있을 때에 급히 사화하라 그 고발하는 자가 너를 재판관에 게 내어 주고 재판관이 옥리에게 내어 주어 옥에 가둘까 염려하라 26 진실로 네게 이르노니 네가 한 푼이라도 남김이 없이 다 갚기 전에는 결코 거기서 나오지 못하리라 마 5:23-26

첫째, 정산하라. 달리 말하면 대가지불하라는 것이다. 자신이 병든 자아로서 믿음으로 살지 않으면서 저지른, 혹은 관계 안에 정리해야 할 일들, 하나님 앞에 바르지 않은 것들, 이런 것들이 있다면 더 이상 늦추지 말고 돌아가자마자 정산하라. 복음 앞에 선다는 말은 나 하나 편하고 마음에 평안을 얻었다는 심리 치료 따위가 아니다. 하나님 앞에 서는 것이다. 회개에 합당한 열매를 맺으라는 말이다.

우리는 은혜가 마치 아무나 다 받을 수 있는 값싼 것으로 생각하는데 그렇지 않다. 은혜에는 십자가의 공의가 있다. 죄가 해결되었으니 갚지 않아도 된다는 것은 잘못된 생각이다. 복음을 받은 자이기에 더욱 복음을 받은 자답게 정산해야 한다. 범법(犯法)한 일이 있거들랑 자수하고, 구속당하게 된다면 구속되어 법의 처벌을 달게 받아야 한다. 빚이 있으면 갚고 용서를 구해야 할 사람이 있으면 용서를 구해야 한다. 부당하게 남의 것을 취한 것이 있다면 도로 내놓아야 한다. 부정한 관계, 하나님 앞에서 합당하지 않는 관계를 숨겨 오고 있다면 오늘 밤을 넘기지 말고 당장 정리하고 응분의 대가를 치르라. 정직하게 드러내라. 지체하지 말고 갚으라. 자신의 죽음을 확증하라.

기독교는 뻔뻔스럽게 "아, 나는 죄사함을 받았습니다", "나는 이제 자유합니다" 이런 심리 치료나 교리적인 정신 위안 하는 데가 아니다. 진정한 부흥의 가장 뚜렷한 특징은 기적이 나타나는 것이 아니다. 진짜 기적은 죄에 붙들려 살던 죄인들이 죄에서 돌이켜 회개하는 것이다. 우리나라의 평양 장대현교회 부흥의 특징 역시 은사가 아닌 강력한 회개였다. 1907년 1월 평양에서 연합부흥회가 열리던 마지막 날, 길선주 장로는 하나님께서 우리 집회에 은혜를 내리시지 않는 이유가 바로 자신이라고 눈물로 고백했다.

"내가 바로 아간과 같은 자입니다. 1년 전에 죽은 친구가 저밖에 믿을 사람이 없으니 자신의 유산과 미망인의 재산을 관리해달라고 했는데 제가 미화 1백 불을 사취했습니다."

그는 날이 밝는 대로 친구와 미망인을 속인 죄를 자백하고 사취한 돈을 돌려주겠다고 회개했다. 체면을 목숨보다 더 중요하게 생각하던 시대에 자신이 이런 죄를 지었노라고 토설한 것이다. 그러자 주님께서 완전히 하늘 문이 열린 것처럼 강력하게 역사하기 시작하셨다. 간음과 도둑질 등 공개 자백이라는 말이 무색할 만큼 여기저기서 압도적인 회개가 일어나기 시작했다.

나중에는 소문이 나서 형사가 범인을 잡으러 부흥회 장소에 와서 기다리는 일까지 생겼다. 고백만 하면 잡아가기 위해 형사가 기다리고 있다는 것을 알면서도 자기 양심을 속이고 하나님을 속이는 심령의 노예가 되어서 질질 끌려다니느니 차라리 감옥에 들어가는 한이 있더라도 양심의 자유를 선택하고 하나님 앞에 살겠다고 형사 앞에서 '나의 복음'을 고백하고 나서 뚜벅뚜벅 걸어가 그 자리에서 체포되는 일들이 있었다.

진짜 부흥은 하나님의 거룩한 임재로 거룩한 땅, 거룩한 곳에 선 우리가 신을 벗는 것, 추접한 죄의 사슬을 벗어던지고 참 회개로 나오는 것이다. 그런 의미에서 나는 부흥을 보고 있다. 두렵고 떨리고 부끄럽기 짝이 없어서 맨 정신으로 불가능했던 복음의 실제, 지금 많은 복음의 증인들이 날마다 속이고 자신을 꾸미며 숨기고 살아가던 삶에서 용기 있게 십자가에 부딪쳐서 깨지고 자신의 깨진 실상을 통해 살아 계신 하나님의 복음을 선포하고 있다. 수많은 증인들이 왕따도 당하고 욕도 먹지만 사람이 아니라 하나님을 가장 두려워하는 증인, 복음이 실제가 된 이런 증인들이 일어나는 것이야말로 부흥이다. 할렐루야!

모 선교단체의 파트 책임자인 분이 복음 앞에 서고 나서 자신이 한 번도 살아 계신 하나님을 실제로 믿은 적이 없다는 것을 깨달았다. 그러면서 목사가 되고 선교사가 되고 단체의 파트 리더가 되었으니 이것이 모두 가짜이고 사람을 속였다는 괴로움에 그는 모든 것을 내려놓게 되었다.

"저는 저를 속이면서 더 이상 사역할 수 없습니다. 목사직을 사직하겠습니다. 선교사직도 사직하겠습니다. 여기 책임자 자리도 사직하겠습니다. 진실한 성도로 주님 앞에만 서겠습니다."

그러자 단체 이사회가 발칵 뒤집혔다. 사표를 수리하기 전에 한 달간 기도해보기로 하여 기도하던 중 하나님이 그의 회개를 받으시고, 다시 그 단체 선교사로 부르시는 콜링을 받게 되어 자신이 원래 헌신했던 미전도종족 선교를 위한 필드 선교사로 허입되었다. 남들이 보기에 뭐 그렇게 답답하고 꽉 막힌 사람이 있나 하겠지만 나에게는 그의 이야기가 어떤 대단한 간증이나 수백 억짜리 예배당을 짓는 기적보다 더 큰 기적이었다. 그 하나님을 경배하지 않을 수 없다.

그 옛날 집이 가난해서 정식 학교를 나오지 못하고 가짜 학위와 졸업장으로 은행에 취직해서 높은 자리까지 올라간 분이 복음 앞에 섰다. 오랜 세월 열심히 살았지만 이것이 그의 가슴에 멍에요 이 사실이 드러나는 것은 두렵고 떨리는 일이요 자신의 모든 기반이 다 허물어질 것 같았지만 그것을 속인 채 진실한 장로, 착한 아버지인 척 울고 회개한다고 해도 되지 않는다는 것을 알았다. 그가 '나의 복음' 시간에 이 문제를 통과해냈다. 지점장을 포기하는 한이 있더라도, 법의 대가를 치르더라도 오직 하나님을 경외하는 사람으로 살아가겠다고 결단하시는 데 감동을 받았다. 하나님 앞에 합당하지 않은 모든 것들을 정리해야 한다. 그것이 복음에 합당한 자로 서는 것이다.

2. 집중하라

둘째, 집중하라. 지금까지 우리는 총제적인 복음을 들었다. 그런데 다시 바쁜 일상으로 돌아가면 금방 까먹고 다 아는 내용 같아도 그것이 생각이 잘 안 난다. 처음 복음학교 학생으로 참석하면 다 아는 것 같지만 남는 게 별로 없다. 왜냐하면 그때는 죽을 나의 실체에 신경을 더 많이 쓰기 때문이다. 복음학교를 하고 나서 복음학교 섬김이로 다시 복음학교에 오시는 분들이 나에게 하는 말이 있다. 복음학교 내용이 업그레이드되었다는 것이다. 그런데 그렇지 않다. 복음학교 내용은 그대로인데 자기 문제에 매여서 들리지 않던 내용이 그 문제가 해결되고 나서 들리기 시작하거나 자기 귀가 할례를 받아서 지금 새롭게 들리는 것뿐이다. 그런데도 올 때마다 새롭다는 것이다. 그것은 복음의 총체적인 내용이 성경 전체 내용이다 보니까 그 내용이 계속 새롭게 깨달아지는 것이다.

① 나의 복음 노트 만들기

따라서 우리는 우리가 복음을 능숙하게 쓸 수 있을 만큼 익숙해지기까지 더 많은 시간을 들여서 복음 앞에 집중해야 한다. 가장 좋은 방법이 있다. '나의 복음 노트' 만들기를 결단하는 것이다. 복음학교를 마치고 돌아가면 한 주간을 통째로 비웠기 때문에 밀린 일을 처리하느라 정신없이 시간이 지나간다. 그러므로 당장 목표를 세우지 않는다면 복음학교는 어느새 충격만 받고 지나간 아련한 추억이 되고 만다. 그러지 않으려면 정신을 바짝 차려야 한다.

각자 복음학교 강의를 들으며 정리한 노트가 있을 것이다. 그 내용을 토대로 복음의 진리를 자신의 말로 자신의 글로 다시 한번 정리해보는 것이다. 함께 선포했던 말씀도 적어보고, 나에게 실제가 된 영역과 주님이 비춰주신 부분들을 다시 한번 기억하며 자신만의 것으로 정리해보는 시간을 갖는 것이 유익하다. 나는 무소유로 살고 자녀가 다섯이다. 유산은 원래부터 없다. 그러다가 총체적인 복음을 나누면서 내 생애 주신 축복, 복음이면 충분하다는 확신을 가지고 언제든 떠날 준비를 했다. 그리고 나의 복음 노트를 유산으로 남기기로 결정했다. 자녀에게 유산이 아니라 이 복음만 남겨주자. 복음이면 충분하다.

② 로마서 에베소서 50번씩 읽기

로마서와 에베소서에는 복음의 삶으로 승리할 수 있는 약속이 기록되어 있다. 한 가지 같이 세울 목표는 로마서, 에베소서를 두 달간 하루에 한 시간씩 정독하는 것이다. 익숙해지면 금세 좀 더 빨리 읽을 수 있다. 죽기 전에는 다 읽겠다 이러면 안 되고 두 달간 하루에 한 시간씩, 로마서 에베소서를 한 번씩 읽기로 약속하자.

복음의 삶은 매 순간 전쟁이다. 복음을 따라 살기로 작정한 순간부터 우리는 사탄의 공격 1순위가 된다. 사탄이 우리를 공격할 때마다 주님이 조치해놓으신 권능 있는 약속의 말씀을 무기로 대적하며 나아가라. 그러기 위해서 우리는 어디에 우리의 무기(말씀)가 있는지 알아야 한다. 그 무기(말씀)가 자신에게 익숙해질 때까지 계속해서 말씀을 읽어야 한다. 말씀을 정확히 아는 것만이 사탄과의 전쟁에서 승리할 수 있는 비결이다. 복음에 집중하라. 성경과 복음의 전문가가 되어 이 복음으로 세상에서 유일한 해답을 주는 자와 받는 자가 되기 바란다.

3. 단순하라

셋째, 단순하라. 우리가 복음을 알았다면 이제는 우리의 삶의 방식을 단순화해야 할 필요가 있다. 우리는 복음을 알고 존재가 바뀌었다. 그러면 우리의 바뀐 신분에 걸맞게 우리의 삶의 방식을 단순화할 필요가 있다. 만약 우리의 삶이 복음 이전과 같이 이것저것 해야 할 일이 많고, 복잡하게 꼬여 있다면 복음 앞에 집중할 수 있는 시간이 줄어들 수밖에 없다. 그러니 삶의 방식을 바꾸라.

① 그리스도의 신부

우리가 복음을 만나고 영적으로 바뀐 우리의 신분은 그리스도의 신부다. 신부라면 신랑이 정해져 있다는 것이다. 오직 신랑 맞을 준비를 하는 단계에 들어선 신부의 삶은 이전에 신랑이 정해지지 않았을 때 살던 라이프 스타일과 달라야 한다. 신부는 자신이 사랑하는 신랑과 결혼할 그 날을 순결함으로 기다린다. 신부는 신랑 외에 다른 것에 관심을 둘 수 없다. 오직 신랑만을 사랑한다. 우리는 주님의 거룩한 신부이기에 다른 것에 관심을 둘 수 없고 오직 다시 오실 신랑을 기다리며 거룩함과 순결함으로 있어야 한다.

② 그리스도의 군사

우리가 그리스도의 영적 군사다. 유람선 타고 놀러 다니는 사람이 아니다. 우리가 탄 배는 유람선이 아니라 군함이다. 하나님의 나라는 전쟁 중이다. 항상 전쟁을 준비하고 전쟁하는 삶을 사는 군사라면 영적 전시 체제에서 언제든지 주님의 명령에 순종할 수 있을 만큼 우리의 삶의 자리 또한 군사답게 정돈할 필요가 있다. 옷, 신발, 머리, 삶의 스타일을 단순하게 하라.

우리는 즐기고 누리려고 이 땅에서 사는 것이 아니다. 병든 자아를 충족시키는 사치와 허영으로는, 날마다 꾸미고 바꾸느라 온통 신경 쓰고 마음 정리가 안 된다. 삶의 자리를 정돈하지 못하면 영적인 삶도 바뀌지 않는다. 병든 자아의 중심이 된 삶의 스케줄, 친구 관계, 빡빡한 일정 등을 그대로 둔 채 거기에 복음으로 사는 것까지 추가한다면 한두 주는 기쁠 수 있을지 몰라도 금세 너무 지치고 힘들어진다.

우리의 인생은 그야말로 시간표가 다다. 그런데 시간표가 안 바뀌고 어떻게 삶이 바뀌었다고 말하겠는가. 나 중심의 시간표가 아니라 반드시 주님이 원하시는 시간표부터 먼저 짜고 그다음 불필요한 것들을 가지치기 해나가야 한다.

③ 나그네

나그네란 자신의 고향을 떠나 다른 곳을 떠도는 사람이다. 그는 한 곳에 머무르지 않는다. 우리는 나그네다. 우리의 영원한 거처, 고향은 하나님나라다. 하나님이 허락하셔서 잠시 이 땅에서 지낼 뿐이다. 나그네로 사는 자가 잠시 머무는 곳에 돈을 많이 들일 필요가 있는가? 그렇지 않다. 잠시 잠깐 입었다가 버리고 가는 것이 육신이므로 육체에 많은 돈을 들일 필요가 없다. 우리는 이 땅에서 영원히 살 사람들이 아니다. 잠시 있다가 떠날 이 세상에 마음을 두지 말라. 영원한 거처는 하늘나라이기 때문이다.

짐 싸는 것을 보면 이 사람이 여행을 해본 사람인지 아닌지 금방 알 수 있다. 몇 십 년을 돌아다녀보니 제일 싫은 것이 짐이 늘어나는 것이다. 여행자는 옷차림도 가벼워야 한다. 하나님 앞에서 나그네인 우리는 삶을 복음에 합당하게 정리해야 한다. 그러지 않으면서 영적 생활도 풍성히 누려보겠다는 것은 말이 안 된다. 정말 중요하다. 특별히 젊은이들은 자기 삶에 유혹이 될 만한 것들, 복음을 위해서 불필요한 것들을 당장 가서 정리하라. 미루지 말고 차근차근 리스트를 작성해보라. 이 일은 경건의 삶을 위한 매우 중요한 작업임을 잊지 말라. 우리의 경외함 역시 이론이 아니라 실제가 되어야 한다.

4. 교제하라

넷째, 교제하라. 한국 교회의 보편적인 상황으로 볼 때 한국 교회는 공동체성을 그다지 강조하지 않아서 보통 일방적인 신앙생활을 한다. 그렇다 보니 함께 어떻게 더불어 교제하는지 잘 모른다. 구역예배, 속회모임, 예배를 다 드리고 나면 전혀 믿지 않는 사람들처럼 세상에서 먹고 사는 이야기로 교제하지, 어떻게 하는 것이 영적으로 교제하는 것인지 모른다. 그러니까 실제로 복음이 삶 가운데 스며들지 않는 것이다.

복음학교에 참석했다고 해도 복음학교 이야기만 하거나 돌아가자마자 온통 들은 내용으로 복음을 가르치려고 해서는 안 된다. 먼저 그 복음을 살아야 한다. 그럴 때 나와 관계된 사람이 반드시 묻게 된다. 왜 변했는지 무엇 때문에 변했는지 어떻게 변했는지 물으면 그때 '나의 복음'을 나누는 것이다. 사람들이 진짜 듣고 싶어 하는 것이 바로 이것이다. 우리가 먼저 복음의 증인이 되어야 한다.

말씀을 묵상하고 순종하고 그것을 체험해보고 부딪친 이야기가 있어야 영적인 교제가 되지 그것 없이는 안 된다. 혼자서는 설 수 없다. 할 수만 있으면 복음의 교제권을 자꾸 늘려나가는 것이 좋다. 복음 안에서 생명의 교제를 하라. 복음 안에서 진리로 결론 난 분들끼리 복음으로 결단하고 복음으로 손해 보고 과감한 희생을 치르자. 이렇게 하면서 복음 안에서 교제를 나누고 한 마디라도 서로 격려해주는 것이 우리 영혼을 더 힘 있게 한다. 정산하라. 집중하라. 삶을 단순하게 하라. 그리고 교제하라. 반드시 복음 안에서 승리를 경험하게 될 것이다.

- 복음을 듣는다고 바로 복음대로 살 수 있는 것은 아니다. "복음이 정말 실제인가?"라고 정직하게 묻고 복음 앞에 서라.

- 내가 고백한 내용이 아니라 어떤 사건에 부딪쳤을 때 드러나는 나의 반응이 나 자신이다. 정말 하나님을 경외한다면 내 신앙을 사람들 앞에서 고백하고 주님을 시인할 수 있다.

- '나의 복음'은 죄의 공개 자백이 아니라 복음이 나에게 어떻게 실제가 되고 나의 어떤 부분에서 승리했는지 말하는 것이다. 병든 자아가 죽고 내가 죄의 저주에서 풀려나 승리한 복음을 선포하는 것이다.

- 복음 이후 회개에 합당한 열매를 맺는 대가지불을 하라. 복음에 집중하고 말씀을 읽어라. 삶을 단순화하라. 복음 안에서 영적 교제를 하라.

- 결단하지 않으면 결단 당한다. 복음에 대해 동의하고 감동받는 것이 아니라 복음 앞에 철저히 서고 결단해야 한다.

• • •

진리가 결론 되게 하라!

복음의 영광!
복음의 능력!
복음의 축복!

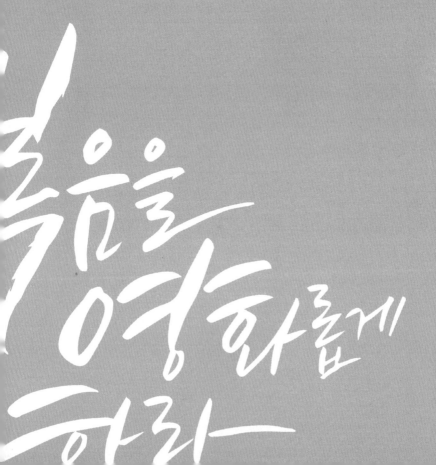

복음과 기도

32
강

복음과 기도

1. 예수님의 이름으로 구하는 기도

① 구하라

12 내가 진실로 진실로 너희에게 이르노니 나를 믿는 자는 내가 하는 일을 그도 할 것이요 또한 그보다 큰 일도 하리니 이는 내가 아버지께로 감이라 13 너희가 내 이름으로 무엇을 구하든지 내가 행하리니 이는 아버지로 하여금 아들로 말미암아 영광을 받으시게 하려 함이라 14 내 이름으로 무엇이든지 내게 구하면 내가 행하리라 15 너희가 나를 사랑하면 나의 계명을 지키리라 요 14:12-15

주님이 십자가로 우리에게 이루어지게 하신 삶은 어떤 삶인가? 이 말씀에 따르면 주님은 주님보다도 더 큰 일을 하게 되리라고 말씀하신다. 예수님만큼 산다는 것도 불가능한데 그 이상은 상상할 수 없고 잘못 말씀하신 것이 아닌가 싶어도 주님이 하신 말씀이기 때문에 이것을 결론으로 받을 수밖에 없다. 예수님은 "진실로 진실로" 강조법을 사용하여 말씀하셨다. "나를 믿는 자"란 어떤 특별한 몇몇 사람이 아니라 주님을 믿는 사람 모두를 가리킨다. 우리가 예수님보다 더 큰 일도 하리라는 이 엄청난 말씀이 가능한 것은 "이는 내가 아버지께로 감이라", 주님이 십자가의 구속을 완성하고 영광을 얻으셨기 때문이다. 십자가를 근거로 이 일을 이루어놓으셨다는 말씀이다. 주님이 십자가의 구속을 완성하고 아버지께로 가셨기 때문에 도대체 우리에게 어떤 일이 가능한지 그 해답이 13절에 나와 있다.

너희가 내 이름으로 무엇을 구하든지 내가 행하리니 요 14:13

"너희가 내 이름으로 무엇을 구하든지", 그러면 누가 시행하신다고 했는가? 예수님이 시행하신다. 보통 성령 충만이나 성령의 능력을 생각할 때 우리 사고에서는 늘 내가 주체가 된다. 내가 있는데 주님이 내게 능력을 부어주시면 그 능력을 가지고 내가 일한다는 것이다. 그러나 이렇게 되면 세상없어도 내 그릇 이상은 절대 할 수 없다. 아무리 대단한 능력이라도 그 능력을 받아서 담는 그릇이 나니까 내게 담기면 내 분량만큼밖에 안 된다.

우리가 예수님께 구하면 예수님이 우리에게 능력을 주셔서 우리 그릇에 요만큼 옮겨 담아 일하게 하시는 것이 아니라 "네가 구하면 내가 시행하리라" 시행하는 주체가 예수님이시다. 우리가 주의 이름으로 구하면 주님이 그 기도를 통해서 직접 시행하리라 말씀하셨기 때문에 12절에 우리가 예수 그리스도께서 하시는 일 그리고 그보다 큰 일도 하리라는 엄청나고 불가능해 보이는 약속이 우리에게 가능한 것이다. 예수님이 하시기 때문이다. 어떤 분이 이 말씀을 근거로 이런 정리를 하셨다. "사람이 일하면 사람이 일할 뿐이지만, 사람이 기도

하면 하나님께서 친히 일하신다." 아멘. 주님이 이 어마어마한 말씀을 하신 것이다.

나 죽고 예수 사는 삶, 주님이 십자가에서 이루어놓으신 이 엄청난 진리가 우리 삶에 구체적인 현실로 드러나는 원리가 우리 편에서는 '믿음'이고 우리 안에서 이 삶을 살아내는 주체는 '성령님'이시다. 우리가 삶에서 믿음으로 여기고 드리고 신뢰하는 구체적 표현이 바로 "너희가 내 이름으로 구하라"라고 하신 '기도'이다. 우리가 예수님의 이름으로 구하면 예수님이 시행하시리라는 것이다. 할렐루야!

② 기도의 내용

우리가 부딪치게 되는 주제는 바로 '복음과 기도'다. 기도 역시 진리가 너무나 왜곡되어 있다. 자아중심적이고 자아추구적인 기도를 해왔기 때문에 기도라고 하는 개념 자체가 다를 바가 없다. 누군지 모르지만 불확실한 어떤 대상을 만들어놓고 내가 소원하는 것을 비는데 우상에게 빌든지 기독교 안에서 하나님께 빌든지 전능한 신에게 빌든지 상관없이 공통점이 있다면 문제해결, 소원성취, 오직 자기유익과 만족을 위해서라는 것이다.

기도원에 언제 올라가는가? 주로 절박한 문제가 생겼을 때, 진로를 결정해야 할 때, 다급할 때 올라간다. 더욱이 기도의 영성을 유지한다는 기도의 내용조차 대부분 문제해결, 소원성취에 불과하다. 기도원 기도의 영성에서 한 걸음 더 나아간다면 그것이 민족 복음화를 위한 기도이다. 교회 성도들의 기도, 목회자들의 기도, 그나마 기도를 좀 한다는 분들도 내 교회, 내 문제 외에 특별한 기도가 별로 없다. 문제해결, 소원성취의 기도제목에서 벗어난 기도를 거의 보지 못했다.

중보기도라는 영역도 정작 실제로 기도하는 사람들은 매우 적다. 나 역시 기도 동원을 하는 입장으로 이런저런 현상을 보는데 먼저 자기 문제가 아닌 다른 문제, 다른 사람을 위해 기도하는 것이 너무 어렵고, 그러다보니 기도를 거의 안 하거나 한다고 해도 지속하기 어려운 것이 우리의 현실이다. 자기 문제와 유익을 위해서 기도하라는데도 안 해서 기도하게 되기까지 수십 년이 걸린다. 보통 어려운 일이 아니다. 특히 모태신앙들, 솔직히 기도를 거의 안 한다. 기도 안 하면 어떻게 하는 것인가? 자기 통박으로 사는 것이다.

29 너희는 무엇을 먹을까 무엇을 마실까 하여 구하지 말며 근심하지도 말라 30 이 모든 것은 세상 백성들이 구하는 것이라 너희 아버지께서는 이런 것이 너희에게 있어야 할 것을 아시느니라 31 다만 너희는 그의 나라를 구하라 그리하면 이런 것들을 너희에게 더하시리라 32 적은 무리여 무서워 말라 너희 아버지께서 그 나라를 너희에게 주시기를 기뻐하시느니라 눅 12:29-32

그러나 복음의 기도는 완전히 다르다. 궤를 달리한다. 우리는 예수 그리스도가 우리 안에 살아가는 실제로서 우리에게 주신 이 중요한 하나님의 진리가 결정적으로 왜곡되어 있다는 사실을 깨달아야 한다. 확실하게 하나 짚을 것은 주님이 하신 말씀이다. 결론적으로 말하면 기도의 내용이 달라져야 바뀐 것이다. 앉으나 서나 그것을 얻기 위해서 자기가 간절히 구하는 그 내용이 그 사람의 가치관, 그의 존재를 종합적으로 말해준다. 그토록 얻고 싶어 하고 간절히 구하는 그것, 기도의 내용이 바뀌어야 그가 바뀐 것이다. 그것이 바뀌지 않는 한 사실 그는 바뀐 것이 아무것도 없다.

주님은 "너희가 무엇을 먹을까, 무엇을 마실까, 무엇을 입을까 구하지 말라"라고 아주 냉정하게 말씀하신다. 이런 것들은 이방인들이 구하는 것이기 때문이다. 우리는 존재 자체로 죄인으로 태어나 마치 부모 없는 고아처럼 하나님 없이 저 혼자 살아가야 하는 무거운 인생의 짐을 혼자 지고 병든 자아가 추구하는 욕심을 따라 무엇을 먹을까 무엇을 입을까 무엇을 마실까 구하는 기도를 해왔다. 그런데 이 존재가 달라졌다. 거지와 이미 모든 것이 다 허락된 왕자는 구하는 내용이 다르지 않겠는가. "구하지 말며 근심하지도 말라", 왜? 이 모든 것은 세상 백성들이 구하는 것이다. 세상 백성과 하나님의 백성을 구분하는 가장 확실하고 실제적인 차이는 바로 기도의 내용에 있다.

세상도 기도를 한다. 한번은 공항 로비에서 증산도에서 나온 〈개벽〉이라는 잡지가 있어서 잠깐 넘겨봤는데 '기도'라는 제목의 글을 보다가 깜짝 놀랐다. 몇몇 고유명사만 바꾸면 그대로 기독교 잡지에 실어도 큰 차이가 없을 만큼, 기독교에서 말하는 기도의 내용이 거기에 고스란히 실려 있었다. 기독교의 기도라는 것이 그 수준을 벗어나지 못한 것이다. 이것이 우리의 현실이다. 성도의 기도 제목을 바꿀 수 없다면 복음의 가치가 그에게 실제가 된 적이 없다는 말이다.

예수님은 "이런 것이 너희에게 있어야 할 줄을 하나님이 아신다" 하시며 "다만 너희는 그의 나라를 구하라. 그리하면 이런 것들을 너희에게 더해주실 것이다"라고 말씀하셨다. 먹느냐 마시느냐 하는 것은 하나님과 아무 상관없이 살아가는 저주받은 자들의 두려움에서 빚어진 기도 제목인데, 고아도 버림받은 자식도 떠돌이도 아닌 너희가 왜 그런 기도를 해야 하느냐는 말씀이다.

예수님은 하나님의 자녀 된 권세를 십자가에서 이루시고 그것을 우리에게 주셨다. 그러면 입을 지으신 하나님께서 먹을 것을 안 주시겠는가? 몸을 지으신 이가 옷을 안 주시겠는가? "공중 나는 새도 먹이고 들의 백합화를 입히시는 하나님께서 하물며 너희일까보냐. 그러니 너희는 먼저 그의 나라와 그의 의를 구하라" 하시지만 우리가 현실적으로 이것을 너무 받기 어려워하는 것을 잘 아시고 "적은 무리여 무서워 말라"라고 말씀하신다.

적은 무리여 무서워 말라 너희 아버지께서 그 나라를 너희에게 주시기를 기뻐하시느니라 눅 12:32

하나님 앞에서 우리의 존재를 아는 우리로서는 도대체 이런 약속이 너무 거창하다. 그런데 하나님이 그 나라를 너희에게 주기 원하시니 두려워하지 말고 이제는 그 나라, 하나님의 나라와 그의 의를 구하라고 말씀하시는 것이다.

주님이 가르쳐주신 기도

이것은 주님이 가르쳐주신 기도, 우리 기도의 원전이라고 할 수 있는 주기도문에 그대로 투영되어 있다. 우리가 잊지 말아야 할 기도의 가장 중요한 원리, 주님이 가르쳐주신 그 원리는 순서도 바꿀 필요가 없다. 우리 성경에는 그저 "하늘에 계신 우리 아버지여, 이름이 거룩히 여김을 받으시오며"라고 되어 있지만 원래 그 사이에 "모든 열방 가운데서", "모든 민족 가운데서"라는 말이 들어 있다. 그러니까 "하늘에 계신 우리 아버지여, 모든 열방 가운데서 이름이 거룩히 여김을 받으시오며 나라가 임하시오며 뜻이 하늘에서 이루어진 것같이 땅에서도 이루어지리이다"가 되는 것이다.

한 마디로 십자가에서 구속받은 하나님의 백성, 하나님의 자녀가 드리는 기도란, 그의 나라를 이 땅에 오게 하는 기도, 하나님의 뜻이 이 땅에서 이루어지게 하는 기도이다. 부모 없는 고아처럼 못 먹고 굶어죽을까 봐 여기저기서 깡통 들고 자기 문제해결, 소원성취를 구하는 우상숭배의 기도가 아니라 그분의 나라를 이 땅에 오게 하시려는 하나님의 뜻이 이루어지게 하는 어마어마한 특권으로서의 기도이다. 이 기독교의 기도 자체를 원래의 자리에 옮겨놓아야만 한다. 복음 없이 기도를 말하면 다시 우상숭배, 자아숭배로 갈 수밖에 없다. 그러므로 기도 역시 철저하게 십자가 복음이 근거가 되어야 한다.

크리스천의 삶은 내가 하는 것도, 내 수준의 삶을 사는 것도 아니다. 나 죽고 내 안에 주인 되시고 주 되신 주님이 나를 통해서 하시되 일은 그분이 다 하시면서 내게 믿음과 기도의 몫을 맡겨주신 까닭은 무엇인가? 우리가 창조된 원래 목적을 생각해보라. 하나님께서 우리를 사랑과 기쁨으로 교제하는 대상으로 지으셨기 때문이다. 주님은 인격적으로 신랑과 신부의 사랑으로 우리를 사랑하실 뿐만 아니라 우리에게 어떤 일을 성취하는 기쁨을 통해 만족하게 하시려고 우리를 지으셨다. 그렇기 때문에 인간은 존재적으로 소명적 존재이다. 인간은 자기가 중요하고 소중한 가치가 있다고 할 때 행복을 느끼게 되어 있다. 주님이 그렇게 지으셨다. 그러니 우리는 소중한 일을 해야 한다. 우리는 가치 있는 사람들이다.

주님이 우리에게 주신 소중한 사명은 기도하는 것이다. 우리가 믿음으로 기도하면, 주님의 이름으로 구하면 주님이 시행하신다. 사람이 일하면 사람이 일할 뿐이지만, 사람이 기도하면 하나님께서 친히 일하신다. 기억하라. 하나님으로 일하시게 할 것인가, 내가 설쳐서 주님의 일을 방해할 것인가 둘 중 하나다. 주님의 뜻이 이 땅에 이루어지는 비밀은 기도이다. 복음으로 결론 나고 십자가의 믿음이 있는 사람은 주님으로 일하시게 하는 일, 그 몫의 일을 절대 빼앗기지 않는다.

그러면 다급한 우리의 현실은 어떻게 해야 하는가. 시집가고 장가가고 애 낳고 키우고 다 먹고 살아야 하지 않는가. 주님은 "너희에게 있어야 할 것을 아버지께서 아시니 구하지 말라"라고 말씀하셨다. 가만히 보면 주님은 우리의 필요를 채우시는 것, 경제적인 소유나 건

강의 문제도 복합적으로 다루신다. 무조건 병이 낫게 해달라는 것이 능사는 아니다. 병이 생겼을 때는 그 병이 생기게 한 목적이 있다. 하나님은 그 병을 통해서 우리를 다루기도 하시고, 그분에게 더 가까이 이끌기도 하신다. 그런데 무조건 병을 고쳐서 문제만 살짝 해결하고 그 목적이 온전히 이루어지지 않는다면 무슨 유익이 있겠는가.

소유에 관한 문제도 단순히 소유의 문제만이 아니다. 하나님의 뜻이 이루어진다는 전제 아래 내게 소유가 채워져야 복이지, 하나님의 뜻은 이루어지지 않는데 소유만 늘어나면 우리는 타락하고 죄를 짓게 된다. 그렇다면 그것은 축복이 아니라 저주다. 하나님의 뜻이 이루어지지 않는데 내가 건강 충만하면 그 건강한 몸으로 돌아다니면서 무슨 짓을 할까? 우리가 다 경험자가 아닌가.

"오늘 우리에게 일용할 양식을 주시고" 이 기도는 우리는 매순간 당신이 허락하시는 양식으로만 살 수 있는 절대 의존적인 존재라는 고백이다. "우리가 우리에게 죄 지은 자를 사하여준 것같이 우리 죄를 사하여주시옵고"라는 것은 우리는 당신의 용서 없이는 살 수 없는 자라는 고백이다. 기도 없이는, 하나님의 도움 없이는 한 순간도 살 수 없는 나는 가지이고, 주님은 포도나무시라는 말이다.

③ 복음과 기도

주님이 기도의 원리를 명확히 가르쳐주셨는데도 우리는 이렇게 기도하지 못하고 하나님의 뜻, 하나님의 나라와 전혀 상관없이 살아왔다. 그러다보니까 순회선교단이 선교 완성과 하나님나라의 부흥을 위한 중보기도운동을 펼치는 가운데 그 기도의 내용을 소개하고 동참하게 하려면 다들 놀란다. 그의 나라와 그의 의를 구하는 이 일이 자기 일이라고 단번에 받아들이는 사람이 없다. 기도 하면 보통 응답 받아서 자기 문제 해결하고 소원 성취하는 것으로 알고 있고, 그 기도를 열심히 하는 교회만 하더라도 영성이 대단한 교회라고 여기기 때문이다.

그러니까 복음에서 한 번 빗나가면 모든 영역의 가치와 기준이 다 빗나간다. 따라서 복음이 실제가 되는 제자리를 찾으면 우리도 철저히 기도에 의존적인 존재로 바뀐다. 하나님이 복음으로 이루어놓으신 삶은 오직 기도를 통해서만 우리에게 실제가 될 수 있기 때문이다.

23 그 날에는 너희가 아무것도 내게 묻지 아니하리라 내가 진실로 진실로 너희에게 이르노니 너희가 무엇이든지 아버지께 구하는 것을 내 이름으로 주시리라 24 지금까지는 너희가 내 이름으로 아무것도 구하지 아니하였으나 구하라 그리하면 받으리니 너희 기쁨이 충만하리라

요 16:23,24

그 날(십자가 구속의 완성)에 믿음으로 예수 그리스도와 함께 죽고 산 자는 그분의 의로 말미암아 예수님의 이름과 자격으로 하나님께 직접 나아갈 수 있게 되었다. '예수님의 이름으로'라는 말이 예수님의 자격으로 구하는 것이기 때문이다. 전에는 하나님 앞에 직접 나아갈 수 없어서 제사장들을 통해 나아갔다. 그런데 주님께서 "너희가 지

금까지는 내 이름으로 아무것도 구하지 아니하였으나 이제는 구할 수 있다. 십자가의 구속이 완성되면 너희가 내 공로를 통해 이제는 하나님 앞에 직접 구할 수 있게 되는 것이다. 내가 아버지께 직접 구하는 것처럼 동일한 자격으로 너희가 내 이름으로 아버지께 구할 수 있게 되었다"라고 말씀하신다.

> 그 날에 너희가 내 이름으로 구할 것이요 내가 너희를 위하여 아버지께 구하겠다 하는 말이 아니니 요 16:26

예수님의 이름으로 기도한다는 말은 우리가 중보자이신 예수님께 토스하면 예수님이 그 기도를 받아서 우리를 위해 아버지께 구해주신다고 하는, 제사장적 방식의 구약적 개념이 아니다. 우리가 예수님의 이름과 자격으로 하나님 앞에 나아가 아버지께 직접 구할 수 있게 되었다는 것이다. 얼마나 엄청난 기적인가! 예수님의 이름으로 구하는 것은 십자가 구속의 완성 없이는 불가능했다. 따라서 십자가의 복음 없이 기도를 논한다는 것은 있을 수 없는 얘기다.

십자가를 통한 기도를 온전히 이해했다면 나의 자아추구와 만족을 위해 자기 문제해결, 소원성취를 구하던 불쌍한 옛 자아의 기도는 더 이상 우리가 할 기도가 아니다. 오직 우리는 그의 나라와 의를 구해야 한다. 그리하면 그의 나라를 구하고 그 나라가 이루어지는 일에 우리에게 필요한 모든 것, 즉 모든 일용할 양식과 건강, 필요한 사람을 당연히 주시지 않겠는가. 가라 하신 주님이 갈 힘을 주시지 않고,

오라 하신 주님이 오기에 필요한 모든 것을 준비해주시지 않겠는가.

주님이 말씀하신다. "어찌하여 너희가 이방인처럼 그런 것을 구하느냐. 적은 무리여 무서워 말라. 너희 수준의 기도 제목이 아닌 하나님나라를 구하는 일을 조금도 두려워하지 말라. 너는 더 이상 너의 수준이 아니다. 너는 내 이름으로 하나님나라를 구하기에 충분한 자이기 때문이다. 네가 내 이름으로 구하면 내가 직접 시행하리라." 할렐루야! 이것이 십자가의 복음이 이루어낸 기독교인의 기도의 차원이다. 그러니 이것이 세상 어떤 종교와 비교가 되겠는가.

기도면 다다!

복음의 삶은 기도로만 살아낼 수 있다. 따라서 기도하는 한 우리는 최고의 일을 하는 것이다. 기도할 수 있는 한 "우리는 할 수 없다", "우리는 할 일이 없다"라는 말은 있을 수 없다. 복음을 어떻게 살아내는지 물을 것도 없다. 기도하면 된다. 기도를 통해서 주님은 당신의 뜻을 계시하실 것이고, 기도를 통해서 그 뜻에 순종할 힘을 주실 것이다. 내가 기도하면 나를 통해서 내가 무엇을 한다는 것이 아니다.

솔직한 말로 나는 가방 끈이 짧아서 영어를 못한다. 그냥 한국말만 잘한다. 그런데 주님은 한국말밖에 못하는 나를 역설적이게도 순회선교사로 만들어놓으시고 5,60개 나라를 돌아다니면서 사역하게 하셨다. 그러다보니 어떤 설움이 있었을지 짐작이 갈 것이다. 나는 그렇게 많이 외국을 다녔지만 나 혼자 내 마음대로 바깥을 나가본 적이 없다. 영어 못하는 나를 잃어버리면 일이 어려워지니까 현지 선교사님들이 꼬박꼬박 나를 데리고 다닌다.

숙소가 정해지면 아무 데도 못 가고 강의 준비하고 가만히 드러누워서 자고, 시간 되면 불려 나가 강의를 한다. 끝나면 예외 없이 숙소에 들어갔다가 나갔다 하는 수준이다. 한 번도 내 마음대로 집에 전화를 걸어본 적도 없다. 콜렉트콜(수신자 요금 부담 전화)이라도 해보려고 시도하면 교환원들이 자기 말로 얘기하니까 나도 내 말만 하고, 서로 자기 말만 하다가 짜증이 나서 그냥 끊어버리게 된다. 그러니 이 어처구니없는 사람에게 순회선교사를 시켰다는 말은 처음부터 믿음이 아니면 답이 없는 일이다. 내가 하는 것이 아니기 때문이다. 그냥 기도하고 순종하면 하나님이 하시는 일을 막을 수가 없다.

처음 사명을 받아 강원도에 가서 교회를 개척할 때부터 나는 무슨 일을 어떻게 한다는 아이디어도 계획도 없었다. 기도할 수 있는 한 여한 없이 기도하다가 죽으면 순교라는 요지부동의 확신을 주님이 주셨다. 엎드려서 기도하면 최고로 행복했다. 기도하면 주님이 말씀하시고, 말씀을 읽고 기도하면 주님이 말씀을 주시는데, 기도하는 사람이 순종하지 않겠는가? 순종한다. 그것이 주의 일이었다.

내가 할 수 있는 건 다 해봤자 한국말뿐이지 나는 내 수준, 내 그릇만큼의 일밖에 못 한다. 그런데 어설픈 나의 말을 하나님이 쓰셔서 이 일을 전 세계적으로 하게 하신다. 내가 하는 말을 듣고 누가 변화를 받겠는가? 나는 오직 순종하고 기도하는 것밖에 없는데 그러면 정말 주님이 일하셨다. 주께 수종드는 나의 이 말을 성령이 사용하셔서 인생을 바꾸시고 기적을 일으키시니까 내가 했다고 할 게 아무것도 없는 것이다. "주님이 하셨습니다, 주님이 하실 것입니다, 주님만 기대합시다" 이것은 그냥 하는 말이 아니라 생명의 고백이다. 정말 그 믿음이기 때문에 하는 것이고 그 영광을 보게 되는 것이다.

주님이 우리에게 원하시고 우리에게 맡기신 것은 오직 기도이다. 그러면 기도만 하면 다인가? 다다. 기도만 하면 다냐는 것은 기도를 잘못 생각해서 묻는 말이다. 현장에 나가기 겁이 나니까, 일하기 싫고 게으르니까 들어앉아서 날마다 기도만 한다고 그렇게 묻는 것인데, 이것은 기도에 대해서 정말 무식한 인간이나 하는 말이다. 기도가 무엇인가? 기도가 뭔지 알고 기도면 다냐고 묻는가?

기도면 다다. 기도는 일방통행이 아니다. 내가 주님께 아뢰는 시간이고, 주님의 음성을 듣는 시간이다. 그의 나라와 그의 의를 구하려면 주님이 그 나라와 의를 계시해주셔야 하지 않겠는가? 그러니까 주님의 뜻을 구하고 주님의 뜻을 물으면 주님이 말씀해주실 것이고, 주님의 뜻을 말씀해주시면 내가 구할 것이고 이렇게 쌍방 교통이 이루어진다.

기도하는 사람이 행동하는 사람이다. 기도한 사람만큼 확신 있게 행동할 수 있는 사람이 어디 있겠는가? 기도를 통해서 하나님의 뜻을 확신한 사람만큼 거침없이 행동할 수 있는 사람이 누구겠는가? 기도하는 사람이 행동하게 되어 있다. 주님은 얼마든지 하실 수 있고 그래서 우리를 이 위대한 기도의 삶으로 초대하셨다.

④ 하나님나라의 원리

우리는 이 땅을 운영하시고 역사를 운행해 가시는 하나님의 원리를 성경에서 살펴볼 필요가 있다.

> 너희가 나를 택한 것이 아니요 내가 너희를 택하여 세웠나니 이는 너희로 가서 열매를 맺게 하고 또 너희 열매가 항상 있게 하여 내 이름으로 아버지께 무엇을 구하든지 다 받게 하려 함이라 요 15:16

십자가를 통해 우리는 주님이 포도나무요 우리는 그냥 홀로 뚝 떨어진 존재가 아니라 그분의 가지라는 사실을 알게 되었다. 주님은 우리가 믿는다고 해서 생겨난 분이 아니다. 그리고 우리가 주님을 택한 것이 아니라 주님이 우리를 택하여 세우셨다. 우리가 주님을 붙들고 있는 것이 아니다. 주님이 우리를 낳았고 우리를 붙들고 계신다. 우리 인생도 비전도 내 자신의 것이 아니다. 우리 삶에 관한 계획을 주님이 다 세우셨다. 그러니 염려하지 말라.

우리에게는 인생에서 열매를 맺지 못하고 아무 성과도 없이 무의미하게 죽으면 어떡하나 하는 두려움이 있다. 미래에 대한 두려움은 열매에 대한 두려움이다. 그런데 놀랍게도 주님이 말씀하신다. "포도나무를 심을 때는 포도열매를 맺게 하려고 심는 거야. 나무가 가지를 뻗을 때는 열매 얻자고 뻗는 거야. 네 일생에 네가 맺어야 할 열매를 내가 다 준비해놨어. 네가 꿈꾸고 야망을 가질 것이 아니야. 네 일생에 맺어야 할 열매는 내 마음 안에 이미 결정되어 있으니 걱정하지 마라. 네 열매는 누구도 흉내 내거나 빼앗을 수 없어. 네 인생을 통해 맺을 열매는 이미 준비가 다 되어 있어. 네 삶에 나로 인한 열매가 늘 있게 하려고 내가 너를 택하였다." 이 열매가 항상 있게 하려고, 우리가 주님의 이름으로 아버지께 무엇을 구하든지 다 받게 하려고 다 계획하고 준비해놓으셨는데 한 가지 단서가 있다.

건물에 조명, 음향 등 모든 시설의 기능이 완벽하게 준비되어 있다. 물론 전기도 이미 들어와 있다. 딱 한 가지 더 필요한 것은 바로 스위치이다. 필요할 때 스위치를 켜야 한다. 기도의 고전으로 알려진 E. M. 바운즈의 《기도의 능력》에서 그는 "역사(History)는 성도들의 기도에 대한 하나님의 응답의 역사이다"라고 결론을 내렸다. 놀라운 복음 안에 하나님이 우리 인생에 계획하신 열매가 드러나는데, 하나님이 일방적으로 다 해버리시면 우리와 아무 상관이 없어진다. 그래서 받는 우리에게 의와 기쁨이 되게 하시려고 주님이 남겨놓으신 몫이 기도다. 모든 것이 주의 은혜로 되는데 딱 한 가지, 우리에게 참여할 기회를 주셨는데 그것이 바로 믿음과 기도이다. 기도해야만 이루어지도록 하셨다.

무슨 이런 일이 다 있는가? 전지전능하고 부족함이 없으신 하나님이 일은 주님이 다 하시고 왜 굳이 그 열쇠를 불안한 우리에게 맡기시는가. 이것은 복음의 영광인 우리의 원형을 이해하지 못하면 도저히 풀리지 않는 숙제이다. 주님이 그렇게 원하셔서 하셨는데 그 이유는 단 하나, 주님이 우리와 사랑과 기쁨의 교제를 나누고 싶으셨기 때문이다. 그래서 "네가 믿었기 때문에 기도했지? 네가 기도했기 때문에 이 일이 가능했다!"라고 하시며 그 영광을 우리에게 주려고 하신 것이다.

우리가 철이 들기 전에는 무슨 일이 이루어지면 주님이 다 하신 건데도 "내가 그때 있었기 때문에 됐다", "그때 내가 교회를 개척했다" 등등 전부 다 "내가", "내가" 이러면서 까분다. 그러다가 나중에 철이 들어 천국에 가면 거울을 보는 것처럼 다 알게 된다. 요한계시록에 나와 있는 장면을 보라. 주님이 면류관을 씌워주시는데 그때는 우리가 철이 들어서 면류관을 벗어서 주님 발 앞에 던지며 "아, 주님이 다 하셨잖아요" 하고, 그러면 주님이 다시 "아니, 네가 믿었고 기도했기 때문이야" 그러면서 면류관을 씌워주시고, 그러면 우리는 또다시 벗어서 던지고 주님은 또 씌워주신다. 주님이 정말 좋아서 그렇게 하시는 것이다. 주님이 그렇게 하셨다는데 그 이상 무슨 설명을 할 수가 있는가.

그러니까 열매는 다 준비되어 있다. 단 한 가지 조건이 있다. 내 삶을 통해 맺어질 하나님나라의 열매, 내 몫의 열매는 오직 내게서 이루어져야 하는데 그 조건은 기도해야 한다는 것이다. 우리가 예수님의 이름으로 구하면 예수님이 응답하신다.

거꾸로 묻겠다. 그럼 기도 안 하면? 기도 안 하면 열매를 못 맺는다. 이것은 하나님의 일을 가로막는 죄가 된다. 그러므로 기도하기를 쉬는 죄를 범하지 않겠다는 말이 맞는 말이다. "너희가 얻지 못함은 구하지 아니하기 때문이요 구하여도 받지 못함은 정욕으로 쓰려고 잘못 구하기 때문이라"(약 4:2,3). 너무나 명확하게 말씀하셨다.

왕도(王道)는 없다. 기도하지 않으면 이루어질 수 없다. 자기만 죽는 것이 아니라 하나님의 일을 가로막고 죽는 것이니 기도 안 하는 죄는 큰 것이다. 복음의 결론을 붙잡았다고 하면서 기도하지 않고 산다? 기도를 선택의 문제로 생각한다면 그것은 복음이 실제가 되지 않는 허상인 셈이다. 핑계 댈 수가 없다.

2. 기도의 능선을 구축하라(선교와 기도)

7 내가 여호와의 명령을 전하노라 여호와께서 내게 이르시되 너는 내 아들이라 오늘 내가 너를 낳았도다 8 내게 구하라 내가 이방 나라를 네 유업으로 주리니 네 소유가 땅 끝까지 이르리로다 9 네가 철장으로 그들을 깨뜨림이여 질그릇 같이 부수리라 하시도다 시 2:7-9

이 말씀은 메시아 예언 장으로 잘 알려져 있으며 모형의 의미도 지녔다. 분명히 예수님에 대한 예언이다. 그런데 그뿐만 아니라 그리스도로 말미암아 연합된 교회와 우리에게 동일하게 주신 약속이기도 하다. 그 약속은 "내게 구하라. 그러면 열방을 너희에게 유업으로 주겠다"라는 것이다. 그것도 우리 수준의 능력이 아니라 철장으로 질그릇을 깨뜨려 부수듯이 하는 그런 능력으로, 복음의 능력과 강권적인 권세로 그 일을 이루시겠다는 것이다.

그렇다면 주님이 철장으로 질그릇을 깨뜨려 부수듯 하시는 능력이 분명히 나타나야 할 것 아닌가. 그런데 우리 주변의 많은 목회 사역이나 선교 사역이 정말 쥐어짜듯이 어렵고 힘든 경우가 얼마나 많은가. 마치 몹시 가난한 집에서 간신히 한 끼 먹고 사는 것처럼 하나님의 나라가 이렇게 초라하고 맥없이 진행되다 보니 이것이 도대체 하나님의 능력인지, 우리가 억지로 하는 건지 백날 해봤자 말짱 도루묵이라고 느낄 때가 많다. 그런데도 절대 바꾸지 않는 태도가 있다. 기도 안 하는 것이다. 굶어 죽어도 기도를 안 한다. 희한하다. 세미나에 돌아다니고, 회의할 시간은 많아도 기도는 안 한다. 무슨 모순인지 모르겠다. 그런데 기도 안 하는 결과는 정확하다. 그때는 주님의 약속이 이루어질 수 없다.

강력한 복음의 능력이 그대로 현장에서 이루어지려면 조건이 있다. 주님께 구하는 것이다. "내게 구하라. 그러면 열방을 너희에게 유업으로 주리라." 구하지 않으면 못 주신다. 철장으로 질그릇을 깨뜨려 부수듯 권세 있게 열방을 회복하고 열방을 유업으로 받는 이 일은 복음에 능력이 없어서가 아니라 우리가 구하지 않아서 이루어지지 않는다.

주님은 우리가 듣기 송구할 만큼 귀한 약속을 주셨다.

나는 시온의 의가 빛같이, 예루살렘의 구원이 횃불같이 나타나도록 시온을 위하여 잠잠하지 아니하며 예루살렘을 위하여 쉬지 아니할 것인즉 사 62:1

주님은 당신이 언약하시고 당신이 구원하기 원하시며 당신의 이름이 있는 '예루살렘'과 '시온'이라는 고유명사를 통해서 열방의 회복을 약속하시고 열방을 향한 주님의 마음을 표현하신다. "나는 그들의 의가 빛같이, 그들의 구원이 횃불같이 뚜렷하게, 나의 영광이 충만히 나타나기를 바란다. 열방을 향한 나의 마음은 쉬지 못하며 나는 잠잠할 수가 없다. 황무지처럼 버려지고 가시덩굴로 짓밟힌 너희 영혼이 나의 영광을 보기까지 내 마음이 쉴 수가 없다. 교회가 짓밟히고 예루살렘 성전이 폐허가 된 이 일을 나는 잠잠히 볼 수가 없다. 그들이 나를 버리고 떠났어도, 그 죗값으로 황무지가 되었어도 나는 그들을 향해 잠잠할 수도 쉴 수도 없다." 이것이 하나님 아버지의 마음이었다. 우리가 버려진 황무지처럼 열매 하나 맺을 수 없는 비참하고 저주받은 운명일 때 우리를 구원하시려는 하나님의 쉬지 않는 열심과 간절한 열정이 충만하게 준비되어 있는데도 이상하게 하나님의 나라가 힘 있게 증거되지 못하는 이유가 있다.

6 예루살렘이여 내가 너의 성벽 위에 파수꾼을 세우고 그들로 하여금 주야로 계속 잠잠하지 않게 하였느니라 너희 여호와로 기억하시게 하는 자들아 너희는 쉬지 말며 7 또 여호와께서 예루살렘을 세워 세상에서 찬송을 받게 하시기까지 그로 쉬지 못하시게 하라 사 62:6,7

하나님이 우리에게 하소연하신다. "내가 예루살렘 성벽 위에 파수꾼을 세웠다. 여호와로 기억하시게 하는 자들아, 너희 예수 십자가의 보혈로 예수 이름을 부여받고 기도의 특권과 직무를 받은 자들아!

24시간, 365일 종일 종야에 쉬지 말고 나에게 부르짖어서 날 좀 쉬지 못하게 도와다오. 내가 그토록 꿈꾸고 원하는 예루살렘의 구원을 이루기까지, 황무지같이 버려진 저들을 구원하여 내 영광의 찬송이 되게 하기까지 나 여호와를 쉬지 못하게 해다오."

당신이 왕이시고 전능자이신 하나님이 누구에게 이런 사정을 하시는 것인가? 놀랍게도 우리에게 위임하신 이 기도의 권한을 도로 빼앗지 않으시려고 "날 좀 쉬지 못하게 해달라"라고 사정하시는 것이다. "내가 저들을 구원하고 저들에게 복을 주고 싶어서 안타까워 견딜 수가 없구나. 너희가 쉬지 않고 기도하면 내가 쉬지 않고 일을 하마." 아무리 기도를 강조하고 호소한들 어떻게 이 이상 하실 수 있겠는가. 이것이 하나님께서 피조물에게 요청하고 부탁하신 일이다. 그런데 하나님의 이 하소연이 자아추구 하느라 내 일에 바쁘고 오직 자기 사정에 빠진 인간에게는 들리지 않는다. 이 안타까운 주님의 요청에 인기척도 없다.

역사적 증거

10 여호수아가 모세의 말대로 행하여 아말렉과 싸우고 모세와 아론과 훌은 산꼭대기에 올라가서 11 모세가 손을 들면 이스라엘이 이기고 손을 내리면 아말렉이 이기더니 12 모세의 팔이 피곤하매 그들이 돌을 가져다가 모세의 아래에 놓아 그가 그 위에 앉게 하고 아론과 훌이 한 사람은 이쪽에서, 한 사람은 저쪽에서 모세의 손을 붙들어 올렸더

니 그 손이 해가 지도록 내려오지 아니한지라 13 여호수아가 칼날로 아말렉과 그 백성을 쳐서 무찌르니라 14 여호와께서 모세에게 이르시되 이것을 책에 기록하여 기념하게 하고 여호수아의 귀에 외워 들리라 내가 아말렉을 없이하여 천하에서 기억도 못 하게 하리라 출 17:10-14

하나님께서 하나님나라의 원리를 실제 사건으로 보여주신 역사적 증거가 있다. 출애굽기 17장에 나오는 아말렉 전투는 하나님나라의 백성이 이 세상 가운데 영적인 삶을 살아갈 때 그 전쟁이 어떤 성격을 띠는지를 보여준다. 아말렉이 긴 행로에 지친 이스라엘을 후미에서 공격하자 하나님께서 그 아말렉과 전쟁을 하게 하신다. 이때 모세는 여호수아를 아말렉과 싸우도록 전쟁터에 보내고 자신은 아론과 훌과 함께 산꼭대기로 올라간다.

모세가 하나님의 권능의 약속인 지팡이를 손에 잡은 것은 하나님 앞에 기도하는 것을 나타낸다. 그가 손을 들고 기도하면 전술로나 전투력으로는 상상이 안 되는 승리를 거두었다. 그런데 마음은 원이지만 육신이 약해서 팔이 점점 내려오면, 전쟁이 얼마나 냉정한지 팔이 내려오자마자 그렇게 승승장구하던 이스라엘이 아멜렉에게 지기 시작했다. 모세가 의지를 다해서 팔을 억지로 들면 그 순간은 이기고, 기도를 못 하게 팔이 내려오면 현실의 결과는 곧 지고 마는 것이었다.

그러니까 이 전쟁의 승패는 전쟁의 현장이 아닌 기도의 현장에 달려 있었다. 아론과 훌은 눈에 보이는 전쟁터는 하나님을 향해 서슴지 않고 대적하는 악한 세력과의 영적 전쟁의 결과라는 사실을 깨닫게 된다. 이들은 얼른 모세를 돌 위에 앉히고 양편에서 모세의 손을 떠받쳐 모세와 함께 기도함으로써 르비딤 전투를 승리로 이끄는 견인차 역할을 감당했다.

결국 이 전투는 연속 연쇄 연합 기도의 능력을 명확하게 보여준 사건으로 기록되었으며 마침내 이스라엘은 그 전쟁에서 승리했다. 이 세상에 나타나는 현상 세계는 우리 기도의 능선의 상황을 그대로 보여준다. 기도가 무기력하면 현장 사역도 무기력하고, 기도가 사분오열(四分五裂) 되어 있으면 현장도 그렇다. 기도에 맥이 빠져 있으면 현장도 맥이 빠져 있고, 기도가 활기차면 현장도 활기차다. 이 사실을 잊으려야 잊을 수 없도록 주님은 확실히 보여주셨다.

요한계시록 5장과 8장은 하늘의 놀라운 일들을 보여준다. 거기에 하나님께서 일곱 인으로 봉한 두루마리가 있는데, 그 인을 떼는 작업은 놀랍게도 성도들의 기도와 맞물려 있다. 천사들이 성도들의 기도를 향연으로 받들어 올라가면 하나님이 받으시고 천사에게 제단의 불을 담아 땅에 쏟게 하신다. 이렇게 해서 하나님의 능력이 이 땅에 심판으로 나타나며 하나님나라가 세워져간다. 하나님은 완벽하게 준비된 하나님나라를 다스리는 원리로서 역사적 증거를 확실하게 보여주셨다.

기도는 했다 치고?

그러면 도대체 이렇게 어려운 기독교의 문제, 교회 문제를 어떻게 돌파할 것인가. 모여서 궁리할 때마다 우리는 머리를 짜낸다. 그럴 때 우리가 이상하게 하는 말이 있다. 그것은 기도는 했다 치고 다른 이야기를 하자는 말이다. 선교지를 다니면서 너무 어려운 형편과 현장을 보게 된다. 그럴 때면 내가 복음을 나누다가 이렇게 권면한다.

"가장 확실하고 분명한 약속을 안 지키면서 '했다 치고' 다른 일을 한다니, 얼마나 불안합니까? 그러니 가장 확실하게 보장된 하나님의 명령부터 실행합시다. 우리 기도합시다. 기도해서 정말 기도로 승부를 내고 하나님이 하시는 일을 한번 봅시다. 24시간 종일 종야에 쉬지 말고 기도하라 하셨으니까 쉬지 말고 기도 좀 해봅시다. 24시간 365일을 우리가 어떻게 혼자 하겠습니까. 1시간씩 시간을 내십시오. 24명만 손에 손을 맞잡고 1시간씩 맡으면 쉬지 않고 일하시는 주님의 능력을 우리가 증언할 수 있지 않습니까. 지금까지 다른 것다 해봤지 않습니까. 그러니까 제발 그 일 좀 내려놓고 가장 확실한 명령부터 해봅시다."

이렇게 이야기하면 딴 사람은 몰라도 선교사님은 가장 반가워하고 열광하면서 당장 하자고 할 줄 알았다. 선교 완성과 하나님나라의 부흥을 위해 일생을 바치러 가신 분들이니까. 그런데 기도하자는 것도 좋은 말이고 기도를 열심히 해야 하는 것도 맞는데 시간이 없다, 바빠서 곤란하다고 한다. 그래서 나는 이제 대놓고 이야기한다.

"미안하고 죄송하지만 선교사님이 기도 안 하는데 선교사님을 위한 중보기도를 기대할 수 있겠습니까? 목마른 놈이 우물 판다고, 선교 완성을 위해 기도할 사람이 누구겠습니까. 선교사님이 기도해야

합니다. 그런데 선교사가 바빠서 기도 못하면서 다른 사람에게 기도 해주기를 바란다고요? 제가 한국 교회에 기도 동원하고 다니는 사람이라서 조금 압니다. 한번 물어보겠습니다. 선교사님 파송되어 나갈 때 선교사님을 위해서 기도하겠다고 한 사람 중에서 지금 매일 1분이라도 선교사님을 기억하고 기도하는 사람이 몇이나 된다고 기대하십니까?"

내가 아는 한, 선교사가 기도의 후원 없이 지금도 살아서 사역하고 있다면 그것만 해도 기적 중에 기적이다. 그렇다면 우리가 기도하면 얼마나 더욱 놀라운 일을 보겠는가. 그런데 이렇게까지 설득을 해도 어렵다, 못 하겠다고 한다. 실제가 안 된 믿음이기 때문이다.

한번은 방글라데시 선교사협의회 수련회 마지막 날, "우리의 믿음이 중 염불 같으면 이제 선교도 하지 맙시다. 나도 변화시키지 못할 복음을 누구한테 전해서 어지럽게 할 겁니까? 확실하게 합시다. 안 그래도 어려운 방글라데시 사람들인데 우리도 못 할 거 가르치지 말고, 나도 실제가 안 되고 안 믿어지는 거 남에게 이야기도 꺼내지 맙시다. 이런 짓은 이전으로 충분하지 않습니까?" 하니 다들 "아멘"이라고 했다. 그래서 기도하면 일어나는 놀라운 약속을 나누고 이제 기도하겠느냐고 물으니까 하겠다고 한다. 그래도 그냥 맡겨놓으면 결과가 뻔하니까 아예 달력 뒷면을 펴서 칸을 만들고, 느헤미야가 52일 동안 성벽을 쌓은 것처럼 "무너진 방글라데시와 열방을 위해서, 이 세계를 위해서 52일 동안 연속 연합으로 24시간 기도하는 '느헤미야 52 기도'를 한번 해보자고 했다.

결심만 하지 말고 1시간씩 쓰라고 했다. 다들 떨리는 손끝으로 새벽 1시, 2시 이렇게 24시간을 채우고 52일 동안 순서를 짰다. 한 분이 자신의 집을 오픈했다. 선교사들이 서로 연합하여 먼 길을 차로 와서 새벽까지 기도했다. 그렇게 릴레이로 24시간을 기도했다. 이런 기도는 아마 선교지가 생겨나고 처음일 것이다. 이렇게 연합해서 기도하다가 52일이 끝났을 때 이제는 52일이 아니고 '기도 24·365'라고 해서 24시간 365일 주님이 다시 오시는 그 날까지 계속하는 기도 운동이 있다고 했더니 스스로 결정해서 지금까지 기도 24·365가 계속 진행되고 있다.

3. 복음을 살아내는 가장 큰 비밀인 기도

지금까지 우리는 영광스러운 십자가 복음을 경험했다. 어쩌면 십자가 앞에서 고민하다가 슬쩍 지나쳤거나 결단하지 못하고 어려워하는 분도 있을 것이다. 주저하지 말고 지금이라도 그 결단의 강을 넘어라. 다른 못 믿을 일에도 인생 바치고 청춘 바치고 '병든 자아'라는 허상을 철석같이 믿으며 붙들고 살아오지 않았는가. 이제 주님의 복음을 밝히 알게 되었고 십자가가 밝히 보이는데 믿을 수 있는 영원한 진리 앞에 우물쭈물 할 일이 뭐가 있겠는가.

죽으라는 것이 아니라 이미 죽은 사실에 믿음으로 화합하라는 것이다. 죽이려고 용쓰지 말고, 그럴 수 없어서 이미 죽이신 십자가를 바라보라는 말이다. 이미 이루어진 그것을 바라보았고, 나 죽고 그리스도가 살아 이제 내가 주님의 생명이라면 내가 할 수 있고 없고를 재지 말라. 하나님의 진리가 결론이다. 주님이 기도로 이 뜻을 이루겠다고 하셨다면 그 이하는 없다. 결론 내고 "주여, 제가 하겠습니다" 이렇게 결단하라.

① 기도 24·365의 비전
순회선교단의 부르심은 "하나님나라의 부흥과 선교 완성을 위한 연합과 섬김으로의 부르심"이다. 이 선교 완성을 위한 연합과 부르심으로 쫓아다니면서 도저히 감동 작전 가지고는 안 된다는 것을 깨닫고 절망했을 때 주님은 우리에게 복음을 가르쳐주셨고, 총체적인 복음 앞에 서게 하신 그 결론이 지금 복음학교의 결론과 같이 '기도'로 내려졌다. 이때부터 우리는 사역의 실제적인 중심을 기도로 잡아 나가기 시작했다.

2003년 1월, 주님 앞에서 이 사역에 대한 구체적인 인도하심을 구할 때 주님이 한 주간 내내 내게 부탁하신 말씀, 그 말씀에 붙들려 꼼짝없이 두 손 바짝 들었던 것이 시편 2편 7절과 이사야서 62장 말씀이었다. "너희가 종일 종야에 쉬지 않고 기도하면 내가 쉬지 않고 일하리라. 철장 권세로 이 땅의 흑암 권세를 깨뜨려 부수는 하나님나라의 역사를 이루리라." 그 약속이 너무나 부담이 되어서 처음 5박 6일 동안 대답을 하지 못했다. 주님 오실 때까지 24시간 365일 종일 종야에, 도대체 그것을 어떻게 한다는 말인가. 이렇게 심각하게 고민할 때 주님이 내 수준에 맞게 대답해 주셨다.

"너 혼자 못하면 여럿이 하면 되잖아."

그 말씀에 무릎을 탁 쳤다.

'아, 그렇구나! 여러 사람이 하면 되겠구나. 그래서 24명이 1시간씩 맡으면 한 팀이 24시간 주님 오실 때까지 기도할 수 있겠구나.'

하나님나라의 부흥과 선교 완성은 우리의 소망이다. 이 소망은 오직 하나님의 권능과 지혜로만 이루어질 주님의 역사이다. 이 위대한 과업은 한 단체, 한 교단, 개인의 범위를 넘어 그리스도 안에서 한 몸으로 연합하는 전 지구적 협력으로만 가능하다. 하나님나라의 부흥과 선교 완성을 소망하며 시작된 기도 24·365는 2003년 4월 1일 120명의 기도자로 시작되었다.

이후 한국 교회와 선교단체 모두의 연합으로 세워지도록 2004년 6월, 8개 단체 및 기독인이 참여하여 '기도 24·365 공동 선언문'을 발표하고 12월 공식적인 본부를 설립하였다. 그때 나는 순회선교단을 포함해서 이 주제로 교제가 가능한 여덟 단체 단체장들을 불러 모았다. 한동대학교(일반대학), 합동신학원(신학교), 예수전도단, 부흥한국, 중국어문선교회, 다리 놓는 사람들, WEC의 단체장들을 초청해서 1시간 동안 이 이야기를 나눴다. 이것이 하나님의 뜻이면 우리 모두 선교 완성을 위해 주님이 부르시는 뜻에 순종하자고 해서 공동 선언문을 발표하게 된 것이다. 그 당시 발기인 명단을 보면 한동대학교 마민호 교수, 합동신학원 유영기 교수, 예수전도단 문희곤 대표, 부흥한국 고형원 대표, 중국어문선교회 조반석 총무, 다리 놓는 사람들의 단체장과 실무자, WEC의 단체장과 실무자 등이다.

정의하자면 '기도 24·365'란, "한 사람이 하루에 1시간씩 24시간

365일 종일 종야에 쉬지 않고 주님이 다시 오시는 그 날까지 계속 기도하는 운동이다. 누가 하는가? 모든 그리스도인이 연합하여 한다. 언제 하는가? 24시간 365일 동안 연속 연쇄적으로 한다. 어디서 하는가? 자신이 있는 자리에서 한다. 왜 하는가? 하나님나라의 부흥과 선교 완성을 목표로 한다. 어떻게 하는가? 매일 1시간씩 그 날까지 한다. 무엇을 하는가? 기도한다!

기도 24·365의 기본 원리는 다음과 같다. 첫째 연쇄, 모든 땅 끝에서 365팀이 둘째 연속, 24시간 365일 셋째 연합, 예수 그리스도의 몸 된 우주적 교회의 연합을 통해 넷째 초점집중, 하나님나라의 부흥과 선교 완성을 이루는 것이다. 이 기도는 매월 전국 각 지부에서 신규 기도자를 위한 일일기도학교가 열리는데 그 기도자 훈련 과정을 통해 동참할 수 있다(www.prayer24365.org 참조).

24시간 365일, 이사야서 62장 6절의 말씀을 문자 그대로 받아들이고 주님이 다시 오시는 그날까지 내 기도의 몫을 감당하여 기도하기로 하고 2003년 4월 1월 자정을 시작으로 새벽 1시, 2시, 3시, 4시 이렇게 맡아서 1시간씩 기도할 헌신자를 모으는 데 처음 응답한 사람들이 120명이었다. 이 120명의 헌신으로 기도에 돌입했다.

"어떤 제목으로 어떻게 기도할까? 어떤 나라가 있는가? 어떤 필요가 있는지 어떻게 알 수 있는가?" 그럴 때 세계기도정보(Operation World), 세계기독교대백과가 생각났지만, 이 책을 사라고 할 용기가 없어서 기도할 헌신자가 1천 명이 되기까지는 그 내용을 일일이 타이핑하여 복사해서 나누어주었다. 그리고 한 사람 한 사람에게 알람을 했다. 담당할 시간 10분 전에 "할렐루야! 주님 다시 오실 날 가까우니 그때까지 기도하시기 바랍니다. 오늘 기도할 나라가 가나입니다." 이렇게 체질이 될 때까지 6개월 동안 계속 알람을 해주었다. 그때로부터 시작해서 만 14년이 지난 지금까지 이 기도는 멈춘 적 없이 매년 완주해왔으며, 2017년 현재 다른 나라를 위해 매일 1시간씩 중보기도하는 기도자만 약 1만9천 명에 이른다. 이들은 열방에 나가 있는 선교사들과 함께 지금도 주님 앞에 계속 이 기도의 향연을 올리고 있다.

자기 문제해결, 소원성취를 위해 기도하던 이들이 다른 나라와 민족을 위해서 몇 년씩 기도하다보면 그 기도가 바뀐다. 지금까지 자신들의 기도가 얼마나 유치하고 얼마나 하나님의 뜻이 아니었는지를 저절로 알게 되면서 그의 나라와 의를 구하는 기도자로, 열방을 품은 크리스천으로 바뀌어가는 것을 볼 수 있었다.

② 만민의 기도하는 집

내가 그를 나의 성산으로 인도하여 기도하는 내 집에서 그들을 기쁘게 할 것이며 그들의 번제와 희생은 나의 단에서 기꺼이 받게 되리니 이는 내 집은 만민의 기도하는 집이라 일컬음이 될 것임이라 사 56:7

하나님의 교회가 회복해야 할 것은 교회가 만민이 기도하는 집이 되는 것이다. 주님이 그 부담을 주셔서 "주여, 교회가 만민의 기도하는 집이 되게 해주십시오. 24시간 기도의 불이 꺼지지 않게 해주십시오" 이렇게 기도했더니 주님이 "너 먼저 해라" 하셨다. 그렇게 2006년 신도의 순회선교단 센터에 열방기도센터를 열 것을 말씀하셨다. 그때부터 지금까지 24시간 기도의 불을 꺼뜨리지 않고 계속해서 온 나라와 미전도 종족들을 위해서, 이 나라와 민족을 위해서 기도하게 하시며 만민의 기도하는 집의 원형에 작게나마 순종할 수 있게 해주셨다. 그때부터 열방기도센터의 비전을 품은 교회들이 하나둘씩 조심스러운 걸음을 내디디고 있다. 바라기는 교회가 모두 열방기도센터로, 만민의 기도하는 집으로 세워지기를 간절히 기도하고 있다.

느헤미야 52 기도란, 하나님나라의 부흥과 선교 완성을 위해 그리스도의 몸 된 교회가 일주일 144시간(24시간×6일=144시간)을 한 단위로 연속, 연쇄, 연합하여 1년 52주를 쉬지 않고 기도하는 것이다. 느헤미야 52 기도는 국가와 민족과 교단 교파를 넘어 복음과 기도가 삶의 중심이 된 모든 그리스도인을 위한 기도이다. 그리하여 교회가 '만민이 기도하는 집'으로 회복되는 것을 목표로 한다.

이 느헤미야 52 기도의 진행 원리는 첫째, 한 사람의 순종의 원리를 가진다. 느헤미야 한 사람이 순종하며 52일 만에 예루살렘 성벽을 쌓았던 것처럼, 하나님의 사랑과 영광에 사로잡힌 한 사람의 순종이면 충분하다. 둘째, 연합의 원리를 갖는다. 하나님나라의 부흥과 선교 완성이 이루어지기 위해서는 순종하는 한 사람 한 사람이 그리스도를 머리로 한 몸 된 교회의 지체로서 조건 없이 성령 안에서 믿음으로 연합할 때에만 가능하게 될 것이다.

- 십자가 구속의 완성으로 우리는 예수님의 이름과 자격으로 하나님께 나아가 직접 구할 수 있게 되었다. 그럴 때 예수님이 시행하셔서 우리로 주님보다 더 큰 일을 하게 하신다.

- 복음의 가치가 실제가 되어야 기도가 바뀌고, 기도 내용이 변해야 내가 바뀐 것이다. 복음으로 하나님이 이루신 삶은 오직 기도를 통해서만 실제가 된다.

- 복음의 기도는 하나님의 나라와 그의 의를 구한다. 고아처럼 병든 자아의 욕심을 따라 문제해결과 소원성취를 구하지 않는다.

- 기도는 주님과 교통하는 시간이며, 기도하는 사람이 행동한다. 사람이 일하면 사람이 일할 뿐이지만, 사람이 기도하면 하나님께서 친히 일하신다. 기도의 상황은 보이는 현상 세계에 곧 반영된다.

- 기도는 하나님께서 우리 인생에 계획하신 열매를 우리가 얻게 하려고 남겨놓으신 참여의 기회이자 조건이다. 기도해야만 이루어진다.

· · ·

진리가 결론 되게 하라!

복음의 영광!
복음의 능력!
복음의 축복!

33강

복음과 연합

복음과 연합

1. 그날은 곧 오는가

복음이 삶의 결론이 되고 주님의 참된 나라가 심령 안에 임하면 우리는 이제 나 한 사람에게 관심이 머물지 않게 된다. 헛된 야망과 세상의 것들을 구할 나는 예수 그리스도와 함께 죽었기에, 그분과 함께 다시 산 삶에서는 나의 소망 자체가 바뀌어 주님의 비전과 그분의 나라가 실제가 된다.

성경에서 예수님은 "내가 진실로 속히 오리라" 하시고 교회는 "아멘 주 예수여 어서 오시옵소서"라고 화답한다. 교회의 간절한 소망은 사실 이 땅에서 주님의 복음을 증거하고 잃어버린 영혼들을 구원하는 이 일이 무한대로 끝없이 반복되는 것이 아니다. 성도는 주님이 반드시 이 역사 가운데 악의 세력과 저주와 슬픔을 끝내시고, 주님의 완전한 나라가 이 땅에 임할 것을 소망하며 살아간다.

역사(History)란 단순히 시간의 나열이나 사건의 반복이 아니라 'His story', 하나님 그분의 이야기다. 하나님은 역사의 주관자이시며, 분명한 목적을 가지고 계획하신 그분의 거룩한 뜻을 성취해 가신다. 역사는 향방 없이 흘러가는 것이 아니라 하나님이 계획하신 그 분명한 목표를 향해 나아간다. 성도는 우연히 역사 속에 툭 던져져서 한평생을 욕심으로 허덕이다가 허망하게 죽는 인생이 아니다. 하나님께서 분명히 우리를 지으시고 부르셨으며, 주님의 놀라운 뜻이 우리를 통해 반드시 이루어지리라는 분명한 역사 의식을 가지고 살아가는 것이 성도의 본분이다. 주님은 성경의 수많은 약속과 예언들을 성취해 오셨다. 이제 역사는 끝을 향해 달려가고 있다. 우리가 역사 의식을 잃어버리고 선교의 부르심을 소홀히 여길 때 교회는 초점과 방향을 잃고 타락하게 된다. 삶의 질을 따지며 이 땅에서 얼마나 더 풍요하게 누리느냐만 생각하다가 결국은 변질되어가는 과정을 기독교 역사가 내내 보여주었다.

주님의 백성들이 주님 다시 오실 날을 고대하며 이 부르심의 끝을 바라보고 우리 세대에 그날의 영광을 보고 싶은 갈망을 가지고 살아가지만 이것이 과연 언제 성취될 수 있을지 낙심될 때가 있다. 2010년 동경 세계선교대회 공식 석상에서는 이제 유럽은 심각한 선교지가 되었다며 이에 제3세계에 정식으로 선교사를 요청하기에 이르렀다. 미국도 동성애 합헌 결정 이후 성공회 주교 등 성직자 중에서도 동성애자들이 나오기 시작했고, 주류 교단 중 절반 가까이 이미 배교(背敎)의 길에 들어섰으며, 교회의 세속화와 타락은 벌써 선을 넘었다.

현재 남미와 아프리카에서 부흥이 일어나고 있지만, 그 이면을 들여다보면 부흥이 반드시 축복이라고만 하기도 어렵다. 제3세계의 부흥은 경제 수준과 맞물려 있는데, 고난과 시련을 겪을 때는 정말 간절한 마음으로 하나님을 찾다가도 먹고살 만해지면 타락하기 때문이다. 우리나라도 춥고 배고픈 시절에는 하나님을 찾고 부흥을 경험했지만, 먹고살 만해지자 한국 교회 역시 세속화되어 가고 있다. 다음 세대들도 교회를 떠나고 있다. 교회 지도자들 역시 세상으로부터 지탄을 받고 있다. 이렇게 엎치락뒤치락하는 이야기를 듣다보면 복음화는 영영 요원하기만 한 것 같다.

우리가 잘 아는 위대한 종교개혁에도 양면이 존재했다. 하나님께서 전적으로 놀라운 은혜를 주신 것이 분명하지만 100여 년이 지나는 동안 개혁된 교회는 다시 타락하고 성도의 삶은 온전히 회복되지 않아 그들에게 또다시 진정한 개혁이 필요한 지경에 이르게 되었기 때문이다. 이 과정들을 겪으며 정말 주님이 다시 오시는 날이 곧 올 수 있을지 낙심이 되기도 한다. 그러나 유한한 우리가 보기에 어떠하든지 하나님은 그분이 약속하신 대로 그분의 때에 반드시 심판하러 오실 것이고, 그날에는 그분의 나라가 완성될 것이다.

2. 유다 사람 한 사람

20 만군의 여호와가 이와 같이 말하노라 다시 여러 백성과 많은 성읍의 주민이 올 것이라 21 이 성읍 주민이 저 성읍에 가서 이르기를 우리가 속히 가서 만군의 여호와를 찾고 여호와께 은혜를 구하자 하면 나도 가겠노라 하겠으며 22 많은 백성과 강대한 나라들이 예루살렘으로 와서 만군의 여호와를 찾고 여호와께 은혜를 구하리라 23 만군의 여호와가 이와 같이 말하노라 그날에는 말이 다른 이방 백성 열 명이 유다 사람 하나의 옷자락을 잡을 것이라 곧 잡고 말하기를 하나님이 너희와 함께하심을 들었나니 우리가 너희와 함께 가려 하노라 하리라 하시니라 슥 8:20-23

역사의 마지막 때에 우리의 모든 염려를 불식시키는 하나님의 약속이 있다. 스가랴에게 보여주신 환상을 통해 하나님은 우리가 상상할 수 없는 주님의 신적인 개입을 약속해주셨다. 마지막 때 이루어질 그 약속은 바로 '복음과 연합'이다. 22절에서 많은 백성과 강대한 나라들에 어떤 일이 벌어지는가? 한쪽에 부흥이 있어서 경건의 열망들이 일어나고 하나님이 임재하시는 은혜가 임하여 다른 성읍을 향해 "우리가 여호와께로 돌아가자" 했더니 각 성읍과 나라들 안에서도 그 경건의 열망이 일어나 함께 복음 앞으로 돌아가는 회복의 역사가 있을 것이다. 어느 한 지역에서 지엽적으로 일어나는 것이 아니라 동시다발적으로, 민족과 나라와 도시를 초월하여 예수 그리스도의 이름으로 여호와께 돌아가자고 하는 복음의 대대적인 연합이 일어날 것이라고 말씀한다. 주님은 이런 일이 마지막 때에 있어서 하나님의 영광을 이 땅 가운데 다시 회복할 것을 말씀하셨다.

그러면 그런 일이 있기 위해서 하나님은 역사 가운데 어떤 준비를 하시는가? 우리가 그 전조를 어떻게 볼 수 있겠는가? 외적으로는 실망스러운 역사적 상황과 달리, 눈에 잘 띄지 않지만 하나님은 이 땅에서 이 마지막 복음의 연합을 통한 대대적인 부흥과 회복을 준비하고 계신다. 이 언약의 성취를 가능하게 해주는 하나님의 전조이자 사인이라고 볼 수 있는 단서가 23절이다.

만군의 여호와가 이와 같이 말하노라 그 날에는 말이 다른 이방 백성 열 명이 유다 사람 하나의 옷자락을 잡을 것이라 곧 잡고 말하기를

하나님이 너희와 함께하심을 들었나니 우리가 너희와 함께 가려 하노라 하리라 하시니라 숙 8:23

여기 그 열쇠로 보이는 한 표현이 나온다. 그것은 '유다 사람 하나'이다. 이 말은 하나님의 백성이라는 뜻일 것이다. 역사 속에 이상한 일이 벌어지는데 하나님을 믿지 않는 불신자, 하나님을 본성적으로 받을 수 없고 하나님을 반역하는 이방 백성들이 유다 사람 한 사람을 붙잡고 "하나님이 너와 함께하신다는 이야기를 우리가 들었다. 그러니 네가 믿는 그 하나님 여호와께로 우리를 인도해다오"라며 사정하는 일이 있으리라는 것이다. 얼마나 놀라운가. 하나님의 기적적인 역사가 동반되지 않는다면 본성적으로 불가능한 이야기다.

역사의 키맨

유다 사람 한 사람을 이방 백성 열 명이 붙잡는다는 것은 구체적인 숫자라기보다 압도적으로 많은 수라는 의미이다. 작은 개척교회에 10명 정도 성도가 있는데 하나님께서 그들을 하나님의 신실한 사람들로 세우시고 어느 날엔가 하나님의 전적인 능력이 임하여 갑자기 예배당에 수많은 사람들이 몰려와서 교인 한 사람 한 사람을 붙잡고 매달리기를 "하나님이 너와 함께하시는 것을 우리가 안다. 우리를 좀 여호와께로 데려가달라"라고 하는 이런 날이 반드시 오고야 만다는 것이다. 그러면 주님이 역사의 마지막을 어떻게 준비하시고 우리에게 그 영광을 보여주실지 짐작해볼 수 있다. 이것은 숫자 개념이 아니다. 한 사람이 간신히 믿고, 또 한 사람이 간신히 믿고, 또 믿었다가 헷갈리다가 돌아와서 회개하고 이러는 것이 아니라 마지막 때에는 주님이 그분의 전적인 능력으로 일하신다는 것이다.

이 '유다 사람 하나'를 키맨(key man), 다른 말로 포석 같은 사람이라고 할 수 있다. 포석을 둔다는 것은 앞날을 위하여 미리 손을 써서 준비한다는 뜻이다. 혹은 좌표 같은 사람이라고 표현할 수도 있겠다. 국립지리원에서 나라 땅을 구분할 때 곳곳에 포인트가 되는 좌표들을 설정해놓는다. 그러면 어느 지역을 측량하려고 할 때 그 좌표가 중심이 되어 그 땅의 구획을 분명히 정할 수 있다. 이와 같이 하나님께서 역사 속에 좌표 같은 사람들을 곳곳에 세우실 것이다.

대세는 온통 악이 기승을 부려 아합이 하나님의 선지자들을 죽인다. 하나님이 하시는 일은 도무지 보이지 않는다. 암담하기가 엘리야의 시대와 같다. 도대체 지금 하나님은 뭐하고 계시는지 엘리야의 눈에는 보이지 않았다. 낙심한 엘리야가 "오직 나만 남았거늘"이라고 할 때 주님은 바알에게 무릎 꿇지 않은 7천 명을 남겨놓았다고 하셨다.

어느 경건한 아빠와 그의 아들이 사는 바닷가에 어느 날 폭풍이 몰아쳤다. 아이가 두려움에 떨며 아빠에게 물었다.

"아빠, 이렇게 폭풍이 치는 밤에 하나님은 뭐하고 계세요?"

아빠가 대답했다.

"음, 하나님은 이 폭풍 속에서 고요한 아침을 준비하고 계시지."

하나님의 나라가 잠잠하고 움직이는 것 같지 않은 때에도 주님은 그분의 일을 행하신다. 그분은 여전히 하나님이시다. 역사를 다스리고 통치하시는 주님이 복음의 연합을 이루시는 역사의 전조로 지금 준비하시는 것은 놀랍게도 '유다 사람 한 사람'이다. 스가랴의 환상에서 우리가 이것을 놓치지 말아야 한다. 지금 이 시대는 하나님께서 유다 사람 한 사람 한 사람을 키워 가시는 때이다.

핍박 가운데 연단하시는 그 한 사람

이방 사람들이 어떻게 이 유다 사람 한 사람을 알아볼 수 있는가? 하나님께서 이 사람과 함께한다는 것을 어떻게 알 수 있는가? 역사적으로 하나님이 일하시는 패턴을 보면, 주님은 신실한 사람들을 세상 가운데 두시고 그들에게 핍박과 고난을 허락하신다. 하나님 편에 서서 주님을 온전히 따르는 제자는 세상에서 주목받지 않을 수 없다. 그리스도의 표식을 숨기지 않고 하나님나라의 법도를 따르며 세상과 어울리지 않고 세상에 속하지 않은 이 사람들은 반드시 핍박과 왕따를 당한다. 영이 죽어서 하나님을 알 수 없고 믿지도 않는 사람들이 이들을 조롱하고 찔러보고 넘어뜨릴 때 연약한 질그릇 같은 이들 안에서 역사하시는 하나님을 보게 된다. "저놈은 완전히 미쳤다"라고 조롱하지만 속으로 '그는 진짜 그리스도인이구나. 그가 말하는 하나님이 아니면 살 수 없는 자구나'라는 사실을 알게 된다.

하나님은 온전히 주님 편에 서서 복음을 표방하는 사람을 세상의 핍박 가운데 연단하시며 유다 사람 한 사람으로 만들어 가신다. 그리고 자비하심과 길이 참으심으로 계속 증인들을 보내 메시지를 전하시고 또 핍박을 받으며 증언하게 하셔서 충분히 메시지가 증거되게 하신다. 그러다가 때가 차서 각 영역, 각 지역, 각 곳에 유다 사람한 사람 한 사람이 준비되면 전적인 전능자의 능력으로 드디어 하시는 일이 있다.

25 너희는 삼가 말씀하신 이를 거역하지 말라 땅에서 경고하신 이를 거역한 그들이 피하지 못하였거든 하물며 하늘로부터 경고하신 이를 배반하는 우리일까 보냐 26 그때에는 그 소리가 땅을 진동하였거니와 이제는 약속하여 이르시되 내가 또 한 번 땅만 아니라 하늘도 진동하리라 하셨느니라 27 이 또 한 번이라 하심은 진동하지 아니하는 것을 영존하게 하기 위하여 진동할 것들 곧 만드신 것들이 변동될 것을 나타내심이라 28 그러므로 우리가 흔들리지 않는 나라를 받았은즉 은혜를 받자 이로 말미암아 경건함과 두려움으로 하나님을 기쁘시게 섬길지니 29 우리 하나님은 소멸하는 불이심이라 히 12:25-29

어차피 흔들릴 것들을 한 번 흔들어버리실 것이다. 영존하는 것, 영원한 것이 무엇인지 보기 위해서 영원하지 않은 것들을 한 번 흔들어버리는 때가 온다고 말씀한다. 그동안 허망하고 믿을 수 없는 것들에 빠져 살던 자들이 자기들이 믿고 의지하던 것이 흔들리는 날, 그 가공할 두려움 앞에서 누구를 떠올리겠는가? 자기들이 핍박하고 조롱했지만 그럼에도 불구하고 흔들리지 않고 하나님과 그분의 영원한 약속을 믿었던 사람들이다. 자기들이 의지하던 모든 것이 허물어질 때에는 영원한 것밖에 볼 수 없는데 그것이 바로 자기가 핍박했던 사람들에게 있다는 것을 알게 되어 그들에게 달려가지 않을 수 없는 것이다.

흔들리지 않는 좌표 같은 그 한 사람

일본이 하와이 진주만을 공격했을 때 일본의 가미카제 공격을 받았던 함선에서 있었던 일이라고 한다. 일본의 공격이 있기 전, 다들 꿈에도 그런 생각을 하지 못하고 편안하게 지낼 때, 그 함선으로 아주 신실한 크리스천 하나가 신참 수병으로 들어왔다. 워낙 독실하니까 군대에서 조롱하고 왕따를 시켜서 그는 갖은 핍박을 당했다. 식사기도 하면 식판을 치워버려서 밥을 굶기도 했고, 기도하면 여럿이 몰려와 조롱하고 때리는 등 온갖 괴롭힘을 당했다. "와, 저기 목사가 지나간다"라며 비웃고 덜떨어진 바보 취급을 해도 이 수병은 하나님 경외하는 태도를 잃지 않고 정한 시간이 되면 반드시 기도를 했다. 답답한 배 안에서 젊은 군인들이 난잡한 짓을 하고 야한 이야기를 해도 그 불경건한 일에 절대 동요하지 않았다.

어느 날 일본군이 가미카제 특공대를 보내 함대를 기습했다. 일본 전투기가 함선 굴뚝에 처박혀 배가 불길에 휩싸이고 배가 침몰해가는 상황에 다들 두려워서 어찌할지 모르고 갈팡질팡할 때, 그 절박한 순간이 되자 누가 시키지도 않았는데 사람들이 너나 할 것 없이 그 수병을 찾기 시작했다. 그의 옷이라도 잡으려고, 그의 몸에 손이라도 대려는 절박함으로 그에게 몰려들었다. 하나님이 영원하지 않은 것을 한 번 흔들어버리시는 날, 의지할 것 없는 이방 사람 열 명이 떼 지어 달려와 붙들 대상은 평소 자기들이 핍박하면서 '저놈은 하나님밖에 없는 사람이다. 기도하는 사람이다'라고 알고 인정했던 그 사람뿐이다.

하나님이 이 경건한 한 사람을 이방인 가운데 두시는 것은 하나님이 일하지 않고 손 놓고 계시는 것이 아니다. 역사의 마지막 때에 일하시기 위해 하나님은 복음의 증인들에게 핍박을 허락하신다. 그들을 세상 한복판에 세워두신다. 주님을 부끄러워하지 않고 온전히 복음 편에 선 경건한 사람들을 고난 가운데 두시는 것이 바로 '유다 사람 한 사람'을 준비하시는 일이다. 할렐루야!

1517년 마르틴 루터가 비텐베르크 성당 정문에 95개 조항의 반박문을 내건 것은 멈출 수 없는 자기 양심의 소리 때문이었다. 그 후 그 엄청난 권력 앞에 붙들려 마지막 보름스 제국 의회에서 재판을 받을 때, 교황청의 위엄과 독일 제후의 협박과 공갈 앞에서 마르틴 루터는 외쳤다.

"인류 보편적인 양심과 하나님의 거룩한 진리의 말씀에 비추어서 나의 양심은 하나님의 말씀에 매여 있습니다. 내 의견과 신념은 내가 인용한 성경 각 구절과 하나님의 말씀에 의해서만 변경될 것입니다. 성경이나 밝은 이성에 바탕을 두어 분명하게 설득하지 않는 한 나는 잘못을 인정하지 않을 것입니다. 그러므로 하나님에 대한 나의 고백을 취소할 수 없고 하지도 않을 것입니다. 성경과 양심을 거스르는 행위는 위험하고 나의 신념에도 어긋나기 때문입니다."

루터는 그 자리에서 하나님께 탄원한다.

"주여, 내가 여기 서 있습니다. 오직 진리 편에 있을 뿐입니다! 나를 도우소서!"

두려움에 굴하지 않고 숨기지 않고 외친 그의 고백이 수많은 사람의 가슴에 불을 질렀다. 그 불이 타올라 종교개혁을 일으켰다.

하나님은 그 어느 때보다 빠르게 하나님의 역사를 진행해가시며, 이 마지막 때에 영광스러운 복음과 연합을 통해 역사를 마감하시는 일을 분명히 준비하고 계신다. 지금 악이 기승을 부리는 것을 보라. 이대로 두면 인류는 자멸한다. 하나님의 분명한 개입이 있지 않고는 달리 반전될 수 없을 만큼 역사는 막다른 골목으로 치닫고 있다. 인간들은 소망 없는 마지막 발악을 하지만 하나님은 때를 놓치지 않으시고 그분의 일을 행하실 것이다. 복음 앞에 선 우리를 유다 사람 한 사람으로 찾고 세우기 원하신다.

사람들의 시선에 움츠러드는 용기 없는 자의 자리에 서지 말라. 이제는 십자가를 높이 들고 유다 사람 한 사람으로서 핍박을 받자. 색깔을 분명히 하자. 진리의 그 길을 타협 없이 걸어가자. 수의 많고 적음에 매이지 말고 우리 교회를 그런 교회로 세우자. 잘못된 세속적 야망과 정욕 그리고 우리가 타협했던 것들을 다 벗어버리고 이제는 주님과 복음과 운명을 같이 하자. 마지막에 이 확실한 결론을 붙든 자들의 대대적인 연합이 일어나게 될 것이다. 복음 안에서 연합되는 그 날이 온다. 여호와께 돌아가자. 은혜를 구하자. 그러면 나도 가겠다고 이방인들이 소리칠 것이다. 반드시 주님이 우리를 이 유다 사람 한 사람으로 세워 가시며, 주님의 때에 주님의 권능을 드러내시고 주님의 영광을 역사 속에 드러내 보여주실 것이다.

3. 다시 복음 앞에 오직 복음으로

풍전등화(風前燈火)와 같이 세상의 거센 공격 앞에 놓인 교회와 그리스도인들은 어떻게 반응해야 하는가? 적당히 타협하며 공존해야 하는가? 독단적이라고 말하는 세상 앞에 적당히 복음을 희석시켜야 하는가? 그럴 수 없다. 이때 필요한 것은 우리가 믿는 바 진리의 내용을 정확히 공표하는 것이다. 모든 교회가 듣고 세상이 듣도록 우리는 우리의 믿는 바를 정확히 표명해야 한다. 그럴 때 세상과 타협할수 없어 숨죽이며 믿음을 지켜가던 중인들이 너나 할 것 없이 드러난진리에 반응하여 나아오게 될 것이다.

먼저 누군가 십자가의 깃발을 높이 들어야 한다. 십자가의 복음, 죽음과 부활을 역사적 책임을 가지고 분명하고 정확하게 선포해야한다. 복음을 왜곡하고 희석시키려는 시도 앞에서 우리는 더욱 원색적인 복음을 천명해야만 한다. 2010년, 주님께서 마음에 도전을 주셔서 복음에 사로잡힌 한 사람 한 사람이 마음을 같이하여 연합하는 복음기도동맹이 일어나게 되었다. 신학교, 선교단체, 지역교회가다함께 복음을 부끄러워하지 말고 당당히 복음의 중인이 되어 우리의 신앙을 분명하게 천명하여 모든 사람들을 그 진리 앞에 서게 하는것이다. 그 진리가 사람들로 하여금 우리를 주목하게 하고 공격하게하는 것이다. 그래서 그 핍박 가운데 우리가 가진 진리를 빛나게 하는 것이다. 하나님께서 흔들릴 것들, 영원하지 않은 것들을 죄다 흔드실 때 그 절망적인 상황에서 진리는 더욱 진리로 드러나게 될 것이며 이방 백성 열 명이 붙들고 달려드는 유다 사람 한 사람으로 준비되는 것이다.

2011년 12월, 3박 4일간의 일정으로 복음과 기도를 삶과 사역의 중심 가치로 삼은 교회 및 기독 단체들의 연합인 복음기도동맹이 십자가 복음의 기치를 다시 세우고, 복음의 능력을 재천명하기 위해 '다시 복음 앞에 오직 복음으로'라는 연합대회를 처음으로 열었다. 주님은 그 대회를 크게 격려해주셨다. 각기 서로 다른 목회자, 신학자, 선교사, 선교단체장 등 평소 어울릴 수 없었던 각 분야의 사람들이 오직 복음이라는 주제 하나만으로 함께 모였고 자비량으로 참석하고 강사로 그 대회를 섬겼다. 우리가 오직 복음을 중심으로 하나가 되자 하나님이 얼마나 영광을 받으시고 기뻐하시는지 큰 격려와 은혜를 주셔서 우리는 용기를 얻었다.

그때 하나님께서 우리를 예수 그리스도에게 속한 유다 사람 한 사람으로 세워 가시는 그 일에 물러서지 않기로 한 증인들을 많이 일으키셨고, 그 뜻에 동참한 수천 명의 복음기도동맹 증인들이 더 이상 타협 없는 복음의 증인이 되겠다고 용기 있게 깃발을 들기 시작했다. 각계 각 영역에서 수많은 증인이 세워졌으며, 핍박 가운데서도 복음을 위해 물러서지 않는 이 행진을 계속 이어가고 있다. 하나님은 지금도 이 일을 곳곳에서 성취해 가신다. 지금 이 시대에도 살아 계신 하나님을 경외하며 주님만 사랑하고 복음의 증인으로 서는 하나님의 사람들을 그분이 원하시는 만큼 오늘의 역사 한복판에 준비해가고 계심을 믿는다. 아멘.

4. 다음세대를 일으켜라

순회선교단에서도 기도로 용기 있는 순종의 걸음을 내디뎠다. 그것은 다음세대를 일으키는 일이었다. 네 자녀에게 부지런히 가르치라고 하신 성경 말씀 그대로 한번 순종해보자고 하였으나 솔직히 그동안 믿음이 없어서 순종하지 못했다. 공교육의 현장은 반 기독교적으로 흘러가고 있고 우리의 다음세대가 그 현장에서 어떤 위기에 노출되어 있는지 뻔히 알면서도 속수무책이었다. 우리의 가치관 또한 이 세상에 얼마나 길들어 있고 찌들어 있는지 한 걸음을 떼기가 두려웠다. '이거 정말 될까? 다른 애들이 왕따 시키면 어떡하나? 세상도 모르고 성경만 아는 애들을 만들면 어떡하나? 이러다가 큰일 나는 건 아닌가?' 솔직히 나도 비겁하게 순종하지 못했다.

이렇게 겁에 질린 태도로는 세상을 변화시킬 수 없어서 고민하다가 결국은 주님 앞에 순종할 수밖에 없는 주님의 강력한 권고하심을 받고 2012년, 믿음이 부족하고 두렵더라도 성경이 말씀하고 하나님이 말씀하신 대로 한번 순종해보자고 결단하게 되었다.

① 헤브론 원형학교

우리는 먼저 여러 대안학교들을 살펴보았다. 그러나 기독교라는 이름을 걸어놓고 예배도 드리고 여러 가지 훈련을 한다고 하더라도 결국 좋은 대학에 들어가는 것이 목표이지 예수 잘 믿는 믿음이 우선이 아니라면 그것은 아니라는 마음이 들었다. 원래 주님이 꿈꾸시던 학교를 한 번 해볼 수 없을까 해서 아는 만큼 순종하기로 했다. 성경이 말한 원리대로 가정, 스승, 공동체가 교육의 주체로서 공동으로 책임을 지는 교육을 해보기로 했다. 대안학교라는 이름 대신 원형학교라고 했다. 초등학교 4학년부터 고2까지 성경을 주 교과서로 하는 헤브론 원형학교(theschoolhebron.org)를 시작했다.

우리의 믿음 없음이 우리의 다음세대를 어떻게 사지(死地)로 몰아넣었는지 회개하고 순종하니까 되었다. 우리가 다 복음 앞에 서서 결단하더라도 아마 쭈뼛거리고 어려워하는 것이 있다. 그래도 현실은 그렇지 않다고 하는 생각과 두려움이 우리를 묶을 것이다. 그러나 한 걸음도 내딛지 않으면 아무 일도 일어나지 않는다. 진리의 결론은 알지 않는가. 두렵고 용기가 나지 않더라도 하나님은 분명하시지 않는가. 나는 흔들려도 주님의 진리는 영원하지 않는가. "네가 믿으면 하나님의 영광을 보리라." 주님이 말씀하셨다. 한번 뛰어들어 보자. 순종해보자.

이 믿음의 실험을 하는 동안 주님이 크게 격려해주셨다. 주저 없이 두려움 없이 이 세대를 변화시킨 사람들은 하나님의 성경 진리에 생명을 건 제2의 다니엘, 요셉, 에스라 같은 하나님의 사람들이었다. 이 세대에서도 그런 사람들이 결국 역사의 키를 가진 '유다 사람 한 사람'이 될 것이 아니겠는가. 헤브론 원형학교의 아이들은 선교사로 부름을 받고 하나님 앞에 나와 부모들과 더불어 선교사 수준의 훈련을 받고 있다. 물론 우리가 다 죄인이기에 우리는 여전히 엎치락뒤치락하는 과정을 모두 거친다. 그러나 주님은 우리를 부끄럽게 할 만큼 우리가 믿은 그 영광을 보게 해주셨다.

② 헤브론 선교대학

하나님께서는 여기서 멈추지 않고 더 큰 용기를 내도록 도와주셨다. 지금도 많은 분들이 캠퍼스를 위한 사역을 하고 있고 또 그 사역은 계속되어야 한다. 그와 별개로 주님은 우리에게 선교대학을 말씀하셨고 우리는 이에 또다시 순종했다.

소망 없어 보이는 이 시대에도 복음만 분명히 전해주면 주님의 심장을 가지고 얼마든지 주님과 운명을 같이 할 용감한 젊은이들이 많다. 부모세대는 그들에게 디딤돌이 되어주어야 한다. 하나님께서 복음기도동맹 안에 하나님의 영적인 사람들을 세울 수 있는 모든 기반을 다 준비해놓으셨다. 헤브론 선교대학(www.hufm.or.kr)의 영성과목은 복음기도동맹 안에서 모든 단체와 교회가 교육하고 서로 학점을 공유한다. 또한 단과대학은 어떠한 이익도 바라지 않는 진짜 그리스도인으로서 주님이 주신 은사와 전문성으로 예수님이 제자를 세우신 것처럼 각 현장에서 다음세대 젊은이들에게 도제교육으로 자신의 전문성을 전수해주는 방식으로 진행된다. 헤브론 선교대학의 여러 단과대학이 그렇게 생겨났다.

전문가들이 말하기를 4년간 대학에서 배워도 대부분 사회에 나와 그 전공을 그대로 쓰지 못한다고 한다. 그렇다면 현장에서 꼭 필요한 실제적인 지식을 6개월간 집중적으로 전해주어 현장에서 바로 일할 수 있는 실력자들을 키워낸다면 어떨까. 설령 어떤 편견이 있더라도 실력자라면 쓰지 않을 수 없으니 그런 실력자들을 키워 각 영역에 전문성을 가진 그리스도인이 복음으로, 유다 사람 한 사람으로 세워지게 해야 한다.

주님이 우리에게 주신 것을 복음을 위해 조건 없이 다음세대를 위해 나누겠다는 분들이 더 많이 일어나기를 소망한다. 헤브론 원형학교의 선생님은 모두 교육 선교사로 헌신하신 분들로 학생들과 함께 기숙하며 생활한다. 돈 때문이 아니라 부르심을 따라 이 일을 하기에 당당하고 정말 온 힘을 다해 주님 안에서 그 사명을 감당하고 있다. 헤브론 선교대학의 단과대학도 동일한 원리로 이루어지기를 바라고 있다. 앞으로도 헤브론 원형학교와 선교대학은 다음세대를 살리고 그들 한 사람 한 사람을 하나님의 사람으로 바르게 세워가는 사역을 감당해나갈 것이다.

사실 이런 교육에 영감을 준 것은 독일의 할레대학이다. 종교개혁 이후 개신교가 교리 논쟁과 교회의 제도화로 약 100여 년간 침체의 길을 걷고 있을 때 독일에서 제2의 종교개혁이라고 하는 경건주의 운동이 일어났다. 루터교 목사 슈페너가 "살아 계신 주님 앞에, 우리의 생명의 신앙으로 돌아가자"라며 운동을 일으켰다. 여기에 주님을 만나 회심하고 변화된 프랑케라는 젊은 교수가 참여했다. 자기도 거듭나지 않은 교수로 있다가 복음을 만나고 나니 하나님을 경외하지 않는 지식이 얼마나 무서운 저주인지 깨닫고 그때부터 대학에서 이 경건함 없는 지식에 반기를 들기 시작하였다. 이 일로 라이프치히 대학에서 파면당한 후 그는 슈페너의 초빙을 받아 할레대학으로 갔고, 그 지역에 빈민자 학교와 고아원을 세워 가난한 아이들에게 교육의 기회를 제공했다. 그는 슈페너가 꿈꾼 신학 교육을 할레대학에서 실현했다. 하나님을 만난 사람, 갈라디아서 2장 20절이 실제가 된 사람, 매일의 삶에서 이 경건을 실천할 수 있는 사람들을 먼저 교수로 임용하고 거기 나온 젊은이들을 모두 그런 사람으로 키웠다.

시간이 흐르고 할레대학 출신들이 군인이 되고 공무원이 되고 다른 곳에 교회도 세웠다. 하나님을 생명으로 만난 경건한 사람들이 가서 유다 사람 한 사람이 되어 전 유럽에 큰 영향을 끼쳤다. 그중 하나가 선교 역사에 가장 중요한 족적을 남긴 친첸도르프(진젤돌프)이다. 그는 신구교가 200년 동안 선교에 대하여 잠자고 있을 때 얼마 안 되는 모라비안 공동체를 통해서 온 선교 역사에 신구교가 합친 것보다 더 놀라운 결과를 만들어냈다. 고아의 아버지였던 조지 뮬러도, 오라토리오 〈메시아〉를 작곡한 독일의 고전주의 작곡가 헨델도 할레대학 출신이다. 우리나라 최초의 선교사였던 칼 귀즐라프도 이곳 출신이다.

주님 앞에 목숨 걸고 사람의 눈치 보지 않는 하나님의 사람들을 키워낸 할레대학은 우리가 지금 누리고 있는 각성 운동, 캠퍼스 각성 운동, 부흥 운동 등 복음주의의 이 움직임에 선한 영향을 끼친 본산지가 되었다. 복음기도동맹이 이 시대에 다시 제2의 할레대학 같은 하나님의 대학을 세우기 위해 동일한 가치로 연합한다면, 나 자신에 대하여는 죽고 오직 주의 나라와 그 영광에 붙잡힌 사람들이 연합한다면, 우리 세대에 반드시 하나님의 이 영광을 보게 될 것이라고 나는 분명히 확신한다.

무언가 해야 한다. 이대로 앉아 당할 수는 없다. 하나님이 이 시대에 우리를 부르신 이 부름에 멈추지 말고 주님 앞에 나아가자. 할렐루야! 아멘. 정말 우리 세대에 그 나라의 영광을 보기를 간절히 기도하면서 하나님께서 주신 이 소망을 함께 이루어나가는 복음기도동맹군들이 되기를 바란다.

5. 복음기도동맹 선언문과 행동강령

복음기도동맹 선언문과 행동강령은 2011년 '다시 복음 앞에' 대회 때, 복음학교에서 함께한 총체적 복음을 선언문으로 정리하여 우리의 신앙을 고백하고 선포하였다. 또한 세속적 성공의 기준으로 우리자신을 재지 않고 복음기도동맹 선언을 생명의 고백으로 삼아 그에 걸맞은 삶을 살기 위하여 행동강령도 정해서 함께 선포하였다. 각자서 있는 곳에서 이 복음을 선포하자고 주님 앞에서 서원하였다.

우리 입술에는 권세가 있다. 내가 믿는 것이 무엇인지 우리의 신앙고백을 정리한 이 선언문을 소리 내어 읽으면 좋다. 입술의 고백으로 내 마음에, 교회와 세상 앞에, 사탄에게도 힘 있게 선포하면 좋겠다. 물론 이 선언문과 행동강령은 반드시 자발적인 결정과 태도로 임해야 한다.

① 복음기도동맹 선언문

주님은 우리를 성경에 계시된 완전하며 총체적인 '십자가 복음'으로 부르셔서 우리 구주 예수 그리스도와 함께 '자아 생명'을 죽음으로 넘기고 '예수 생명'으로 살아나게 하셨습니다.

그 은혜로 인해 우리는, 오류 없는 복음을 단지 인정하고 고백하는 명목상의 그리스도인이 아니라 내주하시는 성령으로 말미암아 '예수 생명'을 살아내도록 거듭난 자로서, 십자가가 유일한 삶의 이유로 자랑이고, 복음이 전부이며 주님 한 분이면 충분한 복음의 증인이 되었습니다.

나 하나의 기쁨으로 제한된 '십자가 복음'이 아니기에 우리는, 열방이 만유의 주님께 돌아와 예배하게 될 때까지 우리 신랑 예수께서 구름 같은 증인들을 거느리고 새 예루살렘과 함께 돌아와 베푸실 어린양의 혼인 잔치에 참여할 그 날까지 만민을 위해 기도하는 성전의 자리를 떠나지 아니할 것입니다.

삼위일체 주 하나님께서 친히 이루신 '십자가 복음', 그 유일한 복음의 영광과 능력과 축복이 온전히 드러나는 하나님나라의 부흥과 선교 완성을 위해 우리는, 나는 죽고 예수가 사신 십자가에서 '복음기도동맹'이라는 이름으로 조건 없이 연합하여 서로를 섬길 것이며 땅 끝까지 함께 달려나갈 것입니다.

우리는, 속히 가리라 말씀하신 주님의 약속을 의심 없이 믿기에 이미 주님 손에서 나부끼는 승리의 깃발을 바라보며 우리 세대에 하나님을 대적하고 인류를 죄악으로 파멸시키려는 사단과 악에 대한 전쟁을 끝내기 위해 전진할 것을 선언합니다.

② 복음기도동맹 행동강령

이 선언을 위해 '복음기도동맹'은, 철장 든 신부다운 삶의 방식만을 지니기로 결정하며 주님께서 부여하신 각자의 영역에서 복음에 합당한 행동강령을 고수하기로 약속합니다.

I. 예배에 대하여
우리는 십자가에서 완전히 드러내주신 진리의 복음과 계속하여 그 복음의 빛을 우리에게 비추어주시는 성령 안에서 하나님이 찾으시는 참된 예배자로서 오직 삼위일체 하나님만을 예배합니다.

I. 복음에 대하여
우리는 모든 민족으로 믿어 순종케 하시려고 성경에 계시된 완전하며 총체적인 십자가 복음 앞에 계속 서며 그 복음을 누리고 전하여 영화롭게 합니다.

I. 기도에 대하여
우리는 화목케 하는 직분을 가진 제사장으로서 하나님나라의 부흥과 선교 완성을 위해 매일 정한 시간에 기도의 자리에 나아가 하나님나라와 그의 뜻을 구합니다.

I. 연합에 대하여
우리는 성령이 하나 되게 하신 그리스도의 몸 된 우주적 교회로서 주께서 세우신 각자의 자리에서 주께 하듯 서로 사랑으로 섬기며 복음과 기도로 조건 없이 연합합니다.

I. 권위에 대하여

우리는 삼위일체 하나님의 통치가 실제임을 믿으며 모든 상황을 주님께서 허락하고 세우신 줄로 알아 세우신 권위의 대상에 관계치 않고 전심으로 순종합니다.

I. 소유에 대하여

우리는 주님이 모든 것의 주인 되심을 믿기에 땅에 속한 세속적 가치관을 버리고 매순간 하늘의 가치를 선택하며 나의 넉넉한 것으로 지체의 부족한 것을 보충하는 삶을 살아, 내 것을 내 것으로 여기지 않는 나그네의 삶이 실제가 되게 합니다.

I. 선교에 대하여

우리는 선교 완성을 최우선적으로 순종해야 할 주님의 지상명령으로 받아들이며, 시간, 재정, 건강, 은사, 관계 등 모든 삶의 영역에서 이와 같은 가치가 실제가 되게 하여, 선교 완성이 속히 이루어지도록 주님의 구원 역사에 동참합니다.

주후 20___년 ___월 ___일 복음기도동맹군 _____ (서명)

- 개인도 세계도 구원과 타락과 부흥으로 엎치락뒤치락하기에 복음화는 요원해 보이지만 복음 증거와 구원의 사역이 끝없이 반복되는 것은 아니다. 하나님은 그분의 때에 반드시 심판하러 오시고 그날에는 주님의 나라가 완성될 것이다.

- 지금은 역사의 키맨, '유다 사람 한 사람'을 준비하시는 시간이다. 주님을 온전히 따르는 신실한 제자들은 세상의 핍박 가운데 연단되며 준비된다. 하나님이 영원하지 않은 것들을 흔드시는 날, 그들은 불신자들에게 흔들리지 않는 영원함의 좌표가 된다.

- 복음과 기도를 삶과 사역의 중심 가치로 삼은 사람과 단체가 복음의 기치를 다시 세우고 복음의 능력을 재천명하며 복음기도동맹으로 연합했으며, 총체적 복음으로써 신앙을 고백하고 선포하였다.

- 복음으로 우리의 신앙을 고백하고 이 복음을 드러내며 그에 걸맞게 살아가자. 복음의 증인으로서 우리와 다음세대에 '유다 사람 한 사람'을 세우는 일에 연합하자.

• • •

진리가 결론 되게 하라!

복음을 영화롭게 하라

초판 1쇄 발행　2018년 3월 19일
초판 12쇄 발행　2024년 4월 4일

지은이　　　김용의

펴낸이　　　여진구
책임편집　　안수경 최현수
편집　　　　이영주 박소영 김도연 김아진 정아혜
책임디자인　마영애 | 노지현 조은혜 이하은
홍보 · 외서　진효지
마케팅　　　김상순 강성민　　　　마케팅지원　최영배 정나영
제작　　　　조영석 허병용　　　　경영지원　　김혜경 김경희

303비전성경암송학교 유니게 과정　박정숙
이슬비전도학교 / 303비전성경암송학교 / 303비전꿈나무장학회

펴낸곳　　　규장

주소 06770 서울시 서초구 매헌로 16길 20(양재2동) 규장선교센터
전화 02)578-0003　팩스 02)578-7332
이메일 kyujang0691@gmail.com　　　홈페이지 www.kyujang.com
페이스북 facebook.com/kyujangbook　인스타그램 instagram.com/kyujang_com
카카오스토리 story.kakao.com/kyujangbook
등록일 1978.8.14. 제1-22

ⓒ 저작와의 협약 아래 인지는 생략되었습니다.
이 출판물은 저작권법에 의해 보호를 받는 저작물이므로 무단 전재와 무단 복제를 할 수 없습니다.

책값 뒤표지에 있습니다.
ISBN 978-89-6097-527-9 03230

규 | 장 | 수 | 칙

1. 기도로 기획하고 기도로 제작한다.
2. 오직 그리스도의 성품을 사모하는 독자가 원하고 필요로 하는 책만을 출판한다.
3. 한 활자 한 문장에 온 정성을 쏟는다.
4. 성실과 정확을 생명으로 삼고 일한다.
5. 긍정적이며 적극적인 신앙과 신행일치에의 안내자의 사명을 다한다.
6. 충고와 조언을 항상 감사로 경청한다.
7. 지상목표는 문서선교에 있다.

하나님을 사랑하는 자 곧 그의 뜻대로 부르심을 입은 자들에게는 모든 것이 合力하여 善을 이루느니라(롬 8:28)

규장은 문서를 통해 복음전파와 신앙교육에 주력하는 국제적 출판사들의
협의체인 복음주의출판협회(E.C.P.A:Evangelical Christian Publishers
Association)의 출판정신에 동참하는 회원(Associate Member)입니다.